觸摸地球的政治溫度

公評世界

周德武 著

大公報出版有限公司

自 序

新冠病毒與美國大選無疑是 2020 年的主題詞。誰能想到，小小的病毒居然以如此方式改變世界、戲弄人類。

病毒從大自然跳轉到人類是一件不幸的事情。但更不幸的是，新冠疫情的暴發與許多國家的政治週期高度重合。有的人得了新冠，還在耐心等待王冠。有的人頂住了大舉入侵的新冠，贏得了選民的桂冠。有的人得了新冠，同時也失去了王冠。韓國 4 月國會選舉、紐西蘭 10 月大選都是正面的例子，而 11 月的美國大選則成了反面教材。

如果沒有新冠疫情，特朗普連任似沒有懸念，但疫情與美國大選攪在一起，讓抗擊疫情增加了政治考量，從一開始就鑄成了美國的悲劇命運。世界上最發達的美國在新冠病毒面前變得如此不堪一擊，讓世人大跌眼鏡，美國的國家治理體系和能力的缺陷充分暴露出來，全面顛覆了世人對美國的制度認知。自稱懂得「交易藝術」的特朗普，在病毒面前沒有任何交易的籌碼，相反新冠病毒不給這位「天選之子」任何情面，將特朗普的一個又一個謊言揭穿，以至於在競選連任的道路上栽了跟頭。

美國數十萬人死於新冠肺炎，這不僅是個簡單而冰冷的數字，更是數十萬破碎家庭的集體記憶。有的政治學者從政治制度層面進行反思，但更多的人從國家治理的角度去總結。

新冠疫情大流行是繼蘇聯解體、911 事件、2008 年金融危機之後的第四大地緣性政治事件，深刻影響著國際格局的演變。中國於 2019 年底第一個向世界衛生組織報告了新冠病毒疫情，因此也被美國等國扣上「原罪」的帽子。特朗普順勢與中國進行了物理上的「脫鉤」，以爲這樣就可以萬事大吉。美國的一些高官甚至抱著幸災樂禍的想法，期待這個事件可以爲美國製造業的回歸獲得額外的「疫情紅利」。沒想到美國關了太平洋的門，卻開著大西洋的窗，讓新冠病毒抄了後路。

美國給許多國家帶了一個壞頭，一些國家紛紛效仿特朗普的做法，甚至爲戴不戴口罩爭論大半年，有意或無意間成了新冠病毒的盟友。在新冠

病毒面前，中美本是處在同一戰壕的戰友，但美國的傲慢和偏見以及戰略誤判，錯將戰友當敵人。

美國前國務卿基辛格早前在《華爾街日報》撰文，稱新冠大流行將改變國際秩序。此言不虛，中國以「霹靂行動」迅速遏制住疫情，成爲 2020 年世界上唯一 GDP 正增長的國家，大國力量之比的一上一下，進一步縮小了中美兩國之間的差距。中國綜合國力得到進一步增強，中國崛起態勢進一步確立。2020 年歲尾，中國成爲 RCEP（區域全面經濟夥伴關係）創始成員國及考慮加入 CPTPP（全面與進步跨太平洋伙伴關係協定），顯示出中國對外開放的堅定決心。有人甚至將此與 2001 年中國入世等量齊觀。

客觀地說，沒有多少國家期望中國崛起，但沒有一個國家能夠阻擋中國的崛起之勢。國家發展與人的成長一樣，都有稍縱即逝的節點，抓住了乘勢而上，滑落了很可能從此一蹶不振。2019 年許多人的共同看法是很糟糕的一年，不過與 2020 年相比，實在是一個不錯的年份。展望未來，2021 年的世界依然充滿著不確定性。

由於世界絕大部分國家和地區在應對疫情方面缺乏得力措施，致使疫情還在繼續大規模擴散，全球社會動盪潮或不可避免。世界在封城、解封、再封城、再解封的惡性循環中翻燒餅，全民患有「防疫疲勞症」，封城已成爲窮人的奢侈，想活下去的百姓不得不走出家門冒死找活、養家糊口，社會百業凋零，底層百姓就業難度增加，不滿情緒上升，社會矛盾激化，當政者很容易成爲矛盾的焦點，一些國家已經顯示出社會動盪的前兆。由於世界許多國家缺乏社會保障的兜底政策，使得封城難以持久，切斷傳播鏈成爲奢望。有些人視疫苗爲抗疫的唯一救命稻草，但美國輝瑞公司生產的疫苗居然要求零下 70℃ 的保存條件，如此高的冷鏈運輸要求讓許多發展中國家望「苗」興嘆。更何況發達國家至少近 40% 的人群對疫苗有排斥心理，就像視「戴口罩如戴手銬」一樣糾結不已。

疫情改變了人們的工作和生活方式，也催生了新的業態，回到過去已

不可能。正像美國希望製造業回歸一樣，人類走過了工業化的階段，再倒退到前工業化時代是違反規律的。當紡織機取代人工織布、汽車取代馬車時，失業的工人首先想到的是搗毀機器，但這一切改變不了社會化大生產的總體趨勢，馬車終究也只能成為城市的一大景觀，馬夫從此轉行成為旅遊行業的一名服務者。

新冠疫情的暴發，促使更多的人選擇線上辦公、線上教學、線上遊戲等等，非接觸式的機器人配送服務大行其道，虛擬世界的精彩超出我們的想像。一邊是商業鏈的重構，線上活動一家獨大，一些高科技公司成為最大受益者，賺得盆盈缽滿。另一邊是大量實體門店的倒閉，世界財富進一步向少數人集中，兩極分化加劇。全球反壟斷呼聲一浪高過一浪。

綜觀美國發展史，美國社會幾次大的進步均以反壟斷作為切入點，1891 年通過的《謝爾曼反托拉斯法》最初並沒有裝上鋒利的牙齒，直到1901 年美國總統麥金萊遇刺身亡、順位繼承的副總統西奧多·羅斯福登上大位，美國的反壟斷調查才算動了真格，標準石油公司一拆為 34 家……

1995 年美國對科技巨頭微軟公司進行反壟斷調查，也極大促進了科技進步，五大科技巨頭（FAANG）正是在這個背景下誕生與成長。2020 年這幾家公司遭遇同樣的調查，反壟斷的輿論氛圍正在形成並有可能上升到法律層面，大科技公司的拆解並非不可想像。

2020 年美國大選留給世人深刻印象的不僅僅是這場大選的爭執，還表現為兩個候選人的嚴重老齡化，這不能不讓人聯想到蘇聯解體前的情形。

美聯社發布美國大選預測已有 170 多年的歷史，但特朗普不願意遵守這個慣例，拒不承認敗選，並打起了一系列法律官司。2020 年的大選充分暴露了美國憲法的漏洞，或將加速美國選舉人制度的改革。特朗普雖然輸掉了大選，但他的政治遺產仍在，「特朗普主義」還會繼續影響美國政治進程。從這次投票看，特朗普獲得了 7400 多萬人的支持，且他的基本盤比 2016 年有所擴大，而站在他對立面的人高達 8000 萬，「兩個美國」已

然成形，這意味著美國的結構性矛盾已經到了無法調和的地步，這是拜登政府無法回避的挑戰。

在疫情期間，美聯儲推行「無限續杯」的量寬政策，導致美國貨幣嚴重超發，美聯儲的資產負債表超過 7 萬億美元，美國國債已從 21 萬億美元猛增到 28 萬億美元，這些政策的惡果顯現和爆發只是時間問題，惡性通貨膨脹或近在眼前，甚至回到類似上個世紀 70 年代的「滯脹時期」。

無可奈何川普去，似曾相識拜登來！11 月 25 日，中國國家主席習近平向拜登當選美國第 46 屆總統表示祝賀。拜登當選大大增加了重啟中美關係的預期，或有利於減緩中美關係的惡化速度。

由於特朗普採取過分激進的對華脫鉤政策，與中國快速實行科技切割，使中國許多企業失去緩衝。「走美國的路，讓中國無路可走」的政策，讓中國迅速覺醒，中國科技產業政策朝自立自強方面的調整速度加快，科技攻關加速。

拜登在政壇打拼 50 年，有著強烈的規則意識，又是一個多邊主義的宣導者，在對華貿易上反對特朗普的加征關稅做法，雙方關稅大戰或告一段落。在規則引領之下的雙邊對話有可能局部開啟。當然，美對華強硬政策在美國兩黨形成高度共識，這兩年通過的一系列對華法案都是高票放行。加上特朗普政府出台了一系列政策、法案，使得這一套對華政策已經制度化、法律化，不是換一個總統就可以立刻改變的。

拜登表示，俄羅斯是美國最大的威脅，中國是最大的競爭對手。他多次表示，將帶領美國重新扮演世界的領導角色，尤其希望組成國際統一戰線聯合鉗制中國。可以預料，美歐關係將有所緩和，聯合對華態勢或有所強化，「冷色」將是中美關係的主色調。

東亞國家和地區由於在抗擊新冠疫情方面已經顯現整體優勢，在經濟復蘇與合作領域領跑一步，21 世紀的世界重心進一步向亞太傾斜並不是嘴上說說。

　　值得注意的是，歐洲與中東伊斯蘭的矛盾進一步上升，土耳其或成爲中東的新焦點，可能取代以色列、伊朗和沙特，成爲中東的又一火藥桶。最近法國和奧地利出現的極端恐怖主義事件，進一步激發歐洲國家對極端伊斯蘭勢力的不滿。土耳其這幾年大力推行「去世俗化」政策，引發世界的不安。加之他手握「非法移民」牌，一直聲稱爲歐洲國家收留了數百萬非法移民，如果土耳其放任這些人偷渡去歐洲，歐洲將被數百萬移民衝垮。伊斯蘭文明與歐洲基督教文明之間的衝突或成爲世界的主要矛盾之一。

　　2021 年即將開啓，中美關係的前景仍是最大的變量。中國於 2009 年底成爲亞洲第一經濟大國，日本接受這個事實至少花了七、八年時間，而美國眞正接受中國崛起恐怕需要更長的過程，或許 10 年、20 年，美國遲早得面對這個現實。

　　中國人的和平基因與生俱來，和諧的理念深入骨髓。本著這一善良願望出發，希望中美關係回到正軌再正常不過。拋棄幻想，不失理想，當是中美關係的底線和高綫。「在絕望中復蘇，在猶豫中上升，在歡樂中死亡」，本是炒股的一個經驗之談，或許也是中美關係的發展軌跡。

周德武

2020 年 11 月

目 錄

第三章　**巴西蝴蝶的翅膀扇起了全球龍捲風**

第四章　**約翰遜贏在當下或輸掉英國的未來**

第五章　**中美戰略博弈殺回香港戰場**

第六章　新冠病毒起源　特朗普寫好了答案

第七章　特朗普若輸掉大選怨不得中國

第一章

這個世界很有嚼頭

大國心態的修煉過程不能省略

2019 年 4 月 1 日

2019 年是中華人民共和國成立七十周年。身居世界第二的中國，究竟修煉成什麼樣的國民心態呈現在世人面前，是個常談常新的話題。

中國幾十年發展的視覺衝擊超過了所有未來學家的想像，更不用說普羅大眾了。近年來，全球主要大國對中國表現出集體焦慮，對華政策中出現了許多應急反應式的措施，並更多表現為對華遏制的成分。中國如何看待這種現象並巧妙應對，是中國崛起過程中的一門必修課。

綜觀全球大國崛起的歷程，自信、寬容、積極進取的國民心態是一個強國的標配。中國正行進在強國夢的道路上，不可能一夜之間就修煉到位。妄自尊大者用俯視的心態看待世界，為「中國傲慢論」增加了攻擊的炮彈；而妄自菲薄者則始終仰視群雄，總認為西方的月亮比中國圓，為「中國崩潰論」提供了口實。學會用平視的眼光、平常的心態看待這個世界，需要我們與時間一起成長。

小時候，在我的腦海裡，家鄉的概念只是方圓幾公里的地方。後來到北京讀大學，當別人問你來自哪里的時候，家鄉的概念自然變成了一個省。再後來到美國擔任常駐記者的時候，家鄉的概念變成了中國。這就不難理解宇航員在天空旅行的時候，為什麼把家的概念理解成「地球」。家鄉概念的不斷變化，其實質是人的視野在發生改變，隨之看問題、看世界的角度也會發生變化。視野決定格局，小至一個人，大至一個國家，雖然我們的眼界會受到歷史和現實的制約，但只有不斷拓展自己的視野，我們才能看到地平線上更大的格局。

人的生命有限，知識受限。人類在碰到世界性難題時首先不得不寄希望於歷史的發展軌跡給我們一些啟示。國際關係領域也概莫能外。特別是

世界呈現出兩強對壘格局時，舊有歷史提供的答案似乎一再指向修昔底德陷阱。中國將強未強，似強還弱；美國將衰未衰，似衰未落。在展望中美兩國關係未來態勢的時候，我們一些人始終無法擺脫冷戰思維，一山不容二虎之說，或多或少嵌入到各自國家的決策思維之中。

近年來，國際關係領域的陰謀論大行其道。陰謀論的最大問題會掩蓋決策的失誤，錯過政策糾偏的機會，為投機分子提供土壤。其實，世界發展到今天，尤其是信息時代，一國採取的政策更多表現為陽謀。在信息氾濫的社會中，我們早已不缺信息，而是缺乏對信息的準確判斷。所以，用辯證的思維而不是用陰謀論的邏輯準確判斷世界大勢顯得尤為重要。

在國際舞台上，大國的縱橫捭闔是常態。我們對一些國家間的正常交往尤需保持平常心。

也許在過去漫長的苦難歷史中，中國作為列強受害者的角色承受得太多，我們一些人自覺或不自覺地把世界各國的反應一概視為對中國的打壓，只要這些國家搞到一起，馬上就聯想到這些國家正在醞釀對華的大陰謀，情不自禁地認為某種行為是沖著我們來的。

在人類有限的歷史中，霸權的爭奪只能有一個勝出者，所以，大多數的爭霸戰以戰爭方式收場，這也就是為什麼修昔底德陷阱之說被如此熱炒的重要原因之一。但今天的世界既是多元的，也是共存共榮的時代，中美兩國完全可以同處一個繁榮的世界中，而不是一方的繁榮與發展以犧牲另一方為代價。中國領導人早就指出，人類身體已經進入 21 世紀，但一些人的大腦還停留在冷戰時代。

存在決定意識，但意識往往落後於存在，這恐怕是世界的通病。改革開放四十年來，中國一心一意謀發展、聚精會神搞建設，並積累了相當的物質基礎。當我們把經濟影響力迅速轉化為國際影響力的時候，世界面臨整體的不適應。換個角度想一想，世界對中國的集體焦慮也在情理之中，

畢竟中國的崛起超出了別國的消化能力，我們應當給世界一點消化的時間。

歷史已經反復證明，一國的崛起從來都不是一帆風順的，大國健康心態的塑造也不是一蹴而就的。國際社會對中國新角色的適應需要時間，國內建立集體共識也需要足夠的時空。從亞投行的設立，到「一帶一路」倡議的實施，再到「人類命運共同體」概念的提出，其實，中國領導人的視野早已從中國一隅擴大到全球，這就鑄成了中華民族復興的軌跡不是以犧牲某國利益為代價，而是在追求雙贏和多贏的目標。但普通百姓達到這樣的認識水準卻需要更長的時間。

中國的巨大成功為世界所矚目，全球掀起中國熱不足為奇。試想，在四十年間走過西方國家幾百年的發展歷程，這樣的人間奇跡不去研究，政治學的存在還有什麼意義？包括修昔底德陷阱理論發揚光大者、哈佛教授埃利森在內的美國人都非常羨慕中國制度的巨大優勢。上至美國總統，下至加州百姓，都很羨慕中國高鐵。試想想，沒有中國公有制的制度優勢，何來中國高鐵？如果沒有中國政府通過轉移支付等手段，何來數億中國人較快實現脫貧？西方許多學者對中國的制度投了羨慕的一瞥，身為中國人，有什麼理由不對我們的制度抱持更多一點自信。

期待強國善待中國的崛起是一種政治幼稚病，但把中國的崛起建立在美國的衰落基礎上也未必是成熟的思維框架。精神上的侏儒絕對無法成為國家巨人。一方面，我們不能指望別的國家心甘情願接受中國崛起的現實，另一方面我們也不要對西方採取的每一項措施處處對號入座。基於此，我們在呼籲包括美國在內的西方國家放棄冷戰思維的時候，其實我們首先要放棄冷戰思維，而不是嘴上說說而已。

政治素人與政治強人背後的選舉邏輯

2019 年 4 月 25 日

政治素人的群體性出現，成為近年來政治與社會學家爭相研究的現象。周日烏克蘭選民把一個在喜劇小品中扮演「總統」的演員推上了總統寶座，算是這個現象的極品。上個月斯洛伐克也出現了相似一幕，執業律師出身的恰普托娃成為該國女總統，基本沒有從政經歷的她，以「向罪惡宣戰」的競選口號，贏得了斯洛伐克境內幾大主要民族的支持。澤氏與恰氏的傳奇為全球政治素人的崛起又添了兩個鮮活案例。

時間倒敘到 2016 年，毫無政治經歷的房地產開發商特朗普與政壇老手希拉里之間展開「古稀」大戰，外加年近耄耋之年的桑德斯，讓美國選民無所適從，用老氣橫秋來形容當年的大選一點也不過分。年輕一代政治家在初選中早早就靠邊站，最後選民不得不在「一堆爛蘋果」中挑出了特朗普。

與此形成強烈反差的是，歐洲的選舉走向了另一極端。2017 年，39 歲的馬克龍贏得了法國大選，成為該國歷史上最年輕的總統；奧地利更是把剛滿 31 歲的庫爾茨推選為總理，這位連大學都沒有畢業的年輕人居然受到如此垂青，大有時光穿越的感覺。縱觀全球，不論是男是女，不論年長還是年輕，這些人的共同特點：或從政經歷極短，或乾脆就是政治白紙，但他們卻能夢想成真，開始指點江山。這背後的魔力到底在哪里？

透過「素人政治」的表像，民粹主義是其崛起的時代背景。從人類政治制度的設計與演變看，選舉制代替世襲制、任期制代替終身制、監督制代替獨裁制、法治代替人治，是政治制度演化的巨大進步。但這個曾經被福山認為是終極版本的西方民主制正遭遇前所未有的危機，尤其是無法解決全球化中的兩極分化難題，當勞動、資本、技術、信息等在全球範圍內

加以配置和流動的時候，資本家的貪婪也發揮到了極致。本國的工會力量逐步走弱，失去了與資本家叫板的資本，於是無感階級與痛感階級的人數急劇上升，政治家們無所作為，政壇像走馬燈一樣，百姓厭倦了政治、厭倦了政客。

第四次工業革命方興未艾，讓政治權力的基礎迎來千年之變。從神權到王權、從王權到貴族、從貴族到精英，如今正從精英轉向草根。權力重心一步步下移是不可逆轉的大趨勢，這為素人的崛起提供了肥沃的土壤和時代的機遇。民主制度的特點之一是人人都有一票。過去靠傳統集會，而今天則有了社交網絡。一些充滿政治抱負的人可以另闢蹊徑，借此傳播自己的執政理念和治國構想，廣泛吸粉。一些具有相同經歷和理念的人，通過各種社群「走」到了一起，相互打氣，形成了「議題性組織」，草根的凝聚力和影響力被有效聚斂或放大。

值得注意的是，與政治素人現象如影隨形的是，近年來世界政壇的強人政治特點也非常鮮明。政治素人與政治強人相互影響，相互催化。一方面政治素人能夠走上前台，背負著民眾的期望，如果按部就班，等待他們的命運可想而知。所以，這幾年來這些政治素人就位後都展示了硬漢形象。特朗普、馬克龍是其典型代表，尤其是特朗普深諳草根政治，靠著推特建立起與這些白人藍領（鐵粉）的風箏線，開創了「推特治國」的先河。這就是為什麼昨天特朗普面見推特CEO，「求教」掉粉20萬的原因。此外，一些政治領袖如菲律賓的杜特爾特、印度的莫迪等也顯示了強硬的一面。去年當選的巴西總統博索納羅，行伍出身，揚言如有必要，可在巴西實行軍管，居然沒有人挑戰他的說法，相反還有不少人為之叫好，可見巴西民眾對當前國家現狀的不滿已經達到何種程度。如果再加上政壇常青樹普京總統，強人政治雲集的時代可見一斑。

政治素人變成政治強人，既是選民的需要，也是社會矛盾激化的必然

結果。強人政治時代可以成就很多大事，強人坐在一起可以拍板，少了一些優柔寡斷和議而不決。但是，任何事物總有兩面性，政治強人不會輕易妥協的特點，也給世界增加了不確定性。如果政治強人頂起牛來，無疑會加大摩擦和衝突的風險。

需要特別指出的是，在權力重心下移的大背景下，政治強人必須以草根作為依託，否則就會風雨飄搖；而草根也必須有政治強人作為符號，否則就會群「羊」無首，迷失方向。政治強人看重面子；政治素人更看重政績的裡子；既要面子又要裡子則是政治素人兼政治強人的雙重需求，要滿足這樣的大味口，除了保持戰略定力、守住底線，把自己的事情做好外，其實也沒有更好的辦法，這就是強人政治時代必須面對的現實。

真可謂：強人擅場素人忙，圉圉一時競芬芳；選舉疲勞搜異曲，鈞台穩坐看玄黃。

傾斜的中美俄大三角尋找新支點

2019 年 6 月 4 日

中國國家主席習近平昨天啟程前往莫斯科，對俄羅斯進行國事訪問，而美國總統特朗普的歐洲之旅進行到了第三天。中美兩國領導人同在歐洲的地理版圖上，給了世界更多的想像空間，也凸顯了百年變局中的歐洲依然佔據著政治高地，俄羅斯和歐洲在中美競技場上的任何偏移都會打破中美俄三角甚至是中美俄歐四角關係的平衡。

近年來，歐洲被移民、主權債務、英國脫歐等問題所拖累，正等待著選擇方向。特朗普歐洲之行的重要目的是，在與中國展開全面政治、經濟與軍事競爭的新時代，尋找遏華的同盟軍。而離諾曼第不遠的地方，習主席正與普京總統共同慶祝中俄建交七十周年，迎接全面戰略協作夥伴關係的新時代。一個為圍堵中國而來，一個為深化中俄友誼而往，大國博弈的力道顯出了高低。美俄聯手的幻象變成了中俄聯手的現實，讓美國的戰略家們扼腕嘆息。

中俄建交七十年，有坎坷，也有低谷，但風雨過後的彩虹更加絢爛。「世界大勢的看法相近，治國理政的理念相通」，夯實了兩國關係的基礎。如今均面臨著美國的打壓和制裁，被美國同時貼上了「修正主義國家」的標籤，被美視為需要全力應對的「戰略競爭對手」，中俄關係的戰略性由此可見一斑。儘管特朗普對習主席的到訪充滿醋意，但是固守意識形態偏見的美國有強大的反俄勢力，特朗普縱有發展對俄關係的願望，但「通俄門」調查，讓他的四年任期一直籠罩在執政合法性的陰影之中，除了與普京在國際場合的幾次有限接觸外，多談幾十分鐘，都會招致美國國內不小的炒作，更別指望能像小布什那樣，「一眼就能看透普京的靈魂」。

中俄關係頂著各種壓力一路走來，雙邊貿易額推升至 1000 億美元大

關，把美俄 280 億美元的貿易額完全踩在腳下。美國一些媒體感嘆，「華
盛頓離間莫斯科與北京，進行了 30 年曠日持久的努力，不只一無所獲，
還催生了俄中夥伴關係」。這些年來，有關「西伯利亞被中國移民佔領」
「中國侵蝕俄羅斯在中亞的傳統勢力範圍」之說在俄流傳甚廣，旨在煽動
中俄之間的地緣政治猜忌，但這些說法在兩國領導人的戰略互信面前一一
化解。

　　普京的清醒得益於葉利欽的教訓。曾經滿懷熱情向西靠的俄羅斯不僅
沒有被西方接納，反而加速了北約和歐盟的東擴，直抵俄羅斯的家門口。
走馬上任的普京把民族復興的希望寄托於東方，對於有「雙頭鷹」之稱的
俄羅斯來說，不再自顧右盼，無疑是一次重大的戰略抉擇。美前國防部長
帕內塔不無憂慮地指出，「中俄兩國聯手，將給美國造成巨大麻煩」。美
國的戰略家們最近強烈建議特朗普，「如果美國明智的話，就應用胡蘿蔔
加大棒的政策，努力在中俄之間製造不和」。這恐怕是中俄關係邁向新時
代進程中需要時刻防範和警惕的動向。

　　特朗普拉俄不成，現在把重點放在了歐洲。令英國十分尷尬的是，首
相尚未離任，特朗普就在倫敦對未來首相人選指手畫腳，實在有辱大英帝
國的臉面。特朗普竭力煽動英國硬脫歐，不給歐盟分手費。他承諾英國一
旦脫歐，美國立即就與其簽署自由貿易協定，希望給猶豫不決的英國吃下
定心丸。但留歐派人士認為，特朗普給英國帶來的是一副毒丸，脫歐後的
英國從此昏昏欲睡，只能聽任美國擺布。工黨領袖郝爾彬和倫敦市長乾脆
加入到反特朗普的抗議隊伍之中。脫歐問題如此複雜，已先後讓兩位首相
葬送了政治前程，可見，請特朗普給英國支招算是找錯了對象。

　　歐洲作為兩次世界大戰的發源地，從戰爭廢墟上爬起來的歐洲人終於
意識到，建立以多邊主義為基礎的國際秩序以及尋求歐洲的一體化、讓渡
部分國家主權是實現歐洲繁榮的必由之路。歐盟的誕生固然源於歐洲聯邦

主義的理想，但樸素的思想火花還是來自於德、法、荷、比、盧等國成立的煤鋼聯營，把煤與鋼統管起來，那麼也就極大制約了戰爭武器的製造，希望此舉為歐洲不再發生戰爭加上一道保險。順著這樣的思路，歐共體呼之欲出，直至歐盟的誕生。一個挑戰美元地位的歐元橫空出世，讓美國驚出了一身冷汗。美國的戰略家們及時挑起了南斯拉夫戰爭，才將歐元的發展勢頭壓了下去。時至今日，歐元在世界外匯儲備中的比重一直在 20% 至 25% 的區間。

特朗普歐洲之行尚未結束，但「大西洋越來越寬」的說法有了更多的佐證。如果說特朗普訪英對抗議人群可以「視而不見」，但馬克龍對特朗普關稅政策的批評不可能被遮罩。在法國大選之前，特朗普對極右分子小勒龐青睞有加，好在馬克龍這匹黑馬擋住了她通向愛麗舍宮之路。但執著自負的特朗普不會因為幾句罵聲和指責聲就改掉了干涉歐洲內政的毛病。

歐洲議會選舉剛剛落幕，民粹主義的幽靈在歐洲上空徘徊。當下歐洲政治光譜中，的確有讓特朗普興奮的一面，民粹主義政黨在歐洲議會的議席有所上升，雖然沒有像媒體預測的那樣達到 30% 以上的水準，但 20% 的議席足以做到「成事不足、敗事有餘」。特朗普的前軍師班農親自到歐洲指導，期待歐洲更多國家改變顏色。讓特朗普有點失望的是，這次選舉的第一大贏家不是極右黨派，而是綠黨。作為退出巴黎氣變協定的特朗普總統，對於環保主義的話題自然嗤之以鼻，認為全球氣溫升高是道偽命題，既束縛了美國的油氣企業發展，也會讓美國為了所謂的碳排放指標埋單。與綠黨尋找共同的話題無異於緣木求魚。

馬克龍作為新一代歐洲政治領軍人物，復興歐盟的抱負已為世人所領略，儘管他深受「黃背心運動」的困擾，其徵收柴油稅的初衷也是為了落實巴黎氣變協定，但他對民間百姓的疾苦體察不夠，也讓馬克龍吃盡了苦頭。默克爾在德國的政治困境越陷越深，基民盟在最近的幾次選舉中一再

失利，她能不能挺過 2021 年都是問號。英法德三駕馬車，英國要跳車，默克爾要被趕下車，迷茫的時代把馬克龍推到了主駕駛的位置。

在中美俄歐四角關係的互動中，特朗普的最大誤判，莫過於這些盟國還願意跟他一起選邊站，但今日之中國不同於冷戰時之蘇聯。中國既是軍事上的強手，更是經濟上的巨人，中國市場的磁力足以吸走歐洲每一顆鐵釘，小心處理對華關係已成歐洲的新共識。英國在華為問題上已經給特朗普上了生動的一課，要讓美國接受這個現實還需要時間。

75 年前，美英法登陸諾曼第為了打敗一個敵人，75 年後，美國人再次來到這裡，號召歐洲一起打敗新敵人。但 75 年的歲月讓美歐在共同敵人的認知上漸行漸遠。73 年前，冷戰的鐵幕在歐洲降下，歐洲深受其害。73 年後，科技冷戰的鐵幕在美國降下，歐洲決不能重蹈覆轍，這是歷史教給歐洲的答案。因為無論是一個人、一個國家還是一個區域組織，不能在同一個問題上犯兩次錯誤。

真可謂：縱橫捭闔爭上游，六略三韜善運籌；華夏推心廣交友，商人利己碰破頭。

中俄夥伴關係的縫隙會否塞進美國的楔子

2019 年 6 月 8 日

中國國家主席習近平正在莫斯科進行國事訪問，將中俄關係推向了全面戰略協作夥伴關係的新時代。

習主席不僅向俄羅斯展示了未來中俄關係的大寫意，也為雙邊具體合作領域描繪了工筆畫，剩下的是雙方組成得力的工程隊，把中俄合作方案做實。

這些年來，中俄關係的「政熱經冷」經常遭到詬病，但雙邊貿易額突破千億美元大關，讓這種說法成為歷史，經濟的短板正在成為雙方戰略合作的長板，這是中俄關係昇華的重要標誌。

美國最大的失誤是低估了俄中關係的穩定性、韌性和成熟性。美國總以為，中俄加強雙邊關係，只是增加對美鬥爭的籌碼。然而中俄關係在美國的不屑中走出了獨立行情，完全超過了美國戰略家們的預期。

過去，在大三角關係中，老大聯合老三、共同對付老二的遊戲，美國玩得多了，但這次老二與老三變成了全面協作的真夥伴，戰略協調得到大幅度提升，中俄兩邊之和大於第三邊的效應得到了充分體現。結伴而不結盟、對話而不對抗、關注第三國但不針對第三國的中俄關係站在新的歷史起點上，迎接世界百年之變局，讓美國聯手俄羅斯的幻想化作了泡影。

俄羅斯是「雙頭鷹」，左顧右盼，生性多疑，但遇到中國的真性情、真感情，克格勃出身的普京也被深深地打動。從最初對「一帶一路」的疑慮到主動提議與「歐亞經濟聯盟」的對接，中亞不再是中俄爭奪的地緣政治高地，而是雙方需要大力填平的經濟窪地。思路決定出路，俄羅斯戰略思維的轉變為中俄新時代全面戰略協作夥伴關係注入了新內涵。

中俄互為最大的鄰居，守望相助。鄰望鄰好是中國的做人之道，是雙

邊關係相親走密的道德基礎。俄羅斯一直受到「資源詛咒」，去世不久的美參議員麥凱恩生前把俄羅斯稱為「偽裝成國家的加油站」。

對於地大物博的俄羅斯來說，石油價格高企的時候，俄羅斯不想改革，在石油價格下跌的時候，俄羅斯不敢改革。其實，有沒有特朗普的打壓和制裁，中俄兩國經濟轉型的重任就擱在那裡。

但美國因素無疑加速了兩國尋找經濟深度合作交集的緊迫感。如果中俄以建交七十周年為契機，發揮各自的優勢，兩國經濟完全可以找到新的拓展及成長空間，這是新時代中俄全面戰略協作夥伴關係的應有之義。

中俄如此接近，對美國國家安全構成巨大威脅，這是美國戰略界的共識。一些高官建議特朗普不惜一切代價，挑撥離間中俄關係，否則大三角中兩邊越夾越緊，留給美國的迴旋空間只會進一步收窄。

展望未來，中俄關係的發展軌跡不可能像涅瓦大街那樣，相反會有不少雜音甚至摩擦，中國人佔領西伯利亞之說不會銷聲匿跡，中國滲透俄羅斯後院之聲也會沉渣泛起，俄羅斯成了中國的小兄弟、只能充當「第二小提琴手」的奇談怪論時不時會冒出來。

中俄作為兩個國家行為體，存在分歧也很正常，關鍵是這些因素不能讓美國所利用，成為挑撥中俄關係的工具。

值得警惕的是，過去幾年南中國海成為美國推行亞太再平衡戰略的新抓手，特朗普的「印太戰略」也是換湯不換藥，少不了在南海問題上繼續做文章。

近年來，美國加大了對越南的拉攏步伐，雙邊軍事往來頻繁。在中美貿易戰全面開打之際，美國也樂於看到產業鏈向越南轉移。最新統計資料表明，在中美貿易戰開打之後，中國 2019 年第一季度對美出口下降了13.9%，而越南對美出口暴增了 40.2%，位居亞洲國家之首。

對越南的經濟發展我們樂觀其成，但越南如果被美當作遏制中國的棋

子也就成了新的悲哀。畢竟美國的國家安全戰略報告，或明或暗地把具有地緣區位優勢的越南算成了「自己人」。

如果越南聽從美國的建議，力邀俄羅斯到中越爭議的海域共同開發石油天然氣，那無疑給中俄關係製造新的縫隙，從而讓美國的楔子找到最恰當的位置，一汪藍色的南中國海或再次變成渾濁之海。這一切只是筆者的猜測，也許是我想多了。

真可謂：施壓西方處夜郎，世人洞悉鬼心腸；今朝助紂傷舊友，明日自身劍下亡。

這個冬天地球的政治溫度有點高

2019 年 10 月 31 日

　　10 月 31 日是西方的萬聖節。睜眼看今日之世界，地球又多了幾分詭異，一些事件多了幾分蹊蹺，一些地區的政治溫度高得出奇，一些政客又多了一副面具。英國還脫不脫，智利閃崩後的亞太經合會議（APEC）還開不開，中美貿協還簽不簽，中東這一仗還打不打，朝鮮半島還談不談，特朗普會不會被彈劾掉，香港還鬧不鬧？這些問號等待拉直，而等待的過程又無比痛苦。有些需要定力，有些需要政治智慧，有些需要政客們的厚臉皮，有些則屬於「不作不死」，任由花開花落，扶不起的泥巴也就由它去了。有些則需要澆一盆涼水待其清醒，亡羊補牢猶未為晚。

　　「沒有如果，沒有但是。只有 10 月 31 號離開歐盟這條路。讓懷疑論者、末日論者、悲觀論者見鬼去吧」。這是約翰遜 7 月 24 日在英國首相就職典禮上的演講詞。為了壓英國議會同意脫歐，他像特朗普一樣，搬出了英國版「極限施壓」術，甚至發了「寧願死在溝渠中，也必須帶領英國在 10 月 31 日之前脫歐」的毒誓。但這一天真的到來的時候，約翰遜沒有栽在陰溝裡，相反卻給自己戴上一副新面具，即將成為看守首相。他拉上保守黨議員，賭上 12 月 12 日的大選。

　　這場無異於「第二次公投」的大選，事關英國的未來，對保守黨與工黨來說，都是一場政治豪賭。已經爭吵三年半的英國，這一次總不能還把難題交給歐盟吧。擺在英國面前只有兩條路：投票支持保守黨，即意味著離開歐盟，不論是軟脫還是硬脫，龜縮到英倫小島，過「英國優先」的小日子未必是最糟糕的選擇。而選擇工黨，則意味著脫歐問題繼續懸而未決。

　　工黨已承諾，將與歐盟談出一個脫歐協定，連同留歐選項，一同放在

問卷中，交由人民來公決。畢竟英國許多人抱怨，三年多前的那次公投，受到了約翰遜等人的誤導，這一次一定想清楚再投下莊嚴的一票。而另一些人則抱怨，「約翰遜在聖誕節前，給我們的這個禮物實在不想要」。除了自家的信箱裡多了一些有關拉票派發的傳單之外，自己的苦日子照舊，實在是「受夠了」，趕緊離開歐盟吧，是時候結束這場沒完沒了的鬧劇了。

據最新民意調查顯示，保守黨現在大幅領先於工黨八個百分點。約翰遜此次孤注一擲，志在必得，希望通過大選，讓保守黨再次控制議席半數，為下一步的脫歐掃清政治障礙。約翰遜能如願以償嗎？英國九十六年來第一次在寒冬中的投票，會讓英國出現比天氣更糟的結局，還是會讓英國懷揣著「冬天來了，春天還會遠嗎」的美好期待，用不了多久就會給出答案。

智利首都的抗議示威來得真不是時候，與會的 APEC 各國領導人已經做好準備，智利卻在關鍵時刻掉了鏈子。想當初，智利也是希望這次峰會向世界展示，第一個走出「中等收入陷阱」的拉美國家，人民的幸福指數有多麼高。但拉美的「政治明星」最近因地鐵票漲價而引發的連續暴力示威而蒙塵，政府不得不出動一萬多名軍警，依然不能平息騷亂，20 多條鮮活的生命因此而止步。總統皮涅拉不得不向世界宣布，鑒於智利的國內形勢，政府需要優先重建社會秩序，保障公民的安全和社會安定，推動新的社會計劃，智利不得不做出這一艱難決定。

亞太經合組織於 1993 年在西雅圖召開了第一次領導人會議，中美領導人的會晤，讓中美關係走出了因 89 年風波而陷入的低谷。而此次智利峰會，原本中美首腦商定在那裡簽署第一階段貿易協定，讓僅持了一年半的中美關係獲得新的喘息機會，但這一切不得不重新規劃。據英國報章透露，美國提議在阿拉斯加或夏威夷召開 APEC 峰會。其實話說回來，在哪里簽署並不重要，重要的是雙方本著互利雙贏的原則，而不是一方借貿易協定將對方擠出跑道，獨佔世界貿易之便利。

　　世界在極化的道路上狂奔，社會分化、政治極化將政治行為體推向了互不妥協的對立面，這是一個時代的悲哀。世界政治處於沸點，能保持清醒的人已經不多。特朗普與佩洛西互罵對方是「錯亂式精神崩潰」。特朗普這位非常看重面子的人，弄得個被彈劾的歷史紀錄，的確是一次羞辱，這恐怕是政治素人必須付出的政治代價。在民粹主義占主導的社會中，撕裂已是常態，不僅在香港地區，在美國、英國或是拉美以及中東地區，世界因互聯網的傳播，形成了自我封閉的世界，遮蔽了異見，也擋住了高見，讓所謂的多元民主迅速異化。正像黎巴嫩總理哈里里前天在電視講話中所言，政治「走進了死胡同」，除了辭職，已別無選擇。他好不容易花了 9個月時間才組成的內閣，如今不得不面臨夭折，黎巴嫩的政治真空可能導致國家進一步走向混亂。真主黨會不會重新坐大，這是示威者們面臨的政治悖論。

　　存在政治悖論的豈止是中東。智利的光環瞬間不在，什麼拉美的明珠，什麼「經合組織成員國」等，過早地給「發展中國家身份」摘牌，浪得個虛名，但貧富分化等社會矛盾在光環的籠罩下繼續發酵。如今的香港也大體如此。折騰了 140 餘天的香港，還有多少值得炫耀的光環，開口閉口中的法治社會，恐怕只是一些人大腦中的想像，把 140 天前的香港與今天香港劃上等號只不過是自欺欺人。

　　具有諷刺意味的是，一個頂著世界上「最自由經濟」光環的香港，同時也被《經濟學人》雜誌評為「裙帶資本主義」最嚴重的經濟體之一。而裙帶資本主義則是衡量腐敗程度的重要指標。可見，香港的這種光環也經不起陽光的檢驗。

　　香港的繁榮與發展並不是因為實行了資本主義制度，而是在特定歷史和條件下，即在西方世界對大陸實行封鎖的環境中，扮演了不可替代的橋樑和中介角色，背靠大陸、面向世界，成就了香港的一段傳奇。而隨著中

國改革開放的加速，香港的優勢不再，不僅錯過了第一次互聯網革命的班車，如今更陷入自我折騰，或失去大灣區一體化所提供的新機遇。在市場原教旨主義的陷阱中越陷越深。

2019 年進入第四季，歷史會記下許多難忘的瞬間。幾隻黑天鵝的飛出，超出人們的預期，但太陽照樣升起，該過的日子不會省略，該忍受的痛苦還得忍受。就像今天的香港人，沒有一次政治的歷練很難成熟，而這種成長是別人替代不了，也是說教不成的。讓我們多一點歷史的耐心吧！

英國在過去的五年間，經歷了四次投票，但投來投去，投得大家無所適從，一人一票不是靈丹妙藥，相反卻迷失自己，帶壞了世界。香港究竟想從英國人身上學習什麼，值得我們好好反思。文翠珊在辭去英國首相時引用了英國爵士溫頓的一句話，「妥協不是骯髒的字眼」。港人又聽進去多少呢？

2019的世界其實很有嚼頭

2019 年 12 月 31 日

2019 年的時間列車今天走向終點。這一年發生的許多事件讓我們不得其解，甚至覺得這個世界越來越陌生，但這一年也很有嚼頭。這一年發生的許多大事究竟是短暫現象，還是不可逆轉的大勢，還需要時間來回答。

英國脫歐和美國總統彈劾案是最長的政治連續劇。追劇的人最後得了厭劇症，而演劇的人則沉浸於角色，難以自拔。好在有不少國家和地區出現的街頭騷亂不時插播其間，沖淡了英美兩國的主題，從而構成了 2020 年多姿多彩的政治全景圖。

年初有人預測，2019 年可能是近幾年最差的一年，但也有可能是未來 10 年最好的年份。這是悲觀主義者對 2019 年的定義，但樂觀主義者卻不以為然。畢竟書寫歷史的是人類本身。與其被動接受，還不如主動塑造，或有一個不一樣的未來。

一

2019 年是「後真相時代」被淋漓盡致詮釋的一年。一桶油、一張地鐵票、一顆洋蔥、一場大火、一個社交媒體稅、一個提案、一場選舉、一通電話都可以引發意想不到的政治後果。脆弱的世界已經經不起太多的衝擊。

黎巴嫩政府因提議對 WhatsApp 等社交媒體每月收取 6 美元的費用，激起民眾的廣泛憤怒。對抗社交媒體徵稅只是誘因，根本的問題還是黎巴嫩的經濟危機。三分之一的人處於貧困線以下，青年失業率高達 37%。

中東沒有最亂，只有更亂。今年夏天美伊（朗）互放狠話，英伊互扣

商船,沙特油田被炸,美國無人機被擊。中東上空戰雲密佈,終因特朗普不願當「戰爭總統」而作罷。

但中東阿拉伯「第二春」山雨欲來,增加了這個地區的悲情。伊拉克自10月出現抗議示威活動以來,已有400多人死亡,1.9萬多人受傷。剛剛上台不到兩個月的總理邁赫迪被迫宣布辭職。伊朗也因大幅度提高汽油價格引發民眾不滿,好在當局果斷採取行動,將騷亂平息下去。

10月的智利就沒有這麼幸運了。首都聖地亞哥因提高地鐵票價格,引發了民眾抗議,年輕人紛紛跳閘逃票,20多人在騷亂中喪生。智利政府不得不軍警一體,全員出動,希望儘快撲滅火頭,但怒火卻越燒越旺,以至於智利總統不得不宣布取消兩場國際會議,2019年的APEC峰會被迫停擺,而世界氣候峰會只好挪到西班牙召開。

本來是為智利掙面子的國際盛會最後演變成了丟面子的世界笑話,讓天性樂觀的拉美人也高興不起來。

這一年來,美國的後院極不平靜,從委內瑞拉首都機場附近的槍聲,到玻利維亞總統莫拉萊斯(被對手指控選舉舞弊)的流亡;從厄瓜多爾抗議公交漲價,到亞馬遜雨林的大火,政治與自然界的大火把整個拉美燒得通紅。全球同此涼熱,讓瑞典女孩通貝里的表現格外扎眼。各國總統們不得不豎著耳朵聽她數落著「大人們對環境的不負責任」。

津巴布韋的開國元勛穆加貝走了,帶走了非洲民族解放運動的最後記憶,也算挽回了政治家的最後一點體面,這是津巴布韋新一代領導人的政治智慧。

這一年,新的政治面孔不斷湧現。澤連斯基來了,來得有點不是時候,至少特朗普是這麼想的。這位擅演總統的喜劇演員居然夢想成真,當了上烏克蘭的真總統。政治素人在殘酷的現實政治面前,開始出演悲劇角色,迅速捲入了美國政治的旋渦。

比烏克蘭政壇面孔更新的是芬蘭新總理。34 歲的桑格‧馬林執掌總理大位，領導著 19 名內閣部長，其中 12 人為女性，且四人為 85 後。經驗肯定不多，但創新能力肯定不少。畢竟對於一個只有 555 萬人口的國家來說，支起這個攤子還不如中國的一個中等城市規模。

比起美國政壇來，幾位年近八十的老人還在為自己的政治前途打拼，究竟是美國的整體悲哀，還是美國年輕人的悲哀，還是讓未來告訴我們答案。

但有一點可以肯定，美國的保守主義全面回歸，冷戰思維捲土重來，正把人類引向兩極對立的世界。有形的柏林牆倒下了三十年，新的、無形的柏林牆正在豎立起來。德國總理默克爾今年 5 月避開了美國首都華盛頓，直奔波士頓的哈佛大學，她告誡美國未來的政治領袖們需要拆掉「思想狹隘之牆」。

北歐是社會發展的一個範本。但是高福利的社會維持，必須要有高稅收作支撐。像丹麥、瑞典、挪威、芬蘭等國，均是「羊毛出在羊身上」，通過稅收調節社會分配，實行高額稅收和大幅度累進所得稅，芬蘭的最高稅率超過 50%，稅收占 GDP 的 43% 左右。瑞典要拿出 60% 以上的收入用於繳納稅費。可見，「從搖籃到墳墓」的高福利社會雖令人羨慕，但也需要每一個人從腰包里掏出更多。

對於「手停口停」的香港人而言，最高個人稅率只有 17%，要想維持那樣的分配制度，也只能是天方夜譚了。

二

2019 年的一張談判桌，吸引了全世界的注意力。中美之間圍繞著貿易協定展開了多輪談判，特朗普高高舉起的關稅大棒，讓全世界吃盡了苦頭。

中美兩國的股市跟隨著兩國政府的談判節奏上下起伏。把股市看得如此之重的特朗普終於意識到，隨心所欲也需要付出額外的代價。雖然這一年他多次揚言，並不急於簽署中美貿易協定，但屁股指揮腦袋，要想連任總統，不把農業州搞掂，也沒有絕對勝算的把握，嘴硬腿軟的特朗普還是在年底前坐到了談判桌前。

不管這場貿易休戰能停歇多久，但坐下來喘口氣也是世界的共同期盼。不論前面的路有多難，但時間並不會就此停滯，該來的終究要來，坦然接受，守住底線，做好自己是當下唯一的選擇。

三

2019 年的街頭過於喧囂，走上街頭的理由有千萬條，但真相只有一條，那就是肇始於美國的 2008 年金融危機還在繼續折磨這個世界。

雖然美國憑藉美元霸權地位率先從危機中走出，但量化寬鬆的貨幣政策引發了全世界的效仿，導致貨幣萬能主義氾濫。當年看似問題的解決之道，正成為新問題之源。財富進一步向少數人集中，加劇了世界的兩極分化。

民粹主義是把雙刃劍，選舉政治正把世界引向死胡同。為了選舉而選舉，為了選票而不得不向選民做出過度承諾。選舉成了一些國家的「靈丹妙藥」。

在過去的五年間，英國舉行了三場大選，為了一紙公投的承諾，把原本相對穩定的政治體制攪得天翻地覆。文翠珊黯然退出，把首相的接力棒交給了約翰遜。「不脫歐，毋寧死」的政治豪言終於讓約翰遜在聖誕節前的大選中先聲奪人，把英國帶上了脫歐不歸路。但有人擔心，約翰遜贏了當下，很可能輸掉未來。

畢竟，蘇格蘭人表示，他們沒有賦予約翰遜帶領我們離開歐盟的權

利。儘管約翰遜不斷給蘇格蘭的二次獨立公投潑冷水，但能不能澆滅「蘇格蘭脫英」的衝動，直接關係到大英帝國是分裂還是團結的命運。

馬克龍年輕氣盛，不僅有振興歐盟的理想，同時也對法國的社會和政治改革充滿了熱血。改革找死，不改革等死。馬克龍毅然選擇了改革這條路。作為法蘭西共和國最年輕的總統，年輕是他唯一的資本。雖然「黃背心運動」讓馬克龍付出了沉重的代價，但他不畏困難，走街串巷，深入鄉村，讓自己的改革方案多接一些地氣。

雖然這次退休金制度改革，動了一部分國有企業和特殊群體的乳酪，巴黎歌劇院享受了幾個世紀的、42 歲可以退休的福利，不幸被馬克龍攬黃，她們在街頭義演，求得人們的理解和同情，對於 6 至 8 歲就要練習芭蕾舞的演員來說，讓她們也跟著延長退休年齡是多麼不近人情。

但這個群體畢竟是龐大群體中的小小一塊，並不能掩蓋一些行業從特殊變成一般的事實。隨著自動化程度的提高以及無人駕駛技術的廣泛應用，一些過去異常繁重的體力活在今天變成常規工作，對其退休制度改革也是與時俱進的表現。

歐洲政壇不缺政客，而是缺少政治家。從政客到政治家，需要與時間一起成長。默克爾如此，馬克龍也概莫能外。「後默克爾時代」提前到來是政治的無奈，畢竟這位大媽今年在大庭廣眾下，身體顫抖得讓人揪心，儘管她一再告訴人們，她很健康，但身體密碼總是情不自禁地訴說著「真相」。

歷史把馬克龍推向了歐洲舞台的中央，他背負著歐洲聯邦主義者的願望，希望成為戴高樂第二，他能做到嗎？不妨我們對改革者多一些支持。

四

洋蔥是南亞熱帶季風裡的清醒劑，也是製作咖喱極其重要的原材料。

因洋蔥刺激的淚水變成「憤怒之河」。今年印度遭遇洪水，導致產量大幅度減產 35%，其價格翻了 300% 以上，印度百姓無法承受之重，讓我們再一次領教了食物剛需所帶來的價格剛性。這就是為什麼中國領導人反復強調將把飯碗牢牢地端在自己的手裡。

糧食是中國人的剛需，而洋蔥是印度人的剛需，印度民眾堵塞高速公路以示抗議，迫使政府下令禁止出口洋蔥，孟加拉、尼泊爾和斯里蘭卡等國也跟著遭殃。

如果說一顆洋蔥只是引發了局部地區的騷亂的話，而前不久印度通過的「公民身份法」，則引起了全國性的抗議浪潮。穆斯林被排除在登記為合法公民名單之外，引發了穆斯林人的強烈不滿，而大量其他族裔則擔心這些非法移民的合法化會衝擊他們現有的利益。

印度政府採取斷網、高額罰款示威者等方式，希望迅速平息騷亂。這場騷亂已致 27 人死亡，數千人被捕。西方國家對印採取的措施也是睜一隻眼、閉一隻眼，為 2019 年的街頭政治定義作了新解。

街頭政治不在於發生在哪個地方，甚至不取決於引發抗爭的具體原因，只要是美國的盟國、准盟友或夥伴國家，那就被定義為騷亂、暴亂，而其他國家和地區則是民主運動，「是一道美麗的風景線」，「令美國人民感動」。

五

2019 年的關稅大戰，特朗普掌握了相當大的主動權，但令他意外的是，自己與烏克蘭總統的一通電話，居然被政治對手佩洛西逮了個正著，就此把他釘在歷史的恥辱柱上。與三八線的一步跨、開創美朝關係的歷史一樣，12 月 19 日特朗普彈劾案在眾院的通過，使特朗普成了美國歷任總統中被彈劾的第三人，同樣具有歷史意義。

　　佩洛西和特朗普之間的罵戰持續了一年。雙方互指對方「情緒崩潰」。佩洛西告訴記者，作為一名天主教徒，她一直在為特朗普祈禱。當記者問特朗普是否聖誕節為佩洛西祈禱時，他避而不答。看來，佩洛西讓特朗普這個聖誕節疼到了心裡。共和黨控制的參議院本想在彈劾問題上速戰速決，但佩洛西遲遲不將彈劾案移交，讓白宮的希望落了空。

　　2019 年是人類情緒盡情釋放的一年，也是許多當政者倍受考驗的一年。2019 年已成歷史，2020 年時間列車正催著我們上車。願 2020 年少些煎熬，少些「憤怒和沮喪」，多些理性和陽光，讓當下只認黑白的世界多一些是非判斷。互聯網的世界不應該只屬於老死不相往來的「信息部落」和政治膚淺者，還應當給包容和傾聽者以一席之地。

華爾街不長記性

2019 年 06 月 28 日

2019 年 6 月 28 日第 14 屆 G20 峰會在大阪舉行，全世界的焦點移至日本，世界主要領導人正根據東九區時間參加全球經濟協調及治理大會並安排一系列會晤。與去年 12 月阿根廷峰會驚人相似，中美首腦會晤尤其令人囑目。在中美貿易戰陷入僵局的大背景下，兩國領導人向外界釋放的任何信號，足以讓全球股市跟著起舞，對觀察中美關係的下一步走勢具有方向性指導意義。

在特朗普赴東京前，美眾院下達了對獨立檢察官穆勒的傳票，特朗普大罵這幫人沒完沒了。「通俄門」成了戴在特朗普頭上的緊箍咒，佩洛西一不高興就拿出來念念，搞得特朗普心煩意亂。更讓他煩心的是，本來通過打壓華為，為自己在中美貿易戰中多一張王牌，不料美國的大公司開始反目，有的設法利用美國法律條款的漏洞，向華為恢復供貨；有的則公開要求政府簽發出口許可證。美國重量級共和黨議員和州長們也加入到遊說特朗普的行列，懇求他「見好就收」，搞得特朗普打貿易戰的底氣「四處漏風」。技術市場無法忽略中國，資本市場同樣也無法忽略中國。如果說十幾年前美國財經類節目很少有中國上證指數的新聞，但現在中國證券市場的動向同樣為華爾街所關注。

自去年年中開始，中國 200 多支股票已被納入世界級的指數基金。美國反華急先鋒、參議員盧比奧最近致函明晟指數編制公司，要求其提供有關為何增加中國公司股票在其指數中權重的信息。

公司的答覆是，「中國正從一個人們可以關注、但感覺沒有必要參與的市場，變成一個你必須參與的市場，因為如果你不參與，代價將非常高昂」。這樣的答覆令盧比奧十分沮喪。技術和資本市場如此，其實美國經

濟之所以很快走出低谷，很大程度上也是得益於中國的幫助。特朗普口中的「美國建設了中國」恰恰是相反的劇本。時針撥回到 2009 年的 G20 峰會前夕。那時的美國深陷次貸危機。走馬上任的奧巴馬面臨資本市場的滿目瘡痍，最傲的美國總統也沒了底氣。市場的信心觸及最低點。道指、納指、標普三大指數於 2009 年 3 月 9 日創下 21 世紀以來的最低點，道指為 6440 點，而納指為 1265 點，標普為 666 點，當時美國股市市值不到 10 萬億美元。

信心比黃金更重要，對於 2009 年的全球資本市場而言最恰當不過了。在此情勢下，G20 峰會很快在倫敦召開，筆者有幸參加了這次會議的全程報導工作。倫敦主會場的三個大字格外醒目，穩定（STABILITY）、增長（GROWTH）、就業（JOBS）是 20 國的當務之急，尤其是讓全球金融秩序從驚慌失措中穩定下來，是擺在領導人面前的迫切任務。G20 峰會的初心充分展現在世界面前。G20 機制與金融危機相隨而生、相伴成長。自 1999 年建立 G20 財長和央行行長會晤機制以來，已走過近 20 年的歷程。

2008 年 9 月 15 日美國雷曼公司倒閉，堪比美國經濟的 911 事件，次貸危機的蝴蝶效應在全球迅速蔓延，直接受衝擊的資產近 6000 億美元，但通過金融杠杆等方式被毒化的全球金融資產高達 60 萬億美元。美國通過自己強大的號召力，當年底在華盛頓召開了第一屆 G20 峰會。旨在「通過發表共同宣言，承諾各主要經濟體加強宏觀政策協調，採取必要措施，促進金融穩定和經濟增長，防止金融風險傳導，為脆弱的世界市場增強信心」。但市場並不買賬，股市繼續探底，於是在世界另一金融中心倫敦接著召開了第二屆峰會。中國領導人被推到了最顯眼的位置。

會場中央掛著三個大鐘，一個是倫敦時間，一個是華盛頓時間，一個是北京時間。倫敦時間代表過去，華盛頓時間代表著現在，而北京時間則指向未來。「地球圍繞大國轉」是無奈的國際政治現實。G7 的重要性讓

位於 G20，宣告了發達國家主導世界經濟進程的結束，主要發達國家和重要新興經濟體共聚一堂，這是世界經濟治理模式的重要轉折。中國的一言一行被格外關注，中國的聲音也被迅速放大。緩過神來的美國對中國提高嗓門很不舒服，自 2009 年底哥本哈根氣變大會之後，有關「中國傲慢論」的聲音不斷從華盛頓發出。從此，美國對華政策的再評估和再調整明顯加快了進程。中國為緩解當時的金融危機果斷出手，出台了包括四萬億元的系列刺激措施，有力拉動了世界經濟的增長，僅中國一家對世界經濟增長的貢獻率一度高達 50%。當然，貨幣和財政刺激政策的最直接後果就是產能過剩的矛盾進一步加劇，但這種犧牲體現了中國在危機面前的應有擔當。

回望這段危機處理過程，美聯儲在第一時間實行量化寬鬆的貨幣政策，大量收購有毒資產，包括通用汽車、花旗銀行股票及「兩房」債券，展開了一場「國有化運動」，美聯儲扮演了一支看得見之手的角色，直至危機結束，美聯儲才全身而退。但美聯儲的資產負債表也從危機前的 8500 億美元迅速攀升至 45000 億美元。美國人很好地利用美元的國際貨幣地位向全世界分散了風險，使得美國率先從危機中走出，美國參與 G20 的熱情隨之減弱，峰會的頻率也從高潮時的每年兩次調整為一年一次。一時間國際社會對美國過河拆橋的抱怨聲四起。

美國量寬政策的直接後果之一是拉抬了美國股市。由於市場中沒有好的項目可以投資，公司於是採取回購自家股票的方式推高股價。加之美國實行零利率政策，各種公共和私募基金在這種狀況下無法生存，於是抱團取暖，轉投股票類高風險資產，客觀上對股市上漲起到了拉動作用。後在特朗普減稅等政策的刺激下，股市的「脈衝效應」被進一步放大。截至 2019 年 6 月 27 日，道指達 26536 點，納指達 7909 點，標普達 2913 點，與十年前的低點相比，道指、納指、和標普三大指數分別上漲了 401%、624%、439%，而同期 GDP 的整體增幅只有 39% 左右，股市的增幅完全脫離了 GDP 的基本面。

著有《非理性繁榮》一書作者席勒指出，美國股市再度呈現非理性繁榮；「華爾街不長記性」。臉書、亞馬遜、蘋果、微軟和谷歌五家公司就占美國標普 500 公司市值的 13%，資本的壟斷性進一步加劇。美國歷史上標普的市盈率為 15 倍左右，而現在已達 26 倍，可見，美國股市場已患有嚴重的恐高症。

量化寬鬆貨幣政策的另一個直接後果就是向新興經濟體注入了大量流動性，一些熱錢也隨之滲入到這些國家之中。包括進入中國市場，直接導致中國的貨幣發行近乎失控，外匯占款式的人民幣被動投放，讓 M2 像脫韁的野馬。從 2008 年開始，短短 10 年間，中國的 M2 增加了 120 多萬億人民幣，並以中國城市的高房價方式沉澱了下來。而在拉美等新興市場國家，一些政黨候選人為了滿足選民的味口，不切實際地向百姓承諾發放「難以承受之重」的福利，寅吃卯糧的做法使得一些國家財政捉襟見肘、債台高築。截至目前，全球公私債務超過 246 萬億美元，占全球 GDP（約 80 萬億美元）的 300% 以上，比 2008 年危機爆發之初高出 70 多萬億美元。登峰造極的人類債務水準成為懸在全球面前的達摩克利斯之劍，尤其是全球的高債務與低增長形成了一對有毒組合。由於特朗普發動全球貿易戰，世界經濟的同步增長勢頭被美國摁了下去。主要經濟體開啟了關稅「互毆」模式，中間產品及消費品價格整體抬升，全球通脹形勢不容樂觀。

自 2015 年 12 月以來，美聯儲雖已加息九次，長達 10 年的美國經濟增長已露出疲態。美國 5 月份的製造業指數僅為 50.5，為 2009 年 9 月以來的新低，消費者信心指數也大幅度回落。美國 10 年期長債與 3 個月短債的收益率曲線倒掛（經濟衰退信號）半年前就已出現。特朗普多次警告美聯儲主席鮑威爾趕緊降息，為明年大選拉抬經濟，美聯儲的中立性政策遭遇特朗普的強力挑戰，上星期鮑威爾的立場終於出現了鬆動，市場預期美國的降息大概率會出現在第三季度。

令人不解的是，從 2009 年第二季度算起，美國經濟持續增長超過 120 個月，打破了上個世紀 90 年代創下的最長紀錄，但美聯儲的利率居然連「中性」（約 3%）的位置都沒有達到，就要掉頭向下，這種反常現象不能不讓人懷疑美國這輪經濟增長的成色。舊一輪的危機尚未完全走出，新一輪經濟危機的腳步聲正越來越近。一些看似是當年危機的「解決之道」，正變成新問題之源，尤其是貨幣萬能主義的氾濫，給世界留下巨大的後遺症，讓許多國家背負了沉重的債務負擔。從去年開始，國際社會就開始熱議新一輪「朱格拉週期」何時到來，美國著名投資銀行對明年美國經濟出現衰退、甚至出現新危機的預測屢見報端。

特朗普經濟刺激政策的邊際效應幾近尾聲，製造業的回歸並不順利，企業回流美元也不盡如人意，剩下的只有高處不勝寒的股市。全球巨額債務成為擋在世界經濟征途中的「灰犀牛」，新興經濟體尤其感受到了資本面的陣陣寒意。最近，印度、俄羅斯、澳大利亞、馬來西亞等國率先降息，歐盟、日本也釋放出再度量寬的口風。

美國發動的貿易戰成為全球經濟減速的重要原因，G20 財長和央行行長會議的公報草案中，就此表達了明確立場，但因美國方面反對「緩解緊張貿易關係迫切性」的表述，這句話被迫從聯合公報中刪除了。如果這個基本的事實都無法凝聚共識，那麼二十國首腦如何就全球治理找到共同答案也就打了大大的問號。如果未來的峰會形成一對多的格局，特朗普會不會一跺腳，不跟你們玩了呢？

特朗普的退群之舉和以鄰為壑的貿易政策正在損害國際社會的合作精神。一些有識之士擔心，如果新一輪危機如約而至的時候，國際社會還有沒有這樣的意願、能力和相應的機制，來共同挽救下一場不期而至的危機。

真可謂：鶴立難群不一般，孤家山姆進退難；若逢箭射出頭鳥，方悔離群心太貪。

全球化喪鐘不應為新冠肺炎疫情而鳴

2020 年 3 月 11 日

新冠疫情正以令人揪心的速度向全球 100 多個國家蔓延，世界正面臨「大流行的真實危險」。即便中國的疫情得到了初步控制，但每一個中國人懸著的心並沒有落地，中國面臨的疫情倒灌風險是實實在在的。畢竟世界只有一個地球，人類處在同溫層，病毒對人類的折騰不會因為種族、職位、財富的差異而有所不同。今天我們在一些國家目睹的情形不過是武漢在四十多天前經歷的苦難的複製。

從疫情暴發之初的手忙腳亂，到後來的舉國從容應對，中國的戰時動員及緊急反應能力得到了一次檢驗。美國經常靠發動戰爭，檢驗美國的軍事裝備、鍛煉軍人的作戰能力。而中國是一個熱愛和平的國家，戰爭早已離我們遠去，社會的應急能力有所退化。不期而至的新冠疫情給中國造成了刻骨銘心的重創，但對於和平久了的中國而言，這樣的經歷對於國家的成長則是難得的「戰時」演習，對於深化改革、補齊短板將起到極大的推動作用，無疑是把壞事變成了好事。

新冠疫情暴發之初，對中國同情者有之，看中國笑話者有之，激烈批評中國體制不透明者有之，稱「中國是真正的亞洲病夫」有之。痛定思痛的中國通過近五十天的努力，向國際社會交出一份有責任、敢擔當、見成果的答卷。哈佛大學一位教授在前幾天的學術研討會上指出，「中國採取的措施史無前例」「這些努力為世界範圍內的防禦爭取了寶貴的時間，對此我們應心存感激」。連對中國並不算友好的前助理國務卿坎貝爾也感嘆道：「中國為國際社會爭取到了寶貴時間。可惜被白白浪費了。」

令人遺憾的是，許多國家雖在第一時間對中國採取了封關等措施，以為把中國孤立起來就可以萬事大吉，依然按部就班地享受著常態下的悠閒

生活，以至於國際抗疫畫風突變，一時間內無法回過神來。

最讓人意外的則是資本市場表現。在全球股市慘不忍睹的時候，中國股市卻走出一番獨立行情，成了資本市場亮麗的風景線。3月10日，美國三大股指開盤就大跌超過7%，觸發了熔斷機制，這是美國資本市場23年來的第一次。這與美國領導人對當前抗疫信心滿滿的表態形成了強烈反差。政客可以說謊，但資本市場很真實。哪里是最安全的避風港，自有其邏輯和判斷。中國作為一艘巨輪，在一開始的時候，動作有些緩慢，但一旦發動起來，必將爆發出強大的動力。中國硬生生地把許多西方眼中的不可能變成了可能，不能不令資本市場刮目相看。

美國股市泡沫本是國際社會的共識，進入「朱格拉週期」是早晚的事。但特朗普上台後採取的一系列措施，延緩了資本市場的調整時間。這次新冠疫情為資本市場調整找到了體面的藉口，而油價的暴跌成為壓死駱駝身上的最後一根稻草。

美國投資銀行把中國、新加坡等國視為這一輪危機的資金避風港，意料之外也有充分的理由自圓其說。在過去11年間，美國GDP增長了40%，股票市場卻增長400%以上，納斯達克更是增長了600%以上。反觀中國，GDP增長了200%以上，但滬深指數不進則退。直到新冠疫情暴發，資本市場一夜之間像發現了「新大陸」。中美貿易戰沒有刺破美國股市泡沫，卻被新冠疫情所擊倒，不能不感嘆必然中的偶然，其實也在人類的掌控之外。

病毒跳轉到人類並在人與人之間廣泛傳播，是世界的不幸，但這種不幸不應變成全球化的不幸。一些學者認為，這次疫情將為全球化徹底畫上了休止符，迫使各國重新審視全球產業鏈風險，實體產業回歸本土將是大趨勢。筆者認為，全球化的喪鐘不應為新冠疫情而鳴，相反通過這次疫情，國際社會更應加強協調，推動更高層次的全球化。因為錯不在全球化，而

是對全球化缺乏管理。

不容否認的是，民粹主義在西方的氾濫，妨礙了國際社會的共同努力，居然在如此災難面前，連一次像樣的國際首腦會議都無法召開。中國力所能及幫助世界是一種擔當與責任，但中國再努力，國際社會採取「佛系抗疫」，也只能讓中國的努力前功盡棄。

自人類開闢大航海時代以來，經歷過多次瘟疫，包括 1918 年發端於美國的「西班牙大流感」，造成全球 5000 多萬人死亡，但這一切並沒有阻止全球化的步伐。在 21 世紀 20 年代，人流、物流、資金流、信息流等高速流動，儘管多了一些逆全球化的阻力，但並不能改變生產要素在全球配置這一基於生產力發展本質要求的大方向。

2008 年美國次貸危機衝擊的是全球資金鏈，而 2020 年衝擊的是供應鏈。2008 年是要錢的問題，但這一次是要命的問題。在疫情不能結束的情況下，社會很難恢復常態。2008 年的金融危機肇始於美國，但美率先從危機中走出，因為美國具有分散風險的能力，而這一次新冠病毒由中國最早報告，中國也最先控制了自家的疫情，但這一次我們無法轉移風險，這是資金與瘟疫的不同之處。

在瘟疫面前，人類的生存權是首要的人權，而自由行動（遷徙）權等所謂人權必須讓位於生存權，這恐怕也是義大利向西方世界呈現的版本。作為世界上為數不多、具有完整工業體系的中國，在疫情面前顯示了強大的製造業優勢。在疫情緩解的時候，中國向世界供應緊缺公共衛生產品，其作為產業鏈條的中心地位只會被進一步確認和強化，這是不以人的意志為轉移的經濟規律。

黑格爾曾經說過，人類最不擅長的就是從歷史中吸取教訓。歷史給我們的教訓之一是大難臨頭各自飛。亡羊補牢，猶未為晚。在美國等國家的疫情還沒有變成大規模人道災難的時候，請特朗普政府多一些多邊主義，

少一些單邊主義。病毒無國界，合作需平台。在新冠病毒面前，人類的命運比以往任何時候都更加緊密地聯繫在一起。為了世界，也為了中美關係，兩國理應攜起手來共同抗疫，病毒留給我們的反應時間已經不多。

新冠病毒正摧毀西方制度的傲慢

2020 年 3 月 24 日

　　人類與病毒大多數時候都堅守著各自的邊界而相安無事，但也有一些不幸事件發生，那就是大自然的病毒跳轉到人類身上而形成的災難，而新冠肺炎疫情則是不幸事件中的最新一例。

　　更為不幸的是，這場疫情恰恰發生在逆全球化浪潮席捲世界的關鍵時間節點。民粹主義氾濫，保護主義猖獗，各掃門前雪的心態尤為突出，極大損害了國際社會的合作精神。毫不誇張地說，這是自冷戰結束以來人類在重大危機面前國際合作最渙散的一次。

　　當武漢成為疫情風暴中心的時候，世界許多國家向中國關上了大門，禁止對華出口防疫物資，但這一切並沒有削弱中國政府抗疫的決心和能力，五十天之後，中國終於從困境中慢慢走出。如今，歐洲成為全球大流行的中心，義大利更成為重災區。當義大利請求歐盟伸出援手的時候，歐洲其他國家自顧不暇，甚至還對銷往義大利的防疫物資予以攔截；遠在大洋彼岸的美國也是焦頭爛額，自己的防疫物資也是捉襟見肘，哪有什麼冗餘騰出來支援義大利？中國此時向義大利等國的援助可謂是雪中送炭，但在某些西方人眼中，卻變成了中國新一輪輿論攻勢，即「中國政府要下決心利用新冠大流行來捍衛和宣揚他們的治理體系，以此提高中國的全球地位」。

　　美國 CNN3 月 21 日的一篇評論稱，「人們擔心這場疾病大流行將開啟一個時代的新競賽，即哪種制度更適當於解決問題並獲得勝利，民主與專制制度哪一個更好、更有效地迎接挑戰。中國正存在著一股力量，有意把民主體制描繪成低級制度。」「中國官方報章帶著隱匿的欣喜，列舉包括美國在內的西方國家抗擊新冠疫情的弱點及存在的制度缺陷，指出美國種

族主義、不平等和政治分化不可避免阻礙其疫情的應對」。文章試圖論證民主體制也有成功的範例，譬如韓國、新加坡等，既不破壞人民的自由，也不減少人們的經濟活動。在公眾利益與人民自由之間找到了很好的平衡。文章最後的結論是「公共衛生不需要專制」，要警惕中國向世界輸出制度。

病毒面前人人平等，病毒面前來不得半點謊言。病毒也不會因為某國被塗上民主制度的油彩而網開一面。把病毒問題政治化只能貽誤戰疫的時機。疫情暴發之初，西方社會指責中國的制度性缺陷是釀成大禍的根源。中國初步遏制住疫情後，又嘲笑中國是通過威權的辦法取得了成功；當中國向世界伸出援手的時候，又擔心中國向西方世界輸出制度。這套既熟悉、又荒唐的邏輯集中體現了西方世界的傲慢與偏見。

在攸關生死的問題上，一個國家能不能捍衛人民的生命與健康權，乃是一個制度存在的基本前提。在疫情面前能不能把人民的利益置於首要位置是衡量一個制度優劣的最基本標準。如果連人民的生存權都得不到保障，何談言論自由權、遷徙選擇權？如果說韓國和新加坡在抗疫方面可圈可點的話，恰恰是對生存權之外的其他權利作了嚴格的限制。正因為如此，西方學術界開始反思，這場疫情結束之後，是否也意味著「市場經濟社會和極端個人主義之間浪漫關係的終結」？

這場疫情要反思的問題有很多，中國需要汲取的教訓也很多，西方國家更應反思，為什麼在疫情暴發兩個月之後還在重複著武漢當初的故事？看來，在短時期內對醫療資源進行集中擠兌，這在任何一個國家和地區都無法承受之重，不論是社會主義國家抑或資本主義國家。真正的落差還是在此拐點之後所形成的分水嶺。

雖然義大利做出的封城、封國決定，曾經被《紐約時報》稱讚是為歐洲作出巨大犧牲（同樣一家報紙則稱中國的封城是違反人權），但義大利

的封城與中國的封城不可同日而語。只要有正當的理由就可上街，而遛狗就是一個很好的理由，於是在網上租狗成了十分紅火的生意。還有一些人走上街頭抗議政府的封城決定，但代價是造成群體性的聚集感染。當義大利政府動用裝甲車、將一具具屍體運向墓地的時候，義大利人這時才徹底清醒過來，但一切都為時已晚。

繼義大利之後，法國、德國、英國、西班牙及澳大利亞等國相繼宣布了硬核措施，但病毒早已跨過國界，悄悄潛伏到世界各地。這些國家現在唯一企盼的是平滑疫情高峰的到來，防止災難性的醫療資源被集中擠兌。英國被迫宣布放棄此前的「群體免疫」政策，將社會達爾文主義擱在一邊，也算是迷途知返。西方國家在猶猶豫豫中，相繼祭出禁足令，號召人們老老實實呆在家中，既是對自己負責，也是對他人負責，更是公民社會的基本責任。

中國抗疫正迎來拐點，而中國以外地區還處於「至暗時刻」。中國上半場領先，很大程度上是採取了應收盡收策略，全力阻斷傳染源。但在西方要採取這套辦法比登天還難，因為新冠腦殘（新詞彙 COVIDIOTS 應運而生）實在太多了。無論是香港還是歐洲抑或是美國，決策者永遠都是形勢演化的追隨者，美其名曰：「要平衡各類意見」，其直接後果是錯失稍縱即逝的抗疫時間窗口。美國紐約州州長科莫 3 月 24 日接受記者訪談時表示，他一直扮演著美國吹哨人的角色，觀察武漢、研究武漢。當紐約州需要聯邦政府幫助時，卻無法得到及時的支援。中國可以舉全國之力救助武漢，但在美國，根本做不到全美救助紐約。紐約州最大的城市紐約市抗疫物資只夠一個多星期。媒體評論稱，這簡直就是拿著香蕉上戰場，戰爭沒有打響，這場仗實際上已經輸了。

洛杉磯市已宣布不再對輕症患者進行病毒檢測，這意味著美國永遠不可能再有準確的病患數據。哥倫比亞大學的預測模型是，美國的疫情在 5

月份達到峰值，如果不加控制，將有 50 萬人感染，如果採取措施將會有 30 萬人感染，如果採取最嚴格控制措施，將可能平滑感染人數的增長曲線。看來，這一次新冠病毒感染人數大概率是走 H1N1 的道路，只能事後根據模型來推測感染人數了。

病毒攻破美國，特朗普政府上演了一場甩鍋大戰。單單對中國無中生有的指責並不能緩解特朗普面臨的政治危機。疫情尚未緩解，特朗普復產心切，遭到了衛生專家的廣泛批評。「聽衛生專家的建議，美國最好都關門」，我行我素的特朗普下一步到底會採取怎樣的政策不得而知，但有一點可以肯定，沒有疫情的控制，就不可能有選情的勝利。美聯儲往資本市場上砸再多的錢、印多少鈔票都難以恢復投資者和消費者的信心。而戰勝疫情的最好方式是回歸國際社會的團結與合作。企圖掩蓋防疫策略失誤進而嫁禍於人的做法只能是錯上加錯。

抗疫是一場非傳統類型的戰爭，不是特朗普隨便可以單方面叫停的，猶猶豫豫的溫和措施無異於溫水煮青蛙。中國宣布 4 月 8 日武漢解禁，對世界是件好事，是增加人類抗疫信心的撫慰劑。中國即將交卷，西方世界不應無所適從，更應放下傲慢與偏見，參考一下中國答案，讓開卷考試少走一些彎路。上帝沒有為我們提供可以逃生的「諾亞方舟」，各國唯有聯合起來才能打敗共同的敵人，否則我們將徹底錯失遲來的春天。

新冠疫情下的世界：變與不變（一）

2020 年 4 月 4 日

　　新冠疫情還在蔓延之中，全球感染者超過百萬，死亡人數突破五萬。時代的一粒微塵，落到一個人身上就是一座山，新冠疫情讓無數個家庭無法承受之重，讓庚子年的清明節多了幾分悲愴。

　　不斷上升的冰冷數字在告訴人類，大自然是無法征服的。只有人類低下高貴的頭顱，學會與大自然和諧共處，這個世界才會多一份安寧。否則一個小小的病毒跳轉到人類身上，就會把整個世界攪得天翻地覆。

　　在爭論不休中，世界各國正在逐漸達成共識，隔離雖是對付傳染病的古老做法，但在信息社會依然是一大法寶。「隔離，人權沒了，不隔離，人全沒了」，這句話是對人權的最好詮釋：人權不是飄渺的概念，而是活生生的現實選擇，人沒了，生存權保障不了，談何自由與民主權？威權也罷，民主也罷，世界各國都在沿著這條真理線無限靠近。

　　縱觀人類發展史，無論是中世紀的黑死病，還是當下的新冠肺炎，靠牧師和巫師解決不了身體疾病，相反卻容易形成信眾的聚集，疾病傳染得更快。無論是韓國的新天地教會的聚集，還是伊朗、馬來西亞的宗教活動，抑或是中國香港佛堂的佛事等，無一例外地成為病毒擴散的加速器。由此可見，戰勝疫情靠的是科學，而不是宗教、巫術或玩弄政治，這是一條不變的真理。

　　新冠疫情迫使全世界按下了暫停鍵，許多國家下達「禁足令」，蝸居在家的學者們有了更多思考的時間，或嚴肅或浪漫，或悲觀或樂觀，但有一點是不變的，經歷了 1918 年「大流行」、仍然健在的人基本上喪失了思考力，而有思考力的則沒有「大流行」的經歷。永恆不變的真理是，時代的局限性限制了我們的想像力，生命的短暫只能讓人類從歷史中尋找答

案。新冠疫情對世界衝擊的當量超出了所有人的預期，將人類推向了未知水域，在見仁見智中尋找真理的光輝成為一件難事。

歷史總是以重大事件作為宏大敘事的節點，而新冠病毒「大流行」無疑將作為一個重大事件載入史冊，成為我們這一代人的集體記憶。這一次不會是個例外。人類經歷了 21 世紀以來幾次突發公共衛生事件，從非典到 H1N1，從中東呼吸綜合征到寨卡，從埃博拉到新冠肺炎，人類一次次經歷著，卻一次次忘卻。不變的事實是，人類患有健忘症。

國內與國際問題相互影響、傳統與非傳統安全問題相互交織，幾乎成為近年來我們對 21 世紀世界亂象的標準表述，傳染病和氣候變化等問題都歸入了非傳統安全領域。不過仔細想想，這個劃分也有商榷之處。

其實，疾病問題是再傳統不過的安全問題。早在 200 年前，馬爾薩斯在所著的《人口原理》中便指出，人口增長到一定程度便出現糧食短缺、人地矛盾，不可避免地反復出現饑餓、戰爭和疾病。這三大問題是消滅人口最快捷、最殘酷的方式。饑餓與戰爭離中國人越來越遠，但傳染病這樣的威脅從來就沒有消失。幸運的是，2003 年的非典，我們把它控制在了局部範圍，而這一次我們沒那麼幸運。

上一輪科技革命已近尾聲、新一輪科技革命正蓄勢待發，人工智慧、大數據等技術初現威力，在追蹤人類足跡、彌補人類記憶不足方面發揮了重大作用，才使得人類有可能讓「大流行」變成第一次可防可控的疾病。中國與韓國在利用智慧化手段控制疫情方面，向世界展示了參考答案。不過在隱私權高於生命權的國家和地區，這個答案也只能放在保密櫃中了。

有人把這次疫情與西班牙大流感相提並論，那一次全世界 17 億人口中，有 5000 萬人死亡，而人類今天有 78 億人口，哪怕是萬分之一的死亡，也是一個天文數字。特朗普聲稱，「美國的死亡人數控制在 10 萬以內就是勝利」，從而為特朗普式的抗疫成功留足了空間，也算是大選之年的選

舉策略。他給自己的抗疫表現打了滿分，不知道美國選民給他打多少分？

選舉政治不變的邏輯是，尋找替罪羊是最好的辦法，但替罪羊無法找到的時候，選民就會把現任總統作為替罪羊。西方選舉政治總是靠這種清零的辦法，讓下一屆政府輕裝前進。

在抗擊傳染病方面，從古至今，從國外到國內，必須拿出實招、真招，來不得半點的虛招，這一條從來就不會改變。病毒是照妖鏡，病毒是測謊儀。它讓官僚主義、形式主義、民粹主義、孤立主義現了原形。官僚主義的拖沓讓整個社會付出了巨大代價。一個社會肌體失去應有的敏感，一定會以數倍的努力來償還。形式主義的走過場，不會讓病毒自動跑掉，無論是個人的衛生維護，還是國家層面的各項措施，百密一疏就是天大的漏洞，會讓自己吃盡苦頭。

民粹主義可以把能說會道的人推到政治前台，但執政只是起點，執政能力才是核心。光靠耍嘴皮子、開空頭支票，並不能解決病毒侵害的問題。這幾年來，靠民粹主義上台的領導人不少，但幾乎都在疫情面前栽了跟頭。特朗普有關「一切都在掌控中」的謊言被病毒戳穿，以至於這位土生土長的紐約人看到那麼多的運屍袋時也不能不有所觸動，用「人間地獄」來形容紐約的現狀並不為過。

巴西和印度都面臨著巨大的壓力。「民主」的印度總理莫迪還祭出了威權利器，「今天不在家裡呆上 21 天，今後我們就要倒退 21 年」。儘管有軍警的嚴厲執法，但能不能把病毒攔截在貧民窟之外是全世界最不放心的。有著兩億人口的巴西成為又一關注的焦點，總統博索納羅的防疫政策也是聽天由命，「人終有一死，這就是人生」。他堅稱不能停止商業活動，要讓經濟維持正常運作。「巴西不能停下來，否則我們將步委內瑞拉的後塵」。他的話有多少號召力，生性樂觀的巴西人內心究竟怎麼想的呢？這又是一次靈魂的拷問。

　　國家有邊界,病毒無國界,孤立主義阻斷的是人造的邊疆,病毒不需要護照,無論是高邊疆還是護城河,擋得了初一,躲不過十五。美國和義大利是最早對中國採取封關、斷航的國家,但最後都成為了風暴的中心。中國雖然領先上半場,但下半場依然面臨倒灌的壓力,生活正常化的空間也被大大壓縮。無論承認與否,我們只有一個地球,是名副其實的命運共同體,這一點從來沒有改變。只有視世界為一盤棋,團結抗疫、同舟共濟才能渡過難關,舍此別無他途。

新冠疫情下的世界：變與不變（二）

2020 年 4 月 6 日

　　小小的新冠病毒不僅是 2020 年的最大黑天鵝，更是百年大變局的催化劑。新冠疫情把全球治理的缺失及國家治理中的漏洞充分暴露出來，也把大國間的激烈對抗呈現在世人面前。國家之變、地區之變、世界之變或遠或近、或明或暗，漸變與突變都不應感到意外。

　　基辛格認為，新冠病毒大流行將永遠改變世界秩序；它對人類健康的影響可能是暫時的，但它引發的政治和經濟動盪可能持續數代之久。改變世界秩序這個話說得很重，但究竟如何改變他沒有明說，只能留待各國自己去構築。美國《外交政策》雜誌認為，「新冠疫情是一個震驚世界的事件。它將導致政治和經濟權力的永久性轉變」。《世界是平的》的作者弗里德曼指出，「這個世界從此以新冠前（BEFORE CORONA）與新冠後（AFTER CORONA）來劃分」。一些激進的學者更是視新冠疫情為「美國世紀結束的開始」，這究竟是在忽悠全世界，還是未卜先知尚需時間來檢驗。

　　新冠疫情蔓延的速度大大超出了人們的想像。西方國家在獲得短暫的對中國指責的快感之後，如今正吞下不設防、裸奔的後果。連堂堂的大英帝國首相都能中招，可見西方社會對新冠病毒的輕漫到了何等程度。疫情正在觸發經濟、社會和人道主義等多重危機，垂暮之年的基辛格也感嘆「這個世界回不到從前」。

　　對西方社會認知的改變恐怕是這次新冠疫情給西方世界帶來的最大衝擊。民主人權的光環和國家治理的水準實在經不起新冠病毒的檢驗。哥倫比亞大學公共衛生學院感染與免疫中心主任利普金 4 月 4 日表示，新冠病毒可能數月甚至數年前就進入了人體內，最終轉變為「人傳人」的致命病毒。新冠病毒在中國被發現具有很大的偶然性。中國有過 2003 年的沉痛

教訓，整個社會對病毒保持著特別的敏感。得益於生物基因技術的領先優勢，中國在第一時間就公布了新冠病毒基因序列，並且通過封城的方式為世界樹立了標杆。假如新冠病毒出現在「群體免疫」思想占主導的國家，或出現在相對貧困的發展中國家，抑或出現在經濟利益高於生命權的國家，大概率是通過流感方式或通過達爾文主義的方式實現一次人類的進化。

英國是第一個提出「群體免疫」的國家，後在社會的強烈反對之下，約翰遜政府不得不放棄了這個做法。具有諷刺意味的是，首相本人卻不幸早早中招，成了群體免疫的試驗品。近幾天英國疫情失控，「群體免疫」的想法再次浮出水面。義大利是第一個提出應用戰場模式定生死的國家，醫生有權根據患者的生存幾率來決定醫治對象，從而把更多機會留給生存概率更大的年輕人。紐約州州長科莫竭力反對進行「誰的生命更有價值」的靈魂拷問，但在現實面前，紐約一些醫院開始對危重病人打分，以決定給誰戴上呼吸機。法國緊急通過安樂死行政法規，對重危老年患者實施安樂死。西方國家把老人作為犧牲品，以近乎殘忍的選擇終結只有一次的生命，這無疑顛覆了世界對西方價值觀的看法。在東方國家中被視為大逆不道的做法，居然在西方被擺上檯面，其道德底線刷新了人們的認知。

在失去了數萬個鮮活生命之後，西方國家除了指責中國，也不得不反思自己的過錯。口罩之爭是近來西方爭論的焦點。從拒絕戴口罩到宣導戴口罩，西方觀念之變則是他們悄悄放下傲慢、心理坍塌的開始。

醫學口罩本是西方人的發明，在 1918 年大流行期間，也被西方廣泛使用，一些國家還制定法律，不戴口罩者被視為違法，西方國家圖書館的老照片清楚顯示著他們祖先在疫情面前的模樣。不知從何時起，口罩成為西方的禁忌，成為東方文化的專有符號，與東亞病夫聯繫到了一起，甚至與東方的制度聯繫到一起，與西方社會的自由奔放和張揚個性漸行漸遠。

以至於在西方世界的亞洲人出行時總要為戴不戴口罩進行一番激烈的思想鬥爭。

在新冠疫情面前，成千上萬的西方人痛苦地死去，而抗疫較好的東方國家大都戴著口罩，一些專家指出，「歐美國家抗疫的最大失誤是拒絕戴口罩」。歐美的主流媒體不再裝睡，開始傾聽來自醫學界的理性建議。西方國家開始上演全球口罩採購大戰。口罩短缺與口罩防病並不屬於同一層面的問題，不能因為口罩短缺就宣揚口罩無用論，這種誤導無異於給自己自掘墳墓。這幾天，捷克、奧地利等國開始強制國民戴口罩。連美國疾控中心也修正了出行指南，建議人們戴口罩，儘管特朗普總統對此持保留態度。口罩立場的微小之變，是東方戰「疫」模式的一次小小勝利。只不過西方學起來太難，太不情願，以致耗時過長，讓許多人提前告別了人生。

在突發事件面前，西方國家忙著指責中國的制度缺陷，當病毒攻到自家門口的時候，社會治理的短板也暴露無疑，在領導力測試中，西方國家集體掛科。中國在最初的慌亂之後，終於成功遏制住病毒的蔓延，這是西方國家最不願意接受的現實。美國著名政治學家福山最近撰文有意回避制度的功勞，強調把抗疫與民主、專制制度掛起鉤來是錯誤的，抗疫成功不取決於制度，而是取決於效率及人民對政府的信任度。美國如今犯下的錯誤很大程度上歸因於特朗普本人。但問題是，特朗普本身就是美國制度的產物，這套切割邏輯讓這位政治學者的分析有失水準。而六年前的4月份，福山還在探討「美國政治制度的衰敗」。

4月8日武漢解禁是一個標誌性事件，為中國之治作了有力的注腳。中國面對疫情的政治決斷是西方之治的痛點、難點，中國封城與西方封城英文用的雖是同一個詞彙，但內容實在是不可同日而語。這就是西方不斷拿韓國、新加坡對標的根本原因。

新冠疫情可以稱得上是「世紀挑戰」，中國用自己的方式交出了可圈

可點的答卷。「慶幸生在中國，生在武漢」在兩個月前說這句話肯定遭到世人的嘲笑，而如今世界許多人對武漢投來羨慕的一瞥。羨慕嫉妒恨成為當下西方世界對中國的最複雜情感，多方面的民調顯示，許多國家對中國的仇恨急劇上升是不得不正視的現實，這類政治病毒通過美國高層的散播，其殺傷力不亞於新冠病毒。武漢疫情讓共和國付出的學費過於沉重，劫後重生的武漢更需要深刻反思，為國家治理的現代化提供武漢視角，這是國家之變的應有之義。

新冠疫情下的世界：變與不變（三）

2020 年 4 月 9 日

　　中國剛剛從新冠疫情的暴風眼中走出，歐美國家卻集體淪陷，第三世界迎來第三波只是時間問題。如果說中國早期的手忙腳亂很大程度上歸因於對病毒認知有限、科學工作者的判斷失誤（人傳人的可能性較低），那麼歐美國家出現如此重大死亡更多歸因於對新冠病毒的輕忽及一些領導人的誤導。《波士頓環球報》3 月 30 日的社論指稱，「許多苦難和死亡本可避免，特朗普總統的手上沾滿了鮮血」。

　　「活下來」是新冠大流行的底線思維。不僅對個體的生命，而且對中小企業而言都面臨生死考驗。瘟疫與戰爭相伴而行，瘟疫導致經濟停擺，經濟停擺激化社會矛盾，進而影響政權穩定，多米諾骨牌正在尋找新的支撐點。

　　新冠疫情對世界的狂轟亂炸不亞於一次戰爭，有人將其稱為「第三次世界大戰」，只不過交戰雙方不再是傳統的國與國血拼，而是整個人類與病毒之間的較量。

　　世界被病毒蹂躪得面目無非，美國露出了產業空心化的「阿喀琉斯之踵」，在如此重大危機面前，美國第一次拒絕充當全球領導者，國家治理能力、向世界提供公共產品的能力都受到前所未有的質疑。

　　美國角色之變並非始於新冠，但新冠疫情無疑加速了美國的蛻變。《紐約時報》3 月 23 日發表文章稱，「面對新冠危機，美國不再是一個慷慨的全球領導者」「我們會在 10 年之後說，這是中國崛起、美國衰落的時刻嗎？還是美國的地位會重新回升」？可悲的是，美國這一次第一時間居然站到了新冠病毒一邊，製造政治病毒，在大國之間播下仇恨的種子。

　　慘不忍睹的病毒大戰一次次告誡我們，唯有國際社會結成抗疫統一戰線，同步行動，人類才有與病毒和解的機會。科學家們早於政治家們意識到了這一點。著名艾滋病研究專家、雞尾酒療法創始人何大一最近在接受記者採訪時說，「如果放任疫情一波一波地蔓延，然後啟動實施禁足令，保持社交距離，這樣做毫無意義，只會不斷拖長防控疫情的時間線。現在需要的是全球同步行動，仿效中國模式，那樣才能更早控制，才能挽救更多生命，也有助於人類恢復正常的經濟生活」。

　　科學家們的聲音能否被政治家們清晰地聽到令人存疑。從新冠疫情的一開始，科學讓位於政治的問題就很突出，科學家們成了政治人物展示「科學決策」的道具和擺設。美國傳染病研究所所長福奇經常站在特朗普一邊，多少次欲言又止。當記者們點名要福奇回答問題時，特朗普搶過話題，「這個問題我已經回答十五遍了」。美國著名學者克魯格曼在《紐約時報》（3 月 31 日）撰文指出，「強硬右派的崛起及否定科學之風盛行，把美國變成了否定與死亡之國」。

　　新冠大流行究竟是壓死全球化的最後一根稻草還是更高層次全球化的起點，也是見仁見智。印度裔新加坡學者馬凱碩則認為，「新冠疫情不代表著全球化的結束，而是意味著美國為中心的全球化結束，以中國為中心的全球化開始」。把中國抬上這麼高位置我們也只能姑妄聽之。

　　美國放棄全球化之路說易行難。美國維持現有生活水準需要消耗全世界 40% 的資源，沒有了世界的支撐，無法想像美國會倒退到什麼狀態。

　　全球化是一種現象，也是一種政策，更是一種趨勢。作為趨勢的全球化不會因疫情而中斷，正像歷史上發生多次瘟疫，並沒有阻止全球化一樣，這一次也不會例外。從醫護人員的交流頻密中可以看出，他們超越了國家之間的界限，實現了科學家的深層互動。人類歷史上，沒有一次大流行，集聚了如此多的科學家在藥物和疫苗方面集體攻關，這是全球化繼續

推進的原動力，再一次說明科技是第一生產力的道理。隨著第四次科技革命的到來，全球化的科技推動力還會加速，這是不以人的意志為轉移的。

特朗普的退群及新孤立主義的政策傾向，決定了美國在可預見的未來不大可能推進多邊進程，無疑會拖慢全球化的進程，但美國的開放性不可能戛然而止。一是美元的國際化，二是債務的國際化，三是人才的國際化，四是市場的國際化，五是資源配置的國際化。

疫情促使美國深刻反思供應鏈安全，一些產業的供應鏈重構勢在必行，尤其是涉及到國家安全的核心產品，加速回歸美國本土或盟友圈是大勢所趨。

美國視中國為頭號威脅是美國 2017 年 12 月檢討國家安全戰略得出的結論。911 之前美國有過激烈的爭論，911 的發生促使美國將恐怖主義認定為頭號敵人。這一次新冠病毒的出現又把這個問題尖銳地推到美國人面前。

回望這三個月的抗疫過程，其實中美處於同一個戰壕，面臨同一個敵人，第一時間本可以對病毒形成群毆效應，結果卻讓這場戰「疫」變成了病毒與各國的擂台賽。美國起初隔岸觀火，甚至指望坐收「疫情紅利」，最後卻被新冠疫情反噬。

同樣的情形也發生在歐洲。當義大利向歐盟求援無門時，它是多麼絕望。儘管歐盟委員會主席馮德萊恩後來向義大利委婉表達了歉意，但並沒有獲得義大利的原諒。不知道義大利如何與歐盟秋後算賬，但有一點可以肯定，歐盟的一體化在遭遇英國脫歐的打擊之後，抗疫不力將進一步動搖一些國家留在歐盟的信心。

繼義大利之後，西班牙、英國、法國和德國及其他國家紛紛被新冠病毒拿下，歐盟各國匆忙拉起了「吊橋」，但並不能阻止病毒的蔓延，整個歐洲正吞下各自為戰的苦果。

　　新冠病毒對中美關係的傷害也是顯而易見的。疫情本屬於公共衛生領域的問題，是國際政治中敏感度較低的議題，中美進行深度合作的障礙理應最小，但新冠疫情的暴發卻與中美關係呈現出反向運動的軌跡。

　　特朗普上台後，錯將中國作為頭號競爭對手，對華玩起了切割，搞對華技術脫鈎，豎立關稅高牆。在中國全力抗疫期間，美國採取背後捅刀子的做法，在台灣、華為、驅逐中國新聞記者等問題上無限拉長兩國鬥爭的延長線。在冷戰思維的支配下，美肆意歪曲中國的抗疫之戰，中國的一舉一動被美國迅速解讀成意識形態之戰、兩大制度之爭，國家影響力之爭。

　　在美國失守之後，為轉移自身應對不力的批評，特朗普展開了一場甩鍋大戰，將矛頭直指中國。「打敗中國病毒」與「打敗中國」在美國「政治正確」的語境之下成為同義詞。當中國援美物資不斷運往美國的時候，美主流媒體又在渲染「美國人的命運掌握在了中國手中」，污蔑中國乘疫之危，大賺其錢。

　　4月4日，美國近百名官員及專家學者發表公開信，呼籲中美聯手合作抗疫，稱在「不需要犧牲美國價值觀、不需要寬恕中國處理危機的方式」的前提下與中國展開合作。公開信指責中國「持續缺乏透明度」，對特朗普政府抗疫不力所犯的錯誤隻字不提。這種呼籲少了一些真誠，多了一些固有的傲慢，其效果也大打折扣。

　　可以預料，中國成為西方世界應對疫情不當的最大替罪羊不會因為中國的慷慨援助而一筆勾銷，相反隨著疫情的結束，這場政治清算、對華的敲打和妖魔化還會加碼，這恐怕是捍衛西方價值觀和政權合法性必走的一步。

　　本世紀以來的兩次重大危機都是深化中美關係的助推器，而這一次新冠疫情不僅沒有成為兩國關係的粘合劑，反而變成了分離加速器。一些學者感嘆，未來的中美關係前景，沒有樂觀派，只有悲觀派和極度悲觀派。

　　病毒之戰依然不見隧道盡頭的曙光，人類很可能進入「帶毒生存的新常態」。

　　迄今為止的戰況讓我想起了一個寓言故事：天堂與地獄裡都放著熱騰騰的肉湯，人們手裡都拿著同樣的長柄湯匙，天堂中人們熱鬧非凡，而地獄裡的人們卻愁眉不展，差別僅在於相互幫助還是各自為戰。病毒給每一個國家出了同一道考題、難題，上半場掛科的國家實在太多。下半場大國能不能攜手合作，將決定未來幾十年世界的面貌。

　　美中作為世界上第一、二大經濟體，雙方之間實現何種形式的互動，將決定未來美中關係的底色。無論是上世紀 70 年代的乒乓球還是疫情當下的口罩，中國都已釋放了足夠的善意，但美國高層釋放的信號依然是十分混亂和矛盾的。C919 大飛機發動機的放行與抬高華為芯片的銷售門檻同步實施，由此看來，美對華採取以競爭與打壓為主，輔以適度合作的政策，將是美中關係的主軸。

新冠肺炎疫情加速美國衰落

2020 年 5 月 22 日

美國是否衰落的話題極富爭議，見仁見智。信者恒信，反之亦然。不同的人活在各自的信息繭房中，聽不進不同意見。

一邊是美國科技、國防硬實力對許多國家仍具有一劍封喉的能力；一紙制裁令足以癱瘓一國的經濟和貿易，其長臂管轄工具也會對許多國家產生寒蟬效應；美聯儲「無限續杯」的量寬政策，仍可以向世界無節制地徵收「鑄幣稅」，向世界分散風險和轉嫁危機；美國的 GDP 在過去四年裡從 17 萬億美元增長到 20 萬億美元，美國的科技創新力仍在，FAANG（注：美五大高科技公司第一個字母的合成）實力超群，談何衰落問題？對衰落論持反對意見的人士還可以列出長長的理由，認為此說言之過早。

另一方面，光鮮的背後也讓世界看到了不一樣的美國，特別是此次目睹美國抗疫全過程，想必許多人和我一樣驚掉下巴，尤其是我們這些還有過一段在美生活經歷的人。

當特朗普第一次說「美國死 10 萬人就是抗疫勝利」的時候，全世界都以為他在報大數，為自己的競選留下足夠的迴旋空間。可當死亡者一天天逼近這個數字的時候，有點惻隱之心的人寧願特朗普這句話是不靠譜的，可偏偏是特朗普的這個數字最靠譜，美國華盛頓大學的預測模型甚至將死亡人數上調到 14.7 萬人，這意味著還有許多家庭不久會等到死亡通知書。

作為世界上最發達國家，感染者和死亡者高居榜首，這不能不是一大諷刺。論醫療條件、防範手段、情報信息來源，美國堪稱世界第一，但卻無法阻止美國上演一輪又一輪的悲劇。《大西洋週刊》發出感嘆：「我們正生活在失敗國家」。「失敗國家」是西方政治學者為第三世界國家訂制

的一頂帽子，現在卻扣到了美國自己頭上，真有點時光倒錯的感覺。美國制度及其領導人都被推到了被告席，需要接受世界的評判，這是所有西方國家不願看到的現實。

美國著名政治學者福山試圖將抗疫不力的問題與西方制度分開，更多地強調「管理之失」。其實烏克蘭總統澤連斯基早在疫情暴發之初就講過，「民主體制是新冠病毒的夥伴」，病毒最喜歡的就是一個國家和地區的鬆垮管理，病毒在一些人的喋喋不休中，與人類搶時間、爭空間。個人自由主義的張揚，讓封城變得如此困難，以致感染者在美國突破了 155 萬。哈佛大學一位學者感嘆道，美國人民在 2016 年把一個表演者推到總統的位置，除了自食其果，還能怪誰呢？

疫情的持續惡化留給特朗普的時間已經不多。他現在唯一的選擇就是設法向美國人民推銷一套特朗普式的敘事，那就是「美國疫情是中國一手造成的」。如果美國人民接受了這個說法，他的政治生命或可延續，否則民主黨上台必將展開對特朗普的政治清算。

筆者以為，美國抗疫如此糟糕也與美國的常規打法密切相關。美國人堅信進攻是最好的防禦。這些年來，美國不停地在世界各地挑事，搞先發制人的打擊，將一些國家玩於股掌之中，且屢屢得手。

自本世紀以來，美國經歷的這三次重大危機都有一個共同點，即在美國本土展開。美國的角色變成了被動防守，而防禦恰恰是美國最不擅長的。於是美國制度的弊端被充分暴露，在最需要集體主義的時刻，到處都是個人主義的氾濫。一位美國億萬富翁感嘆：「人人熱愛自由，在冠狀病毒疫情大流行的情況下，這變成了我們最大的弱點。」

病毒檢驗了美國的領導力，也檢驗了特朗普的甩鍋能力，團結美國人民的能力沒有展現出來，但製造分裂的能力讓全世界當了忠實的觀眾。在2016 年的大選中，特朗普成功利用了美國社會的分裂，化解了一個又一

個對自己不利的醜聞衝擊。特朗普上台以後，繼續利用社會的分裂治理國家，結果形成了新的、更大的對立。在這次抗疫過程中則變成了復工派與禁足派之間的對壘。

特朗普抗疫不力是無可隱藏的事實，他只好通過不斷尋找替罪羊，甩鍋於中國、世衛組織、美民主黨甚至是疾控中心，希望自己能從一個個政治旋渦中得以逃脫。

美國抗疫堪稱為一場災難，美國離再次偉大的目標越來越遠。但把這一切歸咎於特朗普個人也不公平，作為反建制派的代表人物，有著太多的建制派對手站在特朗普的對立面，成為其決策的重要掣肘因素。

美國的疫情還在蔓延，但大選的時針卻嘀嘀作響。兩位平均年齡超過76歲的老人還在為自己的政治生命打拼，不能不是美國政治的悲哀。政治新人無法脫穎而出，個別冒頭的年輕人卻因個人價值觀處於邊緣位置也不受歡迎，這從另一個側面詮釋了美國的政治衰敗。

民主黨候選人拜登5月11日在《華盛頓郵報》撰文指出，「美國到了最危急的時刻，美國需要一位穩定的、有同情心的、能團結人民的總統」。雖然昆尼皮亞克大學的最新民調顯示拜登領先特朗普11%，但現在離大選還有五個多月，特朗普不會束手就擒。

其實換個角度想想，特朗普連任對我們一定就是壞事情嗎？照特朗普這種玩法，支撐美國霸權（美元、美軍、美技、美援、美友）的支柱一個個出現劇烈晃動，只會加速美國的衰落，而不是相反。當然，代價是在真正拐點到來之前，每一個人都要忍受舊秩序崩塌帶來的痛苦和折磨。

美國墮落的速度比衰落快

2020 年 5 月 23 日

衡量大國的興衰有很多指標，有經濟、軍事、科技等硬參數，也有政治及制度、文化、人力資源等軟指標。從歷史經驗來看，大國的衰落需要一個漫長的過程，英國如此，美國更不會是個例外。

一國是否衰落至少有兩個重要特徵：一是守成國對崛起國的恐懼，進而導致其戰略犯錯；二是守成國越來越難以負擔其維護霸權的成本。正像《大國的興衰》一書的作者保羅‧肯尼迪所言，守成大國不是被對手打敗的，而是被維護霸權的成本拖垮的。當下美國的種種表現為「美國衰落論」作了非常形象的注腳。

美國對中國的焦慮加速於北京奧運會結束之後的 2009 年，在哥本哈根氣候變化大會期間，美國強烈感受到「中國人的傲慢」，中美之間的摩擦漸漸增多。尤其是 2011 年美國「亞太再平衡」戰略的出籠，成為美國對中國進行戰略打壓的新嘗試。中美矛盾在量變中積累，直到 2017 年底，美出台《國家安全戰略報告》、視中國為頭號競爭對手，中美關係的性質隨之發生質變。

美國綜合國力的下降與中國綜合國力的上升，伴隨著美國自信心的下降與中國自信心的上升，一上一下增加了雙方的摩擦係數。5 月 20 日白宮發表的《美國對華戰略方針》對 2017 年《美國家安全戰略報告》進行了細化，強調在對等基礎上與華發展競爭性關係。與國家安全戰略報告一樣，美承諾對華不採取遏制政策，競爭也並不意味著衝突。但特朗普三年來的外交實踐對此作了相反的詮釋。

特朗普的上台是白人世界的最後挽歌，也是美國政治走向衰敗的重要標誌。不僅因為特朗普第一次以製造分裂而不是團結的方式領導國家，而

且美國選民也突破了對美國領導人的基本道德要求，無論你是一個撒謊者還是女性歧視者，只要能把美國重新變白就行。

奧巴馬作為一名黑人入主白宮，顛覆了美國歷史，引起了白人世界的極度恐慌，加劇了美國社會的分裂。毫不誇張地說，奧巴馬執政的八年是白人至上主義者最難熬的八年。從奧巴馬上任的第一天起，共和黨內的自由主義者、保護主義者及右翼激進人士就下決心讓這位黑人總統寸步難行。共和黨內興起的「新茶黨運動」成為右翼民粹主義發洩不滿的舞台，也是美國國家走向分裂的重要破壞力量。共和黨在這股力量的牽引下，完成了歷史性的蛻變。而特朗普正是披著共和黨的外衣，成功地利用了民粹主義、種族主義和移民問題，獲得了白人世界的堅定支持。

奧巴馬執政期間，美國發生多起黑人遭槍殺事件。但他自己非常清楚，自己既是黑人總統，更是全美國人民的總統，所以在種族問題上必須謹言慎行，結果是黑人對他失望，白人從骨子裡對他抱有本能的抗拒，包括特朗普抓住奧巴馬的出生證問題緊追不放，表現出白人至上主義者的思想傾向。

團結全美人民的目標成了奧巴馬的奢望，以致他在離開白宮時不斷警告，「美國不能退縮到各自的族群中去，這不是國家正確的發展方向」。

特朗普上台之後，採取了全盤否定奧巴馬的政策，連白宮負責公共衛生協調事務的職位也被特朗普撤掉。新冠疫情暴發之後，特朗普此舉倍受外界的指責。

姑且不論特朗普此次抗擊疫情不力對美國政治和國際形象所造成的傷害，但就美對華為趕盡殺絕的做法而言，已經完全背離了市場經濟法則。美採取行政手法直接干預，表面看，美這一招令華為十分被動，但從長遠而言，這個做法對美國國家競爭力的傷害也是巨大的：一是失去中國龐大市場，公司利潤減少，美企業的研發資金受到影響。二是向全世界拉響了

警報：美國是一個不可靠的合作夥伴。美國靠下三濫的手段想贏得 5G 市場，的確不是一個超級大國應有的做派，這是美國自信心崩塌的開始。

就科技實力而言，其實硅谷的大量科創人員並不是土生土長的美國人。美國科技實力得益於上世紀 30 年代希特勒錯誤的反猶主義，使得一大批德國科學家遠渡重洋，包括原子彈之父愛因斯坦等。如今信息技術的迭代非常快，美國擁有的技術不可能鎖在保險櫃中，否則就會像柯達公司一樣，把自己發明的數碼相機放在保險箱中，初衷是防止對膠捲形成衝擊，結果卻不可避免地走向破產。一個公司如此，一個國家也逃脫不了這樣的科技發展邏輯。

就軍事同盟體系而言，美為維護霸權所帶來的巨額軍事負擔讓其越來越難以承受，迫使特朗普不得不向盟國收取「保護費」。可問題是，這些國家的駐軍並不是盟國邀請而來，更多的是不請自來，人家犧牲了部分主權，當然對美國收取保護費不滿。特朗普上台以來，美國與盟國之間的軍事關係漸行漸遠。法國總統馬克龍 2019 年感嘆：「北約已死」，「西方主導的霸權行將結束」，從一個側面揭示了美歐之間的矛盾。雖然美國依然擁有世界上最強大的軍力，但是美國依賴的盟友體系卻出現了前所未有的鬆動，這是美國走向衰落的另一佐證。

就經濟層面而論，美國的 GDP 總量仍呈上升勢頭，但是增速放緩，過去 10 年的平均增長率不到 2%，且呈現出巨大的債務經濟特徵。美國國債已經突破 25.2 萬億美元，公私債務突破 73 萬億美元，人均負債 22 萬美元，美國早已是一個資不抵債的國家。與中、日不同的是，美國債務更多由國際機構持有，換句話說，如果美元的信譽出現問題，將是美國經濟危機的總爆發。美國一些政客以中國隱瞞疫情為由，正展開對中國的濫訴法律行動，一些美參議員甚至提出《新冠病毒問責法案》，提議凍結中國在美資產、停止支付中國持有國債的本息。這種瘋狂的想法正把美國國家信用推

向極其危險的邊緣，如果美國膽敢邁出這一步，將無疑加速美國的衰落。

特朗普力推建墨西哥牆，雖贏得了部分選民的歡呼，但這種行為本身就是封閉和保守的象徵，美國的衰相處處有跡可循，只不過美國有著龐大的宣傳工具，在英語為主要語言的社會中，這種聲音被大大弱化或有意被掩蓋了。

歷史是由重大事件串起來的，換句話說，我們正在經歷的重大事件註定要成為歷史的節點和坐標。本世紀以來，美國經歷的三次大危機無疑是美國從巔峰走向衰落的催化劑。911 事件的發生，是美國霸權主義登峰造極的產物，反美主義者成了極端恐怖主義者，他們採用不對稱手段對美國實施的一次突襲，敲掉了美國的兩顆門牙（世貿雙子塔），雖有失臉面，但未傷筋動骨，但隨後美國輕率發動的阿富汗戰爭及伊拉克戰爭則讓自己掉進了「帝國的墳墓」。2008 年的次貸危機是美國資本家貪婪無度的結果。金融是現代經濟的血液，美國金融出了問題，恰恰說明美國患上了血液病。這一次美國有很大的機會能夠遏制住病毒在美國的蔓延，但美國兩黨纏鬥，彈劾案讓總統分心，年底的大選讓特朗普一直不願意直面疫情，認為民主黨誇大病毒侵害的嚴重性是打擊自己的陰謀。特朗普用直覺代替了科學，再一次把美國推向了深淵。可見這一次是美國總指揮的大腦出現了問題。

本世紀美國經歷的三大危機一次比一次嚴重，應對一次比一次差。更差勁的是，特朗普用一個謊言掩蓋另一個謊言，通過不斷甩鍋為自己的領導不力開脫。我們本以為互聯網有著強大的記憶功能，謊言重複一千篇仍然是謊言。但是在「後真相時代」，謊言重複一千次居然在美國可以變成「真理」，這不能不顛覆我們的傳統認知。特朗普本人正是這個理論的篤信者和踐行者。從這個意義上說，美國不僅走上了衰落的不歸路，也在墮落的泥沼中越陷越深。

馬凱碩對特朗普的判斷只說對了一半

2020 年 6 月 11 日

新加坡著名學者、前常駐聯合國代表馬凱碩 6 月 8 日在美國《國家利益》雜誌發表文章稱，由於特朗普政府缺乏一個基於深思熟慮的、全面的和長期的戰略來應對不斷崛起的中國，也沒有聽從基辛格和喬治·凱南等戰略思想家的建議，既不注意在全世界樹立自身形象，更無力處理本國問題。相比之下，中國被認為是世界上更有能力的國家，這無疑提高了中國的地位。如果放在更長遠和戰略角度來思考的話，特朗普政府或許幫了中國。

筆者認為，馬凱碩先生的話只說對了一半。特朗普執政三年半以來，恣意妄為、我行我素，被一些媒體描繪成不按常規出牌的政治老手，結果把美國多少代政治家精心打造的「百年老店」變成了一個毫無信譽、自私自利的大玩家。這位新加坡學者從一個側面回答了許多中國人一直縈繞在心的問題：特朗普的當政或繼續執政對中國不一定就是壞事。

至於馬凱碩認為特朗普政府缺乏深思熟慮的長期戰略，這話只能姑妄聽之了。其實基辛格在很多場合也反覆強調，美國是一個沒有長期戰略的國家。對此，筆者不敢苟同。雖然美國的戰略與政策受制於四年一次的政治週期，但不等於美國的對外戰略和政策朝令夕改或沒有長期戰略。如果真實情況果如此的話，那麼長達半個世紀的美蘇冷戰就更無從談起，凱南作為冷戰理論家的地位也就不成立。正是因為美國擁有一大批戰略家和理論家，才確立了歷屆政府一以貫之的對蘇遏制戰略，直至蘇聯解體。而美國對華政策的調整也在很大程度上服從和服務於美國對蘇戰略，而基辛格則正是這一戰略的主要操盤手之一。

蘇聯解體近 20 年之後，中國於 2009 年底成為世界第二大經濟體。中

美關係的性質也漸漸演變成了老大與老二的關係。特朗普上任不久就將中國定位為「首要競爭對手」,與中國展開全面的政治、經濟與軍事競賽,實行在技術上與中國全面脫鉤的政策,全力打擊中國高科技公司,與中國開展一場「傷人一千、自損八百」的貿易戰。在資本市場上,禁止美國聯邦雇員基金投資於中國公司的股票;通過《外國企業問責法》,變相將中國在美上市公司趕出華爾街。在雙邊人文交流領域,禁止向有中國軍校背景的留學生發放簽證,並大幅度限制中國留學生進行高科技等敏感專業的學習。在新聞領域,將中國主要媒體歸入「外國使團法」管轄範圍,對在美新聞工作人員數量及在美採訪區域加以限制。在涉及中國主權問題上,美國猛打台灣、香港、新疆、西藏、南海牌,使中美關係陷入了兩國建交以來的最低點。

美國在中美關係上不斷觸碰底線的做法,完全打破了過去一直認為的「中美關係壞也壞不到哪里去」的認知,也給不少對美國抱有幻想的人上了生動一課,更給全中國人民服用了一份清醒劑,既看到了中美兩國之間的技術差距,同時也增加了中美戰略競爭內涵的全面認知。

雖然特朗普長期馳騁於商界,但不等於他不去思考並認同一些理論,正像他在上世紀80年代對日本的認知一樣。特朗普1987年花大價錢在《紐約時報》刊登廣告,給經濟崛起的日本以致命一擊。

特朗普對華戰略的認知及實踐很大程度上受到對華鷹派人士的影響,其身邊延攬了納瓦羅、班農、百邦瑞等諸多極端仇華派,他們把長期以來對華研究和戰略判斷灌輸給特朗普,使這屆美國總統成為對華鷹派的政治傀儡。

曾經擔任特朗普首席戰略師的班農在不同場合強調,美國遏制中國只剩下最後3、5年的窗口期,換句話說,如果美國不抓住這個機遇,中國的崛起將勢不可擋。正因為如此,特朗普於2019年非常自豪地表示,遏

制中國崛起的目的部分實現了！從這個意義上說，特朗普政府不是沒有深思熟慮的對華長期戰略。只不過美對華戰略是建立在錯誤判斷基礎之上的，註定了美國將進入一段戰略迷失期。

5月20日，白宮發表了《美國對華戰略方針》，將2017年12月《美國國家安全戰略報告》的涉華內容進一步具體化，遏華措施更加細化，標誌著美國對華戰略與政策從競爭與合作轉變為衝突與對抗。

大象打架，草地遭殃。在中美兩國夾縫中求生存的國家對此十分不安。新加坡總理李顯龍最近在《外交》雜誌發表長文指出，大多數亞洲國家在經濟上都與中美緊密相連，因此不希望被迫在兩國之間選邊站。中美關係緊張，為「亞洲世紀」的到來帶來了巨大的不確定性。中國的崛起已是事實，中國對國際地位和影響力的追求完全合理。美國必須作出選擇：是將中國作為一種生存威脅並不擇手段加以遏制，還是承認中國本身就是一個大國。

李顯龍的深度憂慮也是其他西方大國的憂慮。德國總理默克爾對特朗普搞排擠中國的小圈子表達了不滿，甚至向法國總統表達了「不願同那個人呆在一個會議室」的態度。特朗普處處把「美國優先」掛在嘴上，實質性地拉開了與盟國的距離。更何況，在新冠疫情面前，美國對世界的領導力蕩然無存。七國集團早在2008年金融危機期間就證明其已經過時，20國集團應運而生，而現在特朗普居然要在七國集團的基礎上，拼湊十一國集團（外加俄、澳、印、韓四國）。德國和俄羅斯非常清楚，沒有中國的參與，十一國根本玩不轉世界。

特朗普手中的牌越打越少。靠民粹主義起家的政客，儘管能忽悠一些狂熱者，但忽悠不了新冠病毒。特朗普栽在新冠病毒面前，不能不說是一次戰略意外。更讓他意外的是，美國經濟衰退早於新冠疫情的暴發。美國經濟局於6月8日正式宣布，早在今年2月美國疫情危機發生之前就已進

入衰退，這標誌著美國長達 128 個月的歷史性經濟增長長周期宣告結束，打破了 1991 年至 2001 年間創造的 120 個月的連續增長紀錄。這就不難理解為什麼美聯儲今年 3 月採取罕見的降息措施。但回頭看，美聯儲擁有信息優勢，只不過市場還蒙在鼓裡。

在公共健康危機、經濟危機和種族主義引發的社會危機面前，特朗普終於露了餡。當前，比這三大危機更嚴重的是美國總統的領導力危機。特朗普沉湎於推特治國，最近一天發推特的量超過 200 條。他不僅有球癮，還有網癮，更有鬥癮。四面楚歌的特朗普在未來的五個月需要好好發揮一下戰鬥的本領。在民調大幅度落後於拜登的形勢下，特朗普只能期待「十月驚奇」了。在無牌可打的情況下，美對華政策的發條有可能被特朗普越擰越緊。

第二章

中美應當尋找真正的共同敵人

中美應當尋找真正的共同敵人

2019 年 01 月 16 日

進入 2019，中美關係前景是繞不開的話題。建交 40 年來，從雙方 2005 年聲稱中美關係「處於歷史上最好時期」到如今「陷入最糟糕時期」，只用了 13 年。這 13 年如果用重大事件標注的話，2008 年可以說是美國霸權之路的重大轉捩點，中國成功舉辦奧運會，美國陷入次貸危機，兩國國力升降反差大大增強了美國人的焦慮感、緊迫感。2009 年走馬上任的奧巴馬在國情咨文中喊出「我們不做世界老二」的口號，與特朗普的「讓美國再次偉大」有異曲同工之處。「中國傲慢論」「中國修正論」「中國替代美國論」急劇升溫。

對抗思維誤導美國禍害世界

毫無疑問，美國對華政策的全面轉向始於奧巴馬時期，但雙邊關係大體沒有脫軌的一個重要原因是，中美都以較為克制的方式處理彼此分歧，尤其雙方的戰略對話有效緩解和管控了矛盾的升級。

但特朗普上台後拋棄原有對話機制，迅速把中國視為「頭號競爭對手」，把美國國內矛盾的根源歸咎於中國，將民粹主義者的怒火燒向中國。在這種政策的塑造下，現在全美上下對中國的看法高度一致，民主和共和兩黨相互較勁，比誰對中國更狠，幾乎成了美國新的「政治正確」。

尋找敵人不是美國的新做法。翻看美國 240 多年建國史，美利堅民族一步步成形就是靠尋找敵人得以發展和強化。20 世紀 90 年代對外政策辯論中的主要問題，就是誰可能成為這樣的敵人。雖然小布什 2000 年競選期間把中國視為「戰略競爭者」，但「9・11」的發生讓這個詞彙從 2002 年《美國國家安全戰略報告》中消失了，代之而起的是「反恐合作

夥伴」，中美關係迎來一段黃金期，美國忙於反恐，中國集中精力謀發展、更好地融入世界，直到 2008 年美國金融危機爆發。2010 年的「轉軸亞洲」戰略增加了雙邊摩擦的烈度，南海成為美國製造地緣政治黑洞的新抓手。

中美關係回不到從前，但走向對抗絕不符合兩國根本利益。美國學者渲染「修昔底德陷阱」，把中美博弈推上宿命論的軌道。也有中國學者提出 60% 理論，即任何國家只要 GDP 達到美國 60% 左右，就將遭到美國全面狙擊。該理論以日本和蘇聯為例，但這是不夠準確的，1985 年美國迫使日本簽訂廣場協定時，日本 GDP 只有美國 30% 左右。20 世紀 70 年代美蘇爭霸高潮時，蘇聯 GDP 也不只美國的 40%。可見，60% 理論有待商権。

即便美國想在如今中國 GDP 達到其 60% 時予以打壓，它也難有勝算。日本國土狹長，迴旋空間小，經濟結構嚴重依賴進口，所以日本被迫接受了美國的諸多條件。而美蘇當年經濟聯繫極低，與現在中美之間相比簡直小巫見大巫。更何況美國的資本家並不完全聽命於特朗普，美國的產業鏈極不完善，特朗普想實現與中國經濟脫鉤也並非三五年就能實現的。特朗普的前戰略顧問班農認為，未來 5 年是打壓中國、把中國踢出全球資本和技術市場的最後窗口期，這其實是在誤導美國，更是在禍害世界。

錯不在全球化而在美國自身

平心而論，近年來不斷唱衰美國的不是中國，而是美國自身。美國戰略學家布熱津斯基臨終前留下幾段視頻，稱「世界進入了後美國時代」。他警告，「衰弱的美國將變得更加民族主義，對本土安全問題更加偏執，並更不願意為其他國家的發展犧牲自己的資源。」當美不再扮演建設性角色後，任何國際共識的凝聚力都會降低。他同時預言，世界在 2025 年前

無法產生一個「繼任者」，更有可能出現的是一個沒有方向的殘局，引發世界和地區力量的重組甚至世界性風險。

布熱津斯基的預言不幸言中，而他留下的建議也並不過時：為應對即將到來的「後美國時代」政治與安全挑戰，美唯一能做到的就是「與俄羅斯和中國基於共同利益建立合作夥伴關係」。

美國把中國視為敵人實在錯得離譜，把國內嚴重問題歸咎於中國則是既沒找到癥結也沒開對藥方。其實全球化加速發展，中國是受益者，美國更是最大受益方，僅美國跨國公司滯留海外的淨利潤就高達 3 萬多億美元。錯不在全球化，而是美國無法解決分配正義的問題，在全球化大潮面前，誕生了許多「無感階層」甚至「痛感階層」。對占美國人口 92% 的信教人群、特別是新教徒來說，有沒有一份體面的工作不僅事關尊嚴，更是死後上天堂還是下地獄的精神層面的大問題，新教教義對懶惰和不工作嗤之以鼻，因此特朗普承諾把工作崗位帶回美國，可以說是白人藍領的心靈撫慰劑。

值得注意的是，特朗普現象正在全球擴散，意識形態向右轉的傾向正在加速。全球化產生的新問題，特別是 2008 年金融危機帶來的惡果，讓許多國家的民眾遭受巨大傷害，加劇了全球範圍內精英與草根的對立。從這個意義上說，美國的真正敵人是全球化引發的內部問題與挑戰，屬於生產關係層面的結構性難題，特朗普的政策著力點應是從自身找原因，大力調整生產關係，解決分配正義問題，而不是把中國作為敵人。

保羅·肯尼迪說過一句話，守成大國往往不是被新興大國打敗的，而是被維護霸權的成本拖垮的。特朗普反思過去十年在中東打仗耗費 6 萬億美元、誓言不走戰爭老路的想法是對的，美國的確需要一位「建設總統」，以集中精力解決國內問題，而不是在世界到處插手製造事端。但他高舉反全球化大旗，大搞保護主義、單邊主義，似又走向了歷史的反面。

中美應爲老問題尋找新答案

　　過去的中美關係是由中美雙邊來塑造，今後的中美關係同樣取決於中美兩國。今天的中國比歷史上任何時期都更具有塑造雙邊關係的能力。中美雙方需要尋找共同的敵人——全球化過程中面臨的問題和挑戰，加強高層對話，為老問題尋找新答案，而不是互視對方為敵。未來雙方制定政策的基點切忌一味相互指責，而應設身處地替對方想一想，尤其不能把個別矛盾和問題上升到戰略高度、政治高度，有意曲解，放大兩國的對抗性。否則正像我當年採訪約瑟夫·奈時他所說的，如果中美視對方為敵，將來一定會成為敵人。

　　歷史反復證明，任何一次雙邊關係的轉圜都需要時間和耐心。更何況中美關係是世界最重要的雙邊關係，容不得雙方放任，一旦冷卻下去，再想熱起來就不是二三年的事了。

　　「結果導向」是特朗普遵從的一項原則，通過一紙貿易協定讓中美關係儘快止損無疑是明智選擇。筆者認為，特朗普把連任看得很重，在前期貿易戰的外溢和滯後負面效應全面落到美國老百姓頭上之日，也許是他被迫改變對華冒進政策之時。

為什麼我要糾正中美衝突模型論

2019 年 06 月 11 日

中美關係接近走向全面戰略對抗這一步，世界各國既不願看到，對長期研究中美關係人士來說也是一大不幸。許多美國問題專家被吊銷了赴美簽證，與美國零距離接觸的機會大大減少。這倒也不完全是件壞事，讓學者們靜下心來對美國問題進行細化研究，克服當下研究的浮躁也是難得的時間窗口，畢竟這方面我們需要補的課太多了。近兩年來，一個奇怪的現象是，中美關係研究的名家大都保持沉默，相反一些其他領域的專家頻頻客串到這個領域，於是網上經常看到「總算某某把這個問題講明白了」，一時間美國問題專家像雨後春筍般冒出來，令研究中美關係幾十年的人士感到汗顏。

在美國從全能性霸權向選擇性霸權過渡過程中，特朗普政府對外政策究竟是奧巴馬收縮戰略的延續，還是對舊有政策的全面否定？美對華政策究竟是顛覆性變化，還是中美關係發展進程中的一段插曲？中美全面脫鉤能從美國的願望變成殘酷的現實嗎？「中美關係回不到從前了」這句話流傳甚廣，但從前的坐標點設在哪里？沒有多少人深究。學術問題雖是見仁見智，但似是而非、信口開河也往往會誤導讀者和社會。

近兩年來，美國學界不斷渲染中美衝突不可避免論，艾利森的「修昔底德陷阱說」名噪一時，為中美衝突製造輿論和理論基礎，而當下中美迅速升級的緊張關係，反過來驗證了此學說的「正確性」，一道偽命題變成了一道「自我實現的」真命題。正因為如此，約瑟夫·奈曾經尖銳指出，修昔底德陷阱學說強調中美衝突不可避免是極其危險的。通讀《註定一戰》一書，艾利森列舉了 16 個大國衝突經典案例，其中以戰爭方式解決的高達 12 起，而只有 4 起以非戰爭方式解決。言下之意，大國之爭的衝

突概率要遠大於和平方式。但書中沒有細談的是，他列舉的案例時間跨度達 400 年，而過去 100 年間就有 3 起是以和平方式解決，這是否說明，隨著時間的推移，人類社會整體正變得更加理性呢？其實，自核武器誕生以來，大國間發生直接戰爭的概率為零，更多表現為代理人戰爭和衝突，而這些作者較少論及。正因為如此，筆者認為，過度宣揚修昔底德陷阱，其實質是宣揚歷史宿命論，充滿了歷史的惰性思維。如果小概論的歷史事件被誇大為大概率的歷史重複，那麼政治家的作用及外交家們的主觀能動性又體現在哪里？

中美關係歷經幾代人的努力恢復到常態，來之不易，現在卻被極右翼勢力所劫持，扔掉了經貿這塊壓艙石，中美關係變得風雨飄搖。擔任過中美建交談判的美方翻譯傅立民先生感嘆，「在誰是美國敵人的問題上，美國過早地結束了這場辯論」。萊特希澤作為美方談判代表，念念不忘上個世紀 80 年代與日本談判的勝利場景。但是中國畢竟不是日本，把當年的經驗複製到中國，必然犯經驗主義的錯誤。不論美國務院政策規劃司司長斯金納有關「文明與種族衝突」的言論多麼離譜，但是她認為中國是一個不同於以往的任何一個競爭對手，這一點她說得沒錯。

從歷史而言，美國的確積累了不少打敗老二的經驗，學界也喜歡拿蘇聯與日本作為例子。這兩年以訛傳訛最典型的例子就是國內不少專家大談特談60%理論。聲稱蘇日兩國都是在國內生產總值達到美國的60%左右時，遭到了美國的無情狙擊，當下中國國內生產總值也處於這個節點上，完全符合上述模型。查查國內的名家，仍有不少人在不同場合拿這個模型作為案例。其實，稍微翻翻統計數據，這個問題並不難回答。以蘇聯為例，美蘇爭霸的起點是 1946 年，當「鐵幕」降下的時候，美國的國內生產總值（2223 億美元）占世界的 30%，而處於戰爭廢墟中蘇聯已經倒退到 1940 年的水準。當時蘇聯只有工農業總產值的概念，無法直接對應。

1946 年開始執行第 4 個五年計劃，1950 年按可比價格計算，蘇聯為 1700 億美元（姑且不論這個數字的水分），美國為 2938 億美元，約為美國的 40%。翻看美蘇爭霸史，冷戰高潮的 1970 年代，美國出台了全面打壓蘇聯的「成本強加戰略」，對其開展從政治、經濟、軍事、科技、輿論等全方位遏制。據有關經濟史料記載，1970 年蘇聯 GDP 是 4334 億美元，而美國高達 9400 億美元；1975 年雙邊在第三世界劍拔弩張的時候，美國達到 16889 億美元，蘇聯只有 6859 億美元；而蘇聯入侵阿富汗的 1979 年，其國內生產總值為 9016 億美元，而美國則高達 26321 億美元，只是美國國內生產總值的 34% 左右。以日本為例，1968 年日本國內生產總值居世界第二位（1466 億美元），僅為美國的 20%，而 1985 年美國迫使日本簽訂廣場協議的時候，日本的國內生產總值是 1.3845 萬億美元，而美國是 4.346 萬億美元，日本的國內生產總值只有美國的 30% 左右。而美國對日的打壓始於上世紀 70 年代，80 年代進入高潮，可見，60% 理論是十分值得商榷的。至於 1995 年日本國內生產總值（54000 億美元）達到美國 69%，其實，這是日本泡沫經濟的產物，而美國對日的打壓在 1994 年已盡尾聲。

25 年過去了，日本 2018 年國內生產總值仍徘徊在 49000 億美元，不升反降，可見當時的統計數據水分有多大。更重要的是，69% 的數字與對應的對日打壓時間節點完全錯配。綜上所述，美蘇之間的爭奪與國內生產總值多少沒有直接關係，更多的是意識形態之爭。如果說一戰的匆忙結束是出於對蘇維埃新政權的恐慌，那麼冷戰的開始則緣於對蘇聯社會主義制度發展壯大的恐懼。而美日之爭更是無關意識形態，而是老大與老二的爭奪。日本技術後來居上，大有「爭做世界第一」的架勢，美國出現了「日本購買美國」的恐慌，尤其作為美國象徵的洛克菲勒大廈被日本三菱公司收購，極大傷害了美國的自尊心。忘乎所以的日本在日元被迫升值的情況下，為了緩解出口企業的壓力，轉而大力調低利率、放鬆銀根，導致房地

產和股市的雙重泡沫。

《廣場協議》無疑是日本掉入陷阱的催化劑，而錯誤的財政和金融政策則成為壓死日本身上的最後一根稻草。退一步說，即使一些人堅持美國的打壓與國內生產總值有關，那也是在國內生產總值只及美國 30% 的時候下手，而不是我們一些專家所說的 60%。換個角度想一想，中國國內生產總值已達美國的 63%，接近「黃金分割線」，這比當年蘇聯與日本高出一個級差。在這樣的發展水準上，美國想打敗這樣的強大對手，歷史還沒有先例。中國擁有世界上最完整的產業鏈，抗壓能力完全超出美國的想像。

美國當年有 1 億多中產階級人口，能夠成為全世界的經濟引擎，更何況中國中產階級人數正越過 3 億的水平線。一些經濟學家認為，中國消費主義的時代正在到來，中國市場的巨大磁場定將吸來世界上的所有鐵釘，這就是中國不怕打貿易戰的底氣。世界輿論認為，中美貿易戰是中美雙方領導人之間意志力的比拼，更是對中國人民意志力的測試。大象打架，草地遭殃。英國外交大臣侯俊偉 5 月 14 日在倫敦表示，中國超越美國成為世界最大經濟體的趨勢不可阻擋，「即使我們想，也無力阻止中國的發展」。而新加坡已故總理李光耀早就說過，誰都不希望中國快速崛起，但誰也無法阻擋中國的崛起。

新加坡外長維文於 5 月 15 日在華盛頓戰略與國際研究中心的一場研討會上說，將中國視為必須遏制的對手是行不通的。一段時間以來，我們看到更多的國家是在做勸談促和的工作，而不是急著在中美之間選邊站隊。過去的中美關係是由中美雙邊來塑造，今後的中美關係同樣取決於中美兩國。今天的中國比歷史上任何時期都具有塑造雙邊關係的能力。以更大和更堅定的開放對沖美國的脫鉤戰略，是中國的現實選擇。韜光養晦已經非常困難，的確，中國這頭「大象」已無法藏在小樹叢中了，但大象也不必主動挑戰老虎，大象的生存之道是：不惹事，但絕不怕事。

中美的未來難從歷史中找到答案

2019 年 06 月 14 日

美國前國務卿基辛格在《大外交》一書中寫道，「政治領袖的最大挑戰是時間壓力。學者沒有風險，如果結論錯誤，大可推倒重來。政治領袖卻只有一次選擇，一旦出錯便覆水難收」。用這句話來形容中美關係的走向，再貼切不過了。中美關係的重要性和複雜性不言而喻。

中國領導人多次對美表示，中國的所作所為不是另起爐灶，只是對現有體系的補充和完善。儘管苦口婆心，但美國人就是不信。

在美國戰略家眼中，美國不僅看意願，更看重能力。光有意願，沒有實現意願的能力，美國人不在意；而一旦具備了這個能力，卻說沒有這樣的意願，美國人更不會信。在西方人的思維中，逢強必霸是再自然不過的事，但問題在於，影響力和霸權是兩碼事，「負責任的仁慈大國」與「恣意妄為的霸凌」是兩種不同的表現形態，前者是王道，後者歸於霸道。

美國無法遏制中國，中國也無法扳倒美國，這是新加坡總理李顯龍前幾天的忠告。從歷史來看，美國雖有戰勝蘇聯和日本的先例，但「前蘇聯在軍事上是超級強權，而在經濟上卻是侏儒；日本在經濟上是巨人，但軍事上卻無足輕重」。中國的國內生產總值即將達至美國67%的黃金分割線，與當年蘇聯、日本國內生產總值只有美國的 30% 左右相比，簡直不是一個量級。

承認現實是邁出正確決策的第一步，但這個過程有時曲折而漫長，特朗普的做法是試圖從歷史中尋找答案：貿易戰採取對日的打法，由當年的操刀手萊特希澤主導；政治戰、科技戰則採取對蘇的打法。綜合而立體的混合型戰法大有把中美關係推向新冷戰的邊緣。一些美國專家擔心，中美關係可能朝著不可修復的方向「自由落體」。

近兩年來，美國遏制中國的話題不再遮遮掩掩。國會、軍隊、學者、大學等都加入到反華大合唱之中，美國國務卿等高級官員不遺餘力游走世界，使出渾身解數，動員盟國構築遏華統一戰線。尤其是美國斬斷華為供應鏈的做法，極大改變了中美貿易摩擦的性質，邁出了中美經濟和技術脫鉤的危險一步。

令人欣慰的是，美國這一輪封殺中國的做法，國際社會呼應者寥寥。英國明確告訴美國，用不用華為，將由英國自己作出決定。世界已經深度一體化，中國已成長為經濟巨人。英澳日等國領導人均在不同場合表示，讓其在中美兩國之間選邊站隊是一件非常痛苦的事。處在第三方位置的「旁觀者」新加坡總理李顯龍則呼籲世界接受中國崛起的現實，以及讓中國更多參與世界新規則制定，同時也不忘記提醒中美雙方，「必須從對方的角度來看待問題」。

不久前，中國政府發表了對中美經貿談判的白皮書，用大量的事實披露了談判受挫的真相，國際社會反響強烈，認為這是一篇很有說服力的報告。可以說，自中國自身的角度出發，我們對談判的立場及思考闡述得再清楚不過了，但我們對美國挑起這場貿易戰的真正原因理解是否到位呢？

美國看似不理性的做法，尤其在貿易逆差問題上的說辭，在許多經濟學家眼裏近乎「經濟文盲」，但特朗普對此卻有著宗教信仰般的堅持。其實，我們必須從美國的選舉政治邏輯看待這個問題。

特朗普的當選本身就是美國分裂的產物。奧巴馬夫人就曾尖銳批評過，把特朗普推上總統的寶座，說明美國價值觀的淪喪，道德標準不再追求高線，而是在比低線。多變、善變及易變的特朗普將世界推向了巨大的不確定性之中。看似毫無章法的他，其背後有自己的一套行為邏輯。一方面，在特朗普眼中，只要保持老大的地位，採取什麼手段他都不介意。

另一方面，美國看似正在與中國下一盤更大的棋。其背後的動因是，

建制派的戰略家們本來對特朗普並不看好，但特朗普的當選讓共和黨的精英沾光不少，他們乾脆順水推舟，借特朗普之手把中美關係往競爭對抗的道路上牽引。

實際上，特朗普本人更多受制於選舉政治的邏輯。2016年，特朗普比希拉里少了289萬張普選票而當選總統，勝得有點偶然。對連任看得如此之重的特朗普，需要繼續穩住基本盤。

力挺特朗普的選民的邏輯是，過去他們過得很苦，無人關心，現在依然很苦，但至少有特朗普替他們說話。所以，特朗普出台了許多看似衝動的政策，其實背後站著一群在全球化中沒有受益的群體。

然而，製造業的回歸之路非常難。奧巴馬時代就曾做出種種努力，但效果不彰。所以，特朗普出此狠手，試圖切斷中國產業鏈，大幅度降低跨國公司海外利潤所得稅。如果說過去一些企業還在觀望的話，那麼，現在一些企業主真正開始思考「是該回去」的時候了。從經濟角度計算貿易戰的得失已沒有意義，在沃爾瑪買到便宜的東西固然重要，但擁有一份工作事關人的尊嚴。從這個意義上說，特朗普給了失業人群，特別是白人藍領巨大的精神撫慰。從中我們不難看出，中國與墨西哥「躺槍」也在意料之中。

修昔底德陷阱的最大教訓是，一個國家的崛起並不可怕，可怕的是另一個國家充滿了恐懼。正如美前駐華大使洛德所言，「美國對中國崛起的反應過度了」。如果未來中美雙邊對話與談判往創造就業機會這個領域靠攏，想必可以找到更多共同語言，有利於重構中美合作的民意和社會基礎，或可減緩中美經濟脫鉤的速度和烈度。

提高雙方指責的分貝不利於問題的解決。中美關係的持續緊張，對全球都會帶來不小的破壞。更何況，許多重要的難題如朝鮮半島局勢，核不擴散和氣候變化問題，都需要中美的共同參與。西班牙一句諺語說到：「旅

行者啊，前頭沒有路，路是人走出來的」。中美關係的未來之路何嘗不是如此呢？歷史無法提供答案，穿過「無知與狹隘的高牆」，才是中美關係的希望之路。

中美貿易戰事關國運的誤讀

2019 年 5 月 10 日

在中國代表團即將赴美進行第 11 輪談判的前夕，特朗普突然給中國人來個「半夜雞叫」，弄得中國股民措手不及。特朗普的一個「響指」竟然鬧出這麼大的動靜，再次向世界證明中美貿易關係的全球影響。特朗普在陶醉於他的「極限施壓」談判策略的同時，是否想過這種屢試不爽的做法也有失靈的時候。中國政府這一次沒有跟隨特朗普的節拍，相反卻擺出了勇赴「鴻門宴」的魄力，向世界展示了我們願意談、不怕打的決心和意志，並「做好了應對各種可能的準備」，這是國家與國民總體走向成熟的重要標誌。

貿易休戰固然重要，但不能為了一紙貿易協定而衝擊了中國社會主義經濟制度的根基，這樣的協議不簽也罷。商務部發言人表示，「中國不會屈服於任何壓力，有決心有能力捍衛自身的利益」，這樣的表態不會是一句空話。中美貿易額已突破 6300 億美元，相互依存是不爭的事實，美國硬要脫鉤，也需要幾年的時間，這是中國增加迴旋空間的時間之窗，沒有必要驚慌失措，更不能像一些線民所描繪的那樣，這場貿易戰打輸了，中國的國運從此開始逆轉。這種自我挖坑的做法和心態不僅對國人是個誤導，也會給我打貿易戰徒增不應有的壓力。

不可否認，中美貿易戰的確給中國的經濟增長帶來不利影響，但畢竟沒有傷筋動骨，更不可能改變中國崛起的大方向，更談不上國運之衰。雖然 1840 年中英圍繞鴉片的貿易進行過一次戰爭，最終以簽訂《南京條約》為代價，書寫了長達百年的中華民族屈辱史。但當年的鴉片貿易戰之所以敗下陣來，其根本原因還是作為農業大國的中國輸給了英國為引領的工業革命。英國憑藉先進的生產技術，迅速完成了國家的工業化，熱兵器也得

到急速發展，在堅船利炮面前，中國的命運可想而知。所以，貿易戰是名，技術落後是實。

也有學者拿日本為例，強調上個世紀 80 年代的美日貿易戰，美國被迫簽訂了《廣場協議》，從此開始了日本「失去的二十年」。其實，美日之間的貿易戰背後，主要還是日本「貿易立國」的國家戰略導致的捷徑思維。從上個世紀 50 年代開始直到 80 年代，日本在製造業方面基本上是技術追隨者和模仿者，「在世人的眼中，日本是一個會模仿的動物」。「三菱、日立、索尼、富士通、松下等習慣於在基礎研究上完全依賴於歐美，而熱心於對別人研究成果的借鑒和實用性開發」。即使 1980 年日本出台了「技術立國」戰略，但日本主要還是以購買專利及「利用」他國知識產權為主，名噪一時的 IBM 公司與日立公司的技術竊密案、美日之間的半導體（芯片）之爭等，雙方均展開了驚心動魄的暗戰，美無所不用其極，通過釣魚執法，將一批日本高技術公司送上法庭。1987 年 4 月 17 日，里根政府甚至對日本的彩電、電動工具、電腦等電子產品徵收高達 100% 的關稅，「這是美戰後第一次在眾目睽睽之下對一個盟友實施的制裁」。時任日本首相中曾根稱，「這是紮在手指上一碰就疼的刺」。美之所以對日本下此狠手，很大程度上是因為美半導體等行業「事關美國未來的競爭力，我們不能允許這一行業受到不公平貿易的危害」。

從「貿易立國」走向「技術立國」，這是日本國家戰略的正確轉向，但當時第三次工業革命的主導權還是牢牢掌握在美國人手中，這是日本在貿易戰面前缺少籌碼的重要原因。此外，日本國土面積狹小，沒有戰略縱深和迴旋空間，在軍事上依然被美國佔領，對於一個嚴重依賴出口的國家而言，除了屈服，擺在日本面前的選項並不多。

歷史已經證明，貿易戰與技術戰從來都是糾纏在一起的，特朗普今天的做法似曾相識。中美貿易戰延伸到中興通訊和華為等公司也在意料之

中。從對中興通訊公司的巨額罰款到抓捕華為高管孟晚舟，以及使出渾身解數阻止華為參與盟國的 5G 網絡建設，可見，美國對技術的看重遠遠大於貿易戰本身。

綜觀過去四百多年的歷史，任何一個帝國要想取得霸主地位，必須引領一次工業革命。英國如此，美國更是如此，正在醞釀的第四次工業革命才真正決定中美博弈的最後命運。中國已有局部的突破，但還需沉下心來，心無旁騖地發展自己，容不得半點的驕傲自滿和固步自封，「中國強起來」是我們的奮鬥目標，是「正在進行時」，而不是「現在完成時」，這是中美貿易戰點醒不少國人的一副苦藥。

眞可謂：逐利星條念舊經，錯將華夏作東瀛；東風不予川普便，天漢倒流草木驚。

特朗普的理想國──從新柏林墙到墨西哥墙

2019 年 6 月 1 日

　　2019 年 5 月已成歷史。但在中美關係史上，將之視為重要的節點並不過分。中美經貿第 11 輪談判的樂觀預期躍然紙上，但沒想到特朗普的一個推特，讓中美貿易談判形勢急轉直下。整個國際社會還沒有反應過來的時候，特朗普的一紙行政命令，又將貿易戰的戰場迅速移至科技領域，對華為的封殺完全可以用「經濟恐怖主義」來定義。好在任正非有底線思維，早在去年 6 月中興通訊事件還在發酵之際，他將「華為的生存從公司的最低綱領調成最高綱領」。他慶幸遭遇戰比預期的晚了五年。任正非坦言，這一切並不都是壞事，「即使是博爾頓、蓬佩奧也幫我們很多。他們拿鞭子一抽，華為懶惰的人就不敢了。」任正非的戰略和辯證思維在公司老總中是出類拔萃的，他告訴記者，第一次人才大轉移是三百萬猶太人轉移到以色列，現在是第二次人才大轉移，美國的排外給了中國擁抱世界人才的機遇，制定適當的政策正當其時。

　　柏林牆倒塌近三十年，互聯網幾乎滲入到世界的每個角落，但互聯網的思維遇到建築商出身的特朗普，不把世界打成幾個隔斷那就不叫本事。特朗普正忙於在科技領域砌起一道「新柏林牆」。一些媒體預測，世界可能被分成兩大陣營：一邊是美國為首的鐵杆盟國，如英日加澳新等，一邊是中國為首的「一帶一路」國家，而法德等國遊離其間，左顧右盼。不管這種說法有多少可信度，但新冷戰的幾大要素正在形成：科技壁壘取代了軍事集團，「華盛頓共識」與「北京共識」的對立已然成形。新冷戰的直接後果是迫使一些國家選邊站隊。前澳大利亞總理陸克文在不同場合表達過憂慮；新加坡外長前不久在華盛頓發出類似的警告。值得注意的是，英國在 5G 問題上已經表現出一定的反叛。昨天，在華為的幫助下，英國的

幾個城鎮開始測試 5G 網絡，但特朗普即將到訪英國，少不了對其展開新一輪的遊說，能否最終說服英國繼續站在美國的麾下，考驗著大英帝國的智慧。如果說柏林牆的外表參差不齊，那麼新柏林牆的構建更是漏洞百出，尤其是萬物互聯的時代，美國的做法更像是現代版的唐吉訶德。曾生活在柏林牆陰影下的德國總理默克爾昨天在哈佛大學畢業典禮中表示，「保護主義和貿易摩擦將破壞自由的國際貿易甚至繁榮的基礎」，「我希望你們拆掉無知和思維狹隘之牆」。特朗普連與默克爾握手都不情願，更別指望美國總統能洗耳恭聽歐洲鐵娘子的忠告了。

新柏林牆還沒建好，特朗普又急著建墨西哥牆。5 月 30 日，美國在美墨邊境抓捕了 1036 人。特朗普稱，將從 6 月 10 日開始，對所有墨西哥輸美產品徵收 5% 的關稅，每月增加 5%，直至非法移民得到解決。特朗普把非法移民問題與關稅問題掛起鉤來，直接引發「黑天鵝事件」，美墨期貨市場劇烈震盪，墨西哥比索應聲大跌 2%。

圍繞打擊非法移民問題，美國兩黨的鬥爭陷入白熱化。特朗普上任之初，就擺出對移民的強硬姿態，他以防止恐怖分子乘機渾水摸魚為藉口，頒佈「禁穆令」。白人藍領把特朗普視為救星，希望其出台強硬的反移民政策，為他們的就業爭取更大的迴旋空間。其實，白人工作的大量流失只是美國社會問題的一個側面，更為嚴重的是美國白人身份危機。美國政治學家亨廷頓早在上個世紀末就發出了「我們是誰」的疑問。據專家預測，到 2044 年左右，除西班牙裔之外的美國白人將第一次占總人口的 50% 以下，換句話說，美國盎格魯撒克遜的正宗白人將變成少數民族。面對拉美及黑人等少數民族人口的激增，他們的心理天平早已傾斜。政治素人特朗普的橫空出世，讓他們燃起了新的希望，特朗普的反移民政策或成為白人世界吟唱的最後一曲挽歌，而美墨邊境築起的高牆將成為正統白人作最後反抗的最直接表達。

　　美國正宗白人對墨西哥大規模移民有著天然的恐懼，緣於美國的擴張史。1845 年，美將墨西哥的德克薩斯並為美國的第 28 個州。在接下來的三年間，美國從墨西哥奪取了包括亞利桑那、加州、內華達、新墨西哥四個州及科羅拉多及懷俄明的一部分，共計 120 多萬平方公里。失去家園的墨西哥人對這段記憶刻骨銘心。據美國社會學家觀察，世界其他地方的移民來美，有意皈依與融入，但墨西哥人的想法則不一樣。墨西哥人的許多親戚至今還生活在如今屬於美國的廣袤土地上，他們移居加州，是回到故鄉，尋找親人。

　　從無形的新柏林牆至有形的美墨邊境牆，特朗普要為美國人民打造絕對安全之牆。今日美國需要建牆來增加安全感、緩和美國社會的焦慮，的確是 21 世紀第二個十年的最大諷刺。卡根算是美國新保守主義的代表人物之一，他對特朗普的做派都看不下去了，去年寫了一篇文章，題目是「特朗普的美國不在乎」，感嘆特朗普讓美國變成了「流氓超級大國」、「憑藉自己的力量恣意妄為」。為此，他憤然退出了共和黨。美國《大西洋月刊》主編戈德伯格寫道：The Trump Doctrine is「we are America, Bitch」，話很糙，稍微文雅一點的翻譯是，「特朗普主義的要義是：老子是美國，怎麼著吧！」這算不算是對特朗普及其團隊最真實的描述呢？

　　真可謂：加稅築牆複退群，鐵心效蟹肆橫行；人間自有是非在，西隅風雲東隅情。

特朗普發動貿易戰的宗教淵源

2019 年 4 月 9 日

全球矚目的中美貿易協定正進入最後的磋商階段。關於特朗普發動貿易戰的原因有諸多解讀，但有一點是非常明確的，特朗普希望通過對進口產品加徵高額關稅，逼迫美企回流或外企來美投資設廠，以做實這些年來日漸虛化的美國製造業。

過去 20 年間，美國製造業的崗位大量流失。中國入世後，數億勞動力進入世界市場，迅速削弱了美國的比較優勢，這也是美國戰略家們後悔不迭的事，連著名經濟學家薩繆爾森也開始懷疑李嘉圖的比較經濟學，生前曾要求政府幹預產品「外包」。產業加速向印太轉移，讓白人藍領從中產階層急速墜落到下層，龐大的無感或痛感階級隊伍隨之壯大。打著「變革」旗號的奧巴馬上台後曾尋求改變，但效果不彰。

特朗普正是抓住這部分選民的心理，在「鐵銹地帶」成功爭取到搖擺州的選民，把不可能變成了可能，把當總統的「笑話」變成了「神話」。曾為共和黨總統候選人的參議員盧比奧對特朗普的當選有過深刻的剖析和反省，他說，特朗普的成功歸根於他對美國選民極深刻的理解。美國當下需要的領導人，不僅僅把工作看成是養家餬口的營生，相反，應當把工作看成是事關尊嚴的大問題。儘管全球自由貿易使得美國百姓在沃爾瑪購物便宜了不少，但如果它以摧毀本國工作為代價，那也是走不遠的。

擁有一份工作被上升到如此高度，這已不是經濟學所能解釋得了的。美國政治學者赫茨克曾指出，「不瞭解宗教向度不可能理解美國的政治」。從宗教意義上說，擁有一份工作的重要性完全超過了我們常規的思維視角。特朗普上任不久在國會發表演講，大談「買美國貨、僱美國人」，這種典型的貿易保護主義做法卻贏得了共和黨熱烈的掌聲，可見這套理論在

美國已有強烈共鳴和群眾基礎。

　　雖然美國在建國之初就確立了政教分離的原則，但宗教觀念對美國行為的影響無處不在。美民意測驗顯示，92% 的美國人聲稱自己信仰上帝，85% 以上的人為正式受洗的基督徒；超過 40% 的美國人每週上教堂，近 60% 的美國人定期去教堂。按照基督教的教義，每個人生來就有原罪，而且後來還犯了不少罪。死後究竟上天堂還是下地獄，令許多新教徒非常糾結。在新教為主的美國，新教教義把崇尚勞動與敬業視為核心價值觀，稱「做好自己的職業是天職」。宣揚人只有幹好自己的本職工作，特別是把工作幹到極致，掙足夠多的錢，就可以升入天堂。這也就是為什麼美國人的專業精神比許多國家更加突出的一個深層原因。美國政治及社會學大師亨廷頓曾經說過，「工作道德是新教文化的一個重要特點，從一開始，美國的宗教一直是教人努力工作。在美國歷史上，社會地位始終取決於工作以及做工作掙到的錢，就業是自信和獨立的源泉」。他強調，「真正的美國人最鄙視的就是懶惰吃閒飯。人生在世的命運不是享樂，而是勞動，不是安閒舒適，而是辛苦忙碌」。

　　儘管美國的失業率已經降到 3.8% 的歷史低點，但是美國的勞動參與率已從十年前的 67% 降到 62%，這就意味著仍有相當多的人不再工作，或無新技能重返就業大軍，這其中就有一部分白人藍領。大量企業招不到合適的工人，就會迫使企業對這些人進行再培訓。而堵住非法移民的口子，可以有效防止對白人藍領潛在工作機會造成擠壓，這就是在非法移民問題上，特朗普堅持己見的深層次原因之一。

　　隨著美國大選季的到來，對連任看得如此之重的特朗普尤需白人藍領投其一票，而他們對現狀滿意度的感知將很大程度上決定他們的投票意向。所以，特朗普太需要一紙中美貿易協定，為這些人爭得一份穩定的工作。從這個意義上說，特朗普的所作所為是白人藍領的心靈撫慰劑，體現

著這些人究竟是上天堂還是下地獄的人生終極關懷。在這一點上,這些人寧願相信特朗普是靠譜的。

　　真可謂:川普理政出奇兵,退群築牆傷腦筋;藍領生存猶在意,中美於此卻同心。

特朗普的老把戲又一次「得手」

2019 年 5 月 7 日

5 月 6 日，特朗普又發推了，抱怨中美貿易談判太慢，揚言對中國剩餘數千億美元商品加征關稅。市場風聲鶴唳，中國內地和香港股市又一次被美國「凌遲」一把，滬深指數大跌 6% 以上，恒生指數也跌去近 3%，估計太平洋中的貨輪不得不調整航速，以趕在可能的加稅令執行前離岸或到岸，難怪美國有識之士早就建議禁止總統隨便發推。遠的不說，僅就金融市場而言，特朗普的這一推，可以說價值連城，構成了對全球投資人的不公。如果華爾街與特朗普聯手做空，股市豈不成了美國的提款機？

魚肉中國股市事小，如果這種言而無信的態度真的惹惱了中國政府，讓眼看著就要落槌的中美一攬子貿易協定停擺，特朗普未必能承受之重。中國領導人早就說過，貿易戰沒有贏家，中國不想打，但也不怕打。雖然貿易戰開打以來，中國的確遭遇了不少損失，包括 2018 年中國股市的表現也創了近三年的最低紀錄。但是，太平洋對岸的美國股市也同樣驚心動魄，美國道指、納指、標普等三大指數大跌超過 20%，也一同進入熊市版圖，只是最近國際社會對達成中美貿易協定的預期變得樂觀起來，才算收復了失地。

特朗普引以為傲的美國股市其實是美國經濟的最大軟肋。自 2009 年第二季度美國經濟步入復蘇軌道以來，到目前為止，已經創下連續 118 個月的增長時長，接近本世紀之初創下的 120 個月的最長紀錄。但是，這輪經濟增長平均增幅不到 2%，可以說是「最平庸的增長」，且美國大量人員缺乏應有的技能而無法就業，美國的失業率是存在大量水分的。美國這 10 年的複合 GDP 增長率總共不到 40%，而美國股市上漲超過 300% 以上，股市的上漲完全背離了經濟增長的基本面，美國股市的泡沫成為最大的

「灰犀牛」。連巴菲特最近都表示，對美國股市不再看好。當得知特朗普又在揚言對華徵稅的時候，更多的專家更傾向於這是他對華談判策略的故伎重演，而不是動真格。美國的主流媒體對特朗普這套慣用的把戲不以為然，直指「特朗普被剛剛公布的第一季度增長數字沖昏了頭腦」。

多年前，特朗普在接受「誰創造了美國」的專題紀錄片錄製採訪時說過，「談判是一門真正的藝術，世界上只有很少的人能夠掌握」。把談判上升到藝術水準的，全世界也沒有幾個，寫過《交易的藝術》這本書的特朗普總統，一直以交易四階段為自豪：一是提出驚人目標，二是大肆宣傳，三是決策反復搖擺，四是獲得直觀的結果。對照一下中美貿易談判的全過程，他是否在不折不扣地遵循這樣的套路呢？如果能對號入座，接下來中美達成貿易協定還是謹慎樂觀的。不僅中國需要休戰，希望連任總統的特朗普更需要這紙協定，否則像 2018 年的中期選舉一樣，搖擺州的選民棄共和黨而去，他被趕出白宮也就為期不遠了。

讓特朗普的子彈再飛一會兒

2019 年 5 月 14 日

　　5 月 13 日，中國無視特朗普「打不還手」的警告，終於對特朗普加碼關稅的行為做出反擊，開啟了新一輪關稅互毆戰。特朗普把美國對華加碼關稅的責任歸究於中國「違約」，中國國務院副總理劉鶴有自己的解釋，在最終協定達成之前，雙方所有開出的價碼都可以還價，否則還叫什麼談判？筆者認為，如果中美貿易談判模式只許美國開列條件，而中方只有點頭的份，這不僅有失尊嚴，而且有失公平、平衡的基本原則。但是，自以為掌握了談判藝術的特朗普並沒有收斂其咄咄逼人的態度，再次於 5 月 12 日發推，揚言如果中國不從，接下來美國的要價對中國會更糟糕。

　　特朗普算是把推特外交玩到了極致，把過去的密室談判變成了麥克風式的喊話，不管是出於「極限施壓」的談判策略，還是對中國的錯誤認知，但有一點是明確的，美國的要價不再藏著掖著，也算是透明的表達。在某種意義上說，第 11 輪談判算是雙方互亮了一次底牌。換句話說，未來中美貿易協定的高線與底線基本探明，接下來的協定文本只能在這個象限內討論，雖有一定彈性空間，但更有不可踐躪的剛性。

　　特朗普表示，美國並不急於達成協議，接下來多收的 1000 億美元關稅，150 億美元可以用來購買美國農民手中的糧食用於人道主義的援助，另外 850 億美元拿來進行美國的基礎設施建設。特朗普認定，中國對美貿易順差近 5000 億，徵收 25% 的關稅，自然是出自中國腰包，他的這種演算法符不符合實際，我們姑妄聽之。但是他的經濟顧問庫德洛不得不出來說話了，庫第一次公開承認，這 25% 的關稅，相當一部分需要美國百姓來承擔，不知道這話讓特朗普聽了作何感想？

　　庫德洛的前任科恩就此問題曾給特朗普上過課，他曾苦口婆心告訴總

統，美國的貿易逆差是結構性的問題，既使對華貿易逆差少了，也會轉移到印度和東南亞。更何況，美國這麼多年，就是靠貿易逆差向世界供應美元，拿著印刷成本極低的綠票子換取世界眾多國家的最好商品，這樣的生意也只有美國可以做。科恩的出走並沒有換來特朗普的回心轉意，相反在貿易問題上的認知越來越偏離常識。從這個意義上說，讓特朗普的子彈再飛一會兒對中國並不是壞事。

就策略而言，自特朗普上任以來，他既有對全世界的掃射，包括他的鄰國加拿大、墨西哥，也包括他的盟友歐洲、日本、韓國和印度等，更有對中國展開的「點射」。《華盛頓郵報》不無憂慮地指出，「特朗普是在挑戰歷史，因為多頭作戰向來難贏，不論是貿易戰還是軍事戰，而沒有盟友的戰鬥更是難上加難」。

就戰略而言，中美這場大博弈不僅在一起比拼一場戰役的得失，更取決於雙方戰略犯錯的幾率，這就是為什麼習主席反復強調，我們不能犯顛覆性錯誤的原因。從歷史的發展長程看，中國之所以落後挨打，主要還是閉關鎖國的國家戰略出了問題。而今天的特朗普為了迎合民粹，不正是在不自覺地走上一條封閉和保守的道路嗎？

可以肯定的是，將來打敗美國的不可能是中國，而只是美國自己。正像當年柯達與富士膠捲之爭，柯達不是被競爭對手富士打敗的，而是被柯達自己打敗的，柯達公司在 1975 年就第一個發明了數碼相機，但沒有加以推廣應用，而是固步自封，讓別的競爭者後來居上，成了自己的掘墓人。

美國走下坡是既成事實，尤其是特朗普大搞保護主義，完全走向了歷史的反面，無疑會加速衰落的進程。無論是國家還是個人，走在下坡道上都是敏感、脆弱和缺少寬容的，美國雖是紙老虎，當下更是一隻真老虎，走上坡路者需要格外小心。

需要強調的是，隨著美國選舉週期的到來，特朗普表面的若無其事無

法掩蓋其對一紙貿易協定的渴望。筆者認為，在貿易戰的外溢和滯後負面效應全面落到美國老百姓頭上之日，也許是特朗普被迫改變冒進政策之時。否則一些搖擺州受損的選民很可能用腳投票，踢走的不僅是特朗普身邊的重臣，而且包括特朗普本人的連任夢。從這個意義上說，美國打貿易戰的本錢沒有想像得多。

真可謂：川普慣念生意經，求利蠅頭一根筋；逆風失舵迷航向，木葉凋零飛落英。

特朗普升級對華技術戰
對中國是一次新的政治覺醒

2019 年 5 月 17 日

在特朗普總統對華採取一系列加征關稅的動作後，中美之間的火藥味越來越濃。中方的立場已很清楚，「談，大門敞開！打，奉陪到底！」面對這樣的陣勢，特朗普面對媒體時突然降低了調門，稱中美雙方只是一場「小爭執」，「情況會變好」，宣稱在日本 G20 峰會期間與習主席見面，擺出一副舉重若輕的樣子。美國還放出風來，稱財長姆努欽正計劃訪問北京，仿佛中美貿易談判的節奏與火候均在特朗普的掌控之中，屆時他又可以向世界炫耀，別人搞不定的事只有他能搞掂。如果劇本照著這個邏輯寫下去，或許這次加征關稅的行為只是他的談判伎倆，但今天的局勢發展已大大超出貿易戰的範疇，而一場更加激烈的技術戰正呈現在世人面前。儘管美國人把這場技術戰蓋上了一層遮羞布，但明眼人都很明白，特朗普的矛頭直指華為。

前幾天，特朗普圍繞中美貿易戰，發了幾條推特，把世界金融市場攪得天翻地覆，「推特治國」的把戲玩到了極致；今天特朗普又開始表演他的「行政令治國」的本事。一向善變的特朗普援引《國家緊急狀態經濟權力法案》，發布行政命令，宣布國家進入緊急狀態，禁止美國企業使用被視為對國家安全造成風險的外國製造設備；同時指示美國商務部在未來 150 天內制定法規，把華為及 70 個附屬公司增列入出口管制的實體名單，也就是人們俗稱的「黑名單」，這意味著美國公司非經許可，不得出售關鍵技術給華為，華為不僅失去了在美國的貿易機會，從此也將遭遇國際供應鏈的阻隔。中興通訊公司的命運再次降臨到華為的頭上，唯一不同的是，時間相差了一年。據了解，中國被列入黑名單的機構和個人累計達到

了 107 家，範圍涉及到機械、航空航天、超級電腦、半導體、光學儀器等，一些著名的高等學府和研究所赫然在列。可以預料，隨著中美戰略競爭的加劇，美國泛化國家安全概念、濫用出口管制措施等動作將越來越頻繁。從貿易戰迅速升級到技術戰，這是中美之爭開闢的新戰場，應當引起我們足夠的警惕。

從已披露的中美貿易談判細節看，美國的要求有一條：限定中國在規定時間內縮小貿易逆差 1000 億美元。從特朗普今天的動作可以看出，美將關鍵技術排除在採購名單之外，實際上是在把縮小貿易逆差變成一項不可能的任務，把中國逼到「違約」路上，這樣，美國就可以向世界宣布，中國是個不守信譽的國家，從而將中國進一步污名化，美國的霸道可見一斑。這讓我想起作為隨行記者於 1999 年隨朱鎔基總理訪美時的情形，他在演講中調侃美國人，你們不能總賣給中國大豆、玉米、小麥，讓我們天天吃大豆、吃麵包。20 多年過去了，美國在防範和技術封鎖方面不僅沒有收斂，反而變本加厲，並上升到一個新的量級。

去年美國對中興通訊公司的「一劍封喉」，舉國嘩然，所謂的「集成創新」如此不堪一擊。中興公司案可以說是給華為敲響的第一記警鐘，記得網上流傳的任正非談話備忘錄明確提出，「把華為公司的生存從最低綱領變成最高綱領」，可見，中興案對華為造成了不小的震動。

即便如此，華為還是遭到了美國的暗算，在財務總監孟晚舟過境加拿大時被捕。孟晚舟事件表面上是一起法律官司，但是誰都清楚，孟的被捕是一起典型的政治事件，雖然被披上了法律的外衣。孟在保釋後的第一時間感謝祖國，相信這是孟晚舟的一次政治成長，也是任正非領導的華為公司的一次政治成長，更是整個國家的一次政治覺醒。今天特朗普以國家安全為由，直接打擊華為產品供應鏈，對華為的傷害至深超過想像，這恐怕是美國給華為上的第三堂課。

任性的特朗普大家有目共睹，但讓特朗普以國家緊急狀態法、行使總統行政令權力的做法並不多見。前不久，他以國家進入緊急狀態為由，強行劃撥 80 億美元在美墨邊境修「長城」。而華為能納入特朗普的法眼，足見其驕人的戰績足以威脅到美國的核心利益。華為無疑是中國高新技術產業的一個標杆，相信通過這三起事件，讓華為人徹底明白：無論你宣傳和不宣傳自己，無論你怎麼撇清與政府的關係，無論你與別的國家簽不簽無間諜行為協議，這一切都變得無關緊要，只要你是中國的頂尖公司，你就會被貼上標籤，一切的污名都會朝你襲來。斯諾登事件早就告訴人們，誰的設備最不安全，世界自有公論。互聯網的根伺服器主要設在美國，換句話說，美國擁有世界主要網絡的後門鑰匙，但這不妨礙美國對華為的污名化處理方式。

中美戰略競爭背景下的技術供應鏈安全問題越來越突出，特朗普的行政令一出，今天中國股市所有稀土概念股幾乎漲停，市場的判斷是，既然稀土是工業的維生素，人缺了它不行，高科技產品缺了它同樣玩不轉。控制著世界產量 90% 的中國，一旦在供應鏈問題上做起文章來，後果也是不堪設想。

今天是稀土亮麗的一天，卻是華為最黑暗的一天，更應是華為政治成長最快的一天。華為是一家了不起的跨國公司，但撕不掉中國的標籤。如何處理跨國公司利益與國家根本利益的關係，是擺在許多跨國公司面前的一項政治任務，我想，今天的高通等公司肯定不會高興，但它必須服從特朗普的行政令，這就是大國博弈新時代的政治現實。華為事件應當成為全體國人的又一次政治覺醒。

真可謂：神州崛起引猜疑，詭計陰謀施一時，成竹在胸巧應對，迎風逆水擎大旗。

缺席峰會的美國　沒有缺席對中國的指責

2019 年 4 月 28 日

2019 年 4 月 25 日至 27 日，第二屆「一帶一路」高峰論壇在北京舉行，與首屆派出低階白宮官員出席不同的是，美國這次乾脆缺席。過去兩年間，彭斯與蓬佩奧等美主要官員游走世界，對「一帶一路」倡議圍追堵截，美國的指責主要集中在四方面：一是中國版的「馬歇爾計劃」；二是在歐亞大陸推行「最具野心」的地緣經濟和地緣政治擴張戰略；三是在沿線國家製造「債務之海」；四是向落後國家輸出過剩產能。用美國副總統彭斯話說：「一帶一路」戰略」就是「一條有約束力的帶」和「和一條單向的路」，是奴役參與國的兩根絞索。

美國對「一帶一路」的污名化雖有一定效果，但經不起事實的推敲，尤其是指責中國製造債務陷阱，完全是倒打一耙。因為沒有「一帶一路」倡議之前，世界性的債務危機也會週期性爆發，而美國恰恰是最大的禍根。且不論上個世紀 70 年代美國向拉美大肆借貸，製造了一次又一次債務危機，也不論 1997 年和 1998 年爆發的金融危機，「桑巴和探戈效應」給這兩個南美大國帶來的傷害，但就 2001 年美國互聯網絡泡沫的破滅及 2007 年底次貸危機而言，美國利用其美元一家獨大的優勢，向全世界濫發美元。尤其是美國次貸危機爆發後，美聯儲率先實施量化寬鬆的貨幣政策，美聯儲資產負債表從 2008 年的 8500 億美元猛增到 2014 年的 45000 億美元。美國憑藉美元的霸權地位，迅速稀釋了自身債務，成功地向世界轉嫁了危機，許多國家被剪了一次羊毛。一方面，大量美元流入美國股市，在聯邦利率為零的情況下，各類公私基金為了生存，不得已大量購買高風險股票資產，以求抱團取暖；加之美國公司找不到好的投資項目，轉而用現金回購自家股票，共同吹大了美國股市泡沫。美國是第一次從危機中走

出的國家，並不是說美國的宏觀經濟管理和反週期的政策有多麼出色，而是現有的國際經濟和金融體系是由美國設計和主導，它至今可以繼續坐享規則的紅利。正是因為美國諳熟其中的原理，所以美國非常害怕中國借「一帶一路」，輸出中國模式、標準和規則，動了自己的乳酪。

雖然債務陷阱不是中國製造的，但債務問題應引起我們的高度重視。截至 2018 年底，全球公私債務超過 244 萬億美元，占全球 GDP（約 80 萬億美元）的 300% 以上。尤其是全球的低增長與高債務，形成一對有毒組合。在特朗普發動貿易戰的背景下，世界經濟「同步復蘇」的勢頭被其澆滅，主要經濟體開啟的關稅互毆模式更加劇了出軌的風險。自 2015 年 12 月以來，美已加息 10 次，利率逐步接近「中性」。隨著美元流動性減少，一些發展中國家出現了金融風暴。去年阿根廷和土耳其的貨幣急劇動盪，算是新一輪債務危機的預演。另一方面，在美國貨幣政策走到盡頭之後，特朗普大規模財政刺激政策的選項擺上檯面，這無疑增加了美元貶值的預期。美元忽上忽下，讓投資資本大行其道，難怪掌管 1600 億美元資產的美國橋水對沖基金創始人達里奧感嘆，自己賺的錢實在太多了，呼籲特朗普不能再給富人減稅了。可悲的是，美國貨幣與財政政策調整引發的週期性動盪成了當下世界經濟體系循環中的宿命，也成為發展中國家掉入債務陷阱的魔咒。

美國金融政策的「蝴蝶效應」對「一帶一路」沿線國家造成了巨大傷害是無庸置疑的。自去年以來，馬來西亞、泰國、緬甸、斯里蘭卡、巴基斯坦等國先後放慢或暫停了與中國簽訂的大型基礎設施項目。這是壞事，但更是好事，讓中國重新審視一些項目並作必要的微調更有利於有持續發展。

基礎設施投入大、見效慢、週期長、收益低，具有明顯的社會公益屬性，而西方的逐利資本對發展中國家的道路、橋樑、機場、港口、電纜等

基建興趣不大，沒有「人類命運共同體」的意識是難以推進這類工程的。更重要的是，許多發展中國家還處於溫飽階段，一些項目過度超前建設的確會帶來承受力的爭議。沿線國家大都實行私有制經濟，征地拆遷本就十分困難，如果層層截留的貪腐問題滲入其中，中國往往就會被甩鍋。加之，人民幣國際化剛剛起步，中國商業性銀行對大型基礎設施的融資服務還跟不上。很多項目的運作還是以美元融資和計價的，不可避免需要承擔額外的匯率波動風險，在美國加息的大背景下，這個弊端更加凸顯。為此，適當對一些項目進行梳理，以避免市場及道德的雙重風險，也不失為明智之舉。

美國的暫時缺席不等於永遠缺席。既然當下美國把「一帶一路」放在中美戰略競爭的高度加以應對，指望它很快轉變觀念也是不現實的。好在全世界越來越多的國家認同這是一條通向機遇與繁榮之路，那麼套用魯迅的一句名言：走自己的路，讓美國去說吧！

真可謂：自身一本迷人經，狹隘猜忌手腕靈；井蛙妄測君子腹，吹散浮雲天自青。

「中國不是威脅」拜登也不敢講了

2019 年 6 月 15 日

美國總統特朗普和民主黨總統候選人拜登，前兩天同時來到愛荷華州參加競選活動。在距離美國大選投票日不到 17 個月的時候，「關稅男」與「瞌睡男」（特朗普給拜登取的綽號）之間提高了互相指責的分貝。

愛荷華州是美國中部的一個農業州。多年前的一個夏天，本人駕車穿梭愛荷華州，印象最深的是一望無際的農田。一些飛蟲朝著前窗玻璃撞過來，弄得動靜很大，一會兒就糊住了視線，不得不到一家加油站進行清洗。

愛荷華州雖然是經濟窪地，但在美國屬政治高地。按照美國大選的初選程序，該州的投票排在最前面，其結果往往先聲奪人，具有重要的政治風向標作用，熱門候選人都把這裡視為必爭之地。這幾十年來，愛荷華也成為候選人在此「練兵」及調校自己競選綱領的試驗場，誰都大意不得。

中美貿易戰開打，農產品成了重災區，愛荷華「躺槍」也在預料之中，這讓布蘭斯塔德大使十分難堪。作為特朗普的好友，自己的家鄉卻成了特朗普關稅政策的炮灰。拜登自然不放過這樣的機會，激烈批評特朗普的這項政策，稱自己與愛荷華人民感同身受。「你是可以強硬，但是這種強硬是建立在別人的痛苦之上」。

數天前，特朗普利用非法移民問題突然以對墨西哥加徵關稅作要脅，徹底激怒了共和黨內的一些老牌議員，他們正考慮在國會動議，提出限制或收回總統隨意開徵關稅權力的議案。「關稅男」或面臨著自家人繳走其手中武器的危險。

拜登今年已經七十有六，這把老骨頭還親自出山，自稱是讓特朗普繼續執政，威脅到美國的核心價值，他是「為了拯救美國的靈魂」而來。但特朗普嘲笑拜登，「一個人在演講中提到了我的名字達 76 次，這意味著

他有麻煩了」，以此暗喻拜登今年 76 歲了，「走起路來與以前不一樣」。特朗普還攻擊拜登「是奧巴馬從垃圾堆裡撿出來的政治失敗者」，是典型的「瞌睡男」，不堪一擊。話雖這麼說，但拜登民調高過自己還是引起了特朗普的警覺，志在必得的他趕來愛荷華「消毒」。這兩天，特朗普急不可耐地在推特上發文稱，6 月 18 號這一天，他將在佛羅里達的奧蘭多宣布正式參選下一屆總統角逐，「2 萬個座席被 74000 人爭搶，這是對我堅定支持的最誠實表達」。

5 月 1 日，拜登已在愛荷華州發表過一次演講，曾引起軒然大波，遭到美國兩黨的一致批評。他說，「中國會吃掉美國的午餐嗎？得了吧！」中國國內自身還有許多搞不定的麻煩事，何來威脅美國？特朗普直指拜登的說法「很天真、很愚蠢」。其實，那天拜登的講話本意只是想通過淡化中國威脅，給美國人民打打氣。但還是遭到特朗普嘲笑。民主黨同僚也批評拜登假裝看不見「中國威脅」是不可原諒的。

「中國威脅」成為特朗普治下新的「政治正確」。要想說中國不是威脅不僅需要勇氣，更會付出不小的政治代價。為了迎合美國選民的新胃口和選舉政治的新氛圍，拜登不得不改變對華調門，稱「對中國的經濟和軍事崛起感到擔憂」，「中國對美國是一大威脅，必須對中國採取強硬態度」；他呼籲，美國需要與盟國結成統一戰線，共同挑戰中國。他的這番講話引起了媒體的廣泛解讀。

自 2017 年 12 月美政府發布新的國家安全戰略報告以來，上至總統、國會和軍方，下至公司、學校、研究所等共同加入到反華大合唱之中，中美關係出現了螺旋式的下滑，雙邊之間的戰略競爭全方位展開。

最近，美與加拿大、澳大利亞等盟國共同研究加強對鈷、鋰等戰略性資源的開發，美五角大樓也加大了去非洲尋找稀土資源的力度；政府加緊制定恢復美國本土的稀土開發計劃，爭取在最快的時間內擺脫對中國的依

賴。在技術、人員交流等方面，美國能源部等單位開始全面清退有中國背景的研究人員；敦促美國跨國公司加大從中國外遷的步伐，以實現與中國的「全面脫鉤」。

由此可見，中美之間的戰略攤牌已提前到來，不論我們喜歡與否，也不論我們是否準備充分。中美矛盾首先表現為老大與老二的纏鬥，同時包括了制度、規則與經濟利益之爭。於是，美國從政治、經濟、軍事、技術、人文和輿論等方面展開了對華立體攻勢。

鑒此，我一方面需利用美國的選舉週期，加大對美國政策的牽制，設法降低中美全面脫鉤的速度，為我爭取寶貴的時間與空間；另一方面，需進一步強化全社會的底線思維，做好打持久戰的準備。

防止戰爭的最好方式是做好戰爭的充分準備，這是軍事領域的邏輯，而中美之間的戰略仗也脫不掉這個邏輯。即使我們僥倖翻過貿易戰這一頁，而技術戰也難以休兵，接下來金融戰、意識形態戰等都會接踵而至。此時此刻體會中華民族偉大復興的中國夢「不是敲鑼打鼓、輕輕鬆鬆就能實現」這句話的深刻內涵，格外具有現實意義。以更大的開放作為基礎平台，把發展作為第一要務、創新作為第一動力、人才作為第一資源的口號落到實處，是破解美國對華脫鉤戰略的三把金鑰匙。

真可謂：崛起中華嶺上松，曆霸沐雨紮根深；神功太極迴旋妙，任爾東西南北風。

「中國威脅」誰的天真誰的蠢

2019 年 5 月 9 日

卡特是曾經的美國總統，特朗普是現任總統，拜登當過副總統、已宣布競選下任總統，三個處於美國權力巔峰的人物，論年紀早過了耳順和古稀之年，無論是在政壇，還是在商海，他們都曾經與中國打過多年的交道。但歲月的風雨卻無法抹平彼此在中國問題上的認知落差，相反卻充滿了火藥味。

5 月 1 日，拜登在愛荷華州參加競選活動時稱，中國面臨著許多自己都搞不定的麻煩事，何來威脅美國？特朗普直指拜登的說法「很天真、很愚蠢」。按理說，拜登對華認知不是白紙，遭到這樣的批評有失公允。2011 年，時任副總統拜登訪華，由時任國家副主席習近平親自陪同接待。拜登是少有與習近平主席深入交流的美國領導人。四年前，他就曾經說過：「未來五十年的歷史，在很大程度上取決於美中兩國如何駕馭我們的關係。」可見，拜登對中國的看法還是有點戰略性的。

「中國威脅」成為特朗普治下新的「政治正確」。要想說中國不是威脅在當下的美國需要很大的勇氣。在奧巴馬時代，不管美高層內心怎麼想，至少表面上還經常說「歡迎中國的和平崛起，一個繁榮和穩定的中國符合美國利益」。而如今這些語言已是新的「政治不正確」，只有不斷誇大中國威脅，並上升到白種人與黃種人之間「文明和種族衝突」的高度才能符合「新冷戰」理論設計者們的胃口。

在特朗普看來，中國「正超越美國」的威脅是實實在在的。4 月 13 日，特朗普親自打電話給卡特，求教老總統有何高招。卡特的回答非常乾脆：「自 1979 年之後，中國跟任何國家沒再打過仗，而美國則一直在打仗。卡特總統還說，在美國 242 年的歷史中，只有 16 年是太平的。可見，卡

特的說法道出了特朗普的心聲。畢竟這兩年，特朗普在不同場合曾多次批評自己國家，在中東浪費了 6 萬、甚至是 7 萬億美元，可以把美國重建兩次。但有人批評卡特的說法有誤導特朗普之嫌，想用和平主義的思想改造美國「征服者的文化基因」。

特朗普作為商人出身，多賣一點武器、多賺一點錢，還是符合特朗普哲學的，包括中美貿易戰，他念念不忘的是中國對美有著巨大的貿易順差，「賺」走了美國的錢。至於與中國下一盤更大的棋，已超出了他的思維框架，而更多的則是總統被這些新保守主義的強硬派牽著鼻子走，自己卻渾然不覺。這兩年，特朗普喊打喊殺的次數並不少，但更多地是在製造適度的緊張，為他推銷軍火作鋪墊，全世界的軍費去年創了歷史新高，特朗普功不可沒。

值得高度警惕的是，以彭斯、博爾頓為代表的一批新保守主義勢力正在借力特朗普，盡其所能實現在小布什時期沒能實現的遏華戰略。雖然博爾頓當過美常駐聯合國代表，但是聯合國花園裡「化劍為犁」的雕塑從來沒有打動過他。今年以來，這幫人一會兒嚷嚷加強對朝制裁，一會兒鼓動委內瑞拉國防部長「起義」推翻馬杜羅，一會兒把航母開到波斯灣，搞得滿世界殺氣騰騰。究竟誰是威脅，誰是和平使者，相信這個問題不難回答。

需要指出的是，特朗普雖把前任奧巴馬批得一無是處，但在反思利比亞戰爭問題上，奧的教訓還是值得特朗普汲取的。奧巴馬在接受記者採訪時承認，他八年任期犯下的最大錯誤是「打了利比亞戰爭，只搞戰爭破壞，不注意戰後重建規劃」，讓這個國家乃至整個地區至今還處於水深火熱之中。其實，世界的矛盾並不總是錘子和釘子的關係，美國看見什麼都想用錘子才是天真、愚蠢的做法。自稱掌握了談判藝術的特朗普總統有責任把妥協的精髓帶到未來的任期當中，想必「中國威脅論」就會變成「中國機遇論」。那麼，全世界也就有理由相信 5 月 4 日在與普京通話時強調與中

國搞好關係是件好事，此言不虛。

　　眞可謂：山姆智囊不簡單，黑白方圓任意搬；絕無竟可說成有，穩坐輕舟越關山。

說「中國不是威脅」需要更大勇氣

2019 年 5 月 8 日

最近美國圍繞「中國是不是主要威脅」問題吵翻了天。4 月 29 日，美國國務院政策規劃司司長斯金納的一番話，更讓人感到，在當下的美國，說中國不是威脅需要多麼大的勇氣。

據報導，斯金納正領導美國國務院的一個團隊，對標冷戰理論奠基者肯南的八千字電報，就美對華戰略進行新的規劃。自 2017 年 12 月美國發表《國家安全戰略報告》以來，美國宣布進入「與中國展開政治經濟與軍事競爭」的新時代。許多學者認為，中美之間正開啟「新冷戰」，而中美貿易戰作為這場世紀大戰的第一場戰役由特朗普首先扣響了扳機。但終因雙方 6300 億美元的巨額貿易聯繫，一時難以做到徹底切割，特朗普在「極限施壓」無效的情況下，被迫在布宜諾斯艾利斯坐下來與中國進行談判，以期為美國爭得更「公平」的貿易優勢。

正如許多學者擔心的那樣，其實，中美之間真正的問題不是貿易戰，而是美國將動用一切力量，對中國進行遏制。這個時候斯金納拋出「中美競爭屬文明衝突」的高論，不禁讓人不寒而慄。斯金納認為，前兩次世界大戰和美蘇之間的冷戰是西方世界大家庭的內鬥，而中美之間的競爭卻是「一個真正不同的文明社會與意識形態之間的較量，而這場較量是美國從未碰到過的，是美國首次面對「非高加索人」（注：高加索人是白種人的泛稱）的超強競爭。」她把意識形態與種族的混合物作為這場競爭的標誌物，可以說真正具有了「新意」。難怪著名美國中國問題專家史文看不下去了，認為「美國政府走上了一條對中國這個挑戰做出瘋狂描述的非常危險和令人沮喪的道路。」

把中美競爭上升到意識形態對抗的高度尚可理解，畢竟中國走的是一

條中國特色的社會主義道路，大家對制度和規則之爭早已習以為常，但把這種競爭上升到「文明和種族」的高度，則具有「新冷戰理論」奠基者的味道了。人類的進化已經數萬年，進而形成了血緣、形體、膚色的差異，黑色黃棕等種族得以定型，而人類的文明則只有數千年歷史，幾大主流文明在此基礎上也形成了各自的倫理價值、行為規範甚至是制度和意識形態等差異，這正是世界多樣化的生動體現。這種差異不應成為白人優越論的理論根據，更不是某種文明或種族落後的原罪。更何況，中華文明是世界上唯一沒有被中斷的文明，在人類歷史發展進程中曾長期領先於其他文明，但從來沒有對其他種族或文明抱有歧視或偏見，相反對西方文明一直抱持兼收並蓄的態度。

蓬佩奧主導的國務院可能有「難言之隱」，不把中美競爭上升到文明和種族的高度不足以讓整個西方世界警醒。尤其是特朗普上台以來，對盟國也展開貿易攻勢，形成了關稅互毆模式，在軍費問題上，一直要讓盟國多掏保證費。人家當年追隨你的條件之一就是美國提供安全保障，否則為什麼事事聽你指揮？大西洋越來越寬是不爭的事實，美歐之間在對待中國問題的態度上難以做到鐵板一塊。挑起意識形態之爭已不夠檔次，把中國的崛起推到整個白人世界的對立面，這樣美國不僅可以聯合歐洲、俄羅斯以及其他一切白人國家，為捍衛種族而戰，這樣才是史詩級的新冷戰。

伊斯蘭世界的「綠禍論」因恐怖主義氾濫而持續發酵，斯金納的說法可以說是新版「黃禍論」，這種完全失去政治正確性的觀點可以堂而皇之地發表，可見，所謂的「政治正確」概念在特朗普治下確實需要重新定義了。華盛頓郵報就此評論道，「一個崛起大國對被排除在文明之外的敏感加上守成大國積極推動種族論將是非常危險的」。

尋找敵人不是美國的新做法。文明衝突論的鼻祖亨廷頓早就說過，「國家是需要敵人的，一個敵人沒有了，會再找下一個」。但是美國以宣

揚種族和文明衝突的方式尋找新敵人，顯然是犯了方向性錯誤。

內斂與和平是中華文明的固有特性，也是文化自信和文明自信的歷史底蘊，我們切不能輕易跳進美國為我們設置的文明衝突的陷阱之中。中國對外的一條重要原則是，「不惹事，不怕事」。西方非得把中華文明視為異類，那中國不得不學會在叢林法則中求得生存，努力把自己變成「森林中的一頭大象」。在奔向「強起來」的宏偉目標征程中，把自己的籬笆修好，苦練內功，是我們抗擊任何外來衝突的最好武器。

真可謂：文化異同本尋常，種族衝突論荒唐；問君兩次大戰事，是白是黑還是黃。

中美回到談判桌讓世界輕松不起來

2019 年 06 月 30 日

　　舉世矚目的中美首腦會晤於 6 月 29 日中午在大阪落下帷幕。由於此前雙邊關係傷得不輕，正式會談前的氣氛稍顯沉悶。但會談後發表的新聞稿還是讓世界松了一口氣。

　　正如美國商務部長羅斯 6 月 12 日對媒體所說的，「大阪不可能是達成最終協議的地方，只能是找到一條最終通往達成貿易協定的路徑」。事態的發展基本印證了這個說法。

　　特朗普向記者表示，美方承諾擱置對中方輸美產品加征新的關稅，中方承諾採購美方的一些農產品，稍後美方將提供一份建議採購名單。特朗普還同意部分解除對華為採購美國產品的限制。雙方本著平等、相互尊重的原則繼續推進談判。特朗普稱，「會談比預期的要好」，《紐約時報》等媒體認為，「這是美方發出的休戰信號」。

　　中美會談沒有大的意外，但特朗普突然通過推特向金正恩發出邀請，希望週末到三八線與他握手，這不算是「第三次會晤」，算是雙方示好的一種姿態。朝方反應積極，正等待正式邀請。

　　特朗普的不可預測性在 G20 峰會期間再一次得到了印證，不把世界的焦點放在他身上那就不叫特朗普了。吸引注意力是他的人生哲學，所以特朗普特別喜歡在他的商業大廈立起巨大的徽標。

　　特朗普說過比較經典的一句話：「好名聲好過壞名聲，壞名聲好過無名聲」。看似反復無常的舉動其實有他自己的邏輯。當然，他在東亞所做的一切，也是為了在接下來的大選中為自己的外交政績積攢人氣。

　　據說，特朗普在會見默克爾的時候，民主黨的初選辯論還在進行當中，他還發表了「民主黨辯論真無聊」的評論，媒體調侃特朗普「身在東

亞心在美」,一心可以二用啊。

但中美首腦會談,特朗普不敢有絲毫的怠慢,把它視為「世紀級的會晤」不算過分,對觀察下一階段中美關係的發展方向將具有重要的指標意義。中美關係是當代世界最重要的雙邊關係,兩國國內生產總值占了世界的三分之一還多,可以說中美關係具有牽一髮而動全身的全球性意義。中美之間的較量與當年美蘇、美日之間的競爭不可同日而語,僅就經濟規模而言,當年蘇、日兩家與美國「開打」時的國內生產總值僅占美國的三分之一左右,更遑論蘇、日在綜合實力方面存在著無法克服的短板。

大象打架,草地遭殃。全世界帶著幾分不安,力勸中美關係走向談判桌,而不要逼著這些國家選邊站隊。中美兩國自 1972 年尼克松總統訪華以來,雙邊關係經過 47 年的風風雨雨,歷經坎坷。1972 年中美貿易額只有區區 1288 萬美元,1978 年上升到 9.9 億美元,而 2018 年底則高達 6300 多億美元,你中有我、我中有你是無法掙脫的現實,不是某幾個政客想全面脫鉤就能很快實現的。

即便美國一小撮人想與中國劃清界限,但美國百姓能否承受得起這樣的痛苦也要打大大的問號。君不見,這幾天美國貿易代表室舉行的加征新關稅聽證會,反對者人聲鼎沸。一些科技巨頭不顧美政府的禁令,已經悄悄向華為供貨;一些市場老冤家微軟和任天堂等公司開始走到一起,共同向特朗普施壓。一些媒體開玩笑說,「市場過去幾十年辦不到的事,特朗普讓他們做到了」。

歷史進程不可能像涅瓦大街一樣,但少走一些彎路,少一些曲折還是人類智慧的進步體現。希特勒通過所謂的民意和民選,在德國政壇叱吒風雲十二載,把世界帶入岐途,終究被釘在歷史的恥辱柱上。所以尊重客觀規律、看清歷史大勢、順應時代潮流才能配得上政治家的稱號,否則最多只是一個政客的「曇花一現」。

　　在中美關係處於十字路口的關鍵時刻，我們聽到了特朗普有關「我對中國沒有敵意，希望兩國關係越來越好」的表述，從美國總統的口中確認了與中國一道推動「協調、合作、穩定為基調的美中關係」、「相信此次會晤有力推動美中關係」等表態，這無疑是值得肯定的理性聲音。

　　這些年來，中美關係有蜜月，也有低谷，雙邊關係大體遵循著「在鬥爭中求發展，在摩擦中求合作，在曲折中求前進」的運動軌跡。特朗普同意坐下來談判，可以說是近一段時間以來雙方激烈博弈的結果，筆者更願意看到，這是特朗普本人對中美關係重要性認識的深化。

　　當今中美兩國比拼的不僅是戰術層面的幾次戰役，更重要的是彼此戰略犯錯的幾率。誰在關鍵時刻犯下顛覆性、戰略性錯誤，誰就徹底退出這場世紀之爭。

　　習主席明確指出，我們有一千條理由把中美關係搞好，也沒有一條理由把中美關係搞壞。「合則兩利，鬥則俱傷」；「雙方利益高度交融，合作領域廣闊，不應落入衝突對抗的陷阱」，這些都切中了中美關係的要害。

　　可以預料，今後的中美關係不會因為一次首腦會晤就可以重新邁上平坦的大道，相反雙方之間圍繞貿易、科技、金融等領域的纏鬥還會延續下去。如何達成一項平衡的協議更是考驗雙方談判團隊的智慧。盲目強硬和一味妥協都不是好的談判策略，平衡既是中國古老的智慧，更是現代民主政治的一大特徵。

　　必須指出的是，今天中美雙邊經貿關係的性質與上世紀 80 年代美日貿易不平衡問題不可同日而語，當時日本對美國的貿易順差更多體現為日本產品的單邊優勢，雙方之間的產業鏈、供應鏈、價值鏈還沒有完全形成，而今天中美之間巨大的貿易額相當程度上是由中間產品所組成，表面的數據不能反映真實的利潤落點，正所謂「順差在中國、利潤在美國」就是這一現象的真實寫照。由於中國出口額中超過一半來自外資企業，美國對中

國產品開徵關稅的做法，實際上打疼的是很多美在華企業。

特朗普的「美國吃虧論」喊了一段時間了，到處嚷嚷全世界都在占美國的便宜。究竟誰在占世界的便宜，明眼人看得十分清楚。作為戰後世界秩序和制度的設計者、規則的制定者，豈能有吃虧的道理？

俗話說，一流的國家制定規則，二流的國家提供設計，三流的國家製造產品。把世界所有國家據此排排隊，美國究竟處在價值鏈的哪個層次豈不一目了然。

經濟領域並非零和遊戲，而是強調把餅做大，共贏才是生存之道，這既是經濟規律，更是我們需要懂得的常識。「美國需要常識」前幾天從特朗普口中說出，更希望他能在實踐中一以貫之。因為當下尊重常識是減少中美關係鐘擺幅度的最簡便方式。

你聽見了嗎？特朗普！

2019 年 7 月 5 日

「你聽見了嗎？」這句再平常不過的一句話，在 1895 的美國大選年還是非常具有煽動性的一個口號。在壟斷資本主義高度發達的時代，以洛克菲勒為代表的資本家對工人的壓榨達到了一個新高度，勞資矛盾激化，民粹主義在美國興起。作為工人利益的代言人布萊恩迎戰另一個候選人麥金萊，布向選民承諾，一旦當選將把洛克菲勒等財團繩之以法。在大型集會上布經常向選民高喊，「你聽見了嗎？洛克菲勒！」贏得了無數選民的狂熱互動。洛克菲勒聽是聽到了，但結果是，這些資本家們開始驚恐地坐在一起商討對策，最後他們決定出錢收買總統，於是共和黨人麥金萊順利當選，成了他們手中的木偶。1891 年通過的《謝爾曼反托拉斯法》依然是一部沒有裝上牙齒的反壟斷法。

借用當年的一句競選口號，「你聽見了嗎？特朗普！」美國的「中國通」們在向特朗普喊話。估計特朗普沒聽到，畢竟他正在籌劃自 1991 年海灣戰爭以來的第一次閱兵式及國慶慶祝活動。7 月 3 日，100 位來自美國學、軍、政、商界人士向特朗普吶喊，「把中國當作敵人無濟於事！」這封致特朗普總統和國會公開信發表在當日的華盛頓郵報上，由傅泰林、芮孝儉、史文、董雲裳、傅高義五位「中國通」起草，得到斯坦德格、塔爾博特以及約瑟夫·奈、李侃如、鮑道格、蘭普頓等 95 名著名人士的響應。他們認為，中美關係的惡化不符合美國和全球利益。「北京不是一個經濟敵人，也沒有對美國的生死存亡構成威脅」；「美視中國為敵人，並試圖讓中國與全球經濟脫鉤的做法，可能會破壞美國在國際舞台的形象與聲譽，並損害所有國家的經濟利益」；「美國的反對並不能阻止中國經濟的繼續崛起，也無法遏阻中國在世界事務中發揮更大的作用」。這封信迅

速佔據華盛頓郵報當日閱讀排行榜的前五名，足見其被關注的程度。

媒體一向被視為行政、立法及司法權之後的美國「第四權力」，對上述三種政治力量起到制衡作用。但這兩年來，美國主流媒體被特朗普貶損到「只會制作假新聞」的程度，對美國媒體公信力造成了巨大傷害。不過，特朗普說歸說，但美國百姓並沒有減少從主流媒體獲取信息的興趣。《華盛頓郵報》、《紐約時報》、《華爾街日報》均在網上開啟收費閱讀模式已經從另一個側面說明了問題。筆者強烈建議特朗普這兩天忙完國慶閱兵後，抽空看看這家報紙的這封信件，否則天天玩那點推特，知識和信息的碎片化只能進一步加劇決策的偏頗，讓身邊那些有著更大政治野心的人牽著鼻子走，豈不是當總統的另一種悲哀？

在中美關係處於十字路口的關鍵時刻，這麼多致力中美關係發展的人士勇敢地站出來，足以說明所謂美對華政策已形成高度共識只是表像。這股力量的發酵能在多大程度上阻止中美關係的下滑速度尚待觀察，但至少讓人們看到中美關係的改善尚存一線希望。

以 2015 年蘭普頓發表「美中關係臨界點正在接近」和沈大偉「競爭成為中美關係的主軸」等言論為標誌，「中美關係拐點論」漸成主流。後來的事態發展也大體印證他們的觀點。中美關係的自由落體超出了所有人的想像，甚至讓人聞到了上個世紀麥卡錫主義的味道。但有良知、有理智的人士不願意就此束手就擒。曾經擔任中美建交談判翻譯的傅立民前不久還在感嘆，「美國有關誰是敵人的辯論過早地結束了」，看來，這個辯論還遠遠沒有結束，或許還會掀起新一輪、甚至是更高層次的辯論也未可知。

大家還記得，2017 年中共十九大結束後不久，我們迎來了美國總統特朗普的訪華。這次訪問成為他「一生中最難忘的一段經歷」。特朗普帶著 2300 多億美元的中國採購意向書回到了華盛頓。就在大家以為中美關

係「轉危為安」的時候，一場對特朗普對華政策的全面清算開始了。12月 18 日，美國發表了國家安全戰略報告，認為中國全面挑戰了美國的政治，經濟和安全利益，將中國列為「頭號戰略競爭對手」及「修正主義國家」。特朗普隨之宣布進入與中國進行全面政治，經濟和軍事競賽的新時代。兩國關係急速下滑，尤其是 2018 年雙方之間開打貿易戰，極大惡化了雙邊關係的整體氛圍。特別是特朗普翻手為雲、覆手為雨的做法將兩國關係進一步拉入穀底，而切斷華為供應鏈的做法更是「經濟恐怖主義」的行為，完全超出了一個生意人的常規思維，極大改變了中美關係的性質。

　　具有諷刺意味的是，特朗普身邊的一位官員透露，特朗普沒有完整地讀過《美國國家安全戰略報告》。後來特朗普自己也承認了這一點，不過他辯稱，自己雖然沒有讀過全文，但主要精神還是知道的。中美關係如此重要，對中國的定義如此富有侵略性，特朗普居然對這篇報告予以放行，可見特朗普的對華政策完全被強硬派所綁架。2017 年底的情況如此，這一次特朗普東亞之行再次說明美國強硬派的勢力多麼強大。在朝核問題上，特朗普給了全世界一個驚喜。在三八線上與金正恩握手，製造了極大的轟動效應。他甚至有意採取分步走的策略，先讓朝鮮進行實質性的「核凍結」，與此同時，美國採取適當措施、緩和對朝制裁，然後再推進無核化的終極目標。應該說這樣的思路也是比較可行的，具有一定的可操作性。但是以美國國家安全事務助理博爾頓為代表的美國強硬派指責對朝政策過於軟弱，稱白宮從來沒有討論過核凍結方案（媒體稱這正是被邊緣化的佐證）。一些議員甚至指責特朗普熱衷於與金正恩的會晤，是「獨裁者之間的惺惺相惜」。為了讓博爾頓不干擾大局，特朗普乾脆把他支到蒙古訪問，總算是讓自己「夢想成真」。一些媒體甚至在推測，照這樣下去，博爾頓離開白宮的日子不遠了。

　　中美首腦會晤讓雙邊貿易談判重回軌道，受到全世界的歡迎，但卻惹

惱了美國對華強硬派。尤其是在華為問題上，特朗普表態稱，在不涉及國家安全的前提下，可考慮有限解除對華為的部分限制。但是，以參議員盧比奧為代表的對華強硬派表示，如果特朗普一意孤行，他們將採取立法行動，迫使特朗普維持對華為的制裁。另一些人則批評道，美國從中美首腦會晤中一無所獲，有的是對華的「投降」。種種跡象表明，隨著中美貿易戰的拉長，美國各派別的利益正在出現分化，並以各種形式表現出來，美國對華強硬派的反撲行動正制約著特朗普改善對華關係的努力。100 名美各界「中國通」聯名發表致特朗普和國會的公開信，在某種意義上或能為美推行理性的對華政策注入正能量，但美反華力量已經形成氣候並成為新的「政治正確」，要想扭轉這個趨勢，並不是一兩封公開信就能改變的。

面對多變、善變、易變的特朗普，樹立底線思維是任何時候都要做好的功課。這不，北京時間 7 月 4 日他又在推特上指責「中國長期操縱貨幣」，讓美國利益受損。這是不是特朗普開打金融戰的信號？總之一句話，美國有這麼一股反對特朗普現行對華政策的糾偏力量當然是好事，但求人不如求己，做好防範與應對是基礎。對美既不抱幻想，但也不失理想。

特朗普「讓美國再次不負責任」

2019 年 8 月 2 日

　　美國代表團剛剛返回華盛頓，特朗普就發推特，聲稱對新一輪中美經貿上海談判不滿意，揚言對剩下的 3000 多億美元中國輸美商品從 9 月 1 日起加征 10% 的關稅。好在這次不是在美國股市收盤後發布，首先受傷的是美國股市。一覺醒來的中國人又一次領教了特朗普的反復無常，中國股市再次經受考驗。特朗普再次掄起了關稅大棒，讓中美談判的前景變得更加不可琢磨，為特朗普的言而無信又增加了一個注腳，好在包括中國在內的世界各國已經漸漸適應特朗普的多變，善變，易變的風格，承受力和免疫力均大大提高。

　　8 月 1 日，全球貿易戰難分難解，特朗普發動的貨幣戰又接踵而至。

　　北京時間 8 月 1 日，美聯儲宣布降息 0.25% 個百分點，鮑威爾不得不低下「高貴的頭顱」，特朗普也終於可以松一口氣。儘管他在推特上表達了對美聯儲主席鮑威爾的失望之情，認為這個傢伙「幫不上我的忙」，但心底裡還是暗喜。畢竟經過幾十次的指責和「調教」，鮑威爾不僅聽懂了，也變得聽話了，雖然降息的幅度不如總統的期望值。在美聯儲發布的公告及鮑威爾隨後的記者吹風會上，鮑威爾稱，對美國經濟運行依然樂觀，就業市場強勁，經濟活動溫和增長，但考慮到世界貿易戰的不確定性、通貨膨脹指數向下的壓力，以及企業固定資產投資一直疲軟等因素，適當降息是「預防性」措施。鮑威爾既不承認開啟了降息週期，也沒有承諾 9 月的議息會議就不降息，讓市場增加了不少懸念。

　　十名成員中，兩名理事反對加息，理由是美國第二季度個人消費支出強勁，是 2017 年第四季度以來最高水準，尤其是汽車和傢俱等耐用品支出，年化增長率達到 12.9%。政府支出達到 10 年來最高的 5%，對 GDP 增長

具有重要的拉動作用。即令如此，華爾街大多數分析人士預期，鮑威爾在今年底之前，可能還要再降兩次利率，至 1.75 至 2% 的水準。否則美聯儲主席的位置不保。連同這次降息，美聯儲同時做出了停止縮減資產負債表（由於推行量寬政策，美聯儲的資產負債表從 2008 年 8000 億美元，猛增到 2014 年的 45000 億美元。近兩年來，美聯儲加快了縮表進程，原先估計減到 35000 億美元，現在停留在 38000 億美元左右規模就戛然而止）的決定，比市場預期早了兩個月，客觀上也起到減息的效果。輿論一致認為，這一次美聯儲降息與其說基於經濟形勢的研判，還不如說是一次政治追隨。

特朗普把競選連任看得很重，接下來所有的政策都要圍繞選舉邏輯展開。特朗普上台兩年半以來，在一系列刺激措施的作用下，美國持續保持增長，股市創了歷史新高。但降低稅收及增加財政赤字等政策的邊際效應正逐漸遞減。尤其是特朗普開打貿易戰，抵銷了減免稅收給美國企業和百姓帶來的好處，相反使製造業承受了鋼鋁價格的上漲，汽車業更是首當其衝。特朗普向世界揮舞關稅大棒，將好端端的全球經濟同步復蘇的勢頭打了下去。迄今為止，已有 20 多個國家今年相繼降低利率，以應對日漸衰退的世界經濟。

特朗普再也坐不住了，大罵鮑威爾不但不降息，而且升息，將美國經濟增長至少下拉了一個百分點。今年 2 月，他向白宮法律顧問諮詢如何免掉這個由「國會認證」的美聯儲主席。但諮詢的結果是，免掉鮑威爾並不容易，除非他犯有重大錯誤，而降不降息這一條不能作為理由。後來特朗普又改口說，可以「讓鮑威爾降職」，給其施加了前所未有的壓力。自上個世紀 80 年代以來，美國總統一直很少干預美聯儲的工作。在華盛頓圈內，美聯儲主席成為影響美國政策的二號人物，像格林斯潘等都享受了很高的榮譽。但特朗普卻偏不信這個邪，在候任總統期間，就開始對美聯儲工作說三道四，說「希望看到弱勢美元政策」。自今年第二季度開始，美國經濟出現衰退跡象，既是經濟週期作用的結果，也是特朗普自我導演的

「惡作劇」所致。最近發布的經濟數據表明,第二季度美國經濟增長率只有 2.1%,與第一季度的 3.1% 相比,還是有不小的差距。一是商業投資疲軟。美國國內的商業投資總額下滑 5.5%,為 2015 年第四季度以來的最大跌幅。固定資產投資下降 0.6%,是 2016 年以來的首次下降。寫字樓、油井和工廠等建築物的投資暴跌 10.6%,原油鑽探等投資大幅下降。二是製造業的頹勢明顯。製造業 PMI 指數 7 月降至 50.0,為 2009 年 9 月以來的最低水準。三是出口進一步萎縮,貿易逆差繼續擴大。去年辭職的美國經濟委員會顧問科恩昨天接受英國廣播公司採訪時表示,特朗普的貿易戰不可能減少貿易逆差,且給製造業帶來額外的衝擊。「貿易戰對中國的衝擊甚至小於對美國本身的衝擊,因為中國有政府支撐的信貸及信貸能力」。美國經濟已經持續增長達 121 個月,打破了歷史紀錄。特朗普採取的一系列刺激措施,雖能拉長美國增長週期,但無法改變美國經濟走下坡的趨勢。

美國大選已經拉開帷幕,此時美國經濟下滑對特朗普來說是致命的。所以特朗普不斷喊話鮑威爾,要求採取降息措施,「美聯儲老是不動,像個小頑童」。一般估計,提前降息可以使衰退中的經濟出現「迴光返照」,人為拉長經濟週期一年之久。這麼算來,大選前的美國經濟還是夠特朗普吹噓一陣子的。

具有諷刺意味的是,美國這輪經濟擴張長達 10 年,這十年 GDP 複合增長不到 40%,但美國三大股指增長了 400% 以上,股指的上漲完全脫離了經濟增長的基本面,吹大了美國的資產泡沫。而美國自 2015 年 12 月以來的加息是美國貨幣政策正常化的舉措,卻遭到特朗普的人為干擾,致使鮑威爾進退失據。一些經濟學家憂心,美國此次降息之舉,嚴重破壞了美聯儲的獨立形象,另一方面,新一輪的寬鬆貨幣政策,將使美國資產泡沫進一步膨脹。從歷史數據來看,美國歷史上標普的市盈率為 15 倍左右,而現在已達 26 倍以上,美國股市已患有嚴重的恐高症。

　　表面上看，特朗普施壓讓鮑威爾改變了主意，但美國經濟的結構性問題得不到解決，「特朗普式的繁榮」可能會以更猛烈的方式終結，從而殃及全世界。美國的公共債務已突破 22 萬億美元，占 GDP 的 110%。2019 年聯邦政府赤字預計超過 1 萬億美元。據國際金融研究所的數據，美國的公私債務加起來已經接近 70 萬億美元，而每年的利息就高達 1.5 萬億美元，更不用說本金的償還。從這個意義說，美國早已是一個破產的國家。而降低利率，可以減少付息成本，稀釋美國債務，這是美元作為世界儲備貨幣的優勢，對於這一點特朗普心知肚明。美聯儲再次動用貨幣政策工具，利用美元地位向全世界轉嫁危機，特朗普卻把美國描繪成世界的「受害者」。

　　特朗普的口頭禪就是世界都在占美國的便宜，美國歷屆總統都是笨蛋和傻瓜，只有他能挽救美國，「否則，等民主黨總統上台，中國等國又可以像過去幾十年那樣，繼續占美國的便宜」。這種得了便宜還賣乖的說法令世界所不齒。貨幣萬能主義給世界帶來了災難。這幾年各國政府都在加大對黃金的儲備。一些分析師稱，將來黃金的價格突破 5000 美元並非天方夜譚。但特朗普已經管不到那麼多了。他的當務之急是在大選年不能讓經濟脫軌，否則選民棄他而去，將是更大的災難。與中國迅速達成協議的希望越來越渺茫。特朗普只好通過發動貨幣戰，為自己的勝選開道。一些金融人士擔心，美聯儲過早地拿出彈藥，將大大減少在經濟真正遇到困難時的政策備選工具。著名經濟學家保羅·克魯格曼在《紐約時報》撰文，稱特朗普「讓美國再次偉大」變成了「讓美國再次不負責任」。特朗普的吃相如此難看，而其他國家眼睜睜地看著自己辛苦攢來的、以美元計價的財富縮水而奈何不得，特朗普讓全球再次領教了什麼叫美元霸權。

警惕特朗普關稅牌打完後的新花招

2019 年 8 月 3 日

特朗普不顧財長和貿易代表的反對，執意從 9 月 1 日起對剩餘 3000 多億中國輸美產品加徵 10% 的關稅。這項舉措被這位總統稱為一次小小的行動。打個不恰當的比喻，特朗普這一招相當於出了一張小王，加徵 25% 的關稅則屬於大王。特朗普稱，直到中國做出讓步，否則關稅一直加下去。美國歐亞集團最新發表報告認為，這是嚴重誤判了中國對壓力的承受性，「特朗普這次威脅是他的一場豪賭，只能加深對特朗普不會成為可靠夥伴的印象」。

種種跡象表明，隨著特朗普對華關稅牌的出盡，他也在考慮轉移新戰場。最近，特朗普通過推特釋放了諸多信號。在中美上海談判開始之前就放風「中國期望與民主黨的瞌睡蟲拜登達成協議」，「中國還在等待時機」。不過，他認為「中國經濟迎來 27 年來最糟糕的時刻」，露出一副幸災樂禍、自我陶醉的得意神情。其實，特朗普對中國經濟的認識實在太膚淺。

早在 2013 年底，中國就已做出了經濟增速換檔期、結構轉型期及前期刺激政策消化期的「三期」判斷，並對未來五年面臨的經濟困難有了高度共識。而那個時候，特朗普還在做總統夢呢，全世界還在把特朗普競選總統當成一個笑話。從這個意義上說，中國經濟放慢與特朗普沒有太大關係，只不過特朗普開打貿易戰增加了經濟轉型的困難。打貿易戰固然是件壞事，但客觀上也倒逼中國加快轉型的步伐，壞事反而變成了好事。更何況中國沒有所謂「選舉週期」的制約，更談不上火急火燎與美國達成一項損害中國主權及發展利益的貿易協定。

為了迫中國讓步，特朗普最近又拿世貿組織「發展中成員」說事，指

責這些國家利用發展中成員的地位，謀求「特殊待遇」。中國和中國香港都在名單之中。特朗普揚言，給世貿組織 90 天的改正期，否則美國將單方面採取行動。屆時是退出世貿組織，還是進一步申訴不得而知。

到今年 12 月底為止，世貿組織仲裁法庭美國籍的格拉汗姆和印度籍的馬哈蒂亞屆時退休，只剩下一名中國籍法官趙宏，她的任期也將於 2020 年 11 月結束。由於美國的阻撓，新法官無法填補，仲裁法庭面臨癱瘓的危險。早在 2018 年 2 月，特朗普就聲言，世貿組織是一場災難，美國沒法與之打交道，間接表達了退群的意向。世貿組織前總幹事拉米直言，世貿組織必須制定在沒有美國人的情形下有效運作的方案。

中國是不是發展中國家，國際社會有著嚴格的定義。作為世界上的第二大經濟體，當然希望早日與發展中成員說再見，但現實是中國經濟大而不強，似強還弱，預計到 2035 年才能基本實現現代化。可見，中國真正進入發達國家行列，還有很長的路要走。美國有意誇大中國的經濟和科技成就數據，其實別有用心。正像中國領導人多次強調的，任何數字被乘以 13 億人口，的確很嚇人，但除以 13 億，又少得可憐。中國發展不平衡、不充分的矛盾還相當突出。以北京天安門為中心，方圓 80 公里之外，還存在著相當落後的地區，更不用提中國廣大的西部地區。

筆者在美國工作期間，即使穿過美國最落後的鄉村，最差的農場也都設備齊全，柏油馬路通向農舍。而中國還有許多鄉村道路泥濘，數千萬人處於貧困狀態。北京、上海、深圳、廣州等城市的「盆景式」發展，使西方國家對中國的發達程度出現了幻覺，認識出現了巨大偏差，並產生了莫名的恐慌。我曾經與一位外交高官交流過，為什麼美國領導人到訪，不安排他們到中國的西部去看一看，而每次只停留在北京、上海、西安等地，但得到的答案是：到西部地區，我們連停降美國總統專機的機場都沒有。這恰恰說明我們的發展還相當不平衡。

　　美國列舉的區區幾組數據尚不足以推翻中國作為發展中國家的地位。俗話說，一流的國家制定規則，二流的國家從事設計，三流的國家製造產品。從這個產業分工的金字塔中，我們不難看出中國處於什麼位置。正因為如此，中方十分強調，只有尊重特殊與差別待遇的相關原則，世貿組織的公正性才能得到體現。

　　特朗普這時拿「發展中成員」作文章，其目的之一是用普惠制取代特惠制；二是想以此作為向中國施壓的槓桿，通過自身的先發優勢保持對後發國家的事實不平等，這是美國霸權主義的新表現形式。

　　從關稅戰、利率戰到試圖抹掉中國發展中成員的地位戰，其做法都是特朗普「極限施壓」策略的組成部分。但特朗普身邊的鷹派謀士忘了告訴特朗普，中國的崛起恰恰是通過與外力的對抗中成長起來的。可以預料，中美未來經貿談判必將是打打談談，談談打打，邊打邊談是常態。有沒有中美貿易協定，中國向世界開放的大門只會越開越大，進一步深化改革的步伐只能越邁越快，這是中國認定的通向現代化的唯一之路，不會受美國政策反復的影響，更不會隨特朗普起舞。保持定力，強化底線思維，做好自己的事，是抗衡美國的最有力武器。

特朗普惹惱了華爾街

2019 年 08 月 07 日

繼 8 月 1 日特朗普宣布對華剩餘 3000 億美元輸美商品加征 10% 的關稅之後，5 日又指責中國操縱貨幣，美財政部迅速跟進，宣布將中國列為匯率操縱國。

這是自特朗普 7 月 6 日在推特中指責中國等國操縱貨幣、占美國便宜之後，在不到一個月的時間內對華採取的又一重大行動。

市場普遍擔心，這是中美貿易戰全面失控的重大信號，有可能把世界經濟拖入更加嚴重的衰退之中。華爾街反應尤其強烈，特朗普一向引以為傲的美國股市遭到重創。一些媒體稱，「這是特朗普朝自己開了一槍」。

特朗普對中國操縱人民幣匯率問題指責已久。在 2016 年大選期間，他多次拿人民幣說事，揚言一旦當選，立即宣布中國為貨幣操縱國。但特朗普上台後做的第一件事是宣布退出 TPP，讓奧巴馬花了很大心思鉗制中國的努力毀於一旦。

美國於 1988 年通過《綜合貿易和競爭力法案》，成為指控他國進行匯率操縱的法律依據。《2015 年貿易便捷與促進法》對匯率操縱進行了新的量化指標修訂，以此判斷交易夥伴是否操縱匯率：一是對美存在巨額貿易順差（超過 200 億美元）；二是有大規模經常賬戶盈餘（超過 GDP 的 3%）；三是持續、單向的外匯干預行為（淨買入外匯超過 GDP 的 2%）。

如果一個國家（地區）符合上述 3 個指標，就可被認定為匯率操縱。如果滿足兩項標準，或者在美國的總體貿易逆差中占比過大，則被列入匯率操縱國觀察名單。美國財政部每年 4 月及 10 月向國會提交《國際經濟和匯率政策報告》，審視主要經濟體的匯率政策是否對美國不公。

對比這些參數，中國除了第一條符合條件外，第二、第三項均與實際

不符。實際上，中國 2017 年之後經常賬戶盈餘占 GDP 之比已降至 1.38%。而持續的外匯干預更是無稽之談。但特朗普我行我素，數字在他的腦袋中是可以隨便改變的工具而已。

在 1989 至 1994 年間，中國數次被美國列為匯率操縱國。1994 年之後未再正式列入。用美財政部官員的話形容：「這個做法太政治化」。

中國自 1994 年開始，開始執行「盯住美元」政策，直到 2005 年中國才改為「盯住一籃子貨幣」。自此之後，人民幣一直保持升勢。大體維持在 1 美元兌 6.5 元上下的幅度浮動。特別是 1997 年亞洲金融危機和 2008 年美國次貸危機期間，人民幣保持幣值的穩定，對世界經濟的修復起到了「定海神針」的作用。

這些年來，匯率問題政治化問題從未消失。2003 年，舒默和格雷厄姆曾在國會提出議案，稱中國政府人為操縱人民幣匯率，造成了對美巨額貿易順差，要求中國大幅度升值人民幣，否則，對中國輸美所有商品徵收 27.5% 的懲罰性關稅。由於美國忙於反恐，需要中國的戰略支援，舒默在與布什溝通後於 2006 年放棄了該提案的推動。

2011 年美參院通過《貨幣匯率監督改革方案》，要求美國政府調查主要交易夥伴通過壓低本國貨幣幣值為出口提供補貼的行為，並對其出口產品徵收懲罰性關稅。

2012 年美國大選期間，共和黨候選人羅姆尼多次批評奧巴馬在對華政策方面過於軟弱，他誓言一旦當選，「將把中國列入貨幣操縱國」。

2015 年 8 月，人民幣進行了一次小幅度貶值。但由於與市場溝通不足，國際社會認為這是中國經濟走弱及匯率政策轉向的信號，出現了大規模的資本外流。

為此，中國的外匯儲備從近 4 萬億美元降至 3 萬億美元。隨著中國經濟的逐步啟穩，中國領導人多次喊話，「人民幣不具有長期貶值的基礎」，

資本外流的壓力才有所緩解，中國的外匯管制被進一步收緊。

隨著中美貿易戰的加劇，人民幣進一步貶值壓力再起，特別是特朗普宣布新的加稅舉措後，人民幣衝破 1 比 7 的心理關口。《紐約時報》將此解讀為「中國以自己的懲罰方式來回應特朗普的關稅舉措」。

惱羞成怒的特朗普發推稱，「中國一直透過操縱匯率來竊取我們的業務和工廠，損害我們的就業，壓低我們工人的工資，以及傷害農民的收入。夠了！」

人民幣貶值讓全球感到緊張，市場擔心新興經濟體出現競爭性貶值壓力。但縱觀全球大國崛起的過程，強國與強幣是緊密聯繫在一起的。大國崛起的過程也是本幣升值的過程。英鎊、美元、西德馬克、日元等都無一例外地經歷過這個過程。隨著「一帶一路」倡議的推進，人民幣國際化也進入了快車道。從這個意義上說，人民幣大幅度貶值將嚴重影響幣值的穩定，不利於人民幣國際化的進程。

所以，市場對此的反應顯然過度了。央行行長易綱表示，「我對人民幣繼續作為強勢貨幣充滿信心」，這不應當被視為宣傳用語，而更多體現了中國貨幣政策的長遠趨勢。

特朗普上任以來，一直希望推行弱勢美元政策。但由於美推行貿易保護主義和單邊主義，將全球經濟的同步復蘇勢頭摁了下去。特朗普的政策悖論是，越是世界經濟不穩，全球投機資本越是想跑到曼哈頓避險，反而加速資本向美國回流，從而導致「強勢美元」的效果。這與特朗普大力推進製造業回流、增強出口競爭力是背道而馳的。

從這個意義上說，特朗普通過「極限施壓」策略，大打關稅牌、利率牌、貨幣牌以及否定中國「發展中國家」地位牌，其副作用越來越大，邊際效應越來越小，敗相也越來越明顯。

美國主流媒體認為，美國的貿易逆差是結構性問題，特朗普打這些牌

不僅無助於解決美國經濟的深層次問題，反而擾亂世界經濟復蘇進程，最後成為自己的「掘墓人」。憤怒不已的華爾街人士紛紛呼籲特朗普「停止玩這種危險的遊戲」。

　　值得注意的是，美聯儲四位前主席日前共同發表聲明，「對美聯儲的獨立性遭到干預表示極大關注」。這足以說明特朗普的所作所為正在觸碰華爾街的底線。華爾街歷來是美國大選的錢袋子，任何競選人都不能忽視。而極其自負的特朗普能聽得進多少，天知道呢！

「天選之子」特朗普讓美國人民服用「芬太尼」

2019 年 08 月 23 日

　　拼經濟是過去幾十年來美國大選的主軸。但越來越多的跡象表明，特朗普要改變這個策略了。

　　在特朗普貿易戰的催化之下，全球同步復蘇的態勢演變成全球性衰退。迄今為止，已有 20 多國紛紛降息，以應對可能出現的經濟蕭條。

　　儘管美國經濟繼續保持增長，但剛剛公布的 8 月份美國製造業採購經理指數初值只有 49.9，這是自 2009 年 9 月以來首次跌入 50 下方；美國長短債（10 年期與 2 年期）收益率倒掛的問題引起全球警覺。

　　畢竟從歷史數據來看，這個指標出現倒掛，美國經濟出現衰退還是大概率的事。

　　本週五在傑克遜霍爾召開的年度全球行長會議，鮑威爾對美國經濟的看法就顯得格外引人注目。有關美國經濟是否進入衰退週期的話題在美國爭論不休。特朗普和他的幕僚們竭力否認，但實際動作又讓人費解。既然美國經濟高枕無憂，何必一再給美聯儲施壓？特朗普對鮑威爾 8 月 1 日降息 0.25% 並不滿意，稱對此舉「深表失望」。21 日的表態更加離譜，特朗普乾脆要求鮑威爾降低一個百分點，並繼續推行量化寬鬆，這位總統對美聯儲的干預已近乎無恥。以促就業和防通脹兩大目標為己任的美聯儲，自有觀察經濟的視角和指標，不可能完全圍著特朗普的指揮棒轉。

　　自上個世紀 80 年代以來，美聯儲在美國大選年基本持中立立場。但特朗普要的不是中立，而是徹底倒向他一邊。連前四任美聯儲主席都看不下去了，最近聯名發表聲明，對美聯儲的獨立性表示極大關注。既然美聯儲主席指望不上，特朗普的幕僚也在想別的辦法，譬如下調工資稅，甚至是降低資本利得稅，以刺激經濟。奧巴馬於 2011 年曾將工資稅從 6.2% 下

調至 4.2%。2013 年又調了回去。

特朗普上台以來，採取了大規模減稅措施，大幅度增加財政赤字，人為拉長了美國經濟的週期。截止目前，美國的經濟增長持續了 121 個月，打破了上個世紀 90 年代末創造的連續 120 個月增長紀錄。但明眼人都知道，這一輪經濟增長水分十足，完全是用貨幣堆起來的繁榮，經不起時間的檢驗。濫發貨幣的結果直接撐大了美國股市，而股市泡沫的破滅也只是時間問題。

自特朗普向全球發動貿易戰以來，既有向全世界的掃射，更有對中國的點射。特朗普一再聲稱，美國經濟好得很，中國經濟糟得很。一些經濟學家質疑貿易顧問納瓦羅給特朗普灌了什麼迷魂湯，讓他對這些似是而非的數字如此癡迷。稍有點經濟常識的人都知道，中美貿易戰是兩敗俱傷的事件，一部分農民叫苦不迭，「我們寧願向中國出口農產品，也不要 280 億美元的補貼」。但更多的農民還是力挺特朗普。前不久的一項民意調查顯示，78% 的美國農民支持特朗普開打貿易戰。

隨著中美貿易戰向縱深方向發展，美國的經濟數據會越來越醜陋，這不僅給民主黨提供最好的靶子，而且也會將一部分選民推向民主黨一邊。阻止選票流失的最好辦法是把貿易戰塑造成中美之間的世紀決戰。果不其然，特朗普真就這麼做了。最近幾天，特朗普發推，強調貿易戰對美國經濟短期不利，但這無關緊要，「總要有人來挑戰中國」，而這個重任就落到他的頭上。「挑戰中國」這個詞從特朗普嘴裡說出來有點古怪，畢竟老大對老二更多的是遏制與打壓，而老二對老大才是挑戰。在老大與老二的關係問題上，特朗普也無法擺正心態了，看來美國人的危機感的確超過了我們的想像。

特朗普聲稱，「中國從美國身上撈錢已經超過了 25 年」。按照特朗普的邏輯，誰對美國貿易存在順差，誰就在占美國便宜。的確，中國對美

貿易順差從 1993 年底開始，算起來也有 25 個年頭了。毫無疑問，中國對美出口帶動了中國經濟增長，但中國賺的外匯也基本上反哺美國社會，中國購買的美國國債就高達 1.1 萬億美元，有力支持了美國經濟的發展。互惠互利的安排在特朗普的眼里變成了中國受益的單行線。對貿易逆差的認知有著宗教信仰般執著的特朗普這一次真要用宗教信仰教育美國人民了。

美國對世界有著「天定使命」的情結，二百多年以來，美國一直刻意把自己塑造成世界救世主的形象。但特朗普上台之後，大搞孤立主義，推卸美國的國際責任，放棄了理想主義者的做法。但中美貿易戰的敗相漸露，如何說服美國民眾成了難事。

特朗普不得不打宗教牌動員美國民眾。一個活生生的商人硬是把自己塑造成了戰略家和對抗中國的精神領袖。特朗普 21 日在白宮外回答記者提問時表示，中美貿易戰早就應該發動的，「總有人要做，我就是天選之子」。他說完這句話向天空看了一眼。特朗普稱，假如自己沒發動貿易戰，生活將會更加輕鬆。

「天選之子」源於《聖經》，屢次用來描述摩西和耶穌，帶有強烈的宗教色彩和救世之意。在當代通俗文化作品比如《星球大戰》系列中，也有這種英雄形象，用來刻畫「英雄被選中，反抗黑暗」的主題。特朗普心裡很清楚，美國經濟形勢越來越不妙，他的日子越來越不好過，在這個節骨眼上，用宗教方式方能讓選民接受暫時的痛苦，去忍受他的胡作非為。至於是長痛還是短痛，特朗普先忽悠一下美國的鄉巴佬還是管用的，畢竟那些人對外面的世界不甚了了，還以為中國人是梳著長辮子的清朝遺老，被特朗普一推就倒。眼下美國人是否做好了打持久戰的準備還有待觀察，但有一點可以肯定，特朗普的多變、善變和易變，倒是讓全中國人民清醒地認識到，與美國的這場貿易戰是一場持久戰。既使雙方翻過貿易戰這一頁，接下來，金融戰、貨幣戰、利率戰、中國「發展中國家地位戰」都會

接踵而至。

　　從地緣政治角度看，近年來，特朗普猛打台灣牌、香港牌、新疆牌，只要是個籌碼，特朗普都會拿出來試試，以便為他的「極限施壓」策略增添籌碼。研究美國的專家早就指出，美國人是世界上最沒有耐心的民族。對特朗普的耐心能持續多久的確是個大問號。在中美貿易戰的關鍵節點，雙方正考驗誰先「眨眼」。不管貿易戰以何種方式收場，但眼下美國對華強硬派現在可以放心睡大覺了。畢竟特朗普被他們徹底拖下水。前段時間，在對委內瑞拉實施軍事打擊、向伊朗出兵 12 萬等問題上，特朗普的態度多少令強硬派心寒。

　　在中國問題上，雖然這些人有心想與中國下一盤大棋，但特朗普一直左右搖擺。這一次終於如願上了對華強硬派的戰車，願意與中國打一場世紀之戰了。看來，中國議題註定要成為 2020 年特朗普的救命稻草，為特朗普的競選注射一針強心劑。馬克思早在 1844 年就指出，宗教是人民的精神鴉片。而特朗普這一次祭起宗教大旗，親手製作了宗教「芬太尼」（類鴉片藥物），其目的旨在麻痺美國民眾，增加美國人民的承受力。需要提醒特朗普一句，此「芬太尼」與中國無關。如果美國人「服用」效果不佳，中國可以隨時擴大正版「芬太尼」的生產和出口。不過，這又會增加中國對美貿易順差，讓特朗普添堵。這兩年多來，特朗普多次指責中國向美國大量出口芬太尼，讓美國人吸毒成癮。希望這一次怪不到中國人頭上。

中美合作抗疫的空間到底有多大

2020 年 2 月 6 日

　　這一周，對中美兩國都非常關鍵。中國期待抗擊新冠肺炎疫情迎來拐點，為接下來的人民戰「疫」增添信心。而大洋彼岸的美國政壇也有幾件大事發生，或多或少對特朗普的連任選情產生影響。

　　2 月 4 日愛荷華州的總統初選，具有重要的風向標意義。雖然特朗普在共和黨內輕鬆勝出，但民主黨殺出的一匹黑馬，讓特朗普秋季大選的篤定增加了不確定性。雖然 1982 年出生的布蒂吉格從政履歷過於簡單，且是一名同性戀者，對美國選民的寬容度無疑是一大考驗，但美國政壇從來不缺意外，克林頓、奧巴馬、特朗普的勝出為此做了很生動的註腳。

　　2 月 5 日特朗普發表了年度國情諮文。雖說即將落幕的彈劾案沒有懸念，共和黨控制的參院有意放特朗普一馬，連認認真真走過場的程序都不想要，乾脆拒絕了民主黨提出的傳召更多證人的提議，期望速戰速決，為這場彈劾「鬧劇」盡快畫上句號。各種跡象表明，民主黨發起的彈劾案對特朗普也不是完全沒有殺傷力，至少美國 49% 的人堅信特朗普濫權和阻礙司法，只不過一半的民眾認為，特朗普罪不至「死」。

　　作為被眾院彈劾的總統，此時憋著一肚子氣來到國會大廈發表國情諮文，自然要耍耍合法總統的威風，藉此羞辱一下民主黨人。果不其然，當特朗普按慣例將演講稿副本遞給議長的時候，總統拒絕了佩洛西伸出的「友誼之手」。作為回應，特朗普結束演講、接受議會大廳聽眾掌聲的時候，佩洛西則當著所有人的面，撕掉了特朗普演講稿，也把兩人僅有的一點面子徹底撕掉。

　　美國政壇上演的「這道美麗風景線」被世界各大媒體反復播放。與前兩次的國情諮文一樣，這一次特朗普依然是自吹自擂。無非是美國在他的

領導之下，徹底扭轉了「衰落的態勢」。他列舉了一大堆經濟數據，例如為美國創造了 700 萬個新就業機會，新誕生了 12000 家工廠等。在醫保問題上摒棄了奧巴馬「社會主義」的做法；在軍事預算上，投入了 2.2 萬億美元軍費，打造了包括太空軍在內的新軍種；把委內瑞拉的反對派瓜伊多奉為座上賓，凸顯美發動顏色革命、不除異己決不罷休的決心。同時也藉機宣揚一下斬首伊朗革命衛隊將領蘇萊曼尼的合法性。

值得一提的是，特朗普的國情諮文多處涉及中國。他不忘稱讚自己「對中國的戰略取得了成功」，與中國簽訂了實質性的貿易新協議，「改變了中國幾十年來一直佔美國便宜的做法」。在談到新型肺炎疫情時，他說，「保護美國人的健康也意味著與傳染病作鬥爭。我們正在與中國政府協調，在中國新冠疫情方面緊密合作。美國行政當局將採取一切必要步驟，保護我們的公民免受疫情的威脅。」這個說法與特朗普 1 月 27 日發推與 2 月 2 日接受電視訪談時的口徑大同小異。

這些天來，特朗普口中的中美合作與協調，一直是「只聞樓梯響，不見人下來」，相反倒是一幕幕「落井下石」的動作歷歷在目。中國外交部發言人批評美國在撤僑、斷航、停簽、拒入等方面給全世界帶了壞頭。《華爾街日報》於 2 月 4 日更是發表了「中國是真正的亞洲病夫」的文章，對中國的防疫前景作了非常悲觀的預測，煽動全世界對中國經濟與金融形勢的恐慌。當然，社交媒體也有不少替美國辯護的聲音，作者列舉了美國企業及一些非政府組織向中國伸出援手的例子。例如，美國吉利德公司第一時間拿出了瑞德西韋（Remdesivir）新藥，在中國開展臨床試驗。一些非政府組織也迅速向中國捐贈了數百萬隻口罩等。截至 2 月 2 日，美國的一些跨國公司還向中國提供了大量援助，金額高達 2.7 億多元人民幣。

一邊是美國民間實實在在的對華援助，一邊是美國政府借勢對中國的打壓，以此動搖中國作為世界產業鏈的中心地位。在謠言與抹黑的助推

下，全球對新型肺炎的疫情恐懼正演變成對中國的恐懼和仇恨，甚至出現了一系列排華事件。國際社會的過度反應已經超出了世衛組織能夠容忍的界限。

美國一向重視國家戰略儲備。在口罩、防護服成為稀缺資源的當口，前幾日赴華接送美國僑民的飛機卻沒見到這些援助物資。與此形成反差的是，在中國全力抗疫的時候，美國政界人士不斷搞些小動作，給中國人民添堵。如邀請台灣「副總統」訪問華盛頓，邀請「港獨」分子出席總統國情諮文演講大會，美國軍艦再一次私闖南海，眾院還通過新的涉藏法案等，進一步侵蝕中美之間業已透支的信任關係。特朗普的言行不一及政府各部門自相矛盾的做法，的確讓中國政府感受不到美國政府的一點誠意。

國家有邊界，疫情無國界。在新型肺炎疫情面前，中國作為一個負責任的大國，採取了超出《國際衛生條例》的更高標準，嚴控疫情的蔓延，理應得到國際社會的起碼尊重，而不是額外的歧視。如果這種風氣得不到扭轉，將會助長一些國家在未來災難面前「放任自流」。

新型冠狀病毒是全世界面臨的共同敵人，美國無法獨善其身。美政府在推動企業合作抗疫方面理應扮演助推器的角色。吉利德公司願意拿出新藥進行試驗，當然是好事，中國病患的存在客觀上有助於其開展臨床實踐，實現其商業和醫學價值，這本身也是幫助美國抗擊可能的下一波疫情。中美關係在 2019 年遭到重創亟待走出低谷，新型肺疫恰好給兩國關係的修復提供了平台。

究竟是借疫情推中國一把、順勢揮上一拳並讓中美兩國人員交往脫鈎，還是培育同舟共濟的精神、擴大在非傳統安全領域的合作空間，事關中美關係的未來。無論是 2001 年的 911 還是 2008 年的次貸危機，中國其實給美國做出了最好的示範。

中美交鋒開闢新戰場

2020 年 2 月 18 日

剛剛落幕的第 56 屆德國慕尼黑安全會議吸引了世界的目光。不僅因為十多位世界首腦及 100 多個國家外長、防長與會，更重要的是這次會議主題定為「西方缺失」。

在百年變局的世界中，歐洲又一次站到了十字路口。西方缺失了領袖，曾經的領袖正拂袖而去，朝著孤立主義和「美國優先」的道路「一騎絕塵」。歐洲人鍾情的多邊主義被美國擱在一邊，大西洋兩岸共同秉持的價值觀出現缺失。在中美兩個大國面前，歐洲人雖不願意選邊站隊，但現實又迫使他們必須做出有限選擇，從而缺失了迴旋的空間。

慕安會的台上坐著美國眾議院議長佩洛西；台下站著全國人大前新聞發言人傅瑩。兩人在互動環節的交鋒成了這幾天媒體追逐的熱點。傅瑩用西方人能夠接受的邏輯反擊了佩洛西對華為公司的指控：在過去的四十年間，中國不斷接受美國的通訊公司技術，從 1G 到 4G，中國的政治制度反而得以發展，而一個最強大的民主國家怎麼就脆弱到一家華為公司就可以一推就倒的程度？

當與會者對傅瑩的提問報以掌聲的時候，其實聽眾心中有了答案。大家在感嘆中國女高級外交官睿智的同時，也襯托了美國頭號女政客的慌亂。筆者注意到一個細節，當傅瑩站起來的時候，佩洛西連忙低聲追問主持人，這位女士是否來自中國。雖然傅瑩在中國家喻戶曉，但佩洛西顯然並不認識。

在佩洛西上個世紀 90 年代作為眾議員訪問中國的時候，傅瑩還是外交部一位司局級官員。把人權與最惠國待遇掛鉤、指責中國出口勞改產品都有佩洛西的一份功勞。在傅瑩出任全國人大新聞發言人之後，她的曝光

率大大增加，在國際舞台的活躍度也同步上升。

即便如此，傅瑩依然沒能進入佩洛西的視線。估計她這兩年的興趣點主要放在與特朗普的鬥爭上了，在掃描公眾人物時出現了許多盲區。面對傅瑩尖銳的提問，伶牙利齒的佩洛西亂了方寸。想必慕安會上的短兵相接，讓這位女議長印象深刻，不好好備課，光講幾句「選擇華為參與 5G 基礎設施建設，就是選擇了獨裁而非民主」這類空話，恐怕很難服眾，弄不好還會自討沒趣。

除了佩洛西，美國務卿蓬佩奧、防長埃斯珀也到來了慕尼黑。他們同台表演，遭到了國務委員王毅的無情痛擊，他呼籲美國「放棄對中國的偏見與焦慮，不要相互對抗和拆台」。

雖然民主黨和共和黨在許多問題上存在著巨大分歧，但在遏制中國、打擊華為問題上，兩黨具有高度的共識。國防部長指責中國通過華為採取「邪惡戰略」；蓬佩奧稱，西方國家在強力遏制中俄的帝國野心方面，即將取得勝利。但歐洲人並不這麼認為，尤其在對待華為的態度上，不僅沒有視之為「邪惡」，相反卻張開雙臂歡迎華為參與歐洲 5G 建設。

前不久，英國首相約翰遜頂著美國壓力，做出艱難決定，允許華為有限參與英國的 5G 建設，如天線和基站等，參與度上限為 35%，為此惹惱了特朗普，兩人一言不合，特朗普掛了電話。約翰遜也隨即宣布，3 月初訪美計劃被推遲。

值得注意的是，歐盟作出決定，允許成員國自行決定華為在網絡中的角色，建議禁止其參與「關鍵且敏感」的部分。法國和德國、瑞士都相繼宣布不會阻止華為參與 5G 建設。西班牙更是在去年 6 月開通首個商用 5G 網絡，而華為就是核心供應商。在美國的圍追堵截中，華為終於實現了在歐洲的突破。2 月 4 日，公司宣布將在歐洲建立生產基地，旨在真正實現「歐洲製造的 5G。」根據這項計劃，華為將在 12 個歐盟國家設立兩個地

區中心和 23 個研究中心，招聘員工 1.3 萬人。

海外結成統一戰線不成，美國退回本土繼續絞殺華為。2019 年 5 月，美國政府將華為列入採購黑名單，幾乎把華為推上絕路。2 月 13 日，美國政府又對華為提出新的訴訟，指控華為與子公司合謀竊取美國的商業機密與尖端科技，企圖「對華為聲譽和經營造成不可逆轉的傷害」，顯示出美國置華為於死地的戰略決心。

無論是順水推舟也好，還是順勢而為也罷，在中國全力抗疫這段時間裡，美國政府的作所作為讓許多中國人看著別扭，總是覺得互不咬弦。王毅指出，「中華民族是懂得感恩的民族，大家給予的每一份寶貴支援，我們都會銘記於心。」與美國企業、民間組織對中國的疫情反應迅速、第一時間向中國伸出援助之手相比，美國政府這次的確慢了不止半拍。

也許是中美貿易戰打得過於慘烈，美國大選之年的政治過於敏感，合作抗疫的良好願景正在被一些不和諧的音符漸漸沖淡。雖然內政歷來是美國大選爭論的焦點，特別是經濟議題更是主線，但這幾十年來，攻擊中國從來沒有缺席，也是兩黨拉票的重要手段，成為替罪羊見怪不怪。

這幾天圍繞著新冠疫情，美國主流報章充斥著對中國政治制度的攻擊和謾罵，對中國作出巨大犧牲、為世界爭取時間遏制疫情的努力視而不見。相反，美國報章開始了新一輪「中國威脅論」的炒作，美國政府正醞釀新一輪的對華打壓。

據 2 月 15 日《華爾街日報》報導，美國正在研究禁止向中國出口 C919 飛機的發動機，擔心中國利用「逆向工程」加以仿製，從而搶佔美國飛機市場。美國通用電氣和法國賽峰集團組成的合資公司 CFM，生產著一款 Leap-1C 發動機，是 C919 的供應商。2 月 20 日，美國將召開跨部門會議提出意見，2 月 28 日，美有關會議將最終決定是否阻止這筆交易。

如果白宮做出禁售決定，將大大延緩中國 C919 的生產進程，畢竟

C919 已經預接到了 1000 架訂單，找個替代廠商並非易事。上一次美向中國頒發此發動機出口許可證是 2019 年 3 月。通用電氣擔心，一旦美國作出禁售令，中國不會無動於衷，最後必然會在飛機訂單上反映出來，這種損失是通用電氣無法承受的，但公司的話語權在特朗普任期內越來越小，這是我們不得不面對的現實。

一些專家指出，其實發動機有著複雜的機械技術、電子技術和電腦系統，逆向工程是很難仿製的。再說了，早在 2010 年美就向中國出售了這種類型的發動機，要模仿早就做了，而不必等到現在。

樹欲靜而風不止。中美不僅沒有在合作抗疫方面建立新的信任，相反卻面臨新的變數。可以預料，如果美在發動機和芯片等核心技術領域對華採取進一步行動，兩國的貿易關係將會雪上加霜。無論是去年香港的修例風波，還是當下正在進行的全民防疫之戰，其實都是中國邁向復興之路過程中一段曲折經歷。

常識告訴我們，在走這段不平坦之路的時候，最需防範的是被人從背後猛推一把。中國在負重前行的時候，美國一些反華勢力再次跳出來生事，他們會不會以中國履行第一階段貿易協定不力為由，再次對我們下手呢？這是一個疑問，時間會等來答案。

扳倒中國的邪念把美國自己絆倒

2020 年 4 月 15 日

截至 4 月 15 日，美國的新冠病毒感染者已超過 61 萬，2.6 萬餘人徹底告別人生，美國成為世界上確診及死亡人數最多的國家。前國務卿希拉里在推特上諷刺特朗普：「這下子真的實現了美國第一」。

這個「第一」肯定不是特朗普想要的，更不是美國百姓想要的。數萬條鮮活的生命就這樣失去，這個責任總得有人承擔。既然特朗普給自己的抗疫成績打了滿分，尋找替罪羊就成為其唯一的選擇。

白宮每天的疫情新聞發佈會儼然成了美國大選的造勢會，特朗普毫不忌諱在發佈會上播放抗疫成績宣傳片，但美國主流媒體並不認可這種做法，不斷質問其在疫情發生後的 70 天裡，究竟做了什麼準備。一些智庫在繪製美國抗疫時間線，尋找美國國內抗疫不力的真正原因。沒有比較就沒有傷害，把中國、世衛及美國抗疫的三條主線進行對比時就會發現，美國白白浪費七十天的說法一點都不誇張。

如果說 1 月份特朗普採取的對華禁航等措施迎合了強硬派「脫鈎構想」的話，那麼接下來的 2 月份基本上無所作為，而等到 3 月份病毒完全攻破美國重鎮的時候，美國則亂成一鍋粥。美前助理國務卿克里斯多弗·希爾近日撰文指出，「特朗普只打算做一件事，那就是推卸責任。」

特朗普對疫情造成的經濟「休克」心急如焚，對大選的結局不再那麼篤定。民主黨的初選提前結束出乎共和黨的預料。桑德斯已經明確表示支持拜登，前總統奧巴馬也表態支持自己的老搭檔，從而全面拉開了與特朗普的對決架勢。這次大選不僅是民主黨與共和黨的較量，更是全美建制派與民粹派（反建制派）的決戰，而抗疫不力則成為特朗普的硬傷。

特朗普拚命甩鍋中國和世衛成為其贏得大選的救命稻草。在反華成為

「政治正確」的大背景下，中國以及「以中國為中心」的世衛成為特朗普反復敲打的對象。美國戰時總統林肯曾經說過，「你可以一時欺騙所有人，也可以永遠欺騙某些人，但不可能永遠欺騙所有人。」內因是事物發展的根本，外因通過內因而起作用，這是最起碼的辯證法，特朗普不明白，不等於美國媒體也跟著裝糊塗。這就是為什麼這段時間他們死揪住總統不放的根本原因。

特朗普靠推特治國、憑直覺決策，把科學晾在一邊，而他的身邊又圍著一批逢迎拍馬以及心理陰暗的人，不把特朗普帶到溝裡那都不叫本事。選情玩的是政治，而疫情看重的是科學，而特朗普像玩政治一樣對待疫情，其悲劇的發生也是意料之中的事。

新冠疫情讓世界很受傷，更讓中美關係受到巨大傷害。中美兩國貿易戰開打兩年多，雙方的合作氛圍大受影響，而新冠疫情恰恰在這個時點暴發，讓美國的對華強硬派像打了雞血，貿易戰沒有降服中國，新疫情的出現則是天賜的「扳倒中國的機會」。

據《紐約時報》披露，1月初，美國國家安全事務副助理波廷格就與香港流行病學家通了電話，這位專家警告，「中國暴發了一場表面上與2003年非典相似的新疫情」「這是對白宮發出的最早警告之一」。文章還披露，美起初懷疑是武漢病毒研究所不小心洩漏所致，於是波廷格要求情報機構尋找證據。但結果是「情報機構沒有在中國政府內部探測到任何警報」，在美國情報分析專家看來，「如果致命病毒從政府實驗室意外洩漏，中國政府內部一定會出現警報」。4月15日美國參謀長聯席會議主席米利在回答新冠病毒是自然生成還是人工合成這個問題時，他仍模棱兩可，稱「尚不能確定」。米利大有把病毒起源話題再次炒熱的嫌疑。

中國國內也有相當一部分人堅信「新冠病毒來自美國德特裡克堡軍事實驗室的洩漏」。所謂美國感染源來自歐洲等新聞都會被迅速解讀為「病

毒與中國無關」，把科學家們需要數年才能解答的難題搞得雲里霧里。陰謀論如此盛行，本質上是兩國互信嚴重透支的具體表現。

在中國抗疫最困難的時刻，位高權重的波廷格每天主持國家安全委員會會議，分析中國疫情形勢。但他的主要興趣點卻是拿中國新聞媒體開刀，令中國 60 名新聞工作者限期離開美國。如此大規模的驅逐記者事件在美蘇冷戰期間也十分罕見，可見白宮的心思根本不在防疫上。

疫情本是中美兩國共同的敵人，但美國卻瞄錯了靶子，把槍口對準了同一戰壕中的中國，浪費的不僅是子彈，其直接後果是被病毒抄了後路，白白讓數萬名美國人丟了性命。

無論是《華爾街日報》（2 月 4 日）將中國稱為「真正的亞洲病夫」，還是美國參議員科頓稱「新冠病毒是中國生化武器」，抑或是特朗普口中的「中國病毒」，都是在有意刺激中國人的敏感神經，對美中關係螺旋式下滑起到了極大的推波助瀾作用。

具有諷刺意味的是，當美國「淪陷」的時候，一架架滿載著口罩、防護服的飛機劃過中國天際、飛向太平洋彼岸，向美國伸出援手的還是中國。在全球疫情肆虐之時，雪中送炭顯得尤其可貴。然而此時特朗普卻做出了令全世界震驚的事情，宣布向世衛組織斷糧，企圖拆毀國際合作抗疫的重要平台。美國著名經濟學家薩克斯直指，「特朗普此舉令人作嘔」。美醫學會組織發表聲明稱，「這是朝錯誤方向邁出的危險一步。」

美國新冠之戰一錯再錯，如今落得個反噬自身的下場。甩鍋無法掩蓋特朗普防疫不力的真相，向世衛斷供也無助於緩和美國的疫情，所謂中國通過世衛求表揚的指控大大低估了中國人的自信心，如今的中國真沒有美國人想像的那樣玻璃心。美國的確到了需全面檢討防疫政策的時候了，否則「看到隧道盡頭的光亮」這句話只能停留在特朗普的嘴上。

拜登會放下特朗普拉起的中美關係吊橋嗎

2020 年 5 月 14 日

　　突如其來的新冠肺炎大流行改變了世界，也改變了中美關係。正如歷史上一次次大的疫情改寫歷史一樣，這次疫情把世界秩序重構中的兩大變量同時擺上了檯面。中美之間從競爭迅速跳至對抗狀態，其激烈程度堪比冷戰時代的美蘇，用「21 世紀的新冷戰」來定義中美關係有了更多理由。

　　全球疫情仍在蔓延，中國除了忙於同疫情的反復作堅決鬥爭之外，還在承受著來自美國的政治病毒攻擊。毫不誇張地說，這種攻擊不會隨著新冠疫情的結束而停止，相反還會變本加厲，對中美關係構成新的內傷。

　　自本世紀以來，每次國際重大突發事件都成為中美關係的粘合劑，但這次新冠肺炎大流行卻成了兩國關係惡化的催化劑。中美關係呈螺旋式下滑，讓每一位關心兩國關係發展的人都憂心忡忡。一位資深的中美關係問題專家最近向我提出兩個問題：一是能否在美中雙邊關係中設置一條紅線？二是能否阻止中美雙邊關係繼續惡化？我的回答是：中美關係止損在新冠疫情下已成奢望，自由落體不可避免，美國的政治週期決定了這個階段兩國關係的修復沒有起碼的政治意願和民意基礎。

　　中國駐美大使崔天凱最近呼籲「不能任由少數人把中美關係拖入衝突與對抗的境地」，他引用恩格斯的一句名言「沒有哪一次巨大的歷史災難不是以歷史的進步為補償的」，提醒人們對兩國關係向前看，不必過於悲觀。毫無疑問，歷史的進步理應包括世界處於正確的軌道之中，而不是停留在歷史的岔道上。但歷史的發展從來不是一條直線，相反卻充滿了曲折，弄不好會影響整整一代人。

　　特朗普的上台無疑具有標誌性意義，美國從擴張走向戰略收縮也是不得已的選擇，更是美國深層次矛盾激化的結果。以 911 事件為標誌，美國

無可奈何地從巔峰走向衰落。如果說恐怖分子摧毀了世貿中心雙子塔是打掉金融帝國「兩顆門牙」的話，那麼 2008 年的次貸危機則是美國患了金融血液病，而新冠肺炎大流行則是美國大腦出了嚴重問題。作為美國的總指揮，特朗普的腦回路變成了全世界的笑話，眼睜睜地看著美國一步步落入新冠病毒之手。美著名經濟學家克魯格曼質問：美國為什麼對這場新冠危機應對如此之差？他給出的答案是「特朗普的昏庸顯然是一個重要的因素」。

新冠肺炎大流行加速了美國衰落，只不過這個過程要比我們想像得漫長。大英帝國處於世界之巔僅四十餘年，而其衰落過程卻要持續上百年，更何況美國統治世界的時間比英國長得多。特朗普治下的美國不僅走向衰落，簡直就是墮落，連基本的道德底線一再穿破，把美國上百年苦心打造的「軟實力」消耗殆盡，現在只剩下「硬實力」讓世界奈何不得。《環球時報》總編輯胡錫進先生最近提出「要加緊製造 1000 個核彈頭，以遏制美國的戰爭衝動」，可見其對中美關係的悲觀程度。

上個世紀 50 年代，中國老一代革命家本著「要有一條打狗棍」的指導思想上馬了兩彈項目，讓中國成為了核國家。核武器對人類的毀滅性在日本的領土上得到了見證，但核武器對核大國之間的戰爭制約性也是顯而易見的。核武器毀滅地球一次與毀滅幾十次，其效果差不了多少，「相互確保摧毀」「核恐怖平衡」的理論應運而生。

筆者以為，美國對華遏制的工具箱裡還有不少硬傢伙，包括金融等手段，戰爭還不是美國當下的優先選項。中美之間的較量是全方位的，眼下最重要的是減少戰略犯錯。在新冠肺炎大流行應對方面，特朗普顯然犯下了戰略性錯誤，讓世界頭號大國付出了感染者超過 140 萬、死亡者沖向 9 萬、失業者超過 3000 萬的高昂代價，且這個數字還在攀升中。

對於特朗普來說，經濟牌已乏善可陳，甚至是慘不忍睹，在大災難背

景下的美國「聚旗效應」（上世紀 70 年代提出這個理論）在特朗普身上也只維持了一個月，如今在民調中明顯落後民主黨候選人拜登，反華牌成了特朗普唯一的救命稻草，如今他正按照共和黨競選團隊寫好的劇本，把所有抗疫不力的責任甩鍋於中國。

且不論美國大選會否如期舉行，但眼下兩黨的競選策略都是猛打中國牌，候選人爭相比誰對華政策更強硬。拜登外交政策顧問蘇利文在接受媒體採訪時指責特朗普對華「嘴硬行動軟」，如果民主黨上台，將擬定全新的對華政策路線圖，團結一切可以團結的盟友力量，組成遏華統一戰線，迫使中國在人權、貿易等問題上向美低頭。

攻擊中國能獲得無風險收益，也是吸引選民的重頭戲。美國前駐華大使鮑卡斯前幾日不無憂慮地指出，「如今在美國，如果有人說了關於中國的幾句公道話，就會感到害怕甚至擔心被砍頭，這與上世紀 30 年代德國情況十分相似，我並不是說美國已經走到這一步了，但是確實朝著這個方向走，很多有責任感的人都知道，這種對中國的抨擊是不負責任的，如果再這樣繼續下去，我們將為此付出更多的代價。」《紐約時報》5 月 10 日發表專欄文章也指出，「美國視中國為敵，並不能使美國人免遭疫情的侵襲，但這樣做確實有可能使美國捲入與世界第二大國的冷戰之中，與 911 之後的做法相比，美國正接近犯下一個更具破壞性、更不合理的錯誤」。

特朗普為拜登設下了一個陷阱，誘使他要麼為中國辯護，要麼比特朗普更嚴厲地批判中國，無論哪種方式都會中了特朗普的圈套。問題是拜登意識到了這一點嗎？如果是，他還有可能放下特朗普拉起的中美關係吊橋，否則中國未來四年面臨的形勢同樣嚴峻，即無論誰上台，中國都需要樹立底線思維，作最壞的打算。

從美國只給中國駐美記者 90 天的工作簽證中，從特朗普政府下令美

國聯邦雇員退休基金不得投資中國股市的禁令中，從美國 14 個州檢察長聯名要求聯邦政府向中國追責的呼聲中，從參議員格雷厄姆等人提出《2019 新冠病毒問責法》（該議案賦予總統制裁中國的權力，如凍結中國在美資產、禁止中國企業赴美上市等）的內容中，我們絲毫看不到中美關係的曙光，相反從兩黨的競選綱領中，我們更多感受到的是來者不善的殺氣。疫情的風險沒有消除，比疫情更危險的是中美戰略對抗的風險，請大家系好安全帶吧！

美關閉駐休士敦總領館是中美脫鉤的又一步驟

2020 年 7 月 22 日

　　美國於 7 月 21 日要求中國關閉駐休士敦總領館，這是中美建交 40 多年以來最嚴重、最惡劣的外交事件，此舉將本就岌岌可危的中美關係推向更加危險的境地。

　　自特朗普上台以來，中美關係加速向戰略對抗方面滑行。2018 年中美開打貿易戰，美國對華展開了一系列遏制、敲詐等行動，包括動用國家力量、應用非市場行為，對中國的高科技公司華為、中興通訊等公司實行圍追堵截，在新疆、西藏、台灣、香港、南海等問題上對華採取分化策略，或明或暗地支持其分裂中國的活動，通過一系列法案為敵對勢力撐腰打氣；並脅迫盟友與其結成反華統一戰線；極力推動中美兩國的政治、經濟、科技與人文領域的全面脫鉤。

　　今年年初暴發的新冠疫情，中國本是最大的受害者，卻被特朗普污蔑為「是中國用來對付美國的一大武器」，大大惡化了雙邊合作的氛圍。特朗普的錯誤抗疫政策不僅讓美國深受其害，也給世界許多國家作了很壞的示範。美國眾議院議長佩洛西直稱，「特朗普病毒」將美國推向災難。

　　特朗普無疑要為美國 14 萬多人的死亡負有首要責任，而急於連任的特朗普無法承受之重，而唯一能夠挽救其政治生命的辦法就是甩鍋中國。於是撒謊成性的特朗普製造了一堆有關中國的謊言，讓他的鐵粉當成真理加以傳播。

　　據瞭解，休士敦總領館是中國在美國開的第一個總領館，美方要求關閉它，而且只給出中方 3 天的撤離時間，連處理機密文件的時間都不夠。美方這種帶有嚴重污辱性質的做法在全世界外交史上都是極其罕見的。

　　據《休士敦紀事報》7 月 21 日報導，目擊者看到中國領館院內有物

品被焚燒，當地居民報警，消防車迅速趕到，但沒有獲准進入館內。當消防員問為什麼焚燒這些紙張時，中方回應道，你們最好去問你們國務院和特朗普總統本人。

據美國傳出的消息稱，這次關閉領館的直接導火線是，由於新冠疫情期間美國撤走了 1300 個外交官和家屬，現在美國要求返回中國，中方不接受美國直接派人來中國武漢和成都領事館，而是要求對外交官進行檢測和隔離。但美方支持認為，他們擁有外交豁免權，不讓中方檢測，以防止中方獲取他們的 DNA 樣本。雙方無法達成一致？於是美國根據所謂的對等原則，關閉休士敦總領館。但中方接近內情的人士透露，這個說法完全站不住腳，是在為美國的瘋狂行動尋找藉口，企圖把美國破壞中美關係的責任強加於中國的頭上。其實，中國根本沒有阻止美國外交官正常返回中國，雙方已經達成了協議，而且在順利執行。包括駐武漢總領館，中國未對其運轉設置任何障礙。

中國外交部發言人汪文斌 7 月 22 日在記者會上說，7 月 21 日，美方突然要求中方關閉駐休士敦總領館，這是美方單方面對中方發起的政治挑釁，嚴重違反中美領事條約有關規定，蓄意破壞中美關係，十分蠻橫無理。中方予以強烈譴責。

汪文斌還說，一段時間以來，美國政府不斷向中方甩鍋推責，對中國進行污名化攻擊，無端攻擊中國的社會制度，無理刁難中國駐美外交領事人員，對中國在美留學人員進行恐嚇、盤查，沒收個人電子設備，甚至是無端拘押。此次美方單方面限時關閉中國駐休士敦總領館，是美對華採取的前所未有的升級行動。

自中美關係螺旋式下滑以來，不僅高科技公司受到殃及，而且新聞機構遭到美國報復。除了將人民日報、新華社和中央電視台等駐美新聞機構列入「外交使團」之外，還變相驅逐了 60 名中國駐美記者。

　　去年 10 月和今年 6 月美方還兩次對中國駐美外交人員無端設限，多次私自開拆中方的外交郵袋，查扣中方公務用品。由於近期美方肆意污名化和煽動仇視，中國駐美使館近期已經收到針對中國駐美外交機構和人員的炸彈和死亡威脅。美駐華使館網站更是經常公然刊登攻擊中國的文章。

　　關閉總領館和驅逐外交人員過去是美俄兩家常用的把戲。而這一次美國把它用在中國身上，無疑是美對華政策「蘇聯化」的重大標誌性事件。特朗普上台之後，「通俄門事件」為美俄關係蒙上陰影。美方指責俄方干涉美國 2016 年大選，作為報復，2017 年 8 月 31 日，美則要求俄羅斯關閉駐三藩市總領館。俄羅斯隨後也關閉了美駐聖彼德堡總領館。

　　一些輿論認為，美關閉中國駐休士敦總領館是美方精心設計的外交動作，以此激怒中方，是美方與華全面脫鈎的又一重大行動。美國國務院發言人奧塔古斯在發給福克斯電視台的一份聲明中稱，美方這樣做是「為了保護美國的知識產權和美國的個人隱私」。但明眼人都很清楚，保護知識產權和個人隱私與關閉總領館風馬牛不相及。領館的首要責任是為當地華僑及所轄八個州的美國居民提供領事服務，包括簽證業務，以及與所轄州進行經濟、文化等領域的交流。

　　美國把封館與保護知識產權與個人隱私扯上關係，無非是讓普遍美國人產生聯想，似乎中國駐休士敦總領館成了中國在美的間諜中心，成為盜取美國知識產權和個人資料庫的總指揮。把自己在香港總領館幹的事，以及由斯諾登透露出來的對全世界監聽的「棱鏡計劃」，想像成別國也與美國一樣骯髒。

　　一些分析人士指出，美國宣布關閉中國總領館或與美國大選有一定關係。雖然美國南部是共和黨的大本營，但佛羅里達畢竟是搖擺州。前段時間，美國情報機構再次指責中國和俄羅斯干涉美國 2020 年大選，而休士敦聯繫的轄區就包括佛羅里達州。美國此舉旨在向選民發出信號，中國正

在利用總領館干涉美國內政，從而強化中國是美國敵人的印象。特朗普與拜登選情膠著，雙方都在比誰對中國更強硬，而這個動作恰恰滿足了這種需要。

關閉領館的動作無疑超出許多人的想像。在特朗普眼中，無所謂什麼中美關係的紅線和底線，只要能實現連任的目標，一切選項都擺在他的桌子上。

中美關係的螺旋式下滑，損害的是中美兩國的根本利益，讓兩國絕大多數人成為極少數美國右翼反華分子的人質。這是中美關係的不幸。

外交歷來強調對等，中國對美採取相應的行動只是時間問題。美國恐怕這一次也需要嘗一嘗真正對等的滋味了。這些年來，美國在全世界橫行霸道，不習慣於別國對美國說不，更不知道真正去尊重別國。連中國加入世貿組織的正當之舉，都被看成是對中國的恩賜。當中國熟悉了這一套規則之後，他們又變著法子制訂一套將中國排除在外的新規則，然後給華戴上一頂破壞國際秩序的新帽子。

不久前，中方表示有誠意拿出清單與美方進行談判交流，但在美國強硬派把持美對華政策的情況下，中美關係短期內回到正軌只能是一廂情願，清單也只能放在兜裡捂一段時間了。

美國輿論普遍認為，關閉總領館是中美關係進一步惡化的標誌。但關閉總領館與關閉大使館還不完全是一回事，前者受影響的主要是簽證服務，而關閉大使館則意味著戰爭及徹底決裂，相信離這一步還有一段不短的距離。做最壞的打算，爭取最好的結果，不惹事不怕事的中國不得不坦然接受一些意想不到的挑戰，這是不以人的意志為轉移的規律。從這個意義上說，討論「誰失去中國」與「誰失去美國」是中美兩國學界認識論的誤區，反而忽視了時代的大背景及不恰當地放大了個人因素。

蓬佩奧降下了對華「新冷戰」的鐵幕

2020 年 7 月 24 日

北京時間 7 月 24 日，美國國務卿蓬佩奧在加利福尼亞的尼克松圖書館發表了題為《共產黨中國與自由世界的未來》的演講，宣稱「美國對華接觸政策失敗」，鼓動民主國家聯手對抗「共產黨中國」，以防止自由世界的基石遭到中國破壞。

這篇演講經過精心策劃，美國主流媒體此前也作了預告，算是做足了文章，以吸引全世界的注意力。畢竟美國疫情這麼嚴重，甩鍋中國、煽起對華對抗並不是許多人、許多國家願意看到的情形，有點良知的人都希望中美兩個大國此時此刻攜起手來，共同抗擊 21 世紀的最大瘟疫。

蓬佩奧的講話很自然地讓人聯想起 1946 年 3 月 5 日英國前首相溫斯頓・邱吉爾在美國富爾頓市威斯敏斯特學院發表的《和平砥柱》演講，這篇臭名昭著的反蘇、反共演說，宣稱從波羅的海的斯德丁（也譯成什切青）到亞得里亞海邊的里雅斯特，一個橫穿歐洲大陸的鐵幕徐徐降下；他稱對蘇聯的擴張不能採取綏靖政策，美國置於全世界權力的高峰，應擔負起未來的責任；主張英美結成同盟，制止蘇聯的侵略。這次演講只不過是美國總統杜魯門借英國人之口發表的冷戰宣言，歷史學家也因此將這次鐵幕演說稱之為「正式拉開了美蘇冷戰的序幕」。

半個多世紀過去了，從加州的尼克松博物館裡又傳來了陳腐而熟悉的濫調，只不過這一次是美國國務卿蓬佩奧親自登場。蓬佩奧剛剛從歐洲遊說歸來，不僅對丹麥 200 多萬平方公里的格蘭陵島表現出覬覦之心，而且遊說歐洲盟國一同加入反華大合唱。不過令他失望的是，如今的歐洲不再是鐵板一塊，既有死心塌地的英國小跟班，也有猶豫觀望的馬克龍，更有敢於對美國說不的德國總理默克爾。所以，蓬佩奧在他的演講中不點明地

批評了歐洲某國不敢大聲向中國說不，犯下了原則性錯誤。

　　蓬佩奧選擇在尼克松故居發表這個演說具有極大的諷刺意義。尼克松是破除美中關係堅冰、打開中美關係大門的關鍵性人物，現如今蓬佩奧卻聲稱自尼克松以來的對華接觸政策徹底失敗，選擇了再次關上中美關係大門的錯誤道路。

　　筆者注意到，當蓬佩奧指責中國駐休士敦總領館成為中國間諜中心和知識產權盜竊基地並宣布予以關閉的時候，台下的聽眾居然為此響起了掌聲，不得不為美國今天的外交政策頓生幾分悲涼。

　　蓬佩奧的演講通篇了無新意，只不過是他近段時間以來對華指責的重複。這是繼國家安全事務助理奧布萊恩、聯邦調查局長克里斯托弗・雷、司法部長巴爾之後，特朗普政府近期集中針對中國的第四場演講，也是綜合性最強的一次政策宣示。

　　在尼克松的長眠之地，蓬佩奧聲稱無意拋棄尼克松總統的遺產，但是他認為，「改變中國」的戰略構想顯然沒有實現，一個更加民主、自由並融入世界的中國並沒有出現，相反今天的中國變成了「帝國」，對世界更具威脅性。蓬佩奧指責美中關係近幾十年來形成了巨大的不平衡，中國滲透美國大學校園、美在華企業受到脅迫，迫其噤聲，廣泛奴役勞工，中國變成了一個怪物，全世界都被中國欺騙等。他強調中美之間存在著巨大的意識形態鴻溝，「中國夢」對美國的自由構成了巨大威脅，這與尼克松時代完全不同。美國期待的中國走向自由和民主的理論被證明是錯誤的，中國所謂的「雙贏」變成中國成為唯一的贏家，美國變得更加不安全。過去，我們把蘇聯擋在了自由世界之外，而中國卻滲入自由世界之中了。他宣稱，「對華接觸的時代已經結束」。蓬佩奧赤裸裸地號召「理念相近國家共同結成民主聯盟，來對抗共產黨執政的中國」。

　　蓬佩奧提出要像當年對待蘇聯一樣，對中國「不信任並核查」

（Distrust and Verify）。他認為，「自由世界」要以「有創意和果斷的」方式，引導中方行為變化，迫使中國更負責任、更加透明。蓬佩奧表示，「中國共產黨」這個詞已從美國人用語中消失，現在美國人需要重新熟悉之。美國必須以自己理解的方式對此作出回應。他還對中國發出軍事威脅，聲稱七國集團和 20 個集團內的國家有足夠的經濟和軍事能力，共同應對中國的挑戰。

蓬佩奧最後總結道：「美國完全有能力幫助自由世界維護自由，這是我們時代的使命。」他以一個排比句做結束語：「今天，危險是顯而易見的；今天，覺醒正在發生；今天，自由世界必須做出回應。我們再也回不到過去。」

西方媒體稱，蓬佩奧的講話是美對華「新冷戰宣言」。具有諷刺意味的是，他在提問環節表示，中美兩國的最大危險來自於誤解。在他的講話中，毫不掩飾地煽起中國人民與中國共產黨的對立，胡說什麼他聽到的最大謊言是，「中國共產黨成為人民的代言人」。可見其對中國的誤解之深，自己卻以為掌握著真理。眾所周知，中國共產黨與中國人民血肉相連署，中國共產黨是在近 150 多年中國現代化道路探索中唯一帶領中國人民站起來、富起來，如今正踏上強起來的偉大征途之中，作為一國的國務卿居然連這點常識也沒有，其認知還停留在上個世紀一些所謂反華分子、民運分子散佈的那套歪理邪說之中。

中國不是前蘇聯，沒有擴張的基因，更沒有成為新帝國的野心。應用冷戰的那一套來打一場新冷戰，的確有時空倒錯的感覺。中國有權選擇自己的現代化道路，世界上也並非只有一個美國模式，美國的利益未必是世界所有國家的利益，美國迫使小國選邊站隊的做法恰恰說明了美國雖已衰落，但仍在盡耍霸權的餘威。在新冠疫情面前，世界檢驗了美國所謂民主制度的成色。如果說這個制度以死亡幾十萬人為代價去維護特朗普個人的

利益以及資本家的利益，這樣的制度還是留給美國人自己享用，中國人並不稀罕。資本與民本雖一字之差，但中國人民更喜歡把人民利益和生命安全放在第一位的政黨和政府。

美國具有打冷戰的經歷，也有修理世界老二的經驗。但中國既不同於前蘇聯，也不同於日本，美註定將犯經驗主義的錯誤。需要指出的是，美國率先關閉的雖是中國駐休士敦總領館的一扇小門，但實際上是在徐徐關上中美友誼與和平的大門。歷史學家會記住這一天，但不是作為 21 世紀的進步先聲，而是作為 20 世紀的冷戰回聲載入史冊。

互關領館之後的中美關係向何處去

2020 年 7 月 27 日

　　美國率先挑起的新一輪外交衝突，以 7 月 27 日美駐成都總領館關門為標誌，中美雙邊這一輪回合的較量宣告結束。但這起事件連同美國國務卿蓬佩奧上週四發表的對華政策講話一起，仍在繼續發酵。正像美國社會的兩極分化一樣，美國的外交挑釁及蓬佩奧的講話也在美國呈現出兩極反應。

　　去年 7 月接任尼克松基金會總裁的休伊特近日在《華盛頓郵報》撰文稱，蓬佩奧的講話「開闢美中關係大膽的新篇章」，歷史學家、安全專家們在未來幾年都會津津樂道這篇講話，因為它標誌著美國對華戰略的根本轉向。他呼籲美國兩黨領袖及各大企業的 CEO 們認真研讀這篇講話。

　　具有諷刺意味的是，休伊特在去年上任時還大談要繼承尼克松的遺產，稱尼克松作為一位偉大的戰略家和外交大師，開啟了世界歷史上非同凡響的時刻，直到現在仍在改變著世界。然而，當蓬佩奧選擇在尼克松故居關上中美關係友誼大門的時候，這位總裁卻為此唱起了讚歌，不知道尼克松的後代們怎麼想。與其說蓬佩奧為尼克松墓地獻上的是一個崇敬的花籃，還不如說他為拋棄尼克松的外交遺產敲下了最後一顆釘子。

　　與此形成強烈反差的是，美國務院前政策規劃司司長、現外交關係委員會主席哈斯於 7 月 26 日在《華盛頓郵報》發表針鋒相對的文章，指責蓬佩奧既不懂歷史，不懂中國，也不懂美國，所謂美國與中國盲目接觸 50 年幾乎什麼也沒得到，中國並未如美國所願變得更加民主，這實際上是豎起了一個稻草人。在哈斯看來，尼克松和基辛格當年接觸中國的目的是借助中國之力對抗蘇聯，他們希望塑造的是中國的外交政策，而不是中國的內政，而歷史的結果是美國強化了中蘇分裂，並且贏得了冷戰。美國

何來失敗之說？

　　哈斯批評蓬佩奧給美國選擇了一條註定失敗的道路：「想決定中國的未來或者說改變中國，這並不在美國的能力範圍之內」，「國務卿和他的同事們需要去做的事是與中國談判，美國還有很多事務需要與之合作，比如朝鮮、阿富汗、氣候變化和核不擴散這樣的全球性挑戰」。哈斯指出，美國還逼盟友不許使用中國的 5G 技術，但是美國沒能與盟友一起提供可替代的產品。在人權問題上，哈斯認為蓬佩奧的做法十分虛偽，在高調批評中國人權紀錄的時候，為什麼沒有對俄羅斯、土耳其和沙特採取同樣強硬的態度，只能讓整套說辭看上去充滿了機會主義。哈斯警告，「當年西奧多‧羅斯福建議美國『大棒在手、溫言在口』，但本屆政府在這個問題上出現了危險的倒退」。

　　卡內基國際和平基金會副總裁包道格認為，蓬佩奧的講話標誌著「美國與中國的接觸模式正式結束，中美變成了敵對關係」。英國廣播公司評論稱，蓬佩奧的演講「開啟了新一場冷戰的新鐵幕」。美國前東亞和太平洋事務助理國卿拉塞爾（Daniel Russel）接受消費者新聞與商業頻道（CNBC）採訪時稱，蓬佩奧抹黑中國的做法「原始而無效」，反而會進一步增強中國人民的愛國主義情緒，加深對美國的憤怒。

　　作為對美國關閉中國駐休士敦總領館的回應，中方果斷採取了對等措施。7 月 27 日早晨 6 時 18 分，美國駐成都總領館降下了美國國旗，但接下來美方還會採取何種升級行動，依然是巨大的未知數。《華盛頓郵報》7 月 24 日發表社論稱，特朗普「魯莽、不連貫和單方面的進攻」，無助於美國外交利益的實現，除了推進特朗普的連任目標，實在看不出白宮的其他政策意圖。

　　據報導，全球最大的博彩網站「必發」（Betfair）上，拜登的當選賠率從 6 月時的 1.73 降至目前的 1.62，特朗普的賠率則從 2.25 升至 2.86。

與五花八門的民調相比，這種需要掏出真金白銀的指數，似乎更能顯示選情的實際變化。在這種情況下，特朗普為了大選採取極端措施的可能性不能排除。英國廣播公司 7 月 27 日的評論認為，中美關係這一輪的緊張基本上是由美國推動的。英國《衛報》發表文章指出，在新冠病毒大流行的幾個月裡，特朗普政府的種種謊言和誇張論調，其主要目的是為了轉移人們對美國應對新冠疫情不力造成災難性後果的注意力，「美國外交醜陋、虛偽、殘忍、恃強淩弱，是一種在自私自利的胡言亂語中進行的可悲交易」。

離美國大選不到百日，特朗普的選情告急，迫使其不得不調整競選策略，而加大打中國牌則是他的智囊給其出的餿主意。CNN 的評論認為，未來三個多月對美國來說至關重要，每位選民必須嚴肅思考，美國的民主制度究竟向何處去。一旦特朗普敗選，特朗普不承認大選結果怎麼辦？這些看似不可能的問題都無情地擺在美國人面前。一些分析人士指出，特朗普是一個沒有底線的人，人們經常談論的底線，其實只不過是大家為特朗普預設的底線而已。一些媒體甚至猜測，特朗普萬不得已可能發動一場戰爭，以國家進入緊急狀態為由推遲大選。不過話又說回來，即使在二戰期間，美國的大選也照常舉行。而這一次會不會是個例外，特朗普會不會把零概率變成大概率事件，值得關注。

長期研究中美關係的人士不斷提醒，對華強硬已是兩黨共識，不會隨著美國政黨輪替而出現大的調整，對此不應再抱幻想。回顧 40 多年中美關係所走過的道路，儘管中美也遭遇過上世紀 80 年代末的政治風波、美轟炸中國駐南使館事件以及 2001 年的南海撞機事件，但中美雙方都在外交層面上得以化解。本世紀以來，美國遭遇的 911 恐襲以及 2008 年的次貸危機，中國非但沒有落井下石，相反選擇與美國採取了合作態度，其根本原因是中美雙方在戰略接觸的政策框架下存在著一定的妥協空間。而

如今這個框架被戰略競爭所取代，遏制成為美對華政策的主旋律，中美之間的對抗性進一步強化，雙方都是從最壞的角度解釋和理解對方的一切動機。

中國駐美大使崔天凱前幾天在接受採訪時坦言，中美兩國之間的溝通與交流基本停滯，這個現象極不正常。如果說對話是軟性的，而互關領館則是直接摧毀溝通與交流的硬件，這對雙邊關係的傷害無疑是巨大的。不過，英國廣播公司援引分析人士的看法稱，到目前為止，特朗普總統還不希望出現軍事對抗。這恐怕也是白宮讓美國防部長埃斯珀傳遞年底前希望訪華信息的用意之所在。前國防部長威廉・科恩在接受採訪時表示，「把中國視為敵人是非常危險的，雖然我們不能像以前那樣與中國打交道了，但中國是無法回避的對象」。不過，特朗普競選連任可打的牌實在太少，只能把中國當成替罪羊，由此看來，雙方之間恐怕還得經歷幾個大的回合，否則很難坐下來談判。不過，真理是在大炮的射程之內，百年之變的新格局一定不是談出來的，而是斗出來的。邊談邊打或是常態，這既是歷史進程中的悲劇，也是無法避免的現實。

TikTok 的命運完整呈現特朗普的狡詐與霸道

2020 年 8 月 2 日

　　TikTok（抖音海外版 APP）在美可能被禁，成為近兩天的熱門話題，這是繼美關閉中國駐休士敦總領館之後的又一次對華敵意行動。當特朗普放風要封殺這款 APP 的時候，美國一些年輕人迅速行動起來，展開一場「拯救 TikTok 運動」，包括白宮高級顧問康威的女兒也加入其中。在一些年輕人眼里，TikTok 不僅是一個應用程序，而且是他們的夢想，他們的生計，他們的精神家園；它不僅改變著一個人，一個家庭，而且改變著整個社區，而特朗普卻要親手摧毀這一切。一些輿論認為，這場運動很可能激發更多年輕「首投族」在大選中讓特朗普「顫抖」，一場精心策劃的反華連續劇最終可能反噬特朗普自身。

　　四年前，美國的大選焦點之一是俄羅斯。民主黨人指責俄羅斯通過大數據和推特等社交工具影響美國選民，幫助特朗普戰勝了希拉里，讓特朗普的當選一直籠罩在選舉合法性的陰影之中，「通俄門」也因此成為特朗普的一大心病。然而時過境遷，四年之後的美國大選，中國成為當仁不讓的焦點。不僅因為美已認定中國取代俄羅斯、成為「頭號戰略競爭對手」，更重要的是，反中已成為美國的「政治正確」，中國成了特朗普錯誤政策的替罪羊，而 TikTok 被美國政客形容為是「中國送到美國的特洛伊木馬」。

　　2020 年初新冠疫情的暴發，特朗普大選「躺贏」的局面徹底改變，他在抗疫方面的諸多失誤導致美國疫情完全失控，於是特朗普展開了一系列甩鍋中國的動作，並取得明顯成效。最近美國皮尤中心的民調顯示，73% 美國人對中國充滿敵意，創下近幾十年來的新高。正是有這樣的群眾基礎，特朗普抓住這一點，對中國展開了肆無忌憚的攻擊，並不惜採取一

系列升級兩國對抗烈度的行動。

其實，關掉 TikTok 並非美國的突發奇想。《華盛頓郵報》評論認為，「它是全球地緣政治與美國內政治完美結合的題材」。據瞭解內情的人士透露，早在去年 10 月就已醞釀。科頓和舒默等參議員致信行政部門官員，要求情報部門調查 TikTok 對美國國家安全是否構成威脅。一位美國學者明確表示，「美國高層已選定 TikTok 這個目標，無論這家公司做什麼已無關緊要」。

而直接促成特朗普下決心清算 TikTok 的由頭還是與美大選有關。讓其十分惱火的是，6 月份特朗普要去奧克拉荷馬的塔爾薩市進行疫情解封以來的第一次公開競選集會，其競選經理告訴他，能容納 17000 人的體育館，已超過 10 萬人報名參加，不得不需要在館外加搭一個露天平台，以滿足眾多「鐵粉」的需要，但實際到場的只有 6200 人，讓特朗普非常尷尬。媒體透露出來的消息稱，TikTok 平台的年輕人製造了這個假像，把體育館的門票包下，通過這種辦法來羞辱特朗普。事實究竟如何不得而知。

既然美國早就瞄上了 TikTok，且認定這個 APP 是中國干擾美國大選的新工具，那麼塔爾薩的集會只不過成為關閉 TikTok 的一個藉口而已。接下來擺在 TikTok 的命運有：一是被美國收購。據說微軟公司正在洽購這家公司，但遭到了特朗普的明確反對。二是徹底禁止這款 APP 在美上線。無論結果如何，這家公司不會從地球上消失。前者會讓這家公司改頭換面，後者是美國年輕人今後只能通過 VPN 等翻牆辦法，繼續使用 TikTok，但便利性將大打折扣。美國的一些用戶紛紛留言，表達與這款 APP 的依依不捨之情。

美國使出封殺 TikTok 這一招，對中國公司來說是一巨大損失。畢竟 TikTok 是中國這些年來在海外開發的最受世界歡迎的一款 APP，下載量超過數億人次。2017 年開始進軍美國市場的 TikTok 本來是一家商業公司，

不參與美國政治，但也有個別美知名人士透過這個平台播放嘲笑特朗普的視頻。

媒體推測，特朗普或以信息安全等所謂國家安全理由，通過行政手段強制這家公司的 APP 下架。一些人士替美國辯解，說美國的臉書、推特、谷歌及旗下油管等都被中國封禁，對美國關掉 TikTok 不應感到大驚小怪。此話乍一聽似言之有理，但經不起仔細推敲。其實無論是谷歌還是臉書，不是中國不讓其進入中國市場，只是要求這些公司必須遵照中國的法律。時任國務卿希拉里堅持要求這些公司不能放棄美國價值觀，希拉里曾毫不諱言，互聯網是改變中國的最好工具。於是谷歌等公司最終選擇退出中國市場。

而 TikTok 則完全不同，這家公司不僅承諾完全遵照美國的法律，而且承諾不參與美國政治，這個平台只是給年輕人和一些創業者提供一個舞台，正因為如此，這款應用軟件一登陸美國，迅速火了起來，在美國的下載量超過 1.65 億人次。據統計，在疫情高峰的 4 月份，全球的下載量高達 20 多億人次，很多年輕人呆在家中，而這款產品恰恰為他們排解寂寞、治癒精神創傷、展示才藝及賺取收入提供了一個平台。

尤其不能理解的是，當 TikTok 與微軟進行收購談判的時候，特朗普卻明確表示反對，更傾向於封殺這起交易。這究竟是特朗普的本意，還是特朗普故伎重演的「交易藝術」，即通過這種辦法，打擊 TikTok 的信心，迫使這家公司以最低價出售給美國，這其中包括寶貴的知識產權一併交出，這無異於公開搶劫。《金融時報》的文章認為，特朗普的干預更可能是一種談判策略，從而為微軟爭取一筆好的交易；英國廣播公司引用一位公司高管的話稱，如果說該公司的資料存儲威脅到美國國家安全，那麼由美國公司收購則是一個解決辦法，但特朗普卻表態欲封殺收購，這就不是數據安全理由能夠解釋得了的。

　　這不由得讓人聯想起美國數年前曾以反腐為由，迫使法國阿爾斯通公司出售旗下大部分資產予通用電氣一樣。如果抖音海外版最後是被收購的結局，那無疑體現了特朗普作為一個商人的精明與狡詐。如果是被勒令下架，將意味著中美之間的戰略對抗進一步加劇，雙方的科技戰、外交戰、輿論戰將會升高一檔，對此我們要做好充分的心理準備。

TikTok 之後美又盯上了下一個中國目標

2020 年 8 月 5 日

TikTok 慘遭美國剿殺，激起了中國網民的極大憤慨，有點正義感的人對此都難以釋懷。只不過大家都有健忘症，其實幾年前，美國就對盟友法國的阿爾斯通公司出此狠招。有了阿爾斯通的經典案例，美國對 TikTok 的做法也就見怪不怪了。

美國的經濟霸淩並不是從中國開始的，美對日本、歐洲等國都曾使用過極不光彩的手段，只不過這些國家選擇了忍氣吞聲。美國對自己的盟國尚且如此，更何況對現在被視為敵人的中國。

有一點讓人驚訝的是，美國打擊阿爾斯通動用的是法律手法，這一次美國對 TikTok 下手，完全使用行政手段，連起碼的偽裝都不想要，吃相過於難看。

TikTok 被迫與微軟談判，幾乎沒有討價還價的餘地，因為特朗普給這家企業下了最後通牒，且只有 45 天的時間。特朗普面對記者大言不慚，是他給了 TikTok 活下來的機會，如果這家公司與微軟合併成功，美國政府將會從中獲得一大筆抽成。特朗普形容，就像房東與房客的關係，沒有中介的存在就不可能有這筆交易。

據瞭解，微軟正在按白宮提出的條件展開收購行動。微軟指望通過收購之後，極大提高其在年輕用戶中的影響力，並將用戶轉化為微軟 Xbox 遊戲的玩家，實現互補。不過，據《華爾街日報》等網站報導，蘋果公司也對收購這個公司表示出極大的興趣，特別是看中其對年輕用戶的巨大吸引力，希望借此拓寬自身的消費者群體。有分析師指，TikTok 公司的估值將在短短幾年內達到 2000 億美元，呈現出指數級的增長潛力。

特朗普不愧是一個「精明」的商人，無論是當年買下海湖莊園還是維

吉尼亞的酒莊，其手法都談不上光明正大，甚至用敲詐勒索來形容一點都不過分。今天特朗普坐在總統的位置上，為自己的做派披上了國家行為的外衣，但內瓤並沒有變。特朗普無論是對待盟友，還是與敵手打交道，都不會做虧本的買賣，包括這幾年多次向盟國催要軍事保護費，搞得歐洲與韓日等國敢怒不敢言，畢竟活在美國的保護傘下，得罪了老大，一旦被穿了小鞋，今後的日子會很難過。

特朗普政府這次明目張膽地充當這起並購的「中間商」，一向標榜的「自由市場經濟」基本規則被拋得一乾二淨。一些西方媒體質疑特朗普這樣做的法律和道德基礎，這實在有點抬舉特朗普了。他的上台與道德無關，他的執政更是在不斷地踐踏法律，否則何來彈劾之說？所謂的美國法律是來約束它國的，特別是搞「長臂管轄」，把國內法凌駕於國際法之上，更是搞得全世界天怒人怨。

強買強賣和巧取豪奪是原始資本主義的做法，特朗普只不過「返璞歸真」，體現了特朗普率真的一面，也讓世界一窺美國的真面目。

特朗普在遏制中國方面可謂是「吃了秤砣鐵了心」。如果說華為代表的是中國互聯網產業硬件技術的話，那麼 TikTok 則代表了互聯網產業的軟件優勢，其演算法和創意領先全球。與特朗普對華為的趕盡殺絕相比，他對 TikTok 算是手下留情，並不是特朗普對 TikTok 動了惻隱之心，更重要的是，他這樣做可以起到一箭雙雕的作用：一方面他可以把這家企業硬生生地從中國手中奪走，除掉對美國「滲透」的心頭大患；另一方面，特朗普也不想得罪美國年輕人。畢竟使用這個 TikTok 平台最多的還是美國 24 歲以下的年輕人，他們開展的「拯救 TikTok 運動」，特朗普不能視而不見，否則這些人一定會在 11 月份的大選中讓特朗普再也「抖」不起來。

三天前，英國的主流報章分析認為，特朗普放出狠話，反對 TikTok 和微軟合併，更多的是一種談判策略，是為了幫微軟爭取一個好價錢。從

這幾天的發展態勢看，英國不愧為盎格魯撒克遜的真正傳人，他們對特朗普的理解要比東方人更加一針見血。

TikTok 被強行並購是中美戰略博弈中的一個戰場，它反映了一個基本事實：當下的中國將強未強、似強還弱，手上的王牌畢竟有限。與美國鬥爭不宜與之打對壘戰，而是要設法用東方人的智慧，迂回實現自己的戰略目標。

繼美中互關領館之後，TikTok 再次成為犧牲品，無疑是中國進軍全球的又一次挫折。媒體猜測，接下來美國瞄準的很可能是微信（WECHAT）平台了。這幾天美國高官已經透出了風聲，一些華裔紛紛緊張起來，正尋求與親朋好友建立新的聯繫方式，以防失聯。

自今年 5 月初美對中國常駐該國記者實行三個月的簽證政策以來，這些人的簽證即將到期，迄今為止，他們的簽證延期申請尚處於懸置狀態（pending）。有消息指，由於美國疫情嚴重，移民局的人手不夠；但也有人認為，這是把美國人往好里想，更大的可能性是美國把這些記者作為新的政治籌碼。前不久美國右翼媒體《華盛頓時報》透露，美國務院有意進一步壓縮中國駐美外交人員。由此看來，若這些問題處理不好，將成為中美關係進一步惡化的導火索。接下來一場又一場的惡仗正等待著我們，中美關係的谷底遠未見底。

蓬佩奧的網絡脫鉤計劃是在給世界下套

2020 年 8 月 7 日

　　美國國務卿蓬佩奧於當地時間 8 月 5 日宣布一項針對中國的「乾淨網絡」（Clean Network）計劃，其主要內容是：限制中國電信公司提供國際電信服務；美國的互聯網公司下架所有不可信的中國 APP；全面禁止中國企業，包括阿里巴巴、百度、騰訊、中國移動和中國電信提供雲服務；限制中國企業參與建設國際海底電纜。美聯社的評論稱，這是蓬佩奧在互聯網領域對中國採取的最強硬舉動。路透社的評論認為，「這是中美在互聯網領域實現真正的脫鉤」。CNN 評論稱，「此舉是美有意將中國科技從美國網絡中清洗出去」。

　　一些分析人士擔心，這項計劃一旦實施，在美華人與國內的微信聯繫將被迫改用其他 APP；華為海洋網絡公司的光纜業務將受到較大衝擊。據了解，這個公司承建的海底光纜共有 6.4 萬公里，在南美、非洲及東南亞廣受歡迎，美如此打壓，將迫這些國家不得不選邊站隊。而一些商務人士憂慮，一旦美國註銷中國電信公司在美經營執照，中美兩國的電訊國際漫遊可能不再互認訊號，跨國公司的商務成本將大大增加。

　　自中美 2018 年開打貿易戰以來，有關中美經濟與科技脫鉤問題的討論逐步升溫。大多數官員和學者認為，中美經濟和科技相互依賴，形成了你中有我、我中有你的局面，這完全不同於當年美蘇之間有限的經貿聯繫。特別是在萬物互聯的網絡時代，沒有哪一個國家可以拍著胸脯說能做到完全依靠自力更生、搭建一個物聯網平台，所謂「技術脫鉤」是道偽命題。

　　中美科技脫鉤雖是瘋狂之舉，但客觀上會帶來技術路線的分裂，未來的世界有可能變成中美各自主導的平行技術市場，就像汽車設計一樣，方

向盤將有左舵與右舵之分，但原理不變，仍有相容的空間，可今後需要花更多的時間去適應各自的新模式，所謂的徹底一刀兩斷在技術上無法做到。

「乾淨網絡」計劃出自滿身污垢的蓬佩奧之口，的確有點諷刺。他前不久在尼克松圖書館發表了被稱之為「新冷戰鐵幕」的演講，號召「自由世界的國家」聯合起來對付中國。而「淨網」計劃則是美國對華遏制戰略的重要組成部分，其目的是「在中國周圍建立一道技術圍欄」。

至今讓人津津樂道的是，2019 年 4 月 15 日，蓬佩奧赴德州農工大學演講，針對一位學生的提問，他說，「我曾擔任美國中央情報局的局長，我們撒謊，我們欺騙，我們偷竊，我們還有一門課程專門來教這些，這才是美國不斷探索進取的榮耀。」

要說撒謊、欺騙、盜竊，美國倒是名副其實，蓬佩奧的確說了一個大實話。美國控制著世界所有 13 個根伺服器，其中 10 個建在美國本土，兩個在歐洲，一個在日本。換句話說，美國手握世界數據庫的所有後門鑰匙，獲取他國信息易如反掌。美國中央局雇員斯諾登曝光的「棱鏡門計劃」，只不過是美國監聽世界的冰山一角，連美國的盟國都不放過，德國總理默克爾的手機也成為美國的重要信息來源。

2018 年蓬佩奧升任國務卿之後，他把在中情局的那一套騙術搬到了外交舞台，遊走世界推銷散發著冷戰腐臭味的理論，給中國戴上了無數頂帽子，以妖魔化、污名化中國。

前兩天，美國著名經濟學家羅奇在 CNN 網站撰文，指斥美國反華「四人幫」（國務卿蓬佩奧、國家安全事務助理奧布萊恩、司法部長巴爾、聯邦調查局長雷）對中美關係一竅不通，經濟學家知識少得可憐，但並不妨礙他們在特朗普任期的最後階段瘋狂一把，企圖把美國的反華政策法律化、制度化，從而讓反華意識植入到美國人的血液之中，其直接後果是，

無論哪一位總統上台都無法逆轉中美戰略對抗的趨勢，就像當下的美俄關係一樣。

20 世紀著名社會學家卡爾‧多伊奇在《國際關係分析》一書中寫道，「如果人類文明在未來 30 年橫遭扼殺的話，那麼兇手不是饑荒，也不是瘟疫，而將會是對外政策和國際關係。我們能夠戰勝饑荒和瘟疫，卻無法對付我們自己鑄造的武器威力和我們作為民族國家所蛻變出來的行為」。

新冠瘟疫終將過去，但中美關係的「一地雞毛」卻成為難以收拾的爛攤子。中美關係搞到今天這個地步，也是從量變到質變的過程。早在奧巴馬時期，中美關係戰略對抗的苗頭已經顯現出來，美推出的「亞太戰略再平衡」、將南海問題推上國際法庭，組建排華的 TPP 等。正是因為中國政府看到了衝突與對抗的趨勢，我們於 2014 年提出了「不衝突、不對抗、相互尊重、合作共贏」的十四字方針，希望強化系列戰略與政策對話機制，化解和緩釋彼此間的戰略互疑。特朗普上台後乾脆打翻了雙邊關係的所有框架，讓中美兩艘大船在黑暗中面臨相撞的危險。在這種情況下，我們又提出了與美建立協調、合作與穩定的中美關係，並梳理了關於合作、對話、管控分歧的三個清單，期待美國作出積極回應。

需要警惕的是，特朗普上台之後啟動了美國「當前危險委員會」的運作。而這個委員會的發展經歷了四個階段：第一代委員會成立於 1950 年，第二代組建於 1976 年，目標都是應對蘇聯威脅；第三代成立於 2004 年，目標主要是應對恐怖主義威脅；而於 2019 年 3 月組建的委員會第四代成員包括了特朗普的前策略規劃師班農、中央情報局前局長伍爾西以及美國教育部前部長班尼特等人，可以說是一個高規格的反華組織。他們強調「共產主義的中國與蘇聯一樣，對美國的生存和自由理念構成威脅，美國需要就如何應對中國威脅在政策或優先事項上達成新的共識，為此必須集中所有人的智慧和力量」。委員會同時認為，尼克松、老布什以及克林頓

在對華問題上犯了致命錯誤，這種戰略誤判不能重演。從蓬佩奧在尼克松中心的講話中可以找到這個委員會對美決策影響的模糊影子。

美國《大西洋月刊》最近刊文稱，美國的一些智庫正在研究對華「新的集體防禦體系」，他們認為，過去的國際聯盟主要是為了對付蘇聯式的軍事威脅，那麼今天主要是通過經濟手段，對中國威脅予以回擊。從現在起，必須在經濟領域裡建立一個類似於北約的組織，換句話說就是建立「經濟北約」。而美國可以通過一系列多、雙邊經貿協定塞入「毒丸條款」，就像新的美墨加貿易協定一樣，以達到孤立中國的目的。

有評論認為，「乾淨網絡」計劃是美國構築「科技北約」的一部分。但是中國不是前蘇聯，對許多國家而言並不是威脅，對此大家心知肚明。雖然美國竭力拉攏，但回應者不多，蓬佩奧上周在國會作證時坦言，構築反華統一戰線的「情況並不理想」。「光說不練」恐怕是今後許多國家對付美國的常態，今天的美國號召力大不如前，只要憑著霸權的餘威脅迫盟友。路透社的評論認為，要想在中國周圍建立一個數字防火牆，「幾乎是一項不可能的任務」。隨著美國大選投票日的日益臨近，特朗普的焦慮感會越來越強烈，對華的瘋狂動作也會不斷加碼。對此，我宜沉著應對，不必隨美起舞。「中國將以冷靜和理智來面對美方的衝動和焦躁」，這項政策宣示無疑給世界人民吃下了定心丸。

美國對華的瘋狂打壓還能持續多久

2020 年 8 月 8 日

　　當地時間 8 月 6 日，美國總統特朗普連續簽發兩項涉華行政令，終於向跳動字節公司旗下的抖音海外版（TikTok）、騰訊及旗下的微信開刀。第一條行政令是限令 TikTok 在 45 天內完成被美國公司收購的交易，否則將被清理出美國市場。而第二項行政令則是禁止美國個人、企業和團體在 45 天之後使用微信交易，美國公民、綠卡持有者及任何美國境內的外國人都在管轄範圍內。

　　聯想到國務卿蓬佩奧 8 月 5 日針對中國的「乾淨網絡」計劃，這意味著微信等 APP 將無法進入谷歌應用商品的貨架，從而令在美華人失去與中國親人之間最便捷的聯繫方式，中美之間的數字高牆正由特朗普一手砌起，遠比他鼓搗的墨西哥高牆對雙邊關係的危害更甚。但是 TikTok 和微信也不太可能就此束手就擒。TikTok 已表示要拿起法律的武器，起訴美政府。而騰訊也在香港發表聲明，對總統行政令進行研究。相信中美之間的法律大戰將伴隨著美國大選的全過程，這既是挑戰，也可以是故事反轉的機遇。

　　如果說這兩年美國對華為公司的打壓屬於點射的話，那麼這一次美國將騰訊、百度、中國電信等高科技企業一併列為打擊對象，則完全是一種瘋狂的掃射行為。這種以「國家安全威脅」為擋箭牌的對華敵意行動，進一步加劇了中美之間的緊張關係，充分暴露了特朗普政府的霸凌特徵。

　　科技的進步加速了全球化，並產生了一系列互聯互通的產品，讓這個世界更加緊密地聯繫起來。就在大家暢想世界由互聯網向物聯網轉變的時候，特朗普政府卻對華強行按下了暫停鍵。美國政客們滿腦子冷戰思維，企圖用對付蘇聯的那一套對付中國，美國佔優勢的科技成果也紛紛變成了

打擊中國的武器。以華為為代表的中國企業面臨暫時的困難也是預料之中的事，雖然 5G 的速度會放慢，但不會改變中國互聯網發展的進程和方向，企圖把中國變成「數字孤島」的妄想實在是低估了中國人的聰明智慧。再過幾十年，當我們的子孫回望這段歷史的時候，一定會忍俊不禁。

但眼下不可回避的現實是，隨著美國大選越來越近，特朗普對華甩鍋的動作會更加瘋狂。畢竟美國國內疫情一團糟，死亡人數已經超過 16.5 萬，失業人數高達 4000 多萬，第二季度 GDP 增長為 -32% 以上，除了美聯儲推行無限續杯的量寬政策、大搞貨幣放水、勉強支撐美國股市之外，其他方面的政績的確是乏善可陳。於是攻擊中國成為特朗普贏得大選的唯一救命稻草。所以，這幾天特朗普加大了指責中國的力度，不僅把新冠病毒稱為「中國病毒」，而且將「中國病毒」概念進一步泛化，以加深美國工人對華的仇恨。8 月 6 日，特朗普在俄亥俄州惠爾浦工廠發表演講，指責中國搶走了美國人的飯碗、讓許多人失業，他發誓將「殺死中國病毒」。特朗普就是通過這種辦法，在搖擺州鞏固基本盤，繼續贏得老白男的支持。

特朗普還利用執政的優勢，最近恢復了中斷一段時間的白宮疫情通報會，大肆宣傳自己的「政績」，甚至不顧每天死亡千人的事實，胡說中國、伊朗等國干涉美國大選，「如果讓拜登當選，中國將重新佔領美國」。一些專家不無憂慮地指出，特朗普這種敗壞中國形象的惡果將會在相當長時間內難以消除。

儘管病毒無國界，但新冠病毒畢竟是中國第一個向世界衛生組織報告的，特朗普罔顧事實拚命向美國及世界人民灌輸不堪回首的疫情是「中國一手造成的」，讓一些無知者把特朗普的謊言當真理。正像特朗普讓美國人嘗試喝消毒水殺死病毒一樣，美國還真有人信，反智主義簡直到了不可思議的程度。不僅在美國，甚至在拉美，對中國的好感度也在下降。據報

導，在巴西參與中國第三期疫苗試驗的志願者們都不敢說出加入這個試驗項目，擔心自己遭到岐視。

世紀性的瘟疫正折磨著全人類，各個國家都在抗疫面前進行「統考」，管治能力立判高下。病毒不會撒謊，藏不住、掩不住，不分貧富、不論黑白，對人類進行無差別攻擊。但可悲的是，全球抗疫的主題本應是團結一致，共同應對新冠病毒——這個最大的敵人，但特朗普不時沖淡這個主題，在放棄對新冠病毒抵抗的同時，卻把矛頭指向中國。一些美國人直言不諱地指出，「特朗普的手上沾滿了美國 16 萬死者的鮮血」。

新冠瘟疫終將過去，但特朗普製造的政治病毒將持續毒害中美關係。中國負責外事工作的領導人近兩天或接受採訪，或發表署名文章，就「美國對華接觸政策失敗論」予以批駁，以正視聽，並希望中美關係能夠回到正軌。但受美國選舉週期的驅動和影響，特朗普在大選之前恐無意改變對華日益升高的調門和行動，這是我們不得不面對的現實。

值得注意的是，特朗普對華一系列過激動作，在美國國內引起了不小的反彈。《華盛頓郵報》、《紐約時報》紛紛發表文章和社論，批評蓬佩奧的對華政策走得太遠。與中國和平相處、保持與中國的接觸、不放棄中國的龐大市場是美國保持繁榮的唯一正確選擇。但這些聲音在當下的美國顯得十分微弱，能不能形成一股氣候還需要觀察。

8 月 6 日中國人民的老朋友斯考克羅夫特去世，讓當下的中美關係多了一些回味。這位曾兩度擔任美國國家安全事務助理的風雲人物，也是 1972 年陪同尼克松訪華的特別助理。他當時負責後勤保障工作，面對從來沒有到訪過的國家而言，這是一項艱巨的工作。在 1989 年中美關係陷入低谷的時候，他受老布什總統的委派，秘密訪華，制止了兩國關係的下滑。此後多次訪華，受到中國領導人的接見，算是中美關係的見證者、參與者、推動者。隨著這一批對中美關係有歷史縱深感的人士相繼辭世，美

對華政策的決策已經轉入到上世紀六、七十年代成長起來的政客之手。尤其是美對華「四人幫」格外引人注目。這一批人對華友好者不多，有些可能在 2024 年後成為美國政壇呼風喚雨的人物，恐怕不是一次大選就能改變兩國關係的現狀。

特朗普一方面把希望寄托在疫苗上，另一方面也期待對手犯錯，同時也準備繼續向失業者提供資助，以贏得選民的好感。特朗普的不支持率已經見底，重新回到了上任之初 40% 左右的支持率，這是他的基本盤，即使疫情再度惡化，也難以動搖這些「鐵粉」對特朗普的支持。沒有了大規模的競選集會，接下來的總統三場辯論賽將在很大程度上決定特朗普的命運。溫和而又精力不濟的拜登能否鬥得過好戰且精力旺盛的特朗普，人們不得不為 78 歲的拜登捏把汗。在接下來的 90 天內，特朗普決不會輕易認輸。

第三章

巴西蝴蝶的翅膀扇起了全球龍捲風

日本新年號的聯想

2019 年 4 月 2 日

　　2019 年 4 月 1 日，日本新年號終於揭開了神秘的面紗。「令和」兩字引來無限遐想，尤其是這次採用的年號不再引用中國典籍，打破了日本1300 多年的傳統，被認為是「去中國化」的又一例證。日本官方認為，「令和」源於日本的《萬葉集》，而中國民間高手從博大精深的中國典籍中找到了出處，稱漢代張衡《歸田賦》有道：「仲春令月，時和氣清」，也算是給不少中國人以些許安慰。不管日本如何想去中國化，但是中華文化已經植入日本人的血液之中，一心想擺脫中國痕跡的日本人一不小心又掉入到中國文化陷阱裏頭，想必不少日本國民為此而寢食難安。

　　翻看包括中國在內的東亞史，更改年號或多或少多了一些悲情，或勝者為王或帝王駕崩，也偶見天災嚴重時更改年號的做法。日本在位天皇退位以新年號取而代之也算是世襲制中的孤例，姑且算作日本政治演化的一大進步。其實，年號只是一種紀年方式，引不引用中國典籍並不重要。想當年，「昭和」的年號，雖然取自中國經典，不僅沒有給中國人帶來福音，相反卻讓中華民族飽受日本 14 年侵略之痛。「平成」三十年，中日關係也並不平靜，相反卻經歷起伏跌宕，甚至是狂風驟雨。從這個意義上說，「令和」會不會真的變成「零和」不僅取決於日本的意願，更取決於中國自身的實力及政策選擇。

　　回顧過去三十年，中日力量對比急速靠攏。一方面，1989 年底日經指數創下歷史新高，在「日本購買美國」的亢奮中，日本房地產泡沫迅速破滅。老年化的加速更令日本人的消費雪上加霜，即便長期推行負利率政策也無濟於事。反觀中國，在鄧小平南巡講話之後，迎來了改革開放的新格局。特別是抓住入世的機遇，迅速變成了世界工廠，四次疊加的工業革

命在中國各個角落同時出現，直至2009年底，中國GDP達到5.8萬億美元，一舉超越日本，成為世界老二。整個西方社會無所適從，集體患上了對華焦慮症，尤以美日為甚。日本對華政策全面轉向，全力配合美國「亞太再平衡」戰略，一時間東海上空烏煙瘴氣。日本的做法與當年大英帝國被踢出世界舞台中心的做法如出一轍，都選擇了在老大面前俯首稱臣。他們遵從了「打不過對手，就與對手站在一起」的西方邏輯。

　　把日本形容為喜歡「傍大款」有點誇張，但它確實是一個敬畏強者的民族。如今中國國內生產總值已是日本的200%以上，正因為如此，日本人的心態比前幾年平服了許多。

　　自信、寬容和進取當是一個大國乃至強國成熟國民心態的標配，但這個心態的塑造需要一個過程。我們不少人與日本打交道時表現得還沒有那麼自信，對年號有沒有中國元素還那麼在意。當然，這種不自信也是緣於日本的硬實力。日本「失去的二十年」只是一個形象的說法，其實，這些年來日本在海外累積的淨資產高達3萬億美元以上，這是日本與世界打交道的底氣。相信隨著中國的崛起和綜合實力的提升，時間會成為中日關係提升的最好朋友。

陪特朗普玩 小心再次掉進沙坑

2019 年 5 月 24 日

這個週末，日本將迎來令和時代首位到訪的外國元首，那就是美國總統特朗普。據說，日本新天皇德仁接待第一個外賓選定特朗普，也是頗費心機，不知道特朗普領不領這個情。

特朗普執政兩年半來，安倍與特朗普之間的互動最多，但換來的卻是粗魯甚至怠慢，其中兩個花絮令世人印象深刻。一是 2017 年 11 月，安倍陪同到訪的特朗普打高爾夫球，球落沙坑，安倍好不容易救起這個球，為了追趕特朗普，一不小心在沙坑裡做了一個「後滾翻」，從現場直播中，數億人目睹了特朗普的「專注」，對於這位高級陪同卻視而不見。有人調侃道，「為了讓特朗普開心，安倍也是蠻拚的」。還有一次就是 4 個月底安倍訪問美國，在白宮的歡迎儀式上，特朗普夫婦霸佔了整個紅地毯，安倍想往裡蹭一點，被特朗普叫了「stop」。

美日之間既是軍事同盟，也是貿易上的主要對手，雙方過招達 30 多年，可謂經驗與教訓兼有。對於貿易戰，日本人有著本能的恐懼，畢竟它是嚴重依賴外貿的國家，也是產業鏈比較脆弱的國家，所以，安倍爭取一切機會與特朗普溝通，期待他能對日本網開一面，但結果往往是失望而歸。為了讓特朗普這次玩得開心，安倍這幾天苦練球技，特地安排特朗普給日本年度相撲大賽頒獎。為了不惹特朗普生氣，安倍也是小心翼翼，避免日美貿易糾紛影響到訪問效果，兩國也不打算發表聯合聲明。日程的最後一天去日本的准航母參訪，以此向世界展示美日軍事同盟的牢不可破。

為了聚焦中國，特朗普近兩天先後宣布不對加、墨鋼鋁加稅，對歐日汽車關稅的開徵延後六個月再定，美國的策略調整給日本喘了一口氣，但接下來能不能逃過這一劫，存在很大的不確定性。特朗普對貿易逆差的認

知有著宗教信仰般的堅持，他堅定認為，貿易逆差就是別國占了美國的便宜。早在 1987 年，特朗普就花了 10 萬美元，在《紐約時報》刊登整版廣告，批評日本奪走了美國的就業機會，只向美國出口產品，卻拒絕進口美國產品，聲稱日本操縱本國貨幣以獲得出口優勢以及在防務上搭便車。歷史的影子如今變成了真實的特朗普政策。值得一提的是，上世紀 80 年代領銜對日談判的美國貿易副代表萊特希澤如今成了美國貿易代表，他當年 30 歲出頭，主導與日本鋼鐵業的談判。廣場協議的簽訂，讓萊特希澤一戰成名，在日本擁有了「導彈」的綽號。美國媒體稱，萊是一個傲慢而成功的談判家，也是一個堅定的自由貿易懷疑論者。如今再由萊主導對日新的貿易談判，令日本人不勝唏噓。

雖然安倍與特朗普互動頻繁，但畢竟對特朗普的善變特點並不托底，這兩年在中美之間也玩起了兩面下注的策略。一方面，安倍放低身段，任憑特朗普怎麼羞辱，甚至把他的手指捏痛，他也強裝笑臉。日本一直在軍事和安全上緊跟美國，把鞏固美日同盟視為對外戰略的支柱，尤其是奧巴馬時期，美推行亞太再平衡戰略，日本扮演了馬前卒的角色。但特朗普上台以來，在軍事上要求日本多掏保護費，在貿易方面最大限度減少貿易逆差，在對朝政策上，完全不顧日本人對朝綁架人質問題、中程導彈威脅的關切，與金正恩舉行了兩次首腦會晤。安倍成為了六方會談成員國中、唯一沒有與金正恩舉行會晤的領導人。有些媒體如此評價安倍，為了日本的利益，寧輸面子、也要裡子，「這才是真正的狠角」。

另一方面，安倍多次向中方暗送秋波，表達改善中日關係的願望。加強與美同盟關係，同時重視對華關係，是日本當前政治生態平衡中的最大公約數。在猶豫和反復之中，日本的對華政策也完成了一次蛻變，這不能不歸功於特朗普。中國是搬不走的鄰居，具有三億多中產階級市場，中國已是日本最大的交易夥伴。「中國威脅論」在日本變成了「中日協調合作

論」，在李克強 2018 年訪日之際，雙方達成了開拓第三方市場的共識，恢復了中日韓自貿區的談判，當年 10 月，安倍也實現了對中國的國事訪問。中日關係正在回暖，能不能再上台階，很大程度上取決於日本的政策取向。

日美關係的愛恨情仇不會寫在安倍的臉上，但會埋在日本人心裡。一是日本人挨過美國的兩顆原子彈；二是廣場協議及一系列貿易協定，把日本爭做世界第一的野心徹底打垮。21 世紀是亞洲的世紀，世界的重心回到這裡，日本大可不必挖空心思脫亞入美，而是應當拿出誠意，對當年東亞的侵略行徑作一徹底的了斷，而不是去祭奠戰犯的亡靈，傷害活著的靈魂。

日本既是全球化的受益者，更是保護主義的受害者，高舉多邊主義及貿易自由化的旗幟，無疑符合日本的根本利益，在這一點上，中日兩國具有共同的戰略交集，更何況中國對美貿易順差中，有相當一部分是中國「代日受過」。如果安倍這一次碰巧再次掉到沙坑裡，筆者的看法說，追不上特朗普就別追了，世界上有幾個領導人能跟上他多變的節奏。當面握手，背後捅刀的事幹得不少了，說不定哪天這個刀子就落到日本頭上，安倍還是小心一點為妙。

真可謂：東瀛山姆唱雙簧，各自懷揣鬼心腸；一變舞台引木偶，川普牽線安倍忙。

安倍手中的小球能否玩轉美日關係的大球

2019 年 5 月 28 日

在中美貿易談判陷入僵局、美對華為實施斬斷供應鏈的滅絕政策之際，特朗普的日本之行多了一些想像空間。自特朗普當選美國總統以來，他與安倍之間的互動多達數十次，僅在高爾夫球場就切磋了 5 次。這種高頻度的互動在大國領導人中實屬罕見，與其說是他倆的惺惺相惜，倒不如說反映了安倍的焦慮與不安，被美國拋在一邊的日本註定成為一隻迷途的羔羊。面對一位反復無常的總統，安倍希望拉近與特朗普個人之間的感情，減少美出台對日不利的政策。雖然這兩年多安倍被捉弄與怠慢的時候不少，但這並不妨礙他一次次地跑到美國，安倍第一時間買了一套高爾夫球杆趕到紐約，送給特朗普，希望通過日本的小球推動美日關係的大球。

與 2017 年「正式工作訪問」不同，特朗普這一次作為國賓，成為新天皇德仁接待的第一位外國元首。在東方文化元素中，「第一次」極具象徵意義。日方強調，給予特朗普的待遇是日本 200 年來的第一次，對於只有 243 年短暫歷史的美國來說，特朗普無疑開創了美國歷史，這個名份對於特朗普很受用。可以說，安倍為了討好特朗普，算是絞盡腦汁，至於特朗普是不是滿意，天知道呢？至少幾個細節還是讓人玩味：一是飛機還未降落，推特先發出來，強調日本在貿易問題上一直占美國的便宜，期待與日本有更公平的貿易。二是，雖然與安倍打了一天高爾夫球，但第二天在正式會談前，特朗普對安倍伸出的歡迎之手「心不在焉」。三是在會見天皇德仁時，出於慣性，正準備拍其手背的時候，手又縮了回去，大概是想起 2017 年拍明仁天皇手臂的動作引發日本國民不滿一事。可見，特朗普在基本禮儀上還是補了一課，顯示出特朗普對日本文化的學習曲線呈上揚之勢。

　　無論對特朗普的接待怎麼處心積慮，特朗普對日本的印象恐怕三十多年前就已定型。從 1987 年出巨資在《紐約時報》刊登廣告譴責日本偷走美國人的就業機會，到 1988 年接受美國著名黑人女主持溫夫瑞的採訪，特朗普「口出狂言」，將來一定會競選總統，讓日本占美國便宜的事不再發生。

　　儘管近年來日本製造業向中國及東南亞實現了大量轉移，美日貿易逆差大幅度下降，但 670 億美元的貨物貿易逆差還是超出了特朗普的承受度，畢竟特朗普在貿易逆差方面的認知猶如宗教信仰般的堅持，也不是美國前首席經濟顧問科恩給他上一兩堂課就可以改變的。

　　1968 年，日本的國內生產總值達到 1700 多億美元，成為世界老二，與美國的 1.02 萬億美元相比並不在一個量級。但上世紀 70 年代的石油危機，讓日本既便宜又節油的汽車在美國大受歡迎，雙方之間的汽車大戰拉開了帷幕。之後上演了鋼鐵大戰、電視機大戰和半導體大戰，最後都以「日本自動限制出口」作為妥協，特別是半導體產業對外資開放，嚴重挫傷了本國企業投資積極性，其競爭力大大下降。

　　1985 年日本被迫簽訂廣場協議會，促使日元兌美元從 250 大幅度升至 120，後來一度達到 78 日元的歷史高位。日元升值的最大好處是，讓日本人自我感覺良好，世界到處都可以看到日本人遊山玩水的身影。在股市和房市泡沫破滅後，日本人不得不把吞下的美國骨頭一個個吐了出來，洛克菲勒大廈、環球影城等先後從日本人手中退還給了美國人，許多日本人不得不「跪下來」，求著夏威夷人把他們的房子重新買回去。這段痛苦的經歷給日本留下了巨大的心理陰影。

　　平成元年，日經指數接近 39000 點，平成 20 年跌到 7054 點，平成 30 年才恢復到 30000 點。這三十年日本換了 17 位首相，政壇猶如走馬燈。歷史給了安倍第二次機會，與 2007 年的短命相比，這一次一坐就是七年，

並有望在今年夏天繼續連任，也算是開創了日本政壇的三十年奇跡。但隨著老齡化社會的到來，日本進入了少子化和「無欲望」的社會，安倍雖採取了許多措施，但消費的欲望始終激發不起來。安倍經濟的「三支箭」也成了強駑之末。正像 1964 年東京奧運會給日本插上騰飛的翅膀，安倍希望通過舉辦 2020 年東京奧運會，再次激起日本社會的活力，向世界展示日本的新形象。

令和元年是日本的主場，下個月 G20 峰會即將在大阪召開，無疑日本將成為世界的一大焦點。特朗普在短短的一個月內，將兩次造訪日本，也算是對安倍苦心經營日美關係的一個回報。美日兩國都進入了強人政治時代：一個抱著橄欖球橫衝直撞，一個捏著高爾夫球小心翼翼。如果說特朗普體現了美國人慣有的霸道，那麼安倍則體現了精細、柔軟和隱忍。但他們以各自的方式試探並維護著自己的底線。

數十年的美日貿易戰歷歷在目，安倍的大腦不會屏蔽這段歷史，相反對此刻骨銘心。在國家利益的剛性面前，安倍希望通過東方式的周旋，為自己贏得空間。好在雙方是軍事同盟關係，打起貿易戰來，彼此能夠互守底線，更何況，這次安倍開出購買 105 架 F35 戰機的大單，一來武裝准航母，加強「自衛」，另一方面也滿足了特朗普的要求。這筆交易應早在安倍的規劃之中，這個時候拿出來也算是一箭雙雕。特朗普會否在關稅問題上網開一面，也考驗著美日關係的成色。但有一點是肯定的，在圍堵華為的問題上，日本不希望選邊站隊，但被綁在美國戰車上的日本跳車也很困難，對此中國不應有不切實際的期待。

真可謂：落木西風撲面來，虔心接駕巧安排；觥光交錯說情誼，轉背各打利己牌。

朝鮮半島局勢會回到原點嗎

2019 年 5 月 5 日

5 月 4 日上午 9 時許，朝鮮半島上空飛過幾枚飛行物，這是繼 4 月 17 日金正恩參觀指導新型戰術制導武器射擊試驗以來的另一引人注目的軍事行動。朝國聯合參謀總部立即展開研判，初步結論是朝鮮進行了射程為 70 至 200 公里的短程飛行物試驗，而不是第一時間認定的短程彈道導彈試驗。美日韓三方的外交及相關部門首腦立即進行了電話磋商，表達了對此事態的關注，並形成了「謹慎應付」的共同立場。毫無疑問，這是事隔一年半之後朝鮮向國際社會發出的最明顯信號，旨在提醒半島局勢隨時有「回到原點」的可能。

自第二次金特會破裂以來，世界輿論已經帶著幾份不安注視著東北亞。4 月 25 日，金正恩執政八年來首訪俄羅斯，雙方以刀劍相贈，似有意賜予與美抗衡的力量；更重要的是，金正恩對普京明示，如果美國不改變對朝的不友善態度，「半島局勢有可能回到原點，現在正處在臨界點上」。他的這番話再次引發對半島局勢升溫的幾分擔憂。不過，金正恩同時表示，願意把對美的觀察期延至年底，並對第三次金特會持開放態度。可此可見，未來半島局勢的發展不僅取決於美國，而且朝鮮的舉動也將對半島局勢的重塑起到至關重要的作用。

一、世界對朝鮮戰略轉向的觀望期沒有結束。到目前為止，六方會談成員國中，除安倍之外，金正恩與主要利益攸關方的領導人都過了招。金正恩在國際舞台上的頻繁亮相，並主動拆毀了豐溪里的部分核設施，向國際社會擺出了邁向無核化的新姿態，這對緩和半島局勢無疑具有正面作用。尤其是 2018 年 4 月，朝鮮黨中央召開了七屆三中全會，宣布把黨和國家的重心工作放到經濟建設上來，今年 4 月，朝鮮人民代表會議再次加

以確認。在如何處理「大炮與黃油」的問題上，金正恩強調，「只有依靠強大的經濟才維護國家的尊嚴，不斷強化政治和軍事力量」。可見，朝鮮的「先軍政治」正逐步讓位於「先經政治」，這是金正恩執政 8 年來在國家發展戰略上最清晰的表達，這種調整理應得到國際社會的更多積極回應，但迄今為止，各國的觀望情緒仍然濃厚，對朝鮮面臨的春季糧荒反應不夠積極，倒是聯合國糧食計劃署官員對處於制裁下的朝鮮糧食短缺問題格外敏感。

　　二、中朝戰略轉型的時空條件差異。具有巧合意義的是，朝鮮國家戰略的轉向也發生在三中全會，但與中國三中全會相隔了 40 年。不過，會議召開前夕的處境大體相同：第一，中國國民經濟在 1978 年處於崩潰的邊緣，而朝鮮 2018 年因遭遇國際社會制裁也到了「山窮水盡」的程度；第二，中朝兩國都擁有了核裝置，雖然解決了生存問題，但無法解決發展問題，老百姓的溫飽問題成為擺在執政黨面前的緊迫課題。但中朝之間也有巨大的差別：首先，中國研發核武器是處在美蘇兩極對抗時代，美國曾秘密認真討論過對中國實施核打擊，所以，中國領導人頂著蘇聯的壓力，下決心擁有一根「對付帝國主義的打狗棍」；而朝鮮核武器的研發則是聯合國《核不擴散條約》和全球《核禁試公約》生效之後，且《中朝友好互助條約》還在有效存續期內，換句話說，朝鮮無視中國對其的安全承諾，獨自走上了開發核武器這一違反國際法的不歸路，所以朝鮮「擁核自保」之路越走越窄也在預料之中。其次，中國把工作重心轉移到經濟建設上來，是基於我們對第三次世界大戰打不起來的戰略判斷。小平同志認為，和平與發展是時代的主題，號召全黨「解放思想，實事求是，團結一致向前看」，並為落實這項政策提供了政治和組織保證。而朝鮮的戰略轉移是基於國際威脅源的判斷變化還是迫於國內經濟形勢不得已做出的被動選擇，抑或走回條路尚待觀察。第三，中國三中全會召開前後，正值美蘇冷

戰進入白熱化。蘇聯在阿富汗和越南等地的擴張和滲透,讓美國感到了巨大壓力並自我認知「處於下風」。正如基辛格所言,在此情勢下,美國需要借助中國的力量,對蘇聯有所牽制。可以說,中國既有改革的內在動力,也有對外開放的外部友好型環境,尤其是契合了美國對華的戰略需要。而朝鮮的國家發展戰略調整則是在美國全面制裁和打壓背景下宣布的,且在中美戰略競爭日益激烈之時。美國究竟是利用朝鮮升高東北亞緊張局勢、打亂我東北地區開發部署,還是接下來將朝鮮攬入美國懷抱,成為遏華的一枚棋子?這些政策選項的不確定性決定了朝核問題的複雜程度。

三、朝鮮過分誇大生存危機引發嚴重後果。自 2011 年底接班以來,金正恩一方面承諾要讓朝鮮人民吃上肉喝上湯、穿上綢緞、住上瓦房;但另一方面,他執著地進行四次核武器試驗,直到實現核導結合及氫彈技術的雙重「突破」才肯罷手。由此帶來的直接後果是,朝鮮也把自己國家的生存環境推到了絕境,安理會的制裁及美國的單身制裁等多重枷鎖使其失去了在國際社會的挪騰空間,甚至朝鮮百姓的生活必需品都難以得到可靠保障。朝鮮有國家生存危機可以理解,但過分誇大這種危機也會給國家的發展帶來曲折。真像我國上世紀 60 年代過分強調戰爭威脅一樣。

朝核問題自 2002 年 10 月初爆發以來,一拖就是 17 年,形成了核試——制裁——再核試——再制裁的惡性循環。此間不乏露出過解決朝核問題的曙光,但終究因為美朝之間根深蒂固的不信任,讓六方會談達成的《9·19 聲明》成為一張廢紙。小布什曾將朝鮮定位為邪惡軸心,列為「先發制人」的打擊目標,美國發動的伊拉克戰爭成為朝鮮加快研發核武的加速器;奧巴馬時期,則對朝鮮採取「戰略忽視」政策,任由朝鮮一意孤行;特朗普擺出了對朝鮮進行定點清除及「斬首行動」的架勢並進行了相應的戰略部署,朝鮮則以不惜與美國同歸於盡的「超強硬」姿態與之抗衡,朝鮮的「走邊緣政策」與特朗普的「極限施壓」政策輪番表演,成為近年來

朝鮮半島生戰生亂風險急劇上升的主因。

四、解決半島問題的鑰匙朝美各有一把。朝鮮是中國搬不走的鄰居，雙方一直保持著超越常態的特殊國家關係。就法理而言，至 2021 年《中朝友好互助條約》到期之前，中國具有對朝安全的保障義務。這些年來美國沒少給中國帶「高帽子」，借中國之手對朝鮮施壓，結果是中朝關係越走越遠，直至 2018 年，雙邊關係才算恢復到「正常水準」。多年的外交實踐表明，儘管中國是重要的利益攸關方，但真正讓朝鮮半島變成和平與穩定之島，主要取決於朝鮮和美國，其他各方只能是配角。朝核問題猶如一個複雜的保險櫃，美朝兩家各有一把鑰匙。從去年以來的美朝互動可以看出，只要朝鮮轉變思維，美國人拿出一點誠意，半島局勢的緊張度就會大大緩解。所謂「思路決定出路」這句話在半島問題上同樣適用。

半島和平之路從來不缺波瀾和坎坷。就在大家認為第二次金特會可能取得朝美關係階段性突破的時候，特朗普一步到位的無核化方案讓朝鮮感到「來者不善」。在峰會談判遇阻的情況下，朝鮮又重啟了擱置已久的朝俄首腦會晤，希望借普京之力，給美國施壓。普京答應向特朗普傳話，據此向世界宣示了俄羅斯在半島問題上的不可或缺，5 月 3 日，普京與特朗普進行了一個多小時的電話長談，其中朝核問題是話題之一，想必金正恩想代的話都已傳到特朗普那裡。美國朝鮮半島問題特使比根 5 月 9 日將展開韓國之旅，這對打破美朝談判僵局將起到何種推動作用，各方正拭目以待。

到目前為止，朝鮮的所有表態和作為還是值得鼓勵的，短程飛行物的試驗也沒有逾越「彈道試驗」的底線，緩解對朝制裁應當列入安理會的討論日程也不算非分要求。前不久，文在寅的訪美之旅就是想說服特朗普放鬆對朝制裁，好為下一步落實「板門店宣言」和「平壤宣言」創造條件，但美國的強硬態度讓文空手而歸。朝鮮方面對韓國的表現也十分不滿。金

正恩呼籲韓國當局「不要見風使舵，瞻前顧後，更不要充當仲裁者，而是要以民族一員的身份，堂堂正正地發出自己的聲音，而不是屈服於美國的壓力」。

朝方已公開表態，不歡迎蓬佩奧繼續在朝美接觸中扮演要角，而國家安全事務助理博爾頓則是美新保勢力的代表人物之一，喜歡用戰爭解決問題，指望他們在特朗普身邊起好作用恐怕越來越難，該是特朗普本人作出決斷的時候了。如果特朗普希望能夠連任，他必須調整策略，從而為自己在未來的競選中大吹特吹積攢一些資本。寫過《交易的藝術》一書的特朗普應當懂得，任何一項談判，除了「極限施壓」外，也需要適當的妥協。「口頭對口頭，行動對行動，分階段、一攬子解決」是六方會談好不容易確定下來的基本精神和原則，理應在朝美雙邊談判中得以延續。美國畢其功於一役的所謂解決方案，令人不得不懷疑美國的戰略意圖。

四、失去迴旋半徑的朝鮮回到原點沒有意義。金正恩「回到原點」之說，想必沒有一個鄰居希望看到，中國早已厭倦了半島的折騰。文在寅總統只有一屆任期，一旦美朝接觸冷卻下來，再想把冷灶燒熱，時間已不允許。俄羅斯在半島問題上刷刷存在感可以不費吹灰之力，但讓普京為朝鮮兩肋插刀也不現實。朝鮮與其回到失去迴旋半徑的原點，倒不如保持定力，頂著壓力，堅定推進以經濟建設為中心的戰略。畢竟安理會在民生問題上還是為朝鮮留了一個口子，尚有一定的運作空間。核武器不能當飯吃，相反還會招來更大的災禍。雖然，薩達姆和卡紮菲之死，許多朝鮮學者把原因歸究於沒有原子彈，但根本的原因在於國內問題沒有搞好，家族統治和腐化墮落不得人心，讓美國鑽了空子。既然，無核化是朝鮮已故領導人的遺訓，那麼，在無核化方面每邁出堅定的一步，都是符合朝鮮人民根本利益的。更何況，世界上那麼多國家，沒有核武器作為護身符，一樣進入了發達國家行列，韓國就是活生生的例子。接下來，朝鮮領導人應當

做的是，以經濟建設為中心，以加速無核化為目標，爭取建立國際統一戰線，首先為緩和及最終取消制裁儘快創造條件，而不是猶豫不決、試圖走回頭路。朝韓鐵路的聯通是第一步；下一步，朝鮮應當積極加入中國的「一帶一路」倡議，在基礎設施建設方面，尋求中俄韓的支援，遲滯已久的東北亞大開發或將迎來嶄新的局面。這才是金正恩需要牢牢把握的戰略機遇期。

五、美國的國家信譽在朝核問題上嚴重受損。當年奧巴馬總統呼籲，金正恩「鬆開你的拳頭，世界會握緊你的手」，認為伊朗走向談判桌就是朝鮮學習的榜樣。雖然特朗普握了金正恩的手，但台下不斷搞小動作，難免有「笑裡藏刀」的不祥之感。特別是特朗普不顧國際社會的一致反對，輕率撕毀了由主要大國共同簽署的伊核協議，讓美國的信譽大打折扣，也把美國推到了世界的對立面。法德等國表示，將自設結算系統，繼續尋求同伊朗的貿易往來。

金正恩尋求對美關係突破的思路沒有錯，當然他不至於幼稚到輕信特朗普的一紙承諾。可以預料，從對方到雙邊，再從雙邊回到多邊，這是朝鮮外交的基本路徑。即使美朝兩家達成了協定，想必還會拉中俄進來，為其進行擔保。從這個意義上說，朝鮮通向華盛頓的和解之路必須經過北京和莫斯科。

4 月底安倍首相的歐美之行，朝鮮半島問題也是重點話題。除了綁架問題，朝核對日本的威脅也是客觀存在。所以，早日就朝核問題達成一攬子解決辦法，也是符合日本利益的。因此，舉行一次「安金會」也是值得期待的。一旦在緩和對朝鮮制裁問題上，形成 5+1 的格局，這恐怕是國際社會對朝鮮勇敢邁出改革之步、不回原點的最好回報。

美國對委內瑞拉軍事干預「山雨欲來」

2019 年 5 月 4 日

5 月 1 日，這個源於美國芝加哥工人為爭取八小時工作制而創設的節日，本該在號稱正「建設 21 世紀社會主義」的委內瑞拉得到隆重的紀念，然而，這一天迎來的不是慶祝，而是數千名群眾繼續與政府軍的對壘和推搡。這些人的目標是讓現總統馬杜羅下台，讓美國人支持的「臨時總統」瓜伊多變成正式總統。前者得到俄羅斯的支持，後者的靠山是山姆大叔，委內瑞拉成了大國博弈的新戰場。美俄兩位外長前天的通話也是火藥味十足，美國的軍事干預前景迅速擺上檯面，之前俄羅斯在委的軍事存在多大程度上能克制美國的衝動，抑或上演 21 世紀委版「古巴導彈危機」，成為未來局勢演變的最大懸念。

委內瑞拉被稱為「瀑布之鄉」、「美女之國」，世界選美大賽，少不了委內瑞拉人的身影。同時，委坐擁全球 18% 的石油蘊藏量，堪稱全球第一，超過沙特的 15.7% 和俄羅斯的 6.3%，但是數十年前，委內瑞拉石油部長阿方索就扔下一句話：「石油並非黑色的金子，而是魔鬼的大便」。他的警世之語正得到驗證。曾幾何時，石油——這個工業時代的黑色金子，既給委內瑞拉帶來了財富，同時也把這個國家推向災難。自 2013 年委內瑞拉強人查韋斯去世以後，接任者馬杜羅既沒有查韋斯的運氣，也沒有查韋斯的個人魅力。這個國家正受到「資源魔咒」的折磨，馬杜羅的總統地位也處於風雨飄搖之中。

拉美是美國的後花園，早在 1823 年，時任總統就拋出了「門羅主義」，歐洲從此不再染指美洲。由於拉美國家被安第斯山脈分割，東西之間的聯繫存在著天然的屏障，特殊的地理位置決定了拉美關係只能向北發展，與美國貿易關係越來越密也是必然的結果，許多國家離不開美元，而美國貨

幣政策的風吹草動在這些國家都會煽起「蝴蝶效應」。拉美政壇也是變幻莫測。親美的右翼與反美的左翼力量交替上升，構成了拉美各國外交風向的重要分割線。

　　1998 年以前，美委關係良好，美國在該國也有大量的石油投資，委內瑞拉是美國最大的石油進口國。1999 年上台執政的查韋斯，其政策迅速左轉，美委關係也隨之發生微妙變化。查韋斯總統提出「建設 21 世紀社會主義」，2003 年開始對石油、電力、電信、鋼鐵等產業國有化，對巨額石油收入進行再分配，承諾提高本國民眾的生活品質與福利水準。此外，他還搞了加勒比石油計劃，為該地區提供極優惠的石油供應，從經濟上拉住這些國家加入左翼聯盟，為此，委政府需要承擔上百億美元的補貼。

　　十分幸運的是，查韋斯上任時國際市場石油價格為 11 美元左右，而2007 年時高達 147 美元，為委帶來了巨額出口收入，他用這部分錢大力提高社會福利，用來支持廉價住房、免費醫療和教育等，同時在國內以極低的價格供應百姓。在國內市場上委的汽油價格是全球最低的，每升僅為0.05 美元，不僅遠遠低於歐美，而且遠低於油氣資源豐富的歐佩克成員國。

　　10 年前，中國國家領導人宣布出訪委內瑞拉等國，我有幸作為報社特派記者，先期抵達加爾加斯採訪。令我驚訝的是，在那里加一箱油的價錢只相當於一瓶礦泉水的價格。其直接後果是，老百姓爭相擁有一輛車，不論是新還是舊，由於委內瑞拉兩極分化十分嚴重，窮人只能買老舊的二手車，交通擁堵不堪，從賓館到機場，區區三十多公里，開了近二個多小時。

　　石油價格高啟時，大把撒錢沒有問題。但 2008 年美國次貸危機之後，石油價格一路下滑到 33 美元上下。由於委國家經濟結構單一，一旦石油

產業出現問題，整個國家都會遭受牽連，不切實際的高福利，對財政和經濟都會產生巨大壓力。更為嚴重的是，石油開採不同於採礦，需要龐大的資本和技術投入。由於美歐石油公司先後被擠出委內瑞拉，國有石油公司並沒有進行相應的技術投入，相反效率低下的問題越來越突出。石油生產能力逐步下降。

2013 年查韋斯去世後，司機出身、中學沒有讀完的馬杜羅以微弱的優勢擊敗對手，當選新一任總統，但是反對派卻控制了議會，形成了府會之間的對立，馬的執政受到處處掣肘。馬杜羅乾脆重啟爐灶，於 2017 年成立制憲大會，取代議會功能，但此舉遭到西方國家的抵制。世界石油價格暴跌讓委的石油收入大減，石油公司出現資金不足，債台高築及生產經營困難等問題，高福利的的預算要求與財政收入的的缺口形成了巨大落差，老百姓的不滿情緒上升，馬的支持率大幅度下降。2018 年雖然以高票當選，但投票率只有 46%，可見相當一部分人並不站在總統一邊。

制憲大會選舉之後，美國宣布多項對委制裁措施。委內瑞拉的通貨膨脹率在 2018 年 7 月已高達 82700%，物價飆升了 460 倍，貨幣一文不值，乾脆被當作了衛生紙。

2018 年 9 月，特朗普在聯大宣布，禁止美國個人和企業等與之交易往來，意味著委內瑞拉的日子越來越不好過。今年 1 月，曾經留學美國的反對派領導人瓜伊多宣布自任總統，公開叫板現任總統馬杜羅，並得到了美國等 50 多個國家的承認。3 月，委內瑞拉更遭遇大停電，輸油管線因停電而凝固。馬杜羅指責這是美國發動的網絡攻擊戰所致。4 月 23 日，瓜伊多更是在 70 名軍人及「政治導師」洛佩斯的陪同下，出現在加爾加斯空軍基地，呼籲人民推翻馬杜羅總統。經過數小時對峙後，馬杜羅和國防部長同時出現在螢幕中，稱已經挫敗了未遂政變，然而瓜伊多的支持者和美國拒絕接受這個詞，認為瓜伊多是委內瑞拉的合法臨時總統，何來政

變？

美國國務卿蓬佩奧表示：「軍事行動是可能的。如果必須要這樣做的話，美國將會這樣做。」輿論認為，鑒於美國有對古巴、智利、尼加拉瓜和薩爾瓦多的入侵史，這一幕會不會在委內瑞拉重演成為各界關注的焦點。當然，特朗普軍事干預的決心也不容易下，因為一旦打起內戰，大量難民擁向美國，墨西哥的移民牆問題還沒有解決，又湧來大量委內瑞拉難民，他不得不有所顧忌。此外，俄羅斯這幾年對委內瑞拉的武裝也為美國所忌憚。剛剛還在譴責前任在中東打仗很愚蠢，反過來在委內瑞拉進行軍事干預，豈不是自扇耳光？

具有諷刺意味的是，特朗普上台靠的是民粹主義，而查韋斯及繼任者在委內瑞拉早已「先行先試」。當然，左翼民粹與特朗普的右翼民粹還是有所區別。但共同點都是著眼於短期利益。正像特朗普高舉反全球化大旗一樣，雖能贏得幾場戰役，但輸掉的卻是美國引領世界潮流的世紀之戰。

真可謂：委國麻煩因石油，黃金糞土惹人愁；難生寸草不毛地，豈引惡鄰涎水流。

特朗普會成為戰爭總統嗎

2019 年 6 月 24 日

美國前國務卿鮑威爾說過，每屆總統都有一場屬於自己的戰爭。迄今為止，特朗普熱衷於打貿易戰，僅在敘利亞發射了 59 枚導彈，軍事意義上的戰爭尚未正式開啟。

美國轟炸伊朗的計劃在開戰前最後一刻被特朗普叫停。至於變卦的原因，特朗普 21 日在推特上表示，在做出定點打擊伊朗的決定之後，他隨口問了在場的一位將領，這次行動會死多少人？將領回答 150 人。特朗普說，美軍僅損失了一架無人機，並無人員傷亡。如果報復伊朗會造成 150 人死亡，不符合「比例原則」，攻打伊朗先擱一擱。

特朗普的這番解釋激起了美國社會的激烈爭吵。支持者認為，特朗普挽救了美國，國務院政策規劃司前司長哈斯稱，「美國已在中東投入過多精力和資源。美國如果選擇與伊朗開戰，無疑將加深這一戰略錯誤」。相較於與伊朗開戰，與中國打貿易戰的政治風險相對小一些。而反對者則認為，「特朗普應引咎辭職」，「請特朗普幫美國和世界一個忙，回到屬於自己的房地產業」。

特朗普 23 日進一步為自己的行為辯護，稱「我既不是戰爭販子，也不是鴿派，而是一個有常識的人，美國需要常識」。

「常識」二字從特朗普的口裡說出來，還是驚掉不少人的下巴。畢竟他執政兩年多來，做了很多違反常識的事。現在回歸常識，無非是不想被強硬派拖到中東的戰爭泥潭，影響到自己的政治前程。

6 月 18 日特朗普在佛羅里達的競選開鑼活動可謂相當成功，奧蘭多能容納兩萬多人的體育館竟然有七八萬人排隊，呈現出一票難求的壯觀場面。在製造業回歸和打擊非法移民方面，特朗普忠實履行了自己的競選承

諾，而當一位「建設總統」也是他的另一承諾。

在伊朗問題上，雖然自己有點自作自受，但畢竟發動這場戰爭不是他想要的，他只想通過極限施壓策略，逼伊朗回到談判桌，「讓伊朗永遠不可能擁有核武器」。

在 20 日伊朗擊落美軍無人機之後，特朗普大罵「伊朗鑄成大錯」。當天，特朗普在白宮戰情室召開國家安全會議。蓬佩奧、博爾頓、中情局局長哈斯佩爾主張軍事打擊，而參謀長聯席會議主席鄧福德則堅決反對這一行動。

的確，與伊朗這樣的國家開戰連一個正式的國防部長都沒有，實在是開天大的玩笑。為了讓中東局勢降溫，特朗普隨後改口說，他不太相信這是伊朗方面「故意為之」，而傾向於認為是伊方「某個人」因為「懈怠和愚蠢」而犯下的錯誤。在排除戰爭選項問題上，特朗普作了十分模糊的回答，讓世界多了一份懸念。

6 月 21 日，剛獲任命三天的美國新代理國防部長埃斯珀就接到了白宮的正式提名，現已進入參議院的批准程序，最快於 24 日零點開始履職。埃與國務卿蓬佩奧是西點軍校同班同學，曾在海灣戰爭期間服役於美國陸軍，於 2017 年 11 月起出任美國陸軍部長。在此之前，埃斯珀是美國著名軍工企業雷神公司的高管。

在過去的兩年多時間裡，特朗普在不同場合曾多次批評自己國家，在中東浪費了 6 萬億美元（後來改口稱 7 萬億），可以把美國重建兩次。而美國大選正式拉開帷幕，自己現在的民調又處於落後狀態，當年老布什的教訓不能不汲取。1991 年老布什對伊拉克發動了「沙漠風暴」行動，但最後卻「贏了戰爭，丟了白宮」。

更何況，伊朗與伊拉克不可同日而語。伊朗人口 8000 多萬，自 1979 年初發動「伊斯蘭革命」以來，這個國家經歷了太多的國際制裁卻依然不

倒。美國新的打壓舉措，令伊朗通貨膨脹驟升。

但總統魯哈尼表示，「伊朗還存在 6 個美國無法得知的隱秘石油出口管道，想將伊朗石油出口清零，是癡人說夢」。為了迎接美國的進攻，「伊朗準備了 40 年，伊朗從未懼怕過美國」。

近來，伊朗為打破國際孤立，正展開「活路外交」，伊朗武裝部隊高級發言人謝卡爾奇 6 月 22 日指出：「以威脅換取威脅，意味著如果敵人向我們發射一枚子彈，他將收到十枚子彈」。

前幾天，美國出示了阿曼灣兩艘油輪被襲事件的「證據」，直指由伊朗革命衛隊所為，但法德日等國並沒有附和，認為「缺乏完整的證據鏈」，只有英國一家力挺，讓美國十分尷尬。

美國深陷中東泥潭可以說是美國本世紀初犯下的第一個戰略性錯誤。前總統卡特抱怨「美國一直在打仗」，「在美國 242 年的歷史中，只有 16 年是太平的」。

特朗普的半個身子已經陷到了中東問題，在耶路撒冷和戈蘭高地問題上，因吃了猶太裔女婿庫什納提供的「速食」，讓特朗普難以自拔。

特朗普作為商人出身，多賣一點武器、多賺一點錢，還是符合其哲學的。這兩年，特朗普喊打喊殺的次數並不少，但更多地是在製造適度的緊張，為他推銷軍火作鋪墊，全世界的軍費 2018 年創了歷史新高，特朗普功不可沒。

但可悲的是，特朗普總統被周圍這些新保守主義的強硬派牽著鼻子走。雖然博爾頓當過美常駐聯合國代表，但是聯合國花園「化劍為犁」的著名雕塑從來沒有打動過他。事態的發展正越來越偏離特朗普的初衷，這些好戰分子正把他一步步變成「戰爭總統」。這個「常識」全世界都看明白了，想必特朗普也不會看不到。

自今年 4 月以來，美國對伊朗的極限施壓一浪接著一浪。4 月 8 日，

美國特朗普宣布將伊朗伊斯蘭革命衛隊列為恐怖組織，伊朗隨即宣布中東司令部是恐怖主義組織。5月4日，美國取消伊朗石油出口豁免。5月8日，特朗普簽署行政令，制裁伊朗的鐵、鋼、鋁、銅等金屬產業。同一天，蓬佩奧密訪伊拉克。與此同時，美國緊急向中東地區部署航母戰鬥群和轟炸機特遣隊，緊急向中東增派 2500 名作戰士兵，以應對隨時發生的任何危機。

不想與伊朗開戰也是特朗普的真實想法。前不久，他還讓安倍首相訪伊代其傳話，但哈梅內伊對安倍掏出特朗普的信件不屑一顧，讓安倍顏面掃地。

美國國會知悉轟炸伊朗計劃後也相當震驚，擔憂特朗普政府可能會繞過國會向伊朗宣戰。眾議院議長佩洛西聽取了白宮的簡報後呼籲特朗普保持克制。肯塔基州共和黨籍參議員保羅鼓勵特朗普，要「避免挑起另一場戰爭，別理會身旁那些好戰的幕僚」。美國聯邦航空管理局 20 日發緊急命令，禁止美國航空公司飛入伊朗空域。英國、馬來西亞、新加坡、荷蘭、澳大利亞及德國等多家航空公司也予以跟進，以防不測。

據報導，美國對伊朗的軍事轟炸雖被叫停，但對伊的網絡攻擊 20 日當天已經開始。知情人士透露，美國網絡司令部於 20 日黃昏對一個與伊朗革命衛隊有聯繫的「組織」發動網攻。

據瞭解內情的人士稱，此次美網攻擊的主要目標是伊朗的導彈發射電腦系統。雖然美國情報官員沒有透露網絡攻擊的具體細節，但是從以往的經驗來看，美國的這種攻擊行動肯定造成了巨大的破壞。

2010 年美國空軍就成立了「網絡司令部」。2018 年 5 月 4 日，網絡司令部從空軍編制中獨立出來，升級為一級聯合作戰司令部，地位與美國中央司令部相同，成為美軍第十個聯合作戰司令部，下轄 133 支網絡任務部隊。前不久，委內瑞拉發生大規模停電事故，馬杜羅政府指責美國是幕

後黑手。最近南美好幾個國家發生了大面積莫名其妙的停電,背後據說也有美國網絡戰的影子。

前不久,《紐約時報》曝光早在 2012 年美國就在俄羅斯電網中植入病毒程序,隨時可發起網絡攻擊。對此,特朗普大罵《紐約時報》製造假新聞,此舉屬「叛國行為」。

美國對伊朗的網絡戰近年來屢現報端。2018 年伊朗的基礎設施和戰略網絡遭到過電腦病毒攻擊,9 年前「震網」病毒就曾讓伊朗濃縮鈾工廠內五分之一的離心機遭到破壞,導致其核計劃延遲。

這次網絡攻擊只是瘋狂報復德黑蘭的開始。特朗普宣布,他準備於 24 日出台對伊朗的進一步制裁措施。看來,美伊局勢持續升級在所難免。特朗普的一隻腳已經深陷中東的泥潭,會不會徹底掉進自掘的墳墓,很大程度上取決於特朗普對「中東常識」的認知。

不過,不少美國議員提醒特朗普,眼下的主要任務是打好對華貿易戰,而不是開闢新戰場。從這個意義上說,中國的壓力不會因伊朗問題有絲毫的減輕。近兩天國際社會對 G20 大阪峰會之後的中美貿易談判形勢普遍降低預期也從一個側面詮釋這一觀點。

真可謂:中東變局藏玄機,倔強波斯無轉移,今夕鐵唇消亡後,明朝鋼牙受寒時。

顏色革命的爛尾樓住著吉爾吉斯斯坦

2019 年 8 月 11 日

　　一個只有 500 多萬人口的吉爾吉斯斯坦，雖然在世界 195 個國家的排名中算不得什麼，但這個國家很容易成為世界報章的一大熱點，「逢春必鬧」幾乎成為這些年來吉爾吉斯斯坦固定上演的戲碼。

　　由於其獨特的地緣戰略位置，吉國一直是美俄兩家戰略博弈的重要戰場。在過去的二十八年間，這個國家發生了兩次政權的非正常更迭，先後更換過 29 位總理，制定過十部憲法，成為顏色革命的經典案例。

　　8 月 7 日，熱恩別科夫總統下令抓捕 2017 年離任的前總統阿坦姆巴耶夫，指控其涉嫌貪污及 2013 年釋放一名黑社會頭目等六項罪名。卸任總統本來有司法豁免權，但 6 月 27 日，議會剝奪了前總統的這項權力，阿坦姆巴耶夫認為此舉違憲，對司法傳票置之不理，於是國家安全委員會特種部隊對其實施抓捕。

　　早有防備的阿坦姆巴耶夫及追隨者在住宅周邊與特種兵進行了激烈的交火，造成一死 80 傷，8 月 8 日的第二次抓捕成功才算給政府挽回一點面子。

　　具有諷刺意味的是，在最近二十年的政權更迭中，政壇的搭檔往往變成了死敵，總理上位後無一例外地對前總統進行了政治清算。2005 年發生的鬱金香革命，親美的巴基耶夫（曾在阿卡耶夫手下任總理）推翻了親俄的阿卡耶夫。

　　2010 年奧通巴耶娃（曾任外長）、阿坦姆巴耶夫（2007 年被巴基耶夫任命為總理，後辭職）組成的反對派推翻了巴基耶夫，2011 年阿坦姆巴耶夫由總理轉任總統，取代奧通巴耶娃臨時總統一職。

　　2017 年阿坦姆巴耶夫辭去總統一職，稱讚繼任者熱恩別科夫總理「是

一個清廉的人，會是一個好總統」。但兩年後兩人變成了勁敵。政治的你死我活將吉爾吉斯斯坦進一步推向動盪的邊緣。

1991 年獨立的吉爾吉斯斯坦，努力把西式民主引入該國，有意將之打造成「中亞的瑞士」。吉爾吉斯斯坦總統多次向世界號稱自己是「中亞最民主的國家」。全國性政黨多達 200 多個，各種非政府組織多如牛毛，特別是受西方資助的各種非政府組織極其活躍，在吉爾吉斯斯坦政權更迭中扮演著非常重要的角色。

911 事件之後，美國在這裡建立了馬納斯空軍基地，成為打擊阿富汗的重要後勤保障中心。在這個不大的國家裡，居然美俄都設有自己的軍事基地，凸顯其地緣戰略的重要性。

隨著阿富汗戰爭主戰場打擊的結束，馬納斯基地的去留成了吉爾吉斯斯坦手中的一張牌。俄羅斯當然希望美國走得越快越好。但好不容易打進中亞的楔子就這麼輕易被撥掉，不符合美國的利益。

美俄兩國比著給吉好處，俄羅斯加大了資助吉的力度；2009 年美國租用馬納斯基地的費用也從每年 1700 萬美元上漲至 6000 萬美元，並更名為「反恐過境轉運中心」以掩人耳目。直至 2014 年，親俄的阿坦姆巴耶夫政權將美國徹底趕出吉爾吉斯斯坦。

美國經營吉爾吉斯斯坦多年，終於在楊蘇棣當上美駐吉爾吉斯斯坦大使期間開花結果。自普京總統上台以後，加快了復興俄羅斯的步伐，引起西方社會的極度恐懼和不安。

為了擠壓俄羅斯的生存空間，以美國為首的西方國家加大了對中亞的滲透力度，以花朵命名的顏色革命在前蘇聯地區相繼爆發。2003 年的格魯吉亞「玫瑰革命」、2004 年烏克蘭的「橙色革命」，2005 年吉爾吉斯斯坦的「鬱金香革命」，都能看到美俄激烈較量的影子。

為了向世界展示吉爾吉斯斯坦的民主與開放，阿卡耶夫政府允許在首

都比斯凱克開辦獨立出版中心及印刷廠，但這些出版中心均得到美國國務院、中情局旗下的各種基金會的支持。在選舉運動最激烈的時候，阿卡耶夫政府曾經對這個印刷廠停止供電，但反對派很快從美瑪納斯空軍基地緊急調來了柴油發電機，從而讓反政府的報紙和傳單從這裡印出，包括介紹塞爾維亞推翻米洛舍維奇政權及格魯吉亞、烏克蘭等顏色革命經驗等刊物。

各種西方非政府組織對反政府的記者進行大量培訓，教會他們如何捏造新聞，引導輿論。2005 年 3 月選舉的前夜，反對派刊登了在建的官方迎賓大廈的照片，並把它說成是「總統夫人的新宮殿」。此外，還披露了所謂總統家族財產清單等，對阿卡耶夫的形象構成沉重打擊。

楊蘇棣在給美國務院的報告中寫道，「在反對派媒體上散佈關於阿卡耶夫妻子收受賄賂的醜聞是對阿卡耶夫個人名譽的最有效詆毀，所有這一切都有助於我們製造一個無能總統的形象」。

據透露，楊蘇棣在吉擔任大使期間，全然不顧外交慣例，從來不向吉爾吉斯政府通報其在吉領土上的旅行計劃，楊公開會見反對派候選人，召集一些反對派組織代表座談，這位大使居然還入選「吉爾吉斯斯坦 100 名著名政治家的排行榜」。

曾擔任總理的巴基耶夫來自吉南部地區，雖不是美國物色的理想人選，但也是美國爭取的對象。2003 年，美國邀其訪問華盛頓，與美高官會面，巴回國後即宣布在吉「進行政權更迭的必要性」。2004 年財政年度，美國撥給吉爾吉斯 5080 萬美元，用於支持吉的民主改革。

但總統阿卡耶夫對美國的滲透視而不見、麻痺大意，特別是對強力部門的拉攏不聞不問，十分在意西方國家對他的評價。2005 年初的大選被西方指責為作弊，遭到反對黨的包圍，最後落得個大難臨頭只能「逃往莫斯科」的下場。

第一次顏色革命以美國的勝利而告終，五年之後的第二次革命，俄羅斯算是扳回一城。如果說巴基耶夫是南方勢力的代表，而阿坦姆巴耶夫的上台則表明，親俄的北方勢力再次控制了吉國。

巴基耶夫執政期間，大搞任人唯親，觸犯眾怒。2010 年的 4 月 7 日，數萬名反對派支持者走上街頭圍攻總統府，佔領議會，總統巴基耶夫倉皇出逃南部。美俄均不願收留，只有白俄羅斯願意給他一條活路。普京總統曾經這樣評價道，「巴基耶夫曾經批評前總統阿卡耶夫任人唯親，但他後來也重蹈覆轍」。

俄美勢力在吉爾吉斯斯坦的較量無疑是吉政壇不斷變換的重要外因，但根子還是出在吉國內。吉國盲目引進西方民主架構，政黨林立，缺乏明確的意識形態。

加之，吉國主要是高山地區，生存環境惡劣，對部族的依賴性遠遠大於對政黨的依附，更談不上對現代政治規則的認同。吉爾吉斯斯坦經濟脆弱，官商勾結，裙帶關係盛行，全國三分之一的人生活在貧困線以下，由於失業情況嚴重，約有 60 多萬人在俄羅斯打工，來自境外的勞務收入占到 GDP 的 45%。

第二次顏色革命的爆發很大程度上受到 2008 年金融危機的催化。由於俄羅斯減少了外籍勞工的配額，吉爾吉斯 2009 年來自俄羅斯的僑匯急劇下降，隨之 GDP 也下降了 30%。

經歷了奧通巴耶娃的短暫過渡，阿坦姆巴耶夫於 2011 年走馬上任。儘管阿坦姆巴耶夫上台後進行了一系列的改革，包括推進反腐的鬥爭，但這個國家患有嚴重的顏色革命綜合征，國家脆弱性上升，政府總體控局能力較弱，南北矛盾加劇，特別是南部地區的極端伊斯蘭勢力近幾年急劇發展，成為恐怖主義的大本營。更重要的是，經濟的對外依賴性沒有得到根本性扭轉，內在動力不足。

　　2005 年吉爾吉斯斯坦的鬱金香革命結束之後，這位顏色革命的搞手楊蘇棣也離開了吉爾吉斯斯坦。後來楊蘇棣轉戰香港，當上了美國駐香港總領事。2013 年離任後的第二年，香港就爆發了「佔中事件」。

　　西式民主成了吉爾吉斯斯坦的陷阱。急於建立三權分立的吉爾吉斯斯坦，國家體制始終無法定型，民眾也沒有經過民主的洗禮，更沒有民主意識的培育，只具民主之形。領導人換了一茬又一茬，但老百姓的日子依然苦不堪言，號稱是中亞最民主的國家，也是中亞經濟最差的國家，不能不是民主政治的最大諷刺。

　　其實，放眼全世界，近年來爆發顏色革命的國家和地區無一例外地成了「爛尾樓」，而且顏色革命的發動者的下場也是千夫所指。吉爾吉斯斯坦總統沒有一個善終，格魯吉亞天鵝絨革命發動者薩卡什維利被剝奪了國籍，流浪到烏克蘭也不受待見。埃及前總統莫爾西在法庭上暴病而亡。由此不能不令人感嘆，盲目引進西式民主給世界帶來的災難，當下香港的困境多少能從全球政治進程中找到出處。

庫爾德族的建國夢為什麼越來越遙遠

2019 年 10 月 19 日

　　庫爾德人的話題，最近再次成為世界的熱點。事件的緣由是美國宣布從庫爾德控制的敘利亞北部撤軍，特朗普默許土耳其進入敘利亞領土，開闢 30 公里的安全帶，以安置敘利亞滯留在土耳其的難民。此舉等於把庫爾德人控制區拱手相讓給土耳其，而庫爾德人過去八年追隨美國、好不容易佔領的地盤如今不保。

　　敘利亞庫爾德人被美國無情拋棄，再一次凸顯其悲劇命運。情急之下，庫爾德人揚言，萬不得已他們只能釋放手中控制的 1 萬多名「伊斯蘭國」（ISIS）囚犯。輿論擔心，將這夥人「放虎歸山」，不僅會讓「伊斯蘭國」勢力捲土重來，甚至掀起新一輪恐怖主義浪潮也未可知。

　　美國總統和議長圍繞從敘利亞撤軍問題的會談不歡而散。美國眾議院以壓倒性的票數通過了譴責特朗普撤軍的決議，共和黨也有 129 名議員投了贊成票。特朗普的高爾夫球友、參院司法委員會主席格雷厄姆也出來譴責特朗普，「如果將來『伊斯蘭國』再次崛起，總統手中一定沾著鮮血」。

　　特朗普為此回應道：「你還是把注意力放在司法上」。特朗普指責佩洛西是「三流政客」，而佩洛西不甘弱勢，指罵特朗普「一看其行為，就知道是情緒崩潰」。特朗普則反唇相譏，「緊張兮兮的佩洛西才是精神錯亂式的情緒崩潰」。

　　其實，最感崩潰的還是敘利亞庫爾德人。庫族命運多舛，並沒有隨著奧斯曼帝國的解體而獨立建國。庫爾德人與土耳其人、阿拉伯人和波斯人一起，並列為中東四大民族，分佈於伊朗、伊拉克、敘利亞和土耳其四國，人口在 3000 萬左右，形成了長約一千公里、寬約四百公里的「庫爾德斯坦弧形帶」。

土耳其南部是庫爾德人最大聚居區，人口達 1800 萬。自 1923 年建立土耳其共和國以來，土耳其明文規定，只有非穆斯林人屬於少數民族。

庫爾德人一直被視為「山地土耳其人」，屬於阿拉伯人的一個分支，並開始大力推行同化政策。自 1984 年開始，庫爾德工人黨在土國內開展武裝鬥爭，4 萬多人因此喪生，土耳其政府乾脆把庫爾德工人黨視為「恐怖主義」組織，一部分被迫流亡到伊拉克。

敘利亞自 1963 年復興社會黨上台以後，連庫爾德人的服飾、文化、語言、學校都被禁止。敘利亞還通過沒收庫爾德人土地的方式，迫使其離開家園、散居到全國各地。

伊拉克的庫爾德人在海灣戰爭結束後，獲得了自治地位，並控制了大量的石油資源，地位有所改善。而伊朗由於執行民族多元化政策，對庫爾德人既不鼓勵，也不打擊，算是生存環境較好的一支。

2011 年中東動盪，各種政治力量面臨重組，在大國博弈的夾縫之中，庫爾德人覺得政治機會降臨。敘利亞庫爾德人首先加入到推翻巴沙爾的行動之中。但庫爾德人與敘利亞其他反對派在許多問題上存在矛盾，後來他們與反政府乾脆保持距離，直到反對派打到自家控制的領地，庫爾德人才奮起還擊。庫爾德人借機擴大了地盤，雖然人口只占敘利亞人口的 10%，但卻控制了敘利亞四分之一的領土。由於庫爾德人驍勇善戰，在打擊伊斯蘭國方面一直是美國倚重的力量。

2016 年敘利亞庫爾德人自行宣布建立具有自治性質的庫爾德聯邦，並得到俄羅斯的鼎力支援。但由於敘利亞的庫爾德人與土耳其庫爾德工人黨之間存在著千絲萬縷的聯繫，特別是土耳其當年在鎮壓庫爾德工人黨期間，一批人逃到伊拉克。2011 年敘利亞內戰爆發，這些人又來到敘利亞，自詡為土耳其工人黨敘利亞分部。庫爾德的迅速崛起引起土耳其的忌憚。土政府擔心，一旦敘利亞庫族坐大成勢，必將大大刺激土耳其庫爾德人，

這種倒灌效應是土耳其必須嚴加防範的，對敘的庫爾德人也是必欲除之而後快。

土耳其以打擊恐怖主義為名，分別於 2016 年、2018 年對敘展開了代號為「幼發拉底之盾」、「橄欖枝」等軍事打擊。而此次「和平之泉」行動則是特朗普與埃爾多安達成的最新一樁交易。為了改善美土關係，同時實現從敘利亞撤軍的願望，特朗普借刀殺人，放手讓土耳其收拾殘局。

埃爾多安心領神會，大兵壓進，庫爾德人只能落荒而逃。但土耳其的做法完全超出了美國社會的承受力，引起美國政壇的強烈反彈。這不僅讓美國背上了拋棄朋友的罵名，在盟國間產生進一步信任危機。更重要的是，庫爾德人轉而尋求敘政府和俄羅斯的幫助以求自保，讓美國的敵人受益。這再次激起了特朗普「忠誠」於普京的質疑。美國非常清楚，在打擊「伊斯蘭國」問題上，離不開庫爾德人。但庫爾德問題又是土耳其的政治禁忌，作為北約的成員國，美國不得不有所顧忌。所以，美與庫族人的夥伴關係隨著「伊斯蘭國」被打散而變得越來越微妙。庫爾德人隨時成為棄子也在情理之中。

與俄羅斯收回克里米亞遭到西方一致譴責和制裁相比，在土耳其入侵問題上，西方國家的立場明顯偏軟。只有美國出台了不痛不癢的制裁措施。土耳其提出在土敘邊界開闢安全帶，就地安置敘利亞難民，從而建立兩國庫爾德人的隔離帶，可以有效阻過庫爾德人連成一體。對於歐洲來說，畢竟土耳其滯留著數百萬敘利亞難民。如果土耳其把這些人趕往歐洲，無疑是一場災難。歐洲已經被難民問題折騰得四分五裂，現在再掀起一輪難民潮，等於是壓死歐洲身上的最後一根稻草。安理會也只發表一紙主席聲明，僅「對土耳其可能釀成人道主義危機表示關注」。

庫爾德人折騰八年之後又回到原點。他們在投靠敘利亞政府之後，能不能取得自治地位，取決於敘利亞各方力量的博弈，但庫爾德手中的籌碼

無疑會越來越少。

庫爾德人有一句古老的諺語：「除了大山之外，庫爾德人沒有朋友」。的確，庫爾德人再一次走投無路，成了中東孤兒。獨立建國的目標越來越遙遠，爭取有限自治的現實目標又遭到土耳其的擠壓。這幾年來，敘利亞庫爾德人努力追求自治，旨在推進敘利亞的聯邦制。

在「敘利亞之友」的國際會議上，俄羅斯對庫爾德人一直予以支持，但因敘利亞其他反對派持反對立場，加上土耳其的堅決抵制，使得敘利亞庫爾德人無法實質性參與敘利亞的政治和解進程。

2017 年伊拉克庫爾德人的公投結果已被凍結，敘利亞的庫爾德人如今又被迫逃離家園，「庫爾德人之春」迅速演變成了「庫爾德人之冬」。

10 月 17 日，匆匆趕來土耳其的美國副總統彭斯、國務卿蓬佩奧與埃爾多安會面，與其說是調停，倒不如說是默認這次軍事行動，同時給土耳其劃上紅線，促其適可而止。

土答應停火五天，給庫族人的撤離留足時間，但有著重振奧斯曼帝國雄心的埃爾多安總統是不是就此打住，現在還存在巨大未知數。輿論認為，停火協議有兩個致命缺陷：一是關於「安全區」的定義沒有共識，可能會在落實過程中節外生枝；二是沒有任何監督機制。想當年，伊朗巴列維王朝恨不得與美國穿一條褲子，但政治伊斯蘭勢力的崛起讓美國心存忌憚，特別是伊朗回歸政教合一制度，美伊兩國徹底分道揚鑣。而埃爾多安的「去世俗化」進程也引起西方國家的警覺。

展望未來，美土關係並不樂觀。特朗普寫信警告埃爾多安「不要逞能，不要當傻瓜」。但埃爾多安把這封信隨手扔進了垃圾桶。俄羅斯抓住美土關係惡化之機，迅速改善了俄土關係。從俄羅斯接納敘庫爾德人就可以看出，俄羅斯不想放棄庫爾德這個抓手，對土進行有效的牽制。

據報導，在 22 日停火日的最後一天，埃爾多安總統將與普京在索契

會晤。外長恰武什奧盧透露，土方計劃同俄敘討論敘北重鎮曼比季等「安全區」的未來。總之，通過撤軍行動，特朗普實現了不想陷入中東戰爭的願望，但同時宣告了趕走巴沙爾的目標變得不可能，經過這場戰爭，有中東「幼獅」之稱的巴沙爾有可能成為「雄獅」。而土耳其同意暫停攻佔敘北，也是給美國一點面子，並實現了初步目標。但庫爾德人畢竟是土耳其的心腹大患，在這個問題上不太可能有妥協餘地。

10 月 18 日，土外交部長接受記者採訪時表示，如果在規定時間內，庫爾德人不離開安全區，土耳其將再次發動進攻。

奧斯曼帝國曾經統治阿拉伯世界數百年之久，這個陰影始終揮之不去，這就決定了在未來中東政治格局的演變中，土耳其人、波斯人、阿拉伯人和庫爾德人之間必須形成一個微妙的政治平衡，否則中東永無寧日。需要指出的是，土耳其在打擊庫爾德工人黨所謂分裂和恐怖勢力方面毫不手軟。既然土如此忌憚分裂，那麼在對華關係問題上，也希望能將心比心，不要再為新疆分裂和恐怖主義勢力提供任何庇護的場所。己所不欲，勿施於人！

警惕巴格達迪之死或引發新一輪恐襲

2019 年 10 月 28 日

10 月 27 日，特朗普在白宮宣布消滅「伊斯蘭國」頭目巴格達迪、慶祝美國反恐戰爭又一重大勝利的時候，其實世界很多地方根本高興不起來，他們擔心巴格達迪之死或引發「伊斯蘭國」散落在世界角落的小股部隊發動恐襲，從而再次掀起不期而至的恐怖主義報復浪潮。

這種擔心並非空穴來風。自 2017 年「伊斯蘭國」被打敗之後，一些核心成員化整為零並向全球擴散，從阿富汗到吉爾吉斯斯坦，從東南亞到南亞諸國，都有受訓的「伊斯蘭國」恐怖分子身影。歐洲的心臟巴黎和布魯塞爾更因恐襲慘案猶如驚弓之鳥。

有關巴格達迪之死，這幾年不時見諸報端，但這些傳言終因巴格達迪的新錄音而不攻自破。這一次美國通過 DNA 驗明正身，「全世界可以徹底安心」。

1971 年出生的巴格達迪作為「伊斯蘭國」（ISIS）的最高首領，是繼本·拉登之後又一令美國頭疼的恐怖之王，美國曾懸賞 2500 萬美元要巴格達迪的人頭。

巴格達迪在薩達姆統治時期受過完整的高等教育並獲得博士學位。在美國 2003 年入侵伊拉克之前，是一名清真寺的阿訇。被美國逮捕下獄之後，因沒有找到犯罪證據而獲得無條件釋放。從此，這位沉默寡言的年輕人走上了堅定的反美道路，投靠了「基地組織」在伊拉克的分支。

博學的巴格達迪不僅有豐富的理論知識，而且是位十足的「行動派」，其殘忍性和進攻性令西方不寒而慄。這就不難理解，為什麼在敘利亞內戰爆發以後，「伊斯蘭國」能夠迅速攻城掠地，控制了敘利亞一半領土和伊拉克三分之二的土地，以至發展到 2014 年宣布建立遜尼派政教合一的「伊

斯蘭國」，定都拉卡並發行自己的貨幣，控制著伊拉克重要城市摩蘇爾及大片油田。

巴格達迪自封為哈里發（國王）。他將一個恐怖主義組織發展成一個「准國家」形態，讓全世界不能不刮目相看，ISIS 不再是中國人玩笑中的「意思意思」，而是繼本·拉登之後具有摧毀全球的恐怖行動能力。在世界的驚恐聲中，「伊斯蘭國」成為全球敵人的共識也漸趨形成。

自 2014 年起，美國開始團結驍勇善戰的敘利亞庫爾德人，共同打擊「伊斯蘭國」，在美俄敘土伊的共同壓制之下，才算把巴格達迪的氣焰打了下去。身負重傷的巴格達迪雖然躲過幾次追殺，但就在美國從敘利亞「全身而退」的時候，巴格達迪卻馬失前蹄，反丟了卿卿性命。

本·拉登當年藏匿於巴基斯坦，在美軍大兵的眼皮底下通過「大隱隱於市」的「燈下黑」效應，以求自保，但也沒能逃過美國情報機構每天翻找從一座神秘住所中運出來的每一袋垃圾的任何毛髮。而巴格達迪雖遠離美國大兵，但敘西北部畢竟不是巴格達迪的根據地，相反遍布了他的死敵。無孔不入的美國人，還是從眼線中找到了巴格達迪的蹤跡，將他的藏身之處夷為平地並最後把他堵在地道中，迫使巴引爆了身上的定時炸彈。

據報導，俄羅斯提供了空中飛行通道的便利，而土耳其、伊拉克甚至是敘利亞的庫爾德人也對此次行動提供了情報或其他方面的支持和幫助。

特朗普在回答記者問時表示，美國鎖定巴達格迪的行跡已有兩個星期。當世界的焦點都放在敘利亞東北部地區庫爾德人是如何向美軍大兵扔土豆的時候，特朗普靜悄悄地下達了清除巴格達迪的命令，真正做到了「聲東擊西」。

巴達格迪之死可以說在關鍵時候挽救了特朗普。特朗普在國內正遭遇「通烏門」調查，加上特朗普宣布從敘利亞撤軍，更是招致美國兩黨的激烈批評，為此，美國國會以壓倒性的多數通過了譴責特朗普的決議。

　　甚至共和黨的重量級議員在彈劾特朗普的問題上出現了立場鬆動，氣得特朗普大罵這些背叛自己的共和黨議員，「比民主黨人還要可怕，簡直就是人渣」。但特朗普這一次以自己果斷的行動力和領導力，讓小覷特朗普外交能力的許多精英也不得不暫時閉嘴。

　　巴格迪之死，對「伊斯蘭國」恐怖組織無疑是一次巨大打擊。自2017年「伊斯蘭國」被打垮之後，哈里發國也被迫解體。「伊斯蘭國」也從准國家形態，再次回歸於一個常規性的恐怖組織。

　　據報導，目前尚有1萬多名「伊斯蘭國」囚犯關押在敘利亞。美國拋棄庫爾德人之後，庫爾德人一度揚言將這些囚犯放虎歸山。未來這些人能否繼續囚在籠中，很大程度上決定著「伊斯蘭國」會否死灰復燃。

　　更何況，中東的恐怖主義有著肥沃的土壤，不是消滅一兩個恐怖主義頭目就可以解決的。在某種意義上說，正是美國入侵伊拉克，迫使薩達姆手下的遜尼派幹將不得不另投山門，成了「伊斯蘭國」的核心骨幹；而巴達格迪更是美國侵略伊拉克的產物，讓一個文弱的書生變成了反美鬥士。

　　美國在中東的政策一向是「播下的是龍種，長出的是跳蚤」。波斯人和庫爾德人無疑是這輪美國中東政策調整的大輸家，其反美主義與日俱增。這股力量以何種方式得以釋放，將直接影響中東政治走勢。

　　目前尚沒有任何理由讓我們對後巴格達迪時代的中東局勢保持樂觀，相反對新一輪恐襲保持底線思維並作相應的部署，當是全球反恐面臨的共同任務。

「斬首行動」是 2020 年飛出的第一只黑天鵝

2020 年 1 月 5 日

　　歷史的演進總是充滿了偶然與必然。必然中有偶然，偶然之中也有必然。2020 年的時間列車剛剛啟動，第一隻黑天鵝就從中東上空掠過，讓世界驚出一身冷汗。

　　1 月 3 日淩晨，美國動用無人機在伊拉克首都機場，對伊朗革命衛隊的精銳部隊─「聖城旅」的最高指揮官蘇萊曼尼將軍實施了「斬首」行動。這位在伊朗享有崇高威望的軍事領導人是最高精神領袖哈梅內伊絕對信任的人物，伊朗在海外的軍事影響力主要通過他領導的精銳部隊來實現。「打死蘇萊曼尼像是打死了一位國家領導人」。

　　蘇萊曼尼死後，伊朗迅速召開了國家安全會議，哈梅內伊表示「將斬斷美國在中東的罪惡之手，為蘇萊曼尼報仇」。他還下令全國哀悼三天，足見蘇萊曼尼在伊朗人心目的地位。

　　據報導，蘇萊曼尼戰功赫赫。自上個世紀 80 年代兩伊戰爭以來，歷經重大戰役，成了不折不扣的英雄。特朗普轉發的推特稱，美國在伊拉克共陣亡了 4000 多人，其中有 603 名死於蘇萊曼尼之手。

　　美國人認為他手上沾滿了鮮血，是個十足的恐怖主義者，對其斬首是進行先發制人的預防打擊，防止其製造針對美國的更大災難，蘇萊曼尼死有餘辜。

　　2014 年，以色列曾有意對蘇萊曼尼進行襲擊，但遭到奧巴馬的反對而叫停，擔心此舉帶來難以預料的後果。美國戰略與國際問題研究中心中東項目主任喬恩・阿爾特曼指出，「蘇萊曼尼是伊朗在伊拉克、黎巴嫩、敘利亞和也門安全政策的領導人。他的死對伊朗是個戰略打擊。蘇萊曼尼不僅管理著伊朗的代理人網絡，也管理著這些代理人各自的活動。他是軍

人、間諜和外交官於一身，在伊朗廣受歡迎。蘇萊曼尼被認為在擊敗 IS 的行動中發揮了重要作用」。

這兩天一些報章甚至用「第三次世界大戰」的字眼來形容中東局勢的可能發展方向。美國前中央司令部司令、中央情報局局長彼得雷烏斯表示，「這一行動所帶來的震動和廣泛影響怎麼形容都不過分。」

美國主流媒體認為，「這次謀殺事件是整個中東局勢變化的催化劑」，「特朗普把中東引向更加不可預測的方向」。共和黨人大多支持特朗普的行動，但民主黨人則批評特朗普政府在沒有明確的戰略指導下，將國家推向了戰爭邊緣。

自特朗普上台以來，美在中東推行強硬的反伊親以政策，全面退出伊核協議，讓來之不易的中東和平進程遭遇重大挫折。拉沙、親以、壓伊政策讓美國長期以來的中東「離岸制衡」政策完全失衡。

這究竟是特朗普的戰略明智還是戰略失誤，學界仍是見仁見智。但有一點可以肯定，戰略失誤是以戰略誤判為前提的。伊朗國家電視台將此次事件稱為「第二次世界大戰以來美國的最大誤判」。

自上個世紀 90 年代以來，美國在蘇聯垮台之後迅速成為世界唯一超級大國。「山巔之國」從此忘乎所以。中東政策的嚴重偏頗招致穆斯林世界的不滿。本·拉登也把對美國人的仇恨發泄到了極致。

911 事件的發生是美國霸權從巔峰走向衰落的重要分水嶺。美國忙於反恐，中國聚精會神搞建設，這一上一下讓中美兩國的實力差距進一步縮小。後知後覺的美國感嘆「中國偷吃美國的午餐」。奧巴馬上台重新聚焦「大國崛起」，大力推進「亞太再平衡」戰略，而「東張西望」、東西亞兩頭兼顧的策略，總算把伊朗的核野心收進了瓶中。

特朗普是在美國處於嚴重分裂狀態中走馬上任的。三年來，特朗普短期利益有所斬獲，卻是以犧牲美國長期利益為代價，同盟支柱發生動搖，

國家軟實力遭到嚴重削弱，對世界的領導力急劇下降。隨著時間的推移，這些嚴重後果還將進一步顯現。

特朗普批准斬首蘇萊曼尼，在伊朗領導人看來「是一次魯莽和愚蠢的行動」。從 2019 年伊朗擊落美國無人機到扣押英國貨輪作為反報復，伊朗也是一個說到做到、睚眥必報的國家，從這個意義上說，美國要求在伊拉克的美國公民緊急撤離，美各大機場風聲鶴唳並不令人十分意外。北約也不得不宣布，暫停在伊拉克的軍事培訓活動。

20 年前，全世界都在忐忑中迎來新千年，也同時也迎來了 21 世紀的第一個十年。「千年蟲」問題的誇大宣傳讓網絡公司大賺一把，人們一邊忙於修補電腦漏洞，另一方面也在不安中度過新年。更讓中國人感到不安的是，新千年的到來，也把中美關係推向了未知水域。共和黨候選人小布什把中國描繪成「戰略競爭者」，大有取代俄羅斯、成為美國頭號敵人之勢。

911 事件改變了世界，改變了美國，也挽救了中美關係。反恐迅速作為美國的第一要務，美在伊斯蘭世界開啟了兩場戰爭，讓其付出了數萬億美元的沉重代價。

歷史與美國人開了一個很大的玩笑，給了中國寶貴的 10 年時間。當 2017 年中國被美國視為「頭號戰略競爭對手」的時候，中國的 GDP 已接近美國 62%，這是日本和蘇聯（30%、40%）從未企及的高度，這是中國的幸運，也是我們敢於直面「戰略競爭」的底氣。

雖然特朗普一直希望從中東抽身，但斬首行為的直接後果使美在中東越陷越深。一些評論認為，特朗普在中東雖取得了技術性勝利，而很可能成為戰略輸家。就現有國力而言，伊朗雖不會與美國進行正面軍事交鋒，但是發揮自己多年來積聚的非對稱能力，對美國展開滋擾和破壞還是輕而易舉的事。媒體預測，美國駐伊拉克機構、人員以及波斯灣的船舶、沙特

等國的油田設施都會成為下一步報復的目標。一些安全專家甚至認為，「世界各地的美國公民將成為行走的靶子」。

還有一些人士擔心，伊朗或再次重啟並加速核武器開發，中東迎來核噩耗為期不遠。俄羅斯外長拉夫羅夫向蘇萊曼尼之死表示哀悼，稱「美國斬首行動違反了國際法，不利於中東問題的解決，反而導致了地區緊張局勢的新一輪升級」。由此可見，俄羅斯因素在未來中東局勢演變過程中的作用將更加突出。

老布什的教訓是：贏得了海灣戰爭，卻丟掉了白宮。特朗普會重蹈覆轍嗎？一些輿論認為，特朗普以「反戰總統」自居，如果與伊朗開戰將損害他在選民中的形象，為其連任帶來變數。美國深陷中東，是中國的又一次機會嗎？就經濟利益而言，石油價格的升高無疑會加劇中國的通脹，而戰略壓力的減輕或許是中國的又一時間窗口。不過，戰爭沒有真正的贏家，只有少數國家例外，中國顯然不是。聯合國秘書長古特雷斯呼籲各國領導人表現「最大克制」，強調「世界無法承受另一場波斯灣戰爭。」20世紀第三個十年為世界大戰提供了肥沃的土壤，希望歷史的悲劇不再在本世紀第三個十年重演。

兩伊「局中局」或促美國加速從中東抽身

2020 年 1 月 6 日

1月4日，被美國斬首的伊朗少將蘇萊曼尼的女兒問伊朗總統魯哈尼：「誰來為我父親報仇？」他答道：「我們每一個人都會，不僅現在，而且在未來數年。」寥寥幾句對話，魯哈尼把伊朗的國家意志說得再清楚不過，同時他也賦予了每一個伊朗人的未來政治使命。伊朗革命衛隊的一名指揮官宣稱，美國在中東的 35 個目標已在伊朗的射程之內。

對於這樣的威脅，一向傲慢的美國人哪里能夠接受。美國可以打擊世界任何一個國家，但剝奪美國人的生命是其不能容忍的紅線。特朗普隨即發推，「如果伊朗人膽敢襲擊美國人和美國的資產，我們將會對已經鎖定的伊朗的 52 處目標進行打擊，這其中包括具有文化價值的設施」。

52 這個數字凸顯了美伊之間的恩恩怨怨。1979 年伊朗爆發伊斯蘭革命、推翻親美的巴列維王朝之後，美國大使館的 52 名美國外交官和平民淪為伊朗的人質。40 多年過去了，這個心結不僅未解，而且越系越死，且結下了新的深仇大恨。

伊朗在中東素有「報復大師」的稱號，伊朗常駐聯合國代表表示，「暗殺蘇萊曼尼無異於殺害伊朗的國家領導人，讓我們保持沉默是不可能的」。伊朗聖城庫姆的賈姆卡蘭清真寺 4 日罕見地升起了象徵「復仇」的紅色旗幟，這是否意味著 2020 年的中東將招致更慘烈的血光之災？

自 2017 年 1 月特朗普上台以來，美大幅度調整了對伊政策。2018 年宣布退出伊核協定並強化對伊制裁，兩國關係急轉直下。美國的「長臂管轄」也讓包括中國在內的國家深受其害。

三年來，特朗普成為世界秩序的大肆破壞者，尤其是把中東原有秩序攪得面目全非。但在如何建設新秩序方面，國際社會看不到美國的任何替

代方案，其任性和粗暴處處透著「美國優先」的自私。

民主黨人指責特朗普在沒有知會國會的情況下，冒然將國家推入戰爭的危險之中。但共和黨人竭力為特朗普辯解，認為特朗普非常聰明，有良好的直覺和強烈的方向感，知道什麼是錯的，他一直在避免前幾屆政府在中東所犯的錯誤。但反對者則認為，特朗普極其愚蠢，高估自己的智商，且自作聰明、衝動有餘。

在「通烏門」問題上，他公器私用，動用國家資源調查政治對手拜登而留下了無法掩蓋的把柄。歷史很快就會證明，特朗普所謂「以暗戰止大戰」的想法，其實「是把雷管扔進了火藥桶」。

中東既有未解的千年之結，也有百年流血的傷口；既有 2008 年金融危機的外溢之患，也有不時發生的恐怖襲擾。中東沒有最亂，只有更亂。什葉派與遜尼派爭得你死我活，伊朗、沙特、土耳其、以色列四雄爭鋒，美俄等大國深度捲入。歷史與現實矛盾的交匯，讓中東政治變得更加複雜。而特朗普將複雜問題簡單化，篤定用精確制導清除伊朗「恐怖分子」可以起到足夠的「震懾和立威」作用，但美國面對的不是國不成國的巴勒斯坦，也不是苟延殘喘的敘利亞，而是有著8000萬人口、在「阿拉伯之春」中獲益的「波斯帝國」。難怪輿論認為，特朗普捅了伊朗的馬蜂窩，把自己的政治前途也推向了未知水域。

中東火苗若隱若現，許多專家和學者不約而同地把目光轉向中國新的戰略機遇期的討論。歷史的慣性思維讓我們懷念21世紀第一個十年的美好時光。

2002 年 5 月 31 日，中國領導人提出了從現在起至本世紀頭 20 年，是我們必須牢牢抓住的戰略機遇期。從對世界主要矛盾的分析與把握中，我們預感到，911 事件之後美國與伊斯蘭世界的矛盾將成為世界的主要矛盾，中美矛盾退居次要地位。而中國入世，更是意味著 8 億勞動力加入到全球化的大循環之中，把中國迅速變成了世界工廠。在 2008 年美國金融

危機的衝擊波中，我們迎來了中美關係的第二個十年。

以 2009 年哥本哈根會議為標誌，「中國傲慢論」成為美國對中國的新認識，對華焦慮感和緊迫感前所未有地上升，「中國崛起威脅美國論」漸成主流。直至特朗普上台，將中國定性為「頭號戰略競爭對手」，中美兩國的攤牌提前到來。

值得注意的是，前一段鬧出不小動靜的伊朗內政，卻因蘇萊曼尼事件，顯示出了空前團結，復仇成為伊朗社會的高度共識，這恐怕是哈梅內伊的意外收穫。伊拉克國內反美主義的升溫會不會引發美國加快撤離的速度也是媒體熱議的話題。如果照著這個形勢發展下去，特朗普一直期待從中東抽身的願望或許正通過以進為退的方式展開，這是戰略意外，還是戰略預期？我們是不是又一次低估了特朗普的戰略運籌能力？

中東問題如此複雜，局中有局，指望中國從中漁利也是天真的想法。中國 60% 的石油從世界進口，而近一半來自中東，戰火不僅讓中國多掏腰包，也有可能中斷石油供應鏈。中國在中東有著巨大的利益，非幾億桶石油可以涵蓋。火中取栗並不是明智的做法。

展望中美關係的第三個十年，悲觀主義看法佔據上風。中美貿易戰的第一場戰役即將謝幕，2020 年將進行新一輪的交鋒。對於中國來說，唯一可做的就是築好籬笆，做強自己。外部環境給予我們的機遇，我們當然不會拒絕，但決不能把希望寄託在外部戰略環境的改善之上。

21 世紀的第三個十年，中美兩個大國都是負重前行。中國進入脫貧的收官之年，而美國社會的極化也上升到了新高度。特朗普 2020 年壓倒一切的任務是競選連任。無論誰當選美國總統，中美兩國的戰略競爭軌道都不會改變。競爭策略的調整更不會改變戰略競爭的性質。第三方商因素的加入雖會改變兩國競爭的力量對比，但難以改變中美互為「首要競爭對手」的位置。由此看來，指望伊朗問題緩和中美戰略競爭也是不太現實的。

聚焦大國戰略競爭或為美伊衝突降溫

2020 年 1 月 9 日

　　持續三天的悼念蘇萊曼尼的活動結束之後，伊朗的數十枚導彈就飛向了美國駐伊拉克的軍事基地。這是伊朗對美國斬首行動的最直接回應。伊朗最高領袖哈梅內伊形容此舉是「扇了美國一個耳光」，同時也向世界表明，「伊朗雖多次被外族征服、但依然保留著特有的身份認同、文化自豪感和獨立的世界觀」（基辛格語）。

　　不論美伊衝突被定義為灰犀牛還是黑天鵝，都無法掩蓋世界對當前中東局勢的深層憂慮。2020 年「第一周」中「東上空」就被戰火籠罩，可謂開年不順。特朗普再一次以自己的方式向世人證明了他的不可預測性。畢竟小布什與奧巴馬都曾考慮過斬首蘇萊曼尼，而終因對後果的無法預知而作罷。連美國防部的官員都對特朗普如此快地批准斬首計劃而「震驚」。

　　美伊雙方明爭暗鬥，伊拉克不幸成為美國和伊朗的戰場。失去主權的伊拉克疼到了心裡，許多人後悔當年跟著美國支持推翻薩達姆在政治上的淺薄。2003 年美曾以伊拉克擁有大規模殺傷性武器為由，出兵巴格達，把薩達姆送上了絞刑架，「從此把伊拉克變成了美國的奶牛」。

　　17 年之後，美國又以蘇萊曼尼準備執行一項襲擊美國的計劃為由，對其採取先發制人的斬首行動。情報成為美國總統手中的玩物，不能不是美國民主政治的極大諷刺。

　　美國前國家安全事務助理蘇珊‧賴斯 1 月 6 日在《紐約時報》撰文稱，「即使擊斃蘇萊曼尼屬自衛的理論成立，但在戰略上也並不明智。鑒於特朗普政府的國家安全決策過程具有明顯的草率和短視的特點，包括（2019年夏天）距離對伊朗實施打擊還有 10 分鐘時取消行動，邀請塔利班前往戴維營以及拋棄敘利亞庫爾德人，令人懷疑政府是否花時間考慮過他們行

為帶來的第二、第三後果」。

中東從變局到亂局，從亂局變成了危局，美國的「民主改造計劃」難辭其咎。當前的政治困境在於，如果伊朗對美國的斬首行動無動於衷，伊朗政權將無法承受洶湧的反美民意。而美國因此被趕出中東，這種戰略挫敗也會讓特朗普無法承受之重。

如果說謀殺伊朗蘇萊曼尼的決定是在佛羅里達海湖莊園做出、有失嚴肅的話，而接下來是否與伊朗打一場全面的戰爭則由美國國家安全委員會會議討論，各方意見都會放上檯面，其最終決策具有較大的平衡性。

特朗普一直以建設總統而自居，不屑於當一位戰爭總統。輿論認為，伊朗的導彈發射已經給了美方充足的躲避時間，有意給美國留點面子，讓特朗普有台階可下。伊朗外長紮里夫第一時間也發推，表示「行動已結束，不想升級戰爭」，其弦外之音足夠強烈。

如果美國錯判形勢，把伊朗的行為理解成伊朗的無能，並借此展開羞辱行動，極有可能把中東局勢推向失控的地步。不過，從最新透出的各種信息看，特朗普政府的總體反應也算相對克制，這恐怕是衝動之後的一點清醒。

這些年來，中東最不缺的就是戰爭。而戰爭的邏輯往往不是用經濟公式可以計量的。玩火者必自焚雖是規律，但戰爭的導火線卻有很大的偶然性。如果說過去美國和伊朗之間的較量更多地通過代理人的話，而這一次伊朗直接向美國的基地發射導彈，其象徵意義不可小覷，充分表明美伊之間的爭鬥已經從幕後走向前台。

毫無疑問，這場衝突的始作俑者是美國，國防部長埃斯珀第一時間也表達了緩和緊張態勢的願望。特朗普1月9日在萬眾矚目的演講中，沒有表達任何繼續武力回擊伊朗的計劃。他在發表全國講話時刻意降低戰爭的調門，稱伊朗值得擁有光明而偉大的未來，強調繼續強化經濟制裁手段迫

伊回歸正常國家，屆時美也願意與之進行合作。

特朗普強調，伊朗的空襲沒有造成任何人員傷亡，「伊朗似乎已經退讓了」。對於伊朗日前宣布退出《伊核協議》，特朗普稱絕對不會允許德黑蘭擁有核武器，並呼籲協議其他締結方也撕掉這個「愚蠢」的協議。如果聯想到伊朗外長紮里夫的推特內容，似乎雙方還不願意徹底攤牌。

美伊未來局勢走向，牽動著全世界的神經。特朗普不希望發動大戰也是客觀事實。他更希望通過「極限施壓」迫伊就範，在施壓不成的情況下，他改而通過斬首行動以期發揮威懾作用，以贏得盟友及國內基本盤的信任。尤其是美國駐伊拉克使館遭到圍攻後，特朗普擔心重蹈當年利比亞班加西領館事件的覆轍，成為競選連任的一大污點。

令人玩味的是，就在美伊兩國刀光劍影的時候，俄羅斯總統普京到訪敘利亞。表面上視察俄軍事基地，但眼睛盯著伊朗和美國。

特朗普的斬首行動讓美國從中東全身而退變得越來越不可能，很可能長期陷入打不贏、輸不起、走不了的尷尬局面，這是特朗普因衝動而付出的代價。但另一方面，我們也不能抱著坐山觀虎鬥的心態坐看中東雲起雲落。最糟的情況是，中東亂了，油價也漲了，而美國依然聚焦中國。

美國已經認定中國是頭號競爭對手，這與 2002 年的國際環境大不相同。這兩天美國政界、學界、戰略界不斷提醒美國領導人，不要深陷泥潭讓中國漁翁得利，可見這些因素對特朗普下一步的中東政策調整都會形成制約。「天下之事，慮之貴詳，行之貴力」。從最壞處著眼去謀劃中東戰事的可能發展方向，對於我們防範外部風險、形成有效預案有百利而無一害，這也是中東危局給我們的啟示。

無人機改變戰爭形態 蘇萊曼尼事件持續發酵

2020 年 1 月 15 日

蘇萊曼尼之死已經十餘天。新年飛出的第一隻「黑天鵝」產生了無法預知的蝴蝶效應,正朝著兩個方向繼續發酵,給美伊兩國的內政及美伊關係的前景投下了巨大的陰影,也讓全球反恐形勢進一步堪憂。

一是伊朗方面,在蘇萊曼尼下葬的當天,他的家鄉出現了嚴重踩踏事故,至少 50 多人死亡,數百人受傷。伊朗人對失去蘇萊曼尼的痛苦和憤怒從葬禮的擁擠程度可見一斑。

三天的哀悼期結束以後,伊朗隨即於 1 月 8 日凌晨對美國展開了代號為「烈士蘇萊曼尼」行動。儘管白宮提前接獲伊朗即將報復的通報,當危險真的降臨的時候,白宮戰情室還是亂成一團。民主黨人擔心特朗普的魯莽行動將國家推向戰爭邊緣不是沒有道理。

不幸的是,在打擊美軍事基地四個多小時之後,處於高度緊張狀態的伊朗革命衛隊航空兵誤以為天空中出現的一架飛機是美國的巡航導彈,結果將烏克蘭一家航空公司的飛機擊落,釀成了 176 人全部罹難的慘劇。三天后,伊朗領導人正式承認此次空難是一起無法饒恕的人為事故。

剛剛過去的這個週末,伊朗主要城市的街頭均出現了示威,遊行人士高叫口號,要求最高領袖哈梅內伊承擔責任。半官方的 FARS 電視台也罕見進行了報導。特朗普總統改用波斯語發推,給伊朗示威者加油打氣。英國駐伊大使則親臨現場,遭到伊朗方面一個小時的扣押,認為其所作為與外交官的身份極不相稱。

反美聲浪因伊朗革命衛隊自身的失誤,迅速變成了反政府示威,劇情如此快地反轉,足見伊朗社會在美國全面制裁面前,社會燃點其實已經很低。聯想到去年 11 月伊朗出現的街頭騷亂,民眾對政府的諸多不滿,正

借著客機誤擊事件發洩出來。在某種程度上說，這是去年抗議活動的延續。美國順勢而為，希望把伊朗這部分人的憤怒引向他們希望的方向，通過一場自下而上的群眾運動，實現伊朗政權更迭。

蘇萊曼尼事件發酵的另一個方向則是美國本土。一是用無人機擊殺一個國家的軍事領導人，這種手法給世界樹立了惡劣範例，進一步強化了美國霸權與霸道的認知。二是特朗普不受約束的斬首衝動正把美國推向戰爭的邊緣，引起了國會的高度警覺，迫使眾議院於 9 日緊急通過《伊朗戰爭法案決議》，限制總統對伊戰爭權力。三是斬首蘇萊曼尼的動機受到強烈質疑。特朗普反復強調，有足夠的情報指向蘇萊曼尼準備向美的四個大使館發動襲擊，美國不得不先發制人，消除迫在眉睫的威脅。「美國變得安全了」，這是國務卿蓬佩奧說的話，但大多數美國人的直覺與之完全相反。

這不禁讓人聯想到美前國務卿鮑威爾當年在聯大會議上拿著一瓶「化武原料」（後來才知道是洗衣粉）向世界展示薩達姆政權邪惡的一幕。小布什依據這份假情報，輕易發動了伊拉克戰爭。有人認為，小布什是為老布什「打一場沒有打完的戰爭」。為此，美國付出了數萬億美元的代價及 4000 多個鮮活的生命。

伊拉克戰爭的陰影猶在，而與伊朗的衝突會不會重蹈 2003 年覆轍？特朗普信誓旦旦，但國防部長埃斯珀欲言又止。令人疑竇叢生的是，特朗普對情報機構一直不屑一顧，甚至認為從中央情報局到聯邦調查局等「深層國家機器」一直跟自己過不去，而這一次對情報又如此深信不疑，不能不讓人對特朗普的動機產生聯想。

美國媒體一遍遍地播放 2011 年特朗普指責奧巴馬企圖發動戰爭以轉移視線的一段視頻，用特朗普的邏輯，自證這場「動機不純」的斬首行動。有輿論認為，特朗普正利用國家情報，做自己想做的事，為競選連任鋪路。

美國認定「伊朗革命衛隊」是恐怖組織，打死衛隊中的一個將軍，符

合美國的反恐邏輯。那麼接下來的問題是，伊朗是不是也可以照此邏輯追殺任何一個伊朗認定的恐怖分子？伊朗總統魯哈尼於 1 月 13 日正式簽署「嚴厲復仇法案」。該法案宣布五角大樓內的所有成員為恐怖分子，這是繼伊朗去年視美國中央司令部為恐怖組織後的升級版。

美伊兩國互視對方軍隊為恐怖組織，把美伊兩國的對抗推到了新高度。無人機正在改變戰爭形態，美國不宣而戰，去擊殺一個國家的軍事領導人引起世界的廣泛爭議。如果說打擊「伊斯蘭國」首領巴格達迪是許多國家的共識，而特朗普把蘇萊曼尼與巴格達迪，甚至與拉登相提並論，恐怕並不能令全世界信服。

德黑蘭大學美國研究專家馬朗迪說，蘇萊曼尼協助擊垮「伊斯蘭國」，奠定了他在伊朗和其他中東國家人民心中的英雄地位。如果沒有像他這樣的人，中東將會黑旗飄揚。

失去了蘇萊曼尼，全球打擊「伊斯蘭國」形勢變得更加微妙。《華爾街日報》2019 年 12 月 27 日發表了《「伊斯蘭國」正在阿富汗崛起》的文章稱，阿富汗成為「伊斯蘭國」最大的海外分支，目前成員達 2000 人左右，形成了一套網上招募、組織及培訓的辦法。

特別是巴格達迪被美國特種部隊逼到牆角自殺之後，「伊斯蘭國」殘餘正尋求對美國進行新的報復，IS 雖然「失去了領土」，但「與戰略潰敗是兩碼事」，任何低估「伊斯蘭國」的破壞力都會犯下顛覆性錯誤。

美國一邊要對付塔利班，另一邊要對付阿富汗的「伊斯蘭國」，雙重夾擊之下的美國想脫身都難。恩格斯 1857 年在《阿富汗》一文中寫道：「阿富汗人是勇敢、剛毅和愛好自由的人民。戰爭對他們來說，是一種消遣和擺脫單調營生的休息」。這就是阿富汗人的民族特性。大英帝國和蘇聯都栽在這塊土地上，如今美國也面臨同樣的困境。阿富汗是「帝國的墳墓」名不虛傳。

　　因生果，果成因，美伊關係在這種糾纏和循環中迅速惡化。蘇萊曼尼事件的蝴蝶效應正在全世界擴散。不論是這起事件的被動接受者還是主動肇事者，都有可能遭到反噬。美伊兩國領導人都面臨著巨大考驗。蘇萊曼尼事件既是一個悲劇的結束，更有可能是美伊關係不確定未來或釀成更大悲劇的開始。

2月29日美國簽的外交協議很詭異

2020 年 3 月 1 日

2 月 29 日這個日子畢竟四年輪一回，把這一天作為重要紀念日很不靠譜。要想搞個周年慶祝更是不容易。美國人偏偏不信這個邪，這一次又選擇 229 與塔利班簽署和平協定。

美國人要從阿富汗撤了？這麼大的事，要不是新冠疫情的衝擊，這條新聞也有相當的分量。人們將信將疑，這不由得讓我想起 2012 年的 2 月 29 日。那是金正恩剛上任不久，美國對曾經有過留學西方經歷的年輕領導人抱著不切實際的幻想，期待他走出一條與祖、父輩不一樣的道路。當時的朝鮮已進行過兩次核試驗（2006 年和 2009 年），但朝鮮的核技術還相當不成熟。美國為了阻止朝進一步開發核武器，2012 年 2 月 29 日，美朝雙方在北京達成協議，朝鮮同意暫停核試驗、導彈試驗和鈾濃縮活動，並邀請國際原子能機構人員返回朝鮮，對朝有關核設備「去功能化」予以核查和監督。美國則同意向朝鮮提供 24 萬噸營養援助。但朝鮮緊接著在 3 月 16 日宣布發射衛星，美朝再起爭執。朝鮮堅稱發射的是衛星，不是導彈，並沒有違反協議。而美國則認為，衛星也是使用彈道技術，與發射導彈沒什麼區別，只不過是朝鮮掩人耳目的伎倆而已。

2.29 協議無疾而終，朝鮮核試驗變得一發不可收拾。在 2013 至 2017 的四年間，朝又進行了四次核試驗。外界普遍認為，朝鮮已完成了核武器的小型化及實現了核武器與洲際導彈的完美結合。

2.29 協議成了美國的外交夢魘。特朗普上台後轉而對朝鮮採取「極限施壓」政策，2018 年美朝領導人在新加坡實現了歷史性的會晤，並在 2019 年夏天雙雙跨越「三八線」，成為轟動世界的大事。但美朝互動的形式遠遠走在了實質內容的前頭，美在骨子裡沒有放棄對朝敵視政策，對

朝制裁絲毫沒有放鬆，朝鮮自然不可能在無核化方面邁出更具象徵意義的動作。美朝僵局依舊，特朗普期待大選之年用美朝外交成果展示自己對外政策能力的機會變得越來越渺茫。

美國與塔利班的停戰協議不失為一個替代選擇。從阿富汗撤軍也是特朗普 2016 年競選時所做的一項承諾。2001 年 911 事件之後，小布什發動了這場戰爭，一打就是 19 年。美國為此失去了 2400 多個年輕生命，導致 2 萬多名士兵傷殘，直接戰爭開支達 7500 億美元，而間接經濟損失達數萬億美元。美國人對阿富汗戰爭從最初的同仇敵愾到現在的普遍厭戰。入侵阿富汗本是一箭兩雕：既可以服務於打擊本拉登領導的基地組織，也可以借機在歐亞大陸打下一個戰略楔子，對中國和俄羅斯形成有效鉗制。而北約的後勤保障支援力量直抵阿富汗，事實上形成了北約「兵臨中國城下」的局面。

美蘇對抗的冷戰時期，美國一手扶植塔利班——這個學生組織，用於抗擊蘇聯入侵阿富汗，但塔在羽毛豐滿之後，成了反噬美國的異己力量，在其奪取政權之後實行的一系列極端伊斯蘭化政策，炸毀巴比揚大佛及收留本·拉登等，令舉世震驚。美入侵阿富汗之後，塔利班政權迅速被推翻，但是塔利班利用農村包圍城市的策略，至今仍控制著阿富汗的半壁江山。談談打打、打打談談，美身陷阿富汗而不能自拔。

美扶持的阿富汗政權始終不能對全國實行有效管治，2014 年阿富汗大選引發爭議，在美的調解之下，搞了中央政權的雙首長制（總統和政府首席執行官）的分權方案，成為政權不穩的重要根源。去年特朗普 6 月 23 日在談到中東局勢時稱，「我既不是戰爭販子，也不是鴿派，而是一個有常識的人，美國需要常識」。在阿富汗問題上，特朗普的常識可以理解為，美國根本打不贏這場戰爭，從阿富汗撤出是最好的解脫。

2020 年的大選，特朗普雖有優勢，但也不是板上釘釘。尤其是當年

老布什的教訓不能不汲取。1991年老布什對伊拉克發動了「沙漠風暴」，但最後卻落得個「贏了戰爭，丟了白宮」。前總統卡特抱怨「美國一直在打仗」，「在美國242年的歷史中，只有16年是太平的」。所以，在特朗普看來，賣賣軍火可以，真要打仗還是算了。

特朗普有意從阿富汗撤軍，但與塔利班的談判一波三折。去年9月雙方原定在戴維營簽署協定，但因美軍在阿富汗遭到恐襲而作罷。美國指望以此在接下來的談判中獲得更多的施壓籌碼。但問題是，美國從戰場上得不到的東西，豈能從談判桌上得到？塔利班根本就不想給美國這個面子。前不久，一架神秘的軍機在阿富汗上空墜毀，據稱美國高級情報官遇難。有報導指這是塔利班所為。

這起重大事件並沒有妨礙美塔之間的談判。根據雙方在多哈簽署的這項協定，美軍將在未來三至四個月，將駐阿美軍規模從現在的1.3萬削減至8600人，並在14個月內完成全部撤軍。作為交換，塔利班承諾對基地組織和「伊斯蘭國」進行打擊，並開展與阿富汗政府的和談。不過，美軍是否全部撤軍取決於塔利班是否遵守協議中的相關承諾。國務卿蓬佩奧在簽字儀式上表示，和平協定是對塔利班有關和平承諾的「真正考驗」。他強調，「如果我們不對我們做出的承諾和許願採取切實行動，這個協議將毫無意義，今天的良好感覺也不會持久」。

不管美國承認與否，這項協議的簽署意味著美對阿戰爭的徹底失敗。可以預料，美國撤出之後留下的巨大政治真空將很快由塔利班所填補，重新奪回首都喀布爾只是時間問題。而鴉片是塔利班的重要收入來源，毒品經濟會不會再度氾濫也是一個巨大的問號。伊斯蘭國和基地組織能否被擊敗存疑。極端伊斯蘭化政策會對地區格局產生多大的外溢效應仍在未定之天。2月18日，阿富汗政府公布了去年9月大選結果，現任總統加尼以50.64%的選票取得連任，但現任政府首席執行官阿卜杜拉已表示不承認

這個結果，更不用說塔利班對「選舉舞弊」的指責。在全國800萬選民中，只有200多萬人參加投票，其代表性受到廣泛質疑。政府內部形成的對立為未來政權的穩定性蒙上陰影，而塔利班的強勢地位更是讓人們對阿富汗能否踏上和平之路捏一把汗。

　　阿富汗作為一個國家的悲劇已經持續180多年。一個動亂的阿富汗肯定不符合中國的利益，民族和解是阿富汗的唯一出路。防止美國禍水東引是接下來中國不得不樹立的底線思維。阿富汗的發展終究要靠自身的內在動力，任何時候中國都樂得成為阿富汗發展的助力。親望親好，鄰望鄰好，在美國撤出之後，中國人有理由對阿富汗多一份和平的想像。政治大和解，百姓重歸休養生息也是國際社會的共同期待。

巴西蝴蝶的翅膀扇起了全球龍捲風

2019 年 9 月 1 日

「一隻蝴蝶在巴西輕拍翅膀，可以導致一個月之後德克薩斯州的一場龍捲風」。這是美國著名氣象學家洛倫茲 1963 年提出的理論。直到 1972 年，他在美國科學發展學會第 139 次會議上作了這番演講，才引起世界的注意，從此這個學說不脛而走。

最近熱炒的亞馬遜雨林大火，總覺得是萬里之遙的遠方故事。但是隨著全球各路報導的深入，我也變得坐立不安。在香港，實實在在地感受到了這場雨林大火的「蝴蝶效應」。

西方的媒體開始把亞馬遜雨林的大火歸咎於中國和香港地區。他們的邏輯是，巴西是世界主要牛肉生產國，而香港與中國內地從巴西進口的牛肉分別占到巴西總出口的 24% 和 19%，第三位的是埃及，占了 11%。中埃兩個大國幾乎消耗掉巴西牛肉出口中的一半。

以前每次到超市採購，拿起醃制好的巴西牛排，覺得價格既便宜，而且加工起來挺省事，但現在不得不考慮要調整飲食結構了。減少對牛肉的消費就是減少對亞馬遜雨林開發的刺激。

雖然西方甩鍋中國的做法讓我們難以完全接受，但隨著人們經濟和生活水準的提高，中國人越來越變成「食肉動物」是不爭的事實。更讓我意外的是，香港這塊彈丸之地、只有 750 萬人口的城市居然佔有如此大的進口量。

這不由得讓我聯想到了印度。兩年前，這個國家的人口已達 13.4 億，直追中國。2018 年 4 月中印首腦在武漢舉行了非正式會晤，印度總理穆迪還在向中國推銷其農產品。2018 年中印雙邊貿易額高達 955 億美元，但印度對華存在著 500 多億美元的逆差。

據報導，印度今年將向中國出口優質農產品，以縮小貿易逆差。印度

之所以能這麼做，一是印度的兩次農業「綠色革命」取得了成功，基本解決了自給自足的問題；二是印度 80% 的人口是印度教徒，其中許多人是典型的素食主義者，既不需要那麼多的牧場，也不需要養牛的飼料－豆粕。

2010 年 4 月，我被派往巴西採訪金磚國家峰會。由於當年冰島爆發了嚴重的火山噴發事件，整個歐洲上空籠罩在火山灰之中，從歐洲中轉回國的飛機不能按時起飛。滯留在巴西的我與朋友一道飛往亞馬遜河採訪。

那天從聖保羅出發，到達亞馬遜流域的最大城市馬瑙斯，已是下午時分。因天空下著大雨，眼前的亞馬遜河只是一眼望不到邊的混濁，多少有點失望。

第二天一大早，驕陽似火，平生第一次來到赤道附近，真正感受到了太陽的眷顧與熱烈。眼前的亞馬遜河像被施了魔法，與第一天見到的亞馬遜判若兩「河」。我被這大自然的奇觀驚呆了。這哪里是河，分明是海！

經過一夜的沉澱，深不見底的亞馬遜河，在光的折射中，河水完全變成了一望無際的藍色，恰如一片海洋，我不得不感嘆大自然的神奇、強大的修復與淨化能力。亞馬遜成為世界之最，看來真不是浪得虛名。

在互聯網時代，眼見為實變得如此便捷，但眼見未必為實，有圖未必就有真相。如果我當天離開亞馬遜的話，我想我對它的認識只停留於混濁，但第二天見到的亞馬遜完全改變了我對它的認識，體會到了它的美、它的奔放、它的寬闊及它對萬物的包容。

在巴西的旅遊市場上，見得最多的是蝴蝶的標本。五顏六色的花蝴蝶「栩栩如生」，儘管它們的生命已經停止，但這些標本承載著亞馬遜細微之處的美及生物的多樣性。當地土著人部落時不時從我的眼前掠過，漂浮在水中的大樹，將亞馬遜的原始與狂野完全呈現出來。

一位在巴西工作多年的朋友告訴我，馬瑙斯市所在的區域只是亞馬遜的支流，越往下就越寬。每年阿拉伯國家要與巴西打口水戰。由於亞馬遜

河的淡水資源十分豐富，占了人類的五分之一，巨大的水量每天都流向茫茫的大西洋，在入海口 150 公里的範圍內都是淡水區。亞馬遜的流速比長江快出 7 倍之多，一些河段寬度超過 12 公里。

亞馬遜河與長江完全不同，沒有大堤之說。河流隨著枯水季和豐水季自然漲落，兩季的最大落差高達 18 米。隨著豐水季節的到來，水面自然鋪開，防洪排澇在巴西的辭典中很難找到。阿拉伯國家偷偷地在入海口裝上淡水運回國，這比當地的海水淡化成本要低不少。此舉引起巴西的不滿，畢竟這裡屬於巴西 200 海裡的專屬經濟區，有侵犯巴西經濟利益之嫌。

聽巴西當地人介紹，巴西的主要作物原來是咖啡、玉米等，後來在日本人幫助下，巴西研製了能在熱帶生長、且產量不錯的 16 個大豆品種。從此，大豆的種植成為巴西的主要農產品。中美貿易戰開打之後，中國也把眼睛轉向巴西。據說，巴西的大豆生產也主要由美國資本控制。

南美的春天正在到來，一年一度的春耕即將開始。據美國有線電視網報導，農民們放火燒地是這裡多年的耕作習慣，「以便新作物和牲畜能夠更好地生存」。而今年的大火則變成了國際性事件，甚至演變成了國際性危機，不得不動用兩次首腦會議來解決。

一次是剛剛在法國閉幕的七國首腦會議；另一次則是即將於 9 月 6 日在哥倫比亞召開的首腦會議，與亞馬遜大火直接相關的國家將共同討論撲滅這場大火的對策。巴西總統博索納羅已經下令，從 8 月 29 日開始，在 60 天內禁止焚燒土地。

聯合國秘書長古特雷斯 29 日向國際社會表示，目前做得遠遠不夠，「我們正在與各國溝通，是否可以召開一次針對亞馬遜大火的聯合國會議」。

巴西（BRASIL）的國名是外來詞，意指紅木。大量的紅木從這裡運回歐洲，做成了各種傢俱。產紅木（BRASIL）的地方也就變成了地名。

這就像中國（CHINA）的英文叫法一樣，除了源於秦朝（CHIN）的說

法之外，還有一種解釋：中國的瓷器源源不斷不斷地運往歐洲，成為歐洲貴族爭相收藏的奢侈品。而瓷器來自昌南（音譯 CHINA，後被賜名景德鎮），CHINA 從此傳開。

究竟哪一種說法更接近於真相，學界仍見仁見智。但不管怎麼說，中國和巴西，一個產瓷器，一個產紅木，這對於當年的歐洲貴族來說，擁有這些還是值得炫耀的時尚。

2010 年 4 月，巴西成了第一個舉辦金磚五國峰會的國家。那是繼 2009 年葉卡捷琳堡第一次四國峰會之後，正式邀請南非加盟。由 2001 年高盛集團首席經濟學家奧尼爾提出的「金磚國家（BRIC）概念，正式變成了國際舞台上的金磚五國（BRICS）定期會晤機制，成為新興大國群體性崛起的一大標誌。在巴西採訪期間，處處強烈感受到巴西人對加入金磚機制的自豪。

巴西地大物博，面積（851 萬平方公里）與人口（2.15 億）均居世界第五，具有巨大的發展潛力，但也陷入了「資源詛咒」。巴西的國旗是三色旗，藍色則代表著蔚藍的天空，綠色代表著森林（巴西的森林覆蓋率高達 60% 以上），而黃色則代表著礦產。

中國的許多鐵礦石來自巴西。在 2018 年大選期間，總統候選人博索納羅為此指責中國「不是在購買巴西的產品，而是購買整個巴西」，以此煽動巴西的民粹主義情緒。博索納羅也成為幾十年來第一位訪問台灣的巴西總統候選人。不過他上任以後，在多次場合表示要發展中巴關係。所以，在黨派輪流坐莊的國家，太看重競選語言也容易出現政策誤判。

巴西人熱情似火，「娛樂至死」。每年 2 月底到 3 月初都要在里約熱內盧舉辦狂歡節。不論性別、年齡、性格、出身，都會隨著遊行隊伍又蹦又跳，桑巴的性感與狂放讓一切煩惱拋諸腦後。

巴西的土壤呈酸性，整個國家的女性比例占多，男女比例大約是 97

比 103，許多家庭都發生「中年危機」，重組家庭十分普遍，對正處於青春期的孩子成長極為不利，許多學生輟學，犯罪率居高不下。

跟巴西人約會，準時並不重要，重要的是要快樂，「只有快樂的時候才是相見的最佳時刻」，至少要喝上幾杯咖啡才算刺激。與巴西人聊天，絕對不要表現出迷茫，否則他們會滔滔不絕，直到你有了滿意的答案。巴西人是「月光族」，沙灘、美女、比基尼是巴西風景照的標配。生命的狂歡在這裡體現得淋漓盡致。

中國人常講樂極生悲，這在近年的巴西得到了印證。上個世紀 70 年代就達到了中等收入水準，但是至今還在陷阱之中而無法自拔。1985 年巴西結束了軍人執政，從此進入了所謂民主時代。但不成熟的民主體制也讓巴西付出了沉重的代價。

在盧拉執政期間（2003 年至 2010 年底），巴西人算是享受到了難得的好時光。盧拉放棄了新自由主義經濟政策，大力增加出口，加大基礎設施建設，努力解決教育、就業、住房、貧富懸殊等問題，對華也十分友好。

2007 年，石油和鐵礦石價格達到了歷史巔峰，巴西的收入有了大幅度提高。此間，工人的福利也得到了巨大改善，甚至超出了國家的承受力，為後來的巴西危機埋下了禍根。

2011 年執政的羅塞夫運氣不再。美國金融危機在全球發酵，石油和鐵礦石的價格迅速走低，為了滿足高福利而不得不強征高稅率，導致大量外資抽逃，工廠倒閉。2014 年，巴西 GDP 增長為 -3.5%。這一年，巴西的通貨膨脹率達到了 10.4%，主權評級為 BB，淪為垃圾級。巴西貨幣雷亞爾在其後的一年半時間裡跌幅高達 70%。巴西的基準利率達 14.25%。

金磚之父奧尼爾指出，如果未來幾年巴西沒有起色的話，2020 年將被踢出「金磚國家」。巴西的亂象令人揪心，金磚失色。主要原因是，這些年來巴西選票與福利制度掛鉤，退休金標準過高，過去 10 年，巴西退

休金金額增長了近90%，政府開支不堪重負。工會的力量過於強大，極大抑制了企業發展的積極性。

英國《經濟學人》雜誌指出，在市場經濟不發達、民主和法制不完善的國家，民粹主義更像一個炸藥，要麼產生暴君，要麼出現暴亂。

2016年的里約奧運會讓巴西的形象在中國人心目中大打折扣。總統羅塞夫以挪用資金罪被罷免，儘管她一再辯解這是一場「司法政變」，但是下野之時的支持率從2010年的70%下降到2015年的8%，令人唏噓不已。

讓中國人感到意外的是，巴西對中國人沒有想像的熱情。特別在中國人喜愛的排球比賽中，還不時出現對中國隊的噓聲。其實許多人不明白的是，巴西的日本裔很多，在當年中日關係緊張的時刻，這些人不可能站在中國隊一邊。

據史料記載，巴西19世紀末曾與清政府談判，計劃移民100萬人到巴西從事農業生產。但大清帝國的官員回答道，「華人入海，非盜則奸」。後來，這位官員到了日本，於是1895年簽訂了《日巴通商友好條約》，分三次大規模移民，一共去了20多萬人。

經過近一個世紀的繁衍，加上重視教育，日本人早已從農奴變成了中產階級，現在人數已經達到170多萬人。有些人進入了巴西內閣，多名議員也是日本裔。

在萬眾矚目的時刻，巴西在全世界面前丟了醜。羅塞夫總統被停職，由代理總統特梅爾主持奧運會開幕式。面對經濟的蕭條和社會治安狀況的持續惡化，經過這幾年的折騰，巴西人厭倦了政壇的貪污腐敗，厭倦了黨爭，厭倦了官員們的陳詞濫調，反傳統、反精英成為2018年大選的主色調。

正像一些學者所指出的，巴西民眾雖不明白自己贊成什麼，但很清楚自己反對什麼，希望政壇出現新面孔，為巴西帶來新變革、新氣象。

2018年博索納羅的當選，標誌著巴西左翼政治時代的結束，開啟了

巴西右翼的新時代。博索納羅有「巴西特朗普」之稱,不僅因為博索納羅提出了「巴西利益高於一切」的口號,而且在個人社交網頁中,毫不掩飾自己對特朗普的崇拜。

博索納羅支援國家干預和控制一些戰略性企業,特別涉及到巴西國家石油公司和電力公司等國有企業。軍人出身的他更加強調民族主義,他甚至揚言,必要時可實行軍管,此話不僅沒有引反感,反而贏得了許多巴西人的掌聲。

巴西是拉美政治的風向標,曾是拉美左翼運動的一面旗幟,長期與美國關係不和。而在博索納羅的領導之下,這一切正在改變。2018 年 11 月,國家安全事務助理博爾頓與博索納羅會面,兩人就貿易和安全合作進行了討論。博爾頓稱讚「博索納羅是一位志同道合的領導人」。

在貿易問題上,博與特朗普一樣,持反全球化的立場。在中東問題上,支持以色列把首都遷往耶魯撒冷。在氣候變化問題上,認為環保主義者阻礙巴西的雨林開發。在種族問題上,對女性多有歧視。2015 年他曾對一個女議員說,「你長得太醜,沒有強姦你的欲望」,引起輿論大嘩。

圍繞亞馬遜雨林大火,他與法國總統馬克龍爆發了一場口水仗。七國集團首腦會議的東道主竭力主張把亞馬遜大火作為峰會的議題,引起了博索納羅的反感。

據報導,今年巴西的火災已經高達 8.7 萬多起,且有蔓延之勢。全世界的大氧倉正有可能變為「二氧化碳倉」。

8 月 30 日,博索納羅讓他的兒子率領代表團訪美,希望從美方得到緊急援助,以儘快撲滅這場燃燒了幾十天的雨林大火。前一陣子,博索納羅舉賢不避親,公開徵召自己的兒子到華盛頓出任大使,理由是他與特朗普的兒子是好朋友,這樣做便與特朗普政府進行有效溝通。

由於博索納羅在環境方面的不友好言行引起環保主義者的反感。尤其

是前不久，他炒掉了巴西國家空間研究所所長加爾旺，指斥他唱衰巴西，發表的雨林數據造假。這家研究所早前公布的衛星資料顯示，當地亞馬遜熱帶雨林的樹木數量在過去一年大幅減少。僅今年 6 月便損失達 920 平方公里，比去年同期多 88%。

有分析認為，博索納羅在大選中獲得了主張開發亞馬遜的農業界主持。他以發展經濟為名，縱容亞馬遜雨林濫伐。

英國《衛報》呼籲歐盟將亞馬遜雨林的保育議題，納入與南美多國的自由貿易協定談判中。挪威和德國政府先後宣布凍結對巴西熱帶雨林的捐款。針對挪威政府之舉，博索納羅說，「挪威本身有獵殺鯨魚的陋習，不能成為巴西的榜樣」；「巴西不需要德國的資金來保護亞馬遜。」博索納羅昨天更是表示，歐洲在環境問題上沒有資格指導巴西。

毫無疑問，亞馬遜雨林大火與這裡的農牧業開發脫不了干係。這場大火雖然發生在亞馬遜，但其實我們每個人都是受害者。自打特朗普開打貿易戰以來，美國的大豆出口出現了很大困難。一邊是堆積如山的美國大豆，一邊是巴西急於開墾林地種植大豆或飼養牛羊。

中國往年從美國進口的大豆高達 3200 多萬噸，讓美國農民賺得盆盈缽滿，而巴西年產量達到了 1.1 億噸，而出口高達 6700 萬噸，是巴西重要的外匯來源。由於特朗普破壞了全球貿易及產業鏈，必然導致中國對南美農產品的需求增加，客觀上對亞馬遜雨林的開發起到刺激作用。

人類只有一個「地球之肺」。從這場雨林大火中，我們再一次感受到樹立「人類命運共同體」意識的重要性。雖然這場大火灼傷了「地球之肺」，但若能真正觸動我們的靈魂，這塊傷痕或許還能修復。

就像去年巴西國家博物館的一場大火，雖然毀掉了大部分藏品，但美洲祖母「露西亞」（距今 1.1 萬年的頭骨化石）卻逃過一劫。這是否在冥冥之中警告巴西，不要忘記我們從哪里來，又將把我們引向何方？

澳大利亞人或淪為「氣候難民」

2020 年 1 月 17 日

　　如果說 2019 年是街頭抗議年的話，那麼 2020 年世界氣候變化問題或將變得炙手可熱。不僅因為澳大利亞的跨年大火至今還在燃燒，過火面積超過 10 萬平方公里。更嚴重的是，大火帶來的蝴蝶效應正向全球擴散，這場生態空難對人類的傷害僅僅是個開始。

　　據報導，澳大利亞山火的煙霧已經到達巴西、阿根廷等拉美國家，繼續向東環繞地球一周，不久又會重回澳大利亞上空。美國宇航局發布的監測資料及宇航員傳回的澳大利亞鳥瞰圖令人觸目驚心。這兩天，大火隨著雨季的到來雖有所緩解，但另一個問題接踵而至。據報導，澳大利亞即將面臨特大洪水的考驗。

　　自去年 9 月以來，澳大利亞東部山火蔓延開來，至今超過四個月，已造成至少 29 人死亡，五億多隻動物消失，一些物種瀕臨滅絕。毫不誇張地說，這是 21 世紀以來最嚴重的森林大火，釀成的災難需要幾十年才能得以修復。

　　澳大利亞東部地區的乾旱始於 2017 年。儘管澳大利亞當局竭力否認這場大火與氣候變化存在關聯，但英國氣象局哈德利中心的專家貝茨認為，「氣候變化提高了全球發生林火的風險。森林火災確實會自然發生，但氣候變化使這變得更嚴重，範圍更廣」。一些專家警告，隨著地球氣溫的升高，澳大利亞將會變得更熱、更旱，甚至不再適應人類居住，這些居民有可能淪為「氣候難民」。

　　如果說「數字難民」只是讓我們在信息世界中變得不方便、人與人之間缺少了思想碰撞的話，而一旦變成「氣候難民」，將意味著我們無家可歸。世界經濟論壇 1 月 15 日在倫敦發表了 2020 年全球風險報告，新年伊

始就把氣候變化問題推高到了一個新維度。展望未來 10 年全球五大風險，居然這些風險均與環境有關。即極端天氣、減緩和適應氣候變化措施的失敗、重大自然災難、生物多樣性受損和生態系統崩塌、人為環境破壞等五大類。

報告呼籲國際社會需儘快做出反應，才能避免氣候變化帶來的最壞和不可逆的影響。這是世界經濟論壇第 15 次發布全球風險報告。在白雪皚皚的達沃斯舉行年會，一直被批評人士斥為乘坐私人飛機的精英們欣賞雪景的「空談俱樂部」，但論壇總經理蒙克辯解道，多數參會者是從蘇黎世搭火車來的。面斥各國領導人的瑞典女孩通貝里也將第二次出現在達沃斯會場，不知道她會不會與退出《巴黎氣候變化協定》的特朗普再一次怒目而視？

近些年來，隨著人們生活水準的提高，人們對環境的要求及敏感度越來越高。儘管澳大利亞有輿論渲染中國部分民眾對澳大利亞山火「幸災樂禍」，但抹黑中國的言論與事實不符。對於經歷過大興安嶺火災及前些年重污染天氣的中國人來說，此情此景我們感同身受。雖然中國與澳大利亞分處南北半球，但畢竟人類只有一個地球，天下同此涼熱，沒有例外。

一些專家批評澳大利亞政府為了追求經濟增長，拼命開採礦產，導致環境惡化。「只要澳大利亞政府願意為民眾做事，而非為少數幾個煤炭大亨效力」，澳大利亞的減排努力就會邁出一大步。一些媒體甚至把澳大利亞山火與中國聯繫起來，認為中國對澳的大量煤炭需求導致該國環境惡化，呼籲減少對中國的出口。

在這個世界上，尤其是 21 世紀第二個 10 年以來，什麼事情都能與中國扯上關係。西方世界對中國的焦慮和恐懼已經到了病態的程度。美國把貿易逆差的存在歸咎於中國的傾銷；把巴西亞馬遜雨林的大火歸咎於中國購買那裡的大豆，刺激當地農民燒荒種植；台灣地方領導人的選舉、香港

的動盪，只要把矛頭對準北京，總能製造「羊群效應」，世界跟風者不在少數。這是西方世界價值觀的本能反映，恐中反華成為他們共同的思想交集，這種邏輯植根於大腦變得根深蒂固，在相當長時期內都難以糾偏。

從貿易糾紛的唇槍舌戰，到澳大利亞的熊熊大火，再到台灣和香港的「莫名」街頭怒火，自覺或不自覺地把中國作為替罪羊，這既是兩大制度對抗的表現形式，也是資本主義制度的惰性體現。

就拿澳大利亞來說，一邊是悉尼新年照常施放煙花，一邊是新南威爾士的難民等待救援，真可謂冰火兩重天，冷暖人自知。當記者問澳大利亞總理莫里森為什麼去夏威夷度假？他的回答是，「早前就規劃好了。」

以常態思維應對非常態，救災失去了寶貴的時間之窗，最後只能望天幫忙，這是莫里森遭到廣泛詬病的重要原因。西方體制在應對緊急危機方面暴露出了千瘡百孔，但他們不僅不思改革，卻反其道而行之，為自己的錯誤尋找一切藉口，這不能不是西方世界的群體性悲哀。

冷眼看世界，這樣的例子比比皆是。無論是撲滅森林大火，還是街頭騷亂的怒火，都需要第一時間把它消滅在萌芽狀態。人性都有弱點，經不起社會的複雜考驗。而法治和規則是遏制人性弱點的緊箍咒。

一旦人性的弱點被盡情釋放，其結果猶如打開潘朵拉的魔盒。當社會習慣於常態思維和常態管理並形成思維定勢的時候，它也就失去了非常時期的應急反應能力，離整個社會的沉淪和崩塌也就不遠了。

環境問題的世界性，決定了我們需要強化人類命運共同體的認知。環境危機的迫切性，決定了國際社會決不能以常態思維和定勢來看待這一問題。拯救環境也是拯救我們自己。

由於氣候暖化、冰川融化，乾旱、洪澇等的發生頻率大幅度增加。如果地球溫度上升 1.5 攝氏度，將導致三分之二的冰川在本世紀末消失，尤其是號稱「地球第三極」的喜馬拉雅地區「亞洲水塔」將受到嚴重威脅，

僅這一地區就有超過 16 億人口的生計將深受其害。

　　早在 2008 年，美國高盛集團就發表報告，稱「水資源將成為 21 世紀的石油」，一些國家或被迫為水而戰。與傳統威脅相比，氣候變化是人類面臨的非傳統安全威脅。水資源的減少將直接導致糧食產量的下降，進一步激化國內矛盾，貧困加劇，引發地緣衝突。

　　可以預料，碳排放指標越來越成為全球性緊缺資源和生產要素，將引發全球碳交易機制和經濟貿易規則等變革，從而影響各國間競爭要素的變化，進而影響國家間的博弈和力量對比，這也是百年變局的一大變量。從這個意義上說，環境問題的戰略性將進一步凸顯。

　　澳大利亞的山火漸漸熄滅，但那裡人們的怒火卻無法平熄，民眾拒絕接受莫里森的道歉。據最新民調顯示，59% 的澳大利亞人對莫里森的執政不滿意。看來，給這位總理糾偏的時間已經不多，否則選民用腳投票將是必然的選擇。

特朗普訪印　又想打中國牌

2020 年 2 月 26 日

　　為期兩天的特朗普印度之旅於 25 日匆匆結束。雙方簽署了多項合作備忘錄以及軍售協定，印度將向美國購買超過 30 億美元的軍用直升機，包括 24 架 MH60 羅密歐直升機及 6 架 AH64E 阿帕奇直升機。兩國還簽署了三份諒解備忘錄，分別針對精神健康、藥品安全和能源合作等問題。特朗普還在會談中不指名地批評了某國 5G 技術成為「壓迫和審查的工具」。

　　在中國忙於抗疫的時候，美印兩國首腦之間的密切互動，難免讓人產生地緣政治的聯想。與中美俄、中美歐、中美日等三角關係相比，中美印關係的戰略性這幾年明顯上升。不僅因為中國是美印兩國共同的防範對象，更重要的是，美國加大了拉攏印度的力度，讓這個以「不結盟」為自豪、追求「戰略自主」的南亞大國存在著外交失衡的巨大風險。是繼續當「不結盟運動」的旗手，還是變成美遏華戰略的一枚棋子？在很程度上考驗著印度外交政策的定力。

　　去年 9 月莫迪訪美，特朗普在得州休士敦的一家橄欖球體育場，為其搞了一場有五萬人參加的歡迎活動，向印裔展示兩國的友誼。雖然特朗普的反移民政策在印裔中沒有什麼好印象，況且這些年來，印裔大多數人是民主黨的支持者，但特朗普不放過任何爭取這批選民的機會。

　　特朗普強調，抬高移民的門檻有利於擁有很高技術含量的印度人移民美國，這種利好不應被印裔所誤讀。美印兩國首腦在體育場內相互吹捧，把這場高訪活動變成了特朗普的一次競選集會，希望讓全美 400 萬印度裔在大選中調轉槍口對準民主黨人。

　　這種盛大場面是特朗普非常喜歡的，莫迪深諳此道。2 月 24 日，他在一個能容納 12 萬人的艾哈邁德巴德板球體育場，為特朗普舉行了更大

規模的「歡迎儀式」，這裡儼然成了美國大選集會的海外專場。特朗普借此可以向世界證明，不僅他在美國受到越來越多的歡迎，在世界其他地區也同樣能獲得雷鳴般的掌聲。

不過掌聲也有戛然而止的時候。特朗普對著 11 萬觀眾講，他不僅熱愛印度人民、尊重印度人民，而且與巴基斯坦的關係也很好，會場頓時鴉雀無聲。如夢方醒的印度聽眾總算回過味來，原來特朗普口中的「熱愛」一詞是如此廉價，這讓不少與巴基斯坦不共戴天的印度人大失所望。在印度人看來，當著主人的面大談美國與「敵人」的關係之好，完全不把印度放在眼里，所謂的印美「全球夥伴關係」，根本找不到平等相處的影子。

其實，特朗普不僅在印巴之間玩起了語言藝術，在中印之間何嘗不是玩地緣政治的遊戲？美著名中國問題專家哈里·哈丁多年前曾對中美印三角關係作過形象的比喻：「美國對待中印兩國，就像一頓豐盛的餐食，既要有印度咖喱，也要有北京烤鴨。」美國隨時可以做出某種選擇為其戰略利益服務。

時過境遷，中美印三角關係如今發生了許多微妙變化。在美國人的眼中，印度當下處於誘拉的位置，而中國則成為被打壓的對象。不同的定位也就有了不同的外交政策。一些政治預言家們指出，南亞現有格局唯一的解釋就是今日印度尚沒有對美國構成現實威脅。如果將來這種潛在的威脅化為現實的時候，印度同樣會面臨中國當下的處境。

中印兩國同為發展中大國，在上個世紀 50 年代，幾乎處於同一起跑線，甚至印度還略微領先中國一個身段。但 70 年過去，中國甩開印度不止一條街，讓其心有不甘。自「洞朗事件」之後，中印關係總體呈上升勢頭。尤其是印度加入上合組織，中印首腦在在金磚機制和中俄印三國定期會晤安排下有了更多的戰略溝通和交流。2018 年兩國元首的武漢「東湖漫步」，將雙邊關係推向了新高度。

但中印關係的發展既有歷史因素的掣肘，也受現實政治的制約。尤其是印度對中國「一帶一路」倡議頗多微詞，時不時還打打西藏牌。中印關係的結構性矛盾週期性出現，為美國在中印之間打下楔子提供了契機。

自 2011 年美國拋出「亞太再平衡」戰略、視中國為主要戰略遏制對象以來，印度在美國國家安全戰略中的地位陡升。從冷戰時期的對印忽視到新時期對印度的戰略期待，使長期邊緣化的印度受寵若驚。尤其是美國國家情報委員會在多篇報告中預測，2030 年前後，印度將與中、美共同構成世界的前三甲，更是讓印度的自信心大增。美國印太戰略的提出是在一個「合適的時點」、迎合了印度的「東向戰略」。

特朗普上任以後，美進一步完善了印太戰略，2018 年美國防部直接把亞太司令部改成了印太司令部，將印度涵蓋其中。美印雙邊還達成了「共用軍事基地的協議」，去年進行了大規模的聯合軍演；印度成了美國軍火的大買家，這一切讓特朗普喜不自禁。

美國是印度第一大出口對象，也是第二大進口夥伴。2018 年美印商品和服務貿易總額達到 1421 億美元，其中商品進出口額為 875.3 億美元。穩定印美貿易關係自然是莫迪的重要考量。不過，翻臉不認人的特朗普還是取消了對印貿易優惠措施，指責印度是「全球關稅之王」，對印鋼、鋁產品開徵高額關稅，讓莫迪非常尷尬。莫迪希望通過特朗普此訪，加深兩人的私人感情，在關稅問題上能網開一面。但顯然雙方火候未到，只能把貿易協定擱到一邊。

儘管莫迪努力討好特朗普，但這位商人出身的總統寸步不讓。外患難除，莫迪在國內的日子也不好過。他推行的商品與服務稅改革（GST 稅改）飽受爭議、族群衝突也頻頻爆發。尤其是去年底推行的公民身份改革方案，將穆斯林排除在外，引發大規模騷亂，至今未能完全平息。

中國是世界上最大的發展中國家，印度被西方定義為最大的民主國

家。但民主不能當飯吃，13億人口的發展問題終究是一個巨大挑戰，也不是特朗普在體育場內對印度的幾句吹捧就能解決的。特朗普與莫迪無疑都是當今世界政壇中的強勢領導人，中國也正在實現中華民族復興的強國夢，在追求國家利益的過程中，難免會遇到正面甚至是激烈的競爭。

印度的崛起，中國樂觀其成。最近印度對華搞了幾個小動作，姑且算作是莫迪給特朗普的見面禮，可以理解為策略層面的小技巧。但印度崛起與中國崛起一樣，是一個戰略性課題，不是靠雕蟲小技就能實現的。希望印度在這過程中不要迷失自我，在中美印大三角關係中保持平衡和「戰略自主」至關重要。

為中印邊界爭執降降溫

2020 年 9 月 10 日

中印邊界爭執最近一直高燒不退，成為各路媒體炒作的焦點，兩國軍人互相推搡的視頻不時流出，引發網友熱議，喊打喊殺的聲音不在少數。

這個世界，看熱鬧的人總是不嫌事大。但中印作為直接的當事者，就需要多掂量掂量。特別是印方更要保持頭腦清醒，否則被別人當棋子耍，還在自我陶醉，甚至把中國的忍讓當成軟弱可欺。

今年 6 月，中印雙方士兵在加勒萬河谷展開肉搏戰，印方受傷凍死的士兵不下 20 個。為了顧及印方的感受，中方一直沒有公布死傷者的數字。印方的魯莽過去占不到中國的便宜，今後恐怕也很難撈到什麼好處。雖然中印雙方在此事件之後進行了一系列的交涉，雙方高層也進行了通話，決意通過和平方式解決分歧。但 8 月底以來，雙方邊界爭執再起，印方不打自招，聲稱採取了「先發制人」的措施。9 月 7 日，印方又在班公湖南岸再度非法越界，甚至向中國邊防軍人鳴槍威脅，中國被迫應對。令人擔心的是，印方鳴槍事件，打破了中印邊界 45 年以來沒有槍聲的歷史。儘管這是一次朝天鳴槍，但是其指標意義不言自明，中印雙方達成的「在邊界地區互不使用槍械的協定」被印方單方面破壞，這意味著，如果印方不對前線士兵加以約束和管制，雙方隨時都有可能擦槍走火。

中印兩國邊界問題由來由已久，這也是英國殖民統治印度期間給中印關係留下的禍根。在東段地區，英屬印度外務秘書麥克馬洪私自劃定一條印度與西藏之間的分界線，由於當時的袁世凱政府不承認這條邊界，也沒有正式簽署這個協定，所以根本不具國際法效力。西段地區由印度測量員約翰遜 19 世紀中時繪製，私自將中國阿克賽欽地區 3 萬多平方公里的土地劃給了英屬印度，這是中印西段領土爭執的歷史由來。

　　上個世紀 50 年代，中印關係曾得到良好發展，雙方還在萬隆會議上共同宣導「和平共處五項原則」，成為發展中國家關係的典範。但印度總理尼赫魯的戰略野心不斷膨脹，企圖在西藏問題上搞小動作，並加強對我藏南地區的實際控制。達賴出逃後還在印度建立了「流亡政府」。中方一忍再忍，直到出現「美蘇古巴導彈危機」的機遇之窗。

　　1962 年 10 月 20 日，中方一舉拿下被印方蠶食的據點，並很快撤回，客觀上形成了印度在東段、中方在阿克賽欽地區的各自優勢。據解密的 1962 年 7 月 18 日美國駐香港總領事館發給美國國務院的一份密電顯示，「總體而言，北京在中印邊界爭端中的態度是防禦性的，但為了維持其戰略位置，北京決意不惜冒著敵意升高的風險」。可見，美國對中國可能對印發動自衛反擊戰是有所預判的。但戰爭真正打起來後，美國還是感到「猝不及防」。中國軍隊在四五天之內就徹底擊潰了印軍，令美方大為震驚。印方緊急向美方求援，13 天后，即 11 月 3 日，印方收到了美國第一批軍事援助物資。美方對這場戰爭的評價是，「中國在這場邊界戰爭中展示出來的軍事和外交技巧讓肯尼迪政府意識到，中國已經從暫時的經濟衰退中恢復過來，正在迅速成為一個強大的敵人，且是具有嫻熟政治技巧的對手」。美國決策者坦承，「中印邊界戰爭是中國統合軍事政治和心理手段來執行服從於政治目的的、單一的、有限的、有紀律的、受控的軍事行動傑作」。

　　中印邊界問題一直是雙方關係發展的重大障礙。兩國漫長的邊境只有實控線，有些地區形成了犬牙交錯的地理結構，邊境巡邏時兩軍相遇是常態。2003 年印度總理瓦傑帕伊訪華之後，中印關係的改善進入了快車道，雙方為此成立了中印邊界問題特別代表會晤機制，專門由兩國副總理級別的代表定期舉行會晤。2005 年雙方還簽署了《解決中印邊界問題政治指導原則的協定》。2006 年 7 月，中印重新開放乃堆拉山口。筆者有幸到

訪此地，對那裡良好的植被留下了深刻印象。

俗話說，朋友可以選擇，鄰居無法搬動。富鄰、安鄰、睦鄰是中國處理周邊國家關係的國策。近年來，中印關係的戰略性、重要性上升。但隨著世界對印度關注的加大及對印度的吹捧，讓印度自覺或不自覺地膨脹起來。特別是美國推行「印太戰略」之後，印度的地緣戰略地位進一步凸顯。美國加大了對印的拉攏，希望其成為遏華的重要一環。雖然印度對此有所顧慮，擔心這樣做有損其「不結盟政策」，但近幾年來，印度經不住誘惑，半推半就地加入到美日澳印四邊安全同盟機制的商討之中，「亞洲小北約」隱然成形。特別是中方推出「一帶一路」倡議之後，印對華的抵觸情緒上升。去年底，印方正式拒絕簽署 RCEP（區域全面經濟夥伴關係協定）談判，使中印雙方的摩擦點逐漸增多。

政治強人莫迪上台，一方面希望加強中印關係，為其經濟振興提供助力，另一方面也助推了印度民族主義情緒上升，成為其執政的一大包袱。新冠疫情發生以來，莫迪也曾模仿中國進行封城，並喊出了「今天不封21 天，印度就會倒退 21 年」的口號。但封城也需要實力，對於 13 億人口、號稱最大民主國家的印度來說，根本無法做到令行禁止，莫迪被迫採取解封措施，令疫情進一步失控。現如今感染人數超過 400 萬，死亡人數突破7 萬，成為名副其實的世界第二。

美國對中國的打壓，讓印度看到了自身的軟肋。投機主義色彩濃厚的印度被迫選擇站到美國一邊。特朗普與莫迪的互動不斷，雙方也玩起互相吹捧的把戲。甚至在抗疫問題上，兩人爭相向世界表白是「防疫最成功的國家」。看來，在這一點上，特朗普教會了世界很多，莫迪無疑是「最好」的學生之一。

印方近來對華打壓動作不斷，包括禁止中國參與印度 5G 建設及數百個 APP 在印度的應用，算是向特朗普交出的投名狀。但中方始終保持相對

克制的態度。在中印關係處於這麼一個節骨眼上，美國總統特朗普不時表現出強烈的「調解中印之間爭端」的意願，實際上為印度撐腰，希望印度沖在遏制中國的第一線。

中印同為發展中大國，面臨著共同的發展任務。中印做不了戰略夥伴，但至少不要變成敵人，這應當是中印關係需要遵循的底線。從這個意義上說，現在是為中印邊境降降溫的時候了。

放眼全世界，希望我們與印度打一仗的國家肯定不少。與中國打一場代理人戰爭是個別大國的政治設計。從歷史來看，中印之間的邊界問題並不是通過一場戰爭就可以解決，雙方之間的邊界劃分最終還是要回到談判桌上。雖然中印之戰已經過去了 58 年，但戰爭的陰影一直揮之不去。戰爭沒有贏家，包括 21 世紀美國發動的兩場戰爭，讓其消耗了近數萬億美元的費用，至今依然深陷中東的陷阱而不能自拔。

在過去幾十年間，中國發展進程中不乏邊界領土的爭執，但並沒有影響中國改革開放的大局。而在中國向強起來目標挺進過程中，儘管會遇到這樣那樣的溝溝坎坎，但我們最不應該讓邊境衝突或戰爭，打亂甚至中斷中國現代化的進程。今天中國已不是過去的中國，沒有人敢小瞧我們，這種自信未必非要通過戰爭形式表現出來。中國是第二大經濟體，世界對中國的看法也不同於 1962 年，隨著中國綜合國力的上升，中國的塊頭足以讓一些國家心生恐懼。中印一旦開戰，中方取得戰術上的勝利是可以肯定的，但從戰略意義而言，我們未必就是贏家。

地球圍繞大國轉。正像中美關係一樣，中印雙方也要避免誤讀誤判。印度在邊境地區挑事，只不過是他們喜歡小偷小摸的慣性使然，企圖通過這種方式在談判桌上撈點談判資本。一位資深的印度問題專家告訴筆者，印方遠沒有達到全面威脅中國的程度。與尼赫魯相比，莫迪對中國的實力認識更清醒，對發展中印關係持更積極的態度，否則在「洞朗事件」後就

不會有 2018 年武漢首腦會晤。迄今為止，莫迪並沒有發表火上澆油的談話，特別是 8 月 15 日的印度獨立日，莫迪本可以示強，但是他在談到中印邊界問題時一筆帶過，說明印度高層並沒有失去理性。

當年尼赫魯對中國所處的形勢有嚴重誤判，認為中國 1962 年遭遇內憂外患，不會、不敢、不願對印展開反擊。而當下的印度低估中國的可能性不復存在，儘管印有配合美印太戰略的動機，但並沒有失去獨立思考的能力。就莫迪內心而言，他更希望邊界問題儘快安靜下來，可以騰出精力解決疫情等緊迫問題，而不是相反。這幾天印方在邊界地區動作頻頻，或許正是以進為退的策略，如果這樣的邏輯成立，接下來雙方的對峙有望告一段落。這個判斷是否過於樂觀或一廂情願也是見仁見智。但願在冬天到來之際，隨著喜馬拉雅山脈和喀喇崑崙山脈氣溫的下降，中印之間日益升高的緊張溫度也能跟著降下來。畢竟與伐謀、伐交相比，伐兵是最下策，在上述手段沒有窮盡的情況下，中印不宜輕言戰爭，敲下去的釘子永遠都是一個疤痕。

中印邊界衝突中的美國因素

2020 年 9 月 12 日

數天前寫了一篇關於《為中印邊界爭執降降溫》的文章。限於篇幅，有言猶未盡之感。印度雖是中國的鄰國，但對許多中國人來說仍有不少神秘性，總覺得印度人的思維「有點怪」，其行為邏輯更是無法理解。筆者有必要對中印邊界問題的複雜性、敏感性和戰略性作進一步闡述。

主戰派認為，印度是個得寸進尺的國家（據說，印乞丐都是貪婪型的，只要你給出第一個銅板，他會索要第二個，直到拿走你最後一個銅板），有必要瞅準時機予以迎頭痛擊，「打得一拳開，免招百拳來」，這樣至少可以讓中印邊境再穩定幾十年。

其實這是對中印邊界情況的誤解。自 1962 年 10 月中印一戰、中方撤回至傳統實控線之後，中印關係的爭執就從來沒有真正平息過。例如，1967 年乃堆拉炮擊事件、1975 年土倫山口槍擊事件、1986-1987 年桑多洛河軍事對峙事件等；而 2017 年的洞朗事件更是給兩國關係潑了一盆涼水，可見中印通過一場戰爭並不能定乾坤。

中印已不是第一次軍事交手，印對中國的軍事打擊能力有充分的認識。中國當下 GDP 是印度的五倍，其軍事實力與印度不在同一個檔次，更何況印方的武器是個「大雜燴」，主要從世界各國購得。由於印度披著「民主國家」的外衣，自己也是「瓦森納協定」（巴黎統籌委員會的前身）的成員國，不存在先進武器進口的障礙，美國等西方國家也樂得賣給印度，但真正打起仗來，把武器裝備拴在別人的褲腰帶上，其脆弱性可想而知。

1962 年，由於尼赫魯對中國存在嚴重誤判，自恃得到美蘇兩個國家的加持，大力推進邊界「前進政策」，最後被中國打得措手不及，變成了印度國家之恥。印度一部分人雖有心報 1962 年之仇，但種種跡象表明，

印度這個決心還沒有下。從 6 月份加勒萬河谷挑釁之後的死傷救助情況看，印度並沒有做好與中國一戰的充分準備。

中印邊界問題的解決，最終還是要回到談判桌上來。這一代的實力和智慧不足，我們可以等下一代人去解決。在中日關係、中俄關係以及中國與東南亞國家關係問題上，都是採取「擱置爭議」的方式來處理，而不是將領土爭議置於首要位置。

上個世紀五六十年代，中國處於弱勢的時候，可以採取示強的做法，而當下中國綜合國力走強的時候，完全可以適當示弱，尤其不要有咄咄逼人的感覺。在這一點上，全社會的認知存在不小的分岐。今天中國雖已成為第二大經濟體，但離強國的目標還差最後一公里，我們尤其需要用時間換空間，關鍵是不能讓中印戰爭干擾或中斷了中國現代化的進程。因小失大，將是戰略之失。

中印邊界衝突，既有歷史和現實動因的交織，也有內因與外因的相互激蕩。從外因看，中美戰略博弈日趨激烈，印度成了美國設法拉攏的對象，其地緣戰略價值陡升，於是印度的機會主義思想漸成決策者的主流。印度從中美戰略對抗中深深地感受到，與美國叫板，印度難以承受之重。在中美開打貿易戰期間，特朗普也沒有放過印度，雙方之間圍繞關稅問題也吼了幾嗓子，讓印度很沒面子。2019 年 6 月，美國取消印度的特惠制待遇，作為反制，印度也於同月宣布對美國 28 種商品加征報復性關稅，但只是些杏仁、核桃和蘋果等。所以，雙邊均留有餘地。特朗普對印發動貿易戰，更多地是美對印施壓的手法，以此警告印度：如果不聽話，一樣可以用對待華為的手段收拾印度。

在美國的威逼利誘之下，印度最終選擇了同美國站在一邊。特朗普 2 月訪美，與印度簽訂了 30 億美元的軍售協定，中印關係從此進入了快速下降的通道。美國加速與中國脫鉤，並在全世界圍追堵截華為的產品。印

度率先做了示範，禁止華為參與印度的 4G 建設（5G 尚未提上日程），並下架了數十個中國應用程序（APP）。國務卿蓬佩奧以及負責南亞事務的助理國務卿幫辦瓦伊達均在不同場合表示，印度最具潛力承接從中國轉移出來的產能，特別是涉及到對國家安全至關重要的領域，也算是對印度的一種承諾。為此，印方為迎接大規模產業轉移潮的到來，專門辟出地塊，準備打造強大的印度製造業。但產業鏈的形成需要資金流、物流、人流等條件，在交通十分落後的印度，能否成功複製完整產業鏈還是巨大的未知數，但至少美國為印度畫了一張大餅。

一個號稱是世界上最發達的民主國家，一個號稱是世界上最大的民主國家，兩國具有「天然盟友」的特性。美國「拉印製華」與印「傍美遏華」的戰略遙相呼應，美印「全球性的全面戰略夥伴關係」呼之欲出。

從印度內因看，中印邊界紛爭在這個時點出現，既有疫情的催化因素，更是印度內部矛盾的外化表現。如果說外因是變化的條件，而內因則是變化的根據。印敢於在中印邊界屢次衝撞紅線、試探中國底線，反映了印度執政當局的政策冒險性、投機性，也是印度民族主義自我膨脹的結果。

首先，印度需要利用「中國威脅」推動其國家戰略的實現。不少學者傾向認為，中印邊界衝突是莫迪政府為了轉移疫情和社會矛盾的焦點而刻意製造出來的事件。這種說法雖有一定道理，但筆者更願意相信，疫情因素是導致印對華戰略徹底轉向的催化劑，而不是根本原因。突如其來的新冠疫情導致印度供應鏈中斷，特別是印度的關鍵性產業，如汽車、醫藥、手機、電子製造等零部件及原料過分依賴中國的弊端進一步放大，促使印度政府警醒：必須加快完善印度本土的產業鏈，尤其是不能被中國卡住了脖子。更何況，「印度製造」也是莫迪政府的一項戰略追求，是印度「大國夢」的重要組成部分。在這種情況下，印度政府需要製造一種氛圍，把「中國製造」在無需太多壓力下擠出去。

從美國產品「去中國化」的路徑來看，「國家安全」條款是最好用的一張牌。美國除了對中國產品進行 301 條款調查之外，運用最多的就是涉及國家安全的 232 條款，「國家安全」是個筐，什麼東西都可以裝，而且遭遇的法律風險最小。於是印度也模仿美國，通過挑動邊界衝突，煽起「中國威脅」，這樣就可利用印國內的反華情緒，輕而易舉地實現將中國企業趕出去的目的。而 6 月 15 日加勒萬河谷事件發生之後，印反華情緒出現高潮，「抵制中國貨運動」堂而皇之地在印度各地上演。印度政府隨之把中國許多應用程序（APP）下架。可見，這場中印邊界衝突事件大概率是印度自導自演的一場苦肉計，以此加害於中國。

其次，莫迪雖是強勢的領導人，但印度的選舉政治決定了他需要迎合國內的民意。2019 年莫迪靠煽動民族主義情緒，輕鬆贏得連任，也結束了印度多年以來的「懸置議會」格局，人民黨居於多數，進而大大增強莫迪的信心及政策冒險性。印度人民黨的執政歷史雖然短暫，但其群眾基礎的淵源可追溯到 1925 年成立的「國民志願團」，這是一個印度極具保守色彩的右翼組織，追求印度教的絕對主導地位，民族主義情緒濃烈，過去曾參與抵制美國沃爾瑪、亞馬遜等企業在印度的業務，如今他們視中國資本是更大的威脅，如果不及時限制中國的投資及中國商品的湧入，印度本土的製造業將毀於一旦。更重要的是，印度內閣部長中，超過 60% 的人有「國民志願團」的背景，為其推行極端保守的政策提供了組織（幹部）基礎。

人民黨政策的冒險性從該黨第一任總理瓦傑帕伊身上就可以看出。1998 年他上台僅 2 個月，就悍然進行了核試驗，且在致克林頓總統的信中，指責「印度鄰國擁有核武器及幫助另一個鄰國開發核武器」，以此把「中國威脅」作為其擋箭牌。而這一次，人民黨再次煽起「中國威脅」，凸顯其打「中國牌」的戰略考慮。

印度所處的國際大氣候與本國的小氣候，迫使印度放棄了在大國間「左

右逢源」的政策，「戰略自主」曾是印度外交政策的驕傲，也是做一個「有聲有色大國」的法寶，但在美國「印太戰略」的誘惑之下，印自覺或不自覺地充當起美國的打手。印度外長蘇傑生在不同場合表示，「不結盟雖是特定時期的地緣政治術語，但印度永遠不會成為結盟體系的一部分」，但這位當過駐美、駐華大使的首席外交官也同樣說過，「戰略自主就是自主選擇盟友」。在美日澳印四國安全戰略對話機制的建設方面，印度明顯加快了步伐。對話層次也由司局長層面上升到部長級。美印雙方在軍事領域的合作，包括但不限於向印度提供中國邊境局勢衛星資料。繼 2016 年美印簽署軍事後勤保障協定之外，9 月 10 日，印日雙邊也簽署了《相互提供物資勞務協定》，強化軍事支援與協作，這一切都為印度抗衡中國增強了信心。2020 年底美日印澳共同舉行馬拉巴爾軍演的概率大大提高。

2020 年本是中印建交 70 周年。但是雙邊關係卻陷入了低谷，中印關係再次落入地緣政治的窠臼。中國的「一帶一路」戰略與印度的「東向戰略」不是實現無縫銜接，而是發生中烈度的碰撞。印度長期以來把印度洋視為是印度的洋，稱霸南亞，對尼泊爾、斯里蘭卡、馬爾地夫以及不丹等國的友華政權及政策行為予以打壓，使得中印關係中的第三方因素變得更加突出。

9 月 10 日，中印外長借上合組織外長會議之機，進行了雙邊會晤，達成了五點共識，雙方均表達了通過對話解決爭端的意願，不應將分歧變成爭端。但印度軍方與外交部門最近一直在演雙簧，究竟印方能不能知難而退，還需要進一步觀察。

中印同為大國、鄰國以及發展中之國，發展與脫貧才是第一要務，把分歧變爭端不可取，把爭端變成戰爭更不可取。戰略誤判是大國崛起之大忌，充當他國附庸更是戰略失敗。印度想抓住戰略機遇期無可厚非，但與中國對抗肯定不會給印度帶來機遇，相反是印度發展的一大陷阱。莫迪政府當三思而後行。

第四章

約翰遜贏在當下或輸掉英國的未來

戰火猛於巴黎聖母院的大火

2019 年 4 月 18 日

昨天，全世界的報章聚焦於巴黎聖母院的一場大火，對具有歷史象徵意義的巴黎聖母院遭此劫難扼腕嘆息。有人把它與當年法國火燒圓明園聯繫起來，提醒法國人將心比心，中國的歷史傷疤又一次被揭開。比起這次燒掉教堂的一個塔尖，北京的皇家園林燒了整整三天三夜，斷壁殘石如今沉睡在北京的西北郊，讓全體中國人至今難以釋懷。

筆者有限的幾次歐洲遊歷，印象最深的莫過於城堡和教堂了。歐洲曾經引領第一次工業革命，創造了巨額財富，加之對殖民地的大肆掠奪，更是把歐洲的繁華襯托得富麗堂皇。今天的歐洲活在歷史中，法國人對自己的歷史更是自豪有加，對巴黎老城的保護到了無以復加的地步。難怪巴黎有句諺語：「八百年的鬼都能找到自己的家」，可見，拆遷一詞在巴黎的詞典裡沒有任何存在的意義。筆者曾在艾菲爾鐵塔極目遠眺，只見整個巴黎老城零星點綴著幾座塔吊，時間在這裡幾乎停擺。

相較於歐洲歷史與文化的厚重，中華文明的博大精深早已把他們踩在腳下。也許中國的文物太多，保護意識自然也就淡薄不少。與前些年的大拆大建相比，我們的保護意識也在潛移默化中向歐洲看齊。新中國成立七十年來，中國最幸運的莫過於遠離了戰爭，這是對歷史文物的最好呵護。

看看前不久巴西博物館的一場大火，灼傷了多少拉美人的心。這幾年巴西政局動盪，亂象叢生。2016 年奧運會在里約舉行，但居然沒有一位名正言順的總統出席開幕式。阿拉伯文明更是沒有那麼幸運。且不論美國以莫須有的罪名對伊拉克開戰，但就 2011 年美國導演的「阿拉伯之春」，早已變成了不寒而慄的「阿拉伯之冬」。巴黎聖母院的這場意外大火無疑值得同情，但伊拉克摩蘇爾，敘利亞的阿勒頗等歷史名城被戰爭打得遍體

鱗傷，一些珍貴歷史文物毀於一旦，這些故事又向何人訴說？

其實，戰爭對歷史名城的破壞要遠比燒掉巴黎聖母院更值得人類反思。常駐巴黎二十餘年的一位老記者針對馬克龍「在第一時間重建巴黎聖母院」的表態，作出如下回應：「對於法國人來說，需要重建的豈止是巴黎聖母院？」

是啊，法國人需要重建的東西太多，不僅包括聖母院，而且包括法國人對國家前途的信心，更高層次的重建還應當包括對戰爭與和平的理念。

2011 年，法國總統薩爾科齊追隨美國，在利比亞打響了「奧德薩黎明」的第一槍。打爛一個國家如此輕率，卡紮菲之後的利比亞至今還被戰爭和軍閥割據所折磨。有人提出疑問，為什麼 2011 年的中東茉莉花革命，2015 年難民問題才在歐洲集中發酵？其實，他們不知道的是，難民首先逃到了約旦、土耳其等附近地區，後來北上歐洲，則是中東難民人滿為患、被迫外溢的結果。因果報應終於讓歐洲嘗到了苦果。2016 年 4 月 10 日，時任總統奧巴馬在接受福克斯電視訪談中說，自己兩屆總統任期內的最大錯誤是在軍事介入利比亞的善後工作方面「毫無規劃」，稱英國忙於金融危機，薩爾科齊忙於向世界吹噓，把美國的責任摘得乾乾淨淨。

移民與難民問題相互交織，無疑是戰爭的最大後遺症之一。當下法國伊斯蘭人口佔比早已超出 10% 的所謂「臨界點」，法國的伊斯蘭化已經引起了政治學家和社會學家的高度關注。這群高忠誠度的群體在多大程度上改變法國的未來，的確是個令馬克龍內心焦灼的社會大問題，遠比一場明火更加燎人。

這場意外引發的巴黎聖母院大火所造成的損失已無可挽回，但是人為發動的戰爭所引發的對文物和文明的破壞，完全掌握在包括馬克龍在內的未來政治學家們手中。遠離戰爭、遠離破壞，當是若干年後巴黎聖母院鐘聲再次敲響時的第一句禱告詞。

真可謂：意外大火引沉思，古今中外事披離；狼煙遠甚丙丁烈，但願利劍化為犁。

烏克蘭通向西方的路只能繞道莫斯科

2019 年 4 月 22 日

4 月 21 日，烏克蘭舉行總統大選第二輪投票。不出所料，喜劇演員澤連斯基成功當選烏克蘭第六任總統，這個曾經在烏克蘭喜劇《人民公僕》中出演烏克蘭總統的政治素人，居然真的夢想成真，好萊塢完全可以再拍一部電影了，正應驗了《紅樓夢》的一句台詞「假作真時真亦假」。

一位長駐俄羅斯中亞地區的資深記者關先生這樣描述澤連斯基的當選，堪稱入木三分：「舞台多少悲喜劇，喜劇內核是悲劇。人生不是舞台劇，基輔難停是鬧劇。喜劇演員會演戲，俄美爭奪是大戲。澤連斯基接新戲，戲裡戲外非兒戲。」無論是澤連斯基本人弄假成真，還是烏克蘭民眾沉醉於「太虛幻鏡」，走向政治前台的澤連斯基不再是背背台詞那麼簡單，而是要考驗真正的國家治理能力，否則又一個四年，「烏克蘭還是沒戲」。

這幾年來，民粹主義成為世界性浪潮，反建制、反精英成為西方國家的政治時髦。大選中的「黑天鵝」現象頻出，不弄出個政治素人和黑馬那都不叫選舉。2016 年美國這個頭號超級大國就上演了一出大戲，讓政治素人特朗普搶了希拉里的大位。那一次希拉里輸得有點冤枉：一是「通俄門」調查報告披露，特朗普得到了俄羅斯的「神助」。二是希拉里的普選人票比特朗普多了 289 萬張，這可不是一個小數目，但「贏者通吃」的美國總統間接選舉制度葬送了希拉里的大好前程。

特朗普一直不被看好，但他向世界砍下的幾板斧，居然支持率還上升了。特別是在特朗普治下，美國幹了許多過去怯於「政治正確」不敢幹、幹不成的事。

「特朗普效應」在烏克蘭更多地作了正面解讀，烏克蘭民眾期待著澤連斯基這位新人能祛除政壇貪腐的痼疾。由演員出身當上總統的，澤連斯

基不是第一個，但完全是一張政治白紙就登上大位的，他確實樹立了一個新標杆。好萊塢影星里根當年擊敗卡特，成為了美國年紀最大的總統（69歲），這個紀錄最終被71歲的特朗普打破。里根把美國從與蘇聯冷戰的頹勢中拯救出來，帶領美國走出了1979年的世界經濟危機，其大幅度減稅、減少政府干預的政策，深得特朗普的崇拜。但鬥轉星移，時空條件已不比當年，特朗普能不能複製里根時代的輝煌還是一個巨大的未知數。里根的聰明之處是充分發揮周圍智囊的作用，與特朗普動輒解雇內閣大員形成了鮮明對照。另外，大家經常忽略的一點是，里根雖然是演員出身，但是他當過八年加州州長。更何況他在70年代還有過一次競爭總統的失敗經歷，也算是美國政壇上打拚過的老手。

澤連斯基算是地地道道的新「司機」。年初剛剛宣布競選的他，甚至連一個像樣的政綱都沒有，烏克蘭人民完全憑著他在《人民公僕》中所塑造的形象對號入座，把這場選舉當成了兒戲。

本世紀以來，烏克蘭多災多難，經歷了兩次顏色革命，第一次發生在2004年，這起橙色革命沒有死人，但也讓總統候選人尤先科破了相。2014年的第二次「廣場革命」變得非常血腥，美國人在首都基輔搭起了指揮所，給參加遊行的人派發勞務費。馬來西亞航空公司MH17的數百名乘客成了樺式導彈的冤魂，當了美俄爭奪的犧牲品。

親西方的「巧克力大王」波羅申科走馬上任，由於受到俄羅斯的制裁，加之烏克蘭東西部地區嚴重對立與分裂，且深受東部獨立運動的困擾，經濟形勢每況愈下，民眾生活水準急劇下降。人們對波羅申科失望至極，此次選舉只獲得了25%的選票，毫不誇張地說，這樣的支持率無異是對在任總統的一次羞辱。

澤連斯基迎合了民眾對烏克蘭現狀的不滿。但對大國夾縫中求生存的烏克蘭來說，今天的狀態也是歷史的宿命。烏克蘭有心向西，但俄羅斯也

劃出了底線。烏克蘭被形象地稱為「俄國的一隻腳」，可見烏克蘭戰略地位的重要性。想像有一天，當烏克蘭從俄羅斯勢力範圍消失的時候，等於砍掉了俄羅斯這個巨人的一隻腳，從此它再也沒有機會站起來了。順著這個邏輯，只要普京一天在台上，他就不會允許烏克蘭輕易地投入西方的懷抱。如果澤連斯基認識不清這個問題，恐怕這位喜劇演員出身的總統上演一齣悲劇是大概率的事。

俄總理麥德維傑夫第一時間表示，改善俄烏關係的機會之窗已經打開，但俄不會抱有幻想。有人猜測，澤連斯基可能是俄的「第五縱隊」，這種說法有點誇張，但在加入北約的問題上，澤連斯基的表態的確較為謹慎，他稱，謀求加入北約的方針不變，但強調這一重大問題只能通過全民公投來決定。展望未來，究竟他能不能在大國博弈中走出一條「中間道路」，不僅要看電影影員的演技，更重要的是他是否具備雜技演員在俄與西方之間走鋼絲的平衡能力。

真可謂：基輔羅斯本一家，奈何硬摘並蒂瓜；烽煙四起民塗炭，一川污水漂落花。

北約的終結不應只是奢望

2019 年 4 月 7 日

　　這幾天，北約成立七十周年大會在華盛頓召開，少了一些慶祝的氛圍，多了一些齟齬與爭執。不僅因為美國要求盟國增加軍費開支，引發盟國的反感，更重要的是，對北約的未來走向也很難達成共識。一些輿論認為，北約作為冷戰時代的產物，早就完成了歷史使命，特朗普兩年前說的「北約已經過時」並非信口開河。

　　北約是北大西洋公約組織的簡稱，與華約一道構成美蘇兩極對抗時代的兩大軍事集團。隨著蘇聯的解體，華約隨之壽終正寢。但是北約卻以各種理由存在了下來，美國更是以北約之名，繞過安理會發動了多次戰爭，尤其是南斯拉夫戰爭，硬生生地把東歐明珠一分為七。911 事件發生後，美國又促北約轉型，以反恐之名，把北約的部隊部署到中國的家門口——阿富汗。為了建立反華包圍圈，以美國為首的北約一度拉攏俄羅斯，好在克格勃出身的普京保持警覺，頂住了北約的誘惑，繼續加強軍力建設，沒有成為待宰的羔羊。誘拉不成，美國就來硬的一手，加快北約東擴的步伐，進一步壓縮俄羅斯的生存空間。尤其是北約東擴，東歐和中亞國家進退失據，受害深重。當北約的觸角伸向烏克蘭的時候，俄羅斯這隻北極熊再也忍無可忍。

　　想當年，1812 年拿破崙打到基輔的時候，異常興奮地喊到，我已經摸到了俄國大帝的一隻腳。美國戰略家布熱津斯基也曾說過，烏克蘭是歐亞棋盤上的重要地帶，沒有烏克蘭，俄羅斯就不再是一個歐亞帝國。這就不難理解為什麼普京在烏克蘭問題上不惜一切代價，冒著戰爭的風險「收回」克里米亞、確保黑海的出海權，誓死守住俄羅斯的戰略利益底線。

　　這些年來，歐洲盟國盡享美國的軍事保護傘，對俄羅斯的軍事威脅並

不在意，在經濟上更是與俄羅斯保持著曖昧關係，引發美國的不滿，特朗普被沉重的軍事開支壓得喘不過氣來，讓盟國多繳保護費也就順理成章了。前兩天，特朗普在會見記者時表示，中美俄三方下一步要開展減少軍備的談判，把大量的錢用在造武器上，實在沒有必要。

的確高達 7100 多億美元的軍備開支讓美國難以承受，他一直想當個建設總統青史留名，而不是戰爭總統遭人唾棄。把美國的老舊機場、公路、橋樑改造好，也是他上任之初對選民的承諾。但是美國是一個利益集團占主導的國家，特朗普真要裁軍，軍工集團也未必買他的賬。

美國副總統彭斯作為共和黨建制派的領軍人物，自然要捍衛軍工集團大本營的利益，渲染新威脅，凝聚新共識也就成了他天然的使命。4 月 3 日，他在講話中有意將今後的北約任務更多地聚焦於中國，他稱，「北約在今後幾十年裡面對的最艱巨挑戰就是中國的崛起，盟國必須根據這一現實作出調整」。

彭斯的講話充滿了冷戰的余溫，的確有時空倒錯的感覺，連北約秘書長斯托爾滕貝格也不認同。他表示，「對於所有盟國來說，中國正成為一個越來越重要的交易夥伴，我們需要找到一個恰當的平衡」，顯然是給彭斯潑冷水。看來，中國威脅難成共識，反襯著美歐之間的分岐，大西洋越來越寬與其說是一種現象，還不如說是一種發展趨勢。從這個意義上說，北約的消失並非不可想像，歐洲依靠自己的時代或不經意間悄然而至。

「腦死」的北約能否成為美國遏制中國的新工具

2019 年 12 月 4 日

倫敦橋的恐怖襲擊陰影仍未散去，為這次北約七十周年的紀念峰會罩上了不和諧的氛圍。作為東道主的英國首相約翰遜，再過幾天就要經受大選考驗，心思不可能全放在峰會上，他公開要求特朗普與英國大選保持距離，以防特朗普成為自己的「票房毒藥」。

不過，特朗普還是忍不住評論幾句，他說，「在美國，每次有我幫忙站台的候選人都贏了，但這裡的情況不太一樣，所以我決定離選舉遠遠的。我相信，約翰遜非常有能力，能做好首相的工作」。

特朗普的這番話接下來會對英國大選產生什麼影響，約翰遜只能暗地禱告了。與會者擔心，東道主的待客之道及彈劾聽證的怒火，或讓特朗普變得更加難以預測，倫敦峰會任性發洩一下也未可知。

為了擺脫不必要的尷尬，這次首腦會議不打算發表聯合公報，以免被世界作不必要的解讀，「更不能讓普京看笑話」。

具有諷刺意味的是，彰顯團結的倫敦峰會未開，首腦間的罵戰先來。最引人注目的莫過於法國總統的「腦死說」，與 2016 年特朗普的「北約過時論」遙相呼應。只不過，特朗普在同僚的勸說之下已經改口，讓馬克龍的說法「形單影孤」。

特朗普 12 月 3 日早晨會見北約秘書長斯托爾滕貝格前聲稱，「馬克龍的腦死說法對北約是冒犯和無禮的」。他抱怨美國的負擔最重，但在北約內受益最少。特朗普念念不忘來倫敦的一件事情是敦促盟國為北約的防務開支多掏銀子。而另一項重要使命則是勸說盟國坐上美國駕駛的反華戰車，共同打壓華為的 5G 技術。

70 年前成立的北約，旨在防範社會主義國家對歐洲的「侵略」。隨

著社會主義陣營的解體，這個組織非但沒有與華沙條約組織（華約）一樣壽終正寢，相反卻更加肆無忌憚，以非常激進的方式防止俄羅斯東山再起。1994 年北約通過「和平夥伴計劃」，強化與東歐國家的關係，從而為北約東擴邁出了重要一步。

美冷戰理論大師喬治·凱南曾警告過，「北約東擴是致命的戰略錯誤，會產生許多不確定影響」。但時任總統克林頓對這位過氣外交家的警告置若罔聞，1999 年 4 月，在北約成立 50 周年之際，拋出了「聯盟新戰略」，強調主要任務是從集體防禦轉為捍衛共同的價值觀，不僅要應用軍事手段，還將運用政治、經濟、文化等多種方法構築歐洲安全大廈；北約有權對防區外的危機和衝突採取干涉行動。

這項新戰略為當年 3 月繞過聯合國對南聯盟進行軍事侵略提供理論依據。北約打著「人權高於主權」的旗號，發動了對南聯盟的戰爭，並在 1999 年 5 月 8 日，炸毀了中國駐南聯盟大使館。在某種意義上說，北約新戰略實質上變成了干涉他國內政的行動綱領。

這一年北約還進行了第一次東擴，前華約許多成員國加入北約。後又進行了多輪東擴，成員國擴至 29 個，北馬其頓正成為第 30 個履行入約手續的國家。前蘇聯三個波羅的海加盟共和國的加入，把對抗的前沿推至俄羅斯的家門口。直到北約想把烏克蘭納入其中，俄羅斯才強力反擊，讓多米諾骨牌止步。

「911 事件」的第二天，北約即宣布履行北約第五條有關集體自衛的承諾，共同打擊恐怖主義。北約成立的初衷是要求美國保衛歐洲，但具有諷刺意味的是，北約憲章第五條的第一次應用不是針對歐洲盟國，而是用在了美國身上，對美國全球反恐的支持成為北約的共同責任。有評論認為，此舉標誌著北約的使命從最初的 1.0 版本進入到 2.0 版本。

憑心而論，歐洲幫助美國反恐只具象徵意義，畢竟歐洲軍隊還缺乏與

美國軍隊同樣的全球信息搜集、戰略投送及打擊能力。特別是阿富汗實行遠距離的空中打擊，恰恰是歐洲國家最不擅長的。所以通過這次戰爭，有關「北約衰落論」不時泛起。

2003 年，北約接管了國際安全援助部隊的指揮權，在阿軍事人員從最初的 1 萬多人上升至 2007 年的 4 萬多人。奧巴馬上台後迅速增兵，駐阿總人數高達 14 萬人。

基地組織遭到重創，本‧拉登被擊斃，美國的國家安全戰略順勢進行大幅度調整，即將全力反恐轉變為防範傳統大國的崛起。美國重新把中、俄傳統地緣大國視為主要威脅。2008 年的格魯吉亞之戰以及 2014 年俄烏圍繞克里米亞之爭，引起了北約的高度警覺，俄羅斯與西方的國家隨之陷入冰點。

70 年前，北約成員國因共同的敵人走到一起；70 年後的世界，誰是北約的敵人莫衷一是，美國副總統彭斯強調北約在今後幾十年裡面對的最艱巨挑戰是中國的崛起。

但北約秘書長斯托爾滕貝格說，儘管中國崛起改變了全球力量平衡，但北約不希望有新的敵人。雖然美國早在兩年前明確將中國界定中國為「頭號威脅」，但正像世界處於分裂狀態一樣，但美國與盟國在中、俄威脅的認識上有著巨大的差異。

與美國強烈的反俄情緒相比，歐洲與俄羅斯之間存在著加強合作與協調的內在需求。德法對緩和與俄羅斯關係一直抱有強烈的興趣，與美英形成較大溫差。

在對待中國問題上，儘管美國一直這麼誘拉德、法、英，但他們不願意緊追美國，更不願意因此而破壞與中國日益緊密的經濟聯繫，特別是在使用中國 5G 技術方面的表態更是注意保持分寸。

「北約腦死論」讓年輕氣盛的馬克龍成為倫敦峰會的焦點之一。腦死

之說自有其理論依據。第一，北約成員之所以願意跟著美國跑，是美國為大家提供保護傘，接受美國的領導也就心甘情願，這是大西洋兩岸間的默契，但這種默契正在被打破。第二，馬克龍對美國從敘利亞撤軍毫不知情，對土深入敘利亞境內打擊庫爾德民兵的舉措也沒有事先得到通報，對土耳其購買俄製導彈及防禦系統有損北約成員國安全頗有微詞，直指「這是北約內缺乏協調與合作的表現」。

馬克龍在會見北約秘書長時並沒有就此說法道歉，仍堅持認為，「腦死說」是對北約敲響的警鐘。

土耳其總統埃爾多安明確表示，腦死的不是北約，而是馬克龍本人。如果北約不將敘利亞庫爾德民兵列入恐怖主義組織，他將抵制北約波羅的海國家的防衛計劃。雙方立場的針鋒相對，將北約的內部矛盾暴露在陽光之下。

馬克龍敲響的究竟是警鐘還是喪鐘，取決於北約的下一步定位。北約作為一個政治和軍事組織，在世界病得不輕的情況下，究竟是直面全球性問題而大膽改革，還是固守冷戰思維、把中俄作為假想敵，活在自己臆想的世界中，打造所謂的銅牆鐵壁，發動一場新冷戰？

倫敦峰會不發表聯合公報，只是掩蓋了北約內部的分歧，但無法彌合分歧。隨著特朗普政府進一步退向孤立與保守，大西洋兩岸關係將會更加格格不入。

輿論普遍認為，儘管美歐矛盾重重，但北約走進歷史博物館還只是一廂情願，特別是在歐洲尚不能自衛的情況下，有時還不得不委屈一下自己，該掏的保護費還得掏。正像德國總理默克爾所言，「北約迄今為止仍是歐洲防務的最好盾牌」。

白宮和北約秘書長在不同場合均表示，倫敦峰會將會討論中國崛起問題。不過，美國想借倫敦峰會賦能北約，共同參與對華的聯合遏制行動，

可能大大低估了歐洲國家發展對華關係的自主性和獨立性。如果美國一意孤行，只能加劇北約的分裂，加速北約的「腦死亡」，這恐怕也不是「版權所有者」馬克龍本人希望看到的。

北約視中國為威脅還有多久

2019 年 12 月 5 日

北約 70 周年的紀念峰會於 4 日落幕，也讓英國首相約翰遜松了一口氣。畢竟離英國大選只有一周時間，口無遮攔的特朗普究竟會扔出什麼「炸彈」，這是約翰遜無法控制的。好在特朗普還算知趣，對約翰遜的點評「適可而止」。

北約秘書長在會後的新聞發布會上聲稱，這次峰會很成功，但各國首腦的針鋒相對以及特朗普甩袖而去的慍怒還是讓刻意塑造的團結氛圍遜色不少。特朗普雖沒讓東道主約翰遜下不了台，但卻讓法國總統馬克龍、加拿大總理特魯多非常難堪。一個被形容為「無禮、出言不遜」，一個被稱作「兩面人」。可見，特朗普把彈劾的怒火撒到這兩位政治新秀身上。

有些媒體評論道，此次峰會是德國生法國的氣，法國生土耳其和美國的氣，而特朗普生所有人的氣。不僅僅因為 3 日晚宴上特魯多背後拿特朗普尋開心，更讓他糟心的是無法說服盟國接受「中國威脅」。

儘管峰會發表的聲明寫入了「我們認識到中國日益增長的影響力及其國際政策帶來的機遇和挑戰，需要我們聯合應對」。北約秘書長斯托爾滕伯格在會後記者招待會上表示，「北約第一次把中國挑戰列入北約的關切」。但挑戰與威脅並不是同義詞，更何況在挑戰字眼之前還加了「機遇」二字。

聲明重申了盟國相互支持的立場，指出「俄羅斯的侵略性行動以及各種形式的恐怖主義」仍是北約面臨的主要威脅。值得注意的是，這次峰會還批准了一份內部報告，強調「將就如何應付中國崛起，出台一個行動方案」。看得出來，在美國的大力遊說之下，歐洲盟國對中國的不安和戒心也在同步上升，但現在讓歐洲完全站到反華一邊，時機並不成熟。

倫敦峰會猶如一部外交肥皂劇。特朗普把怒火燒向了馬克龍，也是在算歷史的舊賬。兩人的握手再次掰起了手腕，特朗普指責馬克龍，「腦死之說」太過分，他嘲笑法國沒有資格批評北約，「自己的國內問題一大堆，看看黃背心運動，看看一年來法國的經濟表現」。

美國是北約的大腦和指揮中心，「腦死亡」之說顯然是向特朗普表達不滿。在馬克龍看來，美國撤出敘利亞這麼大的事不與盟國商量，土耳其入境攻打敘利亞庫爾德民兵也不事先通知北約成員國，這哪像一個作戰同盟。更何況，土耳其還採購俄羅斯的導彈防禦系統，與北約武器系統不相容。

俄羅斯外交部發言人紮哈羅娃稱，「馬克龍的評價準確定義了目前北約的狀態，可謂是金玉良言」。但土耳其總統埃爾多安對馬克龍的批評不以為然，「腦死的不是北約，而是馬克龍自己」，「作為北約的成員國，不妨礙與俄羅斯交朋友」。再說了，土耳其手裡還有數百萬中東難民，足以讓整個歐洲閉嘴。

想當年，法國總統薩科奇意氣風發，宣布於 2009 年 3 月重返北約軍事一體化機制，法國的「歸隊」成為北約成立 60 周年的最好禮物，當年 4 月就在法國召開了北約成立 60 周年大會。2011 年法國還主導了對利比亞的「奧德賽黎明」行動。

2016 年，奧巴馬在離任前接受福克斯電視台採訪時表示，他八年任期的最大失敗就是對利比亞的戰後安排缺乏規劃，「而薩科奇總統忙著在世界吹噓法國的武器」。盲目追隨美國的薩科齊不僅沒有贏得其好感，反而變成了奧巴馬嘲笑的對象。

如果歷史的時針再撥回上個世紀 60 年代，我們更可清晰窺見「法國民族主義、對大國地位渴求」的基因。

戴高樂總統不滿於美國對北約的壟斷，在爭取美法英「三頭政治」的

努力失敗之後，開始逐步退出北約軍事機構。法國主流觀點認為，蘇聯的威脅在減弱，美國的核安全保護傘可靠性存疑，為避免美國軍事擴張可能帶來的牽連、法國政權的合法性遭受進一步侵蝕，戴高樂毅然於1966年徹底退出北約軍事一體化機構，引發了大西洋關係的一次深刻危機。

由於擺脫了美國的「控制」，法國的獨立自主政策使其在兩大同盟間左右逢源。在戴高樂的推動之下，法蘇關係迅速改善，中法也建立了外交關係，開創了法國外交史上的一段輝煌。

有學者認為，馬克龍的所作所為是「戴高樂主義的復興」。2018年11月，馬克龍就提出了建立「歐洲軍隊」的設想，「我們必須擁有一個自我防衛的歐洲，而不是依賴美國」。而2017年G7峰會之後，默克爾總理也曾有感而發，「歐洲依靠別人的日子在一定程度上已經結束了」。特朗普在北約成員國間討要保護費的做法引起越來越多老歐洲國家的強烈反感。

不過，默克爾還不想與美國撕破臉皮，她批評馬克龍言辭過於激烈，「我理解你對於顛覆性政治的渴望，但我厭倦了收拾殘局，我不得不一次又一次地把你打碎的杯子粘起來，好讓我們一起可以坐下來喝茶」。70年來，德國一直扮演著「將法國往回拽」的角色。默克爾坦言，北約在維護歐洲和平方面發揮了重要作用，「我們欠美國一個人情」。

如果說馬克龍對北約現狀的看法與默克爾存在溫差的話，但在北約未來威脅的認知方面，雙方還是有不少交集。一是主張與俄羅斯對話；二是不主張視中國為北約的新敵人。

在某種意義上說，這次聯合聲明得以發表，很大程度上是妥協的產物。有關中國的表述顯然比美國預期的溫和許多。另外，在北約通訊系統建設問題上，並沒有如特朗普所願、直接點華為的名，而是強調「通訊系統建設（5G）的安全性和彈性」。

對歐盟來說，中國的軍事威脅根本就不存在，經濟上也是機遇大於挑戰。《環球時報》的評論文章指出，「中國議題成不了挽救北約的呼吸機」，可謂一語中的。

這次峰會除了強調俄羅斯和恐怖主義是北約威脅之外，還有一點值得關注，即在海、陸、空、網絡之後，太空作為北約的第五戰場，這將直接影響北約轉型的新角色定位。北約秘書長強調，「各國領導人同意作為一個聯盟共同解決中國崛起問題，我們必須找到一個鼓勵中國參與軍備控制的方法」。言下之意，中國在太空領域的動作已經納入北約的視野。

看來北約應對中國崛起的行動方案，或會細化這方面的內容。把挑戰變為威脅，還有一段距離，北約還會等多久呢？不得不提的一個插曲是，當約翰遜與斯托爾滕伯格在門口迎賓的時候，唯一走錯方向的就是特朗普。這是巧合還是預兆，讓未來的歷史去回答吧。

「英國病」又添新症

2019 年 4 月 4 日

　　近三年來，英國脫歐問題長期霸屏，成了國際題材的最長連續劇，追劇的人患了疲勞症，演劇的人早已厭煩。幾天前，重量級的保守黨議員憤然辭職，以示對議而不決的不滿。一些英國人抱怨，這幫政客只知道否決，但到底贊成什麼，無人知曉。相互否決是當下西方民主的常態，脫歐事件久拖不決，也把英式民主的醜陋暴露無疑，「英國病」中又多了一項拖延症。

　　脫歐問題如此反復，充分反映了英國當下的矛盾心態。一方面昔日的老大呆在歐盟內覺得受了委屈，但真讓她離開又十分難捨。歐盟領導人一再敦促英政府儘快作出決定，給歐盟一個清晰的交代。

　　給雙方的時間已經不多。英再想從歐盟那裡討得多少便宜已經很難。畢竟歐羅巴合眾國的理想不能因為英國的攪局而從此幻滅，歐盟聯邦主義者還再作最後的嘗試，現在遠沒有到與歐盟與歐元說再見的時候。所以，歐盟領導人很清楚，無論如何不能讓英國脫歐的代價變得微不足道，否則會為其他國家開啟惡劣先例，等於是為歐盟一體化進程自掘墳墓。

　　長期以來，英國孤懸大西洋，一直與歐洲大國若即若離，在美國與歐洲大陸之間扮演特殊角色，甚至充當美國的代言人。在長期的猶豫之後，1973 年終於加入歐共體（歐盟前身），但工黨指責保守黨讓步過多，於是 1975 年就退歐問題進行過一次公投，結果是 67% 的人贊成留在歐共體。雖說英法德是歐盟的三駕馬車，但英國對歐盟一體化一直三心二意，甚至拖歐盟的後腿，讓歐元的誕生出現先天缺陷。死守英鎊也是大英帝國的最後基業。

　　2008 年的美國次貸危機在 2009 年變成了歐洲主權債務危機。與美國一樣，金融與地產過度發達的英國難以獨善其身，2011 年 8 月倫敦出現

了幾十年以來最嚴重的騷亂。黑人被槍殺問題只是誘因，其根本原因還是金融危機向政治和社會危機傳導的折射。移民、難民問題與恐怖主義問題相互交織，共同發酵，最後成為壓垮英國身上的最後一根稻草。

反對脫歐的首相卡梅倫把公投變成了一場政治賭博，最後葬送了自己的政治前程。接棒的文翠珊知難而上，把一項自己都不贊成的議題作為她的政治使命，在三次投票未果的情況下，主動提議以首相之位換取國會通過她的脫歐議案，但是議會多數對此無動於衷，直接把文翠珊推到了政治懸崖邊。

英國像雄獅一樣走進 20 世紀，但卻像中風的羔羊走出 20 世紀，這是迄今西方學者對英國最刻薄的描述。的確，21 世紀以來，大英帝國進一步衰落的速度超出了我們的想像。作為第一次工業的引領者，大量的殖民地成為英國工業品的天堂。一些私營企業不思進取，沉緬於培養「紳士風度」。把大筆的財富投入到獵狐、賽馬、高爾夫球，良田變成了球場。英國不僅缺席了第二、第三次工業革命，正在興起的第四次工業革命也找不到英國的蹤影。有人甚至調侃到，具有冒險精神的人去了美國，壞人被流放到澳大利亞，留下來的都是中規中矩、性格趨於保守的人，難怪他們對新技術革命麻木不仁。在被美國取代之後，甘願充當小夥伴，在帝國落日的餘暉中書寫著大國興衰的終曲。

除貴族病之外，英國人眼下又多了拖延症。面對一個已經分裂的英國，誰也承擔不起大不列顛及北愛爾蘭聯合王國被脫歐撕裂的責任。而未來最危險最不願看到的則是蘇格蘭和北愛爾蘭的離心力加劇，不僅帶來混亂的英國，而且是在製造動盪的歐洲，整個國際社會，特別是深陷危機旋渦的歐洲無法承受之重。

真可謂：眾口難說同調詞，河東逆轉為河西，昔日風光難再現，正是英倫無奈時。

不能讓英國脫歐變成拖歐

2019 年 4 月 12 日

　　4 月 11 日，歐盟作出一項艱難決定，再給英國六個月時間，讓英國首相文翠珊有足夠的時間，說服其議會批准與歐盟達成的脫歐協定。

　　六個月太短，六個月太長，不同的人有不同的感受。英強硬脫歐派認為，有必要讓文翠珊趕緊下台，好讓約翰遜（前外相）來領導新內閣，主導接下來的脫歐進程。尤其讓他們不能原諒的是，文翠珊在三次沖關未果的情況下，開始向工黨領袖郝爾彬伸出橄欖枝，這等於拱手把主動權交給工黨。結果很可能朝「挪威模式」演進，即與歐盟同在一關稅區內；而最不希望看到的結果莫過於進行第二次公投。據英國最新民調顯示，約有 54% 左右的人主張留歐，遠超三年前的 48%，一旦二次公投，這些戲碼就得重寫。

　　對於歐盟來說，時間雖有彈性，但脫歐條款具有不容談判的剛性，這也是防止多米諾效應的關鍵一招。在凌晨舉行的記者招待會上，歐洲理事會主席圖斯克希望英國「不要浪費這寶貴的時間」，文翠珊則表示「尋求盡快離開，決不戀棧」。但這只能是她的一廂情願。三次投票都折戟沉沙，現在也是泥菩薩過河，弄不好過段時間與卡梅倫一樣的下場也未可知。

　　眼下的歐洲現狀著實令人堪憂。英國脫歐、法國遭遇「黃背心」包圍，義大利民粹主義色彩濃厚的五星黨走向政治中心，德國面臨「後默克爾時代」，歐洲大國都有一本難念的經，群龍無首，找不著方向。

　　歷史把馬克龍推向了前台，年輕氣盛的他當仁不讓，表現出強烈的領導欲、改革欲。他上任後提出復興歐洲計劃，充當歐洲一體化的火車頭，但操之過急，引發「黃背心」運動，搞得他焦頭爛額。這段時間，他深入鄉間進行對話，拉近了與民眾的距離。浙江義烏商品集散中心黃背心訂單

的增減，將直接影響馬克龍的心情。

此次歐盟領導人雲集布魯塞爾，馬克龍表現出預料中的強硬。此前雖然圖斯克放話可以考慮延長一年，但馬認為，歐盟有許多重要事情要做，不能被英國脫歐所綁架，久拖不決不是解決此問題的好辦法。兩天前，美國對歐盟重啟貿易戰火，無疑讓歐盟雪上加霜。最後給出了六個月的寬限期，算是雙方的一次妥協。

脫歐問題變成了一場英國政壇的政治豪賭。保守黨執著於三年前的輕率，為了一個所謂的公投承諾，置一半英國人民利益於不顧。誰當保守黨的領袖，都要去完成這項看似不可能的任務，對脫歐的執著變成了一場捍衛「英式民主」的面子工程。脫歐問題把英國人的保守、算計與猶豫不決，暴露在世人面前。「沒有更糟，只有更糟」這句話恐是當下英國的最好寫照。

對於英國來說，脫離了歐盟，未必就脫離了苦海。雖然英擺脫了歐盟沉重的財政攤派，但新問題接踵而至。特別是英格蘭中部地區的「鐵鏽地帶」，與美國中部遙相呼應，都是全球化加速背景下的受害者。英國向金融和地產等服務業領域傾斜，導致這些地區的產業空心化，這群失落與迷茫的中下層成為脫歐的堅定支持者。但殘酷的現實是，他們是一群對物價指數最敏感的人，在脫歐後將因關稅增加，需要承受額外15%左右的支出，其生活水準不升反降，預期後果的悖論與他們開了不小的玩笑。加之，歐盟結算中心或將從倫敦轉向法蘭克福和巴黎，世界金融中心不保，金融支柱發生動搖，甚至引發北愛爾蘭和蘇格蘭的脫英獨立運動。

有人預測，這麼折騰下去，大英帝國終有一天要淪為二流國家，雖是笑談，但看看今天的阿根廷，對照一下上個世紀初與美國並駕齊驅的盛況，可見，上帝並不總會眷顧那些裹足不前的民族。

英國脫歐的可能前景依然停在三岔路口：一是換個首相甚至重新大選

儘快了斷；二是比照挪威模式藕斷絲連；三是再搞一次全民公投，徹底回到歐盟懷抱。

「隨它去吧」是當下歐洲經常聽到的聲音。10 月 31 日在西方文化裡是個詭異的節日，英國這一天會給世界呈現什麼魔具，我們正拭目以待。

需要指出的是，脫歐只是歐洲諸多問題的一個表徵。民粹主義幽靈是橫亘在一體化道路上的巨大障礙。歐洲必須經歷一次蛻變，才有可能真正覺醒。不管前面的路有多麼艱難，歐洲不會放棄一體化的努力，尤其不能把脫歐變成了拖歐。我想，這是馬克龍年輕一代的政治願景，也是不會輕易突破的底線。

美英兩國的友誼之船會不會被打翻

2019 年 7 月 9 日

　　特朗普總算在美國國慶日過了一把癮，圓了「閱兵夢」，有美國戰機從頭頂掠過，有代理國防部長埃斯珀、參謀長聯席會議主席鄧福德的陪同，這就夠了，至於空軍、海軍、陸軍部長拒絕出席也無傷大雅。

　　但天公實在不作美，最糟糕的是，大雨把總統演講的提示器淋壞了，以至他在尷尬的 30 秒中作了即興發揮，把 1775 年的美國獨立戰爭說成是一場有飛機參與的「空戰」，美國各大電視台把這段講話重複播放，以此取笑總統的無知。

　　提示器短路，讓特朗普的歷史常識露了餡。不是說好「上帝會保佑我們」的嗎？ 7 月 1 日特朗普在肯尼迪藝術中心為獨立日預熱演講的時候，一直堅信有上帝保佑自己，連美國的鈔票上都印著「我們信仰上帝」（In God We Trust）。「二戰時期的巴頓將軍，在他最艱難的時刻，祈禱的是上帝的救助。」巴頓將祈禱詞印製了數萬份，發給每一位士兵。一天之後，當地風雪果然停止，被困多日的巴頓部隊得以繼續前進。但這一次，特朗普祈禱不來好天氣，不知對特朗普的宗教情結有沒有產生動搖。

　　特朗普入住白宮不久，曾率領主要內閣成員在白宮進行過一次祈禱活動。後來，白宮乾脆給高級內閣成員設立一個《聖經》研讀小組，每週由指定牧師領讀一次。據稱，這是美國政府百年以來第一次舉行如此高規格的學習小組。雖然，特朗普不參加這個小組，但每週都會收到課程筆記。

　　美國在建國之初就確立了政教分離的原則，但宗教觀念對美國行為的實際影響其實很大。美國總統在重大場合演講詞的最後一句話都是清一色的「上帝保佑美國」。如果說華盛頓的天氣不給力的話，加州的天相更是露出不祥之兆。

在美國慶活動開始前，加州發生了 6.4 級地震，好在震中不在人口稠密的城市，大山裡沒住那麼多人，尤其是兩天后又發生了 7.1 級地震，換成任何一個國家，恐怕會有不少傷亡的報導。但美國畢竟是世界上最發達的國家，基礎設施等硬件標準較高。除了幾宗火災，這次地震也算給美國掙了點面子。令特朗普鬱悶的是，國內演講的歷史常識問題還在發酵，現在英國盟友又在添亂。

7 月 7 日英國《每日郵報》報料，英國駐美大使達羅克在發給唐寧街的秘密電報和簡報中稱，「特朗普是一個不稱職、不靠譜、無能的人，白宮經常處於運轉失常狀態，而且特朗普的總統生涯可能會在不光彩的情況下結束」。上個星期，美國前總統卡特質疑特朗普的執政「不合法」，而英國駐美大使質疑其個人執政能力，《紐約時報》專欄作家弗里德曼更是公開在報紙上呼籲不能讓特朗普再幹下去，否則整個美國都要完蛋。看來，與特朗普過不去的人實在不少。隔了一天，特朗普終於憋不住了，在推特中回應道，「這位大使沒有服務好英國」，言下之意是在誤導英國決策。看來，這位大使在華盛頓無法呆下去了，下任英國首相上任的第一件事就是撤換駐美大使。據報導，約翰遜遙遙領先於亨特外相，入主唐寧街只是一步之遙。約翰遜有「小特朗普」之稱，英國前副首相克萊格稱，「約翰遜與特朗普在政治辭典中是同義詞」。

特朗普 6 月訪問英國時，公開稱讚約翰遜最適合當首相，但約翰遜沒同特朗普見面，只是通了一次電話，約翰遜害怕特朗普攪了自己的局，看來與特朗普保持距離是最安全的生存方式。

約翰遜滿頭金髮，口無遮攔，具有民粹主義傾向，在私生活方面有許多新聞，從這個意義上說，約翰遜的確與特朗普有相似之處。但更多的不同是，約翰遜在英國政壇打拚多年，而特朗普是政治素人；約翰遜說話愛引經據典，而特朗普基本上是大白話，語法也不能深究，這也是美國精英

階層不喜歡特朗普的一大原因。他的母校賓夕法尼亞大學沃頓商學院的許多校友以特朗普為恥，認為他能來沃頓讀書完全是拜他老爸的捐款。此外，約翰遜曾對特朗普的反移民政策提出過激烈批評，稱特朗普完全是瘋子的行為，「不配做美國總統」。

特朗普鬧心的事不少，但英國皇家海軍陸戰隊還是給特朗普撑了面子。7月4日，英國皇家海軍根據美國方面的情報，攔截了直穿直布羅陀海峽的伊朗船隻。據報導，這只名為「格雷絲一號」的船隻，萬里迢迢繞道好望角，裝有200萬桶的石油，正前往敘利亞的一家煉油廠。美國方面聲稱，船上還裝有一批武器。伊朗隨即召見英國駐伊朗大使以示抗議，警告其儘快歸還，否則將以牙還牙。伊朗方面明確表示，此船是在國際水域航行，且目的地不是敘利亞。直布羅陀高等法院決定扣留14天再說。在伊朗問題上，這是英國最近一個月內第二次站到美方一邊。

上個月，美國指責伊朗對阿曼灣的兩艘油輪遇襲負責，俄法德日等認為，美國的證據鏈不完整，拒絕接受美國的指控，而英國卻為此附和美國的立場。英國給美國打前戰的做法，深得美國讚賞。美國國家安全事務助理博爾頓稱，英國幹得「非常棒」！

歷史已經反復證明，在中東問題上，得到美國的誇讚並不是一件好事。2003年布萊爾首相附和美國對伊拉克的指控，加入到了美國的「志願者聯盟」，與法德分道揚鑣。但真相是鮑威爾在聯合國出具的化武證據不過是一瓶洗衣粉，布萊爾後來也承認，他參與打擊伊拉克的決定受到美國錯誤情報的誤導，這也是布萊爾一生的遺憾。這次英國脫歐，全歐洲人都不待見英國，只有特朗普多次向英國喊話，要求英國趕緊脫歐，美國馬上就與英國簽訂自貿協定，這究竟是不是美國挖的坑，英國人也是霧裡看花。

文翠珊首相感嘆英國民主政治走進了死胡同。英國即便自己被民主所

困，還不忘對香港問題指手畫腳，結果被中方霸氣回應，英國完全是「自作多情」。

自 1997 年香港回歸之後，中英聯合聲明的使命已經結束。外交部發言人稱，亨特外相「似乎還沉浸在昔日英國殖民者的幻象當中」。

約翰遜即將接過首相之棒，但把英國帶向何方還是巨大的未知數。儘管他放話不惜硬脫歐，但英國的大多數民意並不接受這一點，弄不好又是一個政治犧牲品也未可知。特朗普對「小特朗普」寄予厚望。

英美兩國在政治上如何相互關照，並助推全球範圍的民粹主義浪潮值得高度關注。如今英美都深陷民粹主義的泥潭，兩國都面臨金融業過度發展、實體產業空業化的問題。一邊是華爾街對應倫敦金融中心；一邊是大湖區中西部的鐵銹地帶對應英格蘭中部的產業空心區；兩國既有同病相憐的地方，也有不同的國家利益追求。

從目前看，英國至少還站在多邊主義的一邊。英國對待華為的最終態度將是衡量中英關係的重要晴雨錶。約翰遜最終會作何決定，人們正拭目以待。

前首相帕麥斯頓說過一句話並被邱吉爾引用成經典：「世界上沒有永恆的朋友，也沒有永恆的敵人，只有永恆的國家利益」。中英關係如此，英美關係再特殊，恐怕也難脫這條原則。

英國老狐狸被特朗普揪住了尾巴

2019 年 7 月 11 日

英國駐美大使達洛克辭職了！有點意外，但也在意料之中。畢竟納入到特朗普的法眼，沒有幾個能安身的。特朗普在推特上連續向達洛克開炮，稱其是「愚蠢的傢伙」，「在華盛頓不受歡迎」。

「不受歡迎」在外交中具有特定含義，這等於是特朗普給這位大使下逐客令了。與其呆在華盛頓不受待見，還不如一走了之，給美英關係及時止損也不失為明智的選擇。

特朗普如此生氣，也不能全怪美國總統。畢竟全世界對特朗普的認知還停留在多變、善變和易變及不靠譜這個層次，但達洛克在發回的外交電文中，形容特朗普「無能」、「不稱職」，把對特朗普的評價下拉一個檔次，實在是讓人大跌眼鏡。

英國作為國際舞台長袖善舞的老狐狸，居然因為外交密電的外泄，讓特朗普揪住「尾巴」不放，這個劇本播出來還是讓不少人對英國的治理水準多了幾分疑問。

雖然，《星期日郵報》是英國的一家小報，但有文字、有真相，只不過洩密者對內容進行了剪輯，美國對此深信不疑。

正在美國訪問的貿易大臣福克斯為了息事寧人，趕緊向特朗普的女兒伊萬卡道歉，但從特朗普的後續反應看，美國總統根本不接受這個道歉。尤其令特朗普不快的是，英國政府還在為達洛克辯護，英國需要駐外大使的「開誠佈公」，首相文翠珊還稱讚達洛克「值得信賴」，這讓特朗普顏面掃地。

於是，特朗普遷怒於文翠珊，指責這位首相不聽他的話，把脫歐的事搞得一塌糊塗。「還好，英國馬上就要換新首相了」。《紐約時報》形容

這是特朗普在向文翠珊首相「無禮告別」。英國媒體認為,這是自 1956 年蘇伊士運河事件以來美英關係最差的時期。

美國曾是英國的殖民地,兩國都是盎格魯撒克遜民族的正宗繼承人。特朗普在美國上周的國慶日發表演講時,因提示器短路,總統的大腦也跟著短路,直接把 128 年之後出現的飛機搬到了與英國開打的獨立戰爭場景之中,成了全美國的笑柄。

中國著名社會學家費孝通曾經對美國人的心理作過形象的比喻,稱美國是歐洲「負氣出走的逆子」,既然離家出走,就要用自己的開拓和創造,混出個模樣讓老爸看得起。

美國的制度其實並不是什麼原創,而是開國者們:吸收了歐洲老祖宗制度設計的優點。獨立戰爭之後美國開打內戰,最後終於達成了美國發展方向的共識,讓南方種植園主靠邊站,北方資本主義在廣袤的美洲大地開花結果,「1885 年美國工業生產超過英國,成為世界上最強大的國家」(註:基辛格《大外交》第 21 頁,比中國公認的 1894 年早了近十年)。

但英國沒有選擇與美國開戰,而是選擇接受美國的崛起,把主要精力放在了遏制另一個快速崛起的強國——德國身上。美國在二次世界大戰中,均選擇了站在英國一邊,共同抗擊日爾曼民族的傲慢、無知與狂妄。

但兩次世界大戰也把英國送上了手術台,日漸衰弱的英國(父親)如今只能寄居在美國(兒子)的屋簷下,英美這對特殊關係成為國際關係中一道獨特的風景線。自 1956 年蘇伊士運河事件之後,英國一直扮演著美國政策追隨者的角色,在歐洲儼然成為美國的代言人。

近幾年,美歐關係漸行漸遠,美英關係的縫隙也日益擴大。尤其是在對待氣候變化、中東以及中國崛起等問題上,英國有意與美國拉開距離。

前外相約翰遜入主唐寧街只有一步之遙。他口無遮攔、語不驚人死不休的風格讓許多英國人對他充滿了恐懼。尤其在脫歐問題上,更是讓留歐

派如鯁在喉。

　　這位同樣出生於紐約、不修邊幅、頭髮如雞窩的約翰遜最近收斂了許多。在前天保守黨黨魁之爭的電視辯論中，主持人反復追問如何看待達洛克大使的政治前途。外相亨特迅速表明態度，他若擔任首相，「會讓達洛克留任」。而約翰遜始終顧左右而言他，對達洛克的去留不置可否。

　　工黨發言人稱，約翰遜在達洛克事件上的態度表現得像個美國傀儡，將自己「典當給了美國總統」。

　　作為脫歐的堅定推動者，約翰遜與達洛克不是同路人。達洛克的反脫歐立場顯然不是約翰遜相中、繼續扮演美英連絡人的合適角色。與其達洛克等著被調回，還不如主動辭職，留得個反特朗普鬥士的英名。畢竟特朗普這兩年多次對英國政局指手畫腳的事做得多了，上至首相之位，下至倫敦市長，特朗普對這些人事安排都要發表意見，讓英國人十分尷尬。

　　雖然脫離歐盟後的英國有求於美國，但是特朗普對英國骨子裡透著的不尊重還是讓他們無法接受。文翠珊首相心裡明白，她的下野已經進入倒計時，與特朗普較勁也沒有什麼政治包袱。如果順著特朗普的意願，美國將來會更加肆無忌憚。

　　不過，特朗普對達洛克的不依不饒和睚眥必報的性格特徵，讓人們對特朗普與約翰遜兩人的相處還是捏了一把汗。

　　翻翻舊賬，約翰遜對特朗普在反移民政策上也有過激烈批評，稱特朗普「完全瘋了，表現出驚人的無知，不配做美國總統」。在特朗普訪英期間，這段話還被反特朗普的人士投射到倫敦最著名的建築物大本鐘上。未來特朗普會不會拿約翰遜的這段話說事，也是巨大的未知數。

　　對於約翰遜來說，保守黨的這場辯論對投票結果已無關緊要，緊要的是一邊要解決好脫歐問題，另一邊還得設法修復美英關係。正像宋代詩人楊萬里所寫的，「正入萬山圈子裡，一山放過一山攔」。表面上看，英國

可以擺脫留在歐盟的煩惱，但接著還有更多的問題橫亙在英國人面前。

特朗普已多次向約翰遜送去了橄欖枝，並鼓動英國趕緊離開萬惡的歐盟。特朗普希望約翰遜能坐在副駕駛的位置上，與他一起開著反全球化的民粹主義大船在世界橫衝直撞，但這是英國需要的方式嗎？

過去未去，未來已來。昨天的陽光曬不幹今天的衣裳，不想脫歐的人正在抓狂；美英關係留下了深深的創傷，一走了之的達洛克留下了一地雞毛。離經叛道的約翰遜啊，有人說你是「邪惡、小丑、種族主義的偏執狂！你到底是英國的災星，還是帝國的希望？全世界帶著忐忑，臉上又多了幾分迷茫。

真可謂：不肖員氣闖外邦，功成名就業輝煌；回身指點鬧心事，飛卷黑雲眼迷茫。

約翰遜將英國帶向何方

2019 年 7 月 19 日

「英國像雄獅一樣走進 20 世紀，卻像中風的羔羊走出 20 世紀」。從英國脫歐的一波三折中，英國人的患得患失、優柔寡斷被暴露得一覽無遺。根據保守黨最新民調，約翰遜以超過 70% 的支持率遙遙領先外交大臣亨特，其當選已無任何懸念。

卡梅倫和文翠珊都栽到了保守黨自己挖的坑裡。如果說卡梅倫把脫歐問題付諸公投的魯莽是出於對形勢的誤判，那麼，文翠珊則完全是為了所謂的民主與民意，去完成一項連她自己都不贊成的脫歐事業。她在前兩天的告別演說中，為沒有帶領英國人民成功脫歐而表示遺憾，但至少一半的英國人卻為此慶幸，留在歐盟的夢想在這一刻還沒有徹底幻滅。

約翰遜還有四天才會入駐唐寧街十號，但是英國許多人開始真正擔心起硬脫歐了。約翰遜多次聲稱，無論有無協議，他會帶領英國在 10 月 31 日前離開歐盟。按英國議會慣例，英國女王發表演講前的 1 至 2 周，下議院將提前休會。這就意味著議會在 10 月 31 日歐盟規定的最後脫歐期限前停止運作。於是，7 月 18 日，英國議會下院緊急通過一項法案，旨在阻止下一任英國首相企圖通過暫停議會的方式，強行通過硬脫歐的舉動，這項動議最終以 315 票對 274 票獲得通過。40 名保守黨議員對此投入了贊成票或棄權票，這種反叛行為，被認為是對約翰遜的一大警告，此項決議使新首相推動無協定脫歐的程序變得更加複雜。

在當天投棄權票中，其中有四位是現任內閣成員，包括財政大臣哈蒙德、商業大臣克拉克、司法大臣高科和國際發展大臣斯圖爾特。這是哈蒙德在 22 年的議員生涯中首次倒戈，他還呼籲其他議員不要理會保守黨黨鞭（相當於紀檢負責人）的警告。對於哈蒙德的反叛行為，文翠珊揚言要

罷免哈蒙德作為紀律處分，但她並沒有立即這麼做，估計是把問題交給約翰遜了。哈蒙德及另外四位大臣留在新內閣的機會十分渺茫了。

17 日文翠珊在皇家國際事務研究所發表了據信是離任前的最後一次公開演說。她表示，不妥協的「絕對主義」和民粹主義在英國乃至世界政壇蔓延，形成只有贏家及輸家的政治文化，「認為只要你足夠大聲而持久地強調你的觀點，你最終會達到目的，或者動員你自己的派系，比爭取其他群體更重要。」在面對全球挑戰時，基於集體利益的妥協精神是至關重要的，最好的政治狀態是需要通過說服、合作和願意互相讓步的態度，來達到理想結果。她警告民粹主義及威權主義威脅國際秩序，令政治陷入分裂，呼籲社會妥協，避免趨向兩極化。雖然文翠珊沒有直接點明，但外界普遍猜測，她批評的對象就是約翰遜和特朗普。

文翠珊把未能脫歐歸咎於不願妥協的議員們。她寄望繼任者要處理民眾的真正顧慮，而不是做出無法實現的承諾。她補充說，「相信在有協定的情況下脫離歐盟，仍然是擺脫英國脫歐僵局的最佳途徑」。

「需要妥協」是文翠珊給約翰遜的建議。正像她在決定辭去首相之職引用溫頓爵士的話時所言，「妥協不是骯髒的字眼」。這位在二戰中救助了 669 名兒童逃往倫敦的證券交易員最終選擇了原諒。

7 月 17 日，保守黨黨魁之爭進行了最後一次辯論，約翰遜儼然以勝利者的姿態發表演說和答問，更像是發表自己的施政理念。亨特則完全成了一名提前落敗者，並表示願意在新內閣中擔任職務，但這個願望能否實現就要看約翰遜的心情了。約翰遜表示，文翠珊首相的脫歐協議已死，他會迫使歐盟讓步和同意重新談判，同時他也拒絕支付 390 億歐元的分手費。這話聽起來像是大西洋對岸的特朗普教的。特朗普 6 月訪問英國時就公開表示，根本用不著向歐盟交分手費。

約翰遜在演講中突然高舉一袋醃魚，批評歐盟規則的荒謬。他說，「根

據歐盟規則，每出售一袋醃魚還必須要配上一個冰袋，這種做法不僅增加成本，還破壞環境，更毫無必要」。

4月11日，歐盟將脫歐談判再延長六個月時間。現在，留給約翰遜的時間其實也不多了。新任歐委會主席、德國前國防部長馮德萊恩表示，歐盟可以考慮將英國脫歐的時間後延，算是給約翰遜一個台階。

根據約翰遜自己的說法，在留歐與脫歐問題上，他曾經猶豫徘徊，但在去鄉下調研、苦思冥想之後，他毅然決然地站在了脫歐派一邊。約翰遜無疑是英國政壇的新強人，或掀起新的政治旋風。但形勢比人強。文翠珊曾經也被英國人寄予厚望，甚至一度被稱為「戴卓爾夫人」，但最後的結果是，一個任期都沒有做完就折戟沉沙，飲恨離去。而約翰遜敢打敢拚，在猶豫不決的英國當下，或許是他們期待的類型，殺出一條血路也未不可知。

在許多英國人看來，約翰遜是一個「矛盾綜合體」，既有傳統精英重視人文素養、修辭華麗的一面，也有頭髮亂如雞窩、經常遲到、毒舌嬉皮士的一面。他出版了十四本書，把特朗普完全踩到腳下。他性格狂野，個人私生活緋聞不斷。他在《泰晤士報》當過實習記者，因新聞造假而被總編識破，但《每日電訊報》看中他的才華，毅然把他派往布魯塞爾常駐，他對歐盟竭盡諷刺挖苦之能事，「比起真相來，他更在意如何贏得讀者的心」，他「常年滿足著英國人的集體窺探欲，像永不落幕的肥皂劇」。英國很多人對他既愛又恨。

約翰遜出生於紐約，父親是英國作家、保守黨政治家，良好的家庭背景使他得以在伊頓中學接受教育，同卡梅倫、亨特等人同年進入牛津大學，曾擁有美英雙重國籍，後來主動放棄。他聲稱自己擁有土耳其、猶太、穆斯林、英國、法國等血統。他愛閱讀思考，尤其喜歡古典學。他的婚姻也有更多傳奇。多次的婚外情讓女方墮胎，時任保守派黨魁以「品德問題」

解除其黨內職務，認為他是花花公子。在擔任倫敦市長期間，為了爭奪非婚生女兒而展開了長時間的官司大戰。前不久，與最新戀人的一次爭吵甚至驚動了鄰居而報警，第二天，他又在公開場合秀起了恩愛，這一切都沒有對保守黨的選情帶來不利影響，可見，英國人多麼希望憑藉他的才情、魄力把英國帶出泥潭，道德的門檻在紳士的英國也視如敝屣，這就是當下西方政壇的一個共性。

對「光榮孤立」和「均勢外交」抱有較高熱情的他，是一位與特朗普遙相呼應的民粹主義者，在夕陽西下的大英帝國的落日餘暉中到底能留下多少約翰遜的痕跡，讓我們等待他的最新著作──《如何帶領英國脫歐》。

「英國版特朗普」被誤讀了多少

2019 年 7 月 23 日

7 月 23 日，英國唐寧街十號迎來了新主人，55 歲的約翰遜如願以償地當上英國第 77 任首相。前兩位首相卡梅倫和文翠珊均因脫歐問題而黯然出局。中國有句俗話：事不過三。約翰遜究竟是帶領英國出走歐盟的摩西，還是把英國拖入災難的魔鬼？不同的人有不同的解讀。

約翰遜有「英國版特朗普」之稱，不僅因為兩人都有著金黃色的頭髮，而且都口無遮攔，喜歡拈花惹草，有著寫不完的情史，對民粹主義情有獨鍾，對外展示強硬。但更多的人則認為，把約翰遜稱作「英國版特朗普」是極不公平的，兩人的差別遠遠大於共性。就拿頭髮來說，特朗普永遠是不變的精緻髮型，以致有人懷疑是假髮，為此特朗普在不同場合闢謠，「這是真的」。

而人們從來沒有懷疑過約翰遜的頭髮是假的，因為它亂如雞窩。商家如果生產出這麼一款髮套，估計也就賠慘了。

約翰遜這次當選首相，並不是一次全國性的大選，只是由近 16 萬英國保守黨員投票產生，他獲得了 9.2 萬多張選票，其廣泛性和民主性遭到質疑。但不容忽視的是，約翰遜這一次在保守黨黨魁選舉中一路遙遙領先，幾乎是毫無懸念地勝出，如此一邊倒的現象在近年來的英國政壇並不多見。

喜歡他的人稱讚他「幽默、智慧、有遠見」，討厭他的人批評他是「小丑、騙子和野心家」。

有保守黨人士這樣形容，「如果少了約翰遜，政治就變得太過無趣。」他像永不歇息的肥皂劇，滿足著所有英國人窺偷的好奇心。從此，世界政壇又多了一朵奇葩，國際新聞又多了一些談資。約翰遜的當選在當下的英

國還是「眾望所歸」。

2013 年，英國 BBC 電視台曾播出過《約翰遜——勢不可擋》的專題紀錄片，六年後終於變成了現實。從筆端辛辣的報社記者和專欄作家，到一位受到紀律處分的議員，從特立獨行的倫敦市長變成了口無遮攔的外交大臣，從飽受爭議的脫歐領袖到入主白廳的英國首相。約翰遜的人生之路並不複雜。

作為記者出身的約翰遜，知道如何直擊要害，更知道如何吸引眼球。「比起真相來，他更在乎如何贏得讀者的心，幽默和適當的挖苦是他強有力的武器」。他炮轟前首相文翠珊的脫歐協議，有如「坦泰尼克號」。他又指與歐盟談判有如賽馬，總是要在最後 200 米馬匹才換位，真正協議也總在最後五分鐘才達成。他形容穿著傳統長袍的穆斯林婦女，看起來像是「行走的郵筒」和「銀行劫匪」。

上個世紀 90 年代，他幾次參政失敗後，將目光轉向了電視。在鏡頭面前，他塑造了毒舌、自信的上流社會形象，這為他 2008 年當上倫敦市長打下了基礎。約翰遜喜歡與選民打成一片，以此拉近與基層人民的感情。最著名的就是約翰遜的「脫歐大巴」，當初宣傳脫歐時他曾專門租用一輛巴士車並塗上標語口號到全國各地巡遊。

一位在英國政府服務多年的資深華裔人士曾講述過親身經歷，時任倫敦市長的約翰遜有一年受邀出席倫敦唐人街慶祝活動，當他與一眾官員路過一家華人西餅店的時候，店主向他熱情招手，不料他二話沒說，一個大踏步便走入店內，並接過店主遞上來的西餅看都不看就吃起來，呆在門外的官員面面相覷。約翰遜的親民作風，在許多選民看來，他如此接地氣，不受追捧才會讓人感到意外。

約翰遜家境良好，父親是經濟學博士，在布魯塞爾工作過。約翰遜受訓於伊頓公學，與前總理卡梅倫一同進入牛津大學。他早年擔任《泰晤士

報》社實習記者因造假而被開除，於是叩開了《每日電訊報》總編的大門，獲得了去布魯塞爾的常駐機會。他與阿萊格拉的第一段婚姻維持了六年，於 1993 年結束。不足半個月以後，就與青梅竹馬的瑪麗娜・威勒戀愛並結婚，此後他與多名女姓保持婚外情，尤其是與專欄作家懷亞特的婚外情，導致女方墮胎，當時他擔任「影子」內閣藝術副大臣，保守黨黨魁將之革職，從此背上了「花花公子」的惡名。由於他身邊的女伴像走馬燈一樣，他的大女兒蘿拉更是將父親形容為「自私的野種」。

2008 年出任倫敦市長後，為了爭奪婚外生育的女兒的撫養權，與他的情人、也是一位藝術顧問的海倫・馬克林泰爾里打起了官司，掀起了軒然大波。

2018 年，約翰遜與生活了 25 年的瑪麗娜離婚，與 31 歲的保守黨前公關西蒙斯同居。而這位富有個性的女子公開表示，不與約翰遜一起拜見女王並親吻伊利莎白的手，將開創英國首相第一次缺少女性（妻子或女友）陪伴見國王的先例。西蒙斯表示，她不會放棄自己的事業，去專職陪伴約翰遜，此言得到不少女權主義者的擁護。

年輕時候的約翰遜喜歡獨來獨往，才華橫溢，口才和文筆俱佳。據英國廣播公司（BBC）知名主持人傑瑞米・韋恩回憶，2006 年，約翰遜還只是保守黨一名普通下議院國會議員，有一次約翰遜受邀請參加一個演講活動，直到接近開場他才姍姍來遲，他顯然沒有準備講稿，甚至不清楚演講的主題，只見他隨手抄起一張晚宴的菜單，略加思索後便在背面匆匆寫下兩三個字，之後他全場幾乎即興發揮，妙語連珠，贏得滿堂喝彩。

約翰遜在 2014 年曾為他最仰慕的英國政治家、前首相邱吉爾寫過一本傳記，書名是《邱吉爾精神》，他認為自己在文筆和口才、勇氣和智慧、應變能力和宏觀思維等方面與邱吉爾十分相像。

針對保守黨人批評邱吉爾沒有原則，他在書中特別為邱吉爾辯護，稱

他是「機會主義者」，但這又何嘗不是在說自己呢？政治評論人士將約翰遜歸納為「充滿政治野心和採取實用主義的政治方法」，英國傳記作家普內爾則一針見血地說，約翰遜就是「機會主義者」。

政治立場善變的例子比比皆是。2015 年他稱，特朗普是徹頭徹尾的瘋子，而 2016 年 11 月當選後，他讚揚特朗普會成為出色的總統。為此，約翰遜自我調侃，「氣候都能變化，為什麼我就不能改變」？在英國脫歐之前，約翰遜曾明確表態支持土耳其加入歐盟，但公投決定脫歐之後，他拒絕承認自己說過此話。還有，他曾發表過針對穆斯林的惡意言論，但在競選保守黨領袖拉票時，又多次強調自己祖先是來自土耳其的穆斯林。

2016 年，一場改變英國命運的脫歐公投即將進行，對加入留歐派還是脫歐派陷入迷茫之際，他專門前往鄉下別墅，閉關靜思，之後他突然振臂一呼成為脫歐派領袖，並在溫布利球場 6000 名現場觀眾的見證下高呼脫歐公投當天便是「英國獨立日」。英國前副首相克萊格稱，特朗普與約翰遜兩人「在政治詞典中是同義詞」，但瞭解約翰遜的人認為，約翰遜在文學修養和政治觀念、政治閱歷方面要比特朗普高出一籌。

一個是職業政客，一個是政治素人；一個文字功底深厚愛引經據典；一個單詞量有限常常詞不達意；一個主張團隊合作，一個喜歡武大郎開店；一個希望打造全球化國家，一個從多個國際組織主動「退群」成癮；一個鍾情於知識女性，一個隻對魔鬼身材和模特感興趣；一個善於嬉笑怒罵，幽默風趣，一個更為衝動和偏執。

儘管英國的移民問題很突出，但約翰遜從來沒有拿移民問題做文章，他甚至批評特朗普在反移民問題上簡直是個瘋子，顯示出驚人的無知，不配當總統。

在種族主義問題上，雖然美英都視盎格魯撒克遜民族的正宗繼承者，但是他對前幾天特朗普批評民主黨女「四人幫」的言論「完全不能接受」。

在特朗普 6 月份訪問英國期間，他也刻意回避兩人見面，只通了一個電話，約翰遜擔心與特朗普會面會成為「票房毒藥」，與特朗普保持適當的距離有利於其順利當選。

約翰遜還與前白宮軍師、右翼民粹主義吹鼓手班農劃清界線，也與英國本土右翼民粹主義代表、前獨立黨黨魁法拉奇保持距離。在英國脫歐問題上，約翰遜與特朗普可謂惺惺相惜，他一直鼓動約翰遜儘快脫歐。保守黨寄希望於約翰遜的離經叛道、不按常理出牌或可成為一支奇兵。

一方面，約翰遜敢於對歐盟進行毫不掩飾的批評，並以最後通牒作威脅，就算沒有協議也要在 10 月 31 日限期前實現脫歐。

歐盟方面，已經明確拒絕重啟談判，歐盟候任「大管家」、歐委會主席馮德萊恩表示，為避免硬脫歐可考慮再次延期。但私下裡，一些國家開始與約翰遜溝通，希望找到變通辦法，畢竟硬脫歐是兩敗俱傷的事情。

英國議會 18 日也搶先通過了一份反對繞過議會、強行無協議硬脫歐的修正案，決議案的核心內容是強制要求就被解散的北愛爾蘭議會進展情況問題每兩周作一次報告，而北愛問題與脫歐問題緊密相關，等於是防止約翰遜以國會休會方式讓英國硬脫歐變得不可能，實際上是給約翰遜戴上了「腳鐐」。以財政大臣哈蒙德為首的一批保守黨議員還威脅，如果約翰遜尋求無協議硬脫歐，他們屆時將發起對政府的不信任案。由於英國的內閣成員是從議員中產生，他們是當然的前座議員，一旦從內閣中辭職，就轉為後排議員。

文翠珊和哈蒙德理論上都將成為後座議員。而當年卡梅倫沒有這樣做，因為他覺得呆在議會裡很沒面子，也就辭去了議員職務。走馬上任的約翰遜面臨內外交困的局面。對內要彌合分歧，爭取議會內各黨派對脫歐的支持，弄的不好，議會發動對他的不信任動議，成為一屆短命的首相也未可知。不過，他也在為提前大選作準備。

雖然保守黨目前的支持率低迷，而自由民主黨還不足以挑大樑。工黨領袖郝爾彬年近八十，思想過於左傾，且在反猶問題上鬧出了醜聞，也拿不出像樣的脫歐方案，引起工黨內部的不滿。

工黨正面臨著後繼乏人的問題。乘工黨腳跟未穩，進行一場大選，約翰遜覺得這一招也可以一試。對外，約翰遜必須處理好受損的美英關係，尤其是迫在眉睫的伊朗問題。或許伊朗問題是約翰遜交給特朗普的一個投名狀。但是，在伊朗問題上，約翰遜與特朗普的分歧也是十分明顯的。

在特朗普宣布退出伊核協議之前，身為外相的約翰遜曾飛赴華盛頓，力勸美國不要這樣做，但「逢奧（巴馬）必反」的特朗普堅決要抹掉這位黑人總統的外交遺產，讓約翰遜失望而歸。歷史已經反復證明，在中東問題上，追隨美國並不是一件好事。

2003 年布萊爾首相附和美國對伊拉克的指控，加入到了美國的「志願者聯盟」，與法德分道揚鑣。但真相是鮑威爾在聯大出具的化武證據不過是一瓶洗衣粉，2015 年，英國發表了「齊爾考特報告（涉伊拉克戰爭）」，對布萊爾犯下的錯誤進行了清算。

布萊爾後來也承認，他參與打擊伊拉克的決定受到美國錯誤情報的誤導。至於 2011 年對利比亞的對武，雖然是法國打響了「奧德薩黎明」的第一槍，但英國也參與其中。2012 年英國下院再次通過決議，否決了英國政府對利比亞的戰爭權力。

英國的算盤是在伊朗問題上幫助美國，美國或在美英貿易協定上對英作出讓步，通過所謂的美英特殊關係進一步強化雙邊紐帶。英國拿伊朗開刀，恐怕也是一步臭棋，畢竟伊朗是中東大國，不是一個軟柿子，更不會屈服於外力。在英國權力真空期，居然奉美國之命去直布陀羅海峽攔截伊朗油輪，結果遭到伊朗的報復。英國的主流媒體認為，今天英國的煩惱完全可以避免。

　　沒有金剛鑽，攬不了這瓷器活。英國的國防力量，特別是海上力量不足，這是明擺著的事實。英國人抱怨，他們被美國主戰派博爾頓帶到了溝裡。這不由得讓我想起，前不久，英國揚言要加大在南海地區的巡航力度。英國這種刷存在感的方式，若沒有相應的實力作後盾，其結果只能是自取其辱。當下的英國，如果不能清醒意識到自己所處的歷史方位，仍然活在「帝國」的夢中，那麼英國只能加速沉淪。

　　迄今為止，約翰遜尚未向世界展示出他高超的外交技巧，相反他魯莽的言辭令全世界印象深刻。前幾天他在香港問題上的表態不倫不類。在中英關係問題上，如果處理不好香港問題，或許中英關係的成色會很快下降，黃金年代變成白銀時代或青銅時代並非不可能。

　　沒有了人民幣離岸市場支撐的倫敦金融中心，想必進一步黯淡下去，這恐怕是約翰遜不得不認真面對的問題。對均勢外交和光榮孤立有著特別興趣的約翰遜，想必不會在中美之間選邊站隊，而是本著自身的國家利益，作出有利於英國人民的選擇，才有可能帶領英國走出困境。

約翰遜上台會是英國走向分裂的導火索嗎

2019 年 7 月 27 日

今年倫敦的夏天酷暑難熬，但比天氣更糟糕是約翰遜首相在議會第一次演講時所散發出的火藥味和英國人民的集體焦慮。

由約翰遜掌舵的脫歐列車明顯加速，硬脫歐的風險也急劇增加。7 月 27 日英鎊兌歐元匯率也創了 1999 年歐元誕生以來的新低，反映了全球市場的悲觀預期。

7 月 24 日，約翰遜在就職演說中，向世界表達了脫歐的決心和意志，「沒有如果，沒有但是」，只有 10 月 31 日離開歐盟這條路。讓懷疑論者、末日論者、悲觀論者見鬼去吧！從而以約翰遜式的堅定取代了文翠珊的猶豫與彷徨。

保守黨的悲劇是，由於卡梅倫的一時衝動將脫歐問題付諸公投，不僅葬送了自己的政治前程，而且也把文翠珊拖下了水。文翠珊作為骨子裡的留歐派，去做一個自己都不贊成的事，且要把它作為一項「民主事業」來做，讓這位女首相倍受折磨。

脫歐問題撕裂了保守黨。文翠珊在發表辭職演說中，隻字不提繼任者的能力，「沒有讚揚，只有祝福」；而約翰遜在就職演講中也只是禮節性表示，「感謝前任首相的堅毅、耐心和強烈的公共服務精神」，可見，脫歐問題讓兩人徹底分道揚鑣。

面對一個分裂的英國及國會，約翰遜的日子並不好過。難怪英國女王在與他 25 分鐘的交流中，感嘆「為什麼還有人願意來做這份工作」。

儘管英國的政治傳統是，首相不能透露與女王會面的細節，但是約翰遜這個「大嘴巴」還是在第一時間把這個細節透露給了白廳人員。這個冒犯之舉多少會引來王室的不快。

　　約翰遜上任的第一把火燒向內閣。他以最快的速度大幅度改組舊內閣，撤換及主動辭職的內閣成員達到 18 個，超過一半以上，這是自 1962 年以來最激烈的內閣大換班。

　　約翰遜為了實現硬脫歐的目標，把堅定脫歐派延攬至自己的班子，組成了「戰鬥內閣」，輿論認為，這是自上世紀 80 年代以來「最右翼」的政府。在首次內閣會議上，他表示，無論如何要在 10 月 31 日離開，哪怕是無協定脫歐。

　　全體閣員也表示，把脫歐作為中心任務來完成。但按照英國議會制的傳統，內閣大臣是從現有議員中產生。換句話說，這些退下來的閣員將自動轉成後座議員，包括前首相文翠珊和前財長都會為「有協定的」脫歐殊死搏鬥。文翠珊離任前在皇家國際事務研究所的演講中明確表示，「我仍然認為有協議脫歐是英國最好的選擇」。

　　文翠珊在與歐盟的談判過程中，為英國爭取到一個折衷方案，即軟脫歐，讓北愛爾蘭與愛爾蘭之間維持現狀，保持貿易和人員的自由往來，不會在此建立新海關。

　　對於疑歐派而言，這個方案的最大問題是，在英國與歐盟之間撕開了一個口子，讓兩者之間藕斷絲連；但對於一心離開歐盟的人來說，這個方案是無法容忍的。

　　親英的北愛爾蘭民主統一黨擔心，這個方案可能會分裂國家，讓北愛與愛爾蘭越走越近。而北愛爾蘭的新芬黨則屬於留歐派，對於這樣的安排當然歡迎。

　　新芬黨與北愛爾蘭共和軍有著千絲萬縷的聯繫，北愛獨立問題在上個世紀 90 年代還是國際社會的一大熱點，許多暴恐案的背後都有北愛共和軍的身影。1998 年 4 月，新芬黨與英國政府達成了和解。而此次脫歐將這個沉睡多年的歷史問題再次啟動。

滿足了新芬黨，就要得罪與保守黨聯合執政的北愛民主統一黨，甚至導致保守黨聯合政府垮台也未可知。所以，文翠珊一直小心翼翼。

而約翰遜一上台就聲稱移除有關北愛問題的後備方案，讓脫歐變得更加純粹。同時，他還在第一時間給居住在英國的歐盟公民吃下定心丸，可以繼續留在英國。從而為硬脫歐做準備。

約翰遜的第二把火燒向工黨。脫歐、國家團結及打敗郝爾彬是約翰遜承諾的三大任務。7 月 25 日約翰遜第一次亮相議會，這也是這個夏天的最後一次會議。預料 9 月 3 日英國議會才能復會。在兩個半小時的辯論中，約翰遜表示，雖然他希望與歐盟達成新協定，但會優先處理無協定脫歐的準備工作。

而反對無協議脫歐的工黨和自由民主黨做出強烈反彈，他們向約翰遜火力全開。年逾七十的工黨領袖郝爾彬批評保守黨缺乏脫歐計劃，約翰遜在北愛爾蘭邊境問題上的立場反復。自由民主黨領袖敦促郝爾彬適時在議會內提出對約翰遜的不信任案。

從第一場辯論的情況看，當前英國議會的主流還是堅決反對硬脫歐。而約翰遜堅持硬脫歐，其遭遇的抵抗只會越來越激烈。

綜合各方面的情況看，在未來 90 多天內實現脫歐，英國社會的準備時間其實嚴重不足。有些專家認為，約翰遜之所以顯示出強硬的立場，更多的是虛張聲勢，從而把脫歐不成的問題歸咎於反對黨。

約翰遜這兩天越來越感到，不進行一次大選，要想順利脫歐，其難度越來越大，畢竟現在是保守黨與北愛民主統一黨進行聯合執政，討好民主統一黨將得罪更多反對黨。約翰遜必須孤注一擲。一旦舉行大選，由約翰遜領導的保守黨贏得勝利的概率顯然較大。

但本週二公布的民意調查顯示，約翰遜的政治前途並非像他想像的那樣。他的支持率只有 31%，與文翠珊上台時候的 47% 的支持率相比，相差

了 16 個百分點。

更何況，約翰遜的上台只是 16 萬保守黨黨員的小圈子遊戲，根本不能反映 6700 萬英國人的真實意願。為此，他必須在有限的時間內，出台一些措施以吸引更多民眾的支持。

為此，他計劃在一些較為落後的地區投放 20 億英鎊的發展基金，以此在反對黨工黨的傳統地盤爭取支持。他於 27 日來到曼徹斯特，宣布將有關發展基金用來投資基建設施、發展地方文化和地區重建項目。

約翰遜的第三把火燒向歐盟。約翰遜必須抓緊時間與歐盟加緊談判。約翰遜已與歐委會主席容克通了電話，要求重開與歐盟的談判，廢除有關北愛爾邊界後備協議條款。

歐盟負責談判事務的官員對約翰遜的隔空喊話表達強烈不滿，認為重開談判是「無益且不負責任的」。歐盟堅持認為，此前協議是歐盟能夠給予的最好方案。

對於 27 個成員國來說，英國再重開談判並取得一致，時間上已來不及。離 10 月 31 日的最後期限只有 90 多天時間，而新一屆歐盟領導班子於 11 月 1 日才能運作。

換句話說，約翰遜不得不與老的談判班底打交道。而守住歐盟的底線是這屆歐盟領導人的共識，即在英國脫歐問題上，不能讓英國再佔便宜，否則其他國家都要仿效，很可能加速歐盟的解體。

約翰遜分別與德國總理默克爾和法國總統馬克龍通了電話。而馬克龍已邀請約翰遜赴巴黎舉行會晤。可以想像，除了在脫歐時間上能押後一步，馬克龍能給予約翰遜的少之又少。

脫歐問題事關英國未來的命運。約翰遜在第一次內閣會議上喊出了「讓英國再次成為偉大之地」，讓人聯想到特朗普的「讓美國再次偉大」這個口號。但究竟怎樣讓英國再次偉大？「特朗普巨嬰」給世人留下了深

刻印象,而「約翰遜娃娃」也隨之出現在街頭巷尾。

當年,約翰遜開著脫歐大巴,告訴英國人,每週要向歐盟繳納 3.5 億英鎊,讓太多人信以為真,從而投下了至今讓他們後悔莫及的一票,後來證明 3.5 億英鎊是個謊言。

約翰遜無疑是 2016 年打開潘朵拉魔盒的關鍵人物。可以預料,脫歐問題處理不好,北愛爾蘭與愛爾蘭的合併及蘇格蘭獨立的二次公投都不會是遙遠的未來。

據英國《衛報》報導,蘇格蘭首席大臣施雅晴 25 日寫信給約翰遜,說:「鑒於你矢言無論有無協議,10 月 31 日都要脫歐,你拚死一博的態度,使得蘇格蘭有了另一種選擇」。她接著寫道:「蘇格蘭政府將繼續準備讓蘇格蘭人民,選擇成為一個獨立的國家。」

而上次獨立公投發生在 2014 年 9 月 18 日,結果是 55% 的人反對獨立,45% 的人贊成。如果英國徹底離開歐盟,蘇格蘭人還會作出同樣的選擇嗎?而廢除了北愛邊界後備協議,新芬黨能夠接受嗎?如果不接受,北愛獨立問題或再次提上日程。

看來,對約翰遜的考驗才真正開始。「脫歐這場大戲絕對不是約翰遜平時喜歡搞笑那麼好玩」!

博爾頓訪英給約翰遜帶來的是餡餅還是陷阱

2019 年 8 月 14 日

　　約翰遜上任 20 多天，英國硬脫歐的架式已經全面拉開。最新民調顯示，54% 的英國人選擇跟著約翰遜走，而 46% 則持反對意見。民意的反轉讓約翰遜更加一意孤行，為 10 月 31 日離開歐盟作最後的衝刺。他已經要求公務員把脫歐作為首要工作，儘量修改休假計劃，以應對脫歐事務而暴增的工作量。

　　自英國全民公決三年多來，英國深受脫歐問題所困。今年第二季度的經濟增長率為 -0.2%，是七年來的第一次，而今年第一季度的增長率為 0.5%。英鎊對美元的匯率也跌至兩年來的新低，只有 1 比 1.21 美元。約翰遜表示，「英國必須實現脫歐這一目標，以恢復公眾對民主的信心」。看來，約翰遜的耐心正在走向極限。

　　就在英國脫歐處於艱難時刻，美國家安全事務助理博爾頓來到了英國。他對記者表示，「我們與你同在」。輿論認為，他此次訪英是在趁火打劫，把英國對伊政策、對中國華為態度等問題捆綁到英美貿易協定之中，從而把英國進一步拉入美國的戰車之中。

　　英國此前已經同意加入至美國在波斯灣的護航軍事聯盟之中，而法、德等歐洲國家並未答應美國的要求。在華為問題上，英國的立場也出現鬆動，英國官員向博爾頓承諾將重新檢討華為技術，以確保英國通信網絡安全與適應能力。看來，博爾頓的英國之行成功了一半，至少他成功利用了英國保守黨內部在華為問題上的分歧，在決策層再次打下了楔子，令前首相文翠珊做出的有限使用華為技術的決策面臨新的變數。

　　英國議會雖已進入休假模式，但圍繞脫歐的政治較量卻沒有消停。鑒於無協議硬脫歐的風險越來越大，留歐與脫歐兩大陣營的博弈也走向白熱

化，輿論普遍相信，9 月 3 日議會復會將迎來大決戰。

自約翰遜 7 月 23 日在保守黨領袖競選中勝出接替梅擔任首相後，外界曾期待他能像就職演講中所說的那樣，為久拖不決的脫歐打開一個新局面，但迄今為止脫歐工作仍乏善可陳，除了與歐盟方面隔空喊話外，雙方並未有實質性接觸，而在爭議的北愛邊界後備方案上，他雖然走訪了北愛爾蘭並與各黨派會面，卻沒有找到共識。

隨著時間的流逝，脫歐大限即將到來，幾乎每個人都在發出疑問，脫歐究竟何去何從，恐怕現在不止歐盟，連保守黨人士都相信硬脫歐將是英國最終的命運。

種種跡象顯示，約翰遜儘管嘴上仍強調不會放棄爭取達成協議，但他顯然做了兩手準備，同時加快了應對對無協議硬脫歐的工作。

約翰遜打出的第一張牌是向歐盟攤牌。約翰遜早在競選保守黨黨魁時便反復強調，必須要把無協議硬脫歐作為一個選項，這是對歐盟重新談判的最有效的籌碼。他也堅信歐盟會在最後期限的前一天讓步。基於這種思維，約翰遜表示，脫歐「不成功則成仁」，對歐盟展現出極為強硬的立場。

外界原本預期約翰遜在上台後，會第一時間前往歐盟，但迄今他未透露出雙方展開會晤的意願。據保守黨高層透露，約翰遜曾表示，他絕不會像文翠珊首相那樣一趟趟往布魯塞爾跑，遭受歐盟官僚們的當面羞辱，軟弱換不來協議。不僅如此，約翰遜更提出突破歐盟底線的要求，即刪除脫歐協議中的北愛邊界「後備方案」，否則一切免談，被保守黨人士形容為要「一步到位」。

據消息人士透露，約翰遜將於近日內宣布撤走參與歐盟決策會議的英國外交官。如果說之前在歐盟眼中，約翰遜的表態仍是虛張聲勢，不過是在玩特朗普式「極限施壓」那一套，現在他們越來越有理由相信他是來真的。按多位歐洲外交官的話說，除了硬脫歐，約翰遜似乎沒有其他備選方

案，無協議硬脫歐恐怕似成定局。

　　至於約翰遜的第二張牌則是借助「戰鬥內閣」，為提前大選作準備。一方面，約翰遜正全力推動無協定脫歐的組織和動員，包括追加 21 億英鎊特別預算，以及針對治安、醫療等脫歐敏感領域增加投入，不惜一切代價在限期前完成脫歐。同時防止留歐派的「政治反撲」，為可能到來的大選做好準備。

　　目前對留歐派來說，脫歐的形勢十分嚴峻，他們正想盡辦法試圖抵制硬脫歐的出現，其中，下議院成為博弈的主戰場，雖然眼下處於夏季休會期，但留歐派議員們仍磨刀霍霍，首先是計劃在 9 月初議會復會後向約翰遜政府發起不信任案，將他拉下台後舉行大選或進行二次脫歐公投，從而扭轉局面。如果約翰遜在投票中失利但拒不下台，將不惜驚動一向保持政治中立的英國女王伊莉莎白二世介入。約翰遜為了避免女王介入可能的「憲政危機」，正通過其秘書與女王秘書加強溝通。

　　不過，據保守黨方面評估，留歐派阻撓脫歐的有效手段仍然有限，即使不信任案獲得通過，約翰遜可以利用首相的權力，繼續擔任首相，把所有工作拖延到 10 月 31 日脫歐限期之後，然後立即宣布進行大選。

　　而一場提前大選對約翰遜來說也未必是件壞事，目前保守黨與小黨北愛爾蘭民主統一黨聯合執政，在脫歐問題上處處受到掣肘，如果保守黨能在大選中獲勝並單獨執政，將大大鞏固約翰遜的政治地位和延長他的政治生命。據最新民調顯示，保守黨支援率達 31%，超過最大在野黨工黨近 5 個百分點。約翰遜的支持率高達 39%，而工黨郝爾彬的支持率只有 19%。

　　據英國《衛報》報導：一些英國民眾開始為硬脫歐作總共儲存了價值 40 億英鎊的貨物，以應對硬脫歐出現的各種狀況。據英國一家金融機構的調查顯示，五分之一的調查對象已經開始囤積食品、飲品和藥品。這項調查還發現，大約 80 萬英國人已經為趕在 10 月 31 日脫歐最後期限到來

前囤貨花費超過 1000 英鎊。英國富人也趕在脫歐期限到來前進口更多豪華車，以規避硬脫歐可能產生的關稅。過去一年間，英國進口超過 3800 輛豪車，環比增加 16%。一旦英國硬脫歐，豪華進口車將在一夜之間增加 32%。

約翰遜的第三張牌是與美國簽訂貿易協定。但有熟悉特朗普政府的保守黨人士警告，面對翻臉如翻書的特朗普，約翰遜這張牌能否有效要劃上一個巨大的問號，目前特朗普在國際上已成為孤家寡人，他亦需要英國在貿易、5G 和全球安全等諸多問題上為其發聲和助陣，在美國國家安全事務助理博爾頓訪英之際，特朗普與約翰遜通了電話，就安全、貿易等問題交換了意見。《大西洋月刊》曾刊文指出，即使兩人關係現在頗為甜蜜，但到了締結協議的時候，特朗普可能借機敲竹槓，兩人翻臉的可能性是存在的。美國前財長薩默斯最近表示，「當你的合作夥伴已經到了絕望的地步，就是你拋出最苛刻要價的時候。」《金融時報》評論文章也認為，美國這時候鼓動英國趕緊脫歐，不是喜歡英國，而是想要摧毀歐盟。

據《華盛頓郵報》2018 年 4 月披露，特朗普曾對馬克龍說，「你們法國為什麼不離開歐盟呢？」「如果法國退出，我們就可以直接進行雙邊貿易協定的談判，那麼美國就可以給法國更優惠的貿易待遇」。美國分裂歐盟的做法令歐洲理事會主席圖斯克非常氣憤。他感嘆道：「有這樣的朋友，誰還需要敵人？」特朗普分裂歐盟的心思路人皆知，而 2016 年還兼有美國公民身份的約翰遜，在多大程度上跟隨美國，將直接考驗美英特殊關係。畢竟，這幾年英國有意拉開了與美國的距離，在亞投行、人民幣結算及「一帶一路」方面，都採取了務實的對華政策。約翰遜如何平衡中、美關係，在經濟與安全利益方面找到新的平衡點，恐怕需要約翰遜更大的智慧。但對於當代的英國政治家們，連英國女王本身都沒有信心。她在卡梅倫辭去英國首相之際，曾抱怨「我們的政治家沒有能力管理國家」。這

則消息現在被捅出來是不是有所新指，不得而知。本月底召開的七國峰會，是約翰遜以首相身份首次在國際場合的露面，他既要會晤歐洲巨頭，也要與特朗普見面。是碰撞出新的火花還是陷於新的僵局，直接影響英國的政治走向。

　　但有一點是肯定的，隨著無協議硬脫歐的概率急劇上升，輿論普遍相信，約翰遜打開了潘朵拉的魔盒，從此英國政壇難以平靜，蘇格蘭和北愛分離力量勢必再起。蘇格蘭已經表示將考慮第二次公投，而英國工黨高層則放風稱，他們對蘇格蘭的二次公投持開放態度，儘管此舉遭到包括工黨在內不少人的反對，認為這是「分裂聯合王國」之舉。據瞭解，蘇格蘭支持獨立的人從 2014 年的 46% 上升至 48%。北愛爾蘭也呼籲愛爾蘭儘快設立「統一部長」的職位。由此看來，一場更大的風暴正在英國醞釀。

英國大選　特朗普坐不住了

2019 年 12 月 12 日

　　約翰遜拿自己的政治前途作賭注的英國大選今天終於粉墨登場。這場「事關英國未來」的大選被賦予了太多內涵，對於許多英國人來說，讓他們在聖誕節到來之際進行這種選擇，實在是件痛苦的事。無論是約翰遜當選，還是郝爾彬上台，都有一半的人無法平靜過年，真可謂冰火兩重天，看來指望通過這次大選彌合英國的分歧簡直是天方夜譚。

　　輿論分析認為，如果約翰遜如願以償贏得國會多數，他將重拾信心，義無反顧地帶領英國於明年 1 月底脫離歐盟，從此孤懸大西洋，過著自己的「小確幸」生活，再也不用擔心主權被讓渡，大量的東歐、中東及非洲移民湧入，更不用擔心日後 7900 萬土耳其人加入歐盟後帶來的額外衝擊。而郝爾彬領導的工黨獲勝，一些人跳樓的心都會有。

　　完全被妖魔化的郝爾彬被描繪成極左翼人物，西方媒體把對這位「馬克思主義者」的恐懼推到了極致。郝爾彬明確表示，如果他當選首相，將與歐盟繼續談判脫歐新協定，連同二次公投選項一同交給人民決定。郝爾彬的競選口號就是「相信人民，為希望投票」，他希望通過自己的謙虛、執著，堅守陣地，聚合不同的政治力量，把因脫歐問題而分裂的英國重新拉回正軌。

　　各種民調顯示，約翰遜領先郝爾彬 8-10 個百分點，讓工黨創造奇跡的確有點困難。但是在「黑天鵝」頻出的年代，郝爾彬會堅持到最後。更何況，年輕選民這一次被廣泛動員起來，是英國大選的最大變數。

　　其實，年輕人對歐盟的歸屬感，讓保守黨在過去的兩年裡吃盡了苦頭。一是 2017 年英國大選期間，年輕人站出來，阻止了文翠珊的夢想，保守黨大勝的希望落空，最後不得不靠聯合組閣才避免執政危機。失去議會多數的保守黨處處受到工黨的掣肘，讓文翠珊的脫歐協議在下議院三次

闖關未成，最後不得不於今年 6 月黯然辭職。

　　約翰遜臨危受命，接過了脫歐的第三棒。與特朗普一樣，約翰遜對國民和國會採取極限施壓法，聲稱「不脫歐，毋寧死」，用背水一戰的決心逼國會批准他的脫歐方案，但功敗垂成，不得不通過大選放手一搏，以挽救他的脫歐計劃。

　　2016 年英國首相卡梅倫，為了一紙競選承諾，輕率地做出了脫歐公投的決定。由於對形勢出現嚴重誤判，結果脫歐假戲真做。所謂的脫歐公投，其實也未必真正反映民意。對於 5200 萬具有投票權的英國人來說，真正參與投票的只有 3400 多萬人，而贊成脫歐的只有 1740 萬人。

　　當文翠珊接任後真正開始推動脫歐程序的時候，許多人才恍然大悟、後悔莫及，覺得被約翰遜為首的政客徹底誤導了。三年多來，成千上萬的英國人民走上街頭，要求進行嚴肅的二次公投。但保守黨充耳不聞，為了所謂的民主執念，一直推動英國儘快脫歐。

　　2019 年的歐洲議會選舉，英國人再次用選票向脫歐說不，親歐的自民黨、綠黨、蘇格蘭民族黨等均取得了不錯的戰績。反觀工黨，郝爾彬一直在脫歐問題上態度模糊，與脫歐大遊行保持一臂的距離。他的出發點旨在爭取多數，但客觀結果往往是吃力不討好，政治地盤一天天萎縮。

　　法拉奇領導的脫歐黨此次採取了棄保策略，讓保守黨少了強有力的競爭對手，指望通過此舉助保守黨一臂之力。反觀反對黨群龍無首，且相互攻訐，更談不上有效的整合。直到最近才有人提出可「嘗試進行策略性投票」，減少反脫歐陣營內部的選票分流。媒體預測，工黨與自由民主黨的聯手是此次大選中的重要變數。為此，約翰遜不敢掉以輕心。

　　約翰遜沒有穩操勝券的把握，大洋彼岸的特朗普心情也是七上八下。特朗普上周赴倫敦參加北約峰會，一直期望能替約翰遜助選，遭到這位首相的婉拒。特朗普對約翰遜當選的期待溢於言表，對郝爾彬直接以「壞人」

相稱。郝爾彬的當選無疑會成為華盛頓的惡夢。

2016 年是世界史上值得銘記的一年。英國率先打開了民粹主義的潘朵拉魔盒，在全球化中失意的英格蘭中部地區選民選擇了退出地區一體化，少摻和歐洲大陸事務的先祖教導再次佔據半數英國人的心田。

民粹主義之風在歐洲刮起，迅速在大洋彼岸開花結果。打著民粹主義旗號的特朗普成了 2016 年 11 月美國大選的一匹黑馬。

英國無疑引領了 2016 年的政治發展趨勢。三年過去了，英國又一次面臨歷史性的選擇。有輿論認為，英國這次大選對明年的美國大選具有風向標意義，至少可以激發擁抱全球化、希望呆在歐盟內的年輕人更多地走出來投票。

如果說，2016 年的英國青年還是睡眼惺忪的話，那麼這一次必須睜大雙眼，把世界看個明白。一些媒體呼籲：主張留歐的人，你們已無處可躲。如果再不出來投票，等待你們的將是分裂的大英帝國，大不列顛及北愛爾蘭聯合王國的名稱會變得越來越短。

對於特朗普來說，約翰遜任何閃失對於自己決不是好消息，畢竟特朗普鐵定成為面臨彈劾的美國第四位總統，這是特朗普之恥。況且他的支持率一直是在 40% 上下徘徊，低於歷屆總統的平均水準。令特朗普感到幸運的是，不是特朗普有多強，而是民主黨人太弱。

儘管特朗普反復吹噓美國經濟怎麼強勁，但有點經濟常識的人都知道，經濟良好的結果是加息，而不是一再降息。美國股市屢創新高，其主要推動力是美國公司回購股票的衝動，高處不勝寒是投資界的普遍共識。明年美國股市的大幅度調整是懸在世界頭頂的達摩克利斯之劍。特朗普的政治命運與英國這次大選緊密掛起鉤來。從這次英國大選中，我們或許會找到究竟迎來的是「特朗普時刻」還是「特朗普時代」的參考答案。

約翰遜贏在當下 或輸掉英國的未來

2019 年 12 月 14 日

「搞掂脫歐」是約翰遜在這場「事關英國未來」大選中給選民的承諾；「把票投給希望」是郝爾彬的競選口號。隨著大選的塵埃落定，這類問題大致有了答案。

如果說 2016 年的脫歐公投，還有不少人三心二意，那麼這一次英國大選，選民被高度動員起來。所以，把這次大選稱為變相的「二次公投」並不為過。英國大部分選民把希望投給了約翰遜，讓郝爾彬度過了「極度失望的一天」，對工黨及其其本人都是一次沉重打擊，這也意味著他帶領英國重回正軌的希望隨之破滅。

約翰遜的勝出並不十分令人意外。此前的民調一直顯示保守黨領先工黨 10% 以上，只是在投票前兩天，有媒體拋出保守黨領先優勢收窄的民調，看來只是保守黨的一種選戰策略，旨在動員所有還在猶豫、支持脫歐的選民不懼風雨走向投票站。

這次大選共選出 650 名下議院議員。在已公布的 649 席中，保守黨獲得 364 席，超過半數所需的 326 席，工黨獲得 203 席，蘇格蘭民族黨獲得 48 席，自民黨獲得 11 席。保守黨創下了自 1987 年以來的最大勝利，而工黨則丟掉近 60 席，面臨自 1935 年以來的最大失敗。

自民黨也是大輸家，連黨魁斯溫森都落選。而蘇格蘭民族黨則拿下該地區所有 59 個議席中的 48 個，比 2017 年大選增加了 13 席，是此次大選的第二贏家，大大增加了與約翰遜政府討價還價的資本。黨魁施雅晴表示，「蘇格蘭應該由自己而不是別人來決定自己的未來。」

保守黨最終以絕對優勢戰勝工黨，至少從另一個側面說明，這個國家已經厭倦了脫歐問題的久拖不決。恰恰在這個核心問題上，郝爾彬最後一

刻依然保持中立，讓選民害怕由他領導這個國家，可能還需要在沒有光亮的隧道裡呆上很長一段時間。

約翰遜的大勝，讓英國的脫歐走上了快車道。他表示，「我們會在 1 月 31 日脫歐，沒有如果，沒有但是，沒有也許」。他以極其強勢的姿態再次入主唐寧街十號。歐盟也將於今日舉行緊急會議，商討英國脫歐問題。

今年夏天黯然辭職的前首相文翠珊也接受了記者採訪。一些專家認為，英國脫歐進程要分成兩部分看待，第一階段正是在她的帶領之下，進行了激烈的辯論，為後繼進程開闢了道路，也讓大多數英國人想清楚了真正需要什麼。

但具有諷刺意味的是，此次英國大選的焦點是脫歐問題，目的是把被讓渡的主權從歐盟手中奪回來，但約翰遜不得不面臨主權分裂的問題。脫歐的潘朵拉魔盒一旦打開，英國再想關上並不是一件容易的事。

在過去的三年半時間裡，由於脫歐帶來的巨大不確定性，全球資本市場唯恐避之不及，英國經濟增長受到巨大拖累。約翰遜的勝出，讓脫歐多了一些確定性，對未來的經濟前景又多了幾份期待。

昨日全球資本市場一片歡騰，英鎊匯率隨之大漲。但這種樂觀情緒能持續多久，仍見仁見智。郝爾彬認為，「脫歐問題不會馬上消失，而且一些新的問題很快就會出現」。

2016 年的脫歐公投，蘇格蘭和北愛爾蘭均選擇了繼續留在歐盟。而此次大選意味著脫歐已成定局，註定讓他們 2019 年的聖誕過得極度沮喪，太多人不願意打開這個聖誕「大禮包」。輿論普遍認為，英國脫歐進程的加速將促使蘇格蘭和北愛爾蘭地區離心傾向進一步加劇。

據選前的最新民調顯示，支援蘇格蘭獨立的人士達 47%，比 2014 年獨立公投時的 45% 高出 2 個百分點。而大選結束之後，估計這個數字還會

繼續上升。蘇格蘭首席大臣第一時間向約翰遜喊話，希望在蘇格蘭再次申請公投的過程中，不要對其設置障礙。

對於北愛爾蘭新芬黨來說，英國脫離歐盟，無疑會堅定其回歸愛爾蘭的決心。就貿易和人口流動而言，北愛爾蘭與愛爾蘭的心理和物理距離更近。據民調顯示，北愛爾蘭 46% 的人支持脫離英國併入愛爾蘭，而反對的人士只有 45%，特別是 44 歲以下的人群更是強烈支持併入。

新芬黨黨魁麥克唐納更是敦促愛爾蘭總理瓦拉德卡在未來五年內，根據 1998 年《貝爾法斯特條約》舉行統一公投。無論是北愛與愛爾蘭過境最終會立起什麼樣的硬邊界或軟邊界，都難以擋住兩者之間越走越近的趨勢。

具有警示意義的是，在過去五年裡，英國舉行了三次大選，期待通過一次又一次的選舉來凝聚英國社會的共識、解決英國面臨的各種經濟與社會問題。一些人士批評道，英國政客一直在濫用選舉，把一人一票視為解決問題的「靈丹妙藥」。昨天勝選的綠黨議員盧卡斯嚴厲譴責「英國這個國家爛透了，政治制度全面崩壞」。

事實已經證明，一場又一場的選舉，非但不能解決英國與歐盟之間的分歧，而且正在把英國社會徹底撕裂。

西方社會的撕裂從英國開始，並向全球擴散，2016 年的美國大選又延續了這種撕裂。第一次工業革命起源於英國，美國引領了第二、第三次工業革命。而工業革命也因之帶動了全球化。具有戲劇性的是，全球化的宣導者正變成現實的破壞者。

從此次英國大選結果可以看出，以排外為主要特徵的民粹主義作為全球化的反動，正處於上升發酵期。歐洲社會整體向右轉的趨勢並沒有得到有效遏止。像義大利五星黨、德國選擇黨等都受到不少人的追捧。而主張「社會主義」及社會公正的郝爾彬則被描繪成「極左分子」、「極端主義

者」。

英國擺脫不了「選舉魔咒」，同時也給世界樹立了壞榜樣，民粹主義的氾濫已經成為全球的毒瘤。打著民粹主義旗號上台的特朗普有理由將彈劾的憤怒擱到一邊，畢竟從英國此次大選、傳統鐵票倉的中下層選民背叛工黨的情形可以看出，整個社會的保守傾向進一步上升。

特朗普在第一時間發推，祝賀約翰遜的當選，同時也給未來的英美貿易協定畫了一張大餅。對於英國人來說，他們骨子裡不太認同自己是歐洲的一部分，相反一直強調英美之間的特殊關係，甚至有人把兩者的關係形容為一對「表兄弟」。約翰遜的勝出，讓特朗普在歐洲不再孤獨。在美國出生、三年前才放棄美國國籍的約翰遜在未來的歲月中，是繼續特立獨行，還是追隨特朗普，將世界推向新冷戰，事關國際局勢的演變方向。推遲做出決定的 5G 問題很快就會擺上日程，中英關係面臨新的考驗。

約翰遜最喜歡引用的一句話是「一場戰鬥，比的不是塊頭，而是鬥志」。這句話對於未來的大國較量，也是一種啟示。

英國被特朗普的仇華政策拖下水

2019 年 7 月 15 日

7 月 14 日英國政府就華為參與 5G 建設問題作出最終決定，自 2020 年底開始禁止購買華為 5G 新設備，並在 2027 年之前將華為技術徹底從英國 5G 網絡剔出，此舉標誌著英國政府最終選擇與美國站在一起，共同實現對華科技「脫鈎戰略」。

打壓華為 5G 產品，是美國對華科技戰的重點，也是美對華新遏制戰略的重要組成部分。一段時間以來，美高層傾巢出動，遊說西方盟國不要使用華為產品，不惜採取胡蘿蔔加大棒的政策，迫使「五眼聯盟」國家作出表率。年初慕尼黑安全會議期間，美國派出重量級人物對歐洲國家全面施壓，但效果不彰。前兩天美國國家安全事務助理奧布萊恩再赴歐洲，借參加法國國慶之機與英國官員見面，迫使英國做出最後的決定；同時也加大對法德等國的遊說力度。

今年 1 月，約翰遜政府允許華為有限度地參與英國 5G 建設，但白宮不斷威脅切斷英美情報共用網絡，並以兩國尚未談成的貿易協定作為要脅，迫使倫敦就範。同時美國不斷加碼對華為的制裁，英國也因此對華為是否能長久平穩地供貨產生疑慮。

約翰遜 7 月 14 日召開英國國家安全會議，要求各大電信公司在今年年底之前停止採購華為 5G 設備。英國數字和文化大臣道登 14 日對下議院表示，在美國對華為加碼制裁以及聽取網絡專家的最新建議之後，政府認為有必要禁止華為參與 5G 建設。作出這項決定並不容易，但為了國家安全，英國必須這麼做。他承認，這個決定將導致英國 5G 建設進度至少推遲兩年，英國為此損失 20 億英鎊。

英國將華為 5G 產品拒之於門外，對中英關係的損害是顯而易見的。

這幾年來，英國政局急劇動盪，先有脫歐，後有新冠疫情，連約翰遜本人也中招，差點丟了性命。在 5G 問題上，輿論一直將其視為中英關係的風向標。文翠珊首相在任期間，承受了美國的巨大壓力，英國國防大臣甚至通過將國家安全委員會會議紀要曝光的方式，企圖給英國政府施壓，但文翠珊首相還是最終作出了選擇華為作為 5G 建設的合作夥伴。

特朗普總統對在美國出生的約翰遜抱有諸多好感，在其競選過程中也毫無保留地支持約翰遜。不拘小節、口無遮攔約翰遜也被媒體稱為「英國特朗普」。在華為問題上，特朗普一直勸說約翰遜，希望英國加入美國構築的遏華同盟，幾次電話會談不歡而散。約翰遜的態度幾經反復，反映出約翰遜內心不願扮演美國跟屁蟲的角色。

一些分析人士指出，英國之所以在華為問題上屈服，部分原因是美國利用英國脫歐後亟需簽訂美英自貿協議。英國將在明年 1 月 1 日之前正式退出歐盟，目前英歐貿易協定遲遲沒有進展，美英貿易協定的達成對英國至關重要。

據《衛報》報導，美國試圖在美英貿易協定內加入「毒丸條款」，變相要求英國在中美之間「做出選擇」。這項條款規定，若英國未來與美方不認可的「非市場經濟國家」簽訂自貿協定，則美國將退出美英自貿協定。儘管擬定的條款沒有特別提及中國，但英國駐華盛頓的外交官認為，這項條款是用來牽制中英關係的杠杆。儘管英國尚未正式反對這一條款，但英國外交官擔心，「在當前背景下，這項條款將使美國在英國對華政策上擁有過於廣泛且不均衡的影響力」。

英國選擇與華為脫鉤，阻擋不了華為科技發展的腳步。但沒有了華為的參與，英國的 5G 進程將大大延緩。據了解，英國將傾向於使用諾基亞或愛立信的產品，但問題是諾基亞和愛立信的產品許多產品都在中國製造，只不過是用一套中國設備來取代中國製造的另一套設備。這既是英國

的悲劇，也是世界科技發展的不幸。

英國媒體預測，中英兩國的核電站項目將成為雙邊關係的下一個引爆點。正在進行的英格蘭西部的辛克利角核電站項目，中廣核集團擁有該核電站公司 30% 的股份。這個項目將替代部分即將退役的核電站，為全英提供 1/5 的電力，確保英國完成碳排放目標。但是英國內部一直存在反對的聲音。前保守黨黨魁 13 日表示，英國應緊急審查有中國參與的核電站項目，中國的主導地位給項目的運營帶來緊迫威脅，英國應在與中國公司打交道時非常謹慎。英國國家安全與情報專家吉斯認為，發展核能將滿足全英未來幾十年 25% 的能源需求，需要完全由英國科學家、英國技術和英國軟件來加以控制。

在卡梅倫執政時期，中英關係開啟了「黃金時代」，但英國民粹主義的崛起與特朗普的右翼民粹主義遙相呼應，為中英關係蒙上陰影，加之在香港問題上英國的殖民心態一直揮之不去，成為兩國關係向前推進的重大障礙。香港國安法的出台，讓約翰遜政府承受了額外的壓力，成為英國最終倒向美國的催化劑。

哈佛大學肯尼迪政治學院的專家認為，在 11 月美國大選之前英美達成貿易協定是不可能的，即使將來達成了協定，也有可能讓英國陷入困境，因為它會把英國拖入美國愈來愈成型的、以反華作為基礎的政經政策之中，從而為英國關上全球化的大門。

CNN 的評論認為，特朗普在抗擊新冠疫情方面是一個徹底的失敗者，但在拉攏英國遏華的努力卻取得了成功。儘管英國找出種種技術理由，將華為擋在外門，但明眼人都很清楚，英國的這項決定是一次政治決定，拒絕華為是政治站隊。至此，「五眼聯盟」（美、英、加、澳大利亞、紐西蘭）中，只有加拿大尚未作出最終決定，但分析人士指，作為美國的「一個州」，加拿大要想獨善其身恐怕有點難。

　　英國口口聲聲保持獨立自主的外交政策，但在國力式微的情況下，英國的獨立性大打折扣。美國當前對華政策充滿了偏見、仇恨，表現得更加氣急敗壞。即便如此，英國執政者還要抱著冷戰思維，跟著特朗普一起跑，顯示出英國對美國霸權的無奈。一些網友調侃道，等到 2027 年把華為設備徹底剔除完畢，恐怕網絡也進入到 6G 時代了。約翰遜政府拉著英國普通百姓一塊陪綁，看來他們只能在慢速網中享受大英帝國的落日餘暉了！

第五章

中美戰略博弈殺回香港戰場

街頭政治與民主的迷思

2020 年 7 月 18 日

民主是個好東西，無論是社會主義與資本主義國家，都把民主視為核心價值。全世界許多國家直接把民主二字寫入國名之中，但真正能夠實現富強、民主、文明現代化國家的少之又少。其根本原因之一，民主從來不是國家實現強大之因，而是水到渠成的發展之果。把因果關係搞顛倒了，國家的命運也就可想而知。但可悲的是，世界上有許多國家和地區陷入了民主的迷思，以為民主可以當飯吃，有了直選，所有的問題和難題都可以迎刃而解。

其實，歷史的真相是，號稱世界最民主的美國上個世紀 50 年代，還在實行種族隔離制度，60 年代還舉行了聲勢浩大的馬丁·路德·金運動。而美國著名學者艾利森在《註定一戰》一書稱，1870 年美國的國內生產總值（不含英國殖民地）已居世界第一。而美國婦女擁有投票權則是在美國成為世界第一之後的第 50 年。美國的選舉制度更不是直接選舉，而是間接選舉。選民只是選出選舉人，由選舉人代行你的權力。2000 年的大選，布什和戈爾兩人在佛羅里達州的選票只差 530 多張，而海外數十萬張的選票都沒有統計，最後靠法官的一紙判決判出了一位總統，戈爾也只能認栽。2016 年的大選也極富戲劇性，特朗普少了希拉里 289 萬張普選人票，依然靠著「贏者通吃選舉人」票制而當選總統。

而眼下正在進行的英國保守黨領袖的選舉，只有 16 萬名保守黨黨員投票，與 6500 萬選民沒有任何關係，而正是這 16 萬人的投票將最終決定誰來領導英國，這是徹頭徹尾的小圈子遊戲，又有多少人質疑過此類西式民主？

民主的定義五花八門，兩大制度體系對民主的理解也是見仁見智，但

有一點是共同的：從人類政治制度的設計與演變看，選舉制代替世襲制、任期制代替終身制、監督制代替獨裁制、法治代替人治，是政治制度演化的巨大進步。曾經被美國著名歷史學家福山認為是政治制度終極版本的西方民主制，正遭遇前所未有的危機，尤其是無法解決全球化中的兩極分化難題。當勞動、資本、技術、信息等在全球範圍內加以配置的時候，資本家的貪婪也發揮到了極致。隨著一些產業向發展中國家和地區的梯度轉移，發達國家的產業工人遭受到直接衝擊，他們成為全球化中最失意的人群。加上本國的工會力量逐步走弱，失去了與資本家叫板的資本，於是痛感階級的人數急劇上升，政治極化、貧富的兩極分化也達到了新的高峰。

經濟全球化加速發展，與之相配套的生產關係和上層建築卻無法適應這種變化。政治家們在週期性和結構性矛盾面前無能為力、無所作為，政壇像走馬燈一樣。而中國的強勢崛起既給世界帶來焦慮，更帶來了驚喜，人們希望從中國的制度優勢中給世界多一種選擇。福山後來不得不修改了自己的觀點，認為「應當給中國一席之地」。

值得注意的是，自 2008 年美國次貸危機進入高潮以來，全球化的動力迅速衰減。美國金融危機逐漸向全世界傳導，變成了歐洲主權債務危機；在中東更多表現為物價飛漲，失業率居高不下，一些國家失業率高達 25% 以上，年輕人的失業率更是高達 50%。2010 年末至 2011 年初發生於突尼斯的反政府運動，從 2010 年底迅速向埃及、利比亞、敘利亞、沙特、巴林等國擴散，有的國家一推就倒，有的國家打而不倒。沙特等國乾脆花錢買平安，以求緩解社會矛盾。

無論是 2011 年的「阿拉伯之春」，還是當年的「倫敦之夏」以及「華爾街之秋」，街頭政治在全球輪番上演，警民對抗烈度均呈上升態勢。街頭政治更多地在網上策劃，一個帖子就可以成為「集結號」，像埃及 2011 年 1 月爆發的倒穆運動，一張帖子就吸引了上百萬群眾上街。與

2004 年第一次「橙色革命」沒有死傷的情況不同，烏克蘭 2014 年的第二次「橙色革命」死者高達 125 人，傷者近二千人，顏色革命變成了赤裸裸的「血色革命」。

2017 年，39 歲的馬克龍成為法國歷史上最年輕的總統，意氣風發的他不僅有振興歐洲的抱負，更有重整法國經濟的計劃。但由於對民間疾苦體會不深，為落實《巴黎氣候變化協定》操之過急，多次提高燃油稅，讓住在邊遠郊區的中下層人難以承受之重，終於爆發了持續數周的黃背心運動。7 月 14 日，法國迎來國慶日，在香榭麗舍大街除了軍事表演之外，黃背心抗議者也上演了對抗把戲，最後以警察逮捕 152 名滋事者而收場。到目前為止，黃背心運動共有 10 人死亡，多人受傷。警民之間的激烈對抗程度為近年來所罕見。

需要指出的是，信息社會的加速發展，虛擬世界的管理不到位，致使信息傳播方式在民主體制下嚴重變形。表面上看，信息社會的開放度越來越大，但實際上，網絡自媒體進一步強化了自組織形態，網絡的智慧推送有意識地投其所好，不同的聲音越來越被遮蔽，所以導致社交群內形成了政治理念高度契合的人群。

其實，民主社會的一條重要原則就是協商。無論是民主協商，還是協商民主，其實質是尋找最大公約數。但社會的分裂，使得尋找利益交集的工作變得越來越困難。英國的脫歐運動就是最新一例。文翠珊在宣布辭去首相的當天，引用了英國溫頓爵士的一句話，「妥協不是骯髒的字眼」，感嘆英國政治越來越沒妥協的空間。

在街頭政治頻發的今天，表面上看，這些運動都是自發的，也很少有人站出來承認這場運動由其組織和發動，無組織的背後其實掩蓋著有組織的架構，成了街頭政治的最好保護色。當政府尋求與這些組織進行對話的時候，找不到合適的對話者。而被裹挾、不明真相的群眾又覺得自己的訴

求遲遲得不到答覆，變得更加不耐煩和激進，進而形成了惡性循環。

　　不容忽視的是，資本主義社會特別強調「個人奮鬥」，但利益的固化及向上流動的機會越來越小的時候，往往會造成了一些人群的不滿和失望。資本家以賺錢為目的，資本控制的輿論導向也是宣揚市場原教旨主義，而較少主動考慮社會公平，這就需要政府的有形之手加以利益調節。政治強人的出現，既是選民對利益追求的需要，也是社會矛盾激化的必然結果。社會要求政府強化有形之手的作用，而不能任其市場無形之手的操縱，特別是在打擊虛擬世界的經營壟斷方面，和現實世界同等重要，以防止財富向少數人進一步集中，這是緩和生產關係和上層建築矛盾的重要抓手。否則，資本主義的制度困局只能越陷越深。

香港補上G20這一課還來得及

2019 年 6 月 27 日

6 月 28 日第 14 屆 G20 峰會將在大阪舉行，全世界的焦點移至日本，世界主要領導人將根據東九區時間參加全球經濟協調及治理大會並安排一系列會晤，尤以中美首腦會晤最令人矚目。在中美貿易戰陷入僵局的大背景下，兩國領導人向外界釋放的任何信號，足以讓全球股市跟著起舞，更值得研究中美關係的專家逐字解讀。

但香港總有一些人不知趣，自認為能量很大，拿著不知從哪兒弄來的錢到世界幾大主流媒體刊登整版廣告，以為到各國駐港總領館前吆喝幾聲應可以讓 G20 峰會聚焦香港問題。最近，圍繞特區政府動議修訂《逃犯條例》引發了激烈爭議，「反送中」成為這次事件最「顯性」的政治訴求，把在內地犯有嚴重刑事罪行（七年以上徒刑）的人引渡回內地，是一個國家內再正常不過的事，在香港反而變成了「賣港」的罪證，上街示威者必須讓特首向他們「下跪」才肯罷休。中國彷彿就是一個遙遠的國度，那里是「人間地獄」。「反送中」口號的「中」字所釋放的政治內涵就足夠讓大家好好琢磨一陣子了，至少在一定程度上量出了某些人與內地的心理距離。

香港雖說是國際大都市，但在香港各大書店，找一本國際關係的書籍十分困難，不能不懷疑香港人的國際視野是怎麼培養出來的。不過，說香港人不關心國際政治真有點冤枉了，特別是這一次不能不令人刮目相看。大阪 G20 峰會一夜之間「點醒」了不少香港人，忽然成了國際政治的深度參與者，一些反對派覺得這是向特首施壓的極好機會。殊不知他們的一舉一動，完全是在攪亂中國的外交布局。G20 的舞台還輪不到特首，這是基本常識，更談不上在此給特區政府施加壓力了。特朗普前兩天告誡美國人

民要「尊重常識」。看來，尊重常識這句話在香港也得常講。

這些人的所作作為與其說給特首壓力，倒不如說是在給中央政府施壓，在大國博弈的關鍵時刻給西方國家提供一顆子彈而已。這些人究竟是渾然不知還是有意甘當棋子？前者可以說是香港國際政治知識教育的悲哀，後者則是香港發展前途的「定時炸彈」。

香港回歸二十二年了，人心的回歸永遠在路上。毋庸諱言，香港一些人對社會主義制度的本能反感寫在臉上、懼在心中，一有機會就會露頭。香港不是世外桃源，在全球化大潮裏挾下，既是全球化的受益者，也是產業升級的落伍者，尤其是這裡產業過分集中於地產和金融，高科技產業乏善可陳，年輕人的就業空間受到極大限制。房地產價格居世界之首真不是什麼光彩的頭銜。這些都需要特區政府下大力氣，拿出政治勇氣和智慧下決心解決。從這個意義上說，大阪 G20 峰會的討論議題和倡議與香港息息相關。

作為世界貿易和航運中心，貿易保護主義、單邊主義以及美方的「長臂管轄」是香港經濟發展之大忌。與其把錢投放到外國報紙做反修例的廣告，倒不如與中央政府站在一起，與貿易保護主義的逆流作堅決鬥爭，這才是識大體、顧大局的表現，而不是玩著自己那點小心思，把不可告人的政治動機通過懵懵懂懂的青春少年來實現。

外交部部長助理張軍明確表示，G20 場所不是談香港問題的地方。這麼重要的國際會議把一國的內政拿來討論，不僅開啟惡劣的先例，也會使 G20 峰會失焦。怎麼不見法國的「黃背心運動」發起者來這裏聲討馬克龍？怎麼不見美國民主黨人要求來這裏討論特朗普的「通俄門」、彈劾門事件或美國槍支氾濫的問題？怎麼不見這裏討論約翰遜適不適合當英國首相、帶領英國人民脫歐駛向何方？怎麼不見討論日本參院選舉對安倍政治前途的影響？一句話，這都是別國的內政，與 G20 沒有關係。香港一些人

連常識都不顧，鬧出世界級的笑話被世人所恥笑，還以為自己中了頭彩。對於香港人來說，6‧12事件是一個醜陋的記憶，但我們沒有理由糟蹋大阪G20峰會，世界也沒有給香港這幫人這樣的權利。

G20機制與金融危機相隨而生、相伴成長。1997年亞洲爆發金融危機，之後向俄羅斯、巴西等國延伸，國際社會認為有必要建立對話機制，協調主要經濟的貨幣政策，防止類似悲劇重演。自1999年建立G20財長和央行行長會晤機制以來，已走過20年的歷程。而G20第一次峰會肇始於2008年美國爆發的次貸危機，緊接著在倫敦召開了第二次峰會，也正是從那個時候開始，世界把希望的目光轉向中國，中國被迅速推向世界舞台的中央。回望美國十年複甦進程，美聯儲在第一時間實行量化寬鬆的貨幣政策，展開了一場「國有化運動」，美聯儲的資產負債表也從危機前的8500億美元迅速攀升至45000億美元。貨幣萬能主義的氾濫，給世界留下了巨大的後遺症，香港的樓價也可以從寬鬆貨幣政策中找到影子。近來，特朗普拋開「政治正確」，多次近乎命令式地要求美聯儲主席鮑威爾降息，新一輪的量化寬鬆山雨欲來。這種靠大水漫灌式的貨幣刺激而不是靠尋找內生動力促進世界經濟的增長方式，只能讓全球經濟問題越積越多。

創新是中國給世界經濟增長開出的藥方，也是香港融入大灣區的發力點。G20作為全球經濟治理的重要平台，正致力於打造全球創新生態系統，建立創新型世界經濟。在這方面，香港理應獲得應有的發展動能。英國首相文翠珊在宣布下野的時候引用了尼古拉斯‧溫頓（二戰中拯救了300名兒童免遭殺害）的話說，「妥協不是骯髒的字眼」。既然是政治，就要有遊戲規則，就需要妥協。對於國際社會，對於香港社會何嘗不是如此？願香港儘快補上G20的知識課，找準自己的定位，一切還來得及！

美國教會世界如何捍衛警察的尊嚴

2019 年 7 月 29 日

　　民眾走上街頭的理由有千萬條，但非法集會的後果只有一條，警方會毫不猶豫地驅離、抓捕，帶頭鬧事者被判入獄。無論是大陸法系還是海洋法系，也不論是社會主義制度或資本主義制度，概莫能外。

　　非法集會的定義很簡單：一是不被批准，二是集會超出了劃定的區域。非法集會的表面理由無論多麼「崇高」，但無法掩蓋其非法的本質，這是任何文明社會所不能容忍的。自由與法治相輔相成，自由在法治的框架下游走，而法治則是自由的邊界。沒有邊界的自由無異於無政府主義或半無政府主義，意味著對他人自由的侵犯和破壞，這樣的自由也就走向了反面。「真理再往前邁進一步也會變成謬誤」。

　　自 2008 年全球金融危機達到高潮以來，政治極化和兩極分化問題十分突出，街頭運動是社會矛盾激化的重要表現形式，很多國家出現了政權更迭運動。從阿拉伯之春到倫敦之夏，從華爾街之秋到烏克蘭之冬，非法遊行的數量越來越多，對抗程度越來越激烈，當局者處置難度也越來越大。特別是網上發動的街頭運動，具有很強的隱蔽性，其組織和嚴密程度絲毫不遜於網下。他們躲在幕後，通過網絡，集各路「精英」智慧，進行密室策劃，與統治者玩著貓捉老鼠的政治把戲。政府的管控力不斷遭到削弱。街頭運動的組織者竭力宣揚人多勢眾，通過「法不責眾」的洗腦方式將大量民眾捲入其中，「街鬧」成為現代政治的常態。

　　綜觀全球，各國政府在打擊非法集會方面表現得毫不手軟，其重要原因是，一旦向對手示弱，對手就會變本加厲，並產生幻覺，以為越鬧越能解決問題，從而助長對方的氣焰及產生「路徑依賴」。近年來，街頭政治暴力化傾向不斷加劇的一個原因是，街頭政治參與者的心理失衡，情緒失

控，行為失範。行政當局與參與者的對話變成了平行線上的喊話，而這些人往往又有強烈的「道德制高點」的自我錯誤認知，掉入民主的陷阱而不能自拔。

相較於發展中國家的街頭政治，西方國家的街頭政治大體遵循著適可而止的原則，其間歇性特徵十分明顯。其背後的原因是，法治的制度化及一體化也亮明了不起西方街頭政治的衝撞底線。

尊法、護法、執法和司法是社會秩序的重要組成部分。尊法、護法是基礎，執法和司法是保障。執法必嚴，違法必究，兩者不可分割。尊法和護法是民主社會的基石。任何一個國家和地區的公民在行使民主權利的時候，必須尊重憲法和法律。從這個意義上講，維護國家統一是大法，分裂國家、煽動暴力的言行都是法律所不允許的。

儘管西方國家對發展中國家和地區出現的街頭政治會用不同的價值標準加以美化，但在自己國家遇到類似問題時，其出手之快、打擊之狠超過人們的想像，更不會在意他國的指責和漫罵。前兩日，紐約兩名警察在執行任務時遭到三名男子的潑水，上至特朗普總統，下至市長對污辱警察的行為同聲譴責，認為這是「美國的恥辱」，立即將三名嫌犯捉拿歸案。更不用提當年在打擊佔領華爾街運動時的大規模逮捕行動。美國當政者非常清楚，警察是和平時期維護法治的最基本力量，打掉警察執法的尊嚴和權威，也就意味著社會常態的結束。

執法與司法是一枚錢幣的兩面，執法是捍衛法治的手段，司法是執法的保障和正義的伸張，是社會秩序的核心。許多國家對於遊行示威有明確的規定，任何逾越法律所規定的範圍，包括遊行示威的地點、時間和路線等，一旦越界就會被視為非法，申請者必須為此承擔相應的法律責任風險。前天，莫斯科警察面對三千名非法示威者，抓捕了一千多人，以鐵腕手法彰顯了執法的嚴肅性。但光有執法還是不夠的，司法必須同時跟進。

如果司法出現偏頗，秩序也就失去了根基，很可能出現警察抓人、法官放人的局面。司法的政治腐敗正在於此。

值得注意的是，在民粹主義氾濫的大背景下，美國煽動的街頭政治呈現了新特點。不僅針對與自己意識形態不同的國家，而且對準了自己的盟國。像特朗普在英國保守黨選舉階段對首相人選的公開干預；在法國大選期間，對極右翼候選人勒龐的支持等，旨在改變盟國政權的顏色，以便與美國一起成為反全球化的同盟軍。

與此同時，美國正在利用街頭政治作為中美戰略博弈的一個新戰場。「青年學生往往是最容易被利用的群體」，不知不覺中這些人成了美國及敵對勢力的工具和炮灰。以自由名義進行的遊行示威是前奏，暴力衝突隨之登場，幾乎成了「規定動作」。

美國在報導非法集會時，往往用西方的價值判斷渲染其非法遊行的正當性，有意忽略其非法性，「選擇性失明」客觀上對一些非法行為起到推波助瀾的作用。

非法集會固然是社會矛盾激化的表現，但非法集會本身解決不了問題，相反只會惡化解決社會矛盾的整體環境，這與非法集會者的願望形成了悖論。綜合這些年來街頭政治的特點，面對愈演愈烈的非法集會，行政當局只有果斷出手，堅決打擊，敢於向非法集會大膽說不，才能有效遏制其混亂局面的蔓延、發酵。另一方面，執政當局也要摸準社會的脈搏，加快出台社會關注的重大民生問題的解決措施及方案。總之，發展中的問題只能通過發展來解決，而停滯和不作為才是社會管理及運行最危險的「定時炸彈」。

特朗普十五分鐘搞掂香港的謊言

2019 年 8 月 17 日

　　特朗普就香港問題發表談話已經不是第一次了。前不久，他稱香港正在發生一場動亂，但香港是中國的一部分，相信自己能夠解決。雖然特朗普有關香港問題的表態有干涉中國內政之嫌，但至少他的說法還算靠譜。由於特朗普的說法遭到美國國內的強烈批評，認為他迎合了中國對當前香港事件的定性，放棄了美國的核心價值觀。這幾天，特朗普對香港問題的表態出現了微妙變化：他在推特上表示，中國要想達成貿易協定，必須對示威者展現「仁慈」。昨天他在新澤西的一座機場面對記者時表示，「中國領導人如果與示威者進行對話，我相信 15 分鐘就可以搞掂」。按照特朗普的邏輯，接下來香港問題如果繼續惡化，那就是中國領導人聽不進他的建議，那麼青年人越來越激進也就順理成章了。

　　特朗普應當感到慶幸的是，在他第一次將香港抗議者的行動視為動亂的時候，一些激進分子沒有去衝擊白宮，而是繼續留在香港搞事，否則白宮的安保力量需要大大加強。當然，這些抗議者心理也很清楚大鬧白宮的下場。前不久，紐約的兩個黑人向執行公務的警察潑了一盤水，正面臨襲警的指控，更別說向白宮扔一塊磚頭了，是活著坐牢，還是被當場擊斃都難說。

　　香港修例風波持續了兩個多月，西方和香港本地輿論大多數站在示威者一邊。他們的預設立場是，西方國家的非法集會及暴力衝擊政府大樓，警察斷然採取行動，那是捍衛法治與秩序，至於香港，打砸則是伸張正義、反抗暴政，而警察的出手則是鎮壓民主與自由。在這種輿論氛圍的引導之下，許多學生走上了暴力抗爭的道路而不能自拔。

　　商界大亨李嘉誠昨天表示，「年輕人的聲音震耳欲聾，政府正絞盡腦

汁」。可見香港問題之複雜，幾乎到了無解的程度。但在特朗普眼裡，只需要 15 分鐘的對話就可以搞掂，看來特朗普的本領實在是超過了我們的想像。這樣的政治大師，中國政府花多少錢聘請也是物有所值。從此，香港不再需要鐵拳就可以恢復常態是多麼美好的事情。

但美國的殘酷現實告訴我們，15 分鐘對話能解決難題是美麗的謊言。如果對話可以解決問題，為什麼特朗普曾經就墨西哥牆與佩洛西的對話只持續了三分鐘？氣得佩洛西直言「要把特朗普送到牢房去」。如果對話可以解決問題，美國的槍支氾濫問題也就不會陷入年年講、月月講，講了也白講的政治困境。

15 分鐘能搞掂香港問題註定成為特朗普的一個政治笑話。但半個小時搞掂比香港面積大 1.7 倍的戈蘭高地倒是不久前發生的真事。經過庫什納等人半個小時的歷史知識普及，特朗普大筆一揮，就把這塊土地送給了以色列，讓內塔尼亞胡總理感激涕零。

雖然香港問題不會 15 分鐘搞掂，但有一點可以肯定，如果美國不插手，香港問題的解決肯定會較現在簡單得多。姑且不論英國拿過氣的中英聯合聲明說事，還煞有介事地在議會每半年發表一份香港問題的報告，而美國國會則於 1992 年通過了《美國—香港政策法案》，成為美對港政策的基石。隨著 1997 年香港主權的回歸，這個法案的法理基礎已不復存在。但事實是，自香港回歸以來，美國反而加大了介入的力度。從國會舉行有關香港問題的聽證會，到推動相關的涉港法案；從發布涉港報告到支持香港反對派；從白宮、國務院經常對香港問題的指手畫腳到利用非政府組織對香港的滲透等等，大大干擾了香港政治發展進程，也讓香港人失去了對政制發展的獨立判斷。這些年來，美國竭力把香港變為向內地展示的「民主櫥窗」，把中國政府推到民主的對立面。在香港人眼裡，「中國政府成為推行民主發展的最大障礙」，而美國則成了「香港民主的保護者和推進

者」。

自 2017 年底美國拋出新的國家安全戰略報告以來，美中兩國的戰略競爭加劇，美國把香港作為遏制中國一張牌的戰略也日漸清晰。美國國家安全事務助理博爾頓多次表示「在香港問題上不能一直保持中立，必須採取強硬的行動」。美國參議員科頓、盧比奧等人又重啟了 2015 年擱置的《香港人權與民主法案》，企圖把香港人權與保留「獨立關稅區」掛起鈎來，以增強美國對香港問題的干預力度。香港反對派最近頻繁跑到美國去，跪求美國對香港進行制裁。在世界上要求對自己進行制裁的人不多，除了委內瑞拉反對派領袖瓜伊多之外，大概剩下的人都集中在香港了。

香港社會矛盾激化不是孤立現象，它是經濟全球化進程遇挫在亞洲的折射。作為全球化的最早受益者之一，香港地區面臨的問題與歐美資本主義國家具有很大的共性。即社會財富越來越向少數人集中，但資本家的貪婪無法解決分配正義的問題。特朗普現象的出現，則是急速墜落的中產階級對政治強人呼喚的產物。香港今天的問題是結構性矛盾的體現，也是多年積累問題的沉渣泛起。

今日香港不是充分發展了，而是發展極不平衡，產業結構極其單一，創新動力不足，人才支撐不夠。發展的問題最終需要發展來解決，整天熱衷於街頭政治不僅找不到出路，也會錯失發展機遇。香港分裂主義、恐怖主義的苗頭若隱若現，正走向沉淪的危險邊緣。世界上根本沒有特朗普標榜的 15 分鐘靈丹妙藥，只有把香港置入中國崛起的進程之中，背靠中國內陸的大樹，才會找到香港的明天。而希望香港離大陸越遠越好的想法既不現實，也極為有害，更不符合發展潮流，只會讓香港的路越走越窄。心門打不開，神仙進不來。香港現在覺悟，一切還來得及。

港版顏色革命 掉入西方陷阱

2019 年 9 月 23 日

有人以為自己在創造歷史，其實只不過是在重複歷史。香港的街頭政治已超過一百天，從最初的「反送中」演變成全面的「反中」運動，燒國旗、污國徽、噓國歌，挑戰「一國兩制」底線的事件已司空見慣。「港獨」不再是一些人遮遮掩掩的政治訴求。分裂與反分裂、滲透與反滲透，社會主義制度與資本主義兩大制度與意識形態的角力成為這場運動的主線和底色。

美四處播種顏色革命套路相似

「顏色革命」這個詞存在的時間並不長。特指 21 世紀初以來，發生在世界各地，以顏色和花朵命名、以「非暴力」方式實現政權更迭的運動。在香港則表現為以黑色為主色調，以反修例為導火索、以反特區政府為表像、其矛頭直指中央政府管治權的一場政治運動。

顏色革命與「和平演變」既有區別，也有聯繫。區別在於和平演變專指冷戰時期對社會主義陣營展開的、旨在顛覆其政權的意識形態革命。社會主義運動陷入了低潮後，美國獨霸世界的「巔峰孤獨」讓其忘乎所以。如果說南聯盟戰爭體現為美國的恣意妄為，那麼阿富汗戰爭則是 911 驚恐和惶惑中的戰略衝動，而伊拉克戰爭更是替父報仇，私器公用。美國因此也付出了沉重的代價，時至今日仍深陷戰爭的泥潭而無法自拔，形成了打不贏、走不了、拖不起的尷尬局面，近東、中東正成為「埋葬帝國的墳墓」。

顏色革命的代價小、成本低，且易操作。為了打擊全世界的異己政權，美國不再熱衷於打熱戰，而是因勢利導、順水推舟發動顏色革命，其範圍不再局限於社會主義國家，而是面向全球。尤其是在地緣政治敏感區域，

顏色革命的頻度明顯增加，中亞和中東地區最為突出。

美國資助的大量非政府組織在地緣政治敏感地區如雨後春筍，成為顏色革命的播種機。社交網絡既是平時的宣傳隊，也是戰時發動顏色革命的最好指揮平台。而在當地刻意培養的政治精英則成為關鍵時刻的「特洛伊木馬」。哈佛大學愛因斯坦和平研究所所長夏普的所謂「非暴力革命行動指南」正是在這個大背景下得到廣泛的應用，成為 21 世紀初政權更迭的教科書。這就是為什麼放眼全球，人們看到的顏色革命都是按照同一劇本在上演，其動作、手勢、口號、符號及打擊強力部門的套路如此驚人相似。同一個導演很難導出另一種風格的政治劇。

顏色革命第三階段：鉗制中國

在過去的 20 多年間，顏色革命大體經歷了三個階段。第一階段是 2003 至 2005 年在前蘇聯地區出現的顏色革命，旨在進一步壓縮前蘇聯的生存空間。尤其是普京上台以後，大國復甦的決心與意志凸顯，美國加快在這個地區扶植自己的代理人。於是在前蘇聯地區相繼出現了格魯吉亞的「玫瑰革命」、吉爾吉斯斯坦的「鬱金香革命」以及烏克蘭的第一次「橙色革命」。

2011 年前後，顏色革命進入第二階段，即以中東為代表的西亞北非國家相繼出現的政權更迭運動。有人認為，中東顏色革命是一場內生性的革命，但外因在其中扮演的角色不可忽視。小布什時期推出的「大中東改造計劃」在奧巴馬時期終於開花結果。由於 2008 年的美國金融危機全面向世界外溢，在中東表現出物價飛漲、青年人失業率居高不下。2010 年 12 月，以突尼斯大學生小販自焚為導火線，引發了席捲整個中東的政權更迭運動。由於谷歌在這次運動中扮演著極其重要的動員和指揮平台的角色，將暴力與非暴力手段交替使用，所以，中東顏色革命也被稱為「網絡

革命」。

　　隨著中國的快速崛起，美國推出旨在遏制中國的「亞太再平衡」戰略，顏色革命進入第三階段，目標是進一步壓縮中國生存空間。一是針對中國內地。在中東革命之後，一些人叫囂「金字塔倒下了，木乃伊活過來了；現在要淪到長城倒下，讓兵馬俑站起來」。二是在中國的周邊地區，也出現了一系列顏色革命的先兆。例如柬埔寨的「蓮花革命」，差點讓洪森陰溝翻船。緬甸的「番紅花革命」經過多次反復，民盟終於修成正果，但親西方的昂山素姬上台後，大幅度修正了民盟過去的反華路線，中緬關係越走越近，是美國的意外失手。三是利用中國的台灣和香港問題，策動「太陽花」運動和香港的「佔中運動」。2019年以反修例為名的這場政治風波，很快演變成身著黑衫的「黑色革命」，其本質是「佔中」運動的延續，通過五大訴求中的最核心要價，以爭取雙普選，旨在與中央爭得管治權，實現香港的完全自治，或「半獨立」甚至是完全「獨立」。

乞美制裁戀殖心理作祟

　　如果說 2014 年「佔中運動」時美國的支持還偷偷摸摸的話，那麼這一次則直接跳到了前台，香港的示威者以高舉英、美國旗、唱英、美國歌為榮。這些人不斷舉行集會，到美國遊說，乞求美國盡快通過《香港人權與民主法案》以取代美國對香港政策法。在全世界乞求別國對自己制裁的人真的找不到幾個，這種屢屢突破公民底線的行為，反映了部分香港人對中國國民身份認知的混沌，去殖民化的努力沒有取得實質性的進展。戀殖心理在香港社會的各個層面均有所體現。

　　香港既是中美戰略博弈的前沿地帶，也是兩大制度交匯點，美化街頭暴力、美化殖民統治的文明性是香港社會的較普遍行為。隨著中國制度自信、道路自信、理論自信的張力進一步顯現，中西價值觀和各種力量的對

立與撕扯在香港越來越激烈。隨著美對華和平演變政治幻滅感的強化，美對香港政策的調整也勢在必行。

美密謀亂港阻中國崛起

回顧歷史，美國當年在舉行香港政策聽證會時，美方就曾認為，「香港與大陸的密切經濟往來必將推動中國內部的社會和政治變革」。但事實證明，中國在政治上非但沒有融入西方，相反卻形成了自己的模式，給廣大發展中國家提供了一種「新的選擇」。「北京共識」的形成對「華盛頓共識」構成重大挑戰，這一切迫使美國重新思考香港的定位。既然香港起不到促進中國政治變革的目的，那美對香港政策的調整方向，即不能再讓香港為中國崛起助力，必須讓香港變成了一個動盪區，使之成為中國崛起進程中的巨大阻力。

把貿易與人權掛鈎不是新鮮做法，而是貫穿克林頓總統八年任期的始終。自上個世紀 90 年代以來，美國每年都就拿人權說事，把最惠國待遇的延長與人權問題掛鈎，直至中國加入世貿組織，這一頁才算翻過。美國把中美貿易協定與香港人權問題掛鈎，無疑增加了美國對華政策的羈絆，終究是作繭自縛。

香港雖是國際都市，但國際視野有待擴大。年輕一代人的宏觀思維和分析框架存在致命的短板。看問題往往是點式思維，缺乏面的支撐。譬如，前段時間在示威人群中熱傳的《凜冬烈火》紀錄片，許多年輕人看到熱淚盈眶。且不論這個記錄烏克蘭第二次顏色革命的宣傳片的製作動機，但就其內容而言也極具片面性，更不用說，這場死傷千人的顏色革命是一場地地道道的「血色革命」，革命過後的烏克蘭是一地雞毛、國破家亡。烏克蘭這個曾經的大糧倉成了歐洲最貧窮的國家。但香港年輕人居然把這樣的國家作為樣板，凸顯了香港部分青年人對國別知識的淺薄認知。

社會矛盾激化青年易被煽動

中美的戰略博弈是持久戰，註定了香港樹欲靜而風不止。總結全球顏色革命發生的共性，無疑需要諸多要素的相互激發和催化。社會矛盾激化是首要條件。而政權內部出現分裂，青年失業率居高不下，主流意識形態遭到嚴重削弱，政權內出現反對派，新興媒體串聯成勢，強力部門的倒戈以及美等西方國家的支持都是顏色革命發生的重要條件。香港這場風波持續時間之長，可以說是社會矛盾的總爆發，尤其是兩極分化、貧富差距居發達經濟體的首位。香港的失業率雖不高（2.9%），但是高收入行業明顯缺乏，許多年輕人從事著「養不活自己」的工作，這是最容易被利用的一支力量。

香港執法與司法機構的斷裂客觀上不利於打擊暴力犯罪，甚至是縱容犯罪，出現體制性斷裂帶。但值得慶幸的是，到目前為止，警察作為防範顏色革命得逞的最重要、最基本的力量仍在發揮先鋒作用。正因為如此，從運動開始以來，示威者很快把矛盾指向了警察。所謂五大訴求中的「成立獨立調查委員會」，其政治動機就是把警察推向道德、政治和法律的審判台，從而徹底摧毀強力部門的意志，這恰恰是當前這場鬥爭的一大焦點。

綜觀這二十年來的顏色革命特點，輪番爆發顏色革命的國家和地區往往是受害最嚴重的，暴力化程度也呈梯度上升。吉爾吉斯「逢春必鬧」，烏克蘭以及香港地區都是反復折騰。第一次烏克蘭「橙色革命」沒有一個人死傷，而第二次革命數百人死亡。尤其是反對派從格魯吉亞僱來槍手，對警察和示威者進行無差別射擊，造成警民進一步對立，形勢急轉直下。

必須向壟斷動刀

香港雖已回歸 22 年，但如今許多香港人不願面對這樣的現實。一部分青年人甚至認為，「過去是英國的殖民地，現在淪為中國的殖民地」。每當中國節日到來，他們不是歡慶，而是鬧街，把祖國作為生活不如意的替罪羊。

　　唯物主義的辯證法強調內因是事物變化的主要因素，但香港問題的複雜性在於，香港的外部性和依附性特點尤其突出，且英國深度參與了今日香港制度之設計，「西方因素」已經嵌入到香港的體制運行之中，所以在他人看來的外因在香港其實是內因的一部分。

　　需要指出的是，香港保持資本主義制度50年不變，不等於資本主義制度可以不加以改良。美國資本主義制度在過去的一百多年間經歷了多次變革。西奧多·羅斯福把1891年通過的《謝爾曼反托斯法》裝上了牙齒，肢解了洛克菲勒等商業巨頭，讓中產階級基礎迅速擴大。上個世紀末展開的對微軟公司的反壟斷調查，促進了其他科技公司的崛起；而眼下正在展開的對美國四大科技巨頭的反壟斷訴訟，體現了美國政府反壟斷的決心和政策導向。

　　雖然貧富分化不是香港獨有的現象，但香港基尼系數（0.539）大大高於國際警戒線，從這個意義上說，香港資本主義尤其需要通過改良，方能推動社會的進步。所以，敢於向壟斷產業動刀，不能放任「市場原教旨主義」的氾濫是香港必須面對的問題。

　　看不清歷史發展的大方向是人生最大的悲哀。香港部分青年對中國內地制度有本能的排斥，不認同自己的中國人身份，與內地的心理距離越拉越大，已經到了非理性的地步。值得深思的是，全世界都期待與中國發展關係，搭乘中國的快車，而香港部分人卻刻意拉大與內地的距離，這種取向正把香港推向歷史的對立面。

　　由於歷史的原因，香港一部分人對內地制度的認同還需要時間。毛主席在社會主義建設初期曾說過，「中國會變成一個大強國而又使人可親」。如今，我們正在習近平同志為核心的黨中央領導下，自信地踏上了從富起來向強起來的偉大征程之中，香港人心回歸既是偉大鬥爭中的必修課，也是一門補修課，如何讓中國變成「使人可親的現代化國家」，需要包括香港人在內的所有中國人的參與和建設，而不是僅僅當一個旁觀者、指責者和破壞者。

七國集團首腦會議聲明究竟羞辱了誰

2019 年 8 月 29 日

七國集團首腦會議在法國的比亞里茨落下帷幕。七國集團 44 年來第一次沒能發表聯合公報，而是擬定了一份領導人聲明，強調「致力於開放和公平的全球貿易及全球經濟的穩定」。

此外，會議就伊朗、烏克蘭、利比亞等問題達成一致，並把香港也捎帶進去，稱「七國集團重申 1984 年有關香港問題的《中英聯合聲明》的存在及重要性，並呼籲香港避免暴力」。

七國首腦會議此次發表有關香港問題的聲明，讓我想起三十年前同樣在法國召開的七國首腦會議。

1989 年 7 月 16 日，七國集團就中國政府平息暴亂問題發表了聯合聲明，污蔑中國無視人權民主並且對中國實行集體制裁。鄧小平同志在會見泰國正大集團董事長謝國民時指出，「我是一個中國人，懂得外國侵略中國的歷史，當我聽到西方七國首腦會議決定要制裁中國，馬上就聯想到1900 年八國聯軍侵略中國的歷史」。鄧小平還說，「中國要利用這個機會把中國發展起來，少管別人的事，也不怕制裁」。

過去的三十年，中國的確在「一心一意謀發展，聚精會神搞建設」，到如今成長為世界第二大經濟體，令世界刮目相看，發達國家為之黯然失色，因此陷入了極度的焦慮之中。

1989 年的動亂是國際大氣候與國內小氣候相互交織形成的，今日之香港問題也可以套用這句話。

香港正成為中美戰略博弈的主戰場之一。以美國為首的西方國家希望通過香港之亂，極大牽制中國的崛起，他們在等待中國在香港問題上的戰略犯錯，從而構築起反華統一戰線。七國集團在香港問題上的統一發聲，

則是這種戰略圖謀的前奏。

七國集團首腦會議源於上個世紀 70 年代,是西方國家經濟危機的產物。1971 年,美國宣布布雷頓森林體系解體;緊接著 1973 年,阿拉伯國家決定把石油價格一次性提高 70%,從每桶 3.01 美元提高到 5.12 美元。

金融危機與石油危機的雙重打擊,導致西方各國生產急劇下降,物價飛漲,失業人數大增,人民生活水準直線下降。在此背景下,美國希望與西歐國家就宏觀經濟政策進行協調。但法國總統蓬皮杜認為,「召開這類首腦會議有損法國人的政治獨立意識」,從而拒絕了美國的倡議。

1974 年德斯坦當選為法國新總統,當時的法國內外交困,通貨膨脹高企,失業人數超過 100 萬,GDP 出現負增長,法郎的地位岌岌可危。

在這種情況下,德斯坦開始積極推動首腦會議的召開,法美一拍即合。1975 年在法國的朗布依埃,召開了西方六國首腦會議。

1976 年在波多黎各聖胡安召開了第二次峰會,加拿大被邀請在列,並確定了每年一次的制度化安排,七國首腦會議從此得名。

隨著時間的推移,七國首腦會議的議題也從經濟擴大到政治,進而擴大到氣候變化及全球治理等多個層面。

1979 年底,蘇聯入侵阿富汗,給西方七國首腦會議敲響了警鐘,1980 年 6 月的威尼斯七國首腦會議,政治議題被堂而皇之地引入峰會,會議決定抵制一個月之後在莫斯科召開的奧運會。

戈巴契夫上台以後,在前蘇聯全面推行「新思維」,全盤接受西方價值觀,七國集團在 1991 年蘇聯解體前,邀請戈巴契夫參加了會外會,讓這位蘇聯領導人受寵若驚。

蘇聯解體以後,七國集團邁出了轉型步伐。從 1993 年開始,俄羅斯總統葉利欽開始列席西方七國首腦的政治議題,從此開啟了「7+1」時代。

2002 年在加拿大首腦會晤上,俄羅斯正式加入七國首腦會議,並確

立於 2006 年的八國峰會由俄羅斯主辦。

2014 年因烏克蘭危機，俄羅斯乘勢收回了克里米亞，因此也被美國踢出了 G8，八國集團又變回了七國集團。

特朗普放言，明年在自己的高爾夫球渡假村舉辦七國首腦會議，定會邀請普京與會。除了馬克龍之外，其他成員國反應冷淡。

2003 年，胡錦濤主席應法國之邀參加八國首腦集團會外會，即發達國家與發展中國家的對話會（8+5）。這是中國第一次受邀參加此類峰會。而 2003 年的插曲是，中國發生了「非典」，全世界對中國唯恐「避之不及」。為了確保參加峰會的絕對安全，全體隨行人員都進行了提前 14 天的「隔離」，成為中國外交史上的罕見一幕，但對消除世界對中國的恐慌起到了極大的鎮靜作用。

2008 年，美國次貸危機爆發，G20 峰會隨之登場，發達國家與發展中大國共聚一堂，就全球經濟政策進行協調並採取共同行動，對緩和金融危機起到了市場安撫作用。

G20 大有取代 G8 之勢。但令人遺憾的是，美國金融危機緩和之後，其對 G20 的興趣下降。特朗普上台以來，美國大力推行單邊主義和貿易保護主義，不按常理出牌，完全打亂了世貿格局，將全球拖入衰退的邊緣，未來的巨大不確定性讓全球商界投資裹足不前。

本次峰會本應就反對單邊主義和貿易保護主義尋找對策，但六國首腦一邊對美國咬牙切齒，一邊在與特朗普會談時輕描淡寫，生怕惹了美國老大不高興。

在峰會舉行期間，馬克龍套開了氣候峰會，特朗普以日程撞車為由，缺席峰會，為自己退出《巴黎氣變協定》作了最好的注腳。

而馬克龍對巴西總統博索納羅的喊話，惹得這位有「巴西特朗普」之稱的他很不高興，雙方爆發了激烈的口水戰，並且把各自的夫人也捲入到

戰火之中。博索納羅甚至拒絕了七國集團 2000 萬美元的亞馬遜雨林撲火援助，指責馬克龍帶著殖民主義的妄想，干涉巴西的內政。後在拉美其他國家的壓力下才改口同意接受這筆款項，但具體怎麼使用，得由巴西說了算。

七國集團討論氣候問題始於 30 年前，1989 年的巴黎首腦會議明確將環境保護作為當年的三大議題之一，那次會議也被冠之以「綠色首腦會議」。1999 年在德國科隆舉行的七國首腦會議上，同樣對環境保護問題進行了深入探討。這一次法國作為東道主，馬克龍再次舉起「氣變」大旗，讓亞馬遜雨林的大火話題更加炙手可熱，而此前一直有輿論認為，這場亞馬遜大火與博索納羅推行雨林開發政策密切相關，一些農民放火燒山，引發火災而失控，遭到博索納羅的斷然否認。

如果說，七國峰會關注亞馬遜雨林是出於對「地球之肺」擔憂的話，那麼插手香港事務則成為七國集團捍衛資本主義制度和價值觀的面子工程。馬克龍作為東道主，急切期待展現一個大國領袖的形象，但一紙公報都發表不了，凸顯了西方世界的分裂，結果拿伊朗、利比亞、烏克蘭、香港說事，搞一紙聯合聲明草草收場。

而伊朗問題的罪魁禍首恰恰是美國；2011 年正是法國在利比亞打響了「奧德賽黎明」第一槍，掀開了中東北非的潘朵拉魔盒。

而烏克蘭更是抵擋不了加入歐盟的誘惑，患了嚴重的「顏色革命綜合征」，現淪為歐洲最窮的國家，數百萬青年流落他國打工度日。

而香港問題的背後更是美英兩只黑手的赤裸裸操縱。香港風波演變至今，不僅是社會兩極分化等社會矛盾的總爆發，更是兩大制度的激烈較量，香港年輕人受到西方價值觀的強烈牽引，自我迷失在虛幻的民主之中。

七國首腦會議強調《中英聯合聲明》的存在及重要性，實在是荒唐可

笑。中方從沒有否認其存在，只不過陳述一個事實，即聯合聲明已完成其歷史使命。中國在聯合聲明中承諾的義務已轉換為國內法──香港基本法。中英聲明沒有任何一項條款賦予英國對香港仍有監督權。所以，拿中英聯合聲明作為繼續干涉香港事務的依據顯然缺乏法律依據。試想想，中國政府還不至於愚蠢到簽訂一紙聯合聲明，可以讓一個國家干涉中國內政的行為合法化、長期化。

兩個多月以來，香港示威者的暴力輪番升級。但在西方國家的鏡頭裡，永遠都在渲染警察執法的失當，而對非法示威者的暴力要麼視而不見，要麼一筆帶過。西方七國帶著有色眼鏡看香港，這樣的聲明與其說是羞辱中國，還不如說自取其辱。峰會過後的第二天，馬克龍在法國駐外使節會議上感嘆，「西方霸權的時代行將結束」。

一紙不倫不類的香港問題聲明則是西方世界落日餘暉的回光返照。30年前的對華制裁沒有阻擋住中國崛起的步伐，今天的中國更不會理會七國集團的傲慢與偏見。

英國媒體高估了香港示威者的情商

2019 年 10 月 15 日

當地時間 10 月 10 日中午，大批「反抗滅絕」組織成員聚集在英國倫敦城市機場的主要出入口，試圖以靜坐和合唱的方式癱瘓整個機場，以此吸引政府對環境保護問題的重視。其中不少人採取了非常激進的行為，甚至爬上了飛機的機頂。英國廣播公司（BBC）將這些人試圖癱瘓並佔領機場的行為稱作「香港模式」（HONG KONG STYLE）。

的確，前段時間香港的示威者曾經佔領過機場，令幾百架次的航班被迫取消，乘客為此怨聲載道。但英國媒體把這個「光環」戴到香港示威者的頭上，實在是有點張冠李戴，高估了香港示威者的創造力。

其實，早在 2008 年 11 月 25 日，泰國「黃衫軍」支持者就舉行過大規模的反政府示威，衝擊國家電視台和政府辦公機構，佔領總理府以及曼谷素萬那普國際機場，曾令包括中國遊客在內的世界各地數千名旅行者滯留在泰國機場。

正在秘魯參加亞太經合組織領導人會議的泰國總理頌猜不得不緊急回國，他的專機只能降落在一家軍用機場。2015 年泰國對這起佔領機場事件的主謀，以恐怖主義的罪名予以起訴並判處三年徒刑。可見，佔領機場既不是新鮮事，更不是香港示威者的發明。

持續 120 餘天的香港動亂至今沒有收手的跡象，但示威者的套路總體上沒有超出「顏色革命」的標準範本，如果說香港示威者有什麼獨創的話，那就是在世界許多地方玩弄的把戲在這個彈丸之地進行了合成。

從瓦解警察等強力部門鬥志的文宣，到直接以割頸術預取警察的性命；從組成手把手的人鏈（模仿波羅的海三國獨立運動），到統一著黑色服裝（美國「顏色革命」之父夏普曾在教科書中指導政治搞手，一定要以

花朵和某個顏色作為運動的標誌，以增加參與者的凝聚力，在運動開始階段，一定要以非暴力形式出現，隨著運動的不斷擴大，暴力方可不斷加碼）；從設計參與者的手勢到煽動性的口號，沒有一件東西玩出了新花樣。

英國「反抗滅絕」組織以佔領機場為要脅，卻遭遇了與香港示威者完全不同的結局。英國警方選擇果斷執法，迅速將激進抗議者帶離現場，超過1000名抗議者被捕。而香港機場管理局當天卻阻撓警察在機場管理區內執法，暴徒們差點將兩位內地人打死。這種處理香港機場暴亂的做法，倒真有點「港式風格」。

如果說有什麼可以借鑒的話，英國這位老師不必自謙，香港的管理者們應該以英國為樣板，看看他們是怎麼毫無留情地打擊這些非法行為的。

英國媒體之所以把「港式風格」的頭銜安在香港示威者的頭上，無非是給香港這些年輕人打點雞血，讓他們為自己的「發明和創造」興奮一陣子，激勵他們繼續進行大肆破壞，為世界創立「範本」。

其實，明眼人看得非常清楚，顏色革命不存在「香港模式」，也不存在香港帶壞西方的假設，如今香港正走向萬劫不復的深淵，很大程度上是因為西方帶壞了香港，讓一代年輕人陷入了西方民主的迷思，把「一人一票」視為解決香港所有問題的萬能鑰匙。

在香港抗議勢頭明顯下滑的關鍵時刻，來自美國德州的參議員、2016年美國共和黨總統參選人克魯茲一身黑裝，走上香港街頭，讓香港的示威者們頓時打起了精神。克魯茲聲稱「沒有看到香港的暴力」，只看到香港人權和民主遭到了破壞。

此公帶上眼罩、堵上一隻耳朵來了解香港情況，回國後就可以在國會現身說法，參眾兩院通過《香港人權與民主法案》也就順理成章了。克魯茲這趟亞洲之行真是沒有白來，接下來的幾天裡，香港示威者們可以繼續借著美國會通過涉港法案的溢出效應在香港「揮霍」一把。

香港作為棋子的作用在這次中美經貿談判中算是發揮得淋漓盡致。前幾天，特朗普總統向香港示威者喊話，中美第一階段的貿易協定近乎達成，「示威活動會很快平息」。換句話說，香港作為經貿談判的籌碼作用正在下降，接下來成為棄子只是時間問題。

這兩天，敘利亞的庫爾德人痛苦不堪，前幾年為美國中東政策衝鋒陷陣的他們，轉眼之間成為美國的棄子，眼下正遭遇土耳其軍隊的強力打擊。在走投無路的情況下，只好求助於敘利亞政府和俄羅斯，希望為自己的生存找到有限的空間。

當然，庫爾德人與香港人不可同語，但一些香港年輕人把大好的時間不用在學業上，而是熱衷於街頭政治，讓我們不得不為他們的前途命運而擔心，這會失去學業的競爭力，即使不被美國拋棄，遲早也會被這個時代拋棄。

年輕人的成長需要時間，不撞南牆不回頭恐怕是很多年輕人需要付出的代價。香港年輕人應當感到幸運，因為他們生在香港，擁有世界上最文明的警察執法隊伍和體制，否則他們要用生命的代價累積人生的經歷。看看這幾天伊拉克、厄瓜多爾非法集會者死傷者無數的下場，這種反差尤為強烈。

請西方社會給你們貼的美化標籤，露出自己的本來面目，把一切要求納入法治的軌道，「陽光之下沒有新鮮事」，該有的未來仍然屬於你們，但這真的需要提高香港年輕人的整體情商。

美國種瓜豈能得豆

2019 年 10 月 17 日

北京時間 10 月 16 日，美國眾議院毫無懸念地通過了《香港人權與民主法案》，這是繼 1992 年美國會通過《美國香港政策法》之後的又一重大立法行動。當然這個法案還需參議院批准，方能呈特朗普總統簽署。但放在當前中美關係的整體氛圍及美國內對特朗普彈劾調查節奏加快的大背景中去觀察，特朗普拒絕簽署此法案的可能性較低。

《香港人權與民主法案》在眾院的通過，是美港勢力相互勾結、裡應外合的結果。自香港修例風波發生以來，至少在這裡舉行過三次大型集會，跪求美國通過相關法案，包括不少香港青年人加入其中。放眼全球，乞求別國對自己進行制裁的人屈指可數，而香港有這麼多人加入也是世界的一大奇觀。

筆者在想，背上「賣國賊」的罵名可不是什麼光彩的事，除了對自己生於斯、長於斯的土地懷著滿腔的仇恨之外，稍微有點理性的人都下不了狠手，尤其是認賊作父。

在過去的四個多月裡，香港題材被全世界的媒體和政客大肆消費，甚至把這場香港動亂定義為「香港風」。看熱鬧的人不嫌事大，而生活在危城中的人不堪其亂。

原先香港患抑鬱症的人就佔人口的七分之一，但最近公布的數字又上升了 3%，自殺的報導近來不時見諸報端，可見「黃台之瓜」不堪再摘。但香港這些不知輕重的年輕人被賣國賣港分子當槍使，被美國當棋子耍，向處在十字路口的自己捅下狠狠的一刀。

一邊是美眾議院表決涉香港法案，一邊是香港立法會停擺四個月後的第一次復會，林鄭月娥宣讀施政報告被反對派鬧場、攪黃。這種巨大的反

差，大概就是佩洛西希望看到的又一道「美麗的風景線」。從反對派爬上桌子、潑婦般地撒野，讓世界再一次目睹了「香港民主力量的勇氣」（佩洛西新語）。

參議院的版本什麼時候表決並不重要，重要的是克魯茲等參議員已經完成了香港的考察，當著世界媒體的面說，「沒有看到香港的暴力」。美國一家研究機構曾經統計過特朗普的說謊次數超過希拉里，但克魯茲居然被特朗普稱為「撒謊精」，可見克魯茲的功夫在他之上。在克魯茲的問題上，特朗普的確沒有撒謊。

參院通過涉港法案只是時間問題。如果說 1992 年美通過《對香港政策法》是上個世紀 80 年代末期對華表現的極不信任、從而打造一個干涉和監督香港事務的一個抓手的話，那麼在 2014 年「占中事件」結束之後拋出的《人權與民主法案》居然起死回生，則充分說明香港已淪為新時代中美戰略博弈的一枚棋子，香港對美的經濟利益開始讓位於政治與戰略利益。

眾院通過的版本條款之一，是將根據香港的人權與自主決策狀況對香港的「特別關稅區」進行年度審議。當下的香港根本不是人權與民主缺失的問題，而是民主自由走過了頭。如果說香港沒有自由，恐怕世界上找不到第二個經濟體，這一點特區政府還有這個自信。如果硬要搞年度審議，那就讓他折騰好了。中國過去就是在美國的折騰中成長起來的。

翻看中美經濟關係史，將人權與貿易掛鉤其實不是什麼新玩意，而是貫穿克林頓總統八年任期的始終。自上個世紀 90 年代以來，美國每年都拿中國人權說事，把最惠國待遇的延長作為籌碼，國會都要大吵一番，但最終克林頓總統還是放行。

但今天中美關係處於歷史低點，美對華政策也從接觸為主轉變成遏制為主，美打「香港牌」的意圖更加濃厚。但取消獨立關稅區無疑是把雙刃劍。2018 年美對香港的貿易順差高達 338 億美元，美在香港的企業有

1300 多家，一旦美國取消獨立關稅區，最終也會傷及美在港經濟利益。

更何況，中國已成為世界第二大經濟體，美國在此時通過一個公然干涉中國內政的法案，想讓中國束手就擒而不做相應的反制，未免過於天真。至於涉港法案中有關美國向香港暴徒發放簽證的問題，說心裡話，給這樣的人發放簽證，就是直接發綠卡我們也沒意見。只怕到頭來，美國自己害怕。畢竟這些人曾經打砸搶燒，美國社會能在多大程度上接納這些人，那是美國的內政，我們還是不干涉為好。

從棋子到棄子，在美國的大棋盤中只有一步之遙。歷史經驗表明，美國扶植了很多代理人其實並不可靠，最後往往成了美國的敵人。遠的不說，塔利班就是最鮮活的例子。為了對抗當年的蘇聯，美國培養了阿富汗一批青年學生。蘇聯解體後，塔利班反而成為反美鬥士，奪取了阿富汗政權，收留了本·拉登，釀成 911 的世紀悲劇。

來自伊拉克的「伊斯蘭國」首領巴格達迪至今生死未卜，而此人在薩達姆時期只是一個文靜的大學生，但在美國入侵伊拉克被美國關進大牢之後，徹底變成反美鬥士。

這一次，庫爾德人被美國拋棄，讓他們對美心生怨恨，據報導，他們有意將「伊斯蘭國」的囚犯放虎歸山。特朗普總統已經放話，絕不能讓「伊斯蘭國」分子跑到美國來。「伊斯蘭國」許多頭目曾是薩達姆手下的幹將，而薩達姆當年是美國用來對付伊朗的工具。

美國支持反對派打擊戰略競爭對手的做法在世界司空見慣，但太多的例子證明，這些反對派在利用價值下降之後，難以逃脫悲劇的命運。這麼說來，香港這些反對派頭面人物被美國拋棄也只是時間問題。

隨著《人權與民主法案》的通過，世界已進一步看清楚美國這只黑手。但把香港變成遏制中國的一個絞索只是美國的一廂情願。歷史已經反復證明，美國往往是搬起石頭砸自己的腳，相信未來將很快證明這一點。

彭斯的橄欖枝會不會是一把偽裝的刀子

2019 年 10 月 26 日

最近，全世界的抗議示威活動遍地開花，頻度增加，對抗烈度升高。例如，倫敦「反抗滅絕」行動，示威者佔領機場、爬上火車車頂，西方媒體把這些做派稱為「港式佔領」，「一種瘋狂的時尚」。

在智利首都聖地亞哥，因地鐵車票漲價而引發的抗議事件已進入第六天，一個 600 萬人口的城市，政府不得不出動一萬餘名軍警，死亡人數已經上升到 19 人，仍沒能遏制住在全國蔓延的勢頭。天生樂觀的拉美人對智利當下的局勢也無法樂觀起來。

伊拉克、黎巴嫩、厄瓜多爾最近也因各種民生問題而陷入動盪。而西班牙的加泰羅尼亞首府巴塞羅那則因法院將兩年前搞獨立公投的九名地區領導人分別判處 9 至 13 年徒刑，引發數十萬群眾的抗議，他們喊出了「讓我們做一回香港人」的口號，讓不少香港年輕人得意忘形，自以為「給世界設定了對抗方式的範本」。

10 月 24 號晚，在遮打公園，上千名香港青年聚集在這裡，舉行聲援加泰羅尼亞的集會，與中國駐巴塞羅那領事館前的「聲援香港」活動遙相呼應。

全世界可以聲援的集會有很多，但香港青年人卻對加泰羅尼亞情有獨鍾，其重要原因是加泰羅尼亞示威活動的起因與香港有內在的共性，即追求獨立的要求。持續 138 天的香港動亂，表面上是對特區政府和行政長官不滿，實則把矛頭對準中央政府，中資企業和內地人成為重點襲擊目標，其追求香港自決、實現獨立或半獨立的意圖昭然若揭。

西班牙當局對「加獨」的嚴厲打擊讓香港一些人有「兔死狐悲」的感覺。於是他們以「反對警察濫暴」的口號掩人耳目，抱團取暖。這兩天，

美國政府的二號和三號人物彭斯與佩洛西連續就香港問題表態。議長佩洛西曬出了她與亂港頭目的會見照片，稱對香港的非暴力示威感到鼓舞。副總統彭斯 10 月 24 日在威爾遜中心發表演說時，數百萬美國人對香港的示威者表示欽佩，稱與他們站在一起，呼籲示威者「繼續以這種非暴力方式抗爭」。彭斯還批評 NBA 和耐克公司在支持香港民主運動方面「丟掉了自己的良心」。

憑心而論，香港示威者搞的這些把戲真不是香港人的發明，如果說有什麼「香港範本」，則更多體現為「合成創新」，例如把佔領機場、組人鏈、罷課、堵塞交通等世界各地出現的手法在香港這塊彈丸之地得到了集中應用。從這個意義上強調「香港特色」也能大體成立。

當然，「香港特色」還遠不止這些。例如，由一個議題引發的動亂持續時間之長，也能列入世界動亂排行榜了。與世界各地軍警對非法示威活動的果斷出擊相比，香港特區政府在對待示威者方面更多顯示了人道的一面，連彭斯也不得不承認，「對待香港示威活動表示了一定的克制」。囿於「一國兩制」的原因及香港本身的外部性特點，使得政府撲滅這場「大火」變得異常困難。與全世界的精准打擊相比，這裡的警察被定義為全世界最文明的警察名副其實。

在對待暴力的態度方面，除了西方輿論的誤導及美化之外，也存在著對暴力初始階段打擊不力、失去將暴力扼殺在萌芽狀態的「時間之窗」之外，在香港還存在著制度性、體制性、社會性、群體性對暴力的縱容和寬恕。

僅以香港記者證的發放為例，管理者的認識誤區是把發放統一記者證與違反新聞自由原則掛起鉤來。即使有「世界之都」的紐約，記者證也是經過消防部門和警察部門聯合簽發的。但沒有人指責紐約的這種做法違反新聞自由，相反它在危險場合，記者證成為新聞工作者的生命安全及獲得合法採訪權的護身符。但這裡魚龍混雜，失去了新聞工作的嚴肅性，更給

假新聞的氾濫提供了肥沃的土壤。

2018 年 10 月 4 日彭斯在哈德遜研究所的演說，被稱為新冷戰宣言，而昨天的演講與去年相比似有一點收斂。但彭斯再次把貿易協定與香港問題掛鉤的說法，重彈特朗普的老調，依舊改不了美國人固有的傲慢和偏見。在香港問題上，彭斯的所作所為與其說是「向中國伸出了橄欖枝」，倒不如說在背後又捅了刀子，試圖為接下來香港暴力事件的延續加注新的燃料。

西方輿論認為，「不支持中美脫鉤論」是彭斯演說的一大亮點，但筆者注意到，他的這個說法並沒有贏得聽眾的掌聲。畢竟大家更多目睹的是美國對華學生簽證的收緊，對中國科技公司打壓的步步進逼，對中國各類制裁措施的頻繁出籠，以及無數個待審的反華議案等，讓人們有理由相信，彭斯所言與實際政策之間存在著巨大落差。美國此類政策對兩國關係的傷害已經進入到肌體，不是彭斯幾句話就可以相信或可以糾正得了的。

接下來，共和黨主導的參院將以何種方式審議香港《人權與民主法案》，將考驗中美關係。美國是繼續站在暴力一邊，還是站在維護香港繁榮與穩定的基石一邊，也考驗著特朗普對共和黨的內控力。

美國著名中國問題專家、中美建交談判首席翻譯傅立民前天接受《紐約時報》專訪時表示，暴力示威者不應該受到外國的同情，他沒有捍衛「港人治港」的原則，而是在引致「港人滅港」。這句話對美國也許是一個警醒。同情香港的暴力，只能讓其像病毒一樣向世界輸出更激烈的暴力，美國在香港的巨大經濟和政治利益終將在暴力的洪流中也會落入萬劫不復的深淵。

不問對錯只問黑白的世界將香港引入岐途

2019 年 11 月 9 日

　　雖然離 2019 年畫句號還有 50 天時間，但今年無疑可稱得上是「動盪年」。不僅中美關係處於動盪之中，英、法、西等發達國家及許多發展中國家和地區相繼爆發了大規模示威活動。燃點低、對抗烈度大，傳染性強的特點尤為突出。

　　社會矛盾激化固然是原因之一，但輿論在其中扮演的丑角難辭其咎。在西方媒體的眼里，同樣是抗議活動，只要發生在發展中國家，就是人民爭取民主和權利的運動；而在本土發生的示威，當軍警鎮壓的時候，就變成了維護法治。在發達國家的騷亂，在香港卻變成了他們眼里的「美麗風景線」。

　　醜化中國等國，是西方媒體的默認立場。只要符合這個條件，一旦有負面新聞，那就是一條大魚，必須連魚骨都要吞下，吃相難看，不忍回眸。前不久慘死在零下 25℃的冷凍貨櫃車中的 39 個人新聞報導便是最新一例。「當真相還在穿鞋，謊言已經跑遍了半個世界。」用馬克・吐溫這句話來形容這則新聞報導的全過程再恰當不過了。

　　當 10 月 23 日有關各方正忙於調查這起案件的時候，BBC 和英國 ITV 等媒體，率先引用英國警方的說法，聲稱這 39 人來自中國。緊接著 CNN 等美媒全面跟進，CNN 質問：「為什麼中國已經成為世界第二大經濟體，卻還有人冒著生命危險偷渡英國」。當真相尚未浮出水面時，CNN 駐京記者就急忙把這起人蛇案與中華人民共和國 70 周年慶典聯繫起來，其抹黑中國的意圖一覽無遺。

　　具有諷刺意味的是，當英國警方證實這些死者均為越南人時，原本駐守在事發地跟蹤報導的記者們頓時沒了心情，只好收起了自己的「長槍短炮」。美國各大媒體又重新聚焦「彈劾特朗普」等話題。

　　特朗普總統一直把自己塑造成美國主流媒體的受害者。他乾脆取消了《華盛頓郵報》、《紐約時報》等主流報刊的明年預訂。三年來，他一直靠推特治國，採取扁平化的方式，直接通過推特發聲，避免了主流媒體的過濾，拉近與百姓的距離，把社交媒體用到了極致。令人遺憾的是，這位總統在三年間發了 11000 多份推特，對他人的攻擊就占了 5800 多條。有關中國的指責也是充滿了謊言。特朗普靠煽動仇恨、分裂社會來贏得支持，加劇了美國的極化。可以說，在自媒體的自律方面，特朗普的確沒有帶個好頭。

　　在後真相時代，引起關注的並非事件本身，而是其中能夠引發的情感共鳴和情緒宣洩。觀點勝於事實，感性取代理性，虛假新聞頻頻出現，新聞反轉屢見不鮮，新聞的真實性受到極大挑戰，大大降低了媒體公信力。政治權力的介入以及商業利益的驅使，社交媒體成為混淆視聽的新源頭。網絡謠言四起，民粹主義盛行，導致許多人不問是非，只問黑白。

　　英國貨櫃人蛇案的塵埃落定，讓我們目睹了西方媒體的醜陋。但比這起報導更醜陋的則是香港暴亂方面的報導。在過去的五個多月裡，我們目睹了太多顛倒黑白、指鹿為馬的不良媒體所扮演的角色。

　　明明是示威者衝擊警察在先，但西方媒體非要替暴徒百般辯護，明明是打砸搶燒，卻非說是政府逼的。把所有的暴力加以美化、合法化。電影《V 煞面具》以及剛剛上映的美國電影《小丑》中的面具，成為香港年輕人爭相模仿的道具。他們宣揚「所謂面具之下，不僅僅是肉體」，而且是一種反抗「不民主制度」理念的執著。一代人在美國文化藝術的薰陶下被徹底洗腦。

　　西方人製作的面具掩蓋了他們的猙獰，卻無法掩蓋他們的醜陋。無論是偽裝的電影藝術，還是荒誕不經的香港暴亂新聞報導，本質上都服務於美國的戰略目的。即通過系統化、持續性的反抗專制、爭取民主的理念輸

出，從而達到和平演變的戰略目標。相較於經濟戰、軍事戰、科技戰，輿論戰成本更低、成效更高，被美國屢試不爽。

這兩天被炒得沸沸揚揚的大公網新聞發布時間被篡改一事，也從一個側面說明，在有圖、有真相的時代，未必讀者能看到原圖、真相。他們通過剪輯、惡意修改等方式，移花接木，把一場如此簡單的、針對愛國愛港人士何君堯的謀殺案搞得烏煙瘴氣。甚至連反對派內部也不得不承認，這把直插心臟的刀子很難自導自演，算是在香港反智時代說出了符合邏輯的話。

前不久，美國克魯茲等參議員訪港，面對打砸搶燒，在面對記者時信口雌黃，對暴力犯罪視而不見。彭斯副總統 10 月 25 日更是呼籲香港民眾「繼續呆在和平抗爭的軌道上」，等於間接告訴香港示威者，你們這幾個月的行為並沒有出軌。這位元對華強硬派正是通過這種方式為不斷衰減的香港暴亂添加新燃料。

迄今為止，智利騷亂已有 20 多人斃命，伊拉克的反政府示威，已有 200 多人喪生。而一場持續 150 天的香港暴亂發展到今天，只出現一例意外死亡事件，再正常不過了。

在混亂的世界中，逝者的數字如此冰冷，讓許多人感到麻木。但對於一個家庭來說，孩子是他們的天，從此這個天也就坍塌了。在錯誤的時間，穿著錯誤顏色的服裝，去了錯誤的地方，錯失了可能精彩的人生，那位大學生白白地成為這場暴亂的犧牲品。一些別有用心者雖然舉著願死者安息的牌子，但實際上還在利用他的死榨幹最後一點剩餘價值，不能不是這個家庭的悲哀。

為了讓更多香港家庭不再重演悲劇，所有的政客、媒體，請你們睜眼看看今日香港之暴亂之真相，究竟是哪些企業、哪些人失去了免於恐懼的自由？正如中國外交部發言人華春瑩不久前所言，「還需要香港警察流多少血、香港百姓流多少淚，才能喚起這些人的良知」。

「香港是新的柏林」的認知誤區

2019 年 11 月 12 日

11 月 9 日，是柏林牆倒塌 30 周年的紀念日。德國進行了為期一周的紀念活動。具有諷刺意味的是，大國領導人均缺席這次紀念活動。

柏林牆是德意志民族身上的一道傷疤，雖建於 1961 年，但比柏林牆更早的、莫過於 1946 年由邱吉爾為東西方陣營降下的幕牆。這位英國首相著名的鐵幕演說，開啟了長達 40 多年的冷戰。

德國及首都柏林在二戰以後被美、英、法、蘇共同佔領，1949 年美英法佔領區變了西德（聯邦德國），西柏林歸西德；而蘇占區變成了東德（民主德國），東柏林歸東德。兩個德國就此形成，而西柏林成了插入東方陣營的一塊「飛地」，無疑也是東西方矛盾的焦點。

二戰後，資本主義世界對社會主義陣營進行了全面封鎖，東德的發展相對緩慢，許多東德人從不設防的西柏林邊界逃往西德。據統計，自 1949 年至 1961 年大約 270 萬人，從東德逃到了西德。

為了防範來自西方的干擾和破壞，阻止國內技術人員和勞動力外流，東德政府根據人民議院 1961 年 8 月 12 號通過的決議，開始建立柏林牆，代號為「玫瑰」。從東西方的無形鐵幕到柏林牆的有形之隔，將兩大陣營的冷戰推向了高潮。柏林牆成為持續半個世紀的冷戰象徵之一。西方世界對柏林牆一直恨之入骨。1987 年 6 月 12 日，美國總統里根在西德勃蘭登堡前發表了演說，向蘇聯總統戈巴契夫公開喊話，希望「推倒柏林牆」。而熱衷於「新思維」的蘇聯領導人對此也是怦然心動。

1989 年春，以匈牙利為首的東歐國家率先推行多黨制，玩起了東歐社會主義國家的多米諾骨牌。當年，東德統一社會黨總書記昂納克被迫下台，11 月 9 日東德做出了取消旅行的限制，存在了 28 年的柏林牆當天被

推倒。一年之後，兩德實現了統一。

柏林牆的崩塌，標誌著東西方兩大陣營對抗的終結，西方國家歡呼其「不戰而勝」。著名政治學家法蘭西斯·福山發表了「歷史終結論」，認為資本主義是人類社會發展形態的最高階段和最終歸宿。但是 30 年過去了，人類不僅沒有看到歷史終結在資本主義社會，相反資本主義的發展也遇到了新的麻煩。

2008 年金融危機之後，福山不得不修正自己的觀點，承認他的觀點有誤，「應當給中國以一席之地」。而 2016 年打著民粹主義旗號上台的特朗普，更是對福山的一次政治打擊。他連續發表文章，稱美國正經歷制度性衰敗。特朗普大力推行貿易保護主義，築起貿易壁壘；對移民政策進行大幅度修改，強行要求國會撥款數百億美元，在美墨邊境建起一座高牆，以阻止墨西哥的非法移民。他的這一舉動遭到對手的嘲笑。花巨資建這個牆，抵不過墨西哥人買的電鋸，可以輕易突破這道防線。媒體報導說，特朗普曾建議在美國一側養些鱷魚，遭到人權活動分子的抨擊。對於這種違反人性的倡議，特朗普認為這是一條假新聞。

如果說這條新聞有假，那麼想在中美之間建立科技之牆，倒是特朗普政府正在認真做的事。特朗普在有形與無形之牆之間來回切換，反映了他內心世界的糾結。前幾天，福山又提出世界正處於「新的十字路口」的哲學命題。看來，要想看清歷史大方向並不是一件容易的事。

今天，德國隆重紀念柏林牆崩坍 30 周年，重在強調自由民主的價值理念。特朗普在給柏林牆倒塌 30 周年紀念會的賀信中說，「自由的火炬不滅，它已經成為全世界仰望的希望與機會的燈塔」，其實，這是特朗普又一次在誤導世界。

柏林牆被推倒後，真正激發兩德人的不是什麼自由民主價值，而是對兩德統一的渴望與追求。國家統一所帶來的凝聚力，迅速轉化為國家的奮

鬥動力。在經過艱苦的 10 年整合之後，德國成為名副其實的歐洲發動機。

歷史已經證明，國家分裂的張力，恰恰是阻礙德國強大的巨大障礙。最近美國民主黨眾議員利賓斯基提出了「香港是新的柏林」的論調，實際上把香港放在自由民主的價值誤區，以此來界定香港作為對抗中國社會主義的橋頭堡地位，恰恰是時空倒錯。

這場已經折騰 150 餘天的香港修例風波，具有強烈的本土主義和分裂主義的性質，這種把香港從中國分裂出去的張力正把這個彈丸之地推向萬劫不復的深淵。

美國國務卿蓬佩奧 11 月 8 日在柏林貝爾基金會發表演講，提醒德國要與美國一起共同對抗中俄，抵制華為、抵制東德熟悉的「新威權主義」，遭到默克爾的拒絕。這位在東德長大的「鐵娘子」，雖然持有西方的價值觀，但在捍衛德國利益方面，她不願回到孤立主義的時代。5 月 31 日，她在哈佛大學發表演講時就呼籲青年領袖，要拆掉「無知與思維狹隘之牆」，擁抱多邊主義。當年美國總統里根呼籲推牆，而今天的社會主義中國敦促特朗普拆牆，多麼具有諷刺意義。蓬佩奧感嘆，柏林牆倒下了，但整個西方世界「卻在落日餘暉中迷失了方向」。其實，這句話說的是美國人自己。正是當今的美國把多邊主義和全球化帶入岔道。

默克爾告誡，「不要將謊言說成真話，也不要將真話說成謊言」。回顧德國統一 30 年整合的教訓，那就是對東德否定的太厲害了。默克爾最近在接受《明鏡週刊》採訪時表示，「不管你們說東德當年多麼的專制，但我們依然可以在那種體制下生活得很幸福」。畢竟當時東德社會風氣比較好，犯罪率比較低，貧富差距也不大。

所以，當年的東德成為不如意人群的一種懷舊情愫。看來，實事求是也是客觀看待柏林牆倒塌所必須遵從的一項原則。謊言終究會在真理的大廈面前轟然倒下。

請美國離香港遠一點

2019 年 11 月 21 日

　　「香港不是美國的哪個州，而是中國的一個特別行政區」。這麼一個簡單的事實卻在美國成了大問題。從台灣、西藏到最近的新疆、香港，凡是有分離主義勢力存在的地方，美國國會差不多都要搞一個所謂「捍衛人權與民主」的類似法案。

　　就在香港止暴制亂出現一點起色的時候，美國參議院於 11 月 19 日，以無異議方式通過了《香港人權與民主法案》，這是繼 10 月 15 日眾議院通過《香港人權與民主法案》之後採取的重大立法升級行動，意味著該法案離落地越來越近。

　　由於參眾兩院的版本不盡相同，接下來，眾院直接對參院版本進行了投票，從而呈送特朗普總統簽署。為了讓這個法案儘快生效，反華急先鋒也在考慮以《2020 年國防授權法案》的附件形式迫總統簽署。

　　鑒於國會參眾兩院的強烈反華共識且對該法案無一公開反對票，即使特朗普有心買好中國而拒絕簽署，但並不妨礙此法案在參院以三分之二多數、從而繞過總統成法。更何況，特朗普正被彈劾案纏身，需要參院共和黨對其力挺。所以，特朗普沒有必要因香港問題開罪這些參議員們，特朗普拒絕簽署此法案的可能性極低，對此不應抱有幻想。

　　《香港人權與民主法案》在參眾兩院一致通過，是美港勢力相互勾結的結果。自香港掀起修例風波以來，香港本地舉行過多次大型集會，跪求美國通過相關法案，不少香港青年人揮舞英美兩國國旗，生怕這兩國政客看不見、聽不到。

　　在過去 150 多天裡，香港題材被全世界的媒體和政客大肆消費。有人調侃道，美國得到了更多的中美貿易談判籌碼，新加坡分得了更多的外資

和人才,日本、韓國瓜分了中國遊客,台灣地區的蔡英文收穫了不少選票。而只有爭取「自由」的香港失去了一切。香港人與打砸燒聯繫在一起,法治的底褲被這些暴徒徹底扯掉,香港人在世界面前失去了應有的尊重和尊嚴。香港唯一收穫的是全世界各地出現的暴力手段被稱之為「香港風」。獲得這樣的冠名權讓那些正直、善良、勤勞、守法的香港人情何以堪。

「美國應該離香港遠遠的」。這句話不是中國人說的,而是大名鼎鼎的芝加哥大學教授、「中國威脅論」代表人物米爾斯海默於 10 月 17 日在清華大學演講時對美國的警告。「我認為,美國不應該插手香港事務,不應該干涉別國內政。」但是,美國干涉別國內政由來已久,在香港事務上很難停下腳步。

在港英政府統治時期,美國雖然在香港相對低調,但是對港戰略定位非常明確。1960 年 6 月,美國國家安全委員會拋出了美國對香港政策 NSC6007/1 號文件,提出五方面的政策構想:一是香港如出現共產黨支持的大規模社會動亂,美國將向英國提供必要的支持;二是確保香港作為自由港的特殊地位;三是利用香港經濟繁榮和生活水準較高的優勢,增強香港對中國內地民眾的吸引力,動搖共產黨在大陸的統治基礎;四是擴大美國駐港情報部門和對華開展「和平演變」機構的規模和實力,把香港作為收集中國內地政治、經濟和軍事情報,開展對華宣傳攻勢和意識形態滲透的前哨陣地;五是利用香港中文媒體對海外華人和華僑施加影響,破壞中國在海外華人華僑中的形象,同時加強對香港中文媒體的滲透與控制。雖然這個文件經歷了半個多世紀,但美國利用香港作為對抗中國堡壘的定位從來沒有改變過。

如果說 1992 年美國通過《香港政策法》,標誌著美國將取代英國、從幕後走向前台、扮演主角的話,那麼自由、民主與人權問題則是美國進行干預香港事務的最便捷工具。

　　此次參院沒有一人公開站出來反對法案，緣於美國當下新的「政治正確」，誰都不想被扣上親華的帽子。可以想像，美國一旦取消香港的特殊關稅區待遇，其實受損最大的首先是香港，其次是美國自己，畢竟美國在香港有 1344 家企業，其中 278 家是地區總部，85000 美國人在香港居住。這些企業與個人與美國議員有著千絲萬縷的聯繫，不可能鐵板一塊。但所有議員們集體保持沉默。可想而知，美國的政治偏執已經到了不可救藥的地步。

　　香港修例風波無疑給包括香港在內的所有中國人上了生動一課。如果說指鹿為馬的典故停留在歷史辭典中的話，那麼這一次西方媒體和政客在香港的集體表演讓我們進一步看清了西方社會的雙重標準以及顛倒黑白的本事是多麼醜陋。

　　在參院通過人權與民主法案的當天，美國副總統彭斯在接受電台採訪時揚言，一旦中國對香港「民主運動」採取鎮壓手段，中美就不可能達成貿易協定。美再次把香港問題與貿易談判掛鉤，凸顯了香港的籌碼地位。

　　在 2014 年「佔中事件」結束之後拋出的《香港人權與民主法案》，五年後起死回生，則充分說明香港已淪為新時代中美戰略博弈的一枚棋子。香港作為兩個大國、兩種制度對抗的前沿地帶，香港的地緣政治價值迅速升高。

　　一些輿論認為，這個法案的通過，其象徵意義大於實質意義，更多是給中國在香港問題上劃線，「為動力衰竭的香港民主運動撐腰打氣」，「對涉港事務官員起到震懾作用」。

　　至於行政部門將來有多大的決心去落實這些條款，很大程度上取決於兩國關係的整體氛圍。但有一點可以肯定，這個法案的通過，充分說明中美在香港問題上的較量正從輿論戰轉向法律戰，英美的合力法律絞殺不得不防。

從新疆牌到香港牌——美國手中的籌碼越玩越少

2019 年 11 月 27 日

「辱罵與恐嚇決不是戰鬥」。但當下的西方媒體，充斥著對中國的辱罵、恐嚇、攻擊、捏造和歪曲，從新疆到香港，從知識產權到環境污染等問題，這是一場實實在在的「重塑中國負面國際形象」的戰鬥。從去年開始零星炒作新疆問題，到今年把香江之水攪渾，最近又把香港與新疆問題疊加在一起，推高炒作的熱度和強度。

在香港修例風波剛剛出現暴力徵兆的時候，CNN 就以「只有暴政，沒有暴徒」的醒目標題進行滾動直播。美國主流媒體胡說什麼新疆問題與香港問題是一枚錢幣的正反兩面，如果香港年輕人今天不作誓死抗爭，那麼香港將淪為新疆的命運，年輕人將被大規模地投入「集中營」，或被「大屠殺」。特朗普更是口出狂言，是他拯救了數以千計的香港年輕人，否則早被 14 分鐘就能趕到香港的中國軍隊殺掉。中國在西方政客和媒體眼裡，被塑造成一個「新納粹」形象。

在香港區議會選舉的敏感時刻，西方又拋出一個所謂「高級間諜」，聲稱參與了一系列撼天動地的「大事業」，從打擊香港書商到參與台灣選舉，就差再偽造一本護照，直接干預澳洲和美國大選了。美澳及港台地區面對如此低級的騙術，居然選擇在第一時間聯動炒作，是集體智商出了毛病，還是另有他謀，只能發揮我們的大腦想像了。

新疆「七·五」事件已經過去十年，但那次慘案的親歷者以及視頻觀看者，無不對新疆極端恐怖主義分子無差別襲擊漢人感到震驚與憤怒。在相當長一段時間裡，恐怖主義的陰影籠罩在烏魯木齊上空，一個美麗的城市被無情分割，維漢矛盾急劇上升，城市多民族混居環境迅速惡化。痛定思痛後的新疆採取了一系列預防及打擊措施，過去三年未再出現惡性暴力

事件。

　　我多年的好友最近去新疆旅行，連續寫了多篇文章，感嘆新疆自然之美、社會重歸常態的不易。但總有那麼一些人見不得中國邊疆的穩定，政府讓一些受到極端勢力影響的人進入職業技術教育培訓中心，被描繪成了法西斯的「集中營」。美國企業研究所研究員甚至建議美國抵制 2022 年的北京冬奧會。今年 10 月美國政府出台了涉疆制裁措施，對 28 家中國公司進行制裁，並對涉疆官員給予簽證限制。

　　新疆與香港問題最近被西方主流媒體放在黃金時段密集炒作，把抹黑中國推到了新高度。如果說香港和新疆之間有什麼聯繫的話，那就是在分裂主義勢力的鼓噪下，對內地人實行無差別襲擊。在過去 160 天的動亂中，香港「本土主義」成勢，對內地人進行無差別攻擊，與當年新疆維族人對漢族人進行無差別襲擊沒有本質差異。令人欣慰的是，十年之後的新疆終於止血，而香港修例風波仍看不到隧道盡頭的曙光。新疆止暴制亂之所以取得如此大的成效，很大程度上得益於全國上下對打擊三股勢力的高度共識，有軍警一體的執法力量。而香港只能靠有限的警隊力量，獨木難支。就在止暴制亂出現積極苗頭的時候，美國國會又火速通過《香港人權與民主法案》，矛頭直指香港警隊，搞所謂「精准」制裁，為動力衰竭的香港動亂繼續火上澆油。

　　2019 年全球性的示威活動此起彼伏，有輿論將這一年定義為「示威抗議年」。各國民眾走上街頭的理由有千萬種，但在西方媒體的眼里，事件性質的界定離不開一條，那就是地理位置。如果發生在西方就是騷亂，軍警的鎮壓就是捍衛法治與秩序，而如果發生在美國不喜歡的國家，即使手段非常暴力，那也是一場民主運動。在美國眼里，上個月將「伊斯蘭國」的首領巴格達迪全家殺死，那是正義得到了伸張。輪到中國打擊極端恐怖主義勢力，則成了「對穆斯林的鎮壓」（華盛頓郵報語），是「限制伊斯

蘭等宗教、文化活動，消滅少數民族的語言和文字」。美國在反恐問題上長期推行雙重標準，不僅失信於世界，也讓中國人徹底警醒。

英語是世界的通用語言，在新聞傳播中具有天然的優勢。而香港作為中西方文明的交匯地，英語又是官方語言之一，在回歸22年之後本應成為中西方的橋樑及講好中國故事的重要助力，但是天然的語言優勢變成了惡毒攻擊中國的優勢。一些反中亂港分子活躍於國際舞台，一夜間全世界最文明的警察被他們誣衊成「黑警」。塑造一個正面的形象需要數十年的時間，而妖魔化警察只需要幾天的功夫。

香港問題的炒作很大程度上歸功於佩洛西之流；而新疆問題被熱炒，恐怕少不了另一個女人的助推。今年7月，美國國家安全委員會任命了維吾爾族的美國人——埃爾尼加·伊特比爾（Elnigar Iltebir）擔任國安會中國事務主任，這位原出生於新疆、童年搬到土耳其、後來在美國長大的她，先後就讀於華盛頓大學、哈佛大學和馬里蘭大學。美國媒體認為，特朗普政府的這項任命與其說是看中其博士的光環，還不如說相中她的維吾爾族背景。《南華早報》8月15日曾評論稱，「此人的任命預示著華盛頓可能將更加關注中國的人權政策」。

《香港人權與民主法案》的通過，標誌著美人權戰略的推進正在加碼。民主黨的策略之一就是把人權作為2020年大選的重要議題，以此沖淡特朗普的經濟牌分量。香港已被高度政治化，香港問題成了美國手中的一張牌，這是香港的不幸。此次區議會選舉結果似表明，香港許多人願意與暴力同行，選擇繼續沉淪下去。指望香港很快能像新疆一樣回歸安寧，還是一種奢望。畢竟眼下這座城市還處於政治癲狂狀態，回歸理性為時尚早。

中美戰略博弈殺回香港戰場

2020 年 5 月 25 日

自全國人大宣布《港區國安法》立法動議以來，美國政府高官、國會議員及學者對中國多有無端指責，對香港問題說三道四，甚至揚言對中國實行系列報復措施。

美國總統特朗普在中國公布該決定草案的當天表示，「情況屬實的話，美國將作出強硬回應」。美國國務卿蓬佩奧稱，中國就香港國安立法，「敲響了香港的喪鐘」。特朗普總統經濟顧問哈塞特也表示，北京此舉「將引發大量資本出逃的風險，終結香港作為亞洲金融中心的地位」。更離譜的是，美國國家安全事務助理奧布萊恩於 5 月 24 日接受媒體訪問時表示，「北京此舉是在全面接管香港，國務卿蓬佩奧很難認證香港仍維持高度自治，會對中國和香港進行制裁」。

在大西洋彼岸，香港末代總督彭定康於 5 月 24 日在英國《金融時報》撰文稱，「在其他國家埋首抗疫的時候，中國實質性地撕毀中英聯合聲明」；他促請下月召開的七國首腦會議把香港議題列入議程，呼籲七國採取一致立場，反對中國在香港的做法。由於今年 3 月美國疫情急劇惡化，特朗普總統宣布取消原定於 6 月 10 日在戴維營舉行的七國峰會。隨著疫情有所緩解，特朗普改變初衷，向七國再發邀請，並獲得積極回應。

與此同時，美國 CNN 和《華盛頓郵報》也就香港問題發表文章稱，美國正在拉攏西方盟國與華府站在同一陣線，對北京採取更強硬的態度。在特朗普因抗疫不力、甩鍋中國無效的情況下，香港問題是特朗普 11 月大選對抗中國的好題材，特朗普的競選團隊不會輕易放過這個機會。據接近內情的外交官員表示，G7 會議上一定會討論具體對華（含香港）制裁措施。但一些專家警告稱，香港問題涉及中國的主權等核心利益，美國的運

作空間不大,「特朗普絕對不能以貿易談判的思維來看待,這不是要求多買一點貨物那麼簡單」。

此前,美國民主黨候選人拜登在對華問題也不甘示弱。他於22日接受CNBC採訪時也表示,如果中國在香港實行國安法,美國必須領導全球譴責中國。

奧巴馬時期擔任國家安全委員會亞洲事務高級主任的麥艾文最近在接受《紐約時報》採訪時表示,北京制定《港區國安法》的舉動將撕下「一國兩制」的最後偽裝,加劇美中關係的危機;「2020年越來越像1948年美蘇圍繞柏林爆發的首次冷戰危機一樣」。在奧巴馬執政期間在國安會任職的官員維諾格拉德在接受CNN採訪時甚至將香港問題與克里米亞問題相提並論,稱特朗普在香港問題上正面臨「克里米亞時刻」,必須要向回擊普京那樣回擊中國在香港問題上的做法,讓中國付出代價。

奧布萊恩身為美國國家安全事務助理,居然說出中國全面接管香港這種話,的確令人匪夷所思。中國接管香港已經23年了,美國高官至今還活在歷史之中。至於「偽裝」之說及克里米亞翻版的比喻,都是對香港問題缺乏常識的表現。

從各國實踐來看,築牢國家安全籬笆是國際社會通行的做法,維護國家安全與實行何種政治制度並無直接關聯,即使是資本主義國家,為維護國家安全而制定的法律和措施一點也不少於社會主義國家,尤其是美國在維護國家安全方面的法律和機制更是多如牛毛,遠遠走在世界的前列,甚至是許多國家效仿的對象。一些反中勢力宣揚所謂香港國安法是「一國兩制」的終結及「一國一制」的開始,其實質就是通過販賣恐懼,激起香港市民的恐慌,為香港國安法的落地製造民意障礙。

保持香港資本主義制度不變,不等於香港的國家安全永遠不設防,讓一切分裂顛覆滲透破壞活動如入無人之境,進而成為中國國家安全的一大

短板。正像內地一家主流媒體所言，「誰最看不得別人加裝防盜門？肯定是盜賊本尊」。美國在香港有著廣泛的利益，包括從事基本法第 23 條禁止的活動所帶來的巨大利益。

至於麥艾文將柏林與香港進行類比，則犯了一個概念性錯誤。當年柏林被分割並分屬於東德與西德，是二戰的產物。東德與西德均為聯合國成員國，而香港則完全不同，它是英國侵略的產物。1997 年之後香港回歸中國的懷抱，成為擁有高度自治權的特別行政區，而不是西方理解的「完全自治區」。西方國家總是拿「自治」說事，有意模糊高度自治與完全自治的界線，對國際社會產生了嚴重誤導。

香港問題本質上是中美關係的一部分，如果說過去美國對華政策更多的是接觸加遏制的話，那麼當下的美中關係更多表現為競爭與對抗。香港處於中美戰略博弈的最前沿，隨著美對香港政策定位的重大改變，中美雙方在香港的對抗加劇也是必然的邏輯。

美國務院發言人要求中國承諾香港享有高度的自治權，「香港人民享有人權和基本自由，這些是保護香港在國際事務中特殊地位的關鍵，也符合美國法律及美當前給予香港的待遇」。美國視而不見的是，香港不是自由與人權的問題，而是自由沒有了邊界，人權得不到基本尊重，對內地的歧視到了肆無忌憚的程度。

一個國家內還存在著國家安全不設防的地區，恐怕在世界上絕無僅有。如果不將這個木桶中的香港短板儘快補上，將會進一步被美國利用來與中國對抗的籌碼。從這個意義上說，中國人大啟動香港國安法的立法工作，是中美戰略意志的新一場較量，「為美國結束干預香港事務敲響了喪鐘」。

《洛杉磯時報》5 月 21 日發表評論文章稱，中國在香港問題上向美國發出了不會讓步的明確信息，儘管來自美國和其他國家的反對聲音越來

越多，但中國政府不會屈從於國際輿論的壓力。一些國際媒體認為，香港
國安法的啟動予香港分裂主義分子以沉重打擊。「在當前中美關係緊張之
際，推出香港國安法是向港獨分子發出了明確信號，在維護國家安全和核
心利益問題上，中國沒有任何妥協的空間」。《華盛頓郵報》哀嘆，西方
國家在香港問題的態度並不一致，美國組建反華統一戰線的努力很難實
現。

　　可以預見，在美國的鼓動之下，香港街頭最近不可避免會掀起幾朵浪
花（這個周日，香港街頭再次出現了暴力事件，警方果斷拘捕了 180 名違
法分子），但從更高更長更遠的時空看，這些浪花終將淹沒在中華民族的
復興大潮之中。亂港分子只能感嘆：無可奈何花落去。正像中美關係不能
被少數人綁架一樣，香港 750 萬人的前途也不應被少數「攬炒派」所左右。
套用英國戰時首相邱吉爾的一句名言：「這不是結束，這甚至不是結束的
開始。但這可能是開始的結束」。香港的「一國兩制」不會因國安法而結
束，更不可能是「一國兩制」結束的開始，但卻是「兩國兩制」圖謀開始
的結束。

香港人請不要刻意忽視美英黑歷史

2020 年 7 月 1 日

6 月 30 日，《香港國安法》甫一落地，立即成為全球各大媒體競相報導的的新聞。回望去年修例風波中香港一些人的表現，他們把污損國旗、揮舞英美國旗作為興奮點，把英美作為主子，對自己國家卻充滿了仇恨。但是從 2020 年 7 月 1 日開始，如果一些人還不懂得尊重自己的國家，甚至搞不清楚自己的國民身份，很可能會把賣國、叛國當成「愛國」，把港獨作為政治追求，自覺或不自覺地接受外國政府和組織的政治資助，甚至製造和使用攻擊性武器，將有可能觸碰國安法的紅線。由此可見，迅速強化自身對國家的身份認同，不再是一件可有可無的事情，而多讀一些中國和西方的正史，無疑是一條捷徑。

這些年來，中國歷史在香港遭到扭曲，英、美歷史得到刻意美化，以致不少人分不清歷史的美醜。美國的擴張史、屠殺印第安土著史都被淡化；英國在世界的殖民史也作了中性處理，尤其是對香港的殖民史被美化到難以置信的地步，甚至販賣鴉片等毒品都被解說成正常貿易。看看今天的世界，有多少衝突都是大英帝國埋下的禍根，包括最近中印的邊境衝突。作為香港人對這些黑歷史理應知道得更多。看不清歷史也就無法理解當下，更談不上展望未來。

最近西方掀起的轟轟烈烈歷史正名運動，不僅讓美國經歷一場文化革命，更是迅速波及到英國等國，連牛津大學羅德獎學金的冠名權也遭到了挑戰。羅德作為販奴者的身份再次被喚醒。

表面上看，美國民主與共和兩黨爭奪的是對美國歷史的定義權，實質則是通過這場「黑人的命也是命」的運動，爭奪對大選議程和選民的控制。民主黨不希望失去任何一張少數族裔的選票，借此將平權、公共醫療、移

民等理念再次注入民主黨的肌體；而共和黨則需要老白男及一切保守主義勢力團結在自己的周圍。作為回報，共和黨將通過一系列政策，減少白人世界的危機感，增加減稅的快感。

民主黨人忙著支持歷史遺跡的清理，但比民主黨更忙的則是那些共和黨的支持者們，他們甚至走得更遠，以至於把自由派精英所珍視的東西也一併拿來示眾，例如對哈佛和耶魯等歷史名人的黑歷史予以清算，過去這些人拿錢建學校、建慈善基金，以此給自己貼金、企圖洗刷不那麼光彩的歷史。共和黨正是通過這種反向操作，將這場歷史正名運動引向更加極端的境地，以此引起美國社會的反感，特別要讓白人產生深度恐懼和不安，從而達到縮小民主黨基本盤的目的。

弗洛伊德之死改變了美國，也在改變世界對美國的看法。還原歷史對於有些國家或名人的後裔，是一件非常痛苦的事，但是對於世界來說未必不是一件好事。因為我們不僅需要茶餘飯後的談資或野史，更需要有能夠說明形成正確世界觀和價值觀的正史。不管怎麼說，美國乃至西方國家的這場歷史正名運動，讓世界越來越清晰地看到了一個真實的美國及西方。

其實，英美的民主制度是停留在紙面上的。就拿總統大選來說，勝者得全票的選舉人制度存在著諸多缺陷，太多州的投票就是一個擺設。特朗普的當選則是最鮮活的例子，即使他的普選票比希拉里少了 289 萬張，依然可以取得總統寶座。即便美國在世界橫行霸道，利用美元、美援、美軍，實現對世界財富的掠奪，對不喜歡的國家搞政權更迭，無所不用其極，但這一切並不妨礙一些香港人作出美國是最民主國家的認定。

作為代議制的英國，16 萬保守黨黨員就可以選出保守黨黨魁，自動當選為英國首相，成為 6600 萬英國人的代表，何來民主之說？更何況美英等國在國際舞台上肆無忌憚地使用「馳名雙標」，這是眾所周知的事實。不是西方有多民主，而是他們把持著民主的定義權。對燈塔國的幻象遮蔽了一些

人的雙眼，當然其中不乏有許多「裝睡的人」，僅憑一部法律很難叫醒他們。

美國自稱是「民族的大熔爐」，其實我們通過一系列事件發現，美國的民族融合並不好，相反種族主義的矛盾以及被種族主義所掩蓋的貧富差距、階級矛盾也到了一個不可調和的地步。近兩年來，美國的一些大資本家們特別是世界巨富都對資本主義的未來表達出強烈的憂慮，他們要求政府向自己開刀，向其徵收高額稅收，否則財富過分集中於他們手中，這個社會很難延續下去。資本家對資本主義的衰落有著本能的恐懼；美國白人對少數族裔人口急劇增長有著本能的恐懼；美國整個社會對新興大國的崛起充滿了恐懼；所有這一切疊加的恐懼構成了當下美國的基本心態。

恐懼滋生仇恨，仇恨引發戰爭，這是歷史的規律。有人擔心美國在未來三、五年走向內戰，也有人擔心美國正在尋求外戰。至少特朗普還在努力當一個「建設總統」，對盟國收保護費的興趣遠大於戰爭，這恐怕也是特朗普帶給世界的一大意外。

綜觀資本主義的發展史，美英等國在經歷了多次改良之後，又一次來到了十字路口。在這次全球抗疫統考中沒有及格。英國「群體免疫」的社會達爾文主義思想遭到全世界的譴責；桑德斯提出的民主社會主義理論在美國廣大年輕人中獲得廣泛回應，這是我們必須面對的現實。儘管華爾街對民主社會主義有著本能的恐懼，但是美國青年人卻擁抱這些思想，不能不引發我們的深刻反思。

年輕人代表著未來和希望。在利益固化的社會中，年輕人面對難以突破的天花板，有抱怨、有牢騷可以理解，但最重要的是採取建設性的態度，伸出勤勞的雙手，共同建設這個家園，而不是自暴自棄。亡羊補牢猶未晚矣！從現在開始，香港人需要真心把祖國的苦難史和奮鬥史裝進心裡，才會與歷史一樣變得厚重與深沉，在成長的道路上才不會變得輕飄飄，否則被西方牽著鼻子走還自以為站在正確的一邊，這才是真正的悲哀。

疫情與選情是一枚硬幣的兩面

2020 年 7 月 14 日

　　過去一周，香港的新冠疫情出現劇烈反彈，每天都以數十例的速度在增長，且有不少找不到源頭，香港疫情處於失控的邊緣。有人形容，香港的疫情防控是「起了一個大早，趕了一個晚集」。特區政府下一步對疫情的應對，將直接或間接影響到 9 月份立法會選舉結果。

　　綜觀全球，在疫情期間如期舉行大選的周邊國家和地區至少有兩個：一個是韓國，另一個是新加坡。韓國文在寅總統領導的共同民主黨本來選情告急，疫情的出現曾讓韓國捏了一把汗，但韓國在抗擊疫情方面學習了中國的經驗，第一時間採取大規模檢測和封城措施，結果讓疫情得到了有效控制，4 月舉行的國會大選，他領導的執政黨贏得了國會 60% 的席位，出乎許多觀察家的預料。

　　疫情是把雙刃劍，「既能載舟也能覆舟」。剛剛結束的新加坡國會選舉則是另一個鮮活的例子。雖然影響大選的因素有很多，但疫情因素無疑是重要的考量指標。新加坡在疫情初期的反應不可謂不迅速，但是後來卻大意失荊州，特別是對馬來西亞等國的外勞放鬆檢疫，成為防疫工作的巨大漏洞，結果導致疫情在外勞宿舍集中暴發。從最初寥寥的幾百例，發展到現在近五萬例感染。新加坡人民行動黨雖然此次繼續贏得了執政地位，但人民行動黨的支持率也接近 60 年來的新低，不能不說疫情對這次選舉起了很大的減分作用。

　　11 月 3 日的美國大選，將是對特朗普執政能力的一次信任投票。在疫情下舉行大選，能否做到及時投票以及如何統計大量的郵寄選票，將直接考驗美國的工作效率。也有人擔心，美國大選投票日有可能變成「投票周」，從而增加候選人是否承認大選結果的不確定性因素。

　　如果說特朗普四年前憑著花言巧語式的民粹主義贏得了搖擺州選民的支持，那麼這一次許多人不得不睜大眼睛。從某種意義上說，這次大選不是雙方候選人能力的比拼，而是選民對各自所代表的符號選擇。可以想見，民主與共和兩黨的基本盤難以動搖，最後的結果很大程度上取決於中間選民的取邊。如果說在保護歷史遺產方面，特朗普最近的強硬行動及演講贏得了許多白人選民的內心支持，但在疫情方面，特朗普的放任政策對白人所造成的傷害難以與此形成有效的對沖。

　　新冠疫情出現之前，特朗普憑藉股市屢創新高以及失業率創下歷史新低的兩項戰績，本可以輕鬆贏得大選，但突如其來的疫情徹底打亂了現有政治格局。特朗普的「躺贏」卻變成了巨大未知數。特朗普在抗擊疫情方面的屢屢失誤，將美國總統的無能暴露於世人面前，特朗普對中國的憤怒可想而知。除了甩鍋中國和世衛組織之外，白宮最近又將矛頭指向國家傳染病研究所所長福奇，這位科學界的「不倒翁」成為被革職的替罪羊只是時間問題。

　　這場世紀瘟疫的最大悲劇不是瘟疫本身，而是世界上最發達的國家將科學讓位於政治。政客當道，科學家們卻靠邊站。衛生防疫部門的說法與政客們的表述經常自相矛盾，給百姓帶來混亂和困惑。儘管美國的感染人數是世界最高的，但美國務卿卻向全世界宣布，在疫情應對方面，美國依然扮演了領導者（LEADER）的角色。

　　LEADER 有領先者和領導者的雙重含義。7 月 11 日，美國單日確診數突破已 7.1 萬人，病例數突破 330 萬，死亡人數超過 13.6 萬，這三項指標均居世界首位，從這個意義上說，美國在疫情方面的確是不折不扣的領先者。至於是不是領導者那就另當別論了。

　　領導顧名思義，既要領更要導。回顧這幾個月的抗疫歷程，美國引領了什麼潮流，全世界看得一清二楚，除了引領甩鍋風潮之外，恐怕就是對

世界的誤導。儘管特朗普一開始就從國家安全委員會和情報機構獲得大量情報信息，但他寧願相信自己的直覺和判斷，把新冠病毒當作流感，對疫情的防範三心二意，但後來發現苗頭不對的時候，又急著甩鍋他國、諉過他人。直到最近，特朗普還時不時用「功夫流感」來定義新冠疫情，可見這個錯誤觀念已深入特朗普的骨髓，不僅毒害美國，更是禍害全球。

美國是世界上最富有的國家之一，其人口僅占全球人口的 4%，但感染者卻占全球的四分之一，死亡人數也占到全球的四分之一。美國病例數達到 100 萬用了 99 天的時間，達到 200 萬例用了 43 天，而達到 300 萬例只用了 28 天時間。所謂平滑病患增長曲線的努力完全失敗。但上週四特朗普在白宮玫瑰園表示，「我們做得很好」，重彈所謂美國病患多、那是因為美國檢測好的老調。

疫情與選情成了一枚硬幣的正反兩面。沒有對疫情的控制，就談不上對選情的樂觀預期。這幾個月來，世界上許多國家對疫情的猶豫不決，表面上是民主決策的體現，實質上是民主制度在突發事件面前暴露出無法克服的弱點。疫情不同於其他疾病，拖延的結果就是「鈍刀子割肉」。美國近半年所走過的道路恰恰是最實的證明。從復活節開始特朗普就嚷嚷復工，結果三個月過去了，感染的人數不但沒有減少，反而以每天 7 萬多的數字在增長，一些州不得不重新封城。

剛剛過去的週末，香港反對派進行了初選，時間點正值香港疫情大暴發之時，無疑對播毒將起到推波助瀾的作用。雖然播毒不是他們有意設計出來的，但客觀上將助推疫情的擴散（正像美國獨立日慶典一樣，染疫的後果將在 10 天后充分顯現），會讓特區政府承受更大的抗疫壓力。

病毒與時間賽跑，特區政府的抗疫決策更需要與時間賽跑。在疫情面前的常態思維讓西方社會吃盡了苦頭，按部就班的後果一定是疫情的失控，這既是傳染病的規律，也被西方社會反復驗證。香港作為資本主義社

會的組成部分，在抗疫的政策選擇上，香港沒有任何理由站到西方一邊，相反內地的做法當是香港值得認真學習的榜樣。昨晚特區政府宣布引進內地醫療機構參與病毒檢測工作無疑是值得歡迎之舉，只有做到應檢盡檢，「與病毒共存」這句話才有科學依據，否則就是拿人的生命作賭注，結果也讓當政者輸個精光。

美國界定的「香港自由」不要也罷

2020 年 7 月 16 日

特朗普這段時間就涉華問題簽署的法案真不少，涉港法案也有好幾個。美國的手伸得很長，全世界眾所周知，但最近對華手伸得又快又長則有點不同尋常。譬如新疆、西藏、台灣、香港、南海等問題都被美國拿來說事。總之，凡是能挑起中國內部矛盾的、凡是能挑撥中國與周邊國家關係的事情，美國都樂此不疲，不厭其煩。

特朗普的對華政策僅僅用競爭和遏制來概括已嫌不夠，用偏激、仇恨及歇斯底里來形容倒更為貼切。美國政要最近在談到中國時往往都是氣急敗壞，不惜採取捏造事實，徹底將中國污名化和標籤化。無論是國務卿，還是國家安全事務助理的涉華講話，都有意將中國人民與中國共產黨區別開來，樹立所謂黨與人民的對立，好像找到了瓦解中國的妙方。殊不知黨和人民利益的高度一致與深度捆綁正是中國政治制度的巨大優勢。

香港國安法本是針對去年香港黑暴事件、不得已而制定的一部法律，是保證香港一國兩制行穩致遠的定海神針，但就是這樣一部法律卻動了美國在香港的乳酪，成了美國的眼中釘、肉中刺。特朗普 7 月 14 日簽署的《香港自治法》，揚言要對參與制定、實施香港國安法的人和機構實行一級和二級制裁；對制止香港動亂的功臣——香港警察予以制裁。一方面，特朗普為平息美國「黑人的命也是命」運動中的騷亂者，動用國民警衛隊、警察平暴，聲稱是捍衛「法律與秩序」，另一方面則大筆一揮，對挺身執法的香港警察施加制裁。這是何等的諷刺。國務卿蓬佩奧昨天還居然對上週末香港反對派搞的非法初選活動表示祝賀，為亂港勢力撐腰打氣，挑戰香港國安法的底線，公然當起了香港「顏色革命」的操盤者。

外交是內政的延續。特朗普的對華政策顯示出前所未有的強硬，其實

質是美國內部矛盾無法化解的另一種表達。現在美國國內一團糟，且不論固有的兩極分化矛盾、黨派矛盾、種族矛盾，僅就新冠疫情而言，美國與韓國在同一天宣布發現新冠病人，迄今為止，韓、美抗疫形勢卻形成天壤之別，更不要拿美國與人口眾多的中國內地比。據統計，韓國的死亡人數是 289 人，而美國的死亡人數接近 14 萬；當歐洲國家的疫情形勢趨穩的時候，美國的一些州染疫人數卻創新高。像佛羅里達等大選關鍵搖擺州，單日暴增達 1.5 萬，直接威脅到那裡老白男的健康，讓這些特朗普的鐵粉也坐臥不安。特朗普對「馬照跑、舞照跳，堅決不要戴口罩」的錯誤做法沒有絲毫的反省，鑄成了美國歷史上一段無法挽回的悲劇。

為了減輕白宮壓力，特朗普只好把焦點轉移到中國身上，猛打中國牌，拿中國開刀。疫情改變了世界，疫情本可以成為中美關係改善的催化劑，但現實情況是，特朗普認為「新冠病毒是中國用來打擊美國的武器」，將美國對華的不信任及敵意推向了極致。中美關係漸行漸遠，正朝著戰略對抗的方向加速推進。

香港國安法為所有香港守法者多了行動的自由，確實也限制了美國胡作非為的自由，從此香港告別了安全不設防的舊時代。

中國從來不干涉他國內政，當然也不希望別人對中國的內政指手畫腳。儘管美國也有一些州或多或少存在著分離主義傾向，但中國人大從來沒有通過一紙鼓勵夏威夷、阿拉斯加、德克薩斯高度自治或獨立的法案，這就是中國人的厚道，這也是中國文明得以延續的王道。

中國不惹事，但決不怕事。中國有權維護自身的主權、安全與發展利益，有權拒絕任何對中國的霸凌。在香港問題上也不例外。香港的自由、繁榮與穩定，香港的高度自治不是美國賜予的，而是基本法所規定和追求的目標。如果美國認為去年的暴亂才是香港的自由，那麼這樣的自由離香港越遠越好，無論中國付出多大的代價，這樣的「自由」是必須要劃定邊

界的。如果美國政客真心關心人權、民主與自由，首先從關心美國 354 萬新冠患者開始，不要讓更多的美國人成為你們冷戰思維和實踐的殉葬品，否則你們的名字將被永遠釘在抗擊世紀瘟疫的恥辱柱上。

西方的抗疫道路不應成為香港的範本

2020 年 9 月 2 日

　　香港的普檢進行了兩天，對於 750 萬人口的城市而言，迄今七十餘萬人報名參加普檢談不上踴躍，這其中的原因固然複雜，但有一點可以肯定，資本主義社會在新冠疫情面前表現出來的弱點很難在香港成為例外。

　　如果說我對資本主義的貪婪認知來自於在美國工作的經歷，而對資本主義的自私與冷漠認知則來自於香港。

　　香港資本主義存在已久，但政治民主的發育還很不充分。無論是官員還是普通百姓，都以香港是個多元社會而自居，什麼事都與隱私相掛鉤。其實這不過是人們自我認知的又一個泡沫而已。一些街頭小報本就是以扒別人隱私而生存，一些黑暴勢力不斷起底他人隱私，對政見不同者發起網絡欺凌。

　　黑暴與新冠疫情的雙重夾擊，讓香港許多人難以承受之重，居家隔離成了富人的奢侈，窮人不得不想方設法謀生。中央政府出於關愛香港的考慮，希望利用內地抗疫技術和經驗，通過普檢的辦法，找出所有感染者，讓香港儘快回歸常態。就是這樣一個政策設計卻被香港反對派刻意抹黑而走了樣。一些人對內地有著本能的排斥，用最陰暗的心理去揣測中央一切政策的出發點，然後用最惡毒的手段去破壞、干擾，以達到羞辱中央的目的。

　　一邊是零售商、餐飲業、旅遊業等嗷嗷待哺，一邊是一些醫護團體的冷酷、傲慢與自私，把普檢妖魔化，讓新冠清零的機會白白溜走。內地實行的是本土新冠病毒零容忍政策，要想實現兩地的通關，努力做到本地零感染是推行健康碼互認的基本前提。換句話說，普檢是為恢復香港社會正常生活邁開的重要一步。但這樣的政策初衷卻很難落地，不能不說是香港

社會的悲哀。

一方面，香港百姓渴望回歸正常生活，另一方面病毒卻無情肆虐。內地回歸常態已經在用自己的實踐給世界指明了一條正確道路，但香港一些人就是視而不見。做一次檢測就算是一次小小的付出，但與失去生命的痛苦相比，這又算得了什麼？尊重人權不是嘴上的悲天憫人，而是體現在對老弱群體的真正關愛方面。

強調尊重個人價值沒有錯，但是資本主義社會從來沒有排斥集體主義，只不過喜歡用「團隊精神」和合作意識等其他名詞來替代。美國政要經常引用的一句話是，「不要問國家為你做了什麼，而要問你為國家做了什麼？」作為一個香港人，且不論你為國家做了什麼，至少也要問一問自己：「我能為香港做點什麼？」

「覺悟」一詞本是印度的外來詞，但早已植入到了中國傳統文化基因之中。踴躍參加普檢既是為自己，也是為他人，這是一個人的起碼覺悟，與社會主義制度與資本主義制度沒有必然的聯繫。離開了基本的做人覺悟，還奢談什麼制度性人權，只不過徒增虛偽的成分而已。

免費的午餐不常有，但有了這樣的機會不知珍惜，難怪中聯辦發言人怒斥，「香港極少數別有用心的人不識好歹」。香港疫情增速這幾天降到了個位數，為大規模檢測提供了寶貴的時間之窗，若整個社會戮力同心，徹底清零的目標並非高不可攀。西方國家辦不到的事情，在中國大地上是有可能出現奇跡的。香港的抗疫道路不應以西方為坐標，自己的祖國就是最好的範本。

如果說自由散漫是西方社會抗疫的天然弱點，那麼另一個突出特點就是防疫問題政治化，尤以美國最為典型。與西方相比，東方世界的文化中畢竟多了一些紀律與約束，至少在戴口罩方面，香港沒有像美國那樣走上反智的道路。戴口罩不是讓你戴手銬，作為一項公共衛生的防禦措施，犯

不著上綱上線，但捷克與斯洛伐克率先要求民眾戴口罩的時候，一些媒體很快就把這項措施政治化，稱這些國家曾有著共產黨統治的經歷，讓政治解讀取代了科學的認知。

今年 4 月，《紐約時報》曾刊發專欄文章，詮釋集體主義對於抗疫的重要性。抗疫既需要技術，更需要科學的理念指導。特朗普政府的抗疫工作之所以失敗，其重要原因之一就是不作為、不信科學。不僅如此，特朗普還竭力醜化民主黨，認為民主黨一旦上臺，就要規範你的一切生活，甚至吃什麼麵包都要管，從而煽動對民主黨大政府、小社會理念的仇視。

憑心而論，最近幾十年間，美國共和黨一直在製造各類危機，而民主黨往往要收拾共和黨留下的爛攤子。克林頓執政時期，不僅消滅了美國的財政赤字，還創下了美國新經濟的輝煌。奧巴馬執政八年帶領美國走出了 2008 年的次貸危機，特朗普式的繁榮至少承接了奧巴馬經濟增長的慣性，而製造業回歸的口號恰恰是奧巴馬提出來的，根本不是特朗普的獨創。但特朗普有意誤導，讓許多美國人失去了是非的判斷力。

如果說香港反對派從美國學到了什麼真諦的話，那就是謊言與欺騙的本領。讓不明真相的人不明就裏，讓知道真相的人只願活在自己的世界裏。在普檢問題上，他們散播的政治病毒，其危害性遠遠大於新冠病毒。從這個意義上說，香港社會不拿出刮骨療傷的勇氣和魄力，要想走出政治、經濟與疫情的困局恐怕只能是一廂情願了。

第六章

新冠病毒起源 特朗普寫好了答案

1月29日白宮戰情室發出的信號

2020 年 2 月 1 日

1 月 31 日凌晨，世界衛生組織將新型肺炎列為國際公共衛生緊急事件，這既是對中國疫情形勢持續緊繃的自然反應，也是國際社會特別是西方國家對華集體焦慮的疊加結果和法律回應。

有學者認為這是以美國為首的西方國家利用武漢疫情打擊中國的一個極端手段。前幾天，有關美國來華「投毒」的文章也頻頻見諸於社交媒體，並得到不少人的呼應。筆者認為，中國雖被定義為美國的戰略競爭對手，但美當下還不至於下此狠手。

正像特朗普在《美國國家安全戰略報告》的序言中所言，競爭並不意味著必然發生衝突。中國政府也多次表明，中國並不害怕競爭，關鍵是讓競爭回到良性軌道，在雙方遇到分歧的時候能夠管控競爭。建議有關美對華發動生物戰的說法在沒有充分證據的情況下姑且擱到一邊。

畢竟，這種無端猜忌只會進一步毒化中美之間剛剛有所緩和的關係。更何況，中美兩國人員交往頻密，貨物貿易數量龐大，每天往來航班上百架。初步情況顯示，這種病毒在沒有症狀的情況下具有傳染性，美國也是防不勝防。

從人種學的角度看，也不存在著黃種人和白種人基因圖譜的根本差異，或哪種膚色的人更容易受到病毒的侵害。

1 月 29 日，特朗普總統在白宮戰情室主持中國新型肺炎緊急會議，儘管會後白宮新聞秘書發表聲明稱，「美國人感染的風險仍然很低，所有機構都在積極監測不斷演變的形勢，並讓公眾瞭解情況」。在白宮戰情室舉行這樣的會議非同尋常，只有在「涉及對美國國家安全構成重大潛在威脅」的情況下，才會舉行類似協調會。從中可以看出，在疫情面前，美國

人並非我們想像的那樣氣定神閑。

自世界衛生組織於 2005 年實施《國際衛生條例》以來，共宣布過五次國際公共衛生緊急事件。此次把新型肺炎列為國際公共衛生緊急事件，中國是首發地，自然成為關注的焦點。但「天沒有塌下來」，更談不上國際社會對華的聯合制裁與封鎖。更何況，疫情每三個月評估一次，隨時都可以解除警告。

2009 年 3 月，始於北美的豬流感（H1N1）病毒迅速傳播，且第一次在人群中傳播，引起國際社會的極大恐慌。需要指出的是，豬流感在北美暴發，但從來沒有人懷疑這是亞洲人「投毒」。

美國 4 月 15 日發現第一例樣本，三天后報告給世界衛生組織，4 月 25 日，世界衛生組織就宣布 H1N1 為國際關注的突發公共衛生事件，美國政府也順勢宣布全國進入公共衛生緊急狀態。時任總統奧巴馬多次發表電視講話並動用戰略物資，但這一切並沒有能夠擋住 H1N1 疫情的蔓延，至 2009 年的 7 月 16 日，大約有 9.4 萬個確診病例和 429 個死亡案例。

中國 5 月 11 日出現首例輸入性病例，在半年時間裡，共有近 6.3 萬人被感染。2011 年美國 CDC 應用模型估計，全球約有 6080 萬人感染了 H1N1 病毒，死亡人數達 1.2 萬多人，死亡率約為 4.5%。可見美國在應對 H1N1 疫情方面也算不上成功。好在這個病毒的致死率不高，死亡人數還趕不上常年的流感死亡人數。據 CNN 最新報導，2019 至 2020 年度，美國流感的死亡人數超過 8000 多人，與新型肺炎的死亡人數完全不在一個量級。

網絡時代的最大特點是，在信息快速傳播的同時，也會放大某一事件的情緒，強化人類的恐懼。除了 H1NI 事件之外，巴西的寨卡病毒也曾引起國際社會的躁動。

2016 年 2 月 1 日，世界衛生組織宣布寨卡病毒構成國際關注的公共

衛生突發事件，當時巴西一國已有 30 多萬人感染。而此前的 7 個月，其實巴西已經確認寨卡的傳染性。起初，他們認為這個病毒的感染是輕微的，幾天之後便可以恢復正常。時任巴西衛生部長還表示，「我們並不擔心寨卡，它只是一種溫和的疾病」。

對疫情的誤判造成錯誤的應對，使得感染者越來越多，到 2016 年 5 月 16 日，感染者高達 13.8 萬人。當時的巴西內外交困，由於大宗商品的價格急劇下跌，經濟增長達到了 -3.8%，而里約奧運會即將舉行，羅塞芙總統還面臨彈劾的政治困境。政治危機、經濟危機與公共衛生危機相互交織在一起，讓巴西面臨前所未有的挑戰。

在世界衛生組織宣布成為緊急公共突發事件的三天以後，美國奧會向運動員建議不要參加里約奧運會。但巴西在找到了「伊蚊」宿主之後，羅塞芙領導了一場滅蚊大戰，甚至向伊蚊的 DNA 中置入可自我毀滅基因。在 2016 年 6 月的奧運會測試賽中，數千名運動員無一感染。這場歷經 10 個月的寨卡危機就此宣告結束。

在寨卡面前，巴西政府靠著強力手段迅速遏制了這場疫情，讓巴西渡過了危機。但令人遺憾的是，羅本人卻沒有躲過被彈劾的危機。墮胎在天主教國家本是一個禁忌，但是「小頭娃娃」的大量出現，讓教皇的立場也出現鬆動，強調「避孕並非絕對的罪惡」。

微軟創始人比爾·蓋茨說過，「如果有什麼東西在未來幾十年裡可以殺掉上千萬人，那更可能是個高度傳染性的病毒，而不是戰爭。不是導彈，而是微生物」，「因為我們還沒有準備好下一場大疫情的發生」。

其實，自 2003 年非典疫情發生以來，中國對非傳統安全問題的認識達到了新高度，對國內與國際問題互溢效應的認知也邁上了新台階。據一些媒體曝料，其實武漢口岸去年 9 月 19 日也進行過有關疫情暴發的模擬演練。一些網友諷刺道，「武漢早就做過模擬試卷，但進入考場後還是得

了低分」。美國紐約去年 10 月也就應對突發疫情進行過沙盤推演。

　　但殘酷的現實再一次說明，當危機真正來臨的時候，整個社會的準備還是嚴重不足。疫情開始出現時，整個社會大眾的反應不當一回事，但事態急劇惡化的時候，整個社會又完全被恐懼所籠罩，情緒在兩極之中大幅度波動。現如今，內地人對湖北人特別是武漢人的恐懼達到了非理性的地步，而國際社會在自媒體的渲染之下，變成了對中國人的集體恐懼和歧視。世衛組織總幹事譚德塞大聲疾呼，不畏恐懼信事實；不信謠言信科學。

　　疫情是提升社會治理水準的最好教科書。此次事件給我們的教訓同樣深刻，相信中國治理能力的現代化會得益於此疫的警示。疫情防控的最佳辦法無疑是透明和知情。

　　知名學者鄭永年近日在新加坡《聯合早報》撰文稱，「政府應當把應對危機的優勢轉變為預防危機的優勢，這樣才能減少或避免社會危機及其代價」。在筆者看來，過去 15 年間五次國際公共衛生緊急事件的應對，沒有哪一個制度擁有絕對的優勢。

　　西方國家在如此短的時間內集中如此多的資源、集中打一場防疫戰是難以想像的，而武漢「封城」被指責為侵犯人權，那只是西方教科書中對中國制度的慣性醜化，不必過於當真。但另一方面，當風起於青萍之末的時候，如何增加信號回饋的靈敏度，進一步完善和強化社會各種危機的預警能力，則是體制改革的當務之急。

「中國答卷」是國際社會對肺疫恐懼的解藥

2020 年 2 月 3 日

新型肺炎在武漢暴發，讓庚子年的種種形勢預測走了樣。在大變局的時代，中國本身作為最大的變數之一，顯示對全球具有牽一髮而動全身的意義。過去人們常說美國打個噴嚏，全世界跟著感冒，當下中國疫情的外溢效應也大致如此。

在世界衛生組織宣布將新型肺炎疫情作為「國際關注的公共衛生緊急事件」的同時，總幹事譚德塞呼籲不要對中國實行貿易和旅行限制，但仍擋不住有關國家對華採取限制行動。撤僑、斷航、封關、暫停簽證是基本手段，尤以美國的表現最為活躍。

儘管白宮和美國衛生部的評估是「此疫情對美國構成的安全威脅仍低」，但特朗普還是於 1 月 31 日頒布行政令，宣布美國進入「公共衛生緊急狀態」，以致許多媒體一直在質疑美國這樣做的政治動機。

美國不僅中斷了飛往中國的航班，同時也拒絕所有中國人及 14 天以內來過中國的人入境，等於是中美兩國人員交往「脫鉤」的一次預演。2月 1 日美還騰出了科羅拉多、加州以及德州軍事基地的 1000 個臨時住所，用來隔離從中國返美的有關人員。

俄羅斯 1 月 30 日停止了向中國公民簽發電子簽證，並關閉了遠東邊境口岸。義大利乾脆宣布「國家進入緊急狀態」。中國周邊國家和地區如日本、越南、朝鮮、韓國、菲律賓等國都相繼採取了限制行動。香港個別的醫生護士工會以罷工作要脅，逼迫特區政府全面「封關」。一些評論認為，這場疫情成為考驗彼此友誼的試金石。

其實，小至一個人，大至一個國家或地區，在未知面前表現出一些恐懼，是其共性，本無可厚非，但要利用中國這場疫情「推進所謂的政治議

程」則就另當別論了。

　　新加坡總理李顯龍 2 月 1 日表示，「新型肺炎只是一個公共衛生事件，且中國正全力以赴避免疫情的進一步擴散，因此排華情緒對抗擊疫情工作毫無益處，那些在網上聲稱要抵制中國的做法很不好」。

　　在疫情與災難面前，對中國表現出同情畢竟是多數，而幸災樂禍者還是極少數。美國商務部長羅斯有關「中國疫情有利於美製造業回歸」的說法，在美國國內也遭到一些正義人士的口誅筆伐。中國外交部發言人華春瑩斥「疫情紅利」的言論「不厚道」。

　　中國作為世界第二大經濟體，本世紀以來一直扮演著「世界工廠」的角色，在全球供應鏈中的地位無庸質疑。新型肺炎的暴發放慢了中國速度，許多城市的運轉處於「半停滯」狀態，這是中國為遏制疫情做出的巨大犧牲，體現了一個負責任大國的擔當。

　　有些經濟學家做了較悲觀的估計，這次疫情可能使中國的 GDP 增速降低一個百分點。2003 年非典共造成約 330 億美元的損失，讓經濟增速放緩了 0.1%。而此次新型肺炎，對經濟的殺傷力可能要大得多。畢竟中國已形成高鐵網，汽車已進入大部分中國家庭，喜歡去世界看看成為很多人的生活常態，所以這次疫情以更快、更廣的方式向世界擴散。

　　萬幸的是，現有患者情況表明，此次新型冠狀病毒傳播快，但毒性相對較低。非典的致死率為 10% 左右，中東呼吸綜合征的致死率高達 30%，而此次疫情的致死率維持在個位數。一些衛生領域的專家表示，有些患者的症狀相對較輕，既不需要用呼吸機，也沒有用激素治療，這與非典的情況完全不可同日而語。

　　一位美國專家甚至認為，「未來或將證明，這場新型肺炎疫情相當於一場嚴重的流感」。從這個意義上說，一些專家質疑美國以「寧可錯殺一千，也不放過一個」的決絕態度拒絕所有中國人入境，是不是構成了借

勢對中國的刻意打壓，進而激起世界對中國的仇恨。

2003 年在非典暴發的一個月裡，全世界約有 110 個國家限制中國人旅行。到目前為止，此次疫情對華採取旅行限制的國家沒有達到當年的量級，一些國家的反應較為克制。但在互聯網的助推下，對這場病症所表現出的恐懼一點也不亞於非典。

醫療基礎薄弱的發展中國家做出過激反應尚可理解，但一些發達國家在此疫情面前表現得猶如驚弓之鳥，不能不讓人產生其他聯想。畢竟中國在第一時間已與國際社會分享了新型冠狀病毒的基因結構圖譜，醫學界對此的認知並不是一片空白，其傳染性和致死率在公布的資料中完全可以找到蛛絲馬跡。在此情形下，再在國際上刻意塑造極度恐慌的氛圍似乎超出了發達國家的正常思維邏輯。

當然在疫情面前，國際社會也不完全對中國避而遠之，相反也有不少振奮人心的好消息。一位醫學領域專家表示，如果說當年應對 2009 年 H1N1 流感的疫苗開發用了一年時間，2016 年的寨卡病毒差不多花了 6 個月時間，而這一次最樂觀的估計，大約需要 3 個月就可研發出疫苗並進入試驗階段。

據報導，由於此次冠狀病毒的結構與非典（薩斯）和中東呼吸綜合征（默斯）的相似度超過 80%，美國以前已就上述冠狀病毒研製了瑞德西韋藥物，只是還沒有經過大規模的臨床實驗。而美國第一位新型肺炎確診患者發病後的第七天，對其採取了此藥物的試驗性治療，結果顯示對抑制此病毒有明顯效果。據報導，中美兩國有關部門正在為這個藥物的臨床試驗申請開闢特別通道，可望在中國重症患者身上率先試驗。

令人欣慰的是，在最初的手忙腳亂之後，整個社會正呈現出越來越多的理性。專門醫院的落成及新藥物的試驗或給社會加速恢復常態帶來新的希望。

　　需要反思的是，在自然界，其實，人類、動物和病毒一直是共存且共同進化，並有著各自的邊界，越界的「後果很嚴重」。此次新出現的疫情再次提醒我們，生物醫學有其自身的局限性。一個微生物被遏制住了，下一個微生物正悄然而至。病毒在地球上已存在了數千萬年，且不斷變異，「人類不是在戰勝病毒，而是學會如何適應新常態」。

　　針對武漢疫情的一場人民戰爭正在全面推進，相信疫情的有效遏制只是時間問題。隨著疑似病例的減少，國際社會的過度反應也會得到緩解。我們只有一個地球，在疫情面前，沒有絕對的旁觀者，也沒有超然的指責者。不給中國添亂，能幫一把是一把，就是對當下中國戰「疫」的最大支援。

從全球口罩荒到糧食荒還有多久

2020 年 2 月 15 日

　　2020 年不期而至的新冠肺炎疫情讓一個再普通不過的口罩變成了戰略稀缺品。「豬肉沒有想到居然敗給了口罩。口罩沒有想到自己居然成了年貨」。

　　新冠肺炎（COVID）與 2003 年 SARS 屬於「近親」，迄今無藥可治。美國一家公司治療其他冠狀病毒的藥物臨時救場，但雙盲試驗最快也得 4 月份才能知道結果。而疫苗的研究週期至少需要 18 個月，在藥物和疫苗都指望不上的情況下，口罩的自我防護作用顯得尤為重要。

　　中國是世界上最大的口罩生產國和出口國，年產量占全球的半壁江山。在正常情況下，中國每天可生產 2000 萬隻口罩。在世衛宣布新冠疫情成為「全球突發性公共衛生事件」後，口罩的需求量是正常水準的 100 倍，價格則翻了 20 倍。

　　北美、歐洲及中國周邊國家的口罩也都脫銷。法國昂格爾市 DOLIMIHOEN 公司年產量只有 1.7 億隻，而現在手頭的訂單超過 5 億隻，即使 24 小時開足馬力，也難以滿足市場需求。日本尤妮佳公司的訂單也比平時多了 10 倍。

　　在這種情況下，許多國家出台了一系列管制措施，一方面打擊囤積居奇，加大對哄抬價格的處罰力度，另一方面則進行出口戰略管制。包括香港在內的全中國在國際市場的採購變得異常困難。

　　前幾年，社會上一直流行一種說法，「有錢還怕買不到東西，資本家會放著生意不做」？血淋淋的教訓一再告訴我們，一手交錢一手交貨，那是和平年代的常規思維。

　　但在非常時期，這個邏輯就會四處碰壁。例如，中美貿易戰開打，很

快就延燒到芯片領域，美國使出撒手鐧，直接掐斷中興通訊的零部件供應，讓這家公司「認罰」十多億美元。美國同樣讓華為出現了斷供危機。好在任正非拿出了B計劃才化險為夷。但是，我們又有多少公司有備胎呢。

從芯片到口罩，雖然技術含量不同，但一旦成為戰略工具，同樣具有致命性。口罩的短缺，我們可以動員汽車廠商改裝生產線，但比口罩更重要的則是糧食安全問題。

糧食的自給率直接關係到一個國家的主權，一旦糧食被別人卡了脖子，將關乎國家的生死存亡。口罩的產能恢復及提升在一個月內就可以搞掂，而糧食生產週期則長達四個月。一旦糧食出現危機，這個剛需所產生的世界性恐慌將遠遠大於一次疫情所產生的衝擊。

一位著名經濟學家曾經說過，一旦糧食減產 30%，而糧價的上漲絕不是 30% 那麼簡單，而上漲百分之幾百都不應感到驚訝。美國前國務卿基辛格說過，「如果你控制了石油，你就控制了所有國家，如果你控制了糧食，你就控制了所有的人。」可見，糧食是地緣政治博弈中的一張王牌。正因為如此，這幾年中國政府反復強調，要把飯碗牢牢端在自己的手中。即所謂手中有糧，心裡不慌。

2018 年《中國的糧食安全白皮書》指出，我國 2018 年糧食產量近 6.6 億噸，是 1949 年的 6 倍，人均佔有量達到 470 公斤，高於世界的平均水準。其中，穀物產量達到了 6.1 億噸，占糧食總產量的 90%，穀物的自給率超過 95%，而進口的農產品則主要是品種調劑。據統計，2018 年中國進口了 2000 多萬噸穀物和 8000 多萬噸大豆。據農業部測算，2020 年中國糧食缺口將達 1 億噸以上，可見，中國把糧食進口控制在 5% 以下的目標越來越有難度。

新冠疫情讓全世界揪心，而 2020 年的糧食生產前景也極不樂觀。上個世紀 90 年代，國際社會就「誰來養活中國」有過廣泛的爭論，隨著中

國從溫飽步入到小康，這個問題不再成為焦點。

但口罩危機告訴我們，擁有 14 億人口的大國，在危機出現的時候，「誰來供應中國」的問題始終在國際上找不到答案。在東亞國家中，中國的糧食安全係數排在日本和韓國之後。從這個意義上說，中國的糧食安全並沒有太過樂觀的資本。

自去年以來，全球氣候異常現象尤為突出，澳大利亞多年的旱災導致百年不遇的山火，而離澳大利亞最近的南極洲 2 月 9 日的最高氣溫高達 20 度，創下歷史新高。而 70 年未遇的蝗蟲災害正在非洲東部及南亞地區肆虐。

肯亞、衣索比亞和索馬里的蝗災，正威脅著數百萬人的生命，可能引發嚴重的人道主義災難。3 月初進入種植季後，將迎來雨季，如果蝗蟲得不到抑制，其數量將暴增 20 倍。目前有些蝗蟲已經進入印度和巴基斯坦。印度的拉賈斯坦邦，超過 30 萬公頃的農作物被蝗蟲摧毀，不得不向印度總理莫迪發出了求援。雖然印度是個素食主義大國，70% 的人以素食為生，近年來，印度一直是重要的糧食出口國。而去年的乾旱使洋蔥大幅度減產，作為印度飲食中的剛需，價格上漲了兩倍，老百姓怨聲載道。如果這次蝗災問題得不到有效解決，則有可能導致糧食歉收，恐會引發全面通貨膨脹。

巴基斯坦也已宣布全國進入緊急狀態，據瞭解，巴出動數百架飛機噴灑農藥，以應對眼前的蝗禍。巴當前麵粉和麵包價格飛漲，專家預測，一旦上千億隻蝗蟲繼續肆虐，2021 年，巴基斯坦將出現大饑荒！

近況堪憂，遠景更值得思慮。聯合國做過一個統計，到 2050 年，全世界必須增產 70% 的糧食，才能餵飽屆時已達 90 億人口的地球居民。人口快速增長，但土地面積和淡水資源卻無法增多，而世界上 38% 的穀物和 74% 的大豆是用來餵養牲畜的，而這些穀物足以養活 20 億人口。除非人

類調整飲食結構，否則糧食安全問題將更加突出。

2019 年《全球糧食危機報告》指出，全球仍有 1.13 億人口受重度饑餓影響，另有 1.43 億人距離重度饑餓也就一步之遙，可見實現零饑餓的目標任重道遠。

從口罩危機中，我們隱約感到，在海外建立糧食生產基地，以解決中國土地不足的問題，則是一條危險的道路。俄羅斯、南美以及非洲一些地方確有大量的土地尚待開發。

在平常期間，通過大型農業項目來推動這些地區的開發，固然有解決全球糧食短缺的作用，還可幫助中國每三、四年休耕一年的目標，對逐步恢復我國的地力也有輔助作用，但把這個構想納入到中國的糧食安全規劃中，只會陷入歧途。關鍵時刻想把這些糧食運回國內幾乎不可能實現，從口罩荒中，我們已清晰地看到了這一點。

中國疾控中心主任曾經向全中國人民保證，2003 年 SARS 的悲劇不會在中國重演，因為國家已經建立起了一套傳染病監控網絡系統。但殘酷的現實印證了這些專業人士的話多麼不靠譜。

糧食戰爭早已悄然展開。我們更需要清理家底，看看從種子到化肥、從農藥到戰略收儲，是不是都落到了實處？守住 18 億畝的土地紅線，真正健全糧食應急保障體系、完善糧食預警監測體系，應當是我們從新冠疫情中吸取的另一深刻教訓。

「中國答卷」值得國際社會抗疫借鑒

2020 年 2 月 24 日

與新冠疫情暴發之初西方社會對中國的一片謾罵與攻擊相比,最近幾天對中國的指責分貝有所減弱。不僅因為新冠疫情正向全球擴散、搞得西方社會自顧不暇,更重要的是,中國的抗疫取得了實實在在的成果,以致有些國家不得不拿中國經驗當教材。

2 月 24 日內地 24 個省和直轄市新增肺炎確診病例為零。雖然這個數字還不能言勝,但至少讓我們看到了隧道盡頭的曙光。「中方行動之快、規模之大、世所罕見……這是中國制度的優勢,有關經驗值得其他國家借鑒。」這是世衛組織總幹事譚德塞給予中國的評價。

兩個星期前,一名西方記者向世衛組織總幹事譚德塞拋出了一個尖銳問題,「你為什麼多次讚揚中國,這是不是中方的要求?」譚德塞的回答很乾脆,「中國無需要求讚揚,過去沒有,現在也沒有」;「中國贏得讚譽實至名歸,」「我們看到中國採取了扎扎實實的防控行動,減緩了疫情擴散速度。事實自己會發聲。」

值得注意的是,在新冠疫情肆虐的時候,謠言和謊言充斥著虛擬和現實社會,西方把新冠肺炎疫情比作「中國切爾諾貝利」,借此抹黑中國的社會制度。美國等國完全不顧世衛組織不要採取貿易和旅行限制的呼籲,直接對中國採取了撤僑、封關、停航、緩簽等措施,迅速實現了與中國的「脫鉤」。白宮貿易顧問納瓦羅和商務部長羅斯在不同場合表示,中國新冠疫情將迫使全世界思考產業鏈過分集中於一國的風險,有利於就業崗位的回流,坐享「疫情紅利」的幸災樂禍溢於言表。

還有一些西方媒體和官員頻頻指責中國發布的疫情資料「不透明」,更有人聲稱新冠病毒來自於中國某病毒研究所的洩漏。什麼「武漢病毒」、

「中國病毒」充斥於西方媒體報刊，全世界對中國的地域及種族歧視達到了歇斯底里的程度。2月4日出版的《華爾街日報》更是刊登了「中國是真正的亞洲病夫」的文章，對中國國格加以污辱。在中國多次交涉未果後，上周中國政府果斷吊銷了三名駐華記者的記者證，引發了一場外交之戰。

誠如一些醫學專家所言，新冠病毒是一個「流氓病毒」，非常狡猾，甚至在毫無徵兆的情況下傳染他人，讓人類防不勝防。由於人們起初對新病毒的認識極其有限，難免在疫情大規模暴發之前出現誤判，所謂的刻意隱瞞也是難以成立的。如果說刻意隱瞞，那香港為什麼元旦之後就採取了相應措施，難道那裡有什麼特殊信息管道不成？唯一的差別是：在去年12月底有關部門公布武漢發現冠狀病毒肺炎病例這則消息時，香港比內地做出了更警覺的反應。

中國猶如一艘巨輪。在疫情之初，武漢出現行動遲緩也是船大難調頭所致。在中央迅速採取行動之後，中國社會主義的制度優勢則充分展現出來。上百家公司參與、在十多天裡居然建成了兩座傳染病醫院，恐怕只有中國才能做到。

最近另一熱議的話題是，飄泊在太平洋中的三艘豪華郵輪，有了三種不同的命運。「鑽石公主號」雖為英、美所有，最後日本人被迫收留。由於管理混亂、隔離形同虛設，結果造成船上600多人感染。而「威士特丹號」在無港可泊的情況下，還是柬埔寨這個窮國拯救了乘客，首相洪森親自到碼頭迎接，以致美國總統特朗普都對這位冤家發了感謝信。中國天津，在18個小時內就完成了「歌詩達賽特林娜號」四千餘人的病毒檢測，讓其順利登岸，讓這些人保留了「豪華郵輪」的美好印象。

沒有對比就沒有傷害，三艘船隻截然不同的命運把西方社會的民主治理以及人權的虛偽暴露無遺。慕尼黑安全會議主席伊辛格前不久明確指出，中國在對抗疫情方面付出了巨大努力，理應得到國際社會的支持與合

作，而不是一味批評。

　　無庸諱言，自本世紀以來的二十年間，在重大疫情面前，沒有哪個國家、哪一種制度的表現堪稱無懈可擊。中國答卷雖不完美，但中國一系列的做法可圈可點，理應成為一些國家的借鑒。

　　瘟疫無國界，在相互依存的世界裡，不要臆想中國的災難是某些大國的機會，相反中國的機會才是世界的機會。世衛組織警告，全球共同抗疫的時間之窗正在關閉，義大利、伊朗及韓國、日本等國正承受著越來越大的壓力，相互指責無助於國際社會的團結抗疫。布魯金斯學會最近發表一位學者的文章指，中美戰略競爭雖難以逆轉，但不妨礙中美兩國在疾病防控領域的積極而有效的合作。

　　奧巴馬時期埃博拉病毒疫情政府協調負責人克萊因最近在國會作證時表示，「拯救生命，無論是在國外還是在國內，都需要把政治放在一邊，讓科學、專業知識和明智的決策來指導我們的行動」「現在是全世界必須採取行動的時候了，如果我們等到災難性的全球大流行到來，那就太晚了。」不過，作為奧巴馬時期的前臣，特朗普政府又能聽進去多少呢？

特朗普控制新冠疫情的自信是不是過頭了

2020 年 2 月 28 日

新冠肺炎疫情在全球各地蔓延，尤其是韓國、日本及伊朗與義大利均出現重大險情，感染人數超過中國本土。中國也正面臨疫情「倒灌」的巨大風險。美國股市更是成為驚弓之鳥。道指連續四日大幅度下挫，累計下跌 3000 多點，跌幅超過 11%，也讓特朗普的印度之行蒙上陰影。雖然他在南亞不斷喊話，認為美國的疫情不嚴重，人們擔心的不是疫情失控，而是害怕桑德斯當上總統，那才是美國的真正災難。2 月 25 日的《華爾街日報》發表社論也在呼應特朗普的這個說法，「如果 2020 年的全球經濟走弱，美國經濟急速下滑，那麼市場會擔心桑德斯的贏面上升，進而推進社會主義議程，這才是投資者們真正擔心的事」。

剛剛回到美國本土的特朗普於當地時間 26 日與美國疾控中心主任一起召開新聞發布會，強調疫情在美國暴發的風險仍然很低，並指責媒體和民主黨人製造不必要的恐慌，損害美國金融市場。他反復強調，就算疫情擴散，美國也已做好萬全準備。美國每年有 2.5 萬至 6.9 萬人死於流感，他呼籲民眾將新冠肺炎當成流感對待。

截止 2 月 26 日，美國共有 60 例確診患者，其中 45 人來自日本「鑽石公主號」和武漢撤回的僑民，有 5 人已經治癒。特朗普指責部分媒體「想方設法使病毒看起來盡可能糟糕，引起市場恐慌」，同時批評民主黨人「無所作為，只有空談」。特朗普還表示，會考慮針對韓國、義大利等重災區實施旅遊限制，但目前「時機未到」。

為了穩定軍心，特朗普任命了副總統彭斯領導防疫工作，負責坐鎮指揮，並直接向他彙報。不過，加州當天隨後出現了首宗疑似社區傳播，特朗普的定心丸未能見效。27 日美國股市一開盤，道指再跌千點，令市場

大驚失色。隨著恐慌盤的湧出，一些抄底資金返場，至中午時分，道指收窄了跌幅。

相較於特朗普的樂觀態度，美國衛生與公眾服務部長阿紮和疾控中心首席副主任舒沙特顯得更加審慎。阿紮強調，疫情風險等級有可能迅速改變，美國可能會出現更多的新冠肺炎病例，各地應提高應對意識。

在特朗普結束發布會後不久，加州北部索拉諾縣出現了首宗疑似社區傳播，確診患者沒有海外旅遊經驗史，也未接觸過其他患者，而此前的病例均是本人或其伴侶有亞洲旅遊史，這意味著新冠肺炎疫情很可能已進入美國社區。另外，該名患者因不符合檢測條件，等待了好幾天後才獲檢測，耽誤了治療時機。

索拉諾縣是特拉維斯空軍基地的所在地，隔離著「鑽石公主號」的美國乘客。范德比大學傳染學教授沙夫納不無憂慮地指出，「這意味著美國有其他尚未檢測出來的病例，且開始初步擴散。」為了預防社區大暴發，加州三藩市市已經率先進入緊急狀態。

特朗普讓彭斯主導防疫工作的決定引起了許多反對聲浪。彭斯自2013 年至 2017 年擔任印第安那州州長時，曾因拒絕給「乾淨針頭交換項目」提供資金，導致當地艾滋病疫情迅速惡化。他在 2000 年還曾撰文，否認吸煙會導致肺癌。此前主導防疫的衛生部長阿紮因擅自授權接回「鑽石公主號」的 14 名確診患者，導致特朗普大怒，認為阿紮越權，做這項決定的應該是總統本人。

雖然特朗普對疫情防範信誓旦旦，但許多官員並不認同他的看法。阿紮在國會作證時指出，美國目前外科醫療口罩的儲存量約有 3000 萬片，但實際上需要 3 億片，即存在 2.7 億個口罩的缺口。美國的防疫漏洞是顯而易見的。

更令人憂心的是，雖然中國採取封城等手段，為國際社會採取相應防

範措施贏得了時間，但現在看來，世界許多國家只是光打雷不下雨，雖然第一時間宣布了一些管制政策，但對疫情的防控總體過於鬆垮。世衛組織負責人感嘆，防止疫情大流行的時間之窗正在關閉。

據報導，26 日至 27 日又有 11 個國家首度出現確診病例，多數病患的共通點就是近期曾經去過義大利或是伊朗。新近淪陷的國家分別為瑞士、奧地利、克羅埃西亞、格魯吉亞、希臘、挪威、羅馬尼亞、北馬其頓、巴基斯坦、阿爾及利亞和巴西。其中巴西是第一個失守的南美國家，61 歲男患者是剛從義大利回國的巴西人，他曾在 9 日至 21 日前往義大利，返回巴西後出現症狀並確診，目前巴西當局正在觀察 30 多名密切接觸者。

中東的情況極不樂觀，伊朗確診患者 27 日大幅增長至 245 例，其中 26 人死亡。伊朗副總統埃卜特卡爾和議會國家安全與外交政策委員會主席祖努爾均不幸染病，這位副總統 26 日曾與總統魯哈尼一同開內閣會議，相距僅有兩人，且整個內閣無人佩戴口罩。另外，前伊朗駐梵蒂岡大使霍思羅沙希因感染新冠肺炎去世。德黑蘭緊急宣布取消每週五的禮拜，防止疫情蔓延。沙特 27 日也宣布暫時禁止外國朝聖者入境。

除了韓國確診人數大幅度增加至 1766 例之外，義大利的疫情也在蔓延之中，27 日已有 528 例確診病例。英國《太陽報》引用首相府備忘錄指，一旦病毒在英國開始傳播，疫情可持續兩至三個月，感染人數可滾雪球式增加，最壞情況是全國有逾千萬級別的人員感染，數十萬人死亡。

國家有邊界，也有嫌隙，但病毒無國界，無孔不入。人類對新冠病毒的認識還處於初級階段。國際社會攜手合作共同抗疫，符合各國人民的根本利益。企圖收穫「疫情紅利」的想法極其瘋狂。事實已經證明，美國股民成了最直接的受害者，四天內股市蒸發二萬多億美元。股市如此快速下跌，對特朗普來說，真不是好事。特朗普一向以美股上漲為自豪，並把它視為自己政績的一大標杆。從某種意義上說，新冠疫情只是給了美國股市

大逃亡提供了一個藉口。其實，美國股市早已高處不勝寒。大潮退去，誰是裸泳者一目了然。全球供應鏈危機正從對中國的擔心轉至其他地區，美國也難以獨善其身。特朗普的自信與市場的一片恐慌形成了巨大的反差，但願這種恐慌是市場走過了頭，而不是特朗普的自信走過了頭。

在新冠病毒面前特朗普第一次認慫了

2020 年 3 月 12 日

　　北京時間 3 月 12 日上午 9 時，特朗普在白宮橢圓型辦公室發表了全國電視講話，一改以往對新冠病毒輕描淡寫的態度，稱之為「可怕的病毒」，必須採取有力而必要的行動。特朗普宣布從星期五開始，禁止（英國除外）所有歐洲國家前往美國旅行，有效期 30 天。同時美將研究出台薪資稅減免、向困難企業和個人提供金融支援等。特朗普還表示，健康保險公司已同意擴大保險範圍，以涵蓋新冠病毒治療以及免除相關的自費負擔。

　　特朗普講話表情嚴肅，聲音沙啞，完全失去了往日的自信。美國疫情的蔓延速度大大超出了預期，完全打亂了白宮的節奏。白宮新任辦公廳主任梅多斯正在進行為期 14 天的自我隔離，著名電影影員湯姆·漢克斯夫婦中招，猶他爵士隊一名球員感染導致 NBA 賽季暫停等等，這一切都是在用現身說法，向美國人民呈現感染新冠病毒的巨大風險。病毒就在身邊，尤其是對老年人更有強大的殺傷力。美國主流媒體認為，從今天開始，許多美國人必須真正意識到，接下來的數月裡，他們的生活將發生重大改變，而不能像過去那樣「馬照跑，舞照跳」。

　　3 月 11 日，世衛組織總幹事譚德塞宣布，鑒於新冠疫情的傳播程度和嚴重性，世衛組織認為此疫情「已經具有大流行特徵，這意味著未來幾周內預計確診病例數、死亡人數以及受影響國家和地區數量還將進一步攀升」。

　　疫情向全球 100 多個國家蔓延，歐洲主要大國集體淪陷，美國的情況一天天惡化。3 月 11 日，美國股指大幅度下挫，道指更是大跌 1464 點，跌幅達 5.86%，抹掉了 3 月 10 日的漲幅，更是將今年以來的道指跌幅擴

大到 20% 以上。20% 是華爾街衡量牛熊分界線的重要指標,這意味著美國
股市在技術上已經進入熊市版圖。與此形成鮮明對照的是,今年以來,
VIX 恐慌指數的累計漲幅接近 243%,最高波幅達到 361%,比 2008 年金
融危機時的最高波幅 327% 還要高。可見,資本市場對世界能否短期內控
制疫情完全沒有信心。

其實,這次疫情只是給美國股市修正找到了冠冕堂皇的理由,掩蓋了
資本家的貪婪和華爾街的醜陋。雖然 2008 年發生了次貸危機,但在國際
社會的共同努力之下,由美國發起並連續召開了 G20 華盛頓、倫敦和匹茲
堡等峰會,顯示了國際社會的團結與協作精神。美國通過量化寬鬆的貨幣
政策,向世界轉移和稀釋了風險,率先從危機中走出。自 2009 年第二季
度復蘇以來,美國經濟保持緩慢增長的勢頭,但股市卻像脫韁的野馬一發
不可收拾。在特朗普執政期間,股市嘗試著經歷幾次修正,但都被特朗普
摁了下去。因為沒有哪一位總統像他那樣在意股市的上漲,並把它視為自
己的一大政績到處炫耀。華爾街借助「美國優先」的經濟和貿易政策,順
勢將美國三大股指推到歷史高點。

新冠疫情不僅開始影響美國人的日常生活,而且對特朗普的競選連任
帶來巨大的不確定性,或改變美國政治的運行軌跡。眼下如火如荼的美國
大選初選就受到了不少影響。美國總統競選活動一向秉持「密切接觸」的
傳統,擁擠的集會、頻繁的握手和擁抱是標配,但新冠疫情的蔓延,使之
不得不發生改變。3 月 10 日桑德斯和拜登宣布取消當天在俄亥俄州克利
夫蘭的競選集會,並對計劃參加活動的民眾表示歉意。兩位候選人的競選
團隊稱,這一決定充分考慮了公眾健康和安全,且參選人未來的活動也將
「根據具體情況」進行評估並繼續持謹慎態度。

特朗普雖堅持行程不變,但一些分析人士認為,隨著他對疫情認識的
改變,接下來將不得不迫於形勢而改變集會的頻度。2020 年到目前為止,

特朗普已經舉行了 11 次競選集會，集會的間隔時間從未超過兩周。

特朗普「病毒快速消失」的說法遭到越來越多人的嘲笑。最新民調顯示，高達 46% 受訪者抱怨政府並未做好應對大規模疫情的準備。主流媒體甚至認為，疫情已開始危及特朗普選情。至於是否直接掀翻特朗普的連任夢還為時尚早，但有一點，這次疫情正改變大選模式，若特朗普無法繼續最喜愛的競選集會，對於其競選造勢可能是一個沉重打擊，畢竟他最擅長搞這種煽情的集會，相比之下，拜登的競選過程就要乏味得多。

為了減輕疫情對選情的影響，特朗普及其團隊繼續玩弄甩鍋把戲。特朗普在今天的講話中，再次強調這是「外國病毒，始於中國」。而今天的歐洲也是自作自受，沒有及時關閉與中國之間的旅行通道，讓美國深受其害。輿論認為，特朗普的講話沒有表現出對受害國的一絲同情心，仍然把焦點放在責備別國身上，並沒有認真檢討自己國家在應對疫情方面的不足。

此前一天，國家安全事務助理奧布萊恩在出席美國傳統基金會智庫活動時也是把矛頭指向中國，試圖開脫美國政府的責任。他稱，中國一開始應對疫情不力，包括早期「試圖隱瞞疫情」，令全球損失兩個月時間。他抱怨美國不能及時得到病毒基因序列，中國對美國疾控中心（CDC）專家團隊到中國調查表現出不合作態度。其實，早在 1 月初中方就向美方通報了疫情，並將新冠病毒的基因序列向世界公開。何來中國人耽誤世界兩個月之說？國務卿蓬佩奧也是一樣的畫風。開口閉口就是「中國病毒」、「武漢病毒」怎麼禍害了美國，全然不顧世衛組織不搞地域歧視的基本規則。當中國全力抗疫的時候，他們習慣於站在道德高地，充當旁觀者及指責者的角色。特朗普政府出於選情的考慮刻意壓制隱瞞疫情的真實情況，不檢測、不讓有關官員及專業人士公開談論有關疫情，這是眾人皆知的事實。

在過去的五十多天裡，參眾兩院忙著審議涉華法案，出台《台北法

案》，為台獨進一步壯膽。商務部忙著牽頭審議對華為等公司進一步制裁措施；對中國 C919 大飛機的發動機實行出售禁令等，這些落井下石的做法與美國作為世界頭等大國的地位極不相稱，把美國今天的小格局暴露得格外充分。美國人忘了本世紀以來的兩次重大災難，包括中國在內的國際社會是如何幫助美國渡過難關的！

美國一些專家和官員毫不客氣地指出，不是中國耽擱了世界兩個月，而是整個世界都在漫不經心，「雖然中國為國際社會贏得了寶貴的時間，卻被白白浪費了」。

《紐約時報》3 月 11 日發文稱，各國領導人雖然都強調「大流行」的嚴重性，但大家的聲音不像在合唱，更像是喧鬧，更談不上美國發揮領導角色。

世衛總幹事譚德塞坦言，雖然新冠病毒是一場大流行病，但從中國身上，我們可以看到這場「大流行病」是可以控制的。問題在於決心、意志及行動力。當中國採取封城手段的時候，西方國家指責中國違反人權。當中國取得階段性成果的時候，又在指責中國做法的副作用太大，滿城變成了「精神病」，以此詆毀中國的抗疫成果。甚至有些西方主流媒體還刻意把中國的封城與義大利的封城進行比較，視義大利的舉動為對歐洲的犧牲，而中國的封城則是限制「人民自由」，這種雙重標準實在是自降西方社會的道德水準。

可以毫不誇張地說，中國爭取到的時間被美國政客們的不務正業給耽擱了，被變本加厲的競選集會給耽擱了。疫情讓位於選情，政治思維超越專業精神，讓美國等國一再錯失良機。正像一些網友形容得那樣，中國應對疫情的時候，做的是閉卷考試，現在全世界做的是開卷考試，依然不及格，說明人類並不善於應對突發事件，無關乎制度的顏色。

2008 年的金融危機是解決流動性問題，通過向市場注入流動性可以

很快緩解市場情緒。而這一次則是生命與健康問題，光靠向市場注入流動性是解決不了問題的。因此國際社會要對症下藥，在經濟手段之外，還必須有強有力的政治手段，尊重古老的常識。

大自然中的病毒跳轉到人類身上並大肆傳播，是人類的不幸，中國也是受害者。新冠疫情是一場全球性危機，我們必須從常態思維中儘快跳出來應對這場非傳統安全的威脅。一切有利於封堵病毒的做法都值得嘗試。無論是中國的做法，還是新加坡、日本或韓國、義大利採用的辦法，都可以成為後來者的借鑒。關鍵是國際社會停止相互指責，培育合作精神，我們才可能一致行動，共同應對這個共同的敵人，否則單打獨鬥，只能是摁了葫蘆起了瓢，拉長病毒侵害人類的時間與痛苦。

美宣布進入緊急狀態能救得了特朗普嗎

2020 年 3 月 14 日

新冠疫情在全球蔓延，歐洲主要大國淪陷，特朗普於北京時間 3 月 14 日凌晨三點宣布，美國進入「全國緊急狀態」，凸顯新冠疫情的極端嚴重性。

這兩天，網上最火爆的段子莫過於美國今年大選不用選了，看誰能熬過這次「大流行」，誰就可以當選下屆總統。畢竟美國總統候選人都是七、八十歲的老人，屬於易感人群，尤其是特朗普還是確診患者的「密切接觸者」。另一個段子是，若 11 月份大選之前，美國正副總統出了狀況，按照美國憲法順位繼承的原則，眾議院議長佩洛西就可以直接當幾個月總統了，希拉里和沃倫也不用鬱悶，第一個女總統用不著再等下一個四年。雖然這是民間段子，但透出了疫情與選情的複雜關係。只有解決了疫情，才有特朗普的選情，這無疑是大選之年的最大意外。可以肯定，疫情若處理不好，不僅對美國造成重大政治衝擊，而且會對世界產生具有格局性的影響，威力不亞於 911 和 2008 年金融危機。

昨天晚上最折騰人的新聞莫過於巴西總統博索納羅的健康狀況。英國《鏡報》首先報導博索納羅中招，中國幾大主流網站紛紛轉載，全中國的線民密切關注。筆者的心情也是七上八下，《大公報》的頭版跟不跟，面臨著艱難的選擇。令我奇怪的是，神通廣大的 CNN 在第一時間出奇安靜，美國主要報章也沒有動靜，關鍵是美國股市還在大漲。就目前的美巴關係而言，特朗普與博索納羅「心心相印」，在氣候變化、民粹主義的認知方面彼此驚人相似，博索納羅有「巴西特朗普」之稱，兩家的第二代小特朗普與小博索納羅私交甚篤。這麼大的事，在美國沒有不透風的牆，若博索納羅染病的消息屬實，美國股市豈能沒有負面反應且還在大漲？畢竟博與

特朗普剛剛見面不到一周，常識一再提醒我，對這條紅遍大江南北的新聞報料還是要慎重。果不其然，兩個小時後，博索納羅的兒子直斥媒體造謠，他的父親檢測是陰性。一會兒說是陽性，一會兒說是陰性，把好端端的巴西總統整成了「陰陽人」。

自媒體想通過聳動的新聞賺流量，主流媒體在信息氾濫的時代本應起到正本清源的作用。在未經核實的情況下，大肆轉載小道消息完全是在透支大報的信譽。在後真相時代，主流媒體堅持真實的底線不能輕易突破，否則甘願沉淪的結果只能被信息海洋所吞沒。

無論是政要還是社會名流中招，都是這段時間的熱門話題。無情的病毒對人類實行無差別攻擊。名人佔有更多的公共資源，受到更多特殊的保護，他們尚且不保，更遑論普通百姓。任何輕視病毒傳播的行為都要付出慘重的代價。

上周博索納羅與特朗普在佛羅里達的海湖莊園會晤。博的新聞秘書回國後就檢測出新冠陽性。人們對博索納羅的健康自然多了一份擔憂，對特朗普是否中招也多了一份懷疑。按照中國「密切接觸者」的行動指南，美國正、副總統都屬於隔離對象。在媒體的多次追問之下，特朗普雖表示不拒絕檢測，但目前沒有症狀，不考慮進行檢測。不過話說回來，總統的健康屬於國家機密，是否檢測其實知密面較小，所以接下來對特朗普健康的猜測至少在這十四天不會消失。

特朗普對新冠疫情的輕漫遭到許多人的詬病。上至總統、國務卿、國家安全事務助理，中至兩黨部分議員，下至一些反華人士對中國展開了甩鍋大戰，把自己應對不力的責任甩給中國，認為武漢最初的疫情不透明，讓美國失去兩個月的寶貴時間。

如果說一些人還對武漢吹哨者事件耿耿於懷的話，那麼中國在過去五十天裡扮演了全世界吹哨者的角色，不僅是在吹哨，簡直是用大喇叭廣

播,用視頻向世界直播,但國際社會還是按部就班,這一次又該譴責誰?世衛組織直斥許多國家的「不作為」,讓中國爭取的寶貴時間給白白耽誤了。

在美國資本市場壓力和民眾的強力呼籲之下,特朗普被迫宣布「美國進入緊急狀態」,總統動用 500 億美元基金用於防疫,擴大對衛生部長阿紮的授權,改變醫院接收病人的方式和住院時間規定。特朗普還宣布通過一項公私合營計劃,提供足量檢測試劑,擴大新冠病毒檢測力,確保普通百姓也可以進行檢測。美眾議院本週末將緊急審議《新冠病毒應對法案》,就無薪休假作出規定,幫助被裁人員渡過困難時期,增加對兒童、老年人的食品援助等。

特朗普應對疫情不力,無疑成為總統執政的敗筆,也給民主黨翻盤帶來了新希望。在過去三年間,特朗普給美國經濟帶來了新的刺激計劃,百姓的財富效應也極大釋放了民眾消費熱情,成為特朗普大吹特吹的資本。但在病毒面前,光靠吹牛是不行的,還得有實實在在的防疫行動。不斷增加的確診人數揭開了美國防疫的巨大漏洞。美國副總統終於承認「美國沒有足夠的檢測試劑盒」,美國國家過敏症和傳染病研究中心主任福奇承認,「美國應急系統是失敗的」。有人開玩笑說,世界上所有國家都害怕美國,只有病毒天不怕、地不怕,把特朗普的信心打趴下,讓一向自戀、自信的特朗普不得不在病毒面前低了頭。

按鐘南山教授的說法,美國的死亡率達到了 3%,應該說有相當一部分人感染了病毒沒被發現,分母變小了,分子也就自然變大了。隨著檢測能力的提高,美國的感染人數也會大幅度增加,這對特朗普的支持率是一大考驗,對美國各大商場的貨架更是一大考驗。

向中國甩鍋、尋找替罪羊的做法無益於美國的抗疫努力,只有直面美國存在的防疫漏洞並著手加以改進才是正道、王道。拋開中國的硬核做法

不談，其實在發達國家，應對新冠疫情也有不少差異。譬如澳大利亞這一次的反應就比美國快得多。原因是莫里森政府在去年夏天應對火災不力，森林大火燒了四個多月，不僅讓莫里森差點地位不保，而且還把南極洲的氣溫推到 20 攝氏度的歷史新高。吃一塹長一智，莫里森政府這一次算是學乖了。難怪湯姆·漢克斯夫婦感嘆，幸虧他們來到了澳大利亞，否則新冠檢測不會那麼及時。

義大利與美國都是最早向中國封關的國家，但封關並非萬事大吉，儘早檢測診斷，及時追蹤密切接觸者至關重要。但在尊重隱私的旗號之下，這些問題在西方變得十分敏感。難怪英國、瑞典等國乾脆採取「投降」政策，通過大規模感染的做法，即「達爾文主義」的自然進化與淘汰，讓強壯者獲得免疫能力。英國首相約翰遜呼籲民眾做好失去親人的準備。英國專家估計，英國很有可能有數十萬人將失去生命。德國總理默克爾告訴德國民眾，估計全國將有 60% 以上的人感染。在生命權與自由遷徙權方面，他們似選擇了後者。這是民眾的選擇，還是民主體制應對不了突發事件而作出的無奈選擇？歷史將作出公正的評價。

中國體制獨一無二。不是世界不想抄作業，而是各國的國情不同、「體質」差異，面臨著嚴重的水土不服。越來越多的國家在新冠病毒面前不得不放棄抵抗，這恐怕是今後面臨的殘酷現實。帶「毒」生存是大概率的事，做好自身防護，看緊國門，在國民工業體系最完整的中國實行相對安全的閉環運作，是短期唯一可行的辦法。而國際社會攜手加快研製抗病毒藥物及疫苗，是打敗新冠病毒的最根本途徑。把七國集團首腦會議及 20 個集團視頻峰會儘早開起來，是很多人的共同期待。在無形病毒面前建高牆的想法不是長久之計。躲得了初一，逃不過十五；即使僥倖逃脫，也會栽倒在清明。

美聯儲這次號錯了脈開錯了方

2020 年 3 月 16 日

　　北京時間 3 月 16 日，美聯儲緊急降息 100 個基點，把聯邦基準利率打到了零。這是繼 3 月 3 日大降 50 個基點之後的第二次行動，離 3 月 18 日的正常會期還差三天，可見美聯儲已經急不可耐。美聯儲還同時啟動了 7000 億美元「量寬」計劃，通過購買 5000 億美元國債及 2000 億美元抵押貸款證券，向市場注入巨額流動性。此外，美聯儲還將數千家銀行的存款準備金率降至零，以應對新冠疫情對經濟活動的短期衝擊。

　　美聯儲在短短的 12 天內大降聯邦基金利率達 150 個基點，超過 2008 年 1 月大降 125 個基點的力度，美聯儲此次對新冠疫情的反應速度超過了市場的普遍預期。特朗普總統稱大幅度降息是意外之舉，對此予以高度讚揚。看來這一年特朗普在推特及其他場合對聯儲主席鮑威爾「調教有方」。在過去的 33 年間，美股熔斷只發生過三次，而過去一周就發生了兩次，連「股神」巴菲特也感嘆：「這樣的場面我也活了 89 年才看到」。資本市場血流成河，美聯儲不可能見死不救。

　　熟悉的味道，熟悉的配方，零利率加量寬政策，這是美聯儲在 2008 年次貸危機時給市場開的藥方。美聯儲通過購買大量有毒資產，如兩房債券（房利美、房地美）、收購美國國際集團（AIG）、花旗銀行，介入通用汽車公司的破產重組等。得益於國際社會的共同努力，全球主要大國在 G20 平台上協調立場，多管齊下，美國從 2009 年第二季度開始率先復蘇。但這劑藥方的副作用太大，資金大水漫灌，迅速拉抬各類資產價格。資本家的投機沒有得到有效的懲罰，華爾街的貪婪依舊，高杠杆依舊，兩極分化依舊，社會撕裂依舊。因實體經濟始終不見起色，貨幣氾濫的結果是公司存有大量閒錢，轉而用於大量回購自家公司的股票，股市泡沫被吹到了

歷史極值，財富效應催生了美國人的幻覺，消費者信心大增，特朗普的自我膨脹也得到了歷史頂峰。

出來混的總是要還的。去年與中國打了一年的貿易戰，特朗普耍橫的例子比比皆是。沒想到突如其來的疫情完全打亂了特朗普的部署，真是應驗了一句老話，人算不如天算。在新冠疫情面前，這一次美聯儲採取的措施可謂雷厲風行，但是鮑威爾拍的馬屁也許拍到了馬腿上。這次危機不同於 2008 年的次貸危機，如果說那一次危機是市場缺乏流動性造成的，而這一次則是百姓健康受到直接威脅，不是向市場注入流動性就能解決的。量化寬鬆政策雖有助於緩解中小企業的困難，減輕部分經營者的痛苦，但市場要完全運轉起來，生產和消費得以重新啟動，必須消滅疫情才可以解決。從今天的市場反應來看，亞洲市場普遍大跌，開盤不久的歐洲市場一片淒雲慘霧，美國星期一早盤的股指期貨也處於跌停位置。可見投資者並不認可美聯儲這次降息的政治邏輯。

美國人口健康問題專家沃斯博士與政治學者奧布拉多維奇 3 月 12 日在英國《衛報》發文指出，今天擺在我們面前的只有兩個選項：或者直接學習武漢如何抗擊新冠病毒疫情的經驗，或者重現 1918 年西班牙流感「大流行」的悲劇。美政府在過去四十多天裡對新冠疫情採取淡化處理，極大麻痹了普通民眾。當百姓看到歐洲民主國家也無法應對時，其恐慌程度立刻在超市的哄搶中體現出來。美國專家疾呼，如果我們再不採取行動，美國很快就會面臨「誰的生命更有價值」這樣的靈魂拷問。

特朗普從最初的輕描淡寫到終於承認「病毒的可怕」，作為新冠密切接觸者，他也不得不做了病毒測試。上週五特朗普宣布全國進入「緊急狀態」以後，意味著總統可以繞過國會對各州的抗疫給予更大力度的支持。但抗疫是全民戰爭。在西方社會動輒拿人權說事，過分強調生存權之外的人權讓西方在殘酷的病毒面前付出了代價，病毒不會因為貼上民主的標籤

而手下留情。西方不少政要及夫人紛紛中招，其實從另一個側面詮釋了他們對新冠病毒的輕漫。

回顧本世紀以來美國面臨的幾次危機，基本上都做了錯誤應對，給世界帶來了災難。一是世紀之初美國互聯網泡沫破滅。上台後的小布什政府並沒有認真清理華爾街的制度缺陷，轉而大幅度降息，吹大了房地產泡沫，特別是向大量沒有購買能力的人發放房貸，各家貸款機構又把這些房貸打包成各類證券抵押債券等金融產品，向全世界兜售，其風險大，收益也高，受到資本市場的追捧。從 2000 年至 2006 年，美國房屋價格整體漲幅達到 80%，家庭債務負擔也從 2000 年占家庭可支配收入 85% 增長至 2006 年的 120%。當房屋上漲時，以房養貸沒有問題，反之就面臨被銀行贖回的壓力。

2007 年，美國房價出現滯漲，但利率卻不斷抬升，這種遊戲也就無法再玩下去。結果在 2007 年下半年，次貸危機逐漸露頭，終於以 2008 年 9 月 15 日雷曼兄弟公司的倒閉而推至高潮。其實市場上一直有一個誤解，以為雷曼是風險對沖做得最差的公司，作為美國最大的債券交易公司，雷曼在風險對沖方面恰恰是做得比較好的一家。美聯儲權衡再三，最後選擇讓這家公司破產，對市場的殺傷力最小。回天無力的雷曼眼看著花旗等銀行在美聯儲的救助下起死回生，而自己的金字招牌被從華爾街摘下，把恥辱寫進了金融史。美聯儲通過「揮淚斬馬謖」，既起到了向市場的警示作用，也起到了掩蓋更大金融問題的效果。其實當時的次貸規模只有 6000 多億美元規模，但因為加了 10 倍的標杆，結果讓 6 萬億美元的資產價格受到影響，進而污染了全世界近 60 萬億美元的各類金融資產。美國三大股指在這次金融風暴中被削掉了三分之二，其修正幅度不可謂不慘烈。很多美國中產階級家庭的多年積蓄灰飛煙滅，平均每個美國人失去了其資產的四分之一。

美聯儲的降息子彈很快打完，特朗普無法再拿利率說事，只能讓美聯儲不斷擴大資產負債表，貶值美元不可避免。另外就是動用財政手段，加大國債發行規模。問題是，美國這幾年國債增長速度特別快，已經接近23萬億美元，其吸引力也大打折扣。全世界還有誰願意接盤呢？美聯儲這幾年在特朗普的施壓之下，完全沒有了節操。去年夏天幾位前聯儲主席發表公開信，對美聯儲的獨立性受到嚴重干擾表示強烈關注，但這一切並沒有阻止特朗普對鮑威爾的指手畫腳。政治綁架了美聯儲，民粹主義綁架了美國政治，特朗普就像一頭迷途的公牛，闖進了瓷器店，驚得世界一聲冷汗，他也不得不為自己的行為埋單。

不過，特朗普的聰明之處是讓彭斯領銜全國抗疫工作。如果抗疫不力，他把責任推給彭斯，換個副總統候選人搭檔也是一種選擇。從目前的應對看，美聯儲大幅度降息之舉究竟是其自主行為還是特朗普背後施壓的結果，不得而知，但有一點，用2008年的老處方治療新冠疫情，無異於號錯了脈、開錯了方。不解決好疫情，就不可能有特朗普的選情。

中國的封城之舉曾遭到西方人的嘲笑，但越來越多的國家卻在借鑒中國的做法，不能不是對西方的諷刺。封城不是中國人的發明，這項古老的方式是對付傳染病的有效辦法。但在21世紀的中國注入了現代化的內容，特別是通過大數據、人工智能等手段進行精准追蹤密切接觸者，這恰恰是中國人的發明。當西方社會還在為人權爭論不休的時候，瘋狂的新冠病毒在中國的銅牆鐵壁前受挫，已無力對中國大舉進攻，被迫轉移新戰場。歐洲變成了「大流行」的風暴中心，美國即將淪陷也不是危言聳聽。所以特朗普儘快從夢中醒來是美國之福，也是世界之福。借用特朗普「美國優先」這句話，這一次必須「抗疫優先」，並輔之以金融手段，而不是主次顛倒，這恐怕是2020年大選留給特朗普的最後機會。

特朗普被檢測為政治病毒陽性

2020 年 3 月 21 日

　　新冠疫情在美國暴發，離武漢疫情大暴發已經整整兩個月，離中方正式向美方通報（1 月 3 日）疫情 70 餘天。特朗普卻抱怨因中國向美國隱瞞了疫情，讓其錯失抗疫良機。這幾天，他處心積慮地向美國百姓灌輸一個詞「中國病毒」（CHINESE VIRUS），以此煽起對中國人的仇恨，緩解因自身抗疫不力而受到的指責。

　　一邊是新冠病毒對美國的滲透，另一邊是特朗普式的政治病毒不斷擴散，可謂是「毒上加毒」。不僅美國超市出現了搶購潮，而且也開啟了百姓囤槍模式，有些型號的槍支已「一槍難求」。

　　據美國 FBI 提供的資料顯示，該部門處理的犯罪背景調查數量比去年同期增加了 73%。一些分析人士指出，特朗普帶頭煽起對華種族仇恨，針對亞裔的槍擊及毆打事件將會急劇上升，接下來亞裔在美國的處境將會變得更加艱難。

　　在過去的三年多時間裡，特朗普引以為傲的有兩件事：一是股市創下歷史新高，在 2 月 18 日曾接近三萬點大關，如今被削去了三分之一。二是失業率創下 3.5% 的歷史新低，但新冠疫情在全球的「大流行」，對美國經濟帶來了意想不到的衝擊。

　　自 1987 年以來，美國股市總共只熔斷過五次，而這半個多月裡就發生了四次，有些網友戲稱為「特朗普熔斷」。財政部長姆努欽警告，隨著美國經濟陷入衰退，失業率可能攀升至 20%。極端估計，美失業人數將達 3000 萬以上，堪比美國「大蕭條時代」。

　　特朗普的大選資本被新冠疫情吹得一乾二淨，讓其變得十分焦慮。這場生死攸關的美國大選還怎麼選？回過神來的特朗普，一方面以戰時總統

自居，啟用《國防生產法》，令各企業優先生產防疫物資，以應對即將到來的疫情高峰。另一方面展開對中國的攻擊行動，給新冠病毒貼上「中國病毒」標籤，猛打仇華牌，作為轉嫁矛盾、凝聚美國選民的工具。美國政論網站 POLITICO 稱，特朗普是從 16 日開始起開始稱呼為「中國病毒」，這從他 11 日稱新冠肺炎為「外國病毒」時已初露端倪，體現了特朗普陷入危機急於甩鍋的心態。而英國天空新聞網評論道，距離大選還有幾個月，扣上一頂「中國病毒」大帽子是撇清特朗普自己責任的好主意。

一些媒體嘲笑特朗普，這些措施的密集出台完全出於大選的考量，屬於病急亂投醫，看不出他身上有林肯和羅斯福兩位戰時總統的特質。

病毒存在於大自然之中，本無國名，更無國界，病毒的存在比人類的歷史漫長得多。大自然病毒跳轉到人類身上是人類進化的不幸事件。而新冠病毒（COVID-19）在武漢首先發現，包括中國在內的所有國家都是這個病毒的受害者。但特朗普置世界衛生組織的批評於不顧，強行要給新冠病毒取一個名字，以此實現對中國的污名化。可以想見，在民粹主義主導下的美國，下一場群眾集會，特朗普會以怎樣的表達與選民形成共振。

回顧人類與病毒鬥爭的歷史，病毒的污名化早已有之。病毒發現於某國，但未必發源於某國，這是生物學常識。2015 年世衛組織作出決定，今後所有病毒命名都要避免構成地域岐視。基於此，新冠病毒才有了 COVID-19 的正式名稱。

有關梅毒的記載始於 1494 年至 1495 年間，發現於義大利那不勒斯。法國人叫它「那不勒斯病」，德國人和波蘭人叫它「高盧病」，英國和俄羅斯人叫「波蘭病」，印度人叫它「葡萄牙病」，土耳其人和阿拉伯人叫它「基督徒病」，日本人則稱它為「唐瘡」。唯有中國根據發病後全身出現類似楊梅的瘡瘍，將之稱為梅毒。此外，天花、白喉、麻疹、瘧疾、鼠疫、黃熱病、傷寒、肺結核等病都沒有以地域命名，可見人類的老祖宗對

病毒的認知不比我們遜色，在命名方面為我們樹立了典範。

1981 年 6 月 5 日，世界上第一例艾滋病感染始於美國，按照特朗普的邏輯，艾滋病應該稱作美國性病。而 1918 年「西班牙大流感」，現公認的看法是起源於美國堪薩斯農村，傳到美國軍營，再通過美國大兵傳到歐洲，西班牙第一個發現，由此背了黑鍋。按特朗普的邏輯，西班牙大流感是不是也應更名為美國大流感？

而 2009 年的 H1N1 病毒更是最新的例子，它首先發現於北美，最初叫它豬流感，後來叫了這個很拗口的學名，是不是也應該更名叫「美國豬流感」？ 2014 年的中東呼吸綜合征（MERS）是最後一個命名帶有中東（MIDDLE EAST）地域岐視色彩的冠狀病毒。後來的「寨卡」病毒也無人稱之為巴西或拉美病毒。

新冠疫情在美國成為兩黨鬥爭的工具，特朗普如法炮製，將之變成了抹黑中國的政治工具。特朗普式的政治病毒也很快傳染給了巴西政要。巴西總統博索納羅 3 月初一行 22 人訪問海湖莊園，其中 17 人中招。總統之子、眾議員愛德華多・博索納羅發文，對中國進行惡毒攻擊，稱「中國隱瞞疫情」。

中國駐巴西大使發推文予以駁斥：「你的言論並不陌生，無非是在學舌你的朋友。你最近去了一趟邁阿密，帶回了思想病毒，毒害的是中巴兩國人民的友好感情。你缺乏基本常識和國際視野，對中國無知，對世界無知，對歷史無知。」

諾貝爾經濟學獎得主克魯格曼在《紐約時報》撰文稱，「這是特朗普式大流行病」。前國務卿希拉里認為，「總統正在轉向種族主義言論，以轉移人們注意力，掩蓋他未能及早認真對待新冠病毒、未能廣泛提供檢測、未能為美國應對危機做好充分準備。」

著名中國問題專家蘭普頓更是痛心疾首：「野蠻人再次站在了兩國

醫學科學和公共衛生合作的門口，同時也在更廣泛地撞擊美中關係的大門。」他呼籲，「中美合作對兩國的利益並非不足掛齒，它對雙方的福祉和更廣泛的利益，無論是人道主義、經濟發展還是安全問題，都至關重要」。

　　怎奈特朗普中毒太深，以為瞄準了中國就抓到了救命稻草。但殊不知，中國已變成了快速移動的靶子，特朗普大概率是要脫靶，弄不好是朝自己腳底開槍。

口罩的本真與異化

2020 年 3 月 27 日

口罩本屬於勞保用品，在商店中一般也是放在不起眼的位置。在日常生活中，除了醫生、廚師之外，大街上很少有人戴口罩。但就是這個小小的商品，忽然之間有了政治生命，大大出乎許多人的意料。

去年夏天香港大鬧修例風波，許多示威者戴上了黑口罩，在大街上橫衝直撞，小小的口罩成了一些人違法犯罪的護身符。特首不得不援引《緊急條例》制定《反蒙面規例》，禁止抗議者在遊行示威期間配戴包括口罩在內的面部遮擋物，從而引發了司法爭執。

口罩功能的異化不僅僅是香港獨有的現象，其實在世界許多國家和地區都不同程度存在。為此，法、美、加等主要發達國家相繼出台了《反蒙面法》，向口罩說不，將犯罪暴露在陽光之下，對違法暴力行為起到了震懾作用。

2019 年口罩的政治化問題尚未平息，2020 年卻因一個小小的病毒將口罩推到了戰略位置。口罩成了許多國家的管制物資，讓深受新冠肺炎折磨的中國陷入了巨大的困境之中。新冠大流行，一夜之間改變了街上行人的打扮，口罩成了標配。因口罩問題引發的爭執比比皆是，有人不戴口罩上街受到處罰，有的國家採購的口罩在過境途中被攔截。有的華裔因戴口罩在西方國家被打也不時見諸報端。前不久一位義大利議員因戴口罩參加會議被嘲笑也上了熱搜。2 月 15 日本人撰寫的一篇《從全球口罩荒到糧食荒還有多久》，在《今日頭條》的閱讀量居然超過 634 萬，這個話題的熱度及共振效應由此可見一斑。從口罩荒中，我們隱約感到糧食荒山雨欲來。連口罩在特殊時期都可以變成戰略管制物資，更遑論糧食了，把飯碗牢牢地端在自己的手中有了更現實的戰略內涵。

考察口罩的起源意外地發現，口罩從一開始就具有強烈的等級政治色彩。大約在西元前六世紀，人類出現了「類口罩」。古代波斯人的拜火教認為，所有俗人的氣息是不潔的。為此，他們在舉行宗教儀式時，要用布包住臉。從波斯教古墓門上的浮雕可以看到，祭師就戴著口罩，由此拉開了神與世俗間的距離。

西元 1275 年，義大利旅行家馬可波羅對中國人戴口罩也有明確記載。他在《東方見聞錄》中寫道：「在元朝宮殿裡，獻食的人皆用絹布蒙口鼻，俾其氣息，不觸飲食。」可見，皇帝的僕人需要這種對象防止對其食物造成污染。口罩拉開了皇帝與臣民間的距離，戴口罩者的地位一目了然。

在歐洲，口罩的歷史要晚於面具。當黑死病橫行歐洲之時，醫生們為了防止感染，會穿著用醋泡過的亞麻和帆布衫，戴著黑帽及狀如鳥嘴的面具，眼睛用透明的玻璃罩上，手持木棍，戴著白手套，挑開患者的被單和衣物。

不過，面具起源之說也是見仁見智。還有一種說法認為，面具是醫生為防止巫師報復而發明的。當年歐洲的醫療行當被巫師把持。在瘟疫盛行時，巫師是指望不上的。巫師們覺得醫生搶了自己的飯碗，不斷地對他們進行人身傷害，醫生們只好用紗布遮住面孔，面具成了最好的護身符。

19 世紀後半葉，歐洲生物化學技術突飛猛進。1861 年巴斯德發現空氣中存在著許多種細菌，並能引起有機物的發酵，1886 年創造了巴氏消毒法。英國化學家廷德爾建立廷式滅菌法，創立了無菌外科，用石炭酸給手術器械消毒，外科醫生必須穿防護服、戴手術帽和橡膠手套，但並沒有使用口罩。醫生在做手術時常常把口鼻腔中的細菌傳染給患者，從而引起傷口感染。1895 年，德國病理學家萊德奇建議，醫生和護士在手術時帶上一種用紗布製作的面罩，以降低病人傷口的感染率，這項建議被世界各國廣泛接納。為了增加戴口罩的舒適度，1897 年，英國的一位外科醫生

在紗布內裝了一個細鐵絲作支架，使紗布和口鼻間留有間隙，從而克服了呼吸不暢容易被唾液浸濕的缺點。1899 年，法國醫生保羅‧伯蒂做了一種六層紗布的口罩，縫在手術衣的衣領上，需要時只要將衣領翻上即可，後來演變成可自由系結、用一個環形帶子掛在耳朵之上的現代口罩。

中國的伍連德隨之對此口罩進行了改良，被稱為伍式口罩。在 1910 年抗擊東北鼠疫中發揮了作用。

1918 年的「西班牙大流感」奪去了 5000 多萬人的生命，口罩的防護作用究竟起了多大作用不得而知。現代工藝將口罩細分成很多種類，小小口罩，其背後是環環相扣的生產鏈和完整的工業體系。口罩的內外層是無紡布，中間層是熔噴布，俗稱口罩的心臟。一個普通外科口罩只有一層熔噴布，而 N95 口罩則需要三層。而口罩機也是關鍵的一環。看似一個普通的口罩，卻涉及化工、紡織、機械、冶金、電子等門類，其大規模生產的技術含量更是非同小可。

如果說東亞國家在抗疫上半場取得領先的話，其中口罩發揮的作用功不可沒。日本花粉過敏，春天戴口罩習以為常，中、韓等東亞國家或地區對戴口罩並不排斥。世衛組織 3 月 26 日也修改指引，稱新冠病毒被證實通過氣溶膠傳播，在空氣中存活達八個小時，建議人們出行戴口罩。

不知從何時始，西方國家對戴口罩有著本能的厭惡感。我請教過很多在西方生活多年的朋友，口罩厭惡綜合征是怎麼形成的。大致的解釋是，只有病人才戴口罩，既然生病了就應呆在家中，還出來遛達什麼，在街上被打也是活該。這究竟是西方人的強詞奪理，還是現代西方文化的一部分並深入骨髓？至少到目前為止，西方領導人出現在重大場合，依然不戴口罩。包括德國總理默克爾前不久去超市購物，其不戴口罩的照片在網上瘋傳，讓人不得不為這位鐵娘子捏一把汗。

現代意義上的口罩，本身就有兩大功能：一是防止被人傳染，二是防

止自己傳染他人，既利己也利人。尤其新冠病毒是流氓病毒，在很多情況下是無症狀傳染，而配戴口罩可有效防止在自己不知情的情況下傳染他人。看看香港街頭，西方面孔人不戴口罩者居多，西方國家對口罩認知的偏見和固執，讓其在新冠病毒面前栽了跟頭。歐洲正成為風暴中心，與不戴口罩有著很大的關係。

2019 年中國的口罩產量為 50 億，占世界產量的一半。而現在的年產量可達 430 億隻，這對緩解全世界的口罩荒將起到極大的推動作用。西方社會和媒體需要改變「口罩無用論」。

口罩沒有東西方之分，病毒面前也沒有高低貴賤之別。《紐約時報》感嘆「75 美分的口罩居然搞垮了美國」「暴露了這個國家在做最壞打算方面的無能」。這段文字至少說明西方國家對戴口罩的重要性認知有所提高。從昨天的電視鏡頭中，馬克龍在視察新冠重災區時戴上了口罩，這個頭帶得好。我們從電視畫面中欣慰地看到，越來越多的西方人也開始戴上口罩。但願源源不斷的中國口罩供應歐洲乃至全球市場，為新冠戰疫迎來拐點。

拜託！中國不欠你們的

2020 年 3 月 31 日

　　國家有邊界，病毒無國界。大自然中的病毒在某個時點跳轉到人類身上，具有極大的偶然性。

　　由於中國經歷了 2003 年刻骨銘心的「非典」，整個社會對此類疾病有著高度的敏感，正是這種敏感，武漢市衛健委於 12 月 31 日就正式向外界發布了不明肺炎的通報，根本不存在第一時間向世界隱瞞之說。

　　囿於當時的技術條件，無法對新病毒進行測試，且低估了人與人之間傳播的可能性，遭到人們的廣泛詬病。武漢有關部門在病毒暴發初期的應對不當及進退失據，這是提高社會治理水準必須深刻反思的地方。

　　但上述不足被西方國家一些人吹毛求疵並無限放大，且上升到中國國家層面的制度性隱瞞，則完全是別有用心。

　　中國政府在 1 月 3 日就向世界衛生組織和美國等國正式通報了有關情況，1 月 11 日就與全世界共享了新冠病毒基因序列。

　　中國對新冠病毒的反應速度，完全得益於近年來國力的增強、生物科技的突飛猛進，否則整個世界還會在黑暗中摸索一段時間，更談不上各國依據這個基因序列制做病毒檢測試劑了。

一

　　面對元旦前夕武漢發布的同一則信息，世界各國與地區對此的反應有著天壤之別。以香港為例，由於在 2003 年用 299 條鮮活生命換來的沉痛教訓，此次對新冠病毒格外敏感。在武漢發布不明肺炎通報的當天（12 月 31 日），香港衛生檢疫中心就對來自武漢的七個航班進行登機檢疫。從 1 月 3 日開始，港府每日公布疑似病例，在機場增設紅外線熱像儀，重

點檢查武漢抵港航班乘客體溫；高鐵西九龍站對所有由武漢來港列車加強檢查；1月4日將應變級別從「戒備」提升至「嚴重」。香港大街上隨處可見戴口罩的行人；一些醫院急診室也向候診者派發口罩；1月6日剛剛開學的大學生紛紛帶起了口罩；許多辦公大樓及住宅電梯每小時消毒一次。在新加坡也是在第一時間採取了相應的探查措施。

　　反觀大部分西方國家，基本上對新冠疫情採取旁觀者的姿態，甚至是幸災樂禍。雖然許多國家在第一時間宣布對中國斷航、封關、緩簽等措施，但整個社會內部並沒有緊張起來，相反對中國的「封城」冷嘲熱諷，認為是違反人權，建方艙醫院是搞「集中營」。體育比賽照搞，競選集會照做，宗教儀式一次不落，為病毒的擴散提供了可乘之機。

　　在武漢提前預警70天、武漢封城50天之後，當新冠病毒攻入白宮、白廳的時候，西方國家的首腦們大驚失色，這時候的匆忙應付已錯過黃金時間。

　　於是西方國家一些人把矛頭指向中國，認為中國隱瞞疫情造成了他們的被動。美國政府高層甚至不顧世衛組織的警告，試圖給新冠病毒戴上「中國病毒」「武漢病毒」的帽子，以此激起世界對中國及整個華人社會的種族仇恨，把自身應對不力的責任轉嫁到中國頭上。

　　當中國疫情稍稍緩解、終於可以騰出手來向疫情最嚴重的國家伸出援手的時候，一些政客和媒體又開始指責中國是在借抗疫輸出中國制度模式，爭奪地緣政治影響力，甚至還說什麼中國這麼賣力援助是在為新冠疫情的擴散「贖罪」。

二

中國何罪之有？

中國首先是新冠疫情的最大受害者。中國通過「封城」這一古老做法，

迅速切斷傳播鏈，為世界爭取到寶貴的時間。在與病毒作鬥爭的過程中，無論是中西醫結合治療還是屍體解剖等，都積累了豐富的經驗，並在第一時間與全世界醫護專家進行分享。我們用實實在在的付出讓中國變成了相對安全的地方，向世界交出了一份可圈可點的中國答卷。

全力追溯新冠病毒的來源是一項艱巨的工作，也是科學家們責無旁貸的義務和責任，在此期間無根據地傳播陰謀論不是明智的做法。

病毒無時不在，無處不有，不存在「中國病毒」和「美國病毒」之說。正像 2009 年 H1N1 病毒在美國發現、沒有人稱之為美國豬流感一樣。當年中國也是受害者之一，許多家庭的養殖業遭到滅頂之災，無數人因感染入院治療，但沒有一個中國人去起訴美國。

看看美國的個別參議員上周還在參議院提出提案，要求中國政府對美國疫情惡化承擔責任並做出量化賠償，並號召其他國家效仿，其險惡用心可見一斑。

香港特區政府最初的敏感收穫了抗疫的早期果實，眼下正為後來的鬆懈以及對西方世界封關猶猶豫豫付出代價，正所謂「起了大早，趕了晚集」。西方國家更是為他們對疫情的輕漫付出沉重的代價。

世衛組織有關官員早就說過，「世界欠中國一個感謝」，畢竟中國以巨大的犧牲為世界贏得了兩個月的寶貴時間。

在武漢封城一個半月後，特朗普一直告訴美國人，「一切都在掌控之中，美國被傳染的風險很低」，讓整個社會處於麻痹狀態。據美國主流媒體報導，美國政府一直忽視情報部門的預警；國會情報委員會主席還提前拋掉了持有的股票。

借用基辛格多年前講過的一句話「你是多次警告過我，但沒有說服我」。

是啊，美國領導人自信心爆棚，又有多少人能說服得了他呢？

三

新冠病毒把世界所有國家都放在了同一天平上，這個流氓病毒比人類更清楚哪里是薄弱環節。在病毒面前，來不及半點的自吹自擂。病毒看不見、摸不著，但卻有著巨大的毀滅性。

各國在應對共同敵人的過程中，首先應當防止彼此為敵。如果這一點都做不到，那就意味著人類在與新冠病毒作鬥爭的一開始，就輸掉了這場戰爭。

從某種意義上說，這次抗疫的最後勝利不取決於中、美等大國、強國，而取決於一些發展中國家的疫情能否被控制住。地球成了大木桶，只有最短的木板才是防疫勝利的度量衡。而藥物和疫苗的突破則是戰勝新冠病毒的最後武器。

意識形態的偏見讓中國的參考答案在西方打了折扣，讓疫情的國際合作受到了不必要的干擾。資本主義社會的利益博弈一再貽誤戰機，什麼政策都需要尋找平衡點，否則就難以推進。這就是為什麼在疫情面前我們經常看到的情形，總是政策追著形勢跑，難以出台超前的舉措。

病毒的攻擊不分高低、貴賤，刻意進行所謂「民主抗疫」與「威權抗疫」的劃分，只能讓新冠病毒笑醒。病毒不可能因為某個制度被塗上民主的油彩就網開一面。

醫學口罩本是西方人發明，既防人也防自己對他人造成傷害。不幸的是，小小的口罩這些年也被異化成了政治品。君不見 2008 年西方運動員在北京機場戴上口罩的一幕。口罩成了封堵自由的象徵以及病人的標識，成了西方價值觀的一種表達，該戴的時候不戴，不該戴的時候瞎戴，直到今天，西方國家的防疫守則還是堅持「口罩無用論」。

當新冠病毒襲來時，我們對此一無所知，中國進行的是閉卷考試。許多國家都在做開卷考試，依然做得不好，這一切足以說明，沒有哪個制度

更擅長應對突發事件，西方國家不比中國聰明到哪里去。

這次危機不同於 2008 年的金融危機，那次是次級債務違約造成的流動性枯竭的問題，用大水漫灌可以解決錢的問題；而這一次是要命的問題，強力的貨幣和財政政策可以減少次生災害的殺傷力，但疫情不解除，砸再多的錢，人們也不敢出來消費。

特朗普提出復活節要讓經濟活起來的想法遭到衛生專家的抵制，這兩天不得不調整自己的立場；英國也預言沒有半年的時長很難從災難中走出。由此可見，越來越多的西方國家正向真理的拋物線無限靠近。

在長痛與短痛面前，全世界不妨做個權衡，按下暫停鍵。病毒不會說謊，但人類時不時用謊言掩蓋真相。謊言終究是謊言，經不起病毒的檢驗。讓謊言與偏見早一點離開新冠戰場，這裡只屬於科學和真相。

疫情數字的世界性爭執

2020 年 4 月 17 日

新冠疫情在全世界繼續蔓延，人們對 217 萬人被感染及 15 萬人死亡的數字越來越麻木，但對中國 4 月 17 日發布的兩組數字格外敏感，一是中國第一季度 GDP 增長為 -6.8%，這是自 1992 年以來的首次下降。二是武漢市政府更正了新冠肺炎死亡人數，從原先的 2579 人更正為 3869 人。西方媒體用「死亡人數增加 50%」來報導這一新聞，無非是想用另一個數字告訴世界，中國的數字是多麼不可信，中國一直在隱瞞疫情、誤導世界。

最近一段時間，國際社會質疑中國新冠肺炎死亡人數的聲音不絕於耳，尤其是西方大國的死亡人數普遍突破一萬之後，對中國的質疑達到了新高。國內有影響力的某媒體及自媒體也在推波助瀾，通過對武漢八大殯儀館的工作時間及滿負荷運轉來推斷，「武漢的死亡人數在現有公布的數字基礎之上加個 0」，以此博得全世界的眼球。昨天更正的數字被定格為 1290，令西方世界多少有點失望。坦率地說，把這個數字加到美國 3.7 萬死亡數字裡頭，基本見不到百分比的巨大變化，但是對死亡基數較小的武漢，也是一個引人注目的改變。西方記者有意突出百分比，也算是把數字遊戲玩得爐火純青。

數字造假在西方的會計制度中司空見慣。上個世紀初，紐約農場主為了讓肉牛賣個好價錢，也是頭天晚上只給牛吃鹽，這樣牛群順著哈德遜河從紐約上州一路來到曼哈頓下城，不停地喝水，撐脹了牛肚，成為名副其實的「水牛」。

老羅斯福上台之後，開展了一場資本主義的改良運動，新聞從業者也掀起了一場空前的「扒糞運動」，對資本家的貪婪進行無情打擊和揭露，美國社會的道德水準有了一次昇華，但數字造假問題仍綿延不絕。21 世

紀初，最典型的例子莫過於安然公司造假案，涉及資金上千億美元。2010年希臘債務造假引發歐洲主權債務危機，其罪魁禍首是美國著名投行高盛集團，差點讓希臘遭受滅頂之災。

新冠疫情百年一遇，活著的人基本沒有歷史記憶，人類在新冠面前驚慌失措也是很自然的事情。在武漢疫情大體得到控制後，對一些未來得及住院就去世的患者進行核實、比對，充分體現了對歷史負責、對人民負責、對逝者負責的態度，值得一些國家借鑒。

想當初，2009年發端於北美的H1N1禽流感大流行，給世界造成了巨大災難。但令人遺憾的是，在疫情7個月之後，世衛組織就叫停了統計數字的報送，以至於連一個確切的感染數字都沒有。2011年美國疾控中心根據模型，大體測算了一下死亡人數，據有關專家估計，全球死亡人數不低於20萬。

西方國家這次對中國新冠疫情死亡數字抓住不放，無非是想證明中國做得並沒有想像得那麼好，「疫情背後有許多他們無法知道的故事」。西方一方面指責中國數字不可信，另一邊又指望依據中國數字做決策，這其中的邏輯更值得國人推敲。

實事求是地說，把這次疫情數字搞準確並不是一件容易的事。首先是各國的統計口徑不一樣，像美國一些州早早地宣布對輕症患者不檢測。其次，發達國家的護老院成為重災區，許多老人得不到及時的救治，直接死在護老院裡。而美國、德國、英國、西班牙等國對護老院的死亡基本上採取不檢測、不上報的原則，客觀上造成死亡人數的不準確。在醫療資源集中擠兌的情況下，活人都顧不過來，談何對老年逝者進行檢測。世界的主流媒體對這種做法也是熟視無睹。中國是第一次被推到新冠疫情面前的國家，在災難初期存有一定的混亂也是可以理解的，數字不准並不是刻意在隱瞞什麼。

　　相較於世界其他地區，中國死亡率低的問題其實倒值得西方國家挖一挖。中國花幾天建成了火神山、雷神山醫院？又用多少天建成了多少家方艙醫院？增加了多少床位？各省馳援武漢了多少名醫護人員？中國一線醫護人員、醫療專家在第一時間就新冠病毒及救治發表了多少供國際同行參考的學術論文？這些數字恐怕對西方國家抗擊疫情或許會起到幫助作用。

　　武漢抗疫初期做得不好，其重要原因之一是讓輕症回家隔離，而西方國家恰恰重複了武漢這個做法。毫不誇張地說，武漢最值得學的東西沒有學到，卻把最糟糕的東西學得非常徹底。

　　需要指出的是，西方國家死亡率高與其老齡化程度較高有直接的關係，而西方領導人對疫情的普遍輕視則是另一個無法回避的問題。防護措施做得非常不到位，直到今天還有些國家仍在爭論口罩到底有沒有用等荒唐問題，中國內地和香港已經向世界證明了口罩的防護作用。

　　傲慢與偏見使得西方一直戴著有色眼鏡看中國，用放大鏡挑中國的毛病，用望遠鏡看中國的抗疫成績。糾結於中國的疫情數字無助於減少西方國家遭受的痛苦及普通百姓對他們政府的失望。

　　人的生命只有一次，試想想在中國死去幾萬人，政府的合法性都會受到前所未有的質疑，豈能允許一個政府推三阻四，找外在的原因甩鍋？

　　同樣在美國，為什麼加州的情況比紐約州好？我的一個美國朋友說得很直白，那就是因為加州偷偷學了中國的做法，早早頒布了禁足令。即便是疫情嚴重的紐約州，亞裔的死亡率也是最低的，可見亞裔對病毒的警覺性和防護意識遠遠高於其他族裔。

　　疫情面前來不得天真和僥倖，這恐怕是人類對抗新冠病毒需要吸取的最沉痛教訓之一。此前作為抗疫模範生的日本和新加坡如今正面臨病毒的第二波衝擊。日本被迫宣布全國進入緊急狀態；新加坡祭出了最嚴禁足令。新加坡總理夫人何晶承認，「對病毒威力的輕視，讓新加坡付出了沉重的

代價」。數字雖然不會說話,但數字也會讓人抓狂。中國的數字成不了西方國家怠政的替罪羊,也打造不出消滅新冠病毒的銀彈。假的真不了,真的假不了,希望西方國家儘快從中國數字情結中走出,攜手中國一同抗疫。而世界新冠肺炎數字「歸零」才真正值得較真兒。

復工！特朗普顧不得那麼多了

2020 年 4 月 21 日

4 月 20 日，人類再次見證歷史。5 月交貨的原油期貨價格報收 -37.63 美元 / 桶，跌幅超過 300%，為 1946 年有原油交易資料以來的最低水準。對於做多合約的人來說，昨天跳樓的心都有。許多人會問，石油價格為負，是不是到加油站加一箱油，加油站的老闆還會給開車的司機倒貼幾個錢？

其實這是對原油期貨價格的一大誤解。由於原油市場一般採取期貨價格，而不是現貨價格，即生產商與購買者約定一個交易價格，在未來幾個月的某一天進行交割，而這個合約也可以在市場中通過價格差進行對沖，也可以到實物倉庫按照交易價格拉走原油。而石油價格為負，這意識著交易商貼錢也要讓買家把石油拉走。

石油雖是現代經濟的血液，但是它早已異化成金融投資、投機的工具。其實，市場中的原油交易量只有不到 30% 是供需雙方的真實需求，而 70% 的交易量則是金融交易，是市場參與者的對賭工具，當然也包括一些市場參與者出於規避價格波動風險而提前鎖定一個可以接受的成交價。

以房屋為例，房屋表面上是鋼筋、水泥和混凝土，但近年來其金融屬性越來越明顯。市場交易主體不僅有剛需，而且也有許多炒家，把一個實體產業硬生生地變成了金融產品。

石油的對賭也會賭上身家性命。中國人印象深刻的是上個世紀 90 年代中航油的交易員陳某在原油對賭中押錯了價格走勢的方向，差點讓這家企業破了產。

雖然原油合約變成了負數，但對加油站的價格產生不了太大的影響。就像農民種的蔬菜和瓜果，價格太低，寧可爛在地裡，否則加上運輸費賣給交易商，還要倒貼錢。一邊是菜果賣不出去，一邊是超市的零售價居高

不下，這在生活當中司空見慣。菜可以爛在地裡，但石油不能倒到地裡、大海裡，那將破壞環境，落個得坐牢的下場。

2020 年 5 月份的美原油期貨合約於 4 月 21 日進行交割，通常情況下，只有約 2000 份合約交割。而這一次居然有 10 萬份合約，即 1 億桶石油需要交割。這就涉及到買來的石油往那裡存儲的問題。而緊接著 6 月份的石油期貨合約在下個月交割，目前合約價格約為 21.51 美元，未平倉合約相當於 5 億桶石油。如果 5 月份的社會生產和生活得不到恢復，估計 6 月份的合約價格也有可能變成負數。

由於美國疫情形勢依然嚴峻，原油需求降至 1995 年以來低谷，各大油企購油欲望並不強烈。石油輸出國組織（OPEC）在最新發布的月度報告中說，預計 2020 年全球石油需求每天將減少 690 萬桶，降幅為 6.9%。以美國德克薩克輕質油（WTI）為例，奧克拉荷馬的庫欣，是美國內陸產油區，預計原油庫容很可能在未來 3 周內填滿，這意味著貿易商根本租不住場地、用來儲存原油了。而對生產商而言，關停油井是有風險的，所以還是硬著頭皮生產。對期貨交易商來說，如果不平掉 5 月的多頭合約，意味著將收到石油現貨，而且只有幾天時間告訴賣方如何收貨，而此時庫欣地區所有的原油倉庫均已被預定，庫存接近滿負荷，如果強行交割造成的倉儲成本要遠遠高於平倉的損失，生產商寧願接受負油價，不得不貼錢讓買家拉走。交易商趕緊平掉倉位，扔掉手中的燙手山芋，成為這次期貨合約暴跌的重要原因。

全球生產和生活的「休克」通過昨天的石油期貨合約可以略見一斑。4 月 16 日，蓋洛普的民調顯示，特朗普的支持率從 3 月份的 49% 降回 43%。特朗普對日益下滑的支持率感到十分憂慮，尤其擔心經濟停頓時間過長，特別是大選日益臨近，其迴旋空間越來越小，再打翻身仗就變得十分困難了，而推遲大選需要國會的批准，而民主黨把持著眾議院，意味著

特朗普只能在疫情環境下如期舉行大選。對於特朗普來說，政策的選擇空間越來越窄。

　　推動復工既是目的，也是手段。在特朗普的推波助瀾之下，美國多地上個週末湧現多起反居家令的示威，華盛頓州 19 日的示威更是吸引了逾 2500 人，是迄今為止規模最大的一次。

　　截至 21 日，美國共有逾 78 萬確診，逾 4.2 萬人死亡。經濟停擺導致逾 2000 萬個崗位流失。特朗普 16 日公布了三階段重啟經濟計劃，並承諾讓各州州長決定解封日期，但他同時不停地煽動各地民眾上街示威，抗議居家令。特朗普 17 日連發推文，聲稱要「解放」密歇根州、明尼蘇達州和維吉尼亞州，19 日他再次為示威者辯護，稱「這些人被關在家中太久，已經出現幽居症……他們想重新回到從前的生活。」在華盛頓州，民眾紛紛駕車前往州議會大廈前鳴喇叭、堵塞街道，公然違抗州長禁止 50 人以上聚會的禁令。不過集會者表示，「有特朗普當靠山，讓我感到安慰。」

　　馬里蘭州州長霍根批評道，「聯邦政府訂明各州每日新增感染人數必須連降兩周後才能重啟經濟，但總統卻在鼓勵民眾違反規定，這種自相矛盾的做法根本沒有道理。」

　　據悉，多個州的抗議活動都是由右翼擁槍團體組織或贊助，基本上是特朗普的票倉。對於習慣於過著「月光族」生活的美國人來說，居家令持續時間越長，他們的生存壓力就越大。為此，美國多州近期掀起了測試抗體的浪潮，以瞭解感染的真實規模，為下一步的復工做準備。美國食品和藥物管理局（FDA）日前已批准了多達 90 家公司生產抗體測試盒。紐約州州長科莫 19 日表示，該州將於本周展開大規模抗體檢測。而行動較早的加州第一批大規模抗體實驗結果已經出爐，加州聖克拉拉縣對 3300 人進行檢測，發現有 2.5% 至 4.2% 測試者有抗體，這意味著該縣 200 萬人口中，有 4.8 萬人至 8.1 萬人可能被感染，但該縣記錄在冊的感染者只有千餘人，

這意味著該縣感染規模是現有數字的 50 倍至 80 倍。

雖然美國多州對於抗體檢測趨之若鶩，但目前世衛組織以及許多科學家都表示，就算民眾測出擁有抗體，也不代表不會再度被感染。

復工意味著感染，不復工意味社會承受力正走向極限。這是美國社會的矛盾之處，也是特朗普的尷尬之處。特朗普多次表示，不希望疫情產生的次生災害要大過疫情本身，更何況長期居家，會帶來家庭暴力、吸毒等其他心理和社會問題。從目前情況來看，新冠疫情大概率是控制不住了，「帶毒生存」將成為美國社會的新常態。特朗普與其讓居家令窒息美國經濟、葬送他的政治前途，還不如放手一搏，讓青壯年人復工，走「群體免疫」這條路。對於美國許多家庭來說，每人每月 1200 美元的補貼也只能最多維持四個月，而對於大批要付的賬單而言，這些人也是壓力山大。廣大底層民眾寧願復工，也不想坐吃山空。一些分析人士指出，居家令對於底層人來說更是一種奢侈。

特朗普在抗疫面前的表現讓世界大跌眼鏡，但特朗普的當選畢竟是美國民眾的選擇，在災難面前他們也只能吞下自己釀成的苦果。著名政治學家福山 4 月 9 日在接受法國《觀點週刊》採訪時表示，從目前事件中，我們可以得到的教訓是，我們絕不能相信特朗普這樣的總統。在他當選之前，這個罔顧事實真相並且自戀無知的跳樑小丑已經讓我們十分擔憂了，但是真正考驗這類領導人的，是我們正在經歷的危機。此外，他並未能建立起克服危機所必須的團結和集體信任。如果在發生了這麼多事後，他仍能在 11 月連任，那麼美國人的問題就真的很嚴重了。問題是福山的心聲會成為嚴重分裂狀態下的美國人民的共同心聲嗎？具有諷刺意味的是，蓋洛普最新民調顯示，93% 的美國共和黨民眾對特朗普的抗疫表現滿意，這是我們不得不面對的美國政治現實。

美對華濫訴政治鬧劇為何愈演愈烈

2020 年 4 月 24 日

繼密蘇里州之後，密西西比州也於 4 月 22 日加入到起訴中國的行列，為這出政治鬧劇增添一些無聊的情節。預料共和黨控制的一些州還會陸續加入其中，以呼應特朗普所謂「要中國為新冠疫情承擔責任」的說法。

密蘇里州檢察長施密特的訴狀稱，新冠肺炎疫情在包括密蘇里州在內的世界各地都造成巨大死亡，並帶來痛苦與經濟損失，中國政府「隱瞞」疫情，「沒有控制疫情散播」，必須對此負責。此次訴訟是美國首次由一個州嘗試控告一個主權國家，旨在最終通過凍結中國在美資產等方式，對該州作出相應賠償。

無獨有偶，密西西比州檢察長也以同樣的理由起訴中國政府。特朗普在就此問題回答記者提問時表示，他正密切關注這類訴訟。

根據 1976 年美國通過的《外國主權豁免法》，任何外國政府享有免受控告的權利。不過涉及商業行為、財產所有權、領域內侵權等情況不適用主權豁免。美國共和黨籍參議員科頓和霍利近期頻頻炒作「中國賠償論」，甚至提出議案，要求對「故意隱瞞或歪曲公共衛生危機相關信息」的中方官員、與其關係密切者及出資支持者，採取懲罰措施。共和黨籍參議員布萊克本及麥莎莉也計劃修改《金融安全法》，允許對任何「釋放生化武器」的外國提起訴訟。這就不難理解，為什麼最近美國不斷炒作「武漢病毒研究所洩露病毒」的背後原因了。

美國對中國的濫訴不是第一次，也不可能是最後一次。上個世紀 90 年代末盤踞在美國的反華勢力就曾掀起過一段濫訴中國官員的小高潮，此次捲土重來再次反映了某些美國政客的無知與狂妄。

美國新冠疫情繼續惡化，每天死亡者數千人，確診感染人數超百萬近

在咫尺。這些州不把心思用在如何挽救人的生命方面，反而是從別人身上找原因，為自己的抗疫不力尋找替罪羊和遮羞布。

新冠病毒在武漢首先發現，是中國的不幸。但慶幸的是，中國有2003 年的「非典」教訓，對不明肺炎有著特殊的敏感，所以第一時間報告並迅速啟動了相關科學研究。在短短的十多天時間裡就向全世界公布新冠病毒的基因序列，這個速度不可謂不快。可見，中國對病毒的追蹤和研究沒有受到任何政治支流的真正干擾，世界上有良心的科學家都會承認中國對新冠病毒不存在任何隱瞞，有的只是在初期對病毒認知不足而形成的誤判。這是科學的局限，就像美國等國對此病毒認識不足是一樣的道理。

病毒無處不在，在哪個地方被發現具有巨大的偶然性。正因為如此，世界上那麼多病毒發現國從來沒有被追究過責任。自上個世紀 80 年代以來，全球化加速發展，病毒的傳播也具有全球性特徵。從艾滋病毒到非典，從 H1N1 流感到中東呼吸綜合征（MERS），從埃博拉到塞卡，雖然每次病毒發作都會帶來重大損失，但從來沒有任何一國受到起訴。

病毒的發現國未必是病毒的發源地，這是生物學的基本常識。如果對病毒的發現國予以追責，世界將陷入萬劫不復的深淵。今後沒有哪個國家和地區會主動報告所發現的新病毒，以免日後陷入法律的糾纏之中，其結果是病毒越來越猖獗，人類徹底失去合力抗疫的機會。

需要指出的是，中國與世界一樣也是新冠病毒的受害者，而不是加害者。中國為抗擊新冠疫情作出了巨大犧牲，能在如此短時間內採取如此雷厲風行的措施在世界上也是絕無僅有的。歐美疫情失控，很大程度上歸因於對病毒認識不足。

可以想像，如果新冠病毒在美國首先被發現，大概率是放任自流，以流感對待，最後走「群體免疫」這條路。且不論美國華盛頓州對朱海倫博士追蹤新冠病毒的打壓，就是出現了不明肺炎死亡案也是將之束之高閣。直到 4

月中旬美國加州方對三名死者進行屍檢,這才發現美國的第一宗死亡案例其實在 2 月初就已經存在。可見美國各個層面當時對不明肺炎是多麼不重視。

美國大選之年讓政客們的思維只是圍著選票轉。特朗普非常擔心疫情影響其選情,竭力淡化病毒的危險性,讓美國人活在幻覺之中。最近,眾議院議長佩洛西細數特朗普七宗罪。4 月 23 日眾議院通過成立特別調查委員會,以審查特朗普政府對新冠疫情的應對以及經濟救助計劃的執行情況。該委員會由民主黨眾議員克萊伯恩領導,有權傳喚證人、調閱文件,其職責是檢查過去兩個月推出的經濟救助法案的執行情況,並審查政府對新冠病毒危機的準備和應付,包括政府對檢測隔離等問題的處理,設備和醫療用品的分發等,可謂刀刀見血,直戳特朗普的要害。如果說彈劾案對特朗普沒有構成實質威脅的話,而這項調查將徹底扒下特朗普的底褲,讓其抗疫不力的醜態曝光於天下。一些專家認為,佩洛西控制的眾議院這一次真正做對了一件事,那就是把特朗普推向審判台,其直接後果就是在 11 月的大選中為民主黨報 2016 年的一箭之仇。

加州大學國際法教授凱特納認為,對中國的法律訴訟不會有任何勝訴的可能性;至於議員們提出的取消中國主權豁免權的建議則「完全是一場噩夢」。耶魯大學國際法教授布里梅爾指出,多數法官都會認為自己沒有司法管轄權去處理美國一州與一個主權國家的爭拗。這位教授稱,這些州的所作所為是在為美國抗疫失敗掩飾,「是應付政治問題的最後遮羞布」。

《華盛頓郵報》分析認為,施密特的訴訟以及美國一些政客舉動,都是試圖讓中國為疫情給美國帶來的痛苦和經濟損失埋單,至少為指責中國贏得一些輿論支撐。美國媒體和法律學者坦言,此舉是美國保守派政客轉移民眾注意力的政治操弄,成功的機會十分渺茫。話雖這麼說,但中美圍繞新冠疫情的法律戰不可能棄之不理,我宜本著底線思維,做好全面應對準備,讓這場中美法律戰成為中國抗疫境外戰場的重要組成部分。

新冠病毒起源 特朗普寫好了答案

2020 年 5 月 1 日

這兩天，武漢病毒研究所再次成為媒體熱議的話題。原因是白宮下令美國三大情報機構中情局、國家安全局和國防情報局，通過攔截通訊紀錄、線人報告及其他情報信息，調查中國及世界衛生組織有否隱瞞疫情，重點包括新冠病毒是否由武漢病毒研究所洩漏出來。

國務卿蓬佩奧及國家安全事務副助理波廷格在不同層面給情報機構施壓。據美國主流媒體報導，1 月初美國家安全委員會曾指示情報機構搜集新冠病毒來源問題，他們一開始就把視線移向實驗室病毒的洩漏，後來因為從中國內部沒有得到任何信息，這項調查也就不了了之。國安會還曾對情報人員未能找到病毒來源表達不滿。

4 月 30 日，美國家情報總監辦公室發表聲明，認同新冠病毒非人為製造的說法，但「情報界將繼續嚴格審查新的信息和情報，以確定新冠疫情暴發是由感染動物引起的，還是由武漢某實驗室的意外事故所致。」

而特朗普本人在面對記者提問時更是直截了當地表示，他高度相信病毒來自武漢實驗室，「我不能告訴你們，我不被允許這樣做」，但我確實看到了支持這一理論的證據。

「實驗室播毒論」是美國高層設定的結論，剩下的工作只是給這個結論增加一些「證據」。4 月中旬以來，美政府高層與親特朗普媒體福克斯電視台開始聯手炒作新冠病毒來源問題。美國防部長埃斯珀、參謀長聯席會議主席米利、國務卿蓬佩奧以及特朗普本人主動挑起新冠病毒起源話題。既然科學界對新冠病毒基因圖譜進行了大量研究和解構，充分顯示出沒有拼接的痕跡，美國在這個問題上另做文章的空間並不大，那麼它能夠給中國安的唯一罪名就是「武漢實驗室在操作和管理環節造成了無意洩

漏」。這樣美國對中國的起訴行動也就有了「堅實的依據」。

據了解，一些美國會議員正在考慮一項動議，企圖通過聯邦立法，以剝奪中國的主權豁免，從而為美國個人、企業及州政府「凍結中國在美資產，或停止兌付中國持有的美債」，作出相應的賠償鋪路。特朗普總統透露，「美國正在討論報復中國的選項」。一些西方國家也對美國的行動做出一定呼應，新版「庚子賠款協議」正在緊鑼密鼓地擬定之中。

美國政府的這一系列政治操作不由得讓人想起 2002 年美國對伊拉克的一套做法。由於美國受到 911 的恐怖襲擊，以美國新保守主義勢力為主導的「戰時內閣」認為，伊拉克正在發展大規模殺傷性武器，一旦與「基地組織」結合在一起，將嚴重威脅到美國的國家安全。

副總統切尼、國防部長拉姆斯菲爾德與副部長沃爾福威茨組成了小布什政府外交政策的「三駕馬車」，他們對美國社會進行戰爭動員，下令情報機構尋找對伊動武的一切理由，通過捏造伊拉克擁有大規模殺傷性武器的情報，促使小布什下定決心攻打伊拉克。

新保守主義這套計劃正好與小布什替父報仇的想法不謀而合。由於老布什 1991 年發動了海灣戰爭，但沒能推翻薩達姆，在 1992 年的大選中輸給了克林頓，所謂「贏了戰爭丟了白宮」講的就是這段故事。

911 事件之後，美國出台了「先發制人」戰略，即「在恐怖活動尚未出現或初露端倪時，就使用武器扼殺它」。這個理論成為新保守主義收拾所謂「流氓國家」和「邪惡軸心」的最好藉口。美國的魯莽行動讓其深陷阿富汗和伊拉克戰爭長達 19 年，消耗美國數萬億美元的開支，對美國綜合國力產生嚴重損害，維持全球霸權越來越力不從心。直到特朗普上台，不得不在全球展開戰略收縮，以便集中精力對付迅速崛起的中國。

時任國務卿鮑威爾在聯大講台上拿著裝有洗衣粉的小瓶子，向國際社會聲稱這就是伊拉克的化學武器，成為國際笑柄，也成為美國情報機構淪

為政治工具的鐵證。18 年之後，共和黨控制的白宮又在重複著同樣的故事。一些情報分析人員擔心，白宮的政治施壓恐會扭曲情報部門對疫情的客觀評估，讓情報部門的調查報告成為特朗普懲罰中國的政治武器。

中國不是伊拉克，既不是美國可以隨便栽贓的國家，更不是美國一推就倒的民族。中國有沒有隱瞞，科學家們非常清楚。不信科學信政治，是美國國家之恥，現在美要全世界跟著它一起搞「醫鬧」，的確有點污辱世界各國的智商。

美國大選的日子越來越近，特朗普的焦慮感與日俱增。4 月 29 日美幾家機構公布的最新民調都顯示，特朗普明顯落後於拜登。連親特朗普的媒體福克斯電視台發布的民調也顯示，在關鍵的搖擺州密歇根州，拜登的支持率達到 49%，而特朗普只有 41%；而賓夕法尼亞州更是 50% 對 42%。路透社和益索普聯合民調也顯示，拜登的支援率在密西根、賓州、威斯康辛州分別以 46% 對 38%、46% 對 40% 以及 43% 對 40% 領先特朗普。

為此特朗普向他的競選經理巴斯卡大發雷霆。特朗普稱，中國在抗疫方面的所作所為，充分證明北京正在想盡辦法讓他輸掉大選。不容否認，若沒有新冠疫情，特朗普的連任是大概率的事，但新冠疫情正在改變美國的政治生態，讓特朗普的連任充滿了巨大變數。可見特朗普對中國的不滿有其自身的邏輯。

但問題在於，新冠病毒在武漢被發現具有很大的偶然性，中國有心將病毒留在中國，但病毒無國界，專門尋找世界上最薄弱的環節。特朗普被病毒驗出了成色，這完全超出了中國的控制範圍。綜觀全世界，抗疫有效的國家和地區也有幾個，它們有一個共同的特點是在中國於去年 12 月 31 日向世界通報新冠疫情後的第一時間就採取行動。而特朗普不信科學信直覺，把新冠肺炎當流感，犯下了不可饒恕的錯誤，相信民主黨不會輕易放過他。

　　新冠病毒固然可怕，但更可怕的是美國高層的政治病毒。特朗普急於
宣布對華報復措施的想法，在白宮內部也存在分歧。白宮首席經濟顧問庫
德洛就反對把扣押中國持有的美國國債作為武器，認為「美國國債信譽不
可侵犯」。特朗普 4 月 30 日表示，可考慮用其他方式懲罰中國，例如對
中國出口商品增加關稅。但反對者認為，「現在不是時候，我們目前還需
要中國製造防疫物資」。據報導，有關針對中國的新一輪制裁措施還在初
步討論之中，具體細節還有待觀察。

　　該來的終歸要來。為了大選，留給特朗普的選項實在不多。有些屬於
政治表演，有些可能對中國產生實質性傷害，對此我不得不防。打破庚子
年魔咒的最好辦法是做好自己，丟掉幻想，做最壞的打算，敢於迎接最嚴
峻的挑戰，只有這樣才不會重蹈歷史覆轍。

10萬亡靈或成為美抗疫黑箱政治的糾偏動力

2020 年 5 月 7 日

不期而至的新冠病毒已經奪去了全球 26 萬多人的生命，而且這個數字還在繼續攀升之中。人類發展到 21 世紀，對小小病毒卻無能為力，再次證明了人類在大自然面前的卑微與渺小，比病毒更小的是一些國家的政治心胸，讓這場全球抗疫之戰一開始就播下了猜忌和不信任的種子。這不僅是人類的悲劇，更是世界政治發展的悲劇。

中國第一個檢測出了病毒，第一個向世界報了警，也因此成了第一被告，有點像大街上的老大爺被人撞倒，主動幫助者卻被趕來的家屬認定為肇事者一樣。如果任由這種官司勝訴，其災難性結果將是沒有一國願意主動報告病毒的發現，這個世界只能被一波又一波的病毒蹂躪，這無疑是國際社會的集體墮落。

儘管新冠病毒的陰謀論已經傳播了數月，但真正的起源在科學家看來仍是一個科學之謎。搞清楚新冠病毒來源，是科學界責無旁貸的使命，中國主張在聯合國主導之下，由科學家們聯合攻關，但不要搞刻意針對中國的有罪推定。

隨著時間的推移，人類對新冠病毒的認知也在不斷深化，各國科學家們的執著讓人類朝著揭開病毒之迷的目標邁出了積極一步，用科學的辦法還原病毒起源的工作在政治嘈雜聲中正有條不紊地推進，這是科學精神的回歸，也是排除一切政治干擾的明智之舉。

值得注意的是，美國一些州本著科學的良心，正展開病毒的回溯工作。5 月 5 日美國芝加哥衛生部門作出決定，對去年 11 月因流感致死的病例展開複查，希望查明這些死亡是否與新冠肺炎有關。這次複查並不限於 11 月份，如果確認有新冠肺炎導致的死亡，芝加哥還將進一步往前追

溯。

　　新澤西州貝爾維爾市長梅勒姆 5 月 1 日在接受採訪時表示，自己在
2019 年 11 月就已感染新冠病毒。檢測結果也顯示，他已擁有新冠病毒抗
體。梅勒姆稱，他在 2019 年 11 月前往大西洋城參加一場會議，11 月 21
日回程時突感不適，回到家後開始出現高燒、發冷等一系列症狀，整夜無
法入眠。他起初接受了感染流感的說法，直到新冠病毒疫情在新澤西州暴
發，才懷疑自己感染了新冠病毒。

　　紐約州長的弟弟克裡斯・科莫在被確診為新冠肺炎之後，於 4 月 16
日 CNN 的一文件節目中談稱，「從去年 10 月起，周圍的很多人都在談論
不明肺炎之事」，他的兩個孩子或早在去年 11 月就出現了新冠肺炎症狀。

　　加利福尼亞州聖克拉拉縣公共衛生官員於 4 月 21 日公布的三項驗屍
結果也有驚人發現，一位 2 月 6 日的死者其實死於新冠肺炎，從而把美國
首位新冠肺炎的死亡時間提早了三個星期。而最近媒體更是曝出 2019 年
7 月，在離關閉的德特里克堡生物實驗室一個小時車程的地方，出現過某
社區 54 人感染不明呼吸系統重疾的事件，其症狀與新冠非常相似。

　　在大西洋彼岸，一位名叫伊夫・科昂的法國醫學教授對去年 12 月和
今年 1 月期間出現肺炎症狀的 24 個核酸樣本重新進行新冠病毒檢測，其
中一名去年 12 月 27 日的住院病人，新冠病毒檢測居然是陽性，從而把法
國染疫時間線提前近一個月。如果當時法國及時進行檢測並向世衛組織報
告，那麼新冠病毒的第一報告者就不是中國了。

　　面對新冠病毒溯源的重要發現，太多的問題需要進一步澄清，太多的
問號需要包括美國在內的國家拉直。真相來自於澄清及尊重事實，而不是
撒謊與欺騙。世衛發言人林德邁爾稱，世衛鼓勵其他國家翻查 2019 年底
不明肺炎病例紀錄，這將為疫情的暴發提供更清晰的信息。

　　世衛組織總幹事譚德塞早在今年 2 月初就指出，在全球抗擊疫情過程

中，需要事實而非恐懼，需要科學而非謠言，需要團結而非污名化。但遺憾的是，譚德塞的忠告就像他對疫情防控的忠告一樣被世界擱在一邊，從而錯失了中國為世界爭取的寶貴時間。

在互聯網的時代，謠言與病毒一樣在全世界迅速傳播，各種陰謀論充斥輿論場，偏見扭曲了真相，真相讓位於政治，而政治變成國家之間及國家內部的利益爭鬥。科學精神的缺失給 2020 年的世界留下了恥辱的一頁。

全球疫情的拐點遠未到來，國際社會的撕裂是抗擊新冠病毒的毒藥，而團結則是最好的解藥。今年的美國大選讓政客們閉上了科學的雙眼，信口開河地大談病毒陰謀論，向中國、世衛組織、歐洲盟國甩鍋，把自己應當承擔的抗疫不力責任拋得乾乾淨淨。

讓科學的子彈多飛一會兒，還世界一個清朗是大多數國家的共同心願。全球按下暫停鍵所帶來的「新冠藍」不是人類刻意追求的，但它的意外出現也給人類帶來深刻的啟示，骯髒的政治與骯髒的空氣一樣對人類都是一種污染，而這類污染的清除並不完全以人類的意志為轉移。天意的背後不僅包括著自然規律，也有必須遵循的政治規律和競選邏輯。相信世界頭號科技強國不會偏離科學軌道太久，10 萬（預估數字）個亡靈應當成為美抗疫黑箱政治的糾偏動力。

白宮的一小步是拯救美國人性命的一大步

2020 年 5 月 12 日

5 月 11 日白宮發布一項指引，規定所有人進入西翼辦公區（美政府日常運轉的中樞）必須戴口罩。這一規定標誌著特朗普終於回歸常識，向科學防疫靠近了一步。

前幾天，白宮經濟顧問哈塞特在接受媒體採訪時表示，自己很害怕去白宮上班，因為那裡空間狹窄，人又多，不戴口罩工作「有點冒險」。不過現在他們終於可以安心戴著口罩上班而不必遭特朗普的白眼。

據考證，世界上最先使用口罩的是中國，但現代醫學口罩則是西方人的發明。1910 年中國東北發生鼠疫，領導抗疫鬥爭的留英醫學博士伍連德對口罩進行了改造，稱之為「伍式口罩」。1918 年西班牙流感大流行期間，這類口罩被廣泛應用。許多歷史照片清晰地顯示，口罩是當時人們進行自我防護的必需品。

然而匪夷所思的是，一百多年過去了，口罩的防病功效居然遭到了西方自身的挑戰。在新冠疫情暴發之時，戴不戴口罩成了西方政界和媒體爭論的大問題。在美國居然用 8 萬多人的死亡代價及白宮被病毒攻陷的殘酷現實才教育了特朗普，算是勉強同意白宮工作人員可以戴口罩上班。

一個多月前，美國疾控中心就發出建議：美國人出門戴口罩有利於防範新冠病毒。但特朗普堅稱自己不會戴。特朗普說：「當我在橢圓形辦公室，坐在那張漂亮、巨大、結實的桌子後面，戴著口罩跟其他國家總統、首相、領袖、國王、女王打招呼，我無法想像這種場景」。其實特朗普想多了，在疫情肆虐的今天，美國成了世界上疫情最嚴重的國家，哪個國家元首敢到訪白宮？

由於特朗普堅持不戴口罩，搞得他的團隊也不敢越雷池一步。彭斯不

久前去醫院慰問，所有人都戴著口罩，就彭斯顯得格外扎眼；特朗普隨後去亞利桑那口罩廠視察，工人們都戴著口罩，但特朗普和隨從就是堅持不戴。他後來解釋說，自己那一刻沒戴，但是其他時間段你們沒看到。至少媒體沒有捕捉到特朗普戴口罩的鏡頭，估計在他任上拍到總統戴口罩的照片太難了，除非特朗普像英國首相約翰遜一樣經歷新冠肺炎的生死劫。

與特朗普形成反差的是，他的夫人梅拉尼亞和女兒伊萬卡均在網上曬出了佩戴口罩的照片，輿論一片嘩然，直指自家人與特朗普唱起了對台戲。據報導，從 4 月初開始，第一夫人就規定白宮東翼和行政官邸的員工必須戴口罩，並保持社交距離。

雖然特朗普是否需要在白宮戴口罩沒有明文規定，但他允許別人戴已是不小的進步。據特朗普身邊的人士透露，特朗普態度出現轉變，緣於他真的感到害怕，畢竟新冠病毒已經攻入白宮。就在上個星期，特朗普一名貼身侍從（負責特朗普飲食）、副總統彭斯的新聞秘書凱蒂、伊萬卡的私人助理都先後確診。此外，特勤局至少有 11 人中招。更要命的是，美國抗疫三巨頭過敏症和傳染病研究所所長福奇、美疾控中心（CDC）主任雷德菲爾德、美國食品藥品管理局（FDA）局長哈恩，作為新冠病毒密切接觸者，現在都必須自我隔離 14 天，這意味著抗疫專家隊伍不得不缺席白宮重要會議，或只能以視頻與電話等方式參與討論了。

戴口罩其實無關政治，只關乎保護自己和他人的健康。但口罩問題被政治化以後，戴不戴口罩變成了政治決定。特朗普在得悉自己的侍從被查出新冠病毒陽性之後大發雷霆，白宮醫療小組不敢怠慢，於是加大了對總統的保護力度。現在出入白宮的人每週至少進行一次病毒檢測，如果要接觸總統，必須每天檢測，以確保特朗普的健康與安全。

口罩問題的爭執從一個側面反映了西方人的傲慢，但病毒專治不服，於是西方國家紛紛在病毒面前低下了高貴的頭顱，而特朗普差不多是最後

一位。白宮邁出的一小步，對美國回歸科學抗疫軌道則是一大步。不過，特朗普邁出的這一步實在太晚了，如果他早點接受科學家的意見，早早號召大家戴口罩，這 140 萬感染者中有許多人是可以避免的，其中不少人也是可以活下來的。

政治凌駕於科學之上，往往就是人類的災難。像 1918 年西班牙流感的大流行，在很大程度上也是因為戰爭這一政治因素。當時一戰尚在進行之中，各參戰國為了各自的戰爭利益，故意封鎖疫情消息，而參戰國政府不僅拒絕實施隔離，而且舉行幾十萬人的大規模遊行以壯聲勢，結果導致全世界三分之一的人感染，5000 多萬人死亡，遠遠超出戰爭本身的死亡人數。

這次美國新冠肺炎感染和死亡人數成為世界第一，令國際社會大跌眼鏡。在武漢封城的時候，美國才公布第一例感染病例。但特朗普忙於應對彈劾案和 2020 年的競選連任，對疫情情報有意忽視甚至淡化處理，結果讓病毒鑽了空子。當湖北醫院人滿為患的時候，洛杉磯的馬拉松照常進行，特朗普忙著參加各種選舉集會，與保守派行動大會的參會人員互動熱烈，在出訪印度期間還不忘讓東道國搞一場 12 萬人的盛大集會……

口罩的爭執雖暫告一個段落，但復工還是繼續居家隔離則在美國吵成了一鍋粥。民主黨控制的州主張繼續執行居家令，而共和黨控制的州則急於復工。特朗普認定民主黨這樣做就是要拖死經濟，毀了自己的連任夢。特朗普一直認為，居家隔離、經濟停擺帶來的問題比疫情本身還要嚴重。

復工和恢復經濟成為特朗普政治生涯的一場豪賭，究竟是政治主導還是科學主導抗疫問題，仍是一道難解的方程序，看來這個問題仍會糾結下去。政治的砝碼不時讓科學的天平失去平衡，恐怕是當下美國的悲劇，更是大選年美國人不得不承受的代價，畢竟留給特朗普的時間已經不多。也許用科學的辦法將新冠死亡數字止於 10 萬是可能做到的，但美國政治、選民以及需要糊口的人會給特朗普多大的挪騰空間呢？

新冠病毒溯源至2019年3月不再是孤證

2020 年 6 月 27 日

再過幾天美國就要迎來國慶，特朗普當然不想放過這個為自己競選連任積攢人氣的機會。美國疫情的反復多少讓特朗普大張旗鼓搞競選活動有所忌憚，但擋不住他內心的衝動和對線下群眾集會的熱情。

7 月 3 日，特朗普準備赴南達科他州的拉什莫爾山，參加在那裡舉辦的國慶煙花表演。儘管此旅遊勝地禁放煙花已經長達 10 年，但為了滿足特朗普的願望，今年的煙花表演將重新開放。

特朗普對南達科他州的「總統山」有著格外的興趣，私下表達過希望自己的頭像也能刻在「總統山」上。「總統山」上的四個雕像分別是華盛頓、傑弗遜、羅斯福和林肯，於 1927 年開建，耗時長達 14 年。一些反種族主義者聲稱要炸毀這四座雕像，認為這幾位總統生前均有污點，要麼蓄奴，要麼曾經發表過種族主義的言論，甚至還迫害過原住民。6 月 26 日，特朗普簽發總統行政令，要求從嚴懲處歷史紀念物的破壞者；不好好保護紀念物的地方政府和執法部門也將失去聯邦政府的支持。

特朗普希望自己名垂青史本無可厚非。問題在於，特朗普需向美國人民展示非同凡響的領導力，特別是在重大疫情面前，特朗普的抗疫成果要讓美國人民取得足夠的認同。但眼下美國的情形實在讓全世界大跌眼鏡，全美感染人數沖向 250 萬，死亡人數接近 13 萬。連共和黨的精英也看不下去了，一些黨內大佬開始搞連署活動，公開反對特朗普連任下屆總統，認為這位只會甩嘴皮功夫的總統正在把國家引向錯誤的方向。

美國這幾天疫情令人揪心，每天感染的人數超過四萬例，死亡者達 2200 人以上，與今年 5 月疫情高峰時大體相當。好消息是紐約州、新澤西州等疫情中心得到了有效控制，而本來不太嚴重的加州、德州和佛羅里

達州等人口大州形勢急轉直下。此前，很多醫學專家多次警告，過早開放經濟以及舉辦群眾性集會，勢將導致美國疫情加劇，但是特朗普顧不得這些，他迫切需要這種群眾性集會，為自己的連任造勢，以便挽回日益下滑的支持率。

奧克拉荷馬的集會雖是三個月以來的第一次，但給特朗普的競選團隊留下了巨大陰影，1.9萬人的場館最後只來了6200多人，讓特朗普大發雷霆，他們把這一切歸咎於抖音海外版（TikTok）線民的欺騙，於是在亞利桑那州的造勢活動改在一個較小場館舉行，以便更好地展現出特朗普人氣爆棚的場景。特朗普就美國新冠病毒人數成為世界第一的問題進行了辯解，聲稱這是因為美國的檢測人數太多，所以最好的辦法是放慢檢測速度。白宮新聞秘書稱總統是在與選民調侃，但是特朗普後來否認這是玩笑話。西班牙報章對特朗普此舉進行了嘲諷，「你一開始就應該禁止檢測，這樣美國根本就沒有新冠病毒了」。

雖然特朗普表示今後不再把新冠病毒稱作「中國病毒」，但這兩次集會均改稱為「功夫流感」，再次玩起了雕蟲小技，無非是甩鍋遊戲的新變種。一些分析人士指出，特朗普這樣做，其實根本無助於美國擺脫疫情給民眾帶來的煎熬和痛苦，不檢討自己應該承擔的責任，只能是自取其辱，讓更多美國人喪命。

雖然我們已經厭倦了新冠病毒，但是病毒絲毫沒有厭倦我們，尤其沒有厭倦過分強調個人主義的國家和地區。華爾街對美國疫情的反彈驚恐萬狀，本周道指連續跳水，可見資本市場對疫情危及美國經濟復蘇表達了深度憂慮。美國疾控中心主任雷德費爾德前幾天在國會作證時表示，「病毒讓美國跪下了」，但特朗普和彭斯對此說法不屑一顧，一再聲稱美國疫情得到了有效控制，通過他們的努力，拉平了病患增長曲線，挽救了更多美國人的生命。但現實卻如此殘酷，全世界看到的是越來越多的美國人生命

凋零在 2020 年的夏天。

中國是新冠病毒的受害者，而不是加害者。病毒的狡獪從當下北京疫情的反復就清晰地看到這一點，所以新冠病毒的溯源工作不僅不應放慢腳步，全世界更應攜起手來，儘快找到感染源和宿主。

美國對中國的偏見及應對新冠病毒的傲慢，並不妨礙一些國家本著科學的精神繼續展開溯源工作。日本、西班牙、法國和義大利都取得了明顯戰果，再次說明中國向世界最初表明的、中國雖是疫情的首次報告者，但未必是新冠病毒發源地的說法，並不是在強詞奪理，而是在陳述一個非常重要的事實。

5 月 15 日，日本厚生勞動大臣加藤勝信在內閣會議後的記者會上曾經表示，日本紅十字會於今年 4 月在東京和東北的 6 個縣以及去年 1 至 3 月的日本關東甲越信地區的獻血血液中各提取了 500 份血樣，結果顯示，在 2019 年 1 至 3 月份所採集的血液中竟然檢測到兩起新冠病毒抗體陽性。這麼重大的發現居然在國際社會並沒有掀起大的波瀾，可見世界對中國的成見之深；直到現在，特朗普還將新冠病毒稱為「功夫流感」，充分暴露其對華的種族主義偏見及對國際規則的無視。

據路透社 6 月 27 日報導，西班牙巴塞羅那大學發布公告稱，該校的一個研究小組對新冠病毒有重大發現，這個團隊自今年 4 月中旬以來一直對污水的樣品進行研究，以便找到潛在的病毒暴發源頭。在 2020 年 1 月 15 號的污水樣本中，他們發現了新冠病毒，這比官方宣布的西班牙第一個新冠病毒案例要早 41 天。於是他們將研究範圍擴大，對 2018 年 1 月至 2019 年 12 月之間的污水樣品進行分析，結果發現其中有一個存在新冠病毒，其樣品收集時間是 2019 年 3 月 12 日。該研究小組的生物學教授博什認為，這個檢測結果表明世界其他地區可能也發生了類似情況，但許多病例或被誤診。

　　此前，法國、美國等地陸續都有一些新的發現，總的趨勢是將各國發現新冠病毒的時間線大大前移。且日本與西班牙的重大發現，其時間點高度吻合，使新冠病毒早在近 1 年前就已存在的說法不再是孤證。難怪一些病毒學家早就指出，新冠病毒可能在人際間傳播很長一段時間了，只是在去年底突然變異而加速傳播。因為中國有過 2003 年非典的特別經歷，對非典型肺炎有著特殊的敏感，所以成為新冠病毒的第一個報告者。

　　病毒溯源的工作才剛剛開始，成員國有責任、有義務在世界衛生組織的協調下積極展開這項工作，以便儘快找到源頭。儘管病毒溯源工作異常困難，甚至幾十年都不一定有結果。但互聯網時代確實給人類留下了清晰的「數字腳印」，相信也會給新冠病毒的傳播留下尚待發現的模糊腳印。但願人類不要像艾滋病病毒那樣，溯源工作不了了之。

美國退出世衛組織究竟羞辱了誰

2020 年 7 月 9 日

這幾天，美國新冠病毒單日感染者均超 5 萬，7 月 8 日更是突破 6 萬大關，死亡總人數逾 13 萬。即便如此，美國高官還眾口一詞讚揚特朗普政府抗疫取得了巨大成功，直接改寫了「無恥」的定義。

就在全球疫情即將迎來新的高峰這個節骨眼上，美國政府卻悍然通知聯合國秘書長，正式退出世界衛生組織。眾議院議長佩洛西稱，特朗普此舉「是毫無意義的行為」，民主黨參議員梅內德斯也發推，「此舉既不能拯救美國人的生命和利益，也會讓美國變得更加不適和孤立」。根據 1948 年的世衛章程，任何會員國退群需提前一年申請，並履行相關財政義務。據報導，美國 2019 年拖欠會費 2.03 億美元，而 2020 年 1.16 億美元的會費分文未交。

面對全球新冠大流行，世衛組織的作用不可替代這是國際社會的共識，並不是特朗普想像中的「可有可無」。作為世界上頭號超級大國，本應比世界上任何國家更有條件遏制住新冠病毒的擴散，但特朗普忙於應對彈劾案及本人的競選活動，對新冠疫情輕描淡寫，以致於「大意失荊州」，只好在國際社會尋找替罪羊，中國與世衛組織便成了特朗普的甩鍋對象。

特朗普指責世衛組織成為「中國傀儡」以及沒有在規定時間內進行必要的改革，宣布退出該組織，這與其說是世界的悲哀，還不如說是美國的悲哀。畢竟疫情當前，美國需要世衛組織向其提供一切必要的防疫信息及協調行動。一些專家憂心，「特朗普此舉將可能干擾美國研製疫苗所必需的臨床試驗，以及追蹤病毒在全球傳播的努力」。

坦率地說，沒有美國的參與，世界衛生組織照樣可以運作，只不過少了美國的會費支持，世衛的日子過得緊巴一些。但是美國退出世衛，不僅

破壞了美國一手建立的國際秩序，更重要的是損害了美國的領導力和國家形象。

在過去的三個多月裡，特朗普除了甩鍋中國和世衛組織之外，他最關心的事就是如何迫使美國企業復工，拉抬美國經濟，而不管美國百姓的死活。特朗普在美國獨立日期間發表講話稱，新冠病毒對 99% 的人都沒事。換句話說，美國 3 億多人口，死去 30 萬也是可以承受的代價。

正像他的侄女瑪麗·特朗普在其新書《永不滿足：我的家族如何製造出了世界上最危險的人》中所描述的那樣，從小在蜜罐中長大的特朗普，從來不知愁滋味，「缺乏最起碼的同情心」，他的叔叔特朗普從來不需要誠實的工作，無論在生意場中有多失敗，他都會以無法理解的方式得到回報，包括上大學通過作弊以及慣常的撒謊和欺騙等手段，進行自我推銷、品牌打造，將他的自負、自戀推到了極致。這既是特朗普侄女的看法，恐怕也是全世界人民或多或少的親身感受。

在過去的三年半裡，人們對特朗普的反復無常和信口雌黃深有體會。世界已記不清特朗普說了多少謊言，但能夠記住的是他的每一次撒謊都很認真，成為不折不扣的「職業騙子」。

退群上癮的特朗普，的確表現得很「商人」，虧本的事一件不做，處處用「金錢標準」衡量一切，充滿了經濟算計和政治短視，這恰恰是美國自由派精英對特朗普的咬牙切齒之處。

特朗普身邊圍繞著一大批充滿冷戰思維的人，有意把對華政策「蘇聯化」，拼命把中國塑造成美國的新敵人。小布什時期競選團隊核心成員米利金就曾指出，「特朗普本人才是美國的真正危險」。她的侄女也寫道，「特朗普最具破壞性的特點，即一個不正常的成長環境和一個專橫的父親，將其培養成了世界上最危險的人」。所以，美國人民需要清醒起來，制定共同的目標，將特朗普趕出白宮。他們呼籲美國選民「為國家而不是

為政黨投票」。

民主黨候選人拜登明確表示，一旦他當選為美國總統，將立即恢復世界衛生組織成員國的身份，以彰顯美國對世界的領導力。可見，美國的退群之舉已變成美國大選政治的一部分。看來要讓美國繼續留在世衛，只有扳倒特朗普一條路了。

特朗普民意落後是不爭的事實。為此，特朗普不時打悲情牌，聲稱黨內有一些不喜歡他，下屆總統將落入拜登之手，以此恐嚇華爾街，同時也借此拉抬黨內對他的支持率。

抗疫不力是特朗普執政三年半的最大敗筆。連戴口罩這樣的常識問題也被特朗普搞成了一個重大政治問題。另一方面，特朗普要求接近他的人必須接受抗體檢測，利用特權為自己的健康打造一個「安全氣泡」，而另一方面，特朗普不斷誤導百姓，馬不停蹄地搞競選集會，又對戴口罩不作硬性要求，結果將競選造勢大會變成一場場「播毒」大會，不僅讓美國人民深受其害，同時也給世界樹立了一個壞榜樣。

巴西就是其中之一。有「巴西特朗普」之稱的博索納羅總統可以說是特朗普的忠實追隨者，在防疫政策方面一直步美國後塵，大有不把自己弄成陽性絕不罷休的味道，在染疫人數方面，也把巴西變成了世界老二。

在這些所謂自由世界領導人的潛意識裡，「群體免疫」的想法一直揮之不去。但科學已經證明，這個思路存在很大的誤區。就拿西班牙來說，這個國家已經付出了近三萬人的死亡代價，也只換來 5.2% 的抗體陽性率，距 60% 的群體免疫標準還差十萬八千里。

在過去大半個世紀中，世衛組織在領導全球抗疫方面發揮了重要作用。雖然它存在著這樣那樣的缺點，也的確需要與時俱進地進行改革，但絕對不能成為美國脫離世衛組織的藉口。正像共和黨參議院衛生委員會主席亞歷山大所言，「我們當然需要認真審視世衛在應對疫情方面的不足，

但應該在危機解決之後，而不是在危機期間。如果真心想要世衛改革的話，可以將改革要點列出來，與國會一起討論。」一些批評人士指出，特朗普這樣做簡直是拿美國人的性命進行一場政治豪賭，不僅讓美國眾多百姓成為犧牲品，最終也會自取其辱，葬送掉自己的政治生命。

第七章

特朗普若輸掉大選怨不得中國

「通俄門」難攪特朗普的局

2019 年 4 月 20 日

　　歷時 23 個月的「通俄門」調查報告終於露出了盧山真面目，儘管還有點猶抱琵琶，但大致輪廓依稀可見：一是俄羅斯人有干涉美國 2016 年大選的企圖，但沒有證據顯示特朗普與俄羅斯勾結；二是沒有找到特朗普妨礙司法的確鑿證據。儘管有媒體批評司法部事先把這份報告讓特朗普律師過目，這一行為本身就失去了公正性；司法部在報告發布前還召開一個記者會，巴爾根本不像三權分立制度下的司法部長，倒更像是特朗普的「辯護律師」。

　　對於昨天的媒體炒作，特朗普在其推特上以一個巨大的背影作為回應，大有一騎絕塵、向 2020 年挺進，全然不理會人們的指指戳戳。2016 年當奧巴馬不情願地把總統寶座讓給特朗普的時候，留給特的最大遺產莫過於「通俄門事件」的調查，讓特朗普的執政一直籠罩在合法性的巨大陰影之中。縱有聯俄抗華的戰略構想，也有強勢人物之間的惺惺相惜，但終究有「通俄」的嫌疑，美俄關係的走近也就成了泡影。

　　雖說特朗普我行我素，不受「政治正確」的束縛，對貿易領域的盈虧錙銖必較。他可以隨心所欲解僱不喜歡的內閣成員，也可以後半夜起床給全世界發個推特，發洩一下對某人某事的不滿，動員他的鐵粉，或發號施令或點評天下。但在強迫司法部長撤銷對「通俄門」調查問題上，除了發發牢騷，也沒敢一味使性子。塞申斯（注：前司法部長）和他的副手寧願願丟官，拒不遵從特朗普的指示，這雖是總統權威的受損，但也救了特朗普一命，使司法干預的罪名無法敲下實槌。

　　「通俄門」查無實據，但俄羅斯干涉美國大選卻被進一步坐實。調查報告顯示，特朗普在競選期間，有意利用俄羅斯的曝料，做了許多順手推

舟、推希拉里下水的事情。從這個意義上，特朗普的上位並不那麼「乾淨」。民主黨有心替希拉里報一箭之仇。但筆者認為，再拿「通俄門」說事，民主黨有可能自取其辱，對特朗普的殺傷力有限。退一步說，既使民主黨發起彈劾，且不說參議院這一關過不了，即使真把特朗普搞下去了，按照美國憲法規定，彭斯繼任，這位建制派大佬豈不徹底斷了 2020 年民主黨的念想？這幾年，由於希拉里、佩洛西等人過分強勢，民主黨黨內新生代成長受阻，面臨後繼乏人的窘境。迄今為止，沒有像樣的民主黨候選人具備向特朗普挑戰的實力。

相較於民主黨的青黃不接，特朗普上任第一天就成立了 2020 年競選委員會，可見，特朗普對其連任看得極重。雖然佩洛西稱「特朗普的任期只限於一屆」，但特朗普好鬥的性質哪能輕易認輸。前些年還自稱是民主黨人的特朗普披著共和黨的馬甲「借殼上市」成功，這幾年也做了幾件具有共和黨特色的事情，譬如增加軍費，振興軍企，大力向世界推銷軍火；放鬆對華爾街的管治；減少對大企業的徵稅等，可以說，軍界、銀行界和公司大佬對特朗普還是心存感激，且沾了特朗普光的共和黨內部挑戰總統的意願也不強烈。更何況，特朗普強大的籌款能力完全碾壓了所有對手，在「有錢能使鬼推磨」的美國，籌款能力是衡量支持度的重要指標。在猶太人把控的美國社會裡，誰贏得了猶太人的心，誰就贏得了大選的一半。在耶路撒冷問題上，特朗普挪動了美國大使館的坐標；在戈蘭高地歸屬問題上，特朗普大筆一揮把 1800 多平方公里的土地「送給」了以色列。作為信仰猶太教的特朗普女婿庫什納可謂功不可沒。

美國大選帷幕徐徐拉開，特朗普刺激經濟的「脈衝效應」漸漸減弱，接下來經濟表現的成色將決定老百姓是否用腳投票。留給特朗普的時間並不多，他有足夠的理由為中美貿易戰吹一個暫停哨。接下來，需要騰出時間推進基建計劃。在這一點上，美國兩黨似有共識。特朗普原計劃是在未

來 10 年投資 1.5 萬億美元搞基建，沒想到，民主黨的規劃比這個規模更大，這讓特朗普心花怒放。在量寬貨幣政策手段用盡的情況下，美國及時動用財政手段，設立基礎設施投資銀行或基金，大力推動機場、公路、橋樑等修繕，既對 GDP 有拉動，而且也符合特朗普當一個「建設總統」的初衷，真可謂「雪中送炭」。作為政治素人的特朗普，支持率從上任之初的 35% 上升到現在近 44%，看來全世界還要做足繼續與特朗普打四年交道的心理準備。

引渡阿桑奇　尷尬的不僅是特朗普

2019 年 4 月 12 日

　　4 月 11 日，維基解密創辦人阿桑奇結束了厄瓜多爾駐英大使館長達七年的政治避難，被厄方轟出了使館，英國警察將其拖出，旋即他被帶到威斯敏斯特地區法庭提審，並對他進行了二次逮捕，聲稱這一次是應美國的引渡請求而為之。如果考慮到瑞典檢方正在考慮重啟對其強姦罪的指控，阿桑奇正被套上「三重枷鎖」，或將面臨在三個國家輪流坐牢的命運。阿桑奇為了所謂的「尋找真相」，差不多要付出一生的代價，而這一切恰恰是在號稱自由民主的國度裡發生的故事，實在是一個莫大的諷刺。

　　阿桑奇究竟是英雄還是小丑，對阿桑奇如此兩極化的評價是不同世界觀和價值觀在現實中的折射。說他是英雄，是讚賞他不畏強權，把互聯網作為一個虛擬的報紙，發布他認為可以發布的一切。不論是美國的、英國的還是厄瓜多爾的。得益於他創辦的維基解密，阿桑奇滿足了全世界人民的好奇心，把美國國務院的幾十萬份秘密文件案搬到了網上，讓全球人知道了美國在阿富汗和伊拉克所犯下的射殺平民的惡行以及在關塔那摩虐囚的真相，也把美國人的虛偽與殘暴的一面呈現在世人面前，對美國的國家形象構成了巨大打擊。

　　說他是小丑，在得知他準備公布真相的時候，瑞典檢方首先指控他犯有強姦罪，雖然時間之巧合，讓一些媒體多了構陷的聯想，但好在法院不認可，變成了一樁撲朔迷離的懸案，真假難辨。在英國取保候審期間，阿桑奇喬裝打扮成一個摩托車送貨員，逃進了厄瓜多爾駐英大使館，在英國的眼裡變成了一個不敢面對法律審判的懦夫。美國人更是對他咬牙切齒，這個小偷不僅把美國的秘密文件案搬上了網，還在大選期間介入了美國政治，一直在幕後設計對阿桑奇的引渡問題。

一位無政府主義的篤信者，具有相當強烈英雄情節的阿桑奇，對於事態演變成今天這個樣子，想必也未曾料到。撇開英雄與小丑不論，但有一點是可以肯定的，阿桑奇的思維總體上還是幼稚的。在他的頭腦中，互聯網是無國界的，美國可以借助谷歌和推特在中東製造「阿拉伯之春」，為什麼我就不能利用互聯網發布真相呢？但他忽略了一點，任何的言論和出版自由都是具有一定條件的，當他在互聯網世界的所作所為觸碰到美國核心利益的時候，付出代價是遲早的事。儘管新聞的一條原則是揭露真相，美國憲法第一修正案也把言論和出版自由寫進去，當阿桑奇把幾十萬份美國國務院的文件搬到互聯網上的時候，等於撕下了美國精心包裝的面具，這筆賬一定要算。

阿桑奇的幼稚還表現在，他癡迷於披露真相而不計後果。尤其是對待厄瓜多爾這個庇護國。中國有句俗話，「打狗也得看主人」，既然呆在厄瓜多爾的土地上，還這麼不管不顧，披露什麼厄瓜多爾總統莫雷諾在海外工作期間的所謂貪腐案，搞得莫雷諾在國內的支持率創了新低，而且把他家庭的隱私也搬到了網上。難怪這位總統形容阿桑奇是一個「硌腳的石子」，對他的忍耐已到了極限。

讓特朗普尷尬是，許多美國人認為，阿桑奇是其入主白宮的功臣。2016 年美國大選正酣的時候，維基解密公布了希拉里利用私人郵件處理機密級國務的醜聞，激動的特朗普對維基解密大大稱讚了一把。至少這起郵件門事件是怎麼翻騰出來的，一直有人猜測是俄羅斯國家安全局向維基解密曝的料，這也成為特朗普「通俄門」重點調查領域。前兩周，穆勒調查報告稱，沒有直接證據證明特朗普通俄，算是讓他大舒一口長氣。但好景不長，阿桑奇又要送上門來，希拉里第一時間發聲，一定要讓阿桑奇這個小偷把這件事情的來龍去脈說清楚。從這個意義上說，特朗普寧願讓阿桑奇的引渡程序變得更加複雜和緩慢一點，不要給自己的競選連任之路製

造新的麻煩。所以，這兩天特朗普對阿桑奇的引渡問題表現得不鹹不淡，或有意淡化他與維基解密的關聯。「至於引渡，那是司法部的事，不關我的事。你們要引渡我也不反對」。

在如何對待阿桑奇的問題上，其實奧巴馬時期已斟酌再三，以言治罪擔心會激起對憲法修正案的激烈爭論，最後決定把燙手的山芋留給下一屆。令特朗普更加尷尬的是，前不久剛裁掉了司法部長，並沒有起到殺雞儆猴的作用，手下的一幫人還是在引渡問題上如此起勁，悄悄地就引渡問題起草文本。當然，為了給美國憲法第一修正案留點面子，司法部想了一個妙招，以指控他犯有與他人「共謀」侵入國防部電腦系統罪，以繞過出版自由罪的爭議。這樣的指控既容易讓英國接受，使未來的引渡聽證變得更加順暢，同時也讓媒體找不到攻擊特朗普政府的把柄。

至於引渡到美國之後，會不會再追加間諜罪，阿桑奇只能聽天由命了。阿桑奇作為互聯網時代的標誌性人物，這起案件所彰顯的程序正義與實際正義之間的巨大落差，為西方世界的互聯網自由作了最好的注腳。

民主黨又給特朗普挖大坑

2019 年 5 月 3 日

4 月 30 日，美國總統特朗普與國會民主黨高層就 2 萬億美元的 10 年基建計劃達成初步共識，未來三周，將就融資細節展開磋商。2 萬億美元的規模要比白宮預想的還要高出 5000 億美元，這讓基建出身的特朗普喜不自禁。

重建美國基礎設施是「讓美國再次偉大」的四大支柱之一。美國土木工程協會對現有設施的評級為 D+，屬「較差」等級，《紐約時報》著名專欄作家弗里德曼曾來到中國，感嘆究竟誰是「第三世界」。2016 年大選期間，特朗普正是抓住了美國基礎設施相對陳舊這一痛點，提出對美國公路、鐵路、機場以及水利等進行「大修」，既可增加「鐵銹地帶」藍領的就業，也可讓 GDP 增長保持在 4% 以上，此構想引起美國社會的強烈共鳴。

從表面看，此次民主黨把特朗普的計劃加碼到 2 萬億美元，看似支持特朗普的想法，但特朗普恐怕不能高興得太早，弄不好特朗普又會跳進民主黨為他挖的另一個大坑。試想想，到目前為止，特朗普想幹的事幹成了不少，如果基建也能搞成，競選中的一項項承諾逐步兌現，「言必行、行必果」的形象在美國選民中進一步確立，那麼 2020 年美國大選的結局也就提前分出了勝負。這十幾位民主黨候選人也就乾脆回家洗洗睡吧！佩洛西和舒默等民主黨高層很清楚，與其有違民意阻擋基建計劃，不如來個順手推舟，把球踢給特朗普。民主黨瞅准了特朗普籌不到這麼多錢，這樣一來，責任不在民主黨。別看你是基建出身，但是真要把美國變成大工地，特朗普也攬不了這「瓷器活」。

特朗普身披共和黨外衣，雖有心當「建設總統」，但共和黨的軍工利

益必須置於優先地位。在他的鼓搗之下，全球軍費開支剛剛創了新高。美
國 2019 年的軍費預算高達 7100 多億美元。美國的預算蛋糕就這麼大，天
文數字的軍費開支必然對其他預算形成擠壓。

具有諷刺意味的是，特朗普一邊罵前任把錢花在打仗上，另一方面拚
命增加軍費。大家還記得，2017 年 2 月 28 日特朗普在國會發表第一次發
表演講時，抨擊美國在中東花了 6 萬億美元，稱「可以把美國重建兩次」。
他的軍師班農在日本演講中稱，「美國在中東花了 5 萬億美元」。最近特
朗普又罵，「在中東，美國如此愚蠢地花費了 7 萬億美元」。1 萬億美元
的誤差可以從這些響噹噹人物口中隨便說出，是統計遺漏還是信口開河，
無人知曉。別看軍費開支這麼大方，但要拿出 1 萬億美元用到基建上，特
朗普也只有罵娘的份了。

美國的國債已經突破了 20 萬億美元，留給特朗普的揮灑空間並不大。
前兩年，特朗普不顧民主黨的反對，搞了減稅法案，將美國的財政缺口越
撕越大。靠發債搞基建、進一步提高國債上限這一關，必須得到國會的批
准，可見民主黨控制著生殺大權。

在基建問題上，民主黨一直主張應由聯邦政府出大頭，而不應靠私營
部門和地方政府提供資金，同時不能放鬆環境監管。而特朗普認為，聯邦
政府只扮演激勵和槓桿作用，基建投資主體應為地方政府，資金來源主要
靠私營機構。一些州政府抱怨，特朗普的構想會加重地方負擔，更何況地
方政府的財政本來就捉襟見肘。至於私人投資構想，眼下美國資本市場的
平均回報率（ROE）在 12% 左右，而基建的平均回報率只有 3% 上下，私
人資本的興趣如何被激發起來是個大問號。民主黨認為，與其和特朗普硬
頂，還不如讓他自己在資本市場「頭撞南牆」。

另一個遭人詬病的問題是基建審批時間長，特朗普有意糾正，但解決
起來並非易事。去年美國聯邦政府幾家機構簽署了一紙備忘錄，承諾將審

批週期從原來的 10 年縮減至 2 年,但落實起來要比一紙協議複雜得多。曾幾何時,美國速度也是讓世人驚嘆:美國花了 410 天建起帝國大廈,花了 16 個月建造了五角大樓,但如今,美國高鐵建設 30 年前就已提出,但土地、環境等各種問題讓高鐵一拖再拖,家家戶戶都要就補償款打官司。特朗普痛罵民主黨控制的加州州長不作為,揚言要收回聯邦政府資助的高鐵款項。

雇美國人、用美國貨也是特朗普基建規劃的一個原則,這樣做會使「沒有較高教育水準、依靠雙手勞動」的美國工人受益。但美國當前失業率為 3.7%,已經處於充分就業狀態。本人在紐約工作期間,曾看到許多道路從開工到建設完成,往往耗時數年,甚至讓我一度懷疑工程背後的黑幕。特朗普的宏偉計劃能招到多少合格的工程人員存在著巨大的變數。

美國的基建曾令世人羨慕,但這些年高啟的制度成本讓今天的改造工程寸步難行。在利益嚴重固化的美國,動誰的乳酪都十分困難。接下來可能的結局是:特朗普又一次拿中國基建說事。這究竟是美國的恥辱,還是所謂美國法治社會的驕傲,美國人民會給出標準答案。

真可謂:驢象各操盾與矛,而今罕見處一槽;基建共識唱同調,背後猶藏割膚刀。

美墨邊境高牆下吟唱著白人世界的最後挽歌

2019 年 6 月 10 日

6 月 7 日，特朗普尚未去除歐洲之旅的勞頓，就忙著給市場注射一針興奮劑。他在推特上稱美國已與墨西哥就貿易和移民問題達成協議，原計劃對墨開徵的關稅因此無限期暫停。一場由特朗普自導自演的墨西哥版「黑天鵝事件」就這樣戛然而止。

墨西哥承諾，派遣 6000 名國民警衛隊到南部邊境駐守，攔截中美洲非法移民；在北部加大對美墨邊境的執法力度，對美國遣返的非法移民不得拒收，並給予必要的人道主義安置。

至於特朗普說墨已承諾大量購買美國農產品的說法，墨回答：「我沒說」，這種既給面子也駁特朗普面子的做法，特朗普肯定不高興，他會不會拿「暫停」兩字做文章，又成了一大懸念。

關稅與移民本沒有多大聯繫，但有「關稅男」之稱的特朗普硬生生靠這把錘子，把墨西哥這顆釘子砸得「暈頭轉向」。這種近乎敲詐的做法，讓特朗普頻頻得手，顯示出特朗普不按常規出牌的意外效果。今後特朗普是否會變本加厲敲詐全世界，許多國家只有禱告的份了。

「流氓超級大國」是美國著名學者卡根給「特朗普治下美國」所取的綽號，他對特朗普「恣意妄為」消耗美國軟實力的做法恨之入骨，自己一氣之下退出了共和黨。

但美國畢竟是唯一超級大國，由著性子來，世界真還奈何不了，更多國家只能忍氣吞聲，與美國利益深度交融的國家甚至用最高的禮遇接待這位不受人待見的總統，如最近的日本和英國，也算是國際社會的一大奇觀。

世界對特朗普多變、善變、易變帶著一絲的鄙視和不安，但美國白人

藍領並不這麼看，當下特朗普在美國的支持率並不低，基本盤沒有根本動搖，民主黨已有 23 人出來參與初選，但共和黨內願意出來挑戰特朗普的寥若晨星。

把關稅與打擊非法移民掛鉤，美國財長和貿易代表並不贊成，但特朗普執意而為之，可見，特朗普與他的幕僚對此問題的認知不在一個頻道上。

姆努欽和萊特希澤希望見好就收，不想給美加墨新協議在三國議會的批准程序節外生枝，而特朗普的心思早已放到了 6 月 18 日佛羅里達競選連任正式開鑼的演說。而打擊非法移民問題恰恰是他需要向美國人民交出的一份期末考卷。

4 月 8 日，特朗普總統炒掉了國土安全部長尼爾森，理由是未能阻止非法移民數量的激增。據統計，今年以來，墨美邊境形勢十分嚴峻，中美洲十萬難民大舉壓進，在美墨邊境伺機沖關。

另一方面，美墨邊境構築「新長城」的計劃無法按期推進。儘管特朗普繞過國會，宣布國家「進入緊急狀態」，算是為建牆找了 80 億美元的銀子，但是民主黨領袖不依不饒，上訴至聯邦法院，起訴特朗普此舉違憲。

圍繞打擊非法移民問題，美國兩黨的鬥爭陷入白熱化。一部分人認為，接收移民事關美國的核心價值，不論其非法還是合法。且不論過去一百多年的大規模移民浪潮向美國集中，單是最近 20 年，每年約有 100 萬人湧入美國，既帶來了豐富的勞動力資源，也吸引了世界最優秀的人才，許多發展中國家花了 16 年辛苦培養的大學生，到頭來卻被美國割了韭菜。

但以特朗普為代表的右翼保守勢力則認為，美國只歡迎高素質人才來美，但不歡迎那些素質低下、甚至是盜竊犯、恐怖主義分子來到這裡。

特朗普上任之初，就擺出對移民的強硬姿態，他以防止恐怖分子乘機

混水摸魚為藉口,頒布「禁穆令」,禁止伊朗、伊拉克、也門等七國公民入境美國,引起政府與司法部門的嚴重對立。今年 4 月初,特朗普在視察美墨邊境時,公開喊話美國已「裝不下了」,呼籲這些難民打道回府。

這些年來,美國產業加速向印太轉移,但正宗白人骨子裡的優越感,對髒苦累的工種沒有興趣。相比之下,拉美或亞洲等地區的合法或非法移民在耐受力方面比這些白人強得多。

據統計,在過去的 10 年間,25 至 54 歲的白人丟掉了 650 萬個就業崗位,而拉美裔美國人就業崗位淨增了 300 萬個,亞裔美國人的崗位增長了 150 萬,黑人增長了 100 萬。

所以,白人藍領把特朗普視為救星,希望其出台強硬的反移民政策,為他們的就業爭取更大的迴旋空間。

白人工作的大量流失只是問題的一面,更為嚴重的是美國白人身份危機。美國政治學家亨廷頓早在上個世紀末就發出了「我們是誰」的疑問,就美國的身份危機提出警告。

據專家預測,到 2044 年左右,除西班牙裔之外的美國白人將第一次占總人口的 50% 以下,換句話說,美國盎格魯撒克遜的正宗白人將變成少數民族。

面對拉美及黑人等少數民族人口的激增,他們的心理天平開始傾斜。但受限於「政治正確」,這些白人也只能壓抑自己。特別是黑人總統奧巴馬住進了白宮,極大地衝擊了他們的心理承受極限。

政治素人特朗普的橫空出世,讓正宗白人燃起了新的希望,白人至上主義在美國有所升溫。最具影響力的事件莫過於 2017 年 8 月在維吉尼亞州夏洛特維爾鎮爆發的種族主義暴亂。一名 32 歲的示威者遭到汽車碾壓致死,特朗普對此表態相當曖昧。美國三 K 黨頭目甚至表達了對特朗普的感激之情。

　　一些人認為，特朗普與這幫傢伙一丘之貉，引發了美國商業巨頭的強烈不滿，七位首席執行官宣布退出特朗普成立的製造業及戰略政策顧問委員會，我行我素的特朗普乾脆下令解散這兩個委員會。

　　特朗普為了兌現競選承諾，對非法移民進行大規模清理，雖然造成了許多家庭的骨肉分離，並遭到許多詬病，但打擊非法移民在美國有廣泛的群眾基礎，過去礙於政治正確，白人民眾敢怒不敢言，但特朗普的出現，改變了白人社會的政治生態。

　　基辛格曾這樣評價道，「特朗普可能是歷史上偶爾出現的這類人物，他象徵著一個時代的結束，迫使這個時代撕掉舊有的偽裝」。沒有了「政治正確」的束縛，特朗普的反移民政策成為白人世界吟唱的最後一曲挽歌，而美墨邊境築起的高牆則成為正宗白人反抗的最直接表達。

　　從無形的中美科技冷戰的新柏林牆到有形的美墨邊境牆，特朗普要為近百年來，美國利益集團都是通過政治人物的白手套，來實現自身利益的最大化，多了一些斯文和道德的偽裝，但赤膊上陣的特朗普直接撕下了美國的面具，全世界還不習慣，更不適應。需要警惕的是，美國雖是一隻紙老虎，眼下更是一隻真老虎。如何不去激怒它傷及自身，的確需要制定有效的戰略與策略。

　　最穩妥的辦法是做好防衛、築好籬笆，讓老虎自我折騰。中國有句俗話，「欲其滅亡，先予其狂」。以靜制動，跟其周旋，看來還是次優的選擇。

美國離第二次內戰還有多遠

2019 年 8 月 6 日

8 月 3 日，美國得州和俄亥俄州在不到 24 小時內，接連發生兩宗大規模槍擊事件，釀成至少 31 人死亡、50 多人受傷的慘劇。整個美國都籠罩在槍戰的陰影之中。

誰該是罪魁禍首？是槍手，還是特朗普總統？美國上下爭吵一片，莫衷一是。民主黨總統競選人無一例外地把焦點放在了美國槍支管理方面，認為特朗普有責任支持加強槍械管制；美國控槍組織的數百名成員迅速聚集在白宮門前，抗議美國政府在槍支管理問題上的不作為。

其實更多的人認為，得州槍殺案表面是槍支問題，但更深層次的問題是美國白人至上主義在美國抬頭且有蔓延之勢。儘管特朗普在週一發表了全國講話，對白人至上主義進行了譴責，但無法平息美國人、特別是有色人種的憤怒。《赫芬頓郵報》評論認為，「特朗普譴責這，譴責那，其實他最該譴責的是自己」。

美國白人至上主義源於白人對《聖經》的歪曲，創造了所謂黑人為白人作奴的理論，科學家們又以人類的起源以及人種差異作為所謂依據，炮製出種族優劣的理論，讓白人至上主義者有了思想武裝。

上個月，特朗普對四名民主黨年輕少數族裔議員進行公開侮辱，稱他們應該回到自己的「祖籍國」。特朗普後來在公開演講中，繼續公然煽動白人至上主義情緒。當台下觀眾高喊讓奧馬爾等議員「滾回自己國家去」口號時，特朗普居然享受這種感覺長達 11 秒鐘，令美國上下十分震驚。民主黨議員認為，這為彈劾總統多了一條理由。到目前為止，民主黨內要求彈劾的眾議員有 118 人，已超過民主黨議員的一半，這讓佩洛西騎虎難下。彈劾吧，容易讓民主黨的議題失焦，且肯定過不了參院這一關，弄不

好給特朗普加分；不彈劾吧，黨內的壓力與日俱增，或加劇民主黨內的分裂。

得州槍手克魯修斯不否認自己是特朗普的擁護者，但他強調自己殺人與特朗普無關，稱自己濫傷無辜「是對拉丁裔入侵得州的回擊」，不願看到這些人將來佔領得州。而民主黨人正在利用移民問題，反對特朗普總統建牆，而不久的將來，得州將變成民主黨的大本營。克魯修斯稱，今天的歐洲就是在打擊非法移民方面出了問題才落到如今的下場。

特朗普在第一時間譴責了這名槍手的「懦夫」行徑，並下令全國下半旗志哀五天。但他週末參加友人的婚禮慶典，在喜宴上與笑靨如花的新娘合影，還是讓許多人感到特別不舒服。

不可否認，特朗普的上台，讓白人至上主義者從邊緣走向了美國的中心舞台，他們的行為方式變得更加肆無忌憚。克魯修斯的所作所為，客觀上受到了特朗普的鼓舞。他在社交媒體的活動顯示其是特朗普的粉絲。《紐約時報》認為，「得州槍手的聲明是特朗普語言的回聲」。特朗普的種族主義言論為這種惡行提供了毒液，為槍手送上了開槍的「官方許可證」。

雖然特朗普被媒體描繪成一位白人至上主義者，對此他本人竭力否認，稱「自己身上的每一根骨頭都沒有種族主義成分」，但奧馬爾等人的回擊是：「種族主義不在骨頭裡，但存在於特朗普的頭腦中」。民主黨總統競選人、得州前眾議員奧洛克認為，「發生在家鄉的槍擊案顯示了白人種族主義者對移民的憤怒與仇恨，給特朗普貼上白人至上主義的標籤十分恰當，他不僅慫恿這樣的行為，而且予以鼓勵。特朗普把墨西哥裔移民與罪犯畫上等號。上任之初還就禁止特定宗教的人入境（注：發布禁穆令引發爭議）。人們正在呼應他的言論」。

2018 年 5 月，希拉里回母校耶魯大學參加畢業典禮並作主題演講，

她批評特朗普在導致國家分裂方面走得更遠。前總統卡特也認為，特朗普靠煽動仇恨治理國家，反映了人性的陰暗面。《華盛頓郵報》發表社論稱，「特朗普不僅不提供團結和理解，反而鼓勵分裂與歧視。在每一個關鍵時刻，他都同擁槍者站在一起」。美聯邦調查局前局長科米認為，「種族主義是美國未能消除的毒素，特朗普為了實現自己的政治目的，挑起種族話題，後果將十分危險」。許多人擔心，美利堅合眾國正在變成美利堅分裂國。

特朗普靠著反移民、反建制、反全球化而當選，無疑加劇了美國的政治分裂。美國是否爆發第二次內戰的話題變得更加具有現實性。一些專家認為，美國內戰不再遙遠。美國歷史學家大衛・布萊思寫道：「內戰是一條沉睡的巨龍，它隨時可能醒來，把我們燒成灰燼。」2017 年 8 月，美國《外交政策》雜誌曾刊文，對美國發生內戰的問題進行了研究。認為今後 10 至 15 年，美國面臨第二次內戰的概率高達 60%。

這兩年來，美國政治極化現象進一步加劇，社會變得越來越不包容，政治光譜向兩極靠攏，容易走向極端、個人行為越來越偏激，一言不合就掏槍。

特朗普有意淡化槍手克魯修斯的白人至上主義色彩，更多強調槍手是「典型的精神病」，他呼籲國會兩黨對購買槍支的人士，實施更嚴格的背景調查，但沒有給出更多細節。

有專家擔心，隨著美國政治的衰敗、持槍自由的延續，以及新媒體的煽動力，「這些獨狼式的恐怖襲擊有可能變成一場廣泛的意識形態運動」，美國由此爆發內戰並非不可想像。雖然做人不能像佩洛西那樣刻薄，把香港的動亂稱作「一道美麗的風景線」，但至少美國的槍擊案或是美國第二次內戰的背景牆。

美國進入大選週期　特朗普勝算幾何

2019 年 6 月 18 日

6 月 18 日被美國總統特朗普稱為「大日子」。這一天，他在佛羅里達州奧蘭多正式宣布開啟競選連任之旅。而民主黨候選人初選的首場辯論也將在 26 日開鑼。

在多個民調中落後於拜登的特朗普有點坐不住了，特別是在賓西法尼亞、密歇根及威斯康辛等幾個關鍵搖擺州均出現了險情。如同他把美國主流媒體的報導斥之為假新聞，特朗普也把這些不利於自己的民調斥之為「假民調」。

15 日特朗普直接發推警告，「2020 年大選如果無法連任，美國股市必將崩盤」。與此同時，他通過各種方式向美聯儲主席鮑威爾施壓，要求其儘快降息以拉抬掉頭向下的經濟。

特朗普的任期已過大半，「關稅男」的封號名副其實。他給世人印象最深的就是動輒揮舞關稅大棒，掄向所有與美國存在貿易逆差的國家，全世界都活在特朗普的陰影之中。

當特朗普漸漸聚焦中國的時候，指望很快拿下「非常虛弱的中國」（特朗普推特用語），卻沒有料到，中國成了特朗普最難啃的骨頭，多少讓他有點沮喪。美國大選的時針嘀噠作響，嘴裡喊著不急於達成中美貿易協定的他，比任何人都需要這紙協定，向美國選民展示他的「談判藝術」。

特朗普的極限施壓政策給中美關係帶來了巨大傷害。上個月，王毅國務委員兼外長警告國務卿蓬佩奧，不要在惡化中美關係的道路上「走得太遠了」，大有讓美國懸崖勒馬的意味。一些網友調侃道，美國願意跳，何必攔它？但另一些網友給出了標準答案：「不能讓它跳，因為中國也騎在馬上」。儘管這是網絡段子，但也真實反映了中美關係的現狀。

中美之間「你中有我，我中有你」的相互依賴程度超出了特朗普的想像，即使美國的一些戰略家們急於與中國全面脫鉤，但沒有五到八年也是不可能完成的。屆時特朗普呆在什麼地方，的確需要一些想像力。

6月17日，美國貿易代表辦公室就剩下的3200多億美元中國產品加征關稅舉行聽證會，已經有600多家企業聯名寫信給特朗普：續征中國產品25%關稅，將令美國企業失去200萬個就業崗位，讓四口之家平添2000美元的生活成本，美國GDP因之下跌1%。

但特朗普能聽進去多少，的確不能抱太大的希望。不過，特朗普向全世界賣了一個關子，稱是否加征關稅，留待G20峰會後再做決定。

特朗普的許多做法看似毫無章法，其實背後有著自己的一套行為邏輯。一方面，在特朗普眼中，只要保持老大的地位，採取什麼手段他都不介意，正所謂馬基雅維里「目的總是證明手段正確性」的哲學，被這位號稱為「原則性現實主義者」的總統發揮到了極致。

即便被美英歷史學家們罵為「流氓超級大國」，特朗普也滿不在乎，他在乎的是「結果導向」。6月12日，特朗普甚至表示，在2020年大選中，倘若有外國政府提供給他有關競爭對手的黑材料，他願意接納。此言一出，舉國嘩然。

競爭對手拜登批評道，「這不僅關乎美國政治，而且也關乎國家安全」，但特朗普我行我素，一些人還出來為特朗普的言行辯護。可見，美國政治領袖的道德底線已經被特朗普徹底扯掉。

另一方面，我們也非常清楚地看到，美國共和黨的建制派和極右勢力正利用特朗普，與中國下一盤更大的棋。

原先這些人，特別是建制派對特朗普並不看好，處處跟他較勁，但特朗普的當選讓共和黨的精英沾光不少，所以，他們乾脆順水推舟，借特朗普之手把中美關係往戰略對抗的道路上牽引。特朗普政府對華政策的戰略

性、矛盾性和混亂性由此可見一斑。

特朗普本人則更多受制於選舉政治的邏輯，給特朗普戴上戰略家的帽子真是有點抬舉他，最多只能算是一位精明的策略師。他非常清楚，許多美國人正等著看他的好戲。

正像佩洛西所言，「不希望他被彈劾，更希望看到他坐牢」。特朗普上台以來，打破了美國政壇的許多清規戒律和「政治正確」，用推特、行政令和家族式的小圈子治國，釀成了美國歷史上少有的「憲政危機」。

為了防止被政治清算，特朗普格外看重連任總統，通過拉長任期，擴大自己的統治基礎。當選舉政治邏輯與其他利益發生碰撞的時候，特朗普寧願選擇前者。而眼下最大的政治就是怎樣能贏得選民的支持。

非法移民和製造業回歸是特朗普第一任期的兩大承諾，非法移民的大量湧入對存量勞動力市場形成擠壓，加劇白人藍領的不滿。美國著名中國問題專家傅高義說，在美國中西部朋友告訴他，那裡許多人找不到工作。既有技術進步的因素，也有產業外包的原因，但在華盛頓和紐約，社會精英們感受不到。

雖然美國失業率很低，但是勞動參與率從 67% 降到了 62%，實際上美國有許多人徹底離開了就業大軍。漂亮的失業率數字掩蓋不了美國中下層人群的真實生存狀況。

2020 年特朗普能否連任，很大程度取決於 2016 年的基本盤能否穩住。這些選民的邏輯是，過去他們過得很苦，無人關心，現在依然很苦，但至少有特朗普替他們說話，所以，對特朗普反復無常的政策給予了一定的寬容度。而這種忍耐能持續多久，成為我們觀察美國政治的重要風向標。

美國的大選正式拉開大幕。時間不是特朗普的朋友，特朗普由著性子耍世界的空間也進一步收窄。他接下來能呈現給美國選民什麼樣的成績單，將直接影響特朗普的政治命運。

對內，「通俄門」始終關不上；對外，「中國門」一直踢不開；內外交困的特朗普真的需要冷靜地想一想了，否則一不小心撞上「牢獄之門」也未可知。但願民調數字的冰冷能讓特朗普的頭腦變得清醒一些。若特朗普能從一個「原則性現實主義者」變成一個「建設性現實主義者」，或許中美關係的修復還存有一線希望。

真可謂：連任仙桃比蜜甜，機關算盡奈何天；欲圖南行緣北轍，莫道世人無良言。

特朗普這一次被眾議院釘在了恥辱柱上

2019 年 7 月 17 日

美國大選正式開打已經一個月，共和與民主兩黨之間的火藥味越來越濃。可以預料，2020 年的大選將是美國歷史上爭奪較為激烈的一次。

美國的傳統精英們必然要作一次殊死的反撲，而以特朗普為代表的反建制及民粹主義力量將誓死捍衛已有的果實。

特朗普非常清楚，一旦輸掉大選將面臨政治清算，這三年來製造的憲政危機都將面臨「秋後算賬」的危險。而一旦獲得連任，將進一步鞏固家族的政治地位，或超越布什家族也未可知。

在短短的十幾年間，布什家族出了兩位總統，誰能保證這個故事就不能在特朗普家庭上演呢？至少特朗普做過這樣的美夢，假如有一天真就實現了的呢？

伊萬卡的政治前程那是後話，不過先在白宮提前「實習」和在國際舞台亮亮相還是很有必要的。眼下首先要確保自己能夠連任。

7 月 14 日特朗普開始動手了，在他的命令之下，美國展開了一拖再拖的大規模搜捕非法移民的行動。

在展開這項行動的同時，特朗普迅速開闢了另一個戰場：連發多個推特，嘲笑民主黨幾位少數族裔女議員對美國的政府運作指手畫腳，他們應該「滾回原籍國，那裡需要你們幫忙收拾殘破不堪和犯罪猖獗的爛攤子」。

此言一出，引起全世界嘩然。畢竟這幾位年輕女議員除了奧馬爾從小隨父母離開索馬里之外，其他三位科爾特斯、特萊布和普雷斯特都是土生土長的美國人，只不過祖、父輩來自波多黎各、巴勒斯坦等。

這四人都是去年當選為眾議員的，均為少數族裔，且政治理念相同，「思想進步」，被稱為四人「小分隊」，連眾議院議長佩洛西都感到頭疼，

希望與她們保持距離。

　　特朗普的這番話超越了種族歧視和性別歧視的雙重紅線。佩洛西第一個站出來，嘲諷特朗普所謂「讓美國再次偉大」，實質是「讓美國再次白起來」。

　　但特朗普我行我素、毫無悔意，15 日在推特上繼續開罵，稱這他們為「極端民主黨人」，「反對以色列、同情基地組織、對 911 襲擊輕描淡寫、希望大開邊境讓罪犯進來」。特朗普對奧馬爾尤為厭惡，並造謠說奧馬爾讚揚「基地組織」。

　　在特朗普的心目中，非洲和加勒比國家是「屎坑」（shithole）。2017 年，德克薩斯州和波多黎各均遭颶風重創，特朗普對兩者的立場迥異。表示「與得州人同在」，但指責波多黎各政客「非常無能、亂花錢或貪污，而且只會向美國伸手」。

　　四名女議員 15 日召開新聞發布會反擊，稱美國就是她們效忠的國家。特朗普這樣做是在製造分裂，分散美國對他有關移民、醫療和稅收政策失敗的注意力。科爾特斯更是尖銳地指出：「特朗普靠種族主義、分裂和反移民情緒來鞏固權力」。特萊布認為，這為彈劾特朗普提供了新證據。

　　對於是否啟動彈劾程序，民主黨內分歧較大，至少黨內有 85 名議員希望啟動彈劾程序。佩洛西則表示，「寧願看到特朗普坐牢，而不是被彈劾掉」。

　　彈劾不成，但眾議院於北京時間 17 日進行表決，以 240 票對 187 票通過了一項「強烈譴責總統種族主義言論」的決議。該決議案稱，特朗普的相關言論「加劇了白人對新加入的美國人和有色人種的恐懼和仇恨，並使這種恐懼和仇恨合法化」。

　　這項決議的通過，標誌著特朗普成為美國 100 年來第一個被國會譴責的總統，也算是為他口無遮攔付出的政治代價，特朗普被佩洛西永遠釘在

了眾議院的恥辱柱上。

特朗普本想通過製造反移民的話題激起白人的民憤，但卻找錯了對象，落得個自取其辱的下場。共和黨人抱怨，佩洛西濫用議會規則，對總統的權力構成了威脅。

反移民是特朗普 2016 年的競選承諾，也是他爭取白人選民的一張牌。特朗普的邊境建牆計劃一直遭到民主黨的阻撓，尤其是民主黨內的「四人幫」，更是強烈反對放行參院版本的邊境撥款計劃，令特朗普氣不打一處來，拿新晉議員出氣。但她們不是軟柿子，相反卻是特別能戰鬥的「鏗鏘玫瑰」，在眾議院的辯論過程中，她們認為「美國最高層不能給種族主義存在的空間」。

自特朗普當選總統以來，美國政黨政治的光譜凌亂不堪，各自的邊界不甚清晰。桑德斯號稱是民主社會主義者，其支持者與特朗普的支持者有不少重疊之處。

而特朗普本人前幾年還是民主黨人，後來才加入共和黨，在某種意義上說，特朗普是披著共和黨外衣「借殼上市」的總統，屬於非典型共和黨人，他與傳統精英保持距離，為白人中下層民眾代言，恰恰是過去民主黨人的基本盤，而民主黨的希拉里倒成為了美國共和黨精英的「代言人」。

有分析認為，這四名女議員本來在政治光譜上屬於「進步左翼」，與大多數民主黨建制派立場差異較大。特朗普旨在通過攻擊她們，把她們從民主黨的邊緣位置帶入政治中心，從而讓選民覺得這支「小分隊」的想法代表民主黨的主流。

這樣特朗普就可以順勢將所有民主黨人都打成「極左翼」，貼上「社會主義者」的標籤。美國大選的政治光譜就清晰可見，民主黨只能呆在左邊，而中間及右邊的四分之三的地盤就屬於共和黨的天下了。

一些輿論已經注意到，自奧巴馬上任以來，民主黨在全民保健及對待

少數族裔問題上的做法，的確有向社會主義理念靠攏的傾向，引起白人中產階級的恐慌。

特朗普正通過此舉迎合極右選民，爭取中間派選民。事實上，特朗普的這套邏輯也得到了印證。他在推特中幸災樂禍地表示，「佩洛西本想甩掉她們，但她們現在永遠嵌入民主黨內了。」

毫無疑問，特朗普打種族主義這張牌其實是一著險棋。他自稱，「我身體內沒有一根骨頭是種族主義的」。但是，從這幾年的言行看，沒有相信他不是一個「白人至上主義者」。參議院少數黨領袖舒默批評道，「共和黨人這種集體噤聲的做派令人害怕」。

共和黨人非常清楚，特朗普之所以能贏得大選，很大程度上是爭取到了白人藍領，尤其是白人男性的支持。而接下來特朗普能不能連任，很大程度上取決於幾大搖擺州的投票結果。

而密歇根、賓夕法尼亞、威斯康辛州以白人（老人、男性）居多，特朗普希望再打種族牌，固定住這些「鐵粉」。共和黨議員的命運與特朗普的命運已經緊緊地綁在一起，他們只能團結在特朗普周圍，默認他的一些做法。只有四名共和黨人對決議案投了贊成票。

甚至有幾位共和黨還在助紂為虐，稱這四人小分隊是「共產主義者」。在美國的中學教科書裡，共產主義早已被標籤化，與法西斯主義並列。共和黨老牌參議員格雷厄姆在福克斯電視台表示，這支小分隊「既反猶且反美」，且是「共產主義者」，特朗普做法並不過分。

而大多數保持沉默的共和黨人則認為，特朗普經常在推特上惹是生非，過幾天風波就會平息。有分析認為，共和黨內的集體沉默，從這一側面反映了美國政黨政治的墮落。更不用說，美國兩黨的相互否決政治，讓美國民眾對政治越來越厭倦。

特朗普之所以在種族問題上肆無忌憚，主要是摸准了美國白人的脈

搏。非法移民固然擠壓了一部分白人的工作機會，但更為嚴重的是美國白人的身份危機。

2009 年，黑人總統奧巴馬入駐白宮，極大地衝擊了他們的心理底線。特朗普一直對奧巴馬的出生地表示懷疑，這也是兩人結下梁子的重要原因之一。特朗普私下暗示奧巴馬是個穆斯林。在奧巴馬公布出生證明一年後，特朗普仍在推特上表示，有「非常可靠的來源」證明奧巴馬的出生證明是偽造的。

特朗普對非法移民進行大規模清理，雖然造成了許多家庭的骨肉分離並遭到許多詬病，但打擊非法移民在美國有廣泛的群眾基礎，特別在白人人群中受到極大歡迎。特朗普的建牆計劃正是代表了正宗白人的心聲。

特朗普上台以來，白人至上主義在美國大幅度升溫。最具影響力的事件莫過於 2017 年 8 月在維吉尼亞州夏洛特維爾鎮爆發的種族主義暴亂。

特朗普以煽動仇恨、挑動種族對抗的方式治理國家，暴露出人性中的陰暗面，美利堅合眾國進一步走向「美利堅分裂國」。特朗普不僅開罪少數族裔，而且將廣大女性推向對立面。如果這些人被廣泛動員起來走向投票箱，或許將極大威脅特朗普的連任前景。好在美國的選戰才剛剛開始，特朗普還有很多補救的機會。

彈劾調查會對特朗普形成致命一擊嗎

2019 年 10 月 7 日

過去的 20 多天裡，彈劾成了美國報章的高頻詞，特朗普總統的心情也被民主黨人徹底搞壞，眼下不得不騰出大量精力應對這個棘手的政治和法律問題，而無法像從前一樣滿不在乎了。特朗普在 10 月 4 日接受採訪時第一次承認，民主黨已經擁有足夠多的票數對他發起彈劾調查。《華盛頓郵報》用「憤怒、沮喪、挫敗」來形容當下的特朗普心情，再貼切不過了。

彈劾調查把美國共和與民主兩黨的惡鬥推向新高度。近來特朗普的推特內容大都與反擊彈劾調查有關。國內網絡寫手甚至杜撰特朗普的推特，流傳甚廣的莫過於特朗普「觀看」中國閱兵後發了以下推文，「我很羨慕中國這次閱兵體現出的團結氣氛。每天我在外忙著和各國打貿易戰，而民主黨那幫孫子卻在背後捅我刀子，彈劾我」。

不論這是不是特朗普的真實想法，但偽造特朗普的推特，並添油加醋地加以分析，既不道德，也不嚴肅，失去了起碼的新聞價值。除了吸引眼球、賺取一些網絡流量之外，對理解彈劾案的進展毫無助益。

彈劾特朗普弄假成真，在某種程度上也是總統本人咎由自取。作為一位政治素人，不按常理出牌在預料之中，大家也慢慢習慣特朗普的行為方式，甚至是見怪不怪，但不等於美國精英建立起來的一套政治遊戲規則完全可以被置之不理，觸碰了底線還是會引起較大的反彈。

彈劾特朗普之說在國會嚷嚷了好一陣子，尤其是在共和黨把控參眾兩院的時候，特朗普無論怎麼出格，也高枕無憂。沒有幾個共和黨人願意挑戰總統，更何況在 2016 年大選中完全處於劣勢的共和黨人，因特朗普的勝選而沾了不少光，一些共和黨大佬要麼保持沉默，要麼重新團結在特朗

普的麾下，黨內建制派對特朗普的批評聲越來越少，甚至是助紂為虐。

2018 年 11 月的中期選舉，改變了國會的政治生態。民主黨奪回眾院以後，彈劾特朗普之聲不絕於耳。例如，在「通俄門」問題上，特朗普有「妨礙司法」之嫌；在修建美墨邊境牆問題上，特朗普以宣布國家進入「緊急狀態」為由，動用國防開支獲得經費；在攻擊民主黨女性「四人幫」問題上，特朗普大放「種族主義」厥詞。諸多把柄握在反對黨手中，民主黨內的激進派一直壓佩洛西展開彈劾調查。但佩洛西一直不為所動，不願接受這場政治豪賭，擔心彈劾證據不足，反而令民主黨在接下來的大選中丟掉中間選民。

「通烏門事件」無疑為佩洛西送來了彈藥，為民主黨發起彈劾調查找到了一把實錘。7 月 15 日，特朗普與烏克蘭總統澤連斯基通話時，以軍援為要脅，要求其展開對美國前副總統拜登父子 2014 年的一項涉腐調查，從而為自己的大選利益服務，這是特朗普的精算。

一些輿論分析認為，這種公開要求外國提供自己政治對手的黑材料，本是私底下的交易，但特朗普無所顧忌，在與澤連斯基的通話中，將這項要求廣而告知，讓特朗普的部下極為難堪：檢舉揭發意味著與特朗普分道揚鑣，而不舉報則意味著同流合污，使自己處於極大的法律風險之中。

政治是交易的藝術，但特朗普撕掉一切偽裝，到了一手交錢一手交貨的地步，吃相未免過於難看。佩洛西指責特朗普「背叛了國家安全，背叛了選舉公正」。她下令眾院六個委員會多管齊下，向包括國務卿及特朗普的私人律師朱利安尼發出傳票，並限期白宮和副總統彭斯儘快交出有關文件。白宮則堅持，除非眾議院就彈劾舉行了正式投票，否則不會交出相關文件。

與當年彈劾克林頓的情況有所不同，那時克林頓處於第二任期，基本上是一個人在戰鬥，而特朗普正式競選從 6 月 18 日起開打，旗下有一支

完整的競選團隊可以幫助他應對彈劾，而這種助力卻因為特朗普的自行其是而被抵消掉，這也是總統競選團隊倍感困擾的地方。

一波未平，一波又起。通烏門事件還在發酵，現在又把中國扯進來，讓中國躺著中槍。特朗普基於一種假定，認為拜登父子與中國存在不正當的商業利益，要求中國也幫助查一查。

本來特朗普的當選就有俄羅斯干預美國大選而存有「瓜田李下」嫌疑，而這一次特朗普則面對眾多記者，明確要求中國與烏克蘭一樣，調查特朗普的競爭對手拜登父子，這種邀請外國勢力「干預」美國大選的行為，在一些精英看來，完全屬於叛國行為。

筆者認為，特朗普採取極端手段為自己當選鋪路，在很大程度上與特朗普對競選形勢的誤判有很大關係。自 2019 年 3 月以來，特朗普民調支持率大幅度落後於拜登。把連任看得如此之重的特朗普，希望不惜一切代價消滅對手。他在回答「通俄門」事件時表示，如果俄羅斯在 2020 年大選繼續提供政治對手的黑材料，他不會拒絕。美國輿論為之一片嘩然。

澤連斯基雖然演過總統的角色，但現實中的總統要比電影中背台詞真實得多、也複雜得多。澤連斯基在出席聯大與特朗普會晤時一再表示，自己並沒有受到特朗普的壓力。

但媒體普遍質疑，一個歐洲最窮的國家面對 4 億多美元援助的不確定性，說是沒有感受到壓力，鬼才相信呢！澤連斯基做夢也沒想到，自己就這樣被推入到超級大國的政治旋渦之中，澤連斯基的表情包引來了無數解讀。

不論彈劾調查向何處發展，特朗普與拜登無疑都是輸家。特朗普一邊嘴上說，他最歡迎 2020 年迎戰拜登，但內心卻對拜登的民調領先感到焦慮，於是出此下策。而特朗普在推特上貼出拜登父子與烏克蘭最大天然氣公司總裁的合影，以此暗示拜登對其子的所作所為「一清二楚」。

其實在「通烏門」曝光之前，拜登的黨內初選辯論表現平平，其領先優勢被沃倫反超。如今特朗普面臨彈劾的命運，想必他一定很後悔，早知如此，還不如把焦點放到沃倫身上。現年 70 歲的沃倫如果維持這樣的支持率，2016 年的大選格局或再次重演，弄不好又是一個男人與一個女人之爭。桑德斯前幾天心臟病突發，進行了支架手術，而桑德斯與沃倫的理念較為接近，可見沃倫的支持率有進一步上升的空間。

眾議院希望在感恩節前就彈劾問題做出最終決定，而參院目前處境尷尬：如果說「通烏門」事件剛抖出來的時候，還有不少共和黨人為特朗普辯護的話，隨著時間的推移，越來越多的參議員選擇保持沉默，不希望此事對自己的選情形成不利影響。

一些共和黨人士表示，不妨我們換位思考一下，如果 2012 年奧巴馬向外國領導人要求調查共和黨候選人羅姆尼，共和黨可能不僅是要彈劾奧巴馬的問題了，而是要以「叛國罪」追討之。

CNN 的評論認為，這兩年來，「共和黨人徹頭徹尾地屈服於特朗普邪教般人格的淫威之下」，這是共和黨的悲哀。更何況，特朗普的保護主義傾向與共和黨的理念背道而馳。雖然輿論認為，彈劾要爭取到共和黨 22 張反叛票的概率並不高，但參議院的動向正變得越來越微妙，讓特朗普寢食難安。

至少有三個州的參議員表示，對特朗普不再無條件支持。來自猶他州的參議員羅姆尼公開叫板特朗普，認為特朗普公開喊話，要求中國參與調查政治對手的行為是極其錯誤的，但特朗普加大了對羅姆尼的抨擊，認為「羅是一開始就與我作對，還求我讓他當國務卿，被我拒絕了」。

對於大多數共和黨參議員來說，接下來將面臨痛苦的抉擇：參議院作為共和黨建制派的大本營，一開始就不喜歡特朗普，而現在終於有機會把特朗普炒掉、由彭斯取而代之，未必是個糟糕的選擇，但此事不宜拖得太

久，這樣對共和黨的大選不利。而民主黨則孤注一擲，希望利用彈劾案一直吊打特朗普。即使彈劾不成，也讓特朗普背負被彈劾的壞名聲，讓選民望而卻步。

　　總體而言，彈劾案的啟動無疑對特朗普不利，但是否構成致命的一擊還需要繼續觀察，也很大程度上取決於特朗普自身的巧妙應對，特別是打悲情牌的效果。

共和黨人向特朗普敲起了警鐘

2019 年 10 月 24 日

自 9 月 24 日佩洛西宣布正式展開對特朗普的彈劾調查以來，相關人員被陸續傳召到國會進行閉門聽證或提交相關文件。特朗普政府認為，彈劾動議沒有經過眾院表決，禁止其幕僚予以配合。但這不妨礙一些關鍵性人物到國會作證。10 月 23 日美前駐烏大使、現駐烏臨時代辦泰勒的證詞被形容為「最能證明特朗普有罪的證詞」，必將加速推動國會的彈劾進程。

隨著彈劾調查的進入，美國總統與議長的關係也降到了冰點。特朗普指責民主黨發起彈劾調查，是發動政變，旨在推翻 2016 年的大選結果，「民主黨人無所事事，且沒完沒了」。而佩洛西則稱，任何人都不能凌駕於法律之上，通過利益交換，迫使烏克蘭調查競選對手拜登的濫權做法，是違憲行為。民主黨總統參選人拜登第一次公開贊成彈劾「美國最大的腐敗總統」，他強調，特朗普的家人進駐白宮，「儼然是美國的內閣成員」。

10 月 23 日，特朗普指責民主黨對總統彈劾調查是濫用「私刑（lynching）」，激起美國社會的強烈反彈。「私刑」是美國專門術語，用這個詞給民主黨人貼標籤，是典型的政治不正確，無異於對民主黨人的政治污辱。「lynching」這個單詞是以美國獨立戰爭期間自行執法、就地審判、馳名全美的「林奇上校」而得名。在美國南方，白人經常動用私刑，不經任何司法審判，對黑奴進行迫害，當眾絞死、燒死。

眾所周知，在民族熔爐之稱的美國，只有非洲黑人是戴著手銬與腳鐐，含著淚水和恐懼，不情願地被販賣到這裡的。黑奴屬於主人的財產，每天勞動 18 個小時，奴隸逃亡必須送回原主，奴隸主處死奴隸不算犯罪。1787 年，美國制憲會議還就奴隸制展開激辯，美國開國元勳的家中都雇有黑奴。直到 1808 年，美國才通過禁止販運黑奴法。但白人奴隸販子不

願放棄販奴的高額利潤，美國南方違法販奴之風盛行，加上黑奴的自然增長，到南北戰爭爆發前的 1861 年，全美黑奴人數已達 400 萬。這一年，美國總統林肯發布了《解決黑人奴隸宣言》，近 20 萬黑人加入北方軍隊，近 7 萬黑人軍人死在戰場。廣大黑人積極參加與幫助北方最終擊潰南方，奴隸制於 1865 年最終退出歷史舞台。一個世紀以後，通過馬丁·路德·金運動，才算徹底翻過這一頁。

獲得奧斯卡 2019 年度最佳影片獎的電影《綠皮書》，講述了《種族隔離法》廢除前的 1962 年，黑人鋼琴家舍利不得不雇傭白人司機，依賴一本綠皮書（《黑人旅行指南》），去南方巡迴表演的故事。這本書告訴黑人，哪些餐廳和旅店是接待黑人的，如果不小心走錯，有可能被打死。有些餐廳甚至掛著「黑人請進，如果你不怕我的槍」等牌子。《綠皮書》黑人導演斯派克·李在頒獎典禮上發表獲獎感言，把整場頒獎典禮推向高潮。他說，「今年是黑人作為奴隸開始被販賣到美國的 400 年，馬上就要迎來 2020 年總統大選，希望大家做正確的事，選擇愛，而不是恨」。

但以煽動仇恨、製造分裂的民粹主義而上台的特朗普總統，要以愛和包容來團結國家談何容易，一不小心就會露出種族主義的馬腳。近兩年，美國白人至上主義再次露頭，讓整個社會對種族主義問題抱有高度的政治敏感，尤其是黑人群體。2019 年 7 月，特朗普因對民主黨四位黑人女眾議員發表不當言論，要求他們滾回「原籍國」。美國國會為此通過相關決議，對特朗普進行譴責。

「私刑」記述的是美國一段不光彩的歷史。民主黨人指責特朗普用詞不當，勾起了美國人的痛苦回憶。而共和黨人翻出老賬，認為 1998 年拜登參議員在指責共和黨人發起對克林頓的彈劾時也用過「lynching」這個詞。

從通俄門到通烏門，從敘利亞撤軍到 G7 峰會舉辦地的爭執，特朗普

一再被推到美國輿論的風口浪尖。民主黨人利用這些問題吊打總統，尤其是攻擊總統通過自己的私人律師朱利安尼大搞「影子外交」，讓特朗普十分被動。特別是隨著聽證會曝光的細節越來越多，特朗普感受到不小的威脅。10 月 22 日，特朗普公開喊話，要求共和黨人團結起來，不能被民主黨人帶節奏。雖然共和黨人對彈劾總統一事總體上保持沉默，但越來越多的共和黨人私下表示，更多的證據使得他們很難在公開場合捍衛特朗普的所作所為。

據美國近期民意調查顯示，贊成彈劾調查的有 55%，而不贊成的只有 30%，仍有不少灰色人群對彈劾態度不置可否。不過，特朗普的支持率一直在 40% 左右徘徊，這是特朗普執政的基本盤，不論特朗普的表現好壞，這些鐵杆支持者都不會棄他而去。

泰勒的最新證詞成為彈劾特朗普的又一鐵證，坐實了特朗普拿軍事援助換取烏克蘭總統調查拜登父子的指控。一些媒體評論認為，現在的焦點不再是與烏克蘭有沒有交易的問題，而是特朗普如何為自己辯護及共和黨如何反擊的問題。

我行我素的特朗普雖然更多時候恣意妄為，但眼下不能不考慮共和黨對他的忠誠度問題了。尤其是在敘利亞撤軍問題上，特朗普幾乎遭到國會民主與共和兩黨的共同反對，國會以壓倒性多數通過了譴責特朗普撤軍一事，對特朗普無疑是一個很大觸動。最終他不得不答應留守 200 名士兵放在敘利亞。

在明年七國集團峰會的舉辦地問題上，特朗普也不再堅持到自家的朵拉爾高爾夫俱樂部召開。不過，他自我辯解道，本來這樣做是給美國節約一大筆開支。但批評者援引憲法條款，認為這有瓜田李下的嫌疑。畢竟這個俱樂部的收益在過去兩年間一直呈下降的趨勢，而舉辦七國峰會無疑對今後俱樂部的促銷或帶來意想不到的效果。

　　特朗普號召共和黨團結的喊話似乎起到了一定效果。白宮第一時間給泰勒的證詞降溫，稱其是「道聽塗說」；而來自北卡的共和黨眾議員梅多斯則稱，泰勒的證詞都是「第二手材料」。共和黨重量級參議員格雷厄姆站出來為特朗普辯護，認為與烏總統的通話還不足撐起對特朗普的彈劾指控。但更多的共和黨議員擔心，不顧一切地支持特朗普，有可能傷及自己的選情，從而有意與特朗普保持一段距離。這無疑為總統敲響了警鐘。

　　輿論普遍認為，特朗普在通烏門問題上有錯，但要爭取到 20 名參議員支持彈劾特朗普比登天還難，所以，當前的彈劾鬧劇還不足以撼動特朗普的執政地位。據 10 月 23 日 CNN 發布的最新民調顯示，拜登的支援率（34%）依然領先，但受通烏門事件影響，估計後勁略顯不足；而排名第二的民主黨有力競爭者沃倫（19%）的政治光譜過於靠左，有可能失去中間和右翼選民的支持，打敗特朗普還存在巨大變數。

　　有評論認為，2020 年打敗特朗普的不會是民主黨人，而是特朗普自己。從這個意義上說，共和黨人對特朗普敲響的警鐘或許來得正是時候。

大選倒計時考驗特朗普的自我約束力

2019 年 11 月 5 日

距明年 11 月 4 日美國大選整整一周年。究竟是特朗普連任還是民主黨殺出一匹黑馬，至少現在形勢還不甚明朗。

種種跡象表明，特朗普前幾日要求共和黨人在「護主」方面表現更強硬一點的喊話還是發揮了作用。一是 20 多名共和黨議員大鬧彈劾特朗普閉門聽證會會場，讓民主黨主導的聽證會被迫推遲五個小時；二是 10 月 31 日眾議院就彈劾特朗普調查程序進行表決，全體共和黨議員均投了反對票，共和黨人至少不想被特朗普罵為「人渣」，相反民主黨倒有兩名議員倒戈。特朗普更是將民主黨人主導的彈劾斥之為「美國歷史上最大的政治迫害」。

對於特朗普來說，2020 年大選事關自己和家族的政治性命。如果敗選，等待特朗普的很可能是牢獄之災。所以，他要想盡一切辦法擊倒對手。而「通烏門」事件則是打擊拜登的重要謀劃。沒想到白宮內有人告密，才將此事曝光。否則，在明年大選的節骨眼上拋出拜登的黑材料，豈不是提前乾淨利落地結束美國大選？

特朗普的精算反而變成了失算，讓對手抓住了尾巴，迅速凝聚了民主黨內的共識。佩洛西指責特朗普為了自己的政治利益，引入外國勢力介入美國大選，是徹頭徹尾的濫權行為。

美國進入彈劾時間，與大選攪在一起，大大提升了美國兩黨鬥爭的熱度。民主黨人常以「末日」來形容明年大選。拜登稱，讓特朗普連任會徹底改變美國的特質，而且這種改變會持續好幾代。沃倫也表示，這場大選會決定美國未來一代。

美國大選看似熱鬧，其實真正決定特朗普命運的還是幾個關鍵搖擺

州。如密歇手根、威斯康辛、俄亥俄、賓夕法尼亞和佛羅里達州。為此，特朗普需要在明年開春前簽訂一紙中美貿易協定，好讓這些州的農民安心播種，否則到明年 11 月用腳投票，特朗普難以承受之重。

而佛羅里達州也是關鍵一州。11 月 1 日，特朗普夫婦正式申請成為佛州居民，用海湖莊園取代紐約的特朗普大廈作為家庭住址。屆時，特朗普將以佛州人自居，相信對爭取那裡的選民大有裨益。

圍繞特朗普的交稅記錄問題，民主黨人一直死纏爛打。根據法律的要求，在任總統必須提交稅款記錄，而過去四十年來，美國歷屆總統也是這麼做的。

特朗普表示，他願意提交，但問題是他的稅收報表在審計過程中，在任期間恐無法提交。而審計部門表示，審計並不影響特朗普呈交有關材料。國會多次促請財政部下屬的國稅局儘快呈交特朗普的稅款材料，但總統下令財長姆努欽不得上交。雙方一直僵持不下，直至曼哈頓聯邦法官下令交出。為了避免這場法律官司，特朗普乾脆一走了之。紐約州長和紐約市長相繼發表聲明，要走快走，紐約不留。對特朗普的不屑溢於言表。從 1985 年至 1994 年間特朗普在紐約的納稅記錄來看，這位富翁總是利用各種政策漏洞偷逃稅款。

輿論認為，特朗普的稅單有太多的故事等待挖掘，恐對大選選情造成負面衝擊。特朗普本人則利用在任總統免於刑事追究的特權，與國會進行軟抵抗，並不斷上訴，甚至不惜鬧到最高法院，讓親共和黨的大法官幫到自己，從而達到家醜不可外揚的目的。

特朗普除了不交納稅記錄、開創了美國四十多年以來的歷史之外，更重要的是，特朗普還把白宮事務搬到了網上，通過「推特治國」，經常讓他的手下驚出一身冷汗。他們擔心弄不好有洩密之嫌，將來要吃官司。一些官員甚至提議限制總統發推特，或讓推特公司對總統的帖子作 15 分鐘

的延遲，但這個提議最後都不了了之。

據《紐約時報》報導，在過去近三年執政期間，特朗普已發布 11000 多條帖子，他的粉絲也超過 6000 萬。據研究專家對特朗普的推特進行分類，發現特朗普要求對移民和美墨邊境牆採取行動的帖子有 1159 篇，另外 521 篇是有關關稅的帖子，把他稱為「關稅男」看來是名副其實。此外，超過 20 名高級官員的離職也是透過推特告知被解雇的。

推特治國成了特朗普執政的一大特色。特朗普起床後的第一件事情是發推特。特朗普的性格特徵之一就是喜歡戰鬥，與天鬥，與地鬥，與人鬥，其樂無窮。所以，他的推特也呈現出「攻擊、攻擊、再攻擊」的個性（高達 5889 個帖子）。而唯一的例外是，「從不吝嗇對自己的讚美」。特朗普自我讚美的帖子高達 2026 個。

推特是特朗普與選民之間互動的風箏線。也是特朗普將內部壓力有效傳導出去的工具。而對美聯儲主席鮑威爾的降息施壓，就是一個典型的例子，最終迫鮑就範。而鮑的動作也被解讀為預防大選之年出現經濟衰退的舉措。

推特更是特朗普的重要外交政策工具。據統計，特朗普在推特上對美國傳統盟友的抱怨達 200 次以上。這就不難理解特朗普上任以來，美國與盟國的關係如此緊張。

在北約軍事開支問題上，特朗普不僅讓盟國出錢出力，而且對盟國內政的干涉到了肆無忌憚的地步。例如，在英國脫歐問題上，在今年 6 月訪英期間，鼓勵英國人當「老賴」，不要付給歐盟 390 億英鎊的分手費。前兩天又攻擊英國工黨領導人郝爾彬是個非常糟糕的人，要求脫歐黨領袖法拉奇與約翰遜聯手，打敗郝爾彬，引起英國民眾的強烈不滿。

特朗普被形容為推特治國，也不是浪得虛名。在國家元首層次，特朗普無疑是善用社交媒體的第一人。作為一位靠民粹起家的總統，他把懷

疑、仇恨、分裂和不信任文化變成了政治主流。對於塑造美國的極化政治和民意起到了推波助瀾的作用。

推特作為一把雙刃劍。在接下來應對彈劾案的過程中，將扮演何種角色顯得十分重要。當年克林頓在應對彈劾案的時候，已是第二任期，手下的謀臣已無心戀戰，基本上是一個人在戰鬥。而特朗普現在是衝刺第二任期，其 2020 年大選與彈劾案有機結合起來，換句話說，對彈劾案的應對策略也是特朗普大選戰略的一部分。

特朗普我行我素、固執己見，他在多大程度上能夠管住自己的嘴巴和鍵盤，以及聽取團隊的意見，將直接關係到特朗普的勝敗。據報導，特朗普已經籌得 1.65 億美元，比民主黨籌款能力最強的桑德斯與沃倫兩人的總和還要多。為此，共和黨全國委員會主席麥克丹尼爾表示，「事情都在我們的掌控中，局勢對我們非常有利」。

但共和黨人並不都是樂觀的聲音，2012 年共和黨總統候選人羅姆尼的顧問馬登指出，「現在經濟是我們的強項，六個月後還會是嗎？」

據報導，白宮已取消假媒體《紐約時報》和《華盛頓郵報》明年的預訂，果真如此的話，特朗普的信息獲取之路將變得越來越窄，對他未必是一件好事。

彈劾特朗普進入共和黨時間

2019 年 12 月 20 日

11 月 19 日，美國眾議院就彈劾特朗普案敲下實槌，對特朗普「濫用職權」及「阻礙國會」的兩項指控均告成立。白宮稱，這是美國最黑暗的一天，但也有不少美國人認為，特朗普是「罪有應得」。

一些媒體形容，一身黑色正裝的佩洛西主持這次表決大會，更像是給特朗普的政治生涯「舉行葬禮」，但具諷刺意味的是，特朗普的支持率在最近一個月內反而從 39% 上升到 43% 左右，全國支持彈劾總統的人數也從 50% 左右降低至目前的 45% 左右，而反對彈劾的人數上升至 47% 左右。可見，這場彈劾特朗普的政治審判在全國很難凝聚共識，而民主與共和兩黨也是嚴格按照黨派劃線，凸顯了美國社會的嚴重撕裂。

自眾議院議長佩洛西於 9 月 24 日正式宣布啟動對特朗普的彈劾調查以來，在短短的三個月時間裡就完成了各項議程，也算是速戰速決。特朗普與佩洛西兩人互相指責，把「美麗的風景線」呈現於世人。佩洛西在這一輪爭鬥中先拔頭籌，將特朗普釘在了歷史恥辱柱上，這是美國 240 多年的歷史上第三位遭到眾議院彈劾的總統。特朗普入列被彈劾總統榜，其憤怒之情在其推特上一覽無遺。

彈劾案無疑帶有濃厚的黨派鬥爭色彩，但完全用黨爭來解釋也未必符合實際。特朗普有錯在先不言自明，但這個錯誤是不是要上升到被彈劾的高度，也是見仁見智。民主黨人立即抓住了把柄，利用法律程序讓特朗普付出了慘重的政治代價。

特朗普走上被彈劾的不歸路，也是源於他自身的執政風格。作為一位政治素人，特朗普我行我素，在國際上退群，在國內煽動仇恨，利用反移民情緒，鼓動白人民族主義。貿易保護主義的做法得逞於一時，但也把美國推到

了世界的對立面，對全球發展進程帶來深遠的破壞。不僅美國國家內部陷入進一步對立，而且在全球樹立了一道道屏障，把世界分割得七零八碎。

美國民主被許多國家推崇，但美國的選舉人制度也凸顯了選舉制度的缺陷。2016 年大選，比希拉里少了 289 萬張普選票、卻憑藉選舉人票的優勢擊敗民主黨的特朗普，始終讓半數美國人心有不甘。一方面，特朗普發誓要抽幹「華盛頓沼澤」，另一方面，他自己也快速製造了新的政治沼澤，把自己的女兒、女婿引入白宮，參加各種高級會議，儼然成為白宮的內閣成員，釀成了美國憲政危機。

在「通俄門」調查問題上，特朗普涉嫌妨礙司法，但最後也不了了之。雖然民主黨內一直就有聲音要求發起對彈劾特朗普的調查，但都被佩洛西壓了下去。但通烏門事件的曝光，讓彈劾問題出現拐點，佩洛西在黨內的壓力與日俱增，尤其是特朗普公然利用總統的特權尋求烏克蘭總統的幫助，展開對自己的政治對手、民主黨最具潛力的總統候選人拜登進行調查，觸碰了民主黨的政治底線，如果佩洛西不及時回應黨內進步人士的要求，民主黨的分裂勢必加劇，在這種情況下，佩洛西不得不勉強啟動對特朗普的彈劾調查。

彈劾特朗普是把雙刃劍。搞得不好，傷及民主黨自身。在高度分裂的美國社會裡，人們只問紅藍顏色，不問是非對錯。特朗普認為，想彈劾他的人是為了推翻 2016 年的大選結果，是對美國民主制度的濫用。特別是「深層國家」（特指美國的強力部門）跟他過不去。不僅傳統媒體與特朗普對著幹，而且美國務院、司法部、中情局、國安局等部門的一大批人成為堅定的反特朗普派。在過去的三年間，不斷有一些內幕消息走漏，令特朗普十分難堪。而「通烏門事件」之所以能夠曝光，很大程度上也是因為中情局駐白宮工作人員所為。

眾議院投票結束後，彈劾案理應轉至參議院。但是佩洛西表示，她在

看到明確的共和黨審判程序之前，不打算把彈劾案移交，以免參院對彈劾案敷衍，顯示出佩洛西有意對共和黨形成牽制。民主黨人希望在參院審理階段，能夠傳召新證人，包括代理白宮辦公廳主任莫爾維尼等人。但共和黨領袖麥康奈爾不僅拒絕這一想法，更是希望在參院快速審結。

民主黨的策略是要通過這次彈劾案，把特朗普搞臭，即使在參院通過無望，但隨著彈劾聽證的推進，特朗普的不端行為更多地暴露在全國面前，對特朗普的個人形象造成進一步的打擊，從而影響 2020 年的競選連任。即使特朗普連續執政，但也要確保民主黨主導眾議院，否則特朗普將更加無法無天，會把美國推向未知方向，而彈劾程序的開啟恰恰起到敲響警鐘的作用。

特朗普執政這三年，迅速綁架共和黨人、使共和黨內出現了「特朗普化」的現象。不僅共和黨人對特朗普的極端做法不加以制止，反而與其同流合污，把共和黨帶向更加保守、孤立的方向。老人、白人與男人成為特朗普的主要支持者，這一點不僅沒有削弱，相反得到了進一步強化。而民主黨人在移民問題上的開放態度，尤其是在反對建墨西哥牆問題上，與特朗普公開唱對台戲。但民主黨的多元主義也難以自圓其說，尤其是在開放移民問題上，缺乏足夠的說服力。民主黨拿不出像樣的政綱，選不出像樣的候選人，也無力向藍領白人解釋該黨奉行的移民政策能給他們帶來什麼樣的利益，這是民主黨的硬傷。

這幾年，民主黨的政治光譜向左移動。沃倫和桑德斯等人的民主社會主義思想閃爍著「社會主義」的光芒。美國作為全球化的最大受益者，面臨的主要問題不是財富掠奪的多寡，而是分配不公，而左翼運動恰恰是代表了這個部分人的政策需求。但時下美國，寧願退向保守主義，也不願走向進步主義，這是美國社會的一大悲哀，更是世界政治進程的一大悲哀。

佩洛西撕掉特朗普演講稿

2020 年 2 月 6 日

這一周，中國正在與新冠肺炎疫情作頑強的搏鬥。而大洋彼岸也有幾件大事接連登場，或多或少對特朗普的連任選情產生影響。

彈劾案沒有懸念，國情咨文也沒有意外的表述，唯有 2 月 3 日愛荷華州的總統初選，具有十分重要的風向標意義。雖然特朗普在共和黨內輕鬆勝出，但民主黨殺出的一匹黑馬，讓特朗普秋季大選的篤定增加了不確定性。

2 月 4 日特朗普發表了年度國情咨文。作為被眾院彈劾的總統，此時憋著一肚子氣來到國會大廈發表國情咨文，自然要耍耍合法總統的威風，借此羞辱一下民主黨人。果不其然，當特朗普按慣例將演講稿副本遞給議長的時候，總統拒絕了佩洛西伸出的「友誼之手」。

作為回應，特朗普結束演講、接受議會大廳聽眾掌聲的時候，佩洛西則當著所有人的面，撕掉了特朗普演講稿，也把兩人僅有的一點面子徹底撕掉。

美國政壇上演的「這道美麗風景線」被世界各大媒體反復播放。佩洛西事後解釋這是對「特朗普的禮貌回應」，撕掉演講稿，那是因為這是一次「骯髒的演講」。而白宮則反擊道，「這就是佩洛西的政治遺產」。

與前兩次的國情咨文一樣，這一次特朗普依然是自吹自擂。無非是美國在他的領導之下，徹底扭轉了「衰落的態勢」。他列舉了一大堆經濟資料，例如為美國創造了 700 萬新就業機會，新誕生了 12000 家工廠等。在醫保問題上摒棄了奧巴馬「社會主義」的做法；在軍事預算上，投入了 2.2 萬億美元軍費，打造了包括太空軍在內的新軍種；把委內瑞拉的反對派瓜伊多奉為座上賓，凸顯美發動顏色革命、不除異己決不罷休的決心。同時

也借機宣揚一下斬首伊朗革命衛隊將領蘇萊曼尼的合法性。

值得一提的是，特朗普的國情咨文多處涉及中國。他不忘稱讚自己與中國簽訂了實質性的貿易新協定，「改變了中國幾十年來一直占美國便宜的做法」。

在談到新型肺炎疫情時，他說，「保護美國人的健康也意味著與傳染病作鬥爭。我們正在與中國政府協調，在抗擊新冠疫情方面緊密合作。美國行政當局將採取一切必要步驟，保護我們的公民免受疫情的威脅。」這個說法與特朗普 1 月 27 日發推與 2 月 2 日接受電視訪談時的口徑大同小異。

美國東部時間 2 月 5 日下午，參院就彈劾案進行投票，這場沒有懸念的表決，最終以兩黨劃線，即 48 對 52 以及 47 對以 53 的票數，否決了對特朗普的兩項指控。

唯一的意外是，共和黨大佬、2012 年共和黨總統候選人羅姆尼對特朗普濫權的指控投了贊成票，引起共和黨內一些人士的不滿，甚至有人提議將羅開除出黨。共和黨參議院多數黨領袖麥康奈爾不予置否。他表示，民主黨發起彈劾本身就是一個「政治錯誤」，「佩洛西很可能在拿出判決書時，也會把它撕掉」，以此暗諷佩洛西撕掉國情咨文的不雅之舉。

在眾院被迫將彈劾案交給共和黨控制的參院時，其結果早有定論，共和黨甚至連認認真真走過場的程序都不想要，乾脆拒絕了民主黨提出的傳召更多證人的提議，期望速戰速決，為這場彈劾「鬧劇」儘快畫上句號。

在表決結果出爐後，佩洛西發表聲明指，「我們的建國先賢們在憲法中加入了一些保護措施，以防止一個無賴總統的出現。他們從未想過，他們同時會在參院有一個流氓領導，他會怯懦地放棄維護憲法的職責」。

其實在前國家安全事務助理博爾頓表示有意出來作證時，麥康奈爾在彈劾問題上也曾出現過動搖，甚至表示「可能無法阻擋傳喚更多證人」，

但迫於壓力，最終還是站到了沉默者一邊，「成了掩蓋特朗普罪行的幫兇」。

具有諷刺意味的是，據蓋洛普1月下旬的民調顯示，特朗普的支持率高達49%，是其就任總統以來的最高值，而此前他的支持率一直徘徊在43%左右。不過，各種跡象表明，民主黨發起的彈劾案對特朗普也不是完全沒有殺傷力，至少美國一半的人堅信特朗普濫權和阻礙國會，只不過這些民眾認為，特朗普罪不至「死」。

彈劾案雖然結束，但美國兩黨的內鬥還將繼續，美國大選的真正較量才剛剛開始。愛荷華民主黨的初選投票規則本來就相當複雜，這次又進行改革更增加了複雜性。其結果遲遲不能公布，成了特朗普嘲笑的對象。

特朗普本人以96.5%的壓倒性優勢，毫無懸念地獲得了愛荷華州共和黨的提名權。而有11人混戰的民主黨初選，卻因統計資料出現不一致的情況，無法進行及時的匯總。剛剛開發的手機應用程序（APP）原本是想提高效率，但不知何故，在下載和登錄環節出了問題，最後還是被迫改用傳統的電話方式報票，但因只安排了一條電話線，導致電話「塞車」。特朗普在推特中稱，「就像該黨治國能力一樣，這是一場徹頭徹尾的災難」。

以往民主黨愛州初選，只會公布「州選舉人等值」，即各參選人在近1700個黨團會議中得票情況，以複雜的換算方法得出選舉人票數。今年決定公布更詳細的三組資料，即首輪投票結果；篩走票數最低的參選人後、選民重新站隊投票的次輪結果；以及每名參選人可獲得的選舉人票數。這是桑德斯在2016年初選落敗後積極推動的一項改革，主觀願望是使黨團會議制度更加透明，結果卻敗在了技術細節上。

非常滑稽的是，民主黨的初選結果沒有出來，各候選人紛紛發表「獲勝感言」，布蒂吉格率先表示，「我們會以勝者姿態進軍新罕布什爾州」，而初選意外落後的拜登也表示，「我將帶著選舉人票走出這裡」。

初選結果讓布蒂吉格獲得了近27%的選票，超過第二名的桑德斯2個

百分點,的確有點讓人意外。78歲的桑德斯雖然支持率不俗,他也表示「一定要打敗這個國家現代史上最危險的總統」,但其過分左傾的立場和年齡成為致命的弱點。

而1982年出生的布蒂吉格,儘管有著哈佛和牛津的耀眼學歷,有著參軍的經歷,也有著在頂尖公司麥肯錫工作的履歷,但其弱點也很突出,在一個保守力量強大的美國,到底是否已開放到接受一個同性戀者?一位女性選民在得知布是同性戀者身份後,以自身信仰為由,要求更改投票。她向克雷斯科選區主席說:「我不希望這種人入主白宮中,我可以把票拿回來嗎?」

不過,也有不少人認為不能輕視布蒂吉格在愛州的勝出,稱布蒂吉格身上有當年「奧巴馬的影子」,如果美國當年能容忍黑人成為總統,為什麼就不能容忍同情戀者入主白宮?

但與奧巴馬在愛州38%的支持率相比,27%的支持率還是遜色不少。更何況,愛州的選民只占全國的1%,接下來將很大程度上取決於他在全國範圍內的支持度,所以現在談論另一個奧巴馬還為時尚早。

一些輿論認為,善於調動觀眾的特朗普又一次把這場國情咨文變成了自己的競選集會,會場的歡呼聲和噓聲折射出美國當下的社會極度分裂的現狀。近一個半小時的國情咨文成為這三年最乏味的一次,一些經濟學家指出,「美國經濟增速放緩,財政赤字像滾雪球一樣膨脹,商業投資卻在萎縮」,但特朗普卻拚命為其業績「注水」,報喜不報憂,一些民主黨議員不忍直視。

對美國經濟的兩極評價就像美國政黨、美國社會的兩極分化一樣,各自都活在自己的空間裡。到底2020年白宮這個空間會被誰佔領呢?美國一家著名智庫在對2020年形勢進行預測時作了一個大膽的假設,候選人不承認大選結果可能是今年飛來的另一隻黑天鵝。

特朗普：情報總監要麼順杆爬要麼就趴下

2020 年 2 月 23 日

「通俄門」一直是特朗普的心病，也是奧巴馬留給特朗普的重要政治遺產，讓其四年執政一直籠罩在合法性的陰影之中。對特朗普的彈劾由頭也因「通俄門」而起，最後「通烏門」成了眾議院的鐵證，不能不說是陰差陽錯。

彈劾案的餘波仍在發酵，特朗普正在對彈劾調查期間表現不好的官員清理出戶。出來作證的國安會烏克蘭首席專家維德曼及其胞弟（擔任國安會法律顧問）被掃地出門；國防部副部長魯德也被迫遞交辭呈；而美駐歐盟大使桑德蘭及駐烏大使約萬諾維奇要麼被解雇，要麼提前退休。

就在輿論質疑特朗普做法不妥的時候，新的「通俄門」問題再次浮出水面，讓總統氣不打一處來，於是他又一次展開了對情報界的大洗牌，國家情報總監馬奎爾被免職則是最新一例。

特朗普與情報界關係不睦是公開的秘密。尤其是情報界堅持「俄干預了美大選」，讓特朗普一上任就與之結下了梁子。而大選投票日前一天，網絡小報刊登所謂 2013 年特朗普赴俄羅斯參加環球小姐選美活動調查報告，描得繪聲繪色。

這種無法證實的小道消息，被總統認定是中央情報局背後所為。2017年 1 月中情局局長布坎南離任，他曾警告特朗普，「隨性行事無法捍衛國家安全利益」，對俄羅斯的安全威脅不能低估。

在過去的三年多裡，除了國家安全事務助理頻繁更換之外，國家情報總監（911 事件後設置的一個機構，統領美國 16 家情報單位）一職也是高危崗位。2017 年 3 月科茨接任此職之後，與特朗普在俄羅斯、朝鮮、伊朗問題上產生了嚴重分歧。特朗普曾希望科茨公開駁斥「通俄門」，

但一向反俄的他就是不願鬆口。2018 年 6 月與俄羅斯總統普京在芬蘭會面時，特朗普甚至表示，「我相信情報人員，但我認為普京的反駁更加有力」。為了報復情報界的不聽話，特朗普先後炒掉負責反情報工作的聯邦調查局長科米和代理局長麥凱布，並逼走司法部長塞申斯以及時任國家情報總監科茨。

2019 年 8 月 15 日科茨與副手戈登同一天同辭職，特朗普提名了得州共和黨眾議員拉特克利夫出任，但在提名聽證過程中出了差錯，有人認為拉氏「情報工作經歷單薄，簡歷存在誇大之處，加上媒體對其誹謗」，於是被迫提名國家反恐中心主任馬奎爾擔任此職。一些評論人士不無憂慮地指出，「特朗普急於清除異己，是情報界最具挑戰性的時刻」「這對國家安全而言，非常糟糕」。有匿名情報人員表示，已經對特朗普干涉和壓制情報工作感到厭倦，失去了工作熱情。

2020 年的大選正全面鋪開。雖說特朗普作為共和黨候選人的提名沒有任何懸念，但他也不可能高枕無憂。尤其是民主黨人布蒂吉格在愛荷華州拔得頭籌，增加了美國大選的一絲懸念。特朗普一邊對民主黨初選及辯論「坐山觀虎鬥」，一邊時不時利用他們的差錯為自己撈分。前不久，他對「小個子」（身高 1.72 米）的紐約富翁布倫伯格挖苦道，下次辯論賽最好找個小板凳墊著。而前兩天拉斯維加斯的民主黨辯論，布倫伯格遭到黨內大佬的「群毆」，特朗普（身高 1.9 米）更是幸災樂禍，「想當上總統可不是那麼容易」。

特朗普十分看重連任，上任之初就成立了競選連任探索委員會。但橫亙在特朗普面前的三座大山也是他必需設法翻越的。一是佩洛西領導的、由民主黨控制的眾議院，壓得他喘不過氣來，兩人時不時互懟開撕。好在彈劾案結束之後，特朗普的支持率不降反升至 49%，大大超過此前一直徘徊不前的 43% 水準。二是美國主流媒體的敵意。除了福克斯新聞（FOX）

之外，對特朗普作正面報導的真是鳳毛麟角，以致特朗普罵這些媒體只知道製造「假新聞」。不過，具有諷刺意味的是，在參院判定特朗普無罪的第二天，《華盛頓郵報》以「無罪」的大標題報導了這一歷史性案件，特朗普在全世界面前，展示了華盛頓郵報的頭版標題，可見特朗普嘴上罵著華盛頓郵報，但內心對這些主流媒體還是特別在乎，只不過特朗普對無法拇順這些媒體心有不甘。而第三座大山無異於美國情報界了。作為「深層國家」的一部分，特朗普與情報界互不咬弦已有時日。

2 月 13 日，美國情報官員在機密簡報中告訴國會議員，俄羅斯正在干預民主黨黨內初選和美國 2020 年大選。情報官員指稱，莫斯科使用的手法包括挑起爭議、製造分裂，損害美國人對投票系統的信心，讓人們對選情接近的人選重新點票產生懷疑；誘導美國人在社交平台上傳播不實信息等等。主導彙報的是馬奎爾的下屬、負責美國大選安全的皮爾森，這位女士以直言聞名，且傳遞的是情報部門的綜合意見，並非個人意見。聽取彙報的共和黨議員強烈質疑這份情報，眾議員斯圖爾特為特朗普激情辯護，稱總統對俄羅斯態度強硬，同時向烏克蘭持續提供反坦克武器，且加強北約盟友之間的聯繫，俄羅斯沒有理由支持特朗普。

特朗普得知此事後大發脾氣，並把馬奎爾叫到辦公室訓斥一番。令特朗普尤為憤怒的是，民主黨籍眾院情報委員會主席希夫也聽取了簡報。特朗普擔心希夫會將該情報當作攻擊他的武器。而希夫在聽完簡報後果然發了推特，稱「正如我們所警告的那樣，特朗普似乎再次阻撓我們對外國干涉大選的行為採取行動」。

希夫自去年 9 月主導總統彈劾案後就成了特朗普的眼中釘。特朗普不斷在公眾場合侮辱批評他。在去年 10 月，白宮曾拒絕邀請眾議院情報委員會旁聽關於敘利亞的情報簡報會，因為特朗普不希望希夫在場。

在簡報俄干涉大選事件發生一周後，特朗普 20 日踢走馬奎爾，並任

命駐德大使格雷內爾接替代理國家情報總監一職。格雷內爾是一名同性戀者，也是特朗普的忠實盟友，和特朗普子女私交甚篤，經常在推特上力挺總統，不過在情報方面經驗為零，因此參議院能否順利通過仍存在不確定性。一些情報官員擔心，由於特朗普對選舉干預的簡報不感興趣，格雷內爾可能會投其所好，不會呈報相關簡報，也不會為國會提供更多信息，這會導致俄羅斯更肆無忌憚地干涉大選。

德國當然舉雙手歡送這位大使，尤其是格雷內爾威脅對參與俄羅斯輸歐天然氣管道（北溪 -2 項目）的德國公司予以制裁後，他與德國政要的關係急劇惡化。一位德國社民黨副主席嘲諷道：「這位大使誤以為自己是二戰之後盟國派來的高級專員。」

據《紐約時報》報導，在民主黨初選中領先的桑德斯也得到了情報部門的相關簡報，稱俄羅斯為了讓特朗普繼續連任，正設法幫助民主黨內實力最弱的人選勝出，這樣特朗普將會輕易戰勝對手。把桑德斯看成是軟柿子當然讓這個老頭不高興。但大選就是這麼殘酷，肯定有不少共和黨人也在暗助桑德斯成為民主黨的正式提名人。

桑德斯今年已經 78 歲了，年齡是個致命的弱點，且去年因心臟病發作而入院治療。此人政治光譜過於清晰，在美國被貼上了「共產黨人」和「社會主義者」的標籤。他自己也毫不隱諱自己是一位「民主社會主義者」。目前桑德斯在兩個州取得了不錯的戰績。一些人認為，對桑德斯「社會主義」理念的認同，「不過是無知的年輕人在趕時髦罷了」。這些年輕人其實不懂什麼是社會主義，他們錯將福利和平等視為社會主義的特徵，而絲毫不知道其本質是生產資料的公有制。但不管怎麼說，這股社會思潮泛起至少說明，資本主義制度的衰落是既成事實，正失去適應力和變革力，在積累各種矛盾的同時，很難為其困境找到出路或答案。

民主黨新生代布蒂吉格的崛起無疑是 2020 年美國大選的一個亮點。

布自稱是 911 一代，當時正在哈佛大學讀書的他為此產生了極大的內心震撼。2014 年他還以海軍情報員身份短暫加入過阿富汗戰爭。

在所有民主黨候選人中，布蒂吉格是早早亮出自己外交綱領的一位，由於他來自美國中西部，對中國製造的衝擊感受更強烈一些，其「經濟民族主義」的色彩顯然更濃。在對華政策方面，他稱中國是「技術威權主義」國家，對中國擺出一副鷹派姿態。

布對杜魯門十分崇拜，對遏制共產主義的擴張及推行全球霸權表現出極大的興趣，「中國不僅僅是競爭者，在許多方面甚至是對手」。他贊成通過「有序而非混亂的方式」來改變中國的行為，「僅僅用關稅來戳中國的眼睛，然後看他們的反應，是一個真正的戰略錯誤」。

以桑德斯為代表的激進派與布蒂吉格為代表的年輕溫和派之間的較量在很大程度上影響著民主黨政治版圖的重構及演變方向。特朗普只是美國政治極化光譜中的一個點。如果說在特朗普任期開始的時候，人們還在爭論：特朗普究竟是開啟一個時代，還是一個時刻的曇花一現？越來越多的跡象表明，不是特朗普有多麼強悍，而是民主黨實在太弱。在民主黨後繼乏人的大背景下，2020 年挑戰特朗普的難度越來越大。2 月 21 日華盛頓郵報發表評論文章稱，「如果一個明智而溫和的民主黨人不太可能從混亂中脫穎而出，那麼美國的盟友和對手將會為另一個不穩定的四年做好準備」，「而世界也正在適應特朗普版的美國並打算與之相處更長時間」。

特朗普笑看民主黨狙擊桑德斯

2020 年 3 月 3 日

美國大選預選賽「超級星期二」（3 月 3 日）正式登場。民主黨最年輕的參選人布蒂吉格和來自明尼蘇達州的參議員克洛布徹昨夜退選，讓民主黨初選格局發生了向拜登傾斜的微妙變化。特朗普發推特嘲笑：「針對桑德斯的政變開始了。」

作為愛荷華州初選中殺出的一匹黑馬，布蒂吉格這樣匆匆告別大選舞台，多少讓一些選民失望。政治資歷太淺以及同性戀身份，讓其在全國的支持率過低，與其繼續瓜分以拜登為核心的溫和派選票，還不如一起加入到民主黨狙擊桑德斯的陣營之中。

不要富人一個銅板、完全靠勞苦大眾籌資的桑德斯在黨內初選中勢頭蓋過拜登，為 2020 年民主黨的總統提名大戰增添了變數。上周《紐約時報》專門發文，呼籲幾位溫和派參選人趕緊退選，否則就來不及阻擋桑德斯了。文章意味深長地回顧了共和黨 2016 年的大選經歷：起初大家都不看好特朗普，但他後來居上，以不可阻擋之勢拿下了共和黨的提名。儘管共和黨大佬一百個不情願，但是披著共和黨外衣的特朗普還是在共和黨代表大會上獲得了提名，並一舉打敗希拉里，讓共和黨人獲得了意外勝利。

由於共和黨全力支持特朗普連任，共和黨的初選形同虛設。美國大選的初選實際上變成了民主黨的獨角戲。根據民主黨總統初選規則，在今年 7 月召開全國代表大會時，要選出 3979 個會議代表。如果競選人能獲得過半數（1991 張選票）支持，就將直接被提名為民主黨總統候選人。否則，包括民主黨全國委員會成員、民主黨國會議員在內的 771 名「超級代表」將加入表決，與選舉代表一起進行多輪投票，直到有人過半數。

3 月 3 日之所以被稱為超級星期二，是因為這一天將有 14 個州同時

投票，有望產生三分之一的代表名額。而此前 4 個州的初選僅決出了 155 個代表席位。桑德斯獲 58 席，在黨內提名大戰中成為「領頭羊」，拜登緊隨其後，獲得了 50 張選票。

布蒂吉格提前退場，民主黨初選舞台上剩下清一色的老將。79 歲的桑德斯、同為 78 歲的拜登和布隆伯格以及 71 歲的沃倫。其中的勝出者要與 74 歲的特朗普一決高下。總統候選人如此高齡化，也是美國大選中的一道獨特風景線。人們不得不問，號稱世界最有活力的美國，年輕人都去了哪里？抑或是美國活力早已不再走下坡已經 19 年（以 2001 年 911 事件為標誌）了，只是渾然不覺？

眼下不僅民主黨內出現了「恐桑症」，整個華爾街也對桑德斯大規模向富人徵稅的倡議膽寒三分。新冠肺炎疫情向全球擴散，美國應對廣受批評，共和黨執政期間的 2005 年卡特里娜颶風，造成 2000 多人死亡、100 萬人無家可歸，在突發事件面前，共和黨的管治短板盡顯。更何況特朗普讓一個連艾滋病疫情都控制不力的副總統彭斯來領導這場戰「疫」，更是讓美國人信心不足。美國著名投資銀行高盛集團最近發表報告稱，對潛在疫情的擔憂和經濟衰退甚至會逆轉特朗普連任的前景。

綜觀美國總統的競選之路，在野黨挑戰現任總統其實難度很大。最近美國幾家民意測驗表明，61% 以上的選民相信特朗普能夠連任。尤為糟糕的是，民主黨內一直看好的拜登卻意外受挫，桑德斯居然佔據首席。在民主黨許多人看來，超級星期二若桑德斯擴大優勢進而獲得民主黨提名，無異於讓總統寶座提前拱手讓給特朗普。

桑德斯早年畢業於芝加哥大學，參加過激進社會運動，是 1963 年馬丁路德金挺進華盛頓大遊行的一分子。他一直以獨立身份競選議員，是典型的草根政治家，2015 年才轉成民主黨，是黨內的外人。億萬富翁布隆伯格也是前幾年才從共和黨投靠過來的；而沃倫於 1996 年從共和黨變成

了民主黨，「純種」的民主黨只剩下拜登一人。

桑德斯成為眾矢之的也在預料之中。一些民主黨人擔心，桑德斯過於激進的政策主張會把民主黨帶偏，不僅輸掉總統，而且會輸掉民主黨控制的眾議院。黨內一些高層要求奧巴馬和佩洛西明確表態，佩洛西稱不排斥任何候選人，反而給桑德斯開了綠燈。而奧巴馬則認為，自己還沒到表態的時候，對曾經的搭檔拜登不予置否。根據蓋洛普的民調，美國人寧願同性戀者、穆斯林當選總統，也不願支持一個社會主義者。克洛布徹指責桑德斯的三免倡議（免費醫療、免費上大學、免費獲得住屋）是異想天開，僅醫療一項改革估計要投入高達 60 萬億美元，將大大加重政府開支。桑德斯大談以丹麥為藍本，可北歐國家都是高稅收，其個人收入的 50% 左右都要繳稅，與美國現有的稅率完全不可同日而語。

特朗普把桑德斯稱為「共產黨」，美國媒體給他貼上「社會主義者」標籤。桑德斯毫不隱諱自己是一位「民主社會主義者」，在少數族裔和年輕人中間獲得廣泛的支持，在加州和德州的民調領先拜登。儘管布蒂吉格和克洛布徹退選後都表態支持拜登，但輿論普遍預計，「超級星期二」很難為拜登帶來超預期的選票，民主黨的提名僵局仍將會持續一段時間。

一些分析人士認為，對桑德斯「社會主義」理念的認同，「不過是無知的年輕人在趕時髦罷了」。他們對什麼是社會主義一知半解，錯把平等、社會公平作為社會主義的核心價值，實際上兩大制度的最大區別是所有制。就本質意義而言，桑德斯的「民主社會主義」理念只是北歐資本主義模式，與社會主義風馬牛不相及。早在 1885 年，恩格斯就對社會民主黨搞的議會民主制進行過批判，斥伯恩施坦是「機會主義的小麻雀」。社會黨國際的一系列所謂社會主義主張不過是「修正主義」而已。一戰期間，共產黨人與社會黨國際分道揚鑣，共產國際隨之誕生。回顧一下這段歷史，對於我們理解當下桑德斯理念的歷史淵源具有重要的現實意義。

　　民主黨內選情膠著，「進步派」與「溫和派」之爭進入白熱化。超級富豪布隆伯格將在「超級星期二」正式迎來選戰「首秀」，屆時其「金錢攻勢」的效果將接受檢驗。不管誰最終被提名，接下來如何彌合黨內政治裂痕、團結選民在下半年迎戰特朗普，都是巨大的挑戰。

　　三年半前，特朗普的當選正是利用了美國存在的問題，但實踐證明，他沒有能力解決美國當下的現實問題，相反社會極化問題更加嚴重。「桑德斯現象」呈現的是民主黨政治光譜中的左翼力量分布，雖然佩洛西們並不希望看到這一點。但在彈劾問題上，佩洛西一直被黨內左翼牽著鼻子走，說明政治力量的博弈未必隨其所願。從全美範圍來看，桑德斯與特朗普各自處於美國政治光譜的兩極，一個靠左，一個靠右，都有著相對固定的基本盤。接下來美國大選的走向將取決於誰能爭取到更多的中間選民，特別是搖擺州的選民支持。

　　特朗普治下的美國加速分裂，世界也因特朗普的蠻橫而逐步與美國脫鉤。特朗普一次當選屬於意外，要想阻止特朗普的「第二次意外」，其實留給民主黨的機會已經不多。桑德斯演講傳遞的激情及理念至少還可以打動一部分年輕人，而中規中矩的拜登雖能挽留不少溫和派選民，但與下層民眾的距離拉得較遠。從某種意義上說，民主黨挑戰特朗普的最富戰鬥性的人選只有桑德斯了。在只問顏色、不問對錯的世界裡，桑德斯的政治空間到底有多大？取決於「超級星期二」與拜登之間的選票差距。對於挑戰特朗普的勝算，桑德斯給出的答案是：盡可能動員更多的人投票，或許殘存的希望就在冬天。他引用曼德拉的話說：「在事件未成功之前，一切總看似不可能」。

「透明」的美國也玩不起疫情透明的遊戲

2020 年 3 月 5 日

「超級星期二」的美國大選選情無法掩蓋日益複雜的各州新冠疫情。選情與疫情交織，讓 2020 年的美國大選多了一絲懸念。

桑德斯在黨內精英和溫和派的狙擊下，勢頭有所減弱；布隆伯格不得不退選，拜登共拿下了 14 個州中的 10 個，獲得了期待已久的勝利，以至他在發表勝選感言時聲音也提高了幾個分貝。拜登的這點優勢還不足以讓桑德斯退選，更無法打破目前的膠著狀態。相反桑德斯信誓旦旦地表示，只有他才有能力打敗這位「美國歷史上最危險的總統」。民主黨內繼續相互廝殺當然是特朗普最願看到的，對手露出的破綻越多，特朗普以逸待勞、予對手致命一擊的機會就越大。

連任是特朗普今年最大的政治。而眼下最難掌控的就是新冠肺炎疫情在全球擴散所帶來的不確定性。按照美國的現有體制，搞全民動員、舉全國之力抗疫幾乎是天方夜譚。自己掛帥風險太大，讓副總統彭斯領銜這項工作，成功了是總統的功勞，失敗了則讓彭斯背鍋，這樣可以把疫情對選情的影響控制到最低程度。彭斯開會時第一件事是帶領與會者進行禱告，這張照片被傳到網上，引起美國輿論的一片嘩然。在理應由科學主導抗疫工作的當下，彭斯把美國人民的命運交給上帝，不能不是一大諷刺。

由於美國口罩的缺口高達 2.7 億隻，政府和媒體只好呼籲民眾不要戴。特朗普也一再號召美國人民把這場疫情當作「流感」來看待。為了防止製造不必要的恐慌，彭斯下令美國疾控中心不經過他的批准不能隨便向外界公布疫情。把言論自由掛在嘴邊的國度居然也採取這類禁言措施，實在讓人無法與號稱最民主的國家聯繫起來。

許多網友不斷質疑美國，既然疫情被如此輕描淡寫地對待，為什麼第

一時間美國對華採取斷航、撤僑、封關等措施？這不得不讓人懷疑美國採取這些措施有其他政治動機。一方面帶頭在國際上煽起對中國的恐慌，另一方面又試圖安撫本國的百姓。美國的這種行為其實是一柄雙刃劍，一旦恐慌情緒被煽動起來，又豈能輕易平息下去？這幾天裡，美國的許多城市出現了大規模的搶購風潮，則是民眾恐慌情緒的真實寫照。

翻開不太久遠的美國歷史，美政府應對緊急事態的確算不上模範生。2009 年發端於北美的 H1N1 疫情，奧巴馬政府手忙腳亂，最後無能為力，乾脆「佛系」抗疫，造成全球感染人數達數千萬。而 2005 年的「卡特里娜」颶風更是造成 2000 多人死亡、100 萬人無家可歸，小布什政府遭到廣泛詬病。

面對此次疫情，最讓特朗普擔心的不是疫情本身，而是疫情造成的恐慌對大選的影響。特別是華爾街在上周道指連續五天大跌近 12%。特朗普大罵美聯儲主席鮑威爾「反應遲鈍」，要求其大降聯邦基金利率。不知是出於害怕丟掉烏紗帽或是對美國經濟前景的真正憂慮，鮑威爾第一時間砍掉利率 50 個基點，其力度堪比 2008 年 9 月 15 日投資銀行雷曼公司倒閉時的應對。鮑威爾在隨後講話中重申美國經濟是健康的，這項措施旨在防止可能的疫情衝擊。他的一番話雖然短暫提振了市場信心，但隨後道指掉頭向下，當天仍下跌近 3%，超出許多市場人士的預期。

上個月，美國一些高官還對中國成為疫情風暴中心幸災樂禍，但供應鏈危機很快波及到太平洋彼岸，美國很難獨善其身。一些研究機構紛紛調降 2020 年全球增長預期，美國 GDP 增長率預測也從 2.3% 下調至 2.1%。美國大選之年拼經濟，這是歷屆候選人勝選之道。一旦經濟走上衰退不歸路，特朗普的連任夢有可能告吹。所以開閘放水、再度推行量寬政策，令美元貶值，這條既快捷又安全的保增長之道當然是特朗普的首選。這樣既可稀釋美國債務、轉嫁危機，也可確保經濟不至下滑，殃及一向讓總統引

以為傲的股市。但高處不勝寒的美國股市泡沫，是世界公認的「灰犀牛」，華爾街對繼續吹大泡沫信心明顯不足。

疫情與選情成了拴在一起的螞蚱，相互牽制。抗擊疫情需要科學，而選情則充滿了爭鬥與謊言。用謊言掩蓋真相經不起時間的推敲，這是疫情與選情的矛盾之處。從 3 月 3 日起，美國政府做出一項決定，只公布確診病例，不再公布疑似病例和檢測人數。號稱一向透明的美國在疫情面前也玩起了貓膩。前不久，美國務卿蓬佩奧還在要求其他國家對新冠疫情「保持透明」。美國出爾反爾的舉措讓不少民主黨議員大為不解、大加撻伐。但連任作為第一要務的特朗普只能認准一條道：讓疫情服從選情。問題是，這是共和黨最安全的賭注嗎？不管怎麼說，更多民主黨人在「超級星期二」將最安全的賭注押在了拜登身上。這是一場勢均力敵的較量嗎？也許！看來特朗普大概率是要挑戰「瞌睡蟲拜登」了。不過，桑德斯還沒有答應，這個局還沒有真正做成。

特朗普若輸掉大選怨不得中國

2020 年 3 月 19 日

北京時間 3 月 18 日，亞利桑那州、佛羅里達州和伊利諾州舉行大選初選，美國前副總統拜登大獲全勝，迄今已獲 1153 張代表票，遠超對手桑德斯的 874 張代表票，這意味著拜登獲得民主黨的提名權指日可待。與此同時，美國總統特朗普也贏得共和黨半數以上代表票，穩穩鎖定了黨內提名。

2020 年的大選將在特朗普與拜登之間展開，與其說這是一場民主黨與共和黨的一次對決，還不如說是美國建制派與反建制派的決戰，甚至不排除共和黨的建制派力量也可能加入到「討特」的行列。

建制派代表人物希拉里四年前輸給了反建制派的政治素人特朗普，讓社會精英如鯁在喉。而這一次民主黨無法產生強有力的選手出來挑戰特朗普，將該黨後繼乏人的窘態呈現在世人面前。如果沒有這場突如其來的新冠疫情及刺破美國股市泡沫的戰略意外，這場大選基本沒有懸念。

特朗普應對疫情不力，市場一片恐慌。從 2 月 18 日至今，道指已下跌 30%，意味著美國大部分家庭的股票資產損失超過三分之一，嚴重動搖了選民的政治基礎。如果在 11 月 3 日大選之前得不到改善，眾多選民用腳投票將是大概率的事。

疫情是災難，但也是民主黨鹹魚翻身的機會，就看拜登能不能把握住。從這幾天的應對看，拜登涉疫的演說或辯論也是漏洞百出，但這一切並不妨礙拜登對總統大位的渴望。據透露，拜登除了向桑德斯的支持者喊話之外，還在認真考慮由沃倫作為副總統人選，一是爭取民主黨偏左立場的選民；二是在全國範圍內爭取女性選民的支持，以此擴大民主黨政治光譜的邊界。

如果說前一階段特朗普對疫情有所輕漫的話，現在他已充分意識到疫情對自己選情的嚴重威脅。儘管月初的民意顯示，61% 以上的美國人相信特朗普可能會連任，但並不意味著這些人會投贊成票。在疫情惡化之前，特朗普的支持率一度高達 49%。經歷疫情衝擊及股災之後，特朗普的支持率大幅下降也在意料之中。如果特朗普在大選中馬失前蹄，其實也怨不得中國。

中國提前 50 天就充當了世界的吹哨人。但特朗普忙於大選，竭力淡化疫情，極大麻痺了美國民眾。基本的防護品如口罩、病毒測試盒等準備嚴重不足。美高官最初還想著乘人之危，坐收「疫情紅利」，盼著就業崗位大規模回流美國，並在世界煽起對中國的恐慌。白宮甚至把民主黨批評政府防疫不力斥之為「民主黨的陰謀」。

疫情是世界各國的一面照妖鏡，把一個國家的真實管理水準放到了同一個天平。在過去的三年半間，特朗普打著「美國優先」的旗號，不按常理出牌，在世界橫衝直撞，許多國家不太適應他的打法。他採取減稅及增加財政赤字等手段，人為拉抬強弩之末的經濟，股票上漲週期並相應拉長，道指在 2020 年 2 月 18 日創下近 3 萬點的歷史新高。在經濟順週期環境下，特朗普對經濟成績的自我吹噓無法證偽，但形勢一旦逆轉，被掩蓋的結構性矛盾就無處遁形。

自 1 月 20 日起，中國為全世界吹起了最響的哨聲。美國第一時間撤僑、斷航、停發簽證，以為切斷與中國的聯繫就萬事大吉。當西雅圖出現不明感染源的時候，美政府部門採取打壓手段，使得疑似病人得不到有效檢測，更談不上對密切接受者的全力追蹤，從而錯過了防控的最佳機會。

這兩天，特朗普通過記者會和推特不斷展現他對抗疫的「領導力」。主要圍繞兩條主線展開：一方面敦促美聯儲和財政部出台一系列措施，緩解美國流動性危機。財長姆努欽也在催促參議院儘快通過相應法案，為患

者、失業者及小企業主提供相關的資金支持與保障。

另一方面，特朗普竭力甩鍋中國，不斷在推特上把美國人民的痛苦歸咎於「中國病毒」，企圖把新冠病毒牢牢地貼在中國人身上，把自己和美國人民打扮成受害者，煽動新一輪對華種族仇恨。

特朗普視中國為替罪羊，對中美關係有百害而無一利。就在中國忙著抗疫的時候，美國小動作不斷。前不久對中國在美新聞工作者實行人數封頂，迫使 60 名新聞工作者不得不於 3 月 13 日離開美國。3 月 18 日，中國採取相應反制措施，收回美國幾家主流媒體在華的採訪證件，這意味著一批美記者也必須限期離開中國。

互逐外交官和記者是冷戰期間蘇美之間常玩的遊戲，但中國還不太習慣。這兩年來，中國至少有 21 名駐美記者遭到美方刁難，但大多數時候中國選擇了沉默，而不像美國那樣大呼小叫。

2000 年中美關係因撞機事件而急轉直下，但 911 事件挽救了中美關係。美國忙於反恐，中國聚力發展，為我贏得了 10 年戰略機遇期，直至美國「亞太再平衡戰略」出台。抗疫本是中美修復裂痕的契機和平台，但在新冠病毒問題上，美國惡意連連，極大影響了兩國合作的意願，美國高官落井下石的心態和做法也令中國十分反感，共同應對非傳統安全威脅的機會之窗正徐徐關閉，不能不感嘆大國走上對抗大國也是一種歷史的宿命。

特朗普在昨天的記者會上給自己的抗疫表現打了滿分，強調自己唯一做得不好的地方就是沒讓媒體好好報導一下。不知道有多少美國人認同他的自我評價？不管怎麼說，新冠病毒不認識美國總統，時間更不是特朗普的朋友。他自己預測疫情 8 月份結束，這樣就可以一個勝利者的姿態迎接大選。春天正向我們走來，但特朗普更在意的是下一個政治春天。

特朗普這一次能逃過民主黨的追殺嗎

2020 年 4 月 25 日

歷史是由勝利者來書寫的，但這次對新冠病毒的戰爭會有所不同。這場 21 世紀的特殊戰爭，人類即使遏制住了病毒，也不是真正意義上的勝利者。無論是中國經歷的上半場，還是全世界正在遭遇的下半場，抑或不確定的加時賽，都是對人類的一場浩劫。

如今，世界上絕大多數人不得不按下暫停鍵，過著得過且過的生活。小至個人生活方式的改變，中至國家治理方式的調整，大至國際格局的衝擊，都是在毫無準備的情況下發生。許多人還沒有反應過來，就已經徹底告別了人生；東亞地區最先遭殃，也是最早爬出，對新冠疫情的應對普遍好於世界其他地區，有關「太平洋世紀加速到來」的說法似乎有了更堅實的支撐。

美國抗疫失敗成為美國當代史的一大醜聞，連同特朗普本人表現出的反智主義，都將成為美國抗疫史的重要組成部分。三年多前，當特朗普沿著新孤立主義道路狂奔的時候，一些學者就不無憂慮地指出：照著美國現在的做法一路走下去，當人類再次面臨一次大危機的時候，國際社會還有沒有意願合作應對？結果一語成讖。

庚子年的新冠疫情把世界推入了險境。在國際社會最需要合作精神和集體主義意識的時候，成員國卻各自為戰，美國不僅不願扮演全球領導者的角色，國內的領導角色也嚴重缺失，讓其付出了慘重的代價。

截至 4 月 25 日，美國確診病例近 90 萬，死亡人數超 5 萬，對美國的心靈造成了巨大的創傷。許多人都在問，這難道是世界上最發達國家應有的模樣？民主黨候選人拜登已經向特朗普發出辯論邀請，地點和時間由特朗普來定，ZOOM 和 SKYPE 等雲對話也可以，總之，擺出一副敢把特朗普

拉下馬的架式。

　　美國的確需要深刻反思一下，特別需要一場大辯論來厘清政府究竟應該在國家危機面前扮演什麼角色。小政府大社會是常態下的管理方式，但在重大災難面前，這種方式還靈驗嗎？里根時代給美國留下的重要遺產是：一切能由市場來解決的，就不要通過國家干預。里根的名言是「政府並不是解決問題的辦法，政府本身才是問題所在」。在新冠疫情面前，里根的後半句得到了充分印證。美國政府的整體表現把美國的形象毀於一旦。

　　為了轉移人們對抗疫不力的視線，特朗普試圖通過自己的敘事方式給中國貼上新冠病毒「原罪」的標籤，企圖讓中國人始終活在給世界贖罪的陰影之中。在美國高層的慫恿之下，美國國內（個人、公司及州政府層面）全面上演針對中國的起訴鬧劇，而且試圖在國際上結成濫訴聯盟，從而達到污名化中國的目的。而此前所謂的「武漢病毒」「中國病毒」之說，都是這起政治鬧劇不可或缺的一環。

　　反中無疑是美國兩黨的共識。民主黨不會停止指責中國，但他們絕對不會停留於此。民主黨很清楚，特朗普在抗疫方面犯下了不可饒恕的錯誤。4月23日眾議院投票，以212票贊成、182票反對，通過成立特別調查委員會，以審查特朗普政府對新冠疫情的應對以及經濟救助計劃的執行情況。由民主黨黨鞭克萊伯恩領導的委員會有權傳喚證人、調閱文件，可謂刀刀見血，直戳特朗普的命門。不把特朗普翻個底朝天，民主黨絕對不會罷休。特朗普第一時間指責此舉是民主黨對他的又一次獵巫行動。共和黨議員認為，國會完全可以利用現有機制對此進行監督，再設一個特別委員會就是要詆毀特朗普，試圖讓其在大選前難堪，影響其連任。佩洛西則表示，成立這一特別委員會旨在確保聯邦應對措施能讓普通勞動者得到救濟、抗疫舉措基於科學和專業指導，而不是出於黨派考慮。一些政治學者

指出，佩洛西總算做了一件正確的事，運作得好的話，或許可以為民主黨報 2016 年大選的一箭之仇。

前不久，佩洛西致信民主黨議員，痛斥特朗普的數宗罪：一是拿掉了白宮公共衛生的主管職位，大幅度削減了公共衛生預算；二是 1 月初特朗普就接到有關疫情的警告，但無視警告，更沒有採取有效行動。三是指責新冠大流行的說法是個騙局，這個病毒會在 4 月份神奇地消失。四是沒有足夠口罩、個人防護用品及進行充分的檢測。五是缺乏領導力，把責任推給別人，表現得更像個弱者。她呼籲美國人民，從現在開始，必須無視謊言，傾聽科學家和專業人士的意見。只有美國對謊言和欺騙說不，人民的未來才有健康和繁榮。

過去的一百年間，美國每次重大事件都會引起社會的廣泛爭論。911事件的衝擊及反思帶動了美國社會的巨大變化，這一次新冠疫情很可能給美國社會帶來劃時代的變革。第一次世界大戰期間，美國陣亡人數達11.6 萬人，第二次世界大戰陣亡者達 40.7 萬人，朝鮮戰爭和越南戰爭分別死亡 5.4 萬人和 5.8 萬人，911 恐襲導致 2977 人喪生，阿富汗和伊拉克戰爭共有 9000 多名士兵付出了生命的代價，而這一次在美國本土的死亡人數已經接近朝鮮戰爭、越南戰爭，這對許多美國人來說是無法接受的現實。雖然特朗普聲稱只要死亡人數控制在 10 萬以內，對於美國來說就是勝利，但大多數美國人不會認同他的看法。各種民調顯示，一半以上的美國民眾對特朗普應對疫情不滿意，認為整個國家應對不足。

離大選投票日還有半年時間，疫情能否出現轉機，對於特朗普競選連任至關重要。甩鍋中國當然有利於固定其基本盤，但美國大選結果向來取決於五六個搖擺州。威斯康辛、密歇根的州長位置目前控制在民主黨手中，或對民主黨大選有利，賓夕法尼亞州是拜登的出生地，這張牌打好了，會拉近其與選民的距離。至於佛羅里達州，形勢尚不明朗。儘管特朗普早

早地把家庭住址從紐約改成了佛州,但不意味著佛州已是特朗普的囊中之物。他的反移民政策在拉美裔中並不受歡迎,隨著古巴裔在佛州人口比例下降、其他拉美裔人口增加,這種變數會越來越大。對特朗普較為有利的是,近年來美國內地大量老年人特別是白人遷往佛州,他們是特朗普的忠實擁躉。值得注意的是,這一次住在鄉下的白人死於新冠肺炎的人數相對較低,對特朗普抗疫政策失誤的痛苦感知度明顯小於其他少數族裔,特朗普一定會繼續爭取這些搖擺州的老白男,為競選連任奮力一拼。所以,民主黨這一次追殺能否成功還有很大的變數。這不特朗普又在向拜登叫板:整天呆在地下室「昏昏欲睡」(特朗普給拜登取的綽號叫瞌睡喬)的傢伙,出來遛遛吧!

特朗普：請拜登走出地窖

2020 年 6 月 4 日

2020 年美國偶發事件不斷，一向善於進攻的特朗普被迫在本土打起了防禦戰，無論是應對新冠疫情，還是處置由黑人弗洛伊德之死引發的種族主義騷亂，都需要展現出強有力的領導力。但恰恰在這些問題上，特朗普的表現差強人意，充分暴露了他的性格缺陷及領導力短板。全世界除了領教特朗普的甩鍋本領之外，更多看到的是他的偏執與傲慢。用他自己的話來說，「明尼蘇達事件成了全世界的笑柄」。

這場種族主義的騷亂還在持續發酵。疫情加選情、經濟危機加種族主義危機，四重因素疊加交織，讓大選之年的美國政治多了一些操弄和想像的空間。特朗普用簡單、粗暴及甩鍋的做法，希望快刀斬亂麻，但結果非但無法平息街頭怒火，反而加劇美國社會分裂、增加人民的痛苦指數。休士敦警察局局長在媒體呼籲，「如果特朗普總統沒有想清楚的話，請他閉嘴！」馬塞諸塞州州長查理·貝克感嘆，「國家最需要同情和領導的時候，我們卻無處可尋，相反我們收到的是怨恨、好鬥和利己主義」。

全美騷亂已持續一周，主要城市仍有大型抗議活動。目前全美 28 個州及華盛頓特區動用了 2 萬名國民警衛隊平亂，其中有 3600 名國民警衛隊駐紮在首都。至少有 11000 人被捕，僅洛杉磯就有 2700 多人被捕。士兵們整裝待發，有美國網友評論稱，「這裡到底是美國，還是伊拉克？」據美國 Morning Consult 調查顯示，約 58% 的人支持出兵，不支持者僅 33%，且 60% 以上白人支持出兵。

在過去半個多世紀裡，美國大選年發生過多起種族主義騷亂事件，最後都以執政黨的敗選而結束。1968 年民權運動領袖馬丁·路德·金遇刺之後引發了全國性的大規模騷亂，涉及 120 多個城市，造成 46 人死亡、

2600 多人受傷。加之社會彌漫著對越南戰爭的厭戰情緒，約翰遜總統宣布不再參選，副總統漢弗萊作為民主黨的候選人最終輸給了尼克松。1992年的洛杉磯騷亂事件也因警察毆打黑人致死而被判無罪引發的，造成了59 人死亡、2300 多人受傷。這一年大選，老布什雖挾著海灣戰爭勝利的餘威，但還是敗給了黑馬克林頓。而這一次特朗普會不會重蹈覆轍，成為各方關注的焦點。至少到目前為止，特朗普應對騷亂事件還沒有得分。

第一，特朗普採取高壓手段，為這場抗議運動火上澆油。為了讓軍隊參與鎮壓合法化。他作了兩個切割：一是把打砸搶燒分子與和平示威者進行區分，強調自己站在和平示威者一邊，用分化策略拉攏一部分參與者。其次，認定這場運動的主謀是極左翼組織「反法西斯運動」，並將其定義為「恐怖主義組織」，為動用國民警衛隊、正規軍事力量鎮壓作了法律鋪墊。

第二，利用宗教因素安撫民眾，但效果不佳。在特朗普兩次躲進白宮地堡之後，他執意來到白宮附近的教堂，手拿《聖經》讓記者擺拍，試圖展示自己硬漢形象，遭到主教的抨擊，認為「是對宗教的褻瀆」。雖然特朗普一直聲稱自己是「天選之子」，但在教義面前沒有體現出應有的寬容精神，相反卻要求各州迅速採取一切可以動員的軍事手段儘快平暴，否則就是「蠢貨」，只能坐等那些「下等人」搶劫。

在 2016 年的大選中，特朗普自詡為非建制的代表，但他是含著金鑰匙長大的貴族，對民間疾苦基本無感，這就造成了他的角色衝突。譬如在新冠病毒肆虐的時候，NBA 球員獲得了優先檢測機會，對此特朗普脫口而出：「或許這就是人生」。三年多來，他給人的感覺是站在白人至上主義一邊，漠視少數族裔的權利，甚至公開嘲笑國會內民主黨「女四人幫」，將其貼上極左的標籤。特朗普心裡很清楚，他的基本盤還是老白男，這部分人怎麼都不能得罪。正像西方一位學者所言，「特朗普是美國有史以來

只把自己當成一部分人的首位國家元首，他不再是所有美國人總統，特朗普只關注白種人，而這些選民群體在 11 月的大選中將為他的連任竭盡全力」。

第三，美國高層有意將此次騷亂的矛頭指向中俄，認為俄羅斯和中國在背後起著推波助瀾的作用。美國國家安全事務助理奧布萊恩在接受 CNN 採訪時，直指中國抱著「幸災樂禍」的心態，借勢打擊美國。而白人至上主義者在網上借用「反法西斯運動」的名義，對該組織污名化。一些反中勢力有意通過張冠李戴、移花接木的方式，將「中國元素」插入美國示威圖片之中，以假亂真，從而有意將中國、俄羅斯以及左翼組織歸為一類，視為其背後的黑手，在社會中混淆視聽，為特朗普開脫。

第四，對美國存在的系統性種族主義問題避重就輕。美國前總統小布什和民主黨候選人拜登最近均發表講話，希望國家能夠結束系統性的種族主義，傾聽那些受傷或悲傷者的聲音。但奧布萊恩等高官卻矢口否認美國存在系統性種族主義問題，這種鴕鳥政策使得美國現政府難以對這場騷亂作出正確的判斷，只能以簡單的貼標籤方式強力應對，結果必然是南轅北轍。

這次騷亂事件不僅暴露了美國的種族主義問題，而且也是美國貧富分化問題的進一步延伸。波恩大學政治學者哈克教授認為，美國現在面對的是第二次世界大戰以來最嚴重的危機，抗議浪潮告訴人們，義憤填膺的不只是黑人，還有許多家境良好的白人，他們同樣對階層固化表示失望。「特朗普上任以來，不是促使國家團結而是製造分裂，謊話連篇，訴諸最低下的直覺，謀殺和騷亂正在進一步加快美國夢蛻變成美國噩夢的進程」。

黑人只占全國人口的 13%，但全美近 11 萬新冠死亡者中，黑人死亡比例最高。在首都華盛頓占比高達 44%，新冠感染率、死亡率以及失業率均在全美居於首位，凸顯了黑人健康狀況和家居條件不佳，成為疾病傳染

的溫床。對於許多黑人來說，居家隔離真的成為奢侈。

　　特朗普把抗疫不力的責任歸咎於中國，這次又把種族騷亂歸於左翼和民主黨，甚至開始把俄羅斯與中國作為替罪羊，這種甩鍋做法不僅不能幫助美國直面問題，而且會讓特朗普在錯誤的道路上越走越遠。當然，這並不意味著特朗普提前出局。如今的美國極度撕裂，不以成績論英雄，而以黨派劃立場，「兩個美國」的現象更加突出。正像一個學者所言，「如果看一下拜登在電視上的表現，人們會有這樣的感覺：他年事已高，思維遲緩，出不了地窖，智力已不足以應對局面」。所以讓大部分美國人接受拜登出任總統並非水道渠成。

　　這次騷亂成為半個世紀以來最大規模的種族事件，持續時間之長超出政治觀察家們的估計，接下來不論以何種方式收場都將打上特朗普的烙印。政治需要妥協，可問題是特朗普最不善於團結，尋找最大公約數不是他的長項，由此註定了美國這段政治或以更大的悲劇收場。

特朗普推特治國成誤國

2020 年 5 月 29 日

美國新冠肺炎死亡人數已經突破 10 萬，超過朝鮮戰爭、越南戰爭陣亡者的總和，突破了許多美國人的承受力，更打破了世界對美國人權的認知。

在如此悲傷時刻，特朗普的慰問推特卻姍姍來遲。在特朗普看來，「沒有我出色的工作，美國已經可能有 150 萬到 200 萬人死去」。這麼說來，美國人不僅不應對特朗普抗疫不力加以指責，相反卻要對他感激涕零。美國媒體太缺乏同情心了，如此「傑出」的成績不去高調宣傳，卻總是揪住他打高爾夫球一事不放，真有點「小題大作」。

要說美國主流媒體都跟特朗普過不去也不符合事實。今年 3 月 18 日，美國福克斯電視台曾設計一份民意調查問卷，對特朗普的抗疫工作表現給出了三個選項：一是超級棒（SUPERB）；二是很棒（GREAT）；三是很好（VERY GOOD）。這個測評結果自然不會讓特朗普失望。一位網友就此評論道：「面對這樣的問卷不知道是哭還是笑」。

特朗普給自己的抗疫工作打高分是有原因的，這份自信主要來自於共和黨。據各類民調顯示，雖然特朗普總體支持率落後於民主黨候選人拜登，但特朗普在黨內的支持率高達 93% 以上。換句話說，在政黨分化極其嚴重的美國，特朗普幹得再差也會有一批忠實的擁躉。一家美國主流媒體最近刊文稱：「如果你讓華盛頓的眾多共和黨人講真話，他們會說特朗普當然不適合當總統，當然他是腐敗的，當然他是無能的，當然他是有史以來進入白宮最不誠實的人，但我可以接受這一點，因為他再次當選，意味著共和黨人保住了權力，我們得到了更保守的大法官，我們得到了我們支持的所有政策」。

如此直白的對話精准詮釋了特朗普和共和黨的關係，也從一個側面反

映出特朗普總統的真實地位。別看特朗普那麼強勢，對不聽話的共和黨議員和官員進行過無情敲打，在黨內也製造了一定的「寒蟬效應」，但大部分時候，特朗普只不過扮演著美國保守主義者的木偶角色。這就不難理解為什麼特朗普上台之初共和黨的大佬對他有著強烈的抵觸，但隨著時間的推移，他們漸漸接納了這個「非典型」共和黨人。原因之一是：特朗普乘勢對共和黨進行了改造，或稱之為共和黨的「特朗普化」，如在移民、醫保等問題上，兩者之間的看法趨同；其次，他們發現特朗普是個「聽話」的總統，在重大政策上被共和黨鷹派牽著鼻子走卻渾然不覺。共和黨大佬何不順手推舟，借機做成他們一直想做而做不成的事？

香港問題就是一個典型。其實去年 6 月底中美首腦大阪會晤前，特朗普對香港問題基本沒有興趣，甚至對香港街頭的抗議也斥之為暴亂，但後來他的態度慢慢轉變，主要是他的幕僚不斷遊說，需要撿起香港這張牌向中國施壓，最後落入了共和黨鷹派設計的圈套。

特朗普上台以來，一直以「推特治國」「行政令治國」及「小圈子治國」而聞名。白宮官員最害怕的就是特朗普半夜三更發個推特，似是而非、似非而是的說法讓白宮新聞官員疲於奔命。

民主黨總統候選人拜登表示，「做總統遠遠不是坐在高爾夫球車上發推特就行，這個職責決定了世界上最重大的決策，需要負極大的責任，特朗普很顯然沒有準備好」。特朗普競選團隊隨即反唇相譏，「那條貼文估計不是拜登親手發的，他連在家中地庫裡搞網絡直播都應對不了，更別說是治國了」。

10 萬人死亡的數字是特朗普無法回避的，但他卻通過推特挑起新的話題，成功地轉移人們的注意力。圍繞著疫情下大選投票方式的爭論，特朗普在推特中寫道：「郵寄選票實質上是欺詐性的，郵箱將被搶劫，選票將被偽造，甚至被非法列印出來並帶有欺詐性簽名，但是加州州長卻將選

票發給數百萬人」。推特公司隨即在這段話下面做了藍色記號，貼上「核查事實」的標籤並建立與 CNN 和華盛頓郵報的相關鏈接。推特平台辯稱這是去年 6 月推特公司的規定，即政治人物的推文若違反平台規定，將會在該內容上加注標示。此舉令總統怒不可遏，認為其在「干涉 2020 年大選，威脅到美國的言論自由」。特朗普命令他們立即糾正，否則將對推特公司嚴格監管，不排除將之關閉。推特公司的股票應聲大跌 4% 以上。

的確，與特朗普叫板後果很嚴重，特朗普 5 月 29 日簽署預防網絡審查制度行政命令，取消 1996 年《通訊規範法案》中對社交媒體公司的廣泛豁免權，以令這些企業更容易被起訴。

特朗普的推特成為全世界的新聞富礦，想必今後一定會誕生許多研究特朗普推特的專家，至少可以從中對比一下，哪些變成了白宮的政策，哪些是以假亂真的障眼法。

作為國際新聞從業者，瀏覽特朗普的推特是每天的規定動作，他的喜怒哀樂甚至是重大政策的動向就寫在其中。從有關官員的任免到對朝鮮、伊朗政策的看法等，甚至包括誰會按下核按鈕這樣的敏感問題，都成為特朗普毫不避諱的推特話題。

連任是特朗普最大的政治，而復工是挽回敗局的基本前提。上個月，為了達到復工的目的，他在推特上將矛頭對準民主黨控制的幾個州，號召人們「解放密歇根」「解放明尼蘇達」「解放弗吉尼亞」，果然一批他的支持者帶著武器，包圍密歇根的州政府，要求州長惠特默解除「禁足令」。特朗普正是通過這種拉一幫打一幫的分裂方式，讓美利堅合眾國一步步地淪為分裂國。

世界上許多媒體圍著特朗普的推特轉。特朗普一張嘴，媒體和專家闢謠跑斷腿。在這次美國抗疫行動中，特朗普不僅利用白宮新聞發布會，為自己的抗疫成果和相關政策進行辯護，還時不時向美國民眾推銷抗疫的方

法，什麼喝下消毒水可以殺死新冠病毒，治療瘧疾的藥物奎寧是特效藥等。美國疾控中心、藥監局等部門趕緊闢謠，美國主流媒體也不得不打出字幕，警示特朗普倡導的服藥行為切勿模仿。

特朗普最喜歡在記者會上與記者鬥嘴、開罵，甚至扭頭就走，這樣人們茶餘飯後的談資就變成了以特朗普為中心。特朗普就是靠這種手段成功地轉移了一個又一個對自己不利的焦點。

究竟是特朗普需要推特，還是推特更需要特朗普，這個答案其實並不難回答。特朗普把白宮最神秘的一面通過推特展示出來，但也把政治的妥協空間壓縮到最小，正因為如此，人們對特朗普的反應呈現兩極：一部分認為他活得真實，而另一部分人對他咬牙切齒。不管怎麼說，用推特治國，特朗普開了先河，他以自己的方式每天吸引世界的關注，照盲了人們的雙眼，使其失去了對美國政治衰敗的判斷力，甚至被特朗普帶到溝裡。看來，要想更好地看清美國，與特朗普的推特保持適當距離是十分必要的。

美國後院起火 白宮這一仗很狼狽

2020 年 5 月 30 日

一位美國牧師曾感嘆道:「當你的黑色皮膚成為別人害怕理由的時候,即使你手無寸鐵,別人也會懷疑你的攻擊性」。用這句話來描述美國黑人弗洛伊德的悲劇最恰當不過。

5 月 27 日,美國明尼蘇達州黑人弗洛伊德被白人警察按倒在地並用膝蓋鎖喉長達七分多鐘,儘管他如何叫喊「無法呼吸」,但白人警察仍置之不理。當路人指責這名警察很享受這個過程的時候,他竟然拔槍相逼,直至這名黑人徹底斃命。

弗洛伊德之死激起了美國社會的強烈義憤,大規模的騷亂從明尼阿波利斯迅速蔓延至全國,白宮也一度遭到抗議者的包圍。令人震驚的是,當地時間 5 月 29 日的白宮記者會,特朗普居然視此事為空氣,大談特談起中國(含香港)問題,歷數中國的種種不是,好像偌大的中國經濟體就是靠偷雞摸狗搭建起來的,不僅侮辱了美國人智商,更侮辱包括中國在內的全世界人民的智商。

為了吸引全世界的關注,特朗普玩足了噱頭,週五一大早就發了推文,內容極其簡單:「CHINA!」市場紛紛猜測白宮可能拋出的對華制裁「撒手鐧」,美國三大股指均出現低開,整個華爾街屏住呼吸等待特朗普的錘子落下,結果 8 分鐘的記者會成了特朗普的獨角戲,沒給任何記者提問的機會。

民主黨領袖舒默毫不客氣地表示,「特朗普的記者會很可悲,在我們國家最需要他的時候,他卻無力領導,唯一的問題是,特朗普是害怕領導還是壓根就不知道怎麼領導!我們的社區正在遭受毫無意義的謀殺,面對多年來的種族主義和不公正的傷害,他卻只對尋找替罪羊和製造分裂感興

趣」。一些主流媒體評論認為，特朗普只關注中國和世界衛生組織，對國內如此嚴重的騷亂卻隻字不提，再次領教了他的甩鍋本領。由於特朗普宣布的對華制裁措施都在市場預料之內，隨後美國三大股指均出現反彈。

說特朗普不關心美國街頭騷亂還真有點冤枉他。其實早在騷亂發生的第二天，特朗普就在推特上大罵明尼阿波利斯市市長和明尼蘇達州州長無能，要求其出動國民警衛隊迅速平暴。如果還不能搞掂的話，那就出動軍隊鎮壓這些暴徒。特朗普還引用了 1967 年邁阿密白人警長黑德利的一句名言：「敢搶劫就開槍」，引起美國社會的強烈反感。黑德利是一名臭名昭著的種族主義者，這句話就是他當時對非裔抗議者說的。

這兩天，美國主要官員及主流媒體均不見對美國打砸搶燒分子的任何同情，更多的是譴責暴力。在佩洛西眼裡的香港黑暴「美麗的風景線」到了美國，則變成了人人喊打的醜陋一幕。看來看熱鬧和搞事的不嫌事大，真正輪到自己頭上，完全換了另一個做派。

這場騷亂事件對特朗普的政治前途可謂是雪上加霜。表面上是警察執法過度的問題，其實背後反映了美國社會的深層次矛盾，牽涉到槍支改革和種族歧視等根本性社會問題。擁槍是特朗普必須捍衛的權利，種族歧視他根本不在乎。去年夏天他稱民主黨四位少數族裔的議員為「四人幫」，讓他們滾回自己的祖籍國，曾令全球輿論一片嘩然。

美國疫情仍沒有得到有效控制，而此次大規模聚集性示威會造成怎樣的傳染不得而知。但有一點可以預料，特朗普認定這一切都是中國的錯，並試圖說服全體美國人相信這一點。就像特朗普把美國 10 萬新冠肺炎患者死亡歸咎於中國一樣，在美國相信這個鬼話的超過 60%。

暴亂就是暴亂，在法治社會不需要任何藉口。如果全世界都用同一個標準，那麼社會的撕裂也不至於搞到這個地步。但特朗普就是靠製造分裂起家的，讓他用團結的思維思考和處理問題豈不是幻想。

人們經常說美國是世界上最沒有耐心的民族，從這次騷亂中可見一斑。在騷亂的第二天，特朗普就表明動用軍隊的立場。而香港警察克制了大半年，最後還被西方人稱之為「濫暴」。沒有比較就沒有傷害，不知道香港警察看了這幾天美國同行對街頭騷亂的打擊方式作何感想？

香港持續大半年的修例風波，是美國推出《香港法案》的由頭之一。而中國人大通過《港區國安法立法決定》，打到了美國七寸，成為特朗普召開記者會的直接原因。特朗普太需要「中國牌」為他的大選爭取選民，只有把中國塑造成又一個「邪惡的帝國」，特朗普才有勝算的機會。

5月29日美國共和黨籍5名參眾議員連署致函本月安理會主席國、愛沙尼亞駐聯合國代表，要求安理會緊急討論中國政府所謂損害香港自治問題。筆者以為，這幾天美國大規模的騷亂才是世界關注的焦點，中國常駐聯合國代表團應該緊急致函下月安理會主席國，要求討論美國黑人人權問題，全面檢討美國的《平權法案》是不是遭到了破壞，順勢也搞一個對美制裁法案。如果有人覺得我的想法過於荒唐，那比我更荒唐的豈不是美國把干涉他國內政的想法付諸了行動！

香港是中美戰略博弈的又一戰場。美國這一次對香港的制裁措施並沒有一步到位，但邊打邊撤的態勢已經露出。據此間多家媒體披露，由美國政府持有超過72年的香港南區壽山村道37號、美國駐港總領館的六幢洋房近日開始秘密招標出售，市值估計超過100億港元。據瞭解，這六幢洋房將以售後租回的形式出售，大概率是為中美香港之戰增加靈活性和機動性。這塊地皮是美國政府於1948年以31.5萬港元購入，建了六幢洋房，成為美國駐港總領館員工宿舍。這些年來，美國一直視香港為自己的勢力範圍，特別是在香港回歸中國後又扮演了英國的部分角色。2020年新冷戰鐵幕正落下，新劇目又會上演什麼，人們正拭目以待！

拜登：讓我們一起找回美國的靈魂

2020 年 6 月 6 日

　　儘管美國民主黨代表大會將在 8 月份召開，但拜登在 6 月 2 日 7 個州的初選中已經提前鎖定 1991 張代表票，這意味著拜登迎戰特朗普已成定局。隨後，他在推特上表示，「特朗普的憤怒和分裂政治是沒有答案的」，「讓我們一起找回這個國家的靈魂，打贏這場戰役。」

　　由於疫情的影響，此次初選投票有許多人通過郵寄方式，投票結果的公布也被相應推遲了三天。離大選投票日（11 月 3 日）還有 146 天，眼下特朗普正面臨著疫情、經濟休克及種族騷亂三重挑戰，美國內充滿了對特朗普抗疫不力的指責及處理弗洛伊德事件的批評，拜登的各類民意測驗支持率普遍高於特朗普 7% 以上，但並不意味著特朗普在這場大選中提前出局，相反特朗普將抓住一切機會進行反擊，任何時候都不要低估特朗普後發制人的絕地反擊能力。

　　美國的民意測驗五花八門，選民的情緒或多或少地受到民意調查的干擾。但在一個極度撕裂的國度裡，其實兩黨基本盤不會因為特朗普政績的好壞有所動搖。正因為如此，特朗普所採取的策略是牢牢鎖定基本盤，擴大中間選民的支持度，把民主黨儘量往左邊擠，從而使民主黨的政治光譜集中於四分之一的區域，以此擴大共和黨的地盤和選民基礎。

　　民意測驗落後對特朗普是個鬧心事，但把民意測驗看得太重也會產生嚴重的誤導。2016 年大選期間，他的民調一直落後於希拉里，但最後以選舉人票的優勢勝出。至少從目前來看，在具有關鍵意義的 15 個戰場州，特朗普的支持率並不輸於拜登，從而為今年的大選增加了更多的懸念。

　　特朗普競選的主要資本還是經濟，特別是股市的上漲夠特朗普吹噓一陣子了。令特朗普沒想到的是，今年 2 至 3 月美國疫情升溫，美國股市進

行了大幅度修正，三大指數曾經一度下跌 30% 以上。但是經過這段時間的消化，特別是美聯儲出台大水漫灌式的貨幣政策以及府、會經濟刺激方案相繼出籠，極大增加了資本市場的流動性，美聯儲的資產負債表從 38000 億美元陡升至 73000 多億美元。據路透社報導，這段時間美國向資本市場注入的資金累計達 13 萬億美元，對拉動股市起到了極大的支撐作用。6 月 5 日，納斯達克指數收復失地，創下歷史新高，達 9814 點（2 月 19 日為 9806 點）。道指也回升至 27110 點附近，與 2 月中旬的歷史最高點（29568 點）也就一步之遙。

6 月 5 日公布的就業數據讓特朗普興奮不已，他稱這些成績「令人驚嘆」，「完全得益於其正確決策」。原先市場預測 5 月份的失業率估計為 19%，但結果是 13.3%，比 4 月份的失業率（14.7%）下降了近 1.4%。特朗普稱，「美國經濟如同火箭般反彈」，他質問各州州長們有什麼理由繼續死守居家令？

一些學者立刻質疑失業率的水分。畢竟全國的失業人數高達 3000 萬以上，區區兩百萬就業增長說明不了什麼。另外，各州 3、4 月份放寬了領取失業金的條件，對 5 月份的統計基數也有影響，所以僅憑這一點難以說明美國經濟強勁復蘇，美聯社暗示這份就業報告明顯是報喜不報憂。果不其然，6 月 6 日美國勞工部發表聲明，承認這個數字因「分層抽樣」錯誤而導致失真，低估了 3.1%，正確的數字應達到 16.4%，讓特朗普的競選團隊空歡喜一場，不知下週一股市怎麼開場。

美國疫情並沒有得到根本控制，死亡人數接近 11 萬，而由弗洛伊德之死引發的這場大規模騷亂會不會形成新一波疫情還需要時間檢驗。特朗普堅持認為，居家令帶來的問題比新冠肺炎疫情大，吸毒、抑鬱、自殺、家庭暴力等問題更加嚴重。為此，特朗普抓住這部分人的心理，號召他的擁躉起來造反，給各州州長施加足夠的壓力，推動各地復工，以挽救日益

惡化的經濟。總體而言，共和黨控制的州在復工問題上更加積極，而民主黨控制的州則相對緩慢，這其中既有民主黨在抗疫理念上的差異，也不乏民主黨利用經濟下滑打擊共和黨的政策考慮。

10萬新冠死亡數字沒有讓特朗普動多少惻隱之心，但弗洛伊德之死卻搞得特朗普心煩意亂，尤其是抗議者衝擊白宮，他不得不兩次鑽進白宮的地堡，實在有損特朗普的硬漢形象。在疫情面前，他「赴湯蹈火」，親自服用抗瘧疾藥物——奎寧，以身試藥；堅持不帶口罩展示自己不當懦夫的形象。面對街頭暴力，他第一時間把這場騷亂定性為「暴徒」們的「恐怖主義」行徑，指示國民警衛隊予以鎮壓，並命令軍隊開進首都華盛頓，此舉遭到國防部長埃斯珀等軍界人士的強烈反對，迫使特朗普不得不改變主意，改由獄警和國民警衛隊替代正規軍加強首都的安全防範。

特朗普非常清楚，他之所以擺出強硬姿態也是有歷史原因的。1968年馬丁·路德·金遇刺後引發了大規模暴亂，共和黨候選人尼克松以「法律與秩序」作為競選綱領，贏得了當年的大選，特朗普自然希望這段歷史能給自己帶來靈感。此外，在過去半個多世紀裡，每次黑人引發的騷亂，社會上絕大部分人是支持清場平亂的，白人更是如此。特朗普再怎麼迎合少數族裔，黑人投他的票畢竟少之又少。在白人占主導的國家，穩住了白人也就穩定了基本盤。孰輕孰重，特朗普還是能夠掂量清楚的。從MORNING CONSULT的最新民意調查來看，美國60%的白人支持特朗普用強力手段平定騷亂。

連日來，美國四大前總統先後發聲，希望現政府通過展示團結而不是分裂的方式，直面美國系統性的種族主義問題；美前國防部長及參謀長聯席會議主席等呼籲特朗普，不要輕易動用軍隊參與維護國內治安，更不希望把國內變為戰場；而2016年大選中強力支持特朗普的福音教派對特朗普處理騷亂的手法也表達不滿。主流媒體《華盛頓郵報》直斥特朗普是「首

席分裂者」（Divider -in-Chief），「是這個時代選出的錯誤領導者」。《紐約客》、《經濟學人》、《金融時報》、《時代週刊》等在內的老牌媒體都認為，美國現在被一個「政治上衝動、獨裁的煽動者所領導」，他的言論沒有試圖讓國家冷靜下來，反而故意製造分裂，這可能會降低現任總統連任的機會。這一切都給特朗普帶來了巨大壓力。為此，6 月 5 日特朗普與競選團隊在白宮會面，研究如何扭轉劣勢，包括爭取非裔選民。

5 日的經濟數據讓特朗普舒了一口氣，但卻是勞工部的錯誤數字，看來是拍馬屁急了一點。需要指出的是，特朗普想模仿尼克松 1968 年的口號可能是邯鄲學步，當時尼克松處於挑戰者的位置，而現在的時局如此之亂，特朗普的強硬手段只會加劇混亂，更何況特朗普處於守成者的位置。正像《紐約時報》的一篇文章所稱，「特朗普已經成為兩極分化的圖騰，而不是修補者」，「特朗普總統第一個本能就是尋找可以打架的人」。有分析人士指出，特朗普吵架和甩鍋的本事一流，但也有失手的時候，弄得不好這次變成迴旋鏢，反噬自身也未可知。

美國大選向來有「十月驚奇」之說，如果各州經濟持續復蘇，各項經濟指標持續向好，特朗普的經濟牌算是復活，這對民主黨來說是最糟糕的情形。需要指出的是，民主黨所在的州是這次疫情重災區，屆時特朗普又可以向民主黨甩鍋，讓其很難得分。更何況民主黨候選人拜登的挑戰實力也差強人意：一是年齡已 78 歲（1942 年生），挑戰美國總統年齡極限，對選民的接受度也是一項挑戰。二是他的人格魅力不夠，曾經得過腫瘤，說話底氣不足，精力不夠用。三是參政時間過長，留下授人以柄的東西太多，特朗普將抓住一切機會，發動毫無底線的攻擊，必會在大選辯論中給拜登難堪。四是拜登的兒子在「通烏門」事件中有沒有新的證據有待共和黨挖掘；五是全美所有建制派（包括共和黨的建制派）能不能團結在拜登的麾下，現在還是很大的未知數。

可以預料，隨著黨內初選進入尾聲，拜登的搭檔即將露出水面，能不能通過搭檔的遴選，爭取到更多年青人的支持、彌合黨內分歧及展示團結，顯得至關重要。

2020 年的美國大選充滿了不確定性，唯一可以確定的是，總統候選人平均年齡為 76 歲，既打破了歷史紀錄，也讓世界所有奮鬥者確定了新的坐標。看來奮鬥的路還很長，且行且珍惜！

從「通俄門」到「通中門」 美大選再添新戲

2020 年 6 月 19 日

這兩天，從美國方面傳來的中美關係消息喜憂參半。喜的是兩國負責外交事務的高級官員在夏威夷舉行了會晤，會後發表的聲明稱會談是建設性的，兩國同意採取行動，認真落實兩國元首達成的共識。憂的是美國主要報章都在頭版位置刊登了前國家安全事務助理博爾頓即將出版的回憶錄摘要，大肆渲染所謂美國總統特朗普去年夏天在大阪舉行中美首腦會晤期間曾向中國求助，希望中國多採購美國農產品，為特朗普的連任助一臂之力，硬生生地編織出所謂「通中門事件」。

與此同時，國際輿論的焦點還集中於七國外長有關港區國安法立法問題的聯合聲明以及特朗普簽署的《2020 年維吾爾人權政策法案》，為兩國剛剛建立的對話氛圍澆了一盆冷水。

這兩件事情的對沖，充分說明美國國內存在著一股強大的對華鷹派，有意將中美關係拖向衝突與對抗的軌道，他們不願意看到中美關係的任何改善之舉，而且用盡可能多的消極行動抵消掉兩國關係的積極成分。

國務卿是落實中美關係改善的主要操盤手，接下來蓬佩奧將如何落實兩國元首的共識存有不少疑問。正像博爾頓在書中所描繪的那樣，一方面蓬佩奧在總統面前表現得「言聽計從」，但另一方面卻認為「總統是個白癡」，這無疑將大大損害總統與國務卿之間的個人信任度，指望由這位國務卿來落實中美關係的積極議程恐怕要打不少折扣。

新疆問題是這兩年來美國政客集中炒作的話題，蓬佩奧胡說什麼「新疆建集中營是世紀污點」，把中國在新疆的反恐行動污名化。蓬佩奧一邊來夏威夷舉行會晤，另一邊在這個時點鼓搗特朗普簽署涉疆人權法案，其時間的算計也是耐人尋味的，充分反映了蓬佩奧個人的政治心計。有分析

人士指出，美國新冠肺炎死亡者超過 12 萬，這才是世界上最發達國家的悲劇和世紀污點。

此次西方七國集團在中國人大審議《港區國安法》（草案）之際發表聯合聲明，也是美英兩國聯合運作的結果，充分反映了西方國家的價值觀同盟依然發揮一定的效用。這再次提醒我們，在中美戰略大博弈的背景下，世界許多國家雖不願意選邊站隊，即使他們選擇不站在美國一邊，但也不可能站在中國一邊，這是當下的客觀現實。更何況全球各國正經歷新冠抗疫之戰，西方的制度性危機及對生命權的漠視與中國形成了強烈的反差，促使這些國家更要藉所謂的中國人權問題進一步打壓中國，以削弱中國制度的吸引力，破壞中國的形象。「通中門事件」的炒作，無非是把中美關係塑造成一場「赤裸裸的交易」，在全美上下形成中國干涉美國大選的壞印象。這是 2016 年所謂特朗普「通俄門事件」的翻版，正像美俄關係的改善受制於「通俄門事件」的嚴重掣肘，而中美關係的改善今後也將受制於「通中門」事件的消極影響，這是美國對華鷹派為兩國關係埋下的一個新釘子。

博爾頓的回憶錄對特朗普的競選連任構成深度傷害。美國貿易代表萊特希澤 6 月 17 日在出席參議院財政委員會聽證會時就書中披露的所謂內幕作出澄清：「這完全不實，我當時在場。我完全不記得發生過這種事。」特朗普 6 月 18 日發推稱，博爾頓是個瘋子且極其乏味，回憶錄由謊言與虛假故事構成，一個心懷不滿的無聊傻子，整天就知道打仗。可問題是，既然是虛構的故事，又何談洩露國家機密？特朗普的邏輯自洽還是欠點火候。

被特朗普稱為傻子的博爾頓居然坐到了國家安全事務助理的位置上，如今正在背後捅他的刀子，特朗普真該反思一下自己的用人之道。如果自己身邊圍著一大批投機分子，遲早把總統賣得一乾二淨，不僅會葬送特朗普自己的政治前程，也會把需要更多理性和戰略牽引的中美關係帶向更加危險的境地。

特朗普豈能讓「美國歷史」任由民主黨打扮

2020 年 6 月 29 日

　　有人說歷史是「任人打扮的小姑娘」，也有人說歷史永遠是一部當代史，經不起時間的檢驗。歷史不斷地被修正，時間愈久，許多事件才會看得愈清晰。相較於歷史的長河，人的一生太過短暫，所以人類只有站在歷史巨人的肩膀上，才會少走一些彎路。但歷史的悲劇卻一再重演，可見人類並不是歷史青睞的學生。正像大哲學家黑格爾所言，人類的最大教訓是不善於從歷史中吸取教訓。

　　歷史有其客觀的一面，也有主觀的一面，畢竟歷史是由人類自己書寫的，難免具有時代的局限性。歷史的階級屬性，決定了不同的人站在不同的立場，會寫出截然不同的歷史。歷史有無對錯之分見仁見智，但有一點可以肯定，歷史是由勝利者書寫的，勝利者總比失敗者獲得更多的定義權。

　　美國一直聲稱自己是「世界的例外」，但美國歷史的書寫並沒有例外，它同樣是由征服者書寫的，即由盎克魯撒克遜新教徒（WASP）所代表的價值觀或思想體系構成了美國歷史的核心。

　　美國歷史只有短暫的 244 年，按照中國 60 年輪迴的時間計算，美國只經歷了四個輪迴。最具戲劇性的是，1840 年當選的總統哈里森在第二年春天的就職典禮上患了一場感冒，一個月後因肺炎命歸西天；1900 年再次當選總統的麥金萊號稱是被資本家用金錢收買的。因當時的資本家極度貪婪，辛苦工作一天的工人養活不了自己，社會矛盾激化，1901 年 9 月麥金萊總統在一個走廊上被失業者開槍打死，自此成就了副總統西奧多·羅斯福的霸業。在羅斯福的任上修建了巴拿馬運河、建立了國家自然公園、推進了資本主義的改良運動。在南達科他州的「總統山」上，鑴刻

著羅斯福的雕像，讓特朗普羨慕不已。

　　1960 年當選總統的肯尼迪，雖是美國歷史上最年輕的總統，但肯尼迪家族也有擺脫不了死亡的「魔咒」，肯尼迪總統在達拉斯遭到伏擊的一幕令全美難以忘卻，其死因至今成謎。

　　不知不覺中，2020 年的美國大選如期登場，世界上最發達國家的總統大選，居然在 74 歲的現任總統與 78 歲的前副總統之間角逐，究竟是美國制度的悲哀還是美國政治競技場的一次偶然，只能由歷史去評說。不管鹿死誰手，下一任總統都將打破美國總統的一項年齡紀錄。

　　特朗普 6 月 25 日在接受福克斯電視台採訪時，記者問他對下一任期有何期待時，特朗普的回答卻不著邊際、不知所云，對自己的連任顯然信心不足。以至於特朗普的競選團隊感嘆「總統有點心不在焉」。

　　黑人弗洛伊德之死掀起的美國反種族主義浪潮還在發酵，最大的意外莫過於美國掀起了清理歷史遺產的運動，且波及到歐洲老牌國家。無論是大航海家哥倫布還是英國前首相邱吉爾，無論是美國前總統傑克遜還是一戰期間的威爾遜總統，無論是耶魯的校名，還是羅德島州的州名，無論是政治人物，還是奴隸主或貿易商，無論是北方聯邦的林肯還是南方邦聯的李將軍，只要第一桶金與販奴有關或蓄過奴，發表過種族主義言論，這些人的雕像或歷史遺跡都需要從大眾的視野中消失。一些學者甚至將美國的這場清理歷史的運動稱之為「美國文化革命」。

　　特朗普抨擊這場清理歷史的運動走過了頭，演變成了打砸搶燒，是對美國歷史的不尊重。特朗普指責民主黨人站在無政府主義者一邊，打著反種族主義旗號，將美國帶入極左一邊。特朗普於 6 月 26 日簽發總統行政令，向所有破壞歷史遺跡的人宣戰，要求聯邦和各州嚴懲肇事者，並在網上轉發了白人至上主義者的推文，雖在三個小時後刪除，但互聯網的記憶已經將特朗普與白人至上主義者作了深度關聯。

　　平心而論，這些年我們讀到的美國史其實作了許多美化處理，掩蓋了征服者的殘酷性及被征服者的悲慘程度。美國大街小巷處處留下了白人的歷史遺跡，其中不乏白人至上主義者的雕像。而黑人和其他少數族裔、原住民則被塑造成了皈依者。如果對美國歷史深入研究的話，其實美利堅民族也是硬生生創造出來的。美國各個殖民地願意走到一起，首先是受共同的經濟利益驅使。隨著美國經歷南北戰爭及兩次世界大戰的洗禮，美國各個民族更需要一個圖騰加以崇拜，於是，美國的愛國主義教育就是在「美利堅民族」的背景下得以強化。

　　儘管歷史名人的雕像矗立在美國各地，但並不代表這是一部公正的歷史。美國不僅僅是一部白人男性的歷史，還有女性發展史以及其他有色人種的奮鬥史。一些學者爭辯道，雖然一些雕像是歷史的存在，可以不用推倒，但對雕像的詮釋需要重新改寫。

　　民主黨經過這些年的演變與發展，基本上成為美國自由派精英和少數族裔的代言人，正因為如此，民主黨一直站在這場運動的前列，有意無意地迎合或追趕這股社會思潮。

　　而共和黨人則成為美國保守勢力及老白男的代言人。特朗普的內心對自己作為一個白人還是有著天然的優越感。目前美國的人口結構中，黑人約占 13%，拉丁裔約占 18%，亞裔約占 7%，而白人占 61% 左右。雖然並不是所有白人都是白人至上主義者，但白人世界對民主黨領袖帶頭向黑人下跪的動作還是有一絲的不快，認為民主黨人矯枉過正，走向了歷史的反面。為了穩住這個國家的基本盤，特朗普誓死捍衛白人的利益。如果他也像拜登和佩洛西那樣下跪，估計共和黨的選票將很快流失。從這個意義上講，特朗普還是保持了一份清醒。2016 年特朗普靠著老白男將他抬進了白宮，而 2020 年拜登能指望黑人將其抬回白宮嗎？

特朗普真的老了

2020 年 6 月 21 日

　　這個週末，美國非裔男子弗洛伊德遭白人警察扼喉致死而引爆的全美抗議活動仍在持續發酵，華盛頓、紐約、亞特蘭大等城市的示威者沒有停止街頭抗爭。而另一邊，特朗普總統正緊鑼密鼓地準備自 3 月以來的首場大型集會，為自己的競選連任造勢。

　　這場造勢大會於北京時間 6 月 21 日上午在奧克拉荷馬州塔爾薩市舉行。特朗普在出發之前，特意在推特上承諾要在塔爾薩為「特粉」獻上「狂野之夜」，如果「抗議者、無政府主義者、搞事之徒、搶掠者和卑劣的人」在場外聚集搞事，將不會受到溫柔對待。

　　這場集會對於特朗普來說盼望已久。因為搞這類集會是他的長項，也是特朗普動員民眾支援的最有效方式，恰恰也是拜登的短項。畢竟拜登已經 78 歲了，搞這類連軸轉的競選活動，沒有一個好身板很難支撐下去。從這個意義上說，新冠疫情也救了拜登，讓其能心安理得地在自己的地下室內以逸待勞，否則像希拉里 2016 年那樣疲勞征戰時差點暈倒，這一幕或許在拜登身上再現，更何況特朗普一直嘲笑拜登是個「瞌睡蟲」，無精打采。

　　特朗普的這場集會是自 3 月封城鎖國以來的首場大型室內集會，備受外界矚目。上一次特朗普在鐵粉的歡呼聲中宣布，美國的失業率是 3.5%，創歷史新低，新冠確診人數只有 91 人，他向集會者說，「我們的國家從未如此強大過。」

　　如今，美國失業率飆升到 13.3%（實際數字是 16.3%，勞工部將停薪留職的人員與新就業人數進行了重複統計），新冠肺炎確診人數約 220 萬人，累計死亡人數近 12 萬。與此同時，全美各地掀起了反種族主義示威

浪潮,這是自 1968 年以來最大規模的民權運動。美國社會對這場「黑人的命也是命」的社會運動存在著根本性分歧。最新民意調查顯示,美國約有三分之一的人擔心未來五年有可能發生新的內戰。一半以上的人認為,美國正走在錯誤的道路上。

親特朗普的福克斯電視台 18 日最新民調也顯示,拜登支持率為 50%,而特朗普僅有 38% 的支持率。民調還稱,不少選民撐拜登,不是因為支持拜登的政策,而是抱著讓特朗普無法連任的目的。68% 的拜登支持者表示,對特朗普連任的恐懼,是他們投票的最大動力。

令特朗普陣營非常尷尬的是,一方面他們希望把 1.9 萬個座位的場館填滿,另一方面也擔心會製造一場疫情傳播的「完美風暴」,所以讓支持者簽署「生死狀」,承諾不能因為參加集會染疫而追究總統的責任。

從 6 月 15 日開始,一些狂熱粉絲陸續在集會場館俄克拉荷馬銀行中心門口排起長隊,甚至有人搬來躺椅、搭起帳篷駐守數夜,以確保自己能入場。特朗普競選團隊稱,有超過 100 萬人登記申請入場門票(有人認為共和黨團隊被社交媒體上的虛假數字騙了)。

對於這場集會「一票難求」的幻像,特朗普不忘嘲笑民主黨候選人拜登,他於 19 日在推特上發布拜登早前在費城出席競選活動時,大廳因保持社交隔離措施而顯得空空蕩蕩的照片,並配文「拜登的集會,零人氣!」

拜登迅速回應特朗普的嘲諷,他呼籲總統減少發推特時間,把熱情和精力用來對付新冠病毒。但今天的會場,參加的人數比預期少了很多,有三分之一的坐位空著,場外的人數更是少得可憐,自然讓特朗普有點失望甚至開始憤怒。不過這沒有關係,對於集會人數,相信特朗普會有自己的一套說法。在集會人數上,自他上任的第一天開始就與媒體進行過激烈爭論,說是這些假媒體低估了當天參加 2017 年就職典禮的人數。但一些著名人士不客氣地指出,特朗普從上任的第一天就開始公開向世界撒謊。

　　儘管這兩天美國的新冠疫情病例每天以 3 萬多的速度增長，與 5 月初的情形極為相似，但是特朗普依然搞這種大型室內集會，招致民主黨的強烈批評。特朗普的集會演說忘不了對拜登的批評，在對待黑人問題上，他聲稱自己四年所做的善事超過拜登 47 年所做的一切。至於死亡和感染人數多，那是因為美國檢測了 2500 萬人，是世界之最，所以最好的辦法是「放慢檢測的速度」。

　　聽完特朗普的演講，許多分析人士感嘆，特朗普只不過是在老調重彈，還是用 2016 年的那一套吸引選民，實在與時代有點脫節。畢竟美國當前面臨三重危機：一是疫情沒有得到有效遏制，死亡人數超過一戰的總和，成為國家之恥。雖然特朗普承諾 9 月份如期開學，但許多分析家認為，誰都想重開校園，但沒有採取有效的安全保障措施，這種做法只會讓疫情進一步惡化，而小心與謹慎這些詞彙在特朗普的辭典裡消失了，只剩下競選連任這一赤裸裸的目標。

　　二是關於種族主義騷亂問題，雖然這是美國的百年之結，但特朗普在應對騷亂方面一味示強，以爭取白人選民對其支持，同時將騷亂的原因歸咎於民主黨左翼及無政府主義的煽動，而不願承認自己的分裂政策導致美國進一步走向兩極。他把共和黨稱為「林肯黨」，是「法律與秩序」的捍衛者，否則當你撥打 911 的時候，電話將無人接聽，以此恐嚇選民。

　　三是面對今年 2 月以來就已陷入衰退的經濟問題，美聯儲一味採取無限續杯的量寬政策，無異於飲鴆止渴。美元的氾濫雖會幫助美國向全球稀釋債務、轉嫁危機，但同時也在進一步損害美國的國家信用，對美國的長期發展構成實質性傷害。

　　以上這些問題既有長期性、結構性矛盾，也有新冠疫情等緊迫的現實難題，需要特朗普拿出切實有效的辦法。但與民眾的期待相反，特朗普一個多小時的競選演說刻意回避這些問題，甚至不著邊際，說明特朗普有效

治國的辦法並不多，相反更凸顯了特朗普「推特治國」的弊端。一些媒體稱「這次集會是一次失敗」。

2016 年特朗普靠美國的白人危機，利用全球化過程中的部分人失落感，煽動民粹主義，發誓打擊建制派的政治腐敗，「抽乾華盛頓的沼澤」，贏得了 2016 年大選。但在這三年半的時間裡，許多人聽膩了他的謊言與欺騙，以及不斷甩鍋他國、委過他人的做法，這一次雖沒有稱新冠病毒是「中國病毒」，但換了「功夫流感」的說法，這種雕蟲小技不是一個大國領導人應有的政治風範，卻處處顯示出他是一個睚眥必報、錙銖必較的政客。

相較於拜登，特朗普雖顯年輕，但前幾天他在出席西點軍校畢業典禮、走下台階的時候小心翼翼，喝水時也是雙手端杯、顫顫巍巍，人們也開始擔心他的健康狀況。不過，與身體健康相比，人們更擔心他的心理健康以及政治智慧的枯竭。很明顯，特朗普的思想在急速老化，不能不感嘆歲月不饒人。如果說特朗普的特長是建築的話，那麼這四年我們更多看到的是他拆毀世界的招數，但如何建設新世界已經超出了他的規劃能力。

推遲美國大選　特朗普投石問路

2020 年 7 月 30 日

　　特朗普的任期還剩不到半年，但國務院居然有 11 個副國務卿和助理國務卿的崗位至今處於空缺狀態，這在歷屆政府中也是少有的怪現象。

　　據參議院外委會的一份調查報告顯示，過去三年間，國務院的工作人員普遍對國務卿沒有信心，覺得自己的工作不被尊重，有一種被輕視的感覺，促使許多人離開工作崗位，造成國務院專業人才的大量流失。前不久，美有關監管機構還在調查蓬佩奧夫婦「不適當地要求工作人員和外交安全人員為他們做家務，例如接收外賣和做其他差事」，此事隨著國務院檢察官的被解職也就不了了之。

　　國務院對國會的這份報告並不買賬，稱由於民主黨把持的國會對於官員提名的聽證不積極，導致許多崗位空缺至今；而民主黨議員則反擊說，國務院提名的許多人選不合格，其中有一些種族主義者或有道德瑕疵，「無法代表美國」擔當外交使命。雙方之間的唇槍舌戰將美國務院的管理問題置於陽光之下。

　　自蓬佩奧接任以來，他的心思沒有用在調動員工的積極性方面，而是周遊列國挑撥離間，以分裂世界為己任。連美國媒體也認為，蓬佩奧是最不稱職的國務卿。但這一切並不妨礙他有意覬覦 2024 年的總統大位。一些輿論評論道，如果這一切變為現實的話，蓬佩奧的美夢就會成為全世界的噩夢。

　　美國政府的管理混亂問題豈止是國務院一家，白宮的混亂更是有過之無不及。特朗普最近承認自己在推特上呆的時間太長，而且轉帖不當也招來不少批評，尤其是轉發一個「巫婆」推銷使用奎寧治療新冠的視頻，遭到許多美國人的嘲笑。在抗疫問題上，科學讓位於政治，科學家聽命於政

客，美國已超過 440 萬人感染新冠病毒，15 萬多人死亡，早已超過了最初 14.7 萬人的預測模型，而現在又將死亡預測數字調高到 22 萬，不知道能不能就此打住。

22 萬不是一般統計學上的數字，而是一個個鮮活的生命。對於冷血的政客而言，這些僅是一個符號，與淚水無關。諾貝爾經濟學獎獲得者克魯格曼 7 月 28 日在《紐約時報》發表文章，稱美國的問題表面上是特朗普太急於看到良好的就業數據而無視感染風險，結果造成了疫情的大幅度反彈，美國人僅有的一點耐心在疫情面前蕩然無存。

在克魯格曼看來，戴口罩不僅是自我保護，也是為了保護他人。「但特朗普政府卻如此愚蠢，做出了許多自我毀滅的行為，唯一的解釋就是這幫人是自私邪教的成員」。克魯格曼指出，共和黨的自私自利並不是主要問題，而是他們把這種自私神聖化，這種邪教狂熱正在害死美國。

離美國大選投票日不到 100 天，第二季度經濟增長急墜，特朗普的民調大幅度落後於民主黨候選人拜登，被逐出白宮的可能性大大增加。擺在特朗普面前有兩條路：第一，推遲大選，等待新冠疫苗問世，如果疫苗奇跡發生，這樣特朗普就可以把拯救美國人民的功勞算到自己的頭上，從而可以繼續領導美國四年。這不，特朗普 7 月 30 日在推特上就推遲大選投石問路，稱希望等到人們有安全感的時候再投票，但推遲大選需要修改憲法中的相關條款，民主黨控制的眾議院不會輕易讓特朗普過了這一關；第二，不承認大選結果。2020 年的大選，一些年長者害怕染疫，大多會選擇郵寄投票，大部分州已經為郵寄投票開了綠燈。鑒於特朗普對郵寄投票抱有很深的成見，認為這將導致美國歷史上最具欺詐性的選舉舞弊，為特朗普不承認大選結果埋下了伏筆。特別是在搖擺州，如果他與拜登選票接近的話，2000 年的一幕也許會再次發生。CNN 擔心，在被拉長的點票期間，特朗普可能煽動粉絲上街示威，與拜登的支持者爆發衝突，從而造成社會

動亂。5月份特朗普在推特上號召「解放」密歇根、明尼蘇達等州的時候，他的支持者拿著長槍前往密歇根州府大樓的一幕讓人歷歷在目。《華盛頓郵報》分析指出，從 11 月 3 日至 2021 年新總統的就職典禮期間，如果出現爭議，特朗普有可能讓聯邦軍隊介入。

在過去 244 年的美國歷史中，美國的總統的交接總體順利，但也並非完全一帆風順。1800 年和 1876 年都曾經出現過一些爭議，但最後都以和平方式解決。

特朗普作為一個政治另類，毫無政治底線可言，正像他把司法部長巴爾變成了自己的「政治打手」一樣，軍隊會不會完全聽命於特朗普還有許多疑問。至少從這次平定「黑人的命也是命」騷亂來看，國防部長埃斯珀和參謀長聯席會議主席米利有意與特朗普保持一定的距離，特別是拒絕讓軍隊參與平暴，最後特朗普不得不作出讓步，讓軍隊回到了各自的軍營。

美國大選最近的一次爭議出現在 2000 年。當時小布什和戈爾選票不相上下，誰在佛羅里達州勝出，誰將成為美國總統。當時兩人的選票非常接近，按規定就要重新計票。但共和黨控制的最高法院叫停了重新計票，直接宣判小布什勝出。輿論認為，與其說 2000 年的美國大選是由法官判出來的總統，還不如說是戈爾大度地接受了這樣的判決。小布什的當選不是勝在法律，而是勝在戈爾本人的妥協。但特朗普 10 天前在接受福克斯新聞採訪時，拒絕承諾接受大選結果，讓許多美國人對大選之後出現「兩個總統」的前景感到十分擔憂。

在抗疫面前，特朗普本可以團結中國，通過中美聯手，對新冠病毒進行封堵，為世界作出表率，但美國卻找錯了敵人，把同一個戰壕裡的中國視為敵人，以致於讓美國付出慘重的代價。現如今，80% 的美國人認為國家走錯了方向。

一張好牌被特朗普打得稀巴爛，讓其焦急萬分。畢竟特朗普連任不

了，不是體面下台的問題，而是面臨稅單被強行公布，以及濫權、阻礙司法等系列指控。佩洛西早就揚言，她不希望看到特朗普下台，而是看到他坐牢。拜登早在 4 月就預言，特朗普可能要找出各種理由，推遲大選或不承認大選結果。究竟拜登是一語成讖還是料事如神，只能由美國選民來判斷了。為了連任，特朗普真是豁出去了，一切能用的手段都會從他的工具箱中拿出，一場比投票本身還要驚險的大戲正在徐徐拉開大幕。

特朗普臨陣換將能救得了選情嗎

2020 年 7 月 18 日

7 月 16 日，美國新冠病毒感染者高達 7.7 萬，創下了單日以來的最高紀錄，越來越接近美國傳染病研究所所長福奇所擔心的 10 萬人的天文數字。

病毒在美國肆虐，白宮有精力討論對中國 9200 萬黨員及其家屬禁止入境的問題，卻對如何應對美國本世紀以來的最大危機聽之任之，顯示出特朗普政府的冷酷及政治上的自欺欺人，難怪如此多的美國人越來越對特朗普不買賬。

美國全國廣播公司（NBC）聯合《華爾街日報》7 月 15 日發布的民調結果顯示，總統特朗普以 40% 的支持率大大落後於民主黨總統候選人拜登的 51%。兩人的民調差距擴大到兩位數，令特朗普十分不滿。

憑心而論，不是這些選民多麼喜歡拜登，而是他們無法容忍特朗普對新冠疫情如此輕漫。一些選民甚至表示，即使面前是個大木頭，我也會投，反正就是不能再投特朗普了。

在疫情面前，特朗普政府的雜亂無章及經常發出的混亂信息，讓普通百姓無所適從。全世界充分領教了特朗普的甩鍋本領。一方面他甩鍋中國和世界衛生組織，現在又把矛頭指向福奇，稱這位傳染病研究所所長多次誤導白宮，反而是特朗普堅持己見，才避免了更大災難的發生。

7 月 15 日，美國眾議院議長佩洛西表示，「特朗普的行為就像一個拒絕問路的人，其實所有的答案都在那裡，科學家們知道檢測、追蹤、隔離、治療等可以阻止這種病毒的傳播，然而，總統卻繼續走在錯誤的道路上，拒絕向任何更了解病毒的科學家們問路」。

21 世紀 20 年代的美國，儼然回到了中世紀，科學讓位於政治，只不

過中世紀是宗教占主導，而這一次則是反華反共的意識形態佔據美國政治的中心。特朗普通過打中國牌，試圖轉移美國國內矛盾的焦點，好像這樣就能遏止美國的新冠疫情。

在戴不戴口罩的問題上，特朗普的表現近乎於宗教信仰般的執著，直到上周，他才在媒體面前戴上口罩，可兩天后他去亞特蘭大視察時再次拒絕戴口罩，搞得迎接他的州長布萊恩‧坎普戴也不是，摘也不是，其尷尬的一幕被媒體載入歷史。21 世紀的美國居然在戴口罩問題上出現如此滑稽的糾結與爭鬥實在不可理喻。

更為荒唐的是，這位追隨特朗普的佐治亞州州長坎普週三還發布一項行政命令，阻止該州的所有城鎮發布要求在公共場所佩戴口罩的命令，同時還要起訴亞特蘭大市市長巴托姆斯，理由是這位市長強制人們戴口罩。

剛剛經歷的美國獨立日活動以及特朗普舉行的幾場大型競選集會，無疑對病毒散播起到了推波助瀾的作用，特別是特朗普的支持者們參加集會幾乎無人戴口罩。這不，俄克拉荷馬州州長斯蒂特也於週三確診，此前他一直推動解封，出席特朗普的競選集會。美國染疫者再創新高，其實看看共和黨控制的一些州的抗疫表現，就見怪不怪了。

疫情檢驗了資本主義制度的成色。美國的保守派們為了捍衛自己的執念，甚至搬出了憲法，以個人自由、地方自治等為由，堅決拒絕戴口罩。直至今日美國也沒有在國家層面頒布強制戴口罩的行政令。一些分析人士一針見血地指出，戴口罩是社會責任意識的體現，與自由無關，畢竟戴口罩不是讓你戴手銬。在付出 14 萬人死亡的代價之後，美國的一些商家開始了一系列自救行動。一些大型零售企業、超市、咖啡店等近日陸續要求顧客必須戴口罩方能入內。

距離大選投票日不到 4 個月，特朗普於週四換掉了競選經理，以期挽回目前的民調頹勢。特朗普當天宣布，由副經理斯蒂芬出任競選經理，以

取代巴斯卡，而帕今後只負責競選團隊的「數碼和信息戰略」，並擔任競選活動的高級顧問。

特朗普 15 日晚表示，斯蒂芬和巴斯卡都曾深度參與 2016 年的競選工作，期待與他們共同贏得第二次勝利。特朗普稱，「這一次會容易得多，因為我們的民調支持率在快速上升，經濟在好轉，新冠肺炎的疫苗和治療藥物即將研發成功。」

如果一切都像特朗普說的那樣如此樂觀，那又何必臨時換將？可見特朗普對目前的現狀存在著深深的憂慮。記者注意到，特朗普 14 日在白宮玫瑰園舉行記者會時，灰白的髮色與此前的一頭金髮形成鮮明對比。有人開玩笑說，難道糟糕的民調愁得特朗普一夜白頭？媒體及網友紛紛猜測，在疫情和選情的雙重夾擊之下，總統已沒有時間或乾脆忘了染髮。有推特網友嘲諷道：「是我家電視色彩失真了，還是總統不再把頭髮染成糟糕的橘黃色了？」亦有網友猜測特朗普「忘記了髮膠顏色」或者「用光了染髮劑」。在頭髮問題上，特朗普沒少與媒體爭論。去年 9 月的競選集會上，他稱「我甚至願意站在雨中，把頭髮弄濕，讓你們親眼見證我的真髮」。

巴斯卡於 2018 年初成為特朗普的連任競選經理。今年 4 月下旬，因抗疫不力，特朗普民調開始下滑。據知情人士透露，特朗普在電話中對巴斯卡大喊大叫，並就民調數字責備他，兩人關係在上個月俄亥俄州塔爾薩市的競選造勢大會後急劇惡化。巴斯卡吹噓有超過 100 萬人索要了這場活動的門票，預測將有 10 萬人到場支持總統，但現場觀眾最終只有約 6200 人，這徹底激怒了特朗普。之後媒體報料稱，與中國有關聯的 TikTok 社交平台用戶通過虛假登記，讓特朗普空歡喜一場。為了報復這家公司，美國正在研究取締這家公司在美國的運營。為了自證清白，TikTok 公司正聘請 35 位說客，以證明這個公司在美國是純粹獨立經營的，不受中國政府操控，其客戶資料只存儲於美國，而備份放在新加坡。

巴斯卡雖是 2016 年特朗普贏得大選的功臣，但這一次非同當年，疫情僅靠包裝是掩蓋不了的。相比於巴斯卡，特朗普更看中斯蒂芬的政治經驗。他在 2016 年 8 月加入特朗普競選團隊，短暫做過白宮政治主管。他此前曾擔任麥凱恩 2008 年總統競選總監，以及新澤西州前州長克利斯蒂的首席幕僚。值得注意的是，負責招募斯蒂芬加入特朗普競選團隊的正是特朗普女婿庫什納。可見，庫什納才是幕後掌控特朗普的連任競選活動的第一人。

特朗普希望通過臨陣換將來遏止支持率日益下滑的勢頭。針對這一做法，一些媒體直指，除非總統能找到對抗新冠病毒的方法，否則換誰都救不了特朗普的選情。一位白宮高級官員表示，「特朗普把民調不佳歸咎於競選工作人員，而不是他自己的行為。只有特朗普本人才能扭轉其目前的頹勢，但他（特朗普）沒有集中精力。每個人都已經告訴他了，但什麼都沒有改變」。

民主黨的選情看好，但並不意味著民主黨就能穩贏，畢竟四年前的噩夢一直縈繞在民主黨的心頭。新澤西州蒙莫斯大學 15 日公布最新調查研究指出，特朗普的鐵粉變得更加「沉默」，民調統計恐怕無法真實反映特朗普的支持度，尤其是關鍵州的「特粉」們似乎在悄悄凝聚「隱形力量」。

的確，民調結果並不等於投票結果，拜登屬於建制派的典型代表，支持桑德斯的年輕選民能不能走出家門，把這一票投給拜登，將直接影響民主黨的選情，而 2016 年許多年輕人是放棄投票的，他們不想在兩個爛蘋果中挑一個。接下來，民主黨如何把對特朗普不滿的中間選民吸引到拜登的陣營，將成為民主黨最大的難點，也是這屆美國大選最大的看點。

第八章

拜登這把老骨頭能扛起民主黨的重任嗎

拜登的女搭檔定了　這是一步險棋

2020 年 8 月 14 日

　　離美國總統大選投票日只有 82 天，民主黨候選人拜登終於拋出了一枚「炸彈」，讓相對平靜的民主黨競選舞台多了些色彩和衝擊力。

　　當地時間 8 月 11 日，拜登在千挑萬選、猶猶豫豫中，選擇了來自加州的參議員卡瑪拉・哈里斯作為自己的副總統候選人，希望為民主黨重返白宮提供助力。

　　誰擔任拜登競選拍檔一直是近來媒體爭相猜測的焦點。提名哈里斯無疑創造了美國歷史，1984 年第一位女性費拉羅（Geraldine Anne Ferraro）眾議員與蒙代爾組成搭檔挑戰里根與老布什；2008 年，來自阿拉斯加的女州長佩林（Sarah Palin）被麥凱恩挑為搭檔，但都沒有沖頂成功。如果哈里斯如願以償，她將成為美國歷史上第一位職位最高的女性，同時也是第一位有色人種佔據美國政治舞台的核心位置。

　　拜登這次「選秀」飽受各界批評，名單遲遲不公布，引發了拜登決策猶豫不決、難以勝任總統大位的疑慮。為保險起見，拜登的競選團隊不得不格外小心，防止副總統過分複雜的背景會吸引太多的注意力，而沖淡了對拜登的關注度。其把握的原則是：不應讓外界感到太意外；能與拜登形成優勢互補；三是能夠成為架起多元社會聯繫的橋樑。

　　拜登在當日的社交媒體上發文稱，「很榮幸宣布哈里斯將成為我的競選搭檔。她是無畏的鬥士，是這個國家最優秀的公職人員之一。我們一起將戰勝特朗普。」

　　哈里斯隨後發文回應稱，「很榮幸成為拜登的競選搭檔，他會是一位「將美國人民團結起來的總統」。前總統奧巴馬稱，哈里斯「完全可以勝任這份工作」；前總統克林頓表示，拜登和哈里斯會組成「強大的團隊」；

眾議院議長佩洛西發文稱，拜登選擇哈里斯，是一個歷史的里程碑。

哈里斯於 1964 年出生於加州，其父親是牙買加裔，仍然健在，擔任斯坦福大學經濟學教授，母親是印度裔，泰米爾人，其家族背景在印度當地也是名門望族。她的母親於 2009 年去世。哈里斯稱，她以前幾乎每年都回印度感受那裡的文化。

哈里斯於 2017 年起擔任聯邦參議員，致力於推進種族平等、女性平權等議題。哈里斯曾參加 2020 年總統大選，一度被認為是民主黨總統候選人的熱門人選，後因資金籌措遇到了困難而不得不於 2019 年 12 月退出大選。

拜登於 2020 年 3 月表示，一定會選擇一位女性搭檔，以打破美國長期以來的「玻璃天花板」。哈里斯、沃倫、眾議員達明斯、亞特蘭大市長巴特姆斯、前國家安全事務助理蘇珊・賴斯、密歇根州州長惠特默等都曾在名單之內。

據美國主流媒體分析，哈里斯的非裔背景、政治資歷是拜登選擇其擔任副總統候選人的重要原因。自今年 5 月非裔美國人弗洛伊德遭警察暴力執法而死、全美掀起「黑人的命也是命」（BLM）以來，種族問題成為美國民眾最關心議題之一。選擇一位非裔（兼亞裔）競選搭檔將幫助拜登獲得更多非裔選民的支持。哈里斯作為前加州總檢察長、聯邦參議員的政治資歷，使其具備了治國理政的能力。畢竟加州是美國最大的州，在其擔任加州總檢察長期間，注重司法改革，主張對初犯予以寬大處理。當然也有許多人認為，「這項改革不夠徹底」。

當地時間 8 月 12 日拜登將與哈里斯在特拉華州聯合發表講話，兩人將在下周舉行的民主黨全國代表大會上正式接受民主黨總統候選人和副總統候選人提名。奧巴馬、克林頓、佩洛西以及參議員桑德斯、沃倫等都將出席並發言，以顯示民主黨的空前團結。而此前，桑德斯、沃倫一直宣導

激進的左翼政策，吸引了相當一部分年輕選民的支持。如何爭取這部分選民團結到拜登的麾下成為至關重要的問題。而桑德斯和沃倫的出席無疑會起到提振士氣的作用。

反移民、岐視女性、白人至上一直是特朗普骨子裡與生俱來的東西，而哈里斯恰恰兼具上述身份於一體，明顯戳到了特朗普的軟肋。特朗普的競選團隊有點慌亂，開始尋找哈里斯的弱點。特朗普已經把哈里斯形容為「惡毒的女人」，過分強勢，冷酷無情。拜登曾在 7 月底「不經意」間，把對哈利斯的評價透過美聯社的相機洩露出來，以測試社會的接受程度。

此後，民主黨內的確出現了一些反對聲音，認為她「過於野心勃勃，可能會在上任的第一天開始就準備下一屆的總統競選」，不會全力輔佐拜登，為人不夠忠誠，有投機主義傾向。特別是她在初選階段對拜登的攻擊毫無悔意。不過，拜登對她的評價是，「才華橫溢，經驗豐富，不記仇，令人尊重」。拜登多次表示，「哈里斯有能力成為任何角色」。她和已故的拜登兒子博・拜登都曾擔任過州總檢察長，雙方結下了深厚的友誼。

拜登前不久公布的 80 頁競選政綱，對特朗普的政策進行了全面否定。文件稱，特朗普一直在說「美國優先」，但是這種「美國優先」卻讓美國被孤立，美國的聲譽和影響力被徹底破壞，我們的國家更不安全，我們的經濟更加脆弱，我們的價值觀岌岌可危，「特朗普徹底掏空美國的外交資源」。在經濟方面，特朗普與對手展開沒有硝煙的戰爭，卻懲罰了美國的工人，疏遠了美國盟友，將俄羅斯視為夥伴而不是敵手；在伊朗問題上，將美國推向戰爭，有必要恢復奧巴馬時代的伊核協議。在內政方面，拜登很明顯吸收了桑德斯和沃倫的觀點，這也成為特朗普攻擊的主要目標。特朗普稱，拜登成為「激進左翼政策」的支持者，包括提高稅收、特赦非法移民以及削減警察經費。「支持禁槍就是反上帝、反聖經」，「支持加稅就是站在工人階級的對立面」。特朗普還暗示，桑德斯實際上是

民主黨真正旗手，拜登被操縱，他別無選擇地把桑德斯的理念帶進白宮，將給美國帶來真正的災難。特朗普發言人蒂姆‧默托（Tim Murtaugh）稱，「拜登是一個特洛伊木馬」，是一個「載著激進左翼瘋狂政策清單的空船」，「將把美國變成一個完全無法辨認的國家。」而副總統彭斯稱，「拜登——桑德斯議程將使美國走上社會主義和衰落的道路。」

共和黨競選團隊稱，他們的「首要任務就是不允許拜登繼續把自己定位為一個和藹、溫和的祖父」，「任何有助於系統性地攻擊、界定和推動他離開溫和形象的做法都是明智和有益的。」而對哈里斯的攻擊也將集中於在加州當總檢察官的經歷。為了取悅民主黨的反警察的勢力，哈里斯開始軟化對打擊犯罪的立場，其政治表現太過虛偽。現在還不知道這段經歷對拜登的競選會帶來多大的傷害。

2020 年的大選，民主與共和兩黨勢均力敵，目前總體處於膠著狀態。表面上看，特朗普的支持率落後於拜登 9 個百分點，但是特朗普善於後發制人，接下來將會採取一系列手段，製造「十月驚奇」。納斯達克指數早已超過萬點，道指正重回歷史的高點；如果疫苗真如特朗普所願，在大選之前正式推出，都會對選民產生很大的影響，也將是特朗普大吹特吹的資本。福克斯電視台的評論認為，拜登選擇哈里斯走的是一步險棋，因為種族主義和性別岐視在美國根深蒂固。媒體宣傳是一回事，但在白人主導的世界裡，有些人的心思未必表露出來。從這個意義上說，拜登的真正考驗還在後頭。

哈里斯的首秀戳中了特朗普要害

2019 年 8 月 15 日

　　8 月 12 日，哈里斯作為拜登的競選搭檔第一次亮相，引起了媒體的高度關注。與上屆美國大選不同的是，還有多少人記得希拉里的搭檔是誰？而這次民主黨副總統候選人的關注熱度如此之高，吊足了媒體的味口。畢竟 78 歲的拜登已近耄耋之年，一旦入主白宮，四年之後的副總統將是 2024 年民主黨總統的有力競爭者。

　　拜登選擇哈里斯，的確是走了一步險棋。黑人、女人、強人是哈里斯的底色，對於白人占主導的國家而言，黑人占比只有 13% 左右，僅靠黑人是無法把拜登抬進白宮的。白人社會都有問一下自己，我們已經準備好接受一個女性、且是黑人女性成為未來的總統嗎？《紐約時報》對提名哈里斯乾脆用「複雜」來形容，可見對拜登的這項選擇保持了幾分謹慎。

　　不管怎麼說，哈里斯 8 月 12 日的首秀還是可圈可點。她與拜登承諾，將團結美國人民，解決特朗普政府遺留的問題，將重新把國家建設好（BUILD BACK BETTER，BBB）。此前，哈里斯曾表示，她將把真相、透明度以及信任（TRUTH, TRANSPARENCY, TRUST，TTT）作為自己的政治訴求，以對抗特朗普政府的謊言、誤導、掩蓋及製造分裂所帶來的不信任。

　　第一，通過哈里斯之口塑造拜登的良好形象。哈里斯通過講述她與已故拜登之子的交往故事，告訴美國人，「拜登的同理心、同情心和責任感」，是可以信賴和依靠的人。

　　第二，強調特朗普政府需要為國家的抗疫失敗負責，美國需要新的領導力。她認為，特朗普總統對疫情的管理不善使美國陷入了自大蕭條以來最嚴重的經濟危機和健康危機。而六年前，美國也發生埃博拉病毒危機。但在奧巴馬和拜登的領導之下僅有兩個美國人死亡。這種強烈反差凸顯了

領導力的差異。

　　沒有對比就沒有傷害。哈里斯強調，「當其他國家遵循科學時，特朗普卻推銷他在福克斯新聞上看到的神奇療法。當其他國家的疫情曲線正在變平時，特朗普說病毒會奇跡般突然消失。」「美國的打擊之所以比其他任何發達國家都嚴重，這是因為特朗普未能認真對待它。從一開始，他就拒絕接受測試，並在社交疏離和戴口罩問題上翻來覆去」。

　　第三，打移民牌，強調自己是民族大熔爐的真正代表。哈里斯強調，她的父親和母親，一個來自印度，另一個來自牙買加，以尋求一流的教育。正是這樣的機緣，「讓他們走到一起」，他們參加了上個世紀 60 年代的民權運動，「在奧克蘭街頭的遊行中結識」。她的母親告訴她：「不要坐在那裡抱怨，需要做點什麼」。正是她母親的人生態度，深深地感染了她，促成了哈里斯要「用自己的一生，致力於將平等正義刻在美國最高法院的法律裡」。

　　第四，打願景牌。哈里斯承諾將與拜登一起為美國創造數以百萬計的就業機會，並通過清潔能源革命來應對氣候變化，恢復關鍵的供應鏈，壯大美國的製造業。同時要讓老百姓「在負擔得起的醫保法案基礎上，使每個人都有一份健康保險」；「保護婦女，讓她們有權對自己的身體做出決定」；「司法系統中剷除系統性的種族主義，並通過一項新的投票權法案，確保每個聲音都被聆聽到」。

　　「我們是誰」是哈里斯的詰問。這位副總統候選人強調，在過去近四年中，這個美國變得無法辨認、支離破碎。「在這個國家，一整代新生兒童正在成長，他們在聆聽正義的聲音以及希望的機會，我成長於這些希望中。相信我，這是一首你永遠不會忘記的歌」。

　　哈里斯在演講的最後呼應了拜登 6 月 2 日的推文內容，即「尋找美國丟失的靈魂」。那一天，拜登在初選中提前鎖定了 1991 張民主黨代表大

會選舉票,他在推特上表示:「特朗普的憤怒和分裂政治是沒有答案的,讓我們一起找回這個國家的靈魂,打贏這場戰役」。

輿論認為,下周的民意測驗將是一個非常重要的觀察指標。不管怎麼說,尋找哈里斯的弱點讓特朗普大傷腦筋,這位很善於給人起綽號的總統,需要更費一番心思,才能讓人記住哈里斯是一個「壞女人」。

據統計,在拜登宣布哈里斯成為搭檔的第一天,民主黨的收到的捐款額高達 2600 萬美元,相當於過去數月募款額的總和,其中有 15 萬人是第一次向民主黨競選委員會捐款。而共和黨則宣稱,8 月份的捐款額已超過 1.65 億美元,現在手頭持有的現金高達 3 億美元。看來,玩弄金錢政治在這次美國大選中依然不會有例外。

拜登這把老骨頭能扛起民主黨的重任嗎

2020 年 8 月 18 日

為期四天的美國民主黨全國代表大會從本週一開始。「要團結不要分裂」這句話，中國人耳熟能詳，而這一次變成了美國民主黨代表大會的主題詞。

因新冠疫情的原因，原本在美國搖擺州——威斯康辛州密沃基市舉行的盛會被迫改在網上進行。主會場雖少了人聲鼎沸的喧囂，但多了一些理性思考與呼喚，對特朗普的殺傷力不容小覷。

離大選投票日還有 75 天，美多家民調顯示，拜登的民意支持率高達 50%，總體領先特朗普 9% 左右，而 2016 年希拉里的支持率最高時也只有 42%。當然這組數字並不表明拜登的競爭實力有多強，而是特朗普的表現實在太糟糕。如果沒有疫情，這次大選毫無懸念，可見特朗普對中國的怨恨有多深。

在應對疫情方面，除了甩鍋中國之外，看不出這位房地產大佬管理國家的真本事。其他「政績」可以吹牛，但病毒是戳穿一切謊言的快速試劑，容不得半點含糊。越來越多的美國人認識到，特朗普對新冠病毒的輕漫以及誤導，對美國疫情失控負有不可推卸的責任。即便不需要與抗疫的模範生相比，就拿義大利、西班牙等國作為參照，也把美國甩出兩條街。

從大會的第一天表現來看，民主黨的攻勢很有章法，主題設計循序漸進，呈現出以下幾個特點：

第一，塑造民主黨對未來的強烈危機感，以凝聚全黨共識，對黨內團結的強調與 2016 年相比完全不可同日而語。多位重量級人物的發言，均從國家層面闡述美國處於健康、經濟、社會等多重危機之中，百姓生活困苦、學生複學壓力大、種族主義幽靈徘徊於美國大街小巷。桑德斯作為民

主黨激進路線的代表人物，在當晚的發言中突出了團結的重要性，鼓勵自己的支持者投拜登一票，而不是像 2016 年一樣選擇棄權或轉投特朗普。與上次對待希拉里不同的是，桑德斯這一次對拜登予以毫無保留的支持。桑德斯說，「特朗普的所作所為毀掉了經濟，毀掉了民主，也毀掉了我們的星球（注：或指退出巴黎協定）」，其專制、陰險、狡猾的作風，讓美國付出了巨大代價。他聲稱，這些年來自己一直為之奮鬥的理念已成為民主黨的「主流」，未來需要放下岐見，甚至超越黨派分歧。只有全美人民真正團結起來，才能趕走特朗普這個獨裁者。

第二，強調拜登是領導美國走出困境的不二人選。與特朗普相比，拜登的最大特點是富有同情心，同理心和責任感。對民間疾苦感同身受，且思想屬於溫和派，是黨內甚至是兩黨之間的「橋樑」。奧巴馬夫人米歇爾稱，拜登是一個傾聽者，講真話，相信科學，與特朗普我行我素、一意孤行的性格形成了巨大反差。性格決定命運，隨著時間的推移，特朗普的偏執及冷酷的本性將進一步暴露。她認為，2016 年美國選錯了總統，而這一次要把握機會，即使通宵排隊也要投票給拜登，讓國家重走正軌，「選擇積極向上，而不是沉淪下去」。據報導，米歇爾因特朗普一系列錯誤政策引發的國家混亂而患上了輕中度抑鬱症，看來要想把米歇爾的病治好，首先得把特朗普趕下台，否則她的心病還會加重。

第三，幾位重量級共和黨「叛逆者」發言凸顯了共和黨內的分裂。共和黨籍的前俄亥俄州州長卡西奇和新澤西州州長惠特曼等相繼發言。卡西奇來自砝碼很重的搖擺州。他稱，在正常情況下，可能永遠不會投票給民主黨，但現在不是正常狀態。而拜登是架起民主與共和兩黨的橋樑，雖然兩黨在移民、槍支、氣候變化等問題上存在分歧，但並非完全對立。他之所以站出來力挺拜登，是希望超越黨派之爭，在國家處於十字路口的關鍵時刻，選民們更多地為美國未來著想，「國家經不起在錯誤的道路上繼續前

行」。今天共有四名共和黨籍的名流為拜登站台，讓特朗普極為憤怒。特朗普大罵卡西奇是地道的「失敗者」，因為在 2016 年共和黨的初選中，卡西奇輸給了特朗普。這一段時間以來，共和黨內不時傳出黨內大佬的不和諧聲音，凸顯了共和黨對特朗普的支持不再是「鐵板一塊」，其分化的烈度仍需進一步觀察。參院多數黨領袖麥康奈爾此前放話稱，如果認為有必要，共和黨參議員候選人可以選擇與特朗普「保持距離」。

第四，刻意塑造拜登的「治癒者」形象。發言的嘉賓強調，拜登不僅是家庭創傷的治癒者，也會成為國家分裂的治癒者。在當聯邦參議員的時候，妻子與女兒不幸遭遇車禍，而他憑著頑強的信念從家庭的陰影中走出；當副總統時，他的兒子也因病去世，但拜登都能調適自己，從痛苦中走出。面對特朗普帶來的國家分裂，拜登是治癒國家創傷的最佳人選，他不僅是個善良的人，而且也是一個好的領導者，是信仰的堅定實現者。不過，特朗普團隊反唇相譏，「既然拜登有解決美國問題的答案，為什麼當年不告訴奧巴馬」？

第五，通過特朗普基層反叛者的現身說法，進一步動搖共和黨的基本盤。一些基層民眾紛紛走上前台，訴說著他們的辛酸和淚水。來自亞利桑那的克里斯克芙丁痛苦回憶了她父親的臨終遺言。她的父親因聽信特朗普有關「大流感」的說法而冒然參加聚會，結果染上了新冠病毒。特朗普的欺騙、不負責任的行為讓他的父親丟了性命，她需要站出來代表死去的父親對特朗普投下不信任的一票。

如果說大會的第一天，還是旨在塑造團結氛圍的話，那麼接下來則需要通過拜登的治國理念、方針、政策進一步凝聚民心，以吸引選民。「重建美國美好」（BUILD BACK BETTER）是競選的核心口號，但是如何真正打動選民還存在很大的未知數。

共和黨的代表大會按計劃在下周召開，特朗普將在白宮接受共和黨的

提名。本周他馬不停蹄在一些關鍵的戰場州與民主黨展開廝殺。據報導，兩黨的支援率在關鍵戰場州不相上下。特朗普正設法給民主黨貼上極左和激進的標籤，以此恐嚇尚在猶豫的選民。略感意外的是，最新民調顯示，「哈里斯效應」在黑人選民中並不明顯。

種種跡象表明，2020 年的美國大選與 2000 年的大選或有不少驚人相似之處。2000 年 3 月，美國互聯網絡泡沫破滅，戈爾輸掉了經濟。而接下來的投票中，在佛羅里達州與小布什不相上下，引起了爭執，最後靠最高法院的判決，結束了可能的憲政危機。

2020 年 3 月因疫情而導致美國股市大幅度調整，股市雖然收復了大部分河山，但經濟的全面復蘇難言樂觀。接下來美國大選會不會因郵寄選票而引發爭執？尤其是特朗普一旦輸掉大選，他會心甘情願接受選舉結果嗎？這一切都需要時間來拉直問號。

2018 年美國中期選舉，民主黨奪回了眾議院，其重要原因是勝在幾個搖擺州。而這一次，美國社會的糾偏機制還會發生作用嗎？特朗普正等待拜登犯錯，民主黨的命運交給了一把老骨頭，老驥伏櫪的拜登能扛得起這份重任嗎？

民主黨大會第三天　奧巴馬怒了

2020 年 8 月 21 日

奧巴馬卸任快四年，一直保持著相對低調的生活，很少捲入美國政治。儘管特朗普執行著「逢奧（巴馬）必反」的政策，恨不得清除掉奧巴馬政策的所有痕跡，但奧巴馬一直保持著謙謙君子的形象。特朗普這一任只剩幾個月了，他還是堅持己見，就是不讓奧巴馬的畫像按規定懸掛於白宮，視傳統儀規如空氣。

昨晚民主黨的焦點之一無疑屬於奧巴馬。他打破常規，一改前任不批評現任總統的慣例，對特朗普火力全開，把這四年的壓抑盡情抒發出來，否則他夫人被特朗普折騰出來的抑鬱症一時好不起來。

奧巴馬選擇在費城革命博物館發表演說，其象徵意義不言自明，在美國憲法的誕生地向特朗普開炮，也引發了媒體的廣泛解讀。一些分析人士認為，奧巴馬旨在告訴全美人民，國家的憲法處於危險之中，「美國民主處於危險之中」，美國的民主傳統被扔到了窗外，在美國先父的聖地，奧巴馬幾乎用一種哀鳴呼喚美國人民的覺醒。

奧巴馬斥責今天美國面臨的所有危機是由特朗普一手造成的。作為一位總統，應當是正義的化身，代表人民，感知人民，改善人民的福祉，是民主的保護者，政策的規劃者，但特朗普對總統工作沒興趣，對尋求共同立場沒興趣，對動用白宮權力幫助他人沒興趣，只對吸引注意力有興趣。特朗普是一位失敗的總統，讓人們丟掉了工作機會，讓美國的國際聲譽喪失，種族之間處於緊張狀態，民主受到了徹底損害。

奧巴馬高度讚揚自己的搭檔拜登，在白宮與其共度了八年時光，成了好兄弟。奧巴馬曾親自為拜登頒發總統自由勳章，以表彰他對國家作出的傑出貢獻，也讓自己成為更好的總統。

　　由奧巴馬來為拜登站台，無疑是最好的選擇。奧巴馬成為拜登領導力的最好公證人，無論是作為一名參議員，致力於防止婦女暴力法案的通過，還是在白宮致力於尋找氣候變化、醫療保健等問題的答案，拜登的作用功不可沒。奧巴馬強調，個人的能力是有限的，包括總統本人，它需要大家共同努力，以尋找解決辦法。拜登豐富的閱歷、堅韌的品格可以帶領大家走出黑暗，告別混亂和絕望，更好地規劃未來。「接下來 76 天裡我們所做的事情，將會在未來幾代人間聽到迴響」。

　　前國務卿、2016 年民主黨總統候選人希拉里在演講中提到，「我本希望特朗普成為一個好總統，但可悲的是，他就是他自己」「在過去幾年裡，許多人告訴我，沒想到特朗普如此危險」。「四年前，人們問我會失去什麼？好吧！我告訴你，我們失去了醫療保健，失去了工作，失去了親人，失去了在世界上的領導地位，甚至包括我們的郵局」。她提醒人們，不要以為一切都是想當然，民主黨需要壓倒性的多數才能贏得勝利，否則有可能讓特朗普偷偷摸摸地搶走我們的大選果實。希拉里強烈暗示 2016 年大選的不公，儘管她的普選票多了特朗普 289 萬多張，但還是輸給了美國獨特的選舉人制度。她警告，民主黨「千萬不能重蹈 2016 年的覆轍」。

　　民主黨大會的第三天正式提名哈里斯成為副總統候選人，再次打破女性探索白宮之路的天花板。她強調，「整個國家處於轉捩點，持續的混亂使我們漂泊，總統的無能使我們感到恐懼，特朗普的冷漠無情使我們感到孤獨」。在談到家庭問題時，她說，家庭不僅僅是與生俱來的、傳統意義上的小家庭，而且包括了共同的歷史、激情和理想抱負凝聚在一起的大家庭。媒體認為，「哈里斯眼鏡蛇般的攻擊技巧以及大無畏的精神，成為瞄準特朗普的致命武器」。她呼籲人們「為今天而戰，為希望而戰，為信仰和承諾而戰！」看來，拜登把哈里斯形容為「鬥士」名不虛傳。難纏、聰明、富有戰鬥性是媒體給哈里斯貼的最新標籤。

　　昨天的大會還就槍支暴力、氣候變化、清潔能源、移民等老問題，闡述了民主黨的政策理念及年輕人的期盼。此外，還就如何資助小企業主、捍衛婦女權利、兒童保護等方面問題，給出了民主黨的標準答案。哈里斯最後強調，不是我們今天感受到什麼，更重要的是做了什麼。走出來投下你神聖的一票，才能真正地尋求改變。

　　在民主黨大會召開之際，特朗普的推特也在不斷地更新，向奧巴馬發起反擊，稱奧巴馬對拜登的支持姍姍來遲，為什麼在塵埃落定之前不表態？以此挑撥兩人的關係。他還指控奧巴馬在 2016 年大選全程監視他的選舉。奧巴馬執政八年給他留下了一個爛攤子，景象恐怖，無效率、無能、愚蠢至極。「我本可以過自己的生活，就是因為他們做得太糟糕，才讓我坐到白宮的位置上」。

　　「不在沉默中爆發，就在沉默中滅亡」。用這句話來形容奧巴馬再確切不過了。民主黨正以戰鬥的姿態迎接這場本無看點的大選，這既是特朗普憤怒的原因，也是特朗普不得不接受的挑戰。而曾經兩次沖頂總統寶座而受挫的拜登終於在 2020 年走到了擂台的中央，離總統的夢想只有一步之遙。這是唯一的機會，也是人生最後的機會，他能抓住嗎？這不僅取決於未來三場與特朗普辯論的水準發揮，也取決於 1995 後這一代人有多少願意給這位老爺爺投下一票。黨內左派代表人物桑德斯在大會期間的支持很給力，拜登只能拜托這位老兄在私下裡多做做這些年輕人的工作了。

共和黨大會開鑼　特朗普背水一戰

2020 年 8 月 25 日

　　四年一度的美國共和黨代表大會於北京時間週二上午 8 點 30 分在北卡羅來納州最大城市夏洛特召開。此次代表大會的地點一改再改，因擔心疫情發生聚集性感染，民主黨控制的北卡對大會做了很多限制。一氣之下，特朗普決定把大會搬到他的夏宮——佛羅里達州舉行。隨著佛州變成新冠疫情的重災區，共和黨的計劃泡了湯，只好再次回到夏洛特，接受該州對參與人數的硬約束。

　　上周為期四天的民主黨代表大會所展示的團結及共和黨的分裂，出乎許多觀察家的預料，也增加了共和黨此次代表大會的壓力。在大會推介的 12 位主旨發言者中，有六位來自特朗普家庭，有媒體開玩笑說，這次大會完全成了「川軍」（特朗普又譯成川普）唱主角，而共和黨大佬如小布什、羅姆尼等紛紛拒絕替他站台。可見，共和黨代表大會已經被深深打上了特朗普家族的烙印。

　　共和黨大會召開前夕發生的一系列事件也給大會蒙上了陰影。一是，特朗普前國師班農因挪用「我們建（墨西哥）牆」基金而被捕，成為媒體競相報導的重點。班農是 2016 年特朗普競選團隊的核心成員，為特朗普的當選立下了汗馬功勞，特朗普入主白宮後封他為首席戰略師，並參加國家安全委員會的各種會議。一些媒體形象地稱班農為「造王者」。二是，特朗普姐姐特朗普·巴里與侄女瑪麗·特朗普的私下談話錄音被曝光，巴里稱特朗普冷酷、撒謊、欺騙成性，沉湎於推特之中。三是，美國 70 多名共和黨籍前國家安全官員籌資在《華爾街日報》刊登廣告，直斥特朗普沒有能力領導國家，包括前情報總監內格羅蓬特等重量級人物。四是，特朗普高級顧問、同時也是特朗普 2016 年競選經理康威宣布因家庭原因離

任。康威是位頗具爭議的人物，她的丈夫是反特朗普陣營的積極分子，其女兒不久前參加「拯救 TikTok 運動」，她的女兒甚至認為，媽媽替特朗普效勞很自私、毀掉了她的家庭生活。

特朗普四年前團隊的幾任競選經理，要麼坐牢，要麼辭職。而上個月又撤換了 2020 年競選團隊的總經理，企圖挽回民調下滑的不利局面。

背水一戰的特朗普希望通過這次大會再聚人氣，以圖重演 2016 年後發制人的一幕。在過去的四天裡，特朗普在全國巡迴演講，以爭取中間派選民。第一續打經濟牌。抗疫不力是特朗普最大的軟肋，也是他無法回避的問題，但是特朗普要用自己獨特的敘事方式，讓人們接受這個觀念：疫情發生之前，美國經濟處於歷史最好時期，而疫情中斷了美國經濟的繁榮，疫情只不過是一段插曲，疫情過後，美國經濟還會在他的領導下繼續繁榮。第二打健康牌。無論是在亞利桑那，還是在其他地方巡迴演講，特朗普不斷拿拜登的健康狀況開涮，稱烈日下演講，拜登根本受不了，暗示拜登的身體不足以完成總統的任期。第三打口才牌。特朗普前些年主持《飛黃騰達》等真人秀等娛樂節目，有一大批粉絲。相比之下，拜登不善言辭，小時候還患有口吃，加上年齡的原因，有時談話還會出現「斷片」，甚至出現跑題等現象。特朗普多次嘲諷拜登躲在地下室。第四打恐嚇民眾牌。特朗普恐嚇美國百姓，如果一旦拜登當選，美國工人將再次失業，美國將被中國統治，美國人也被迫學習中文；美國股市也將徹底崩盤。此外，民主黨上台將增加四倍的徵稅。看看明尼阿波利斯市的廢墟、波特蘭的無政府狀態、沾滿鮮血的芝加哥人行道，你們就知道民主黨管理這個國家會有多麼糟糕。第五打外交牌。一是繼續甩鍋中國。在特朗普發布的第二任期政策綱要中，強調中國要為新冠疫情負總責，以此減輕他抗疫不力的罪責。在他的煽動之下，共和黨有超過 60% 以上的人能夠接受美國的死亡數字。二是炫耀在中東的外交成果，例如促成以色列與阿聯酋建交，將美國

駐以色列大使館遷往耶路撒冷等，以此吸引猶太選民的支持。

　　但越來越多的美國人意識到，所謂「中國威脅」只不過是特朗普掩蓋自己無能的一個靶子而已，美國的真正危險是「特朗普威脅」和「特朗普病毒」。

　　剛剛公布的美國哥倫比亞廣播公司（CBS）所做的民調顯示，民主黨代表大會之後，拜登組合的支持率仍高出特朗普 10 個百分點，與上次的民調數字基本接近。這對於特朗普來說不是什麼好消息。由於 2016 年大選的民調有失水準，這一次媒體對民調一直抱有深度的疑慮。「一朝遭蛇咬，十年怕井繩」。其實，說上屆民調不準確有失公允，畢竟民調隨機性較強，對黨派的區分不是很嚴格，加上在搖擺州的選票過於接近，這就容易導致民調走樣，但在總票數方面，希拉里領先特朗普 289 萬張選票，這不是一個小數目。從這個意義上說，民調一直認為希拉里領先並沒有大錯，只不過美國特殊的選舉人制度，對民調的細化要求更高。在民調信任度問題上，從一個極端跳到另一個極端，並不利於我們對大選結果作出科學的預測，反而陷入了「不可知論」或「先入為主論」。

　　共和黨大會通過設計「應許之地」、「機會之地」、「英雄之地」、「偉大之地」四大主題，向選民傳達特朗普這四年的業績，繼續忽悠美國民眾。一位資深共和黨議員稱，特朗普 47 個月所做的事比拜登在華盛頓呆的 47 年所做的事都要多，可見特朗普及其鐵杆們早就想好了說辭。

　　這幾年，特朗普為了所謂的「美國優先」，把世界折騰得面目全非，這樣的世界是美國所需要的嗎？不再被人尊重的美國是美國選民所需要的嗎？這些都需要美國人在未來 70 天裡想清楚。

拜登想贏還得學學特朗普

2020 年 8 月 26 日

　　8 月 26 日，共和黨全國代表大會進入第二天。如果說民主黨大會在塑造黨內團結、多元化方面下足功夫的話，那麼共和黨則大打四年「政績牌」，強調特朗普執政給美國百姓帶來的實惠。特朗普不愧當過電視節目的主持人，在駕馭舞台藝術方面的確比民主黨更勝一籌。

　　從過去兩天的情況來看，共和黨大會呈現以下幾個特點：一是美化特朗普執政四年的政績，刻意淡化疫情給美國人民帶來的災難，18 萬新冠肺炎死者好像沒有發生，大會展現的是特朗普如何帶領美國人民抗疫並取得了巨大的成功。特朗普經濟顧問庫德洛大談疫情發生之前的美國經濟成就，如果再給特朗普四年時間，疫情過後，特朗普還會帶領美國重現經濟繁榮。二是污名化中國。大會主要發言者都忘不了中國，不是指責中國給美國帶來病毒，就是指責中國「偷走」美國的就業機會和知識產權。而特朗普的對華強硬政策糾正了長期以來的錯誤，說明美國實現了自身利益。在病毒追責方面，特朗普將向中國追責到底。三是妖魔化民主黨。首先是嚇唬美國百姓，一旦投了民主黨的選票，將會掏空老百姓口袋裡所剩不多的銅板，民主黨的加稅政策只會令美國經濟雪上加霜。其次，民主黨執政不顧工人的死活，大量工廠將會外遷，只有特朗普才能給工人帶來就業機會。再次把民主黨塑造成一個由激進左翼控制、大力推行社會主義政策的大逆不道者。「拜登不僅是中國的傀儡，而且是黨內左翼的木偶」。包括第一夫人梅拉妮亞在內的許多人都大打意識形態牌，把自己塑造成前南斯拉夫共產主義體制的最大受害者，其他古巴裔則痛斥在卡斯特羅領導下的悲慘生活。在墮胎和同性戀等問題上，大會發言者將民主黨塑造成反人類組織。允許墮胎不僅殘忍，而且是對宗教的褻瀆；在性別問題上，對變性

人的容忍會把社會搞得男不男、女不女。

雖然這兩天不乏有一些有色人種登台演講，但大會的底色還是以白人為主，非裔和拉丁裔僅是點綴而已。許多發言者呈現出極端保守的思想傾向，體現了特朗普穩住老白男等基本盤的政策考慮。

這兩天共和黨大會依然是打「反建制牌」，竭力把拜登塑造成一個碌碌無為、支持中東戰爭、「華盛頓沼澤」的典型代表，他已經在華盛頓呆了 47 年，再呆上四年只是浪費時間。而特朗普是商人出身，懂經濟、遠離戰爭、敢於打破條條框框、坦率、直言，是典型的行動派，而不是誇誇其談者。拜登領銜的民主黨不尊重歷史，大規模清除歷史文化遺產、發動美國文化大革命，主張無政府主義和極左路線，將國家引向災難。而特朗普則是「法律與和秩序的捍衛者」，是林肯、里根等共和黨理念的最忠實繼承者。

如果說民主黨大會是政界大佬雲集的話，那麼共和黨代表大會則多了一些家族色彩。特朗普的夫人、兒子、女兒等齊上陣，為特朗普塗脂抹粉。第一夫人在演講中大談總統具有誠實的品質，不玩弄政治手腕。但《華盛頓郵報》做了粗略統計，特朗普這幾年已經撒了 22000 多個謊。

最具諷刺意義的是，大選被認為是美國民主制度的重要表現形式。但是共和黨大會卻涉嫌違反 1939 年通過的《哈奇法》（不得利用政府辦公樓進行政黨活動），把白宮作為政黨競選的道具和舞台，完全混淆了國家治理與大選之間的界限。特朗普把簽署赦免行政令以及移民入籍宣誓儀式均放在白宮舉行，成為共和黨代表大會的一個重要戲碼，以此抵銷民主黨對特朗普反移民政策的指責。

特朗普的競選活動可以公然無視規則，引起一些媒體及政界人士的激烈批評。難怪美國健在的所有前總統沒有一個支持特朗普，包括共和黨的小布什。奧巴馬直斥「美國民主岌岌可危」。國務卿蓬佩奧昨天雖以個人

名義在中東發表越洋演講，但是所談內容是美國外交「成就」，完全扮演了特朗普吹鼓手的角色。此舉明顯違反「公職人員上班時間不參與政黨活動」的相關規定，蓬的行為遭到國會的廣泛質疑，啟動相關調查在所難免。

特朗普為了連任也是拼了！一邊是特朗普在全國各地的馬不停蹄，聲稱是不懼風險，「為民請命」；一邊是拜登呆在家中安之若素，聲稱是尊重科學，減少感染。美國的死亡數字還在上升，據模型測算，至11月大選投票日，死者人數可能突破21萬，但從目前情況看，死亡數字並不一定成為大問題，在極度分裂的社會裡，特朗普拼的不完全是政績，更重要的是編故事、講故事的能力，關鍵是有人信，信得心服口服。這種特質並不是一般人具備的。從這個意義上說，特朗普的確是個「奇才」。儘管他的侄女瑪麗・特朗普質疑其叔叔當年SAT成績作弊才上了賓夕法尼亞大學沃頓商學院。無論如何，特朗普當上美國總統已成為賓大校史的一部分，只不過是四年總統還是八年總統的差別。

從目前兩黨纏鬥的情況看，特朗普利用執政資源為大選造勢的優勢是拜登望塵莫及的，這恰恰是今年美國大選的微妙之處。「十月驚奇」能否出現取決於兩大要素：一是股市能否創新高並帶來多大的財富效應；二是新冠疫苗能否在投票前大規模投產。這是特朗普的兩根救命稻草，否則就會成為壓死這頭政治駱駝的最後稻草。

特朗普手握三張王牌會成絕殺嗎

2020 年 9 月 4 日

美國大選進入了最後 60 天的衝刺階段。民主黨候選人拜登也從「地下室」走出，希望能夠「找回美國的靈魂」，癒合大街上被嚴重撕裂的創傷。拜登對特朗普的批評不再遮遮掩掩，而是火力全開，痛斥特朗普對街頭暴力不是想方設法撲火，而是火上澆油；作為一位總統，總把自己視為華盛頓的「局外人」是無能的表現。

近來拜登接受記者採訪的頻率明顯增加，但那低沉而沙啞的聲音，顯得有氣無力，很容易讓人想到「老態龍鍾」四個字。作為 78 歲的老人，如何擔起繁重的總統公務，成了許多美國人的疑問。

雖然前兩天媒體也在炒作特朗普去年 11 月輕度中風的傳聞，但遭到特朗普和彭斯的斷然否認。至少從表像看，特朗普除了做事特沒譜之外，至少身體狀態要比拜登強了許多。在接下來的日子裡，兩位候選人不僅要拼智力，更要拼體力。

共和黨代表大會之後，善於後發制人的特朗普支持率觸底反彈，雙方之間的差距進一步縮小至 6-7%。「特朗普可能再次贏得大選」的話題迅速成為熱搜。許多主流媒體發表了特朗普有可能勝選的文章。

特朗普雖拿著和 2016 年一樣的劇本，但玩法有了很大的不同，他不再是一個政治素人，而是擁有更多政治資源、可以不擇手段打擊對手的老道政客。

在共和黨提名大會上，特朗普發表了長達 70 分鐘的演說，雖然媒體一致認為這是一篇沉悶、枯燥的講演，但特朗普卻成功地把白宮作為背景牆，進一步凸顯了他的政治強勢地位。美國 1939 年通過的《哈奇法》明確規定，任何政黨不能利用政府機構作為競選場所，但這種規定輕易就遭

到特朗普的踩踏，大家也只能眼睜睜地看著美國的政治規矩一個個被破壞。特朗普更是把自己的強勢作為競選資本，他警告美國人民，在強人林立的世界中，「選一個如此低能量的弱者拜登」，後果不堪設想。特朗普的女兒伊萬卡也把他父親不守規矩、不按常理出牌的行為美化成「一種率真」。她宣稱，「不是華盛頓改變了他，而是他改變了華盛頓」。

　　背水一戰的特朗普手握三張王牌，正尋機給拜登致命一擊。第一張是種族牌。特朗普非常清楚，老白男是他 2016 年勝選的基本盤，這一次也不會改變。近期美國街頭暴力示威頻發，正是特朗普可以大加利用的機會。他竭力通過煽起白人內心世界最脆弱的情愫，把自己塑造成「法律與秩序的捍衛者」，而民主黨是街頭騷亂的幕後策劃者。特朗普不加掩飾地支持 17 歲白人男子里滕豪斯向示威者開槍行動是「出於自衛」，一些白人至上主義者的民兵組織也願意為特朗普出頭，充當「私人警察」的角色。一些分析人士指出，美國街頭越動盪，特朗普勝選的幾率就越大。特朗普寧可得罪黑人選民，也不浪費一張白人選票。因為他很清楚，黑人只占美國人口的 13%，靠黑人是無法讓他繼續呆在白宮的，相反通過煽起白人對少數族裔的恐懼，這樣才能鞏固基本盤，爭取搖擺不定的中間選民。

　　第二張是打股市牌。經濟歷來是美國大選的核心議題。由於疫情的原因，美國經濟乏善可陳，但跪低的美聯儲主席鮑威爾成了特朗普的金融打手，為美國股市的逆市上揚帶來了充足的彈藥。自今年 3 月下旬以來，納斯達克指數和標準普爾指數呈現 V 型反彈，並屢創新高，9 月 2 日道瓊斯指數重返 29000 點關口，特朗普忙著發推，大肆炫耀，同時不忘提醒股民：一旦選了拜登上台，美國股市將會崩盤。不過 9 月 3 日美國股市卻大幅度下挫，納指大跌近 5%，給了特朗普一記耳光。他立即發推，指責一些媒體製造假新聞。但地球人都知道，美國股市的上漲與經濟基本面嚴重背離，完全靠美聯儲貨幣放水撐起來的「水牛」總會高處不勝寒。特朗普只

能暗地祈禱了。如果有人膽敢在大選前砸盤，不排除特朗普逼鮑威爾祭出負利率的撒手鐗。只要大選前保持股市不出現大幅度修正，至於選後「洪水滔天」，特朗普自會有一套敘事邏輯來搪塞。一些分析人士注意到，其實華爾街也有不少人開始兩面下注，最近美國環保、基建等股票出現不錯的行情，足以說明，有人開始賭拜登能贏，或可回歸巴黎氣候變化公約及加大對基礎設施的投資。

第三張是疫苗牌。8 月 27 日，特朗普勒令美國疾控中心在投票日之前發放新冠疫苗。為此，該中心主任雷德菲爾德向 50 個州發出通知，要求各地做好迎接美國兩大疫苗（美國 Moderna 及輝瑞公司）的準備工作。由於疫苗的低溫儲存條件要求高，導致美國冷鏈環節壓力驟增。更令人擔心的是，這兩家公司的疫苗尚處在第三階段的試驗環節，最快要到 10 月 20 日才會接受政府審核，要趕在 10 月底發放，恐會引發潛在的安全隱患，把疫苗過度政治化的操作反會弄巧成拙。但科學層面的顧慮不在特朗普的政治視野之內。

9 月 2 日，美國總統競選辯論委員會公布了兩黨候選人共計四場辯論的主持人名單和辯論形式。首場總統候選人辯論由福克斯電視台的華萊士主持，於 9 月 29 日在俄亥俄州克利夫蘭市舉行。第二場辯論於 10 月 15 日在佛羅里達州邁阿密市舉行。第三場辯論由全國廣播公司的韋爾克主持，於 10 月 22 日在田納西州納什維爾市舉行。而兩黨副總統候選人彭斯和哈里斯的辯論定於 10 月 7 日在猶他州鹽湖城舉行，主持人是《今日美國報》的佩奇。這四場辯論賽將對美國選民產生決定性的影響，特朗普一定會抓住機會，把拜登 47 年在華盛頓的「無所事事」與自己 47 個月的「斐然成績」進行比較，爭取選民「再給他四年時間」。

不容忽視的是，在民粹主義主導的美國，整個社會正急速地滑向「後真相時代」，總統候選人比拼的不再是政績，而是講故事、編故事的能力，

謊言重複一千遍就變成了「真理」，這是美國當下最真實的寫照。抗疫如此糟糕的美國，卻在特朗普的筆下成為非常成功的案例，「如果不是他及時採取對華封關措施，美國將多死幾百萬人」，所以美國選民不該譴責他，而應感謝他的「英明決策」。

為了強化這樣的邏輯，特朗普最近猛打反華牌，把美國出現的一切困難歸咎於中國，特朗普開口閉口就是「中國病毒」，不再有什麼顧忌，中國成為他抗疫領導不力的擋箭牌。特朗普正動員所有的政府資源，竭力將聚光燈聚焦於他的身上，讓拜登活在特朗普的陰影之中。但 18 多萬人的死亡畢竟是非常沉重的數字，特朗普雖努力塑造「後新冠時代」已經到來，但拜登不會輕易讓特朗普翻過這一頁。

雖然許多美國人認為國家的發展偏離了正常軌道，但在兩個「爛蘋果」中進行選擇，天平未必就會傾向於拜登。其根本原因之一是，美國的民粹主義不僅沒有退潮，反而方興未艾。正如德國米勒教授在《什麼是民粹主義》一書中所言：「民粹主義就像晚宴上的一位喝醉的客人，毫不理會餐桌的禮儀，舉止粗魯，甚至調戲良家婦女」「它可能表現為反建制、敵視精英、憤怒、非理性、不負責任、排外等，但所有這些都不是其獨有的特徵，民粹主義最根本的特徵是對 ' 人民代表性 ' 的壟斷性解釋。」

特朗普聲稱自己是美國人民的真正代表，他可以肆意將政治對手非法化、妖魔化，把前總統「描繪成是從地獄裡出來的人，如果走近他們，就會聞到地獄的硫磺氣味」。在這種妖魔化的驅動下，美國民主不再是競爭的政治，而是你死我活的惡性鬥爭。特朗普絕對不想提前下地獄，賭一把「十月驚奇」，甩出這幾張王牌，或為自己殺出一條血路。好鬥的特朗普會很享受與天鬥、與地鬥、與人鬥的樂趣，享受把國家治理戲劇化、全世界媒體圍著他轉的感覺。「懂王」的心思誰人懂？

美國「社會 911」山雨欲來

2020 年 9 月 17 日

四年前，我把特朗普的當選稱之為美國的「政治 911」，事後證明，這個判斷並不誇張。特朗普的當選，不僅摧毀了美國一手打造的國際體系，而且在美國內進一步加劇了分裂。2020 年的美大選會不會變成「美國社會的 911」，甚至演變成一場內戰，美國的一些政治學者對此充滿了憂慮。

自 21 世紀以來，美國經歷了幾次大的危機。2001 年發生了「恐怖主義 911」，隨後小布什政府輕率發動了對阿富汗和伊拉克的兩場戰爭，美國至今還深陷中東泥潭而難以自拔。

2007 年下半年美國次貸危機爆發，以 2008 年 9 月 15 日雷曼公司的倒閉為標誌，美國金融危機超越本土向世界傳導。「915 事件」在某種意義上說是「美國經濟的 911」。

而 2016 年特朗普的當選，其對美國和世界的衝擊完全可以用「政治911」來形容。巧合的是，2016 年美國大選日是 11 月 9 日，這個數字反過來就是 911。

如果說恐怖主義的 911，炸掉了美國的雙子塔，只是敲掉美國的「兩顆門牙」，而「經濟的 911」則標誌著美國患上了嚴重的血液病。金融是美國現代經濟的血液，這場白血病讓美國遭到重創。2011 年爆發了「佔領華爾街運動」，聲討 1% 的貪婪之徒對 99% 美國普通人群的侵害。一些失落的中產階級急速下墜，後來都成為特朗普的堅定支持者。

2017 年靠民粹主義上台的特朗普，在國際上，大搞單邊主義、美國優先，完全不按常理出牌，動不動就掀翻牌桌，搞得世界無所適從。在國內，玩弄家庭政治，沉迷於推特治國，製造新的分裂。兩黨惡鬥、百姓對

立，美國的路線之爭涇渭分明。一些華裔家庭破裂，父子母女形同路人，年紀稍大、憑自己打拼、躍升至中產階段的家庭中的長輩傾向於支持特朗普，不希望政府給那些遊手好閒者以額外補貼，同時希望以鐵拳捍衛「法律與秩序」；而他們的子女則更傾向於自由主義，對桑德斯的民主社會主義理論情有獨鍾，今年大選或站到拜登一邊。

不期而至的新冠疫情放大了美國「政治911」的負面衝擊力。特朗普政府對華發動的新冷戰，掏空了中美之間的合作基礎。靠謊言、欺騙、煽動過日子的特朗普在新冠病毒面前無處循形，徹底暴露其治國理政的短板，他固執己見、昏招連連，不信科學憑直覺，讓20萬美國人提前去了天國。皮尤中心9月16日發布6至8月世界信譽度調查報告，通過電話訪談了13個國家的13273人，結果「天選之子」特朗普的國際信譽度在世界主要國家領導人中排名倒數第一，只有16%的民眾對其表示信任，相比之下，奧巴馬當年的信譽度高達6成；而法、德、英、日、加、澳等盟友對美國的好感度也降至歷史低點。全世界只有15%的人認為特朗普應對疫情得當。德國馬歇爾基金會的一位專家表示，如果特朗普繼續連任的話，這些國家對美國殘存的好感都將隨之消失。

「信譽」兩字是我上個世紀90年代在美工作期間被灌輸最多的理念。個人沒有信譽或信用，在美國寸步難行。當年在朋友的擔保之下，總算弄到了人生第一張信用卡。個人信用的建立如此困難，國家也大致如此。美國的政治家們花了一個世紀的時間專門打造美國的信譽，其中不乏包裝和重寫歷史。但短短的四年間，特朗普差不多讓美國的國家信譽輸得精光，美國墮落的速度遠遠超過其衰落的速度，總統的道德底線一次次地被拉低，整個社會對總統醜聞似已脫敏。

2020年，離美國大選投票日還有45天，雙方之間的較量進入了白熱化。特朗普的支持率觸底反彈，40%左右的基本盤是特朗普後發制人的牢

固基礎。

特朗普把美國急速帶入了「後真相時代」，並不斷加以強化。在抗疫如此不力的鐵證面前，特朗普週三記者會居然向媒體拋出了一個模型，聲稱沒有他的果斷決策，新冠死亡人數可能超過 150 萬至 200 萬人，他通過這種報大數的方式為自己的「抗疫政績」塗脂抹粉，且信之者眾。

越來越多的美國人習慣於特朗普的信口開河，且堅信只有他才能為美國人帶來變革、經濟增長及股市上漲。

特朗普已經為大選的爭執預設了諸多紛爭點，他一口咬定，如果自己落選，一定是民主黨作弊的結果。特朗普的顧問甚至向他建言，如果競選失敗，應動用 1807 年《反叛亂法》，把民主黨的幾位大佬抓起來審判。當記者追問特朗普會不會承認大選結果問題時，他表達了十分模糊的立場。曾以普選票領先於對手、反而落敗的兩位民主黨總統候選人戈爾和希拉里，用現身說法，呼籲選民及早投票，必須「以大比分的優勢擊敗特朗普」，否則共和黨一定會利用郵寄投票問題大做文章。

往年美國大選的郵寄投票人數只占 25% 左右，今年受疫情影響，郵寄投票人數有可能超過 40%，當天大選結果難產是大概率的事。「選舉日」變成「選舉周」或「選舉月」都是完全可能的。

目前，特朗普與拜登的選情膠著，大選結果很可能異常接近。美軍方已經暗示，如果大選出現爭執，軍隊不打算介入，這意味著特朗普和拜登支持者短兵相接的可能性大增，不排除一些白人民兵組織聽從特朗普的召喚，像前不久威州基諾沙市 17 歲少年里滕豪斯一樣，扛著槍走上街頭。如果局勢朝這個方向發展，2020 年美國大選之後的大規模騷亂或不可避免，那將是美國不折不扣的「社會 911」。

特朗普這位大富翁原來是個「贋品」

2020 年 9 月 28 日

9 月 27 日，《紐約時報》滿足了全世界的好奇心，發表了長篇調查報道，詳細報導了特朗普幾十年來的繳稅紀錄。該報稱，一位冒著巨大風險的知情人士向《紐約時報》曝料了特朗普 20 多年的稅務記錄，結果顯示特朗普一直在為自己的生意掙扎，而不是他口口聲聲的大富翁。

雖然特朗普 2015 年在全國展開競選總統之旅時，一直聲稱自己很有錢，但他的會計師在稅務報表的「應繳稅款」一欄中只用了一個「零」字。2016 年特朗普只繳納了 750 美元聯邦所得稅，2017 年他又支付了 750 美元。記錄還顯示，在過去 15 年間，他有 10 年根本沒有繳納任何所得稅，「主要是因為他報告損失的錢比他掙的錢多得多」。拜登競選團隊隨後發帖，「原來我納的稅都比特朗普多！」

近幾年來，特朗普的官司不斷。今年 7 月，民主黨控制的曼哈頓南區法院向特朗普發出必須公布財務記錄的傳票，以推進一項刑事犯罪調查。他以各種手段試圖阻止法院這麼做。於是這個官司打到了最高院，最後最高院和稀泥：一方面認為總統沒有豁免交出財務記錄的特權，但另一方面強調，曼哈頓南區法院提交的證據不足，退回重審。輿論認為，最高院的這紙判決，直接將這場官司拖延到美國大選之後了。因為按照重審的節奏，怎麼也得耗時幾個月。特朗普隨後發表了一段講話，稱他打贏了很多官司，包括「通俄門」的獵巫行動等，他抱怨最高院的行為不負責任，把這個案子發回下級法院重審，讓其深陷政治腐敗的紐約，消耗了大量的精力，這對於一個總統和政府來說，是極為不公平的。

對於《紐約時報》的這篇報導，特朗普第一時間作出了反應，認為這

是一篇徹頭徹尾的不實報導，稱他在過去的數年間，向聯邦政府上繳了大量稅款。特朗普承諾，一旦國稅局的審計結束，他會即時公布其稅收記錄。可一些分析人士不客氣地質問，前幾年的審計早就結束了，特朗普從來就不讓公布，又有幾個人相信特朗普這次會信守承諾？美國 CNN 和《紐約時報》的文章均認為，獲得的所有記錄顯示，特朗普呈現的所謂「富翁」形象卻在稅收報表中是另一個「負翁」故事。

布隆伯格在民主黨大會上曾說，「你們總說特朗普是一位成功的商人，可他都破產了六次」。布隆伯格作為商界的圈內人，對同在紐約經營的特朗普家底，知道得肯定比普通人多得多。從披露的材料來看，特朗普這些年來最賺錢的生意不是他的房地產項目，而是他主持《飛黃騰達》節目，共賺得 4.349 億美元，但這些錢隨即轉投到高爾夫產業，不過成效並不明顯。看來，特朗普重回娛樂界還是皆大歡喜的事。

報導稱，特朗普即使身處白宮也生財有道。這兩年從海外獲得了不少合法收入。包括從菲律賓、土耳其、印度等國獲得的數百萬美元商業項目收入。尤其是特朗普集團在海外的高爾夫俱樂部，經營收入頗豐。在國內，特朗普經營的幾家酒店也有意外的收入，譬如，海湖莊園的會員費有了大幅度的增加，在華盛頓的特朗普酒店也收到了葛培理福音派教會組織匯來的款項，據說是用來支付在那裡召開有關會議的支出。

《紐約時報》的這篇報告再一次把俄羅斯置入聚光燈下。稱特朗普於 2013 年在莫斯科舉行的環球小姐大賽，共獲得了數百萬美元的收入，可他前幾次舉辦的環球小姐大賽基本上都是虧本的。其背後的隱情再次讓人產生無限遐想。

特朗普抱怨，這三年來為美國人民服務，不拿一分錢工資（收到薪水後捐出），讓他的集團損失慘重。而一些知情人士稱，2015 年特朗普宣布競選總統也只是出於提高品牌知名度的考慮，沒想到弄假成真。而今

年不期而至的新冠疫情讓特朗普集團的一些旅館業務更是不堪重負，不斷有消息指，特朗普集團旗下的實體公司開始變賣資產，以堵住越來越大的債務窟窿。另一方面也加緊與債權人進行談判，以期獲得數億美元債務展期的可能性。從中我們不難發現，特朗普對中國懷著刻骨的仇恨，既有政治原因（因疫情使大選產生變數），也有家族財務受困的內因。

一些網友調侃道，特朗普最喜歡的動物是「替罪羊」。如果說在抗疫不力問題上，特朗普一直甩鍋中國和世衛，而這一次面對稅務醜聞，特朗普要找的羊是哪一隻？答案或許是會計。特朗普集團的會計居然把特朗普繳納的數千萬美元稅款寫成了「零」，這個會計離被解雇也就不遠了。

眾院籌款委員會主席發表談話稱，「2019 年眾院要求特朗普上交納稅申報表的要求，有強大的法律支撐。而今天我在看到《紐約時報》的報導後，更堅定了我們繼續推動此事的決心」。總統提交納稅紀錄是這些年的美國政治慣例，而特朗普是唯一沒有遵守這項規定的人。

就在此文截稿之時，特朗普陣營傳來又一個不好的消息。7 月份被特朗普從競選經理降職為競選顧問的巴斯卡，因在家中有自殺企圖，被警察帶往佛羅里達布勞沃德健康醫療中心。巴斯卡可不是一般人物，是 2016年靠社交媒體把特朗普送上大位的人。因今年 6 月在奧克拉荷馬州塔爾薩市組織群眾集會不力，遭到降職。看來，在多變、善變、易變的特朗普手下混，沒有一顆大心臟，弄不好精神會出大問題。

眼看著他起高樓，眼見他宴賓客，眼看著商業帝國塌，美國大選連續劇還會有什麼新劇情呢？

特朗普新冠檢測陽性

2020 年 10 月 2 日

離美國大選投票日僅 32 天，白宮突然傳來令人震驚的消息，特朗普及夫人同時中招，讓白宮的政治運作遭遇重大危機。

連日來，特朗普除了迎戰 9 月 29 日的首場總統候選人辯論之外，還馬不停蹄地參加全國巡迴演講，特別是瞄準十分膠著的戰場州，企圖在選情落後的情況下，重演 2016 年後發制人的一幕。

自新冠疫情暴發以來，特朗普已經躲過了幾劫，第一次是他的貼身保鑣兼餐食助理感染新冠病毒；第二次是彭斯的助理感染；第三次是國家安全事務助理奧布萊恩，他都保有「金剛不壞」之身。而這一次卻被他的助理希克斯絆倒。

北京時間 10 月 2 日早晨，美國彭博新聞社曝出，特朗普的親密顧問希克斯新冠病毒檢測呈陽性。這位 31 歲的女助理是特朗普 2016 年的競選團隊發言人。特朗普入主白宮後，希克斯擔任白宮媒體聯絡部主任，她於 2018 年 3 月離開白宮，加盟親特朗普的福克斯新聞（FOX）。希克斯於今年 2 月再次回到特朗普身邊，以總統顧問身份參加特朗普的競選工作。本週二，她曾與特朗普一起乘坐「空軍一號」專機，前往克利夫蘭參加首次總統候選人的辯論，週四參加在明尼蘇達州舉行的另一場競選集會。媒體多次拍到她不戴口罩，不遵守美國疾控中心的防疫指引。

據報導，希克斯辦公室在十分擁擠的白宮小樓裡的方位十分靠近特朗普，更不用說他們同乘了空間更加狹小的「海軍一號」直升機，一同前往安德魯機場，進而轉乘「空軍一號」。從記者捕捉的鏡頭看，希克斯與特朗普的女婿庫什納幾乎是並肩而行，會不會讓更多的人感染，大家懷著忐忑的心情等待進一步的檢測消息。

此前一些媒體分析，就目前白宮快速檢測速度及特朗普的性格而言，如果特朗普呈陰性反應，他會在第一時間作出澄清，但特朗普並沒有這麼做，可見白宮一直在封鎖特朗普檢測結果的消息，或許是為白宮緊急狀態下的運作制定預案。

特朗普於北京時間 13 時許發推，承認自己染疫。不過，他表示，在觀察和隔離期間，不會把自己的總統職權交給副手。鑒於副總統彭斯作為密切接觸者，也需要檢測，且行動也會受限，而真正獲得自由身的則是美國總統第二順位繼承人、眾議院議長佩洛西。視佩洛西為死敵的特朗普怎麼也不希望看到這種局面出現。特朗普的私人醫生表示，總統在白宮隔離，白宮醫療團隊將會密切觀察特朗普的健康狀況。一些媒體分析，既然沒有住院及存在病情惡化的情況，也就不存在援引憲法第 25 條修正案、即暫時移交總統權力的問題。

在上周的聯大會議期間，特朗普不僅將新冠病毒稱為「中國病毒」，更是在短短的七分多鐘發言中，11 次提到中國，他更是聲稱，中國要為新冠病毒在世界的傳播負責。

美國一些媒體認為，特朗普中招看似偶然，實屬必然。新冠病毒早已被醫學界公認為「流氓病毒」，需要全世界人民共同應對。令人遺憾的是，在人類遭遇新冠病毒襲擊的時候，特朗普散佈的「政治病毒」嚴重毒化了共同抗疫的氛圍。更要命的是，特朗普一直試圖淡化疫情的嚴重性，相信直覺不信科學，把戴口罩和保持社交距離等科學建議政治化，以致他的競選集會雲集了許多不戴口罩的狂熱支持者。既然有此認識，白宮工作人員在特朗普面前也不敢戴口罩，害怕自己被總統視為「貪生怕死」之徒。

此前，英國首相約翰遜聽信了「群體免疫」的餿主意，對抗疫並不積極，差點讓她懷孕的未婚妻也中招，自己從鬼門關走了一趟。吃一塹長一智的約翰遜在面對第二波疫情的時候，採取了比任何歐洲國家更嚴厲的措

施。當然他的這些做法也不被同黨人士所理解，不過，在衛生大臣的說服之下，下議院勉強接受了約翰遜的建議。他現在自己帶頭鍛煉身體，聲稱肥胖差點要了他的命。

有「巴西特朗普」之稱的博索納羅總統不久前也曾中招，但是他的症狀不太明顯，染疫期間一直堅持工作。特朗普看起來健康狀況也不錯，這一切會不會幫助特朗普儘快恢復，還是一大問號。畢竟白宮醫生還是存有不少擔心，特朗普體重嚴重超標，年紀也畢竟 74 歲了，屬於新冠病毒標準的高危人群。更何況，他有沒有基礎性疾病仍不為外人所知。

原定於 10 月 15 日在佛羅里達州邁阿密舉行的第二場總統候選人辯論會能否如期舉行也成了未知數。屆時特朗普的身體恢復狀況、拜登的團隊願不願意冒險讓拜登上場，都有可能影響到第二次辯論。變成視頻辯論也是可能的選項之一。

由於第一次候選人辯論上演了美國史上最醜陋的罵戰，且辯手不遵守規則，迫使辯委會緊急開會，擬修改規則，賦予主持人切斷麥克風的權力，但白宮暗示不會同意。特朗普聲稱，「第一場我都贏了，為什麼要修改規則？」

約翰遜染疫，從此改變了他對新冠防疫的看法，而這一次特朗普會改變他對新冠的認識嗎？新冠專治不服，究竟是病毒征服特朗普，還是特朗普征服病毒，全美國人開始為他祈禱。不過，媒體普遍認為，特朗普病情出現惡化的概率相對較低，美國醫療發達，白宮會全力應對。一旦特朗普安然度過這一關，他將會更加堅定新冠只是一個「重流感」的看法，群體性免疫時代在美國或提早到來。許多選民將毫不猶豫地把選票投給已有新冠抗體的特朗普，「十月驚奇」或將變成現實。

不過，眼下特朗普染疫帶來的連環問號越拉越長。接下來的連鎖問題是追溯前幾天特朗普的密切接觸人員，包括拜登在內也難以倖免。畢竟前

兩天，他在與拜登較量時，大喊大叫。拜登還安全嗎？而前幾天，特朗普在白宮提名布雷特作為大法官，也屬於密接人群，她的任職聽證會能如期舉行嗎？

不管怎麼說，總統染疫已上升到國家安全層面，不僅屬於個人的健康問題，對全球資本市場也產生不小的震動。美國三大股指期貨聞風下跌，道指下跌超過 1.6%，納指超過 1.9%。特朗普染疫之後的大選形勢更加撲朔迷離，誰將笑到最後充滿了懸念。

特朗普回到白宮幹的第一件事

2020 年 10 月 7 日

特朗普入住里德軍事醫學中心三天之後，於北京時間 10 月 6 日早晨回到了白宮。在離開醫院之前，他發了一個令世界驚掉下巴的推特，號召人們不要害怕新冠，更不要讓新冠主宰你的生活。美國在他的領導之下，有了更多的新藥並掌握了更多的醫療知識。

「以身試藥」的特朗普在短時間內被他的競選團隊打造成「國家英雄」及「王者歸來」的硬漢形象，令他的支持者興奮不已。但更多的人則批評特朗普在疫情面前如此不負責任，畢竟 21 萬美國人之死是血淋淋的事實。承認與不承認，死亡的數字就擱在那兒。在疫苗出現之前，對新冠保持高度警惕是唯一正確的選擇，舍此別無它法。

特朗普的競選團隊第一時間表示，拜登沒有資格出任下一屆總統，「因為他沒有感染新冠的親身經歷」。作為一國總統，染上新冠本是國家抗疫不力的最直接表現，而特朗普的競選團隊居然把這個醜聞美化為英雄般的敘事體，把染疫作為美國下屆總統任職資格的硬指標，其荒唐程度令世界瞠目結舌。

在短短的 244 年歷史中，美國總統被暗殺的人數不算少，最後一個遭到暗殺的總統是里根。其實，早在肯尼迪總統被射殺之後，美國總統的安保措施就得到了迅速強化。57 年過去了，如今在安保極其嚴密的情況下，能直接接觸到總統的人少之又少。可見，特朗普總統感染上新冠，完全是自己過於輕視的結果。在他的影響之下，他身邊的特工保鏢、新聞秘書、競選團隊也都對防疫睜一隻眼、閉一隻眼，以至於出現白宮全軍覆沒的慘狀。

回到白宮的特朗普，幹的第一件事就是摘下口罩，全然不顧身旁御用

攝影師的安全。從白宮記者拍攝的錄影看，摘下口罩後的特朗普喘著粗氣，看來肺功能並未完全恢復正常。但離大選投票日只有短短的 27 天，特朗普急於展示強悍的形象，尤其是在疫情綿延不絕的情況下，選一個帶有新冠抗體的候選人會讓不少美國選民放心。為了改變目前的民調劣勢，特朗普寧願豁出老命，也要為家族利益作最後的一博，但家族裡並不是每個成員都支持他這樣做。至少他的長子小特朗普私下表示，他父親出院的舉動完全是「瘋了」，但特朗普的女兒和女婿卻非常支持他的父親，認為做得很棒。從這個意義上說，特朗普最喜歡伊萬卡是有一定道理的。

此前很多媒體預測，活過來的特朗普一定會利用他感染新冠的題材為競選服務。但沒有想到的是，出院後的特朗普表現得如此瘋狂，居然現身說法，呼籲更多的人走出來，趕緊投票和復工，試圖讓美國人民徹底忘掉疫情。大病之後回到白宮的特朗普，早晨起床看來心情不錯，連發了幾個推特，為他年初的判斷正名。他說，「儘管流感也有疫苗，但美國每年死亡的人數甚至超過 10 萬，也不見我們要封鎖城市，因為我們學會了適應它，就像我們正在學會適應新冠病毒一樣，對於大多數人來說，這個病毒遠沒有那麼致命！」可見，特朗普一直淡化疫情，並不僅僅是為了減少人們的恐慌，恐怕骨子裡真是這麼認為的。

但特朗普有沒有想過，你的支持者只是普通百姓，哪有你那麼好的醫療待遇。在短短的 3 天之內，你用盡了世界上所有的前衛治療方法。又有多少人可以承受得起那麼昂貴的醫療費？據說，你用掉的雞尾酒療法的藥量就達到 8 克，而別的患者在使用這劑藥物時都是以毫克為計量單位的。

染上新冠給人帶來的痛苦是實實在在的，就像英國首相約翰遜所經歷的那樣。從鬼門關裡走一遭的約翰遜仍心有餘悸，出院後對英國的防疫政策作了大幅度的調整。而特朗普靠著特級護理，度過了最困難的時刻，現在居然讓全美人民向他學習，表現得更加「勇敢」一些。如果更多的美國

人乃至其他國家的人接受特朗普這一套做法，想必將有更多人要付出生命的代價，這既是美國選舉政治的悲哀，也是特朗普帶給美國及全世界人民的災難。這筆賬該怎麼算？

特朗普的團隊表示，總統本人堅持將按計劃參加北京時間 16 日在邁阿密舉行的第二場辯論會。拜登表示，一切聽專家的安排。如果科學家認為是安全的，我覺得就沒問題。

特朗普真的等不急了。據 10 月 6 日 CNN 公布的最新民調顯示，特朗普與拜登之間的差距擴大到了 16 個百分點，即 57% 比 41%，比 9 月份的 8 個百分點又有所擴大。難怪特朗普大罵這些假民調，怎麼能讓他在里德醫院安心養病呢？

當然，並不是每家民調都認為特朗普落後，譬如他的喉舌之一的「民主研究所」搞的民調就讓特朗普很開心，稱特朗普以 46% 領先拜登 45%。但又有多少人信呢？信與不信，特朗普就是要通過一次又一次的奇跡來改變人們的認知，這就是特朗普！

終場辯論前　拜登又回到地下室

2020 年 10 月 21 日

　　離美國大選投票正式投票日還有 12 天。總統候選人雙方之間的終辯將於北京時間星期五上午舉行，當然免不了唇槍舌劍。

　　總統辯論委員會 19 日宣布新規則，在總統候選人陳述階段，另一方的麥克風將被「靜音」，以避免重蹈第一場辯論大混戰的覆轍。但究竟場面會不會失控，很大程度上取決於主持人的駕馭能力了。特朗普的謀士建議總統不要輕易打斷拜登的發言，言多必失也同樣適用於「老年癡呆」嫌疑者。

　　特朗普競選團隊指責委員會改變規則是有意偏袒拜登，「外交政策」不作為終辯的核心議題，這更讓特朗普大為光火。即使特朗普覺得很委屈，但還是表示將如期參加，畢竟他的民調一直落後，如果再放棄這次機會，等於放棄爭取中間選民的最後一搏。

　　由於特朗普不接受 10 月 15 日第二場辯論改為線上的要求，使得二辯的許多問題被壓了下來，不得不在這一場補上。美國全國廣播公司（NBC）駐白宮記者維爾克將主持這場辯論，新冠疫情、美國家庭、種族、氣候變化、國家安全和領導力等六個話題將貫穿全場。

　　外交政策的辯題其實是把雙刃劍。外交政策可以說是拜登的強項，畢竟他在參院擔任多年的外交關係委員會主席，也有八年的副總統經歷，處理外交事務的經驗非常老道，但特朗普不這麼看，尤其他在中東的「戰績」足以獲得諾貝爾和平獎，「而拜登家族卻利用職務之便中飽私囊」，「是十足的政治腐敗」，他一心想著利用這次機會對拜登之子的「電郵門」事件發動猛烈的攻擊。但問題是，特朗普過去 15 年的繳稅記錄被《紐約時報》曝光，特朗普的「貸款門」問題引發了嚴重的國家安全關切，總統欠

下的 4 億多美元國際債務即將到期，屆時特朗普會不會以犧牲美國國家利益為交換，也給民主黨送上了不少彈藥，只可惜拜登在上一次的辯論中沒有很好地利用這一點。

為了拿下最後一場辯論，拜登這幾天停止旅行，大部分時間呆在特拉華州的住所，全力備戰辯論，尤其需做足功課，想好如何反擊特朗普對「電郵門」的攻擊，以防倒在「最後的一公里」。

2016 年希拉里在關鍵的 10 月份，因為自己用普通電腦處理機密外交事務，再遭聯邦調查局的調查，或多或少對希拉里的選情產生影響。而這一次拜登兒子亨特的電腦送修，曝出亨特幾份郵件，涉及他利用父親副總統的影響力、攬私活的「內幕」以及一些色情照片，被親特朗普的媒體《紐約郵報》炒作一番，鬧得沸沸揚揚，也算是美國版「我爸是李剛」的坑爹事件，對拜登的選情構成了一定的殺傷力。

特朗普已責成司法部長巴爾儘快採取行動，委任特別檢察官對拜登涉及的「腐敗」問題展開調查，以此給拜登致命一擊。但一些分析人士指出，雖然特朗普扔出了一枚炸彈，但並不足以致命，尤其是電腦硬盤的來歷有諸多疑點，算不上一個實錘，主要內容還是「捕風捉影」，屬於互相抹黑範疇。參與《紐約郵報》這篇文章撰稿的一名記者堅持將其名字從作者欄中刪除，引發了對這篇報導斷章取義的高度懷疑。

染疫復出後的特朗普再次顯示出強大的活力。與他競選團隊的垂頭喪氣形成較大反差的是，特朗普對大選獲勝充滿信心，他馬不停蹄，大搞群眾集會，現身說法，「新冠病毒不可怕」，視疫情如空氣，選民對特朗普也掀起了一股「宗教般的狂熱」。他在一些集會場合情不自禁地手舞足蹈，「特式舞姿」近來成為許多人競相模仿的對象。

目前各項民調顯示，拜登在全國的的領先優勢在 8% 左右，但在關鍵的搖擺州，拜登的優勢進一步收窄，如在佛羅里達州和賓夕法尼亞州，民

主與共和兩黨之間的差距只有百分之三、四，屬於民調正常的誤差，特朗普的翻盤並非不可想像。一些專家一再提醒，由於特朗普的鐵粉對各家主流媒體搞的民調嗤之以鼻，基本上拒絕回答民調公司的問卷，2020 年的民調依然有很大水分。

截至北京時間 10 月 21 日，美國提前投票的人數已達 3800 萬人，若以今年創紀錄的 1.5 億假定選民計，現在已有近 25% 的人完成了投票，可見，在如此分裂的美國，許多選民們並不在意候選人的政見，更不想等到週五辯論結束才做決定。據了解，在提前投出的選票中，民主黨人占了三分之二，而另三分之一則是共和黨及無黨派人士。據報導，這次新登記的共和黨選民大幅增加，且共和黨人信念執著，將此次大選視為最後一戰，會儘量選擇當天現場投票，以免浪費任何一個郵寄選票爭議而失去的權利。

前兩天，美國最高法院裁定，關鍵的搖擺州——賓州的郵寄選票統計可以延至大選結束之後的第三天，由此可見，這次大選「選舉日」變成「選舉周」的概率急劇上升。

此前，民主黨正在與新媒體公司溝通，以阻止在選情不明朗的情況下，共和黨單方面宣布取得勝利。在大選結果出爐前的真空期，特別是特朗普選票落後的情況下，他的一言一行將對美國政局產生很大的影響，就像他不戴口罩搞競選一樣，其示範效應超出想像，屆時美國自發的民兵組織將會響應他的號召、荷槍實彈走上街頭維護秩序，美國大規模的騷亂或一觸即發。

據筆者在美工作多年的經歷，美國雖然科技發達，但百姓的反智、盲目和閉塞也是隨處可見。現在許多人希望從《聖經》中找到答案，盼望真有一位「天選之子」來拯救美國。而特朗普明里暗里也在把自己塑造成這樣的人物：什麼「感染新冠病毒是上帝的禮物」；讓活在「世外桃源」裡

的亞米什人出來投票等,都是這類政治操作的結果。

目前兩黨選情如此膠著,最終花落誰家還有巨大的變數。越來越多的跡象顯示,拜登與特朗普之間的差距會非常接近,在此情形下,特朗普很有可能會提前宣布他獲得搖擺州的勝利,一場大選的司法訴訟不可避免。

大法官巴雷特在參院司法委員會的提名聽證已經結束。由於巴雷特拒絕回答許多敏感問題,也沒有跳進民主黨設的陷阱,估計下周參院表決獲得通過是大概率的事。巴雷特將成為特朗普政治生涯的救命稻草。美國2000年和1876年由聯邦法官來最後決定大選結果的一幕或再重現。

2020年美國大選與1908年扯上了關係

2020 年 10 月 25 日

離美國大選投票日只有一個多星期了，雖然正式投票日是 11 月 3 號，但截至美東時間 10 月 24 日晚，美國有近 5800 萬人完成了投票，而且每天以五、六百萬的速度在增長，估計到正式投票那一天，或有近 1 億人完成投票。

這次大選很可能開創美國的幾項紀錄。一是投票人數將創新高。2016 年大選，參加投票的選民只有不到 1.3 億，而這一次很可能超過 1.5 億，投票率將高達 64% 以上，或創下 1908 年（65.4%）以來的最高紀錄。二是提前投票人數創了新高，2016 年提前投票的人數總共才 4700 萬，這一次至少要翻一番。截至美東時間 10 月 24 日，在提前投票的選民中，共和黨人占比約為 27.5%，民主黨人為 49.6%，剩下的是號稱無黨派人士。

美國這麼多人選擇提前投票，原因至少有兩個：一是新冠疫情因素，選民不想等到 11 月 3 日那一天，大家擠在一起會造成交叉感染；二是美國政治極化進一步加劇，激發了許多人的政治熱情。一些長期政治無感、冷感的人都跑出來投票，特別是美國底層白人這次進行選民登記特別踴躍，他們都是特朗普的忠實粉絲，號稱要與民主黨人決一死戰。不過民主黨人也不是吃素的，一大批年輕人紛紛走出校園，加入首投族。據了解，87% 的大學生表示將參加此次投票，其中的大部分人表示將投拜登一票。據統計，美國千禧一代（特指 1982 至 2000 年）出生的人口就有 8500 萬，而 1995 年之後出生的 Z 世代（特指網絡原住民這一代），也有一些人開始擁有投票權。2016 年，許多年輕人因不喜歡希拉里而放棄了投票，這一次究竟有多少年輕人走向投票站，尤其要忍受三、四小時的排隊時長，將極大考驗這些人的耐心和鬥志。

　　美國選民政治熱情這麼高漲，充分說明，美國兩黨之間已變得水火不容，各自必須要用選票說話。美國許多家庭不能再談論政治，有點像香港現在的情況。父母子女已無法同住一個屋簷之下，如果談論政治，嗓門立即就提高幾個分貝。因為他們的子女大多選擇支持民主黨，成了走在兩股道上的「陌生人」。

　　特朗普結束大選終辯後，馬不停蹄地前往佛州造勢。24 日一大早，特朗普前往佛州西棕櫚灘縣的圖書館提前投票。這個投票站離海湖莊園不遠。特朗普過去在紐約投票，但去年把家庭地址改到了佛州，就是要提前布局，把佛州變成自己的家鄉，以此博得當地人的好感。

　　特朗普一邊投票，一邊不忘對郵寄選票的指責。與佛州不同的是，拜登的家鄉特拉華州沒有提前現場投票這一說，所以拜登也可能等到 11 月 3 日當天在家鄉特拉華州投票。

　　為了爭取搖擺州選民支持，特朗普抓住拜登在 22 日辯論中的「石油政策」窮追猛打。稱拜登要「摧毀石油工業」，將讓你們丟掉飯碗，明年你們燒的天然氣和石油都會漲價，你們的生活品質將大幅度下降。他喊話賓夕法尼亞州、俄克拉荷馬州、俄亥俄州等關鍵搖擺州，希望藉此動搖拜登在這些產油區選民的支持度。

　　特朗普批評拜登總是拿疫情「嚇唬人」，反駁拜登的「黑暗寒冬」說，稱「疫情即將進入拐點，正靠近隧道盡頭的光亮。」儘管 24 日全美新增確診 9.4 萬宗，創下今年以來的新高，但特朗普全然不顧，聲稱疫情正在好轉，自己一家人都挺了出來，對新冠病毒表現得更加不屑一顧，號召大家趕緊復工，開放校園，不能再允許封城事件的發生，那將「國將不國」，引起現場觀眾一片歡呼。

　　對於特朗普的抹黑，拜登競選陣營隨後澄清：拜登所說的「石油工業轉型」並非要停止石油產業運作，只是逐步減少納稅人對石油公司的補

貼，並非淘汰整個行業，相信化石能源產業將會持續到 2050 年。從傳統能源政策過渡到綠色能源新政，將會有一個漫長的過渡期，以此緩釋這些搖擺州選民的擔心。

在經濟治理方面，如果說美國有 56% 的人認為現在的日子好過四年前的話，那麼談到疫情處理，絕大部分美國人對特朗普並不滿意，當然也有相當一部分人為特朗普抗疫不力開脫。拜登則緊緊抓牢「疫情牌」，指責特朗普淡化疫情，已實際放棄抵抗新冠病毒，特朗普不是讓我們學會與病毒相處，而是學會接受在病毒感染中死去；當你早晨起床的時候，親人曾經坐過的椅子變得空空蕩蕩，會作何感想？他警告，一旦保守派主導的最高法院推翻「奧巴馬醫保法案」，民眾未來要付費才能接種疫苗。令拜登略感欣慰的是，10 月 23 日擁有近 300 萬美國勞工的北美建築工會背書民主黨，這是一個非常重要的藍領選民團體，對拜登的支持尤顯寶貴。

疫情是特朗普想翻卻翻不過的一頁。美國死亡人數高達 23 萬，無論如何是說不過去的。正像前兩天奧巴馬在費城演講時所說的，看看與美國在同一天報告新冠感染病例的韓國，我們就知道美國總統的表現有多麼糟糕。

美國大選即將落幕，特朗普和拜登之間的決鬥打得難分難解。但有一點可以肯定，下一屆總統的示範效應和抗疫政策的差異將決定美國新冠死亡人數的多少。

1908 年美國當選總統塔夫脫所做的壞示範至今讓人記憶猶新。這位體重高達 300 斤的「龐然大物」坐上了美國第一把交椅，許多美國人認為，只有足夠的體重，才會達到人生的頂峰。於是全國的大富翁們東施效顰，大快朵頤，迅速把自己變成了大腹便便的大胖子，增肥潮讓許多人患上了各種綜合症。塔夫脫本人也因為體重過胖，經常昏昏欲睡，甚至在會見貴賓時也無法克制地打呼嚕。

　　當下的美國儘管遭受最嚴重的疫情襲擊，但特朗普就是不願戴口罩，甚至把戴口罩視為懦弱的表現。這種惡劣的示範效應不僅讓他的許多反對者丟了性命，也包括不少特朗普的忠實粉絲。具有諷刺意味的是，不僅2020 年的大選重複著 1908 年的高投票率，當下美國整體社會氛圍也在重複著不尊重科學、上行下效的悲劇。複雜的美國今天呈現給世界的不僅僅是合眾國的分裂，而且許多選民的狂熱與反智也一覽無遺。

美大選投票的結束會是內亂的開始嗎

2020 年 11 月 2 日

　　11 月 3 日是美國大選投票日。美國共和與民主兩黨在關鍵的搖擺州咬得很緊，撕殺得難解難分。世上沒有後悔藥，但美國大選居然有後悔票，至少有 10 個州允許選民反悔，改投其他候選人，不過改票的程序複雜，這點小小的變數掀不起大的浪花。

　　不管是特朗普勝出，還是拜登贏得大選，特朗普的第一任期算是基本結束了。這次大選結果將開創美國總統的新紀錄。此前美國年紀最大的總統是里根創造的。1980 年 69 歲的里根戰勝了卡特，四年之後再次連任，這個紀錄在 40 年之後被這屆候選人打破，真是讓人五味雜陳。兩位七、八十歲的老人還在爭一個新的工作崗位，讓整個地球人都感到慚愧。

　　許多人都在問同一個問題，為什麼 2020 年美國大選的舞台最後只剩下兩位如此年邁的老人？是美國兩黨的人才選拔機制出了問題，還是美國走下坡路的必然現象？美國年輕的政治家們到底都去了哪裡？

　　選舉日當天能不能出結果成了很大的懸念。不過，從真正法律意義上講，美國當天從來沒有能產生正式結果，只是官方計票到了一個閾值，媒體及候選人都承認這樣非正式的結果，也算是君子協定。

　　但今年大選不同以往。特朗普早前多次表示，這屆大選，他一定會贏，除非選舉被操縱。他在接受記者採訪時坦言，即便敗選，他不會輕易和平移交權力，只有證明「這是一屆公正的選舉」。而特朗普此前多次指責郵寄選舉存在舞弊，等於為他不承認大選結果埋下了伏筆。

　　世界一些輿論認為，拜登贏，美國將大亂，而特朗普贏，美國有可能小亂。因為特朗普的支持者們早已進行了武裝鬥爭的準備，有 40% 以上的特朗普支持者表示不會接受拜登勝選的結果。相較於白人民兵組織，民主

黨的支持者們在「鬧選」方面的準備與特朗普支持者們存在不少的差距，如果拜登敗選，恐怕這些人也只會陷於街頭騷亂，而發生大規模槍戰的概率相對較小。

不管怎麼說，美國各大城市繁華街道的店主還是做了底線思維，紛紛利用這個週末給自己的店鋪加裝厚厚的木板，以防被打砸搶燒。一些城市也加強了警力並部署了國民警衛隊，以應對可能的不測。

輿論普遍認為，若特朗普如願以償，可以預料，他的第二任將會更加率性而為，放手一搏，特朗普認准的事，將會更加無所顧忌，美國向右轉或向極右轉的速度、程度也許超出所有人的想像。《紐約時報》知名專欄作家弗里德曼最近提醒道：「特朗普是個不受紅綠燈約束的人，在他身上看不到底線」。與此同時，這家反特朗普的自由派報紙在另一篇文章中寫道，如果說四年前人們對特朗普還一無所知的話，那麼四年後他依然有44%的穩定支持率。「上帝啊，美國到底怎麼啦」？

可以預料，特朗普一旦輸給拜登，按照他的個性及事前的法律訴訟準備，圍繞大選的法律大戰將會全面開啟。在接下來的70多天交接真空期內會出現什麼情形，我們只能放飛各自想像的翅膀。屆時留給特朗普的將是執政的「垃圾時間」，或許他會破罐子破摔，做點更出格的事也未可知。用中國的一句俗話說，那就是「腳踩西瓜皮，滑到哪算哪！」

永不言敗是特朗普的性格，拜登的性格何嘗不是如此？這兩個人能成為美國一號和曾經的二號人物，都有超過我們想像的本事。拜登曾經回憶他父親的一句話：「要衡量一個人是否成功不是看他被擊倒過多少次，而是如何迅速地振作起來」。拜登30歲喪妻、老年喪子，坎坷的人生經歷，鑄就了他決不輕言放棄的性格。他出生於底層家庭，對其他人充滿了同情心、同理心。在資本主義社會，同情心與同理心本不屬於美國的核心主流價值，但在疫情的大背景下，同情心與同理心卻顯得十分珍貴。面對23

萬逝者的冷漠，無論如何是一些美國人所無法接受的，這也是拜登競爭力雖然不強、但民調支持率卻一直領先特朗普的重要原因。

當然，民調領先並不意味著一定能把高支持率轉化為高投票率，更何況美國的總統選舉不是直接選舉，而是間接選舉，實行特殊的選舉人團制度，以防「多數人暴政」。僅本世紀 20 年間，美國就出現了兩次普選票少於對手的候選人奪得總統大位的事件。這一次，特朗普病癒復出後顯示出了超強的衝刺能力，讓年老體弱的拜登相形見絀。領跑者能否笑到最後，仍是一個巨大的懸念。一些人甚至懷疑，即使拜登贏了大選，但在接下來的法律訟訴案上輸掉官司，特朗普會繼續呆在白宮、開始他的第二任期。對於這種假設，一些媒體也作了推演。一些美國政治學者指出，若出現這種情況，則意味著美國選舉制度的出軌，從而宣告美國民主制度的徹底破產。

持續一年多的美國大選投票即將落幕，這是一場選舉馬拉松的結束，還是新的內亂開始，這是許多人想知道的答案。美國政治的現實場景可能比我們想像得更魔幻。

銹帶與硅帶：誰在主導美國大選

2020 年 11 月 3 日

　　美國大選的正式投票於美東時間 11 月 3 日零時開始。由於此前逾 1 億選民選擇了提前投票，大大緩解了當天現場投票壓力。據估計，這次大選投票人數不下 1.5 億，將創下美國百年以來的投票新紀錄。

　　雖然各種民調顯示，民主黨候選人拜登領先特朗普至少七個百分點，但在六大搖擺州，雙方的比分異常接近。所以民主黨高層不敢掉以輕心，一直把重心放在搖擺州，以防重蹈 2016 年的覆轍。輿論認為，如果拜登能夠保住上次希拉里獲勝的州，並拿下她輸掉的三大搖擺州（賓夕法尼亞州、密歇根州和威斯康辛州），那麼拜登入主白宮將是大概率的事。

　　從目前選情看，拜登在密歇根和威斯康辛的民調優勢較為明顯，而在擁有 20 張選舉人票的賓夕法尼亞州卻險象環生，尤其是拜登在大選終辯時就頁岩油開發問題「講錯話」以後，他的支持率在利用水壓裂法開採能源的縣市有了相當幅度的下降。雖然拜登團隊多次澄清取消水壓裂法將是一個漫長的過程，但特朗普乘勢抓住這一點大肆宣傳，對拜登的選情造成了負面影響。如果說拜登在賓夕法尼亞州出現閃失的話，那將為「大意失荊州」提供美國版的新例證。最具諷刺意味的是，這三大搖擺州是美國典型的「鏽帶」，成為落後工業地區的代名詞，但美國人的命運最終由這一批人來決定，讓欣欣向榮的硅谷地帶的選民很不服氣。

　　如果我們繼續相信這次大選民調的話（去掉 4% 的正負誤差），那麼拜登在全美的普選票應當至少比特朗普多出 400 萬張以上。倘若在這種情況下，拜登依然以選舉人票落後而輸掉大選的話，那將意味著在本世紀的 20 年間，民主黨將出現三次取得普選票的多數、卻輸掉大選的悲劇。2000 年大選戈爾以 50 萬張的普選票領先，但最後卻輸給了小布什。2016

年，希拉里以 289 萬張的選票領先，同樣輸給了特朗普。這種局面頻繁出現，且均落在民主黨頭上，將迫使美國社會進行選舉制度的反思甚至改革。當然修憲是一個困難的過程，但如何保證多數人贊成的候選人成為領導人，而不是被少數人綁架，才是民主制度的核心價值所在。特朗普一直以人民的代言人自居，但他的支持率從來沒有超出 47%，且長期在 40% 的水準徘徊。即使大多數美國人認為國家正走在錯誤的道路上，但三權分立的美國糾偏機制並沒有發揮實質作用。

「受夠了」本是美國在第三世界國家進行政權更迭的教科書式語言，但這一次卻用在了美國自己身上。反特朗普力量終於喊出了「我們無法再忍受四年」，與特朗普支持者高喊的「再幹四年」的口號形成了尖銳的對立。這是對美國民主制度的又一大嘲諷。

不過，這次美國大選也出現了一個值得注意的苗頭。亞利桑那州和德克薩斯州由傳統意義上的紅州變成未來藍州的可能性增加了。如果 10 年前有人告訴任何美國人，德克薩斯州有朝一日會倒向民主黨，幾乎沒有人會相信。除了 1976 年民主黨在得州取勝之外，在過去的四十四年間，得州一直是共和黨的天下。但是隨著大量科技企業落戶德州首府奧斯汀，它正在變成新的硅谷，吸引著大量的自由派科技人才的湧入。休士敦已經變藍，而奧斯汀將有可能改變得州的顏色。

2018 年中期選舉，民主黨的新星奧羅克以 3 個百分點的微弱差距敗給了共和黨的參議員克魯茲，點燃了民主黨將得州變藍的希望，這一次拜登的民調以 3 個百分點的微小差距落後於特朗普，令民主黨大受鼓舞。前幾天民主黨加大了在得州的競選投入，但不幸的是，民主黨的競選車隊遭到了對手的圍追堵截，隨後聯邦調查局介入調查。但特朗普隨後發推稱，這些肇事者「沒有做錯事，他們是一群愛國者」，給涉嫌違法者加油打氣。看來特朗普所謂的「法律與秩序」在高速公路上並不適用。

從硅谷向北延伸，美國已形成了從加州到華盛頓州的硅帶，如今正向南部擴展，將來有一天，如果亞利桑那和德克薩斯也變成了藍州，美國政治地圖的邊緣將出現藍色弧形帶。屆時擁有 55 張選舉人票的加州，擁有 38 張選舉人票的德州以及擁有 29 張選舉人票的紐約州，都將成為民主黨的囊中之物，這樣的政治生態會令共和黨何等絕望！

如今年輕的選民大都選擇了民主黨。民主黨宣導的平等教育權、醫療保障權、女性墮胎權、環境保護權等，並不是社會主義的專有物，而是一個進步社會的基本配置。特朗普對其污名化無助於緩和美國生產關係的矛盾。看清美國的未來並不是一件容易的事，美國選民又一次站在了十字路口。每張選票固然是輕飄飄的，但是 1 億多選票凝聚的力量足以改變美國。世界正翹首以盼！

拜登哈里斯過渡班子網站正式上線

2020 年 11 月 5 日

　　昨天美國大選的點票過程經歷了過山車。計票的前半段特朗普占優，以至於他在白宮召開了非正式慶祝會，宣布自己勝選。與此同時，拜登呼籲選民保持耐心，對民主黨取得大選勝利充滿信心。隨著郵寄選票的大量納入，這個數字在昨天晚上出現大逆轉，迅速向拜登傾斜。特朗普一覺醒來發現「煮熟的鴨子飛了」，免不了發推大罵郵寄選票被操縱。

　　從最新選情統計來看，拜登獲得 270 張選舉人票幾無懸念，但能不能如願重返白宮還存在變數。截至北京時間 11 月 5 日上午 11 點，拜登已經以 2.1 萬多張票拿下威斯康辛州。密歇根已完成總計票量的 98%，拜登以 50.3% 領先於特朗普的 48.1%，剩下還有 10 萬張選票沒有統計，但目前拜登已經領先 12 萬張，這意味著他也基本鎖定了密歇根州。而不起眼的內華達州擁有 6 張選舉人票。雖然內華達州拜登只領先 7647 張，但是剩下的選票主要集中在民主黨占主導的城鎮，特朗普也基本無望。而另一紅州——亞利桑那州，尚有 51 萬張選票待開，拜登領先近 8 萬張選票，接下來的選票主要集中於藍縣，特朗普也難以超出，連親特朗普的福克斯電視台也已經將該州算到民主黨頭上，這意味著拜登在上述州剛好可以獲得法定的 270 張選舉人票。

　　值得注意的是，拜登還有望拿下賓夕法尼亞州。目前該州尚有 72 萬張選票沒有統計出來，統計進度為 88%，特朗普領先 18.4 萬張票，但按照郵寄選票民主與共和兩黨 7:3 的支持比率來配票，拜登有可能反超。而在傳統的紅州——佐治亞州也出現了不利於特朗普的變化，該州拜登只落後 3 萬多張選票，而現在尚有數萬余張選票沒有開出，而這些未統計選票主要集中在亞特蘭大等傳統的民主黨藍區，從理論上來說，賓夕法尼亞州

及佐州存在翻盤的可能性。果真如此，將進一步擴大拜登的戰果，對勝選起到錦上添花的作用。

此前特朗普已在白宮宣布勝選，並要求最高法院叫停接下來的計票，法律大戰已經上演。美國的選戰正在變成一場混戰。

接下來，特朗普唯一的希望是在搖擺州郵寄選票的爭議，最終鬧到聯邦最高法院，靠大法官的票決來贏得連任，從而重演1876年和2000年的一幕。

1876年美國大選，因民主黨候選人蒂爾登在當晚計票中領先，但在剩下的佛州、路易斯安那、南卡及俄勒岡州沒有及時開出，形成爭議，因兩黨都聲稱獲得了勝利，最後只好通過包括法官等在內的15人選舉委員會將20張選舉人票直接判給了共和黨候選人。這樣導致共和黨海斯反而以一票優勢勝出，差點引發美國第二次內戰，最後一刻民主黨選擇妥協。而2000年戈爾副總統也是從國家團結的大局考慮，最後忍痛接受聯邦大法官的判決，讓美國渡過了憲政危機。而這一次民主黨在普選票及選舉人票都占優的情況下，居然還要接受特朗普連任的事實，這種可能性不大。這次世紀判決將直接考驗美國大法官的智慧和道德底線。

此次大選至少有幾點值得總結：第一，隨著美國選票統計接近尾聲，義烏指數的神話也宣布破產。義烏指數這幾年迅速走紅，緣於2016年的美國大選。雖然依靠義烏指數能預測「黃背心運動」、「黑人的命也是命」是否還會持續一段時間，訂單只反映一個運動是否還會搞下去，但對一個運動和大選的結果並不具有指標意義。這一屆美國大選，特朗普團隊如法炮製，大量訂購宣傳品和道具，特朗普以不變應萬變的2016年的打法，不顧疫情，大搞群眾集會，成為美國媒體和醫學專家炮轟的對象。白宮一度成為播毒中心，特朗普本人也未能倖免。對於拜登陣營而言，與其把錢投到購買這些小道具上，還不如在搖擺州多投一些廣告。與共和黨相比，民主黨的競選資金更加充裕，僅10月份就比共和黨多籌了1億多美元，

而共和黨後來彈盡糧絕，顯示選民對特朗普抗疫不力越來越不滿。

第二，拜登的領先優勢再次為美國大選民調平反。由於美國總統選舉不搞普選，使得該國的民調操作難度更大。2016 年的民調不能算太離譜。結果顯示希拉里領先了 289 萬張選票，2020 年的民調公司也在總結教訓，對預測模型作了一些調整，加大了對搖擺州的細化、分類，尤其加強對農村地區的民調，特別是對沒有受過高等教育的白人增加了問詢樣本，民調指數得到了進一步優化。

第三，與 2016 年相比，支持特朗普的選民不再遮遮掩掩，所以隱性選民相對較少。過去，民主黨投票積極性相對較低，而這一次政治熱情被徹底點燃。美國投票率創下了 100 年來的新高。2016 年棄選的年輕民主黨人在桑德斯的號召下，支持拜登的力度明顯增大，這種格局明顯有利於民主黨。與此同時，美國郊區女性選民對特朗普反感增加，紛紛倒向民主黨。尤其是新冠肺炎導致美國老人死亡者居多，對特朗普的抗疫政策多有抱怨。在大選投票日的前一天，美國發布的民調顯示，疫情是美國選民關注的頭號問題，這對特朗普構成致命一擊。

接下來，當大選結果正式公布之時，共和黨的支持者如白人民兵組織如何行動，會不會發展成槍戰值得關注。特朗普不是一個輕易認輸的人，還會繼續困獸猶鬥。在最後的 70 多天裡，他會不會破罐子破摔，出台一些新的遏華措施，將對華強硬政策進一步制度化、法律化，也是值得關注的問題。

據報導，拜登的總統過渡班子網站今天正式上線，意味著美國大選這一頁即將翻過。世界終於可以鬆一口氣，或加速回歸正常狀態，畢竟來之不易的二戰後秩序是以兩次世界大戰的億萬生命換來的政治妥協，不是隨便可以砸爛的。沒有規則的世界無以成方圓。美國選民這一次用他們的選票作了一次理性的選擇。

特朗普留給共和黨的五大政治遺產

2020 年 11 月 8 日

　　四年前的今天，特朗普當選美國總統令舉世震驚，許多人痛不欲生、痛哭流涕。四年後的今天，我們同樣目睹了一些美國人在拜登發表勝選感言時的喜極而泣。

　　「噩夢終於結束了」，這是美國 8000 萬選民的強烈感受。但仍有7400 多萬選民不這麼認為，他們把特朗普視為挽救美國的唯一希望，並堅定站在他一邊，這就是為什麼特朗普不願放下法律武器、不向拜登認輸的重要原因。

　　四年前，筆者提出美國迎來的是「特朗普時刻」還是「特朗普時代」的命題，那麼四年後美國選民告訴了答案。特朗普只是美國歷史長河中的一個短暫瞬間或「時刻」，書寫了一段極富爭議的醜陋歷史，註定成就不了一個「時代」。

　　當特朗普把「美國優先」掛在嘴邊、採取一系列反生產力、反全球化、反市場經濟規律舉措時，就註定了特朗普今天的悲劇命運。儘管在美國廣大落後地區的「紅脖子」是特朗普的鐵粉，他執政這四年，其支持者不但沒有減少，而且從 2016 年 6400 余萬支持票增加到這一次的 7400 余萬，但終究無法戰勝 8000 多萬生活在大小都市中、眼界相對開闊、擁抱全球化理念、持自由主義傾向的一大批中產階級，以及代表美國未來的年輕人力量。有人說，這次美國大選是對特朗普的一次公投；也有人說，這次大選本質上是超越兩黨政治的美國民粹主義與精英主義的對決；更有人說，這次大選是人性中有關同情與冷酷之間的靈魂較量。

　　特朗普說過，好名聲勝過壞名聲，壞名聲勝於無名聲。可見追求好名聲並不是他的最高哲學，指望特朗普在交接過程中展示過去美國總統所顯

示的優雅是不大現實的。擅長交易藝術的特朗普，在接下來的70多天「垃圾時間」裡如何保障自己的利益最大化，恐怕是特朗普唯一能做的事。

　　該是給特朗普這四年蓋棺論定的時候了，雖然2016年特朗普是披著共和黨外衣、「借殼上市」的總統，並沒有得到共和黨精英的廣泛認同，他們選擇了保持沉默。特朗普的我行我素也給共和黨打下了無法輕易磨滅的烙印，同時留給共和黨一筆豐厚的政治遺產，既有需要發揚光大的，更有急需清理的政治遺毒。

　　第一大遺產莫過於在任期間任命了三位聯邦大法官，從而將保守派與自由派在高院之比牢牢地鎖定在6比3的比分上，對美國政治生態的影響將長達幾十年，根本不用擔心美國國家顏色的問題，至少保守主義還將是美國社會的底色。

　　第二大政治遺產無疑加劇了美的分裂。客觀地說，美國的分裂不是從特朗普開始的，因為他的當選，本身就是美國分裂的產物。這次美國大選投票這麼踴躍，充分說明美國的極化現象已到了十分危險的臨界點。崇拜特朗普的人，把特朗普形容為「天選之子」，而反對特朗普的人認為，他下台之後不僅要把牢底坐穿，而且逝後還要下地獄，美國人的兩極反應對應的是美國政治光譜中的兩極。

　　第三大政治遺產是讓美國第四權力——媒體的信譽遭到了徹底的摧毀。特朗普這幾年與主流媒體為敵，並徹底地將之污名化，假新聞是特朗普的口頭禪，以致於特朗普的支持者們也整天把CNN、《紐約時報》、《華盛頓郵報》說成是假媒體。具有諷刺意味的是，當今年2月初參議院宣布特朗普彈劾案不成立時，特朗普舉著《華盛頓郵報》向記者炫耀，這時候《華盛頓郵報》變成真媒體了。所以假與不假，還是要看這些媒體是不是維護特朗普。正因為如此，特朗普對福克斯、《紐約郵報》、《華爾街日報》等媒體高看一眼。極具諷刺意味的是，這些親特朗普媒體眼看他大勢

已去，也紛紛倒戈，特朗普頓時成為孤家寡人。不過，特朗普對主流媒體的傷害已經形成，今後要想恢復名譽，摘掉「假新聞」的帽子並不是一件容易的事情。

第四大政治遺產是通過「推特治國」，增加了美國政治透明度，也算是把華盛頓的政治沼澤抽幹了一半。特朗普上台以來，一直以「推特治國」、「行政令治國」、「家族治國」而聞名。白宮官員最害怕的就是特朗普半夜三更發個推特，似是而非、似非而是的說法讓白宮新聞官員疲於奔命。工作人員再怎麼勤快，也趕不上特朗普發推速度，於是大家聽之任之。這幾年來，特朗普的推特不僅起到引領話題的作用，更重要的是成為連結選民與自己的風箏線，它可以起到動員選民、發號施令的作用。沒有推特，我們無法想像世界上這麼多人了解到了白宮的決策內幕。

第五大政治遺產就是對華發動了新冷戰。美國前副國務卿鮑威爾說過，每屆美國總統都有一個屬於自己的戰爭。看來屬於特朗普的戰爭就是對華發動了一場「新冷戰」。特朗普大搞單邊主義、排外主義以及「原則性現實主義」，對國際秩序及國際機制的破壞達到了新高度，也把中美關係推向了歷史的低點。

多變、善變、易變是特朗普的性格特徵。但在今年大選策略上，他選擇了以不變應萬變。儘管新冠疫情非常嚴重，但特朗普卻重複著 2016 年的模式，無論走到哪里都是彩旗招展，全然不顧保持社交距離的規定，也基本不戴口罩，本來競選集會是他的強項，後來卻變成了競選的最大軟肋，太多的人因參加他的集會而感染，甚至喪命。這也應驗了中國一句話：成也蕭何，敗也蕭何！

留給拜登的不僅是「兩個美國」，而且有一個不分種族、邊界及地位高低的新冠病毒尚待消滅。候任副總統哈里斯強調「希望、團結、尊嚴、科學、真相」是這次選民追求的核心價值。候任總統拜登在今天講話中強

調，美國人民需要療傷，投給不同的候選人並不意味著我們彼此就是敵人。國際層面何嘗不是如此呢？

　　馳騁華盛頓官場 50 年的拜登，其規則意識肯定比特朗普要強得多，國際秩序的本質之一是遵守規則。大國之間的競爭是常態，最關鍵的是讓這種競爭建立在規則基礎之上，而不是動輒就掀翻桌子，從世界各國領導人對拜登祝賀的速度中就可大致領略到全球對特朗普的好惡。對中美關係而言，也面臨著雙邊關係重啟的新機遇。丟掉幻想，不失理想，應是我們設定的底線與高線。

　　特朗普時刻結束了，我們仍處於不確定的時代，但至少美國新領導人中的性格中少了一個不確定性。換個人試試恐怕是美國大多數人的想法。不過，面對特朗普丟下的巨大爛攤子，期望值也不能太高。俗話說，期望越高，失望越大，也是一個不算規律的規律吧。

世界對美國大選誤讀了多少

2020 年 11 月 11 日

　　美國大選的非官方結果已經出爐數日。儘管特朗普還在繼續上訴，且沒有認輸的跡象，但是他的夫人、女兒及女婿都在私下勸說特朗普「體面承認敗選」，可特朗普的辭典中根本就沒有「失敗」二字，仍堅定認為，「是民主黨竊取了自己的勝果」。

　　美國大多數法律專家認為，儘管官司還在推進，但特朗普很難扭轉敗局，只要特朗普團隊拿不出民主黨系統性、有組織的作弊行為，而只停留於選舉過程中的小瑕疵，是很難打贏這場事關美國憲政體制穩定的政治官司，特朗普被迫交權是早晚的事。

　　西方國家的主要領導人在第一時間迫不及待地向拜登表達了祝賀，從中可以看出這些盟友對特朗普的厭惡程度。這兩天媒體開始聚焦尚未向拜登發去賀電的世界大國。

　　中國外交部發言人汪文斌指出，「我們注意到拜登先生已經宣布成功當選，我們理解大選的結果會按照美國法律和程序作出確定。關於中方表態的問題，我們將按照國際慣例辦理。」這位發言人同時指出，「中方歷來主張雙方應加強溝通對話，在互相尊重的基礎上管控分歧，在互惠互利的基礎上拓展合作，推動中美關係健康穩定發展」。

　　如果我們對「美國大選的法律與程序」及「國際慣例」有一個清晰的瞭解，那麼中方暫不發賀電的答案也就迎刃而解。

　　這些年來，四年一度的美國大選總是能吸引世界的眼球，但這次關注程度格外高。美國投票人數也創了新高，僅兩黨候選人的普選票加起來就超過 1.5 億，如果再加上自由黨等小黨派總統候選人所獲的選票，投票人數或超過 1.6 億，投票率高達 66.9%。

　　由於美國大選總是在當選之日就預知結果，於是給世界造成了許多錯覺，以為美國大選是一人一票，直接就把總統選了出來。其實 11 月 3 日這一天，只是選舉各州的選舉人。選舉人的多少根據各州每 10 年一次的人口普查結果而進行微調。以佛羅里達州為例，2000 年大選出現爭執的時候擁有 25 張選舉人票，而 2020 年已經達到 29 張。在選舉年的春夏之交，美國兩黨都將召集各自的黨團會議，從黨的領袖、地方官員、社會活動家中提名各州的選舉人。美國各州的大選選票也是五花八門，有的州選票除了印上各黨正副總統候選人之外，還把各州的選舉人也印在上面，甚至把各州的一些公投議案也一併列入。不管票面的元素有多少差異，但本質上，選民只是選舉各州的選舉人，而不是直接選總統。

　　根據贏者通吃的規則，一旦某個政黨總統候選人贏得多數票，這些選舉人票就歸獲勝政黨所有。12 月 8 日這些選舉人被正式認定之後，將於 12 月 14 日前往首都華盛頓或各自的首府投票選舉美國總統，從法律意義上說，離美國總統的正式投票還有 30 多天呢。

　　由於選舉人一般只能投自己所代表黨派的總統候選人，所以這種投票往往流於形式。全美 33 個州對「失信選舉人」有懲罰機制，不投自己所在政黨的候選人被視為廢票。雖然這些年跑票現象時有發生，但從未改變大選的最終結果。自 1796 年以來，選舉人把選票投給對方候選人的事件只發生過一起，而選舉人把票投給其他不相干人員的事件屢有發生，僅 2016 年就有 7 人。鑒於 2020 年兩黨鬥爭如此激烈，指望選舉人把選票投給對手的可能性為零。

　　基於美國大選的程序及上述邏輯關係，11 月 3 日之後的美國大選選舉過程更多帶有象徵意義。一般來說，11 月 3 日當晚媒體發布的預測結果也就具有百分之百的確定性。根據這些年來的慣例，一旦主流媒體發布預測結果，另一方候選人就認輸，於是世界各國的賀電也就接踵而至。但

這種「君子協定」並不適用於有爭議的大選。例如 2000 年的美國大選，在拖了 37 天之後才由聯邦最高法院進行判決。從某種意義上說，小布什不是選出來的總統，而是判出來的。

北京時間 11 月 8 日淩晨，美聯社宣布大選預測結果：「拜登當選」。美國主流媒體紛紛跟進。親特朗普的福克斯新聞台在執拗了幾分鐘之後也被迫跟進，打出了「拜登當選美國新總統」的字幕。拜登本人隨後也發推特，宣布自己當選。但是特朗普不予承認，稱自己贏得了大選，並誓言採取法律行動。

美聯社宣布大選預測結果，遭到很多人的質疑，但這是美國約定俗成的慣例，已經有 170 多年歷史。美聯社作為牽頭人，聯合全美各大媒體在各州、縣設定五千多個信息站，及時報告各地的選票統計結果，然後放入美聯社的信息庫，一旦到了某個閾值，即使選票沒有統計完畢，這家媒體也會加以確認（打 CALL），這些年來，美聯社發布大選結果的權威幾乎沒有遭到挑戰。

美聯社的這套做法滿足了選民急於知道大選結果的心理，但並不具有法律意義。只有各州選舉人於 12 月 14 日完成了投票，並於次年 1 月 6 日新國會開幕之後由參眾兩院聯席會議進行驗票，才算從法律意義上走完了美國大選的全過程。所以，現在談論的大選結果都是非官方說法。

特朗普不承認大選預測，從法律意義上講無可挑剔，進行司法挑戰也是其享有的正當權利。在距美國總統投票日還有 30 多天的情況下，特朗普沒有向拜登認輸的義務。

由於特朗普不承認此前多年的「君子協定」，使得這屆大選增加了複雜因素，候任總統的過渡工作也會遇到不少阻力。但拜登畢竟擔任過八年副總統，對華盛頓的政治運作了如指掌，所以過渡班子團隊的運作也在緊鑼密鼓進行。11 月 10 日，拜登已成立抗疫行動特別小組，在其「過渡班

子官方網站」上公布了自己上任後的四大任務，即抗疫、經濟復蘇、種族平等及氣候變化等，可見抗疫成為其工作的重中之重。

11 月 20 日將迎來拜登 78 周歲的生日，他的當選開創了美國總統任職年齡之最。臨近耄耋之年的拜登，面對特朗普這四年的爛攤子，能否承受世界上最繁重的工作，成了很大的疑問。特朗普屆時會不會出席新總統就職儀式或繼續呆在白宮不走，都是懸念。2020 年現實版的美國大選比劇本更富戲劇性。

特朗普還有多少剩餘價值為共和黨所用

2020 年 11 月 13 日

離 11 月 3 日美國大選的投票正日越來越遠了。由於特朗普打破 170 多年的慣例,不承認美聯社發布的「大選預測」結果,讓選舉日變成了「選舉周」,目前正朝著「選舉月」的方向發展。全世界都患上「美選疲勞症」,對特朗普的乖張行為表現得越來越不耐煩。

特朗普本人也像換了一個人,由大選前的極度亢奮變得情緒十分低落,曾經口若懸河的他在 11 月 5 日的記者會上乾脆讀起了新聞稿,這在幾天前還是無法想像的。由於特朗普對民主黨大選舞弊的指控缺乏可靠證據,美國各大電視台直接掐掉了直播信號。11 月 12 日,特朗普在推特上大罵福克斯電視台忘恩負義,大意是:要不是我挽救了你們的收視率,你們早就完蛋了。

儘管一些華文自媒體時不時散布所謂「特朗普握有民主黨舞弊的確鑿證據,拜登選舉人票被剝奪,目前只剩下 259 張」等新聞,但美國呈現的真實情況與這些信息恰恰相反。北京時間 11 月 12 日,亞利桑那州務卿官網已經顯示該州的正式大選結果,拜登以 0.34% 的優勢戰勝特朗普,加上此前拜登在內華達州獲得的 6 張選舉人票,這意味著拜登已穩穩獲得法定的 270 張選舉人票。如果再算上正在打官司的賓州 20 張選舉人票,拜登總計獲得的選舉人票將高達 290 張。鑒於在佐治亞州兩位候選人的選票過於接近,拜登領先了 1.4 萬張,所以開啟了人工計票程序,預計一周內將清點完畢。可以想見,在共和黨控制的佐治亞州,初步統計結果有利於民主黨,重新計票出現較大誤差的可能性微乎其微。

特朗普在幾大爭議州的訴訟進展非常不順,大部分訴訟已經被地方法院駁回,目前只剩下幾宗無關大局的訴訟案。迄今為止,特朗普團隊拿不

出像樣的民主黨系統性造假證據，靠官司翻盤的希望越來越渺茫。

即便如此，共和黨內的幾位大佬，包括參議院多數黨領袖麥康奈爾、司法委員會主席格雷厄姆等都力挺特朗普把這場官司打下去，並不是他們真的相信這些官司能贏，而是擔心共和黨積攢的人氣因特朗普的翻臉而快速流失。

關於民主黨造假的指控，共和黨人內心非常清楚，他們在參眾兩院的席位都有不少斬獲，從民主黨手中搶走了 6 個席位，在參議院目前繼續保持多數。同一張大選選票，呈現出截然不同的投票結果。共和黨欣然接受了有利於自己的議會選舉結果，卻不接受對自己不利的總統選舉這一事實，這種造假造半邊的「高超藝術」及自相矛盾的指控無疑是在自扇耳光。更何況，特朗普本人也是靠這套選舉制度於 2016 年當上了總統，且他在賓夕法尼亞州、密歇根、威斯康辛三州加起來只比希拉里多贏了 7 萬多張選票，但希拉里還是在當晚接受了敗選結果。堂堂的美國總統公開指責這套選舉制度是政治腐敗，這讓「民主燈塔」的臉往哪里擱？不少媒體用「輸打贏要」來形容特朗普輸不起的心態。更多的世界輿論認為，此次美大選真正的輸家是美國民主制度。

四年前特朗普披著共和黨的外衣，「借殼」上位，共和黨大佬並不看好，但特朗普硬生生地把競選總統的笑話變成了神話，這些共和黨人也跟著一起沾光，於是對特朗普的我行我素大體保持了沉默，可心底並不完全認同。但特朗普畢竟是「人氣大王」，這一次也獲得了 7400 多萬張選票，這是共和黨無論如何不能忽視的草根力量。在大選翻盤還有一線希望的時候，共和黨斷然不會與特朗普切割。

特朗普與共和黨大佬之間是在相互利用。眼下特朗普能否翻盤，只能指望共和黨控制的州議會和州長，期待他們牢牢地握著大印，拒不在各州呈送的民主黨法定選舉人的名單上簽字，甚至還鼓搗他們通過共和黨控制

的州議會，提名自己黨的選舉人，搞成選舉人團的「雙胞胎」，從而把 12 月 14 日的美國總統投票徹底攪黃，這樣就有機會把總統的選擇權最後轉到國會。雖然民主黨把持著眾議院，可眾議院的投票規則不是平時的全體眾議員投票，而是改為各州只有一票。由於紅州占多數，這樣的總統選舉結果無疑對共和黨有利。

在共和黨眼里，特朗普身上還有繼續可以榨取的剩餘價值，特別是他擁有 7400 多萬的支持者。目前參院的格局是 50：48，佐治亞州的兩位參議員席位因得票未過半而不得不於明年 1 月 5 日補選。共和黨拿下這兩席或一席，將意味著以 52：48 或 51：49 控制參議院，如果共和黨輸掉，則是雙方打成平手，這是共和黨無論如何不想看到的局面。屆時在重大議案上，副總統兼參議院主席（當選副總統哈里斯）擁有至關重要的一票，這意味著參眾兩院和總統全部由民主黨控制，共和黨豈不是滿盤皆輸？

美國媒體認為，特朗普只想著追逐自身利益，根本談不上黨派的忠誠度，這時候共和黨大佬與特朗普撕破臉皮，有可能導致佐治亞州的參議員選舉一敗塗地，唯有選擇與特朗普「共存亡」，才會對共和黨的長遠發展有利，對兩年後的中期選舉和 2024 年的大選戰略布局有利！

至於特朗普在各州選舉人團的名單上動起的歪腦筋，有多麼勝算呢？據了解，特朗普競選團隊已在賓夕法尼亞、密歇根和亞利桑那州提出訴訟，要求法官阻止州官員認證選舉結果，從而為該州州議會推選特朗普的支持者作為選舉人留下空間。目前，密歇根、賓夕法尼亞、亞利桑那、佐治亞的州議會均由共和黨控制，但密歇根和賓夕法尼亞州的州長均為民主黨人，從而形成了相互制約的關係。一些法律專家指出，除非共和黨的指控證據確鑿，否則法官不會阻止各州最後確認 11 月 3 日的投票結果。此外，賓夕法尼亞州法律不允許州議會推選敗選一方作為正式選舉人。密歇根州長及州檢察長是民主黨人，雖然該州的州議會由共和黨控制，但很難

想像州長會讓特朗普的支持者胡作非為。亞利桑那州務卿辦公室表示，州選舉部門官員有信心根據普選票的結果，任命恰當的選舉人。

　　雖然更改選舉人的做法看似瘋狂，但不等於特朗普不做。相反，策反選舉人「失信」是特朗普剩下的不多選項。時間並不站在特朗普一邊，他手中剩餘的權力就像夏日裡的冰棒，世界和中國都等得起，唯一等不起的是美國自身。美國選舉政治的強大內卷力已讓 24 萬人喪命，接下來的冬天不僅漫長，而且意味著更多人的死亡，這是美國制度之失，美國國家治理之失。

後 記

從上世紀八十年代初上大學開始系統接觸國際政治學算起，已有 38 個年頭。「三十八年彈指一揮間」，不知不覺已過知天命的年齡。不過轉念一想，特朗普與拜登已近耄耋之年，還在爲一個新的工作崗位爭得你死我活，被歲月蠶食的心也就釋然了不少。

經歷就是財富。年輕時我被派往紐約擔任常駐記者，大大拓展了視野。在互聯網剛剛起飛的年代，目睹了美國新經濟的狂熱，對發達國家的概念有了親身體驗。

1995 年秋，當我第一次踏上美國土地的時候，用「震撼」來形容一點都不過分。過去從課本上學到的車水馬龍詞彙在美國大街上找到了答案。

25 年過去了，許多往事歷歷在目。作爲一名老記者和老編輯，歲月的風塵早已將兩鬢染成了白髮，但記錄歷史的衝動和熱情並不減當年。

今天身處香港，見證了這裡最動盪、最艱難的歲月。繁華表像的背後有著看不見的百姓辛酸。社會矛盾的累積到了一個臨界點，小小的火星就足以引爆意想不到的巨大衝擊波。2019 年的修例風波和 2020 年新冠疫情的雙重夾擊，讓香港不堪重負。

香港是一本難懂的書，但比香港大無數倍的世界更是一本難懂的書。「世界很大，我想去看看！」這是一位中國內地年輕老師寫的辭職信。對於一個國際局勢的研究者和報導者而言，走出去是職業要求。雖然我也有幸走過一些國家，但世界的大部分還相當陌生。觸摸地球的政治溫度只是一種理想，除了美國等少數幾個國家之外，太多太多的世界角落未曾留下腳印。

地球圍繞大國轉，大國圍著中美轉，看不清中美戰略博弈的背後因素，很難看清未來。如果說香港過去是中美之間的緩衝地，如今則成爲中美博弈的最直接戰場。

住房是香港社會矛盾的櫥窗，比住房更微觀的是老舊窗式空調，噪音大，隔音效果差。不是這裡的人不想換空調，而是安裝空調的條條框框太

多，僅空調工程安裝費就得上萬元。

空調安裝的複雜性只是冰山一角，其他各行各業的准入門檻更是高得驚人。一切都在法治的名義下，玩著維護一部分既得利益者的把戲。香港自縛手腳的事數不勝數。

在半個多世紀裡，我有幸目睹了中國從農業社會向工業社會、再向信息社會過渡的加速度全過程。在紐約與香港的一段工作經歷，讓我對社會制度的觀察多了一些參照坐標。

作為大公報的副總編輯，每天都有日常的工作。撰寫國際時評主要利用業餘時間。「縱橫談」是大公報 70 多年的老品牌，「公評世界」是我自創的新欄目，「公評世界」微信公眾號也逐漸爲大家所熟知，有些文章的閱讀量近千萬，成爲我寫作的一大動力。

這本書收錄了我近兩年發表的主要文章，雖然有一些「速食」，但大部分都經過深思熟慮，這既是對讀者負責，也是我本人的自律。

思想的沉澱並不容易，冒出一點火花更不容易，用香港視角看世界最不容易。香港回歸祖國 23 年了，香港人更應從國家的角度觀察世界，畢竟國際關係的主體是國家，沒有國家意識，對世界發生的大事看法只能是朦朧的。這就是爲什麼香港的國際關係學研究不夠熱門的重要原因之一。

有人曾跟我說，香港雖是國際型大都市，但主色調是市井文化。生活一段時間之後，我對這句話有了切膚之感。在香港報章上談論國際問題，永遠成不了主流。

大公報書寫了中國報業史的偉大傳奇，那是因爲置於民族沉浮的宏大歷史敘事之中，大公報記載了整個民族與命運抗爭的不屈。我能成爲其中的一員感到無比自豪。我將繼續用自己的筆觸感知世界、剖析世界、解釋世界。

值此文集出版之際，我要衷心感謝大公文匯集團董事長姜在忠先生和李大宏總編輯對我工作所給予的鼎力支持，大公報編委會全體同仁爲我的

寫作創造了寬鬆的環境。王志民女士爲此書的編輯出版付出了大量辛勞。國際部的同仁，特別是大公報助理總編輯李威先生在涉英資料方面提供了寶貴支持。尤其令我難忘的是，我的高中語文老師楊玉堂先生在閱讀拙作時賦詩 20 餘首，特收錄其中，供讀者鑒賞。

　　一本文集的出版雖離不開自己的默默耕耘，但更離不開許多領導、朋友、同事及家人的鼓勵與支持，請允許我不一一列舉他們的名字，在此一并致以衷心的感謝！

周德武
2020 年 11 月於香港

書　　名:《觸摸地球的政治溫度》

著　　者:周德武

責任編輯:王志民　李　威

裝幀設計:陳汗誠

出　　版:大公報出版有限公司

　　　　　香港田灣海旁道七號興偉中心三字樓

電　　話:2873 8288

發　　行:香港聯合書刊物流有限公司

電　　話:2150 2100

版　　次:2020 年 12 月初版

國際書號:ISBN 978-962-582-079-8

定　　價:港幣 168 元